ZHEJIANG TONGZHI

浙江通志

第一百一十卷

地方志专志

《浙江通志》编纂委员会　编

浙江人民出版社

图书在版编目（CIP）数据

浙江通志．地方志专志 / 《浙江通志》编纂委员会编．—杭州 ：浙江人民出版社，2018.12
ISBN 978-7-213-09170-4

Ⅰ．①浙… Ⅱ．①浙… Ⅲ．①浙江－地方志 Ⅳ．①K295.5

中国版本图书馆CIP数据核字(2018)第302762号

浙江通志·地方志专志

《浙江通志》编纂委员会　编

出版发行	浙江人民出版社（杭州市体育场路347号　邮编　310006） 市场部电话:(0571)85061682　85176516
责任编辑	王福群
责任校对	朱　妍　陈　春
责任印务	程　琳
封面设计	厉　琳
电脑制版	杭州天一图文制作有限公司
印　　刷	杭州富春印务有限公司
开　　本	889毫米×1194毫米　1/16
印　　张	24.75
字　　数	535千字
插　　页	14
版　　次	2018年12月第1版
印　　次	2018年12月第1次印刷
书　　号	ISBN 978-7-213-09170-4
定　　价	150.00元

图版 110-001-1　2004 年 10 月 10 日，中共浙江省委书记、省人大常委会主任习近平在江山市白沙村考察时翻阅《白沙村志》、了解村情（《浙江日报》2017 年 10 月 13 日第 4 版，周咏南摄）

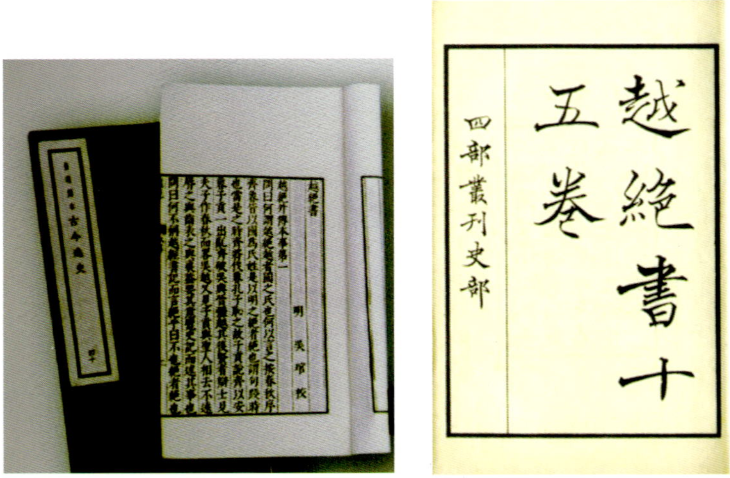

图版 110-002-1 《越绝书》四库丛刊本书影(浙江省地方志办公室提供)

图版 110-002-2 浙江省地方志编纂委员会整理点校的《宋元浙江方志集成》(杭州出版社 2009 年版)书影(浙江省地方志办公室提供)

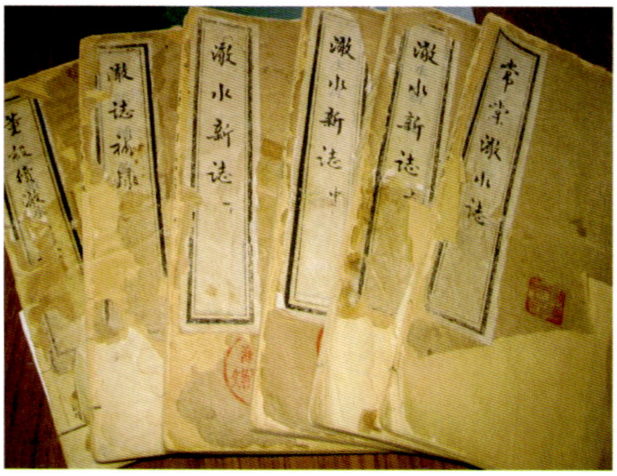

图版 110-002-3 海盐《澉水新志》书影(浙江省地方志办公室提供)

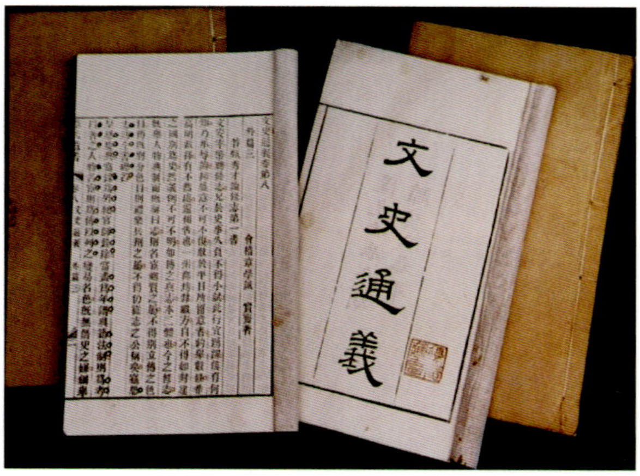

图版 110-002-4 《文史通义》(章学诚著)书影(浙江省地方志办公室提供)

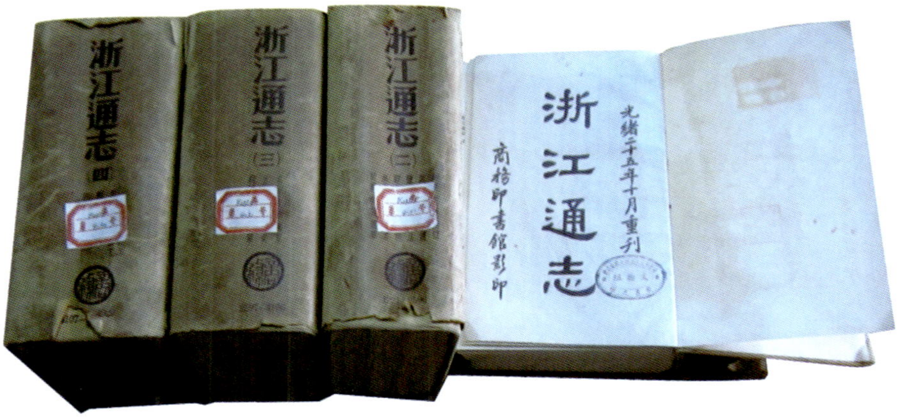

图版 110-003-1　商务印书馆影印清雍正《浙江通志》光绪重刊本书影（浙江省地方志办公室提供）

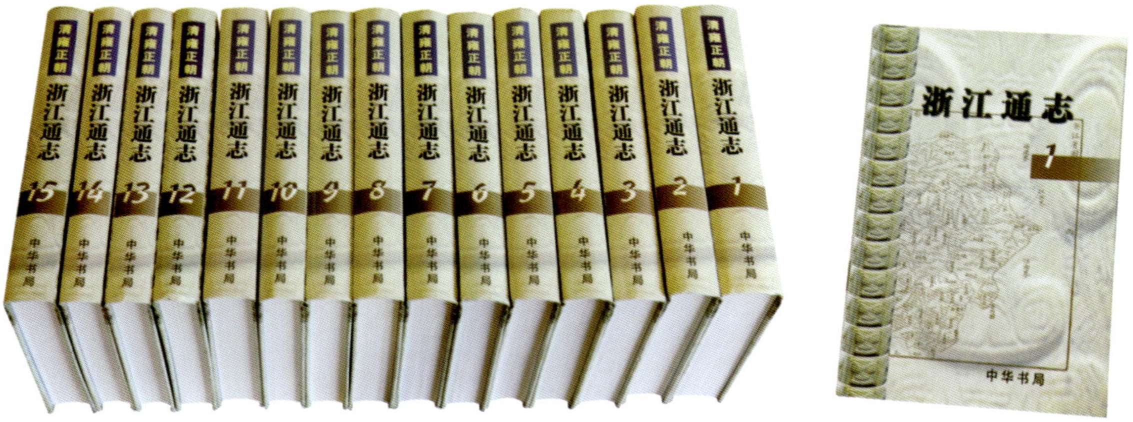

图版 110-003-2　浙江省地方志编纂委员会组织整理标点的清雍正《浙江通志》(中华书局 2001 年版)书影（浙江省地方志办公室提供）

图版 110-003-3　浙江省地方志编纂委员会整理的民国《重修浙江通志稿》(方志出版社 2010 年版)书影（浙江省地方志办公室提供）

图版 110-004-1　20 世纪 80 年代以来浙江省有关部门编纂的《浙江省志丛书》(部分)书影(浙江省地方志办公室提供)

图版 110-004-2　20 世纪 80 年代以来新编首轮浙江省市(地)、县(市、区)志书(部分)书影(浙江省地方志办公室提供)

图版 110-005-1　改革开放以来，浙江省各类年鉴在全国各次评奖中屡获佳绩。图为部分获奖年鉴（浙江省地方志办公室提供）

图版 110-005-2　浙江省具有悠久的方志科研传统。图为部分方志科研成果（浙江省地方志办公室提供）

图版 110-006-1　2001 年 11 月，第八届全国年鉴学术年会暨第三届全国年鉴学术优秀论著颁奖大会在浙江温州举行(温州市地方志办公室提供)

图版 110-006-2　2008 年 11 月，中国年鉴论坛暨第十一届全国年鉴学术年会在浙江杭州举行(杭州市地方志办公室提供)

图版 110-007-1　2008 年 12 月,中国地方志协会城市区志专业委员会第二届理事会暨 2008 年学术年会在浙江宁波举行(郑世晟供稿)

图版 110-007-2　2010 年 3 月,浙江省年鉴工作交流会在杭州举行(浙江省地方志办公室提供)

图版 110-008-1　2010 年 5 月，浙江省社会科学院召开浙江省志(通志)编纂工作汇报会暨院内专家论证会(浙江省地方志办公室提供)

图版 110-008-2　2010 年 6 月，全国第二轮修志主编培训班在浙江杭州举行(杭州市地方志办公室提供)

图版 110-009-1　1992 年 9 月，中共浙江省委副书记、省长、省地方志编纂委员会主任葛洪升主持召开省地方志编委会会议(浙江省地方志办公室提供)

图版 110-009-2　2002 年 8 月，中共浙江省委常委、常务副省长，省地方志编纂委员会主任吕祖善出席省地方志工作会议并讲话(浙江省地方志办公室提供)

图版 110-009-3　2009 年 11 月，中国社会科学院副院长、中国地方志指导小组常务副组长朱佳木(中)到浙江省地方志办公室调研(浙江省地方志办公室提供)

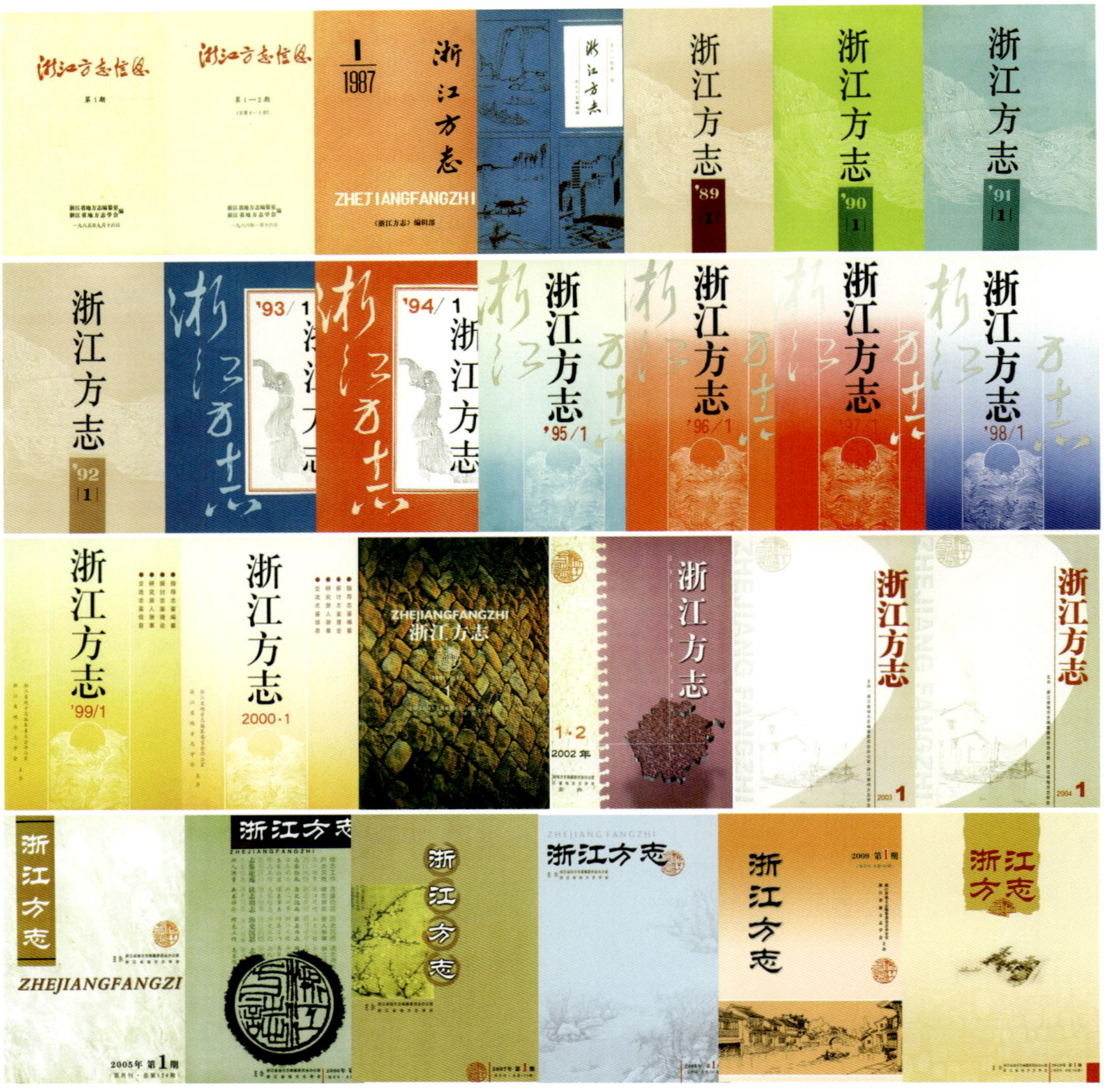

图版 110-010-1　1985 年创刊的部分《浙江方志》(原《浙江方志信息》书影)(浙江省地方志办公室提供)

图版 110-010-2　2010 年浙江省各市、县(市、区)共办有 65 种史志刊物(浙江省地方志办公室提供)

图版 110-011-1　抗日战争全面爆发后搬迁至云和县大坪村的浙江通志馆旧址（浙江省地方志办公室提供）

图版 110-011-2　1990 年 3 月，浙江方志馆在建德县建立（浙江省地方志办公室提供）

图版 110-012-1　2009 年 4 月,浙江全省市地方志办公室主任会议在宁波召开(浙江省地方志办公室提供)

图版 110-012-2　2010 年 1 月,浙江省地方志学会第三次代表大会在杭州召开(浙江省地方志办公室提供)

图版 110-013-1　2010 年 4 月，全国各省（区、市）地方志学（协）会秘书长会议暨年鉴学会秘书长会议在浙江嘉兴召开（浙江省地方志办公室提供）

图版 110-013-2　2010 年 4 月，全国方志学学科建设规划研讨会在浙江嘉兴召开（浙江省地方志办公室提供）

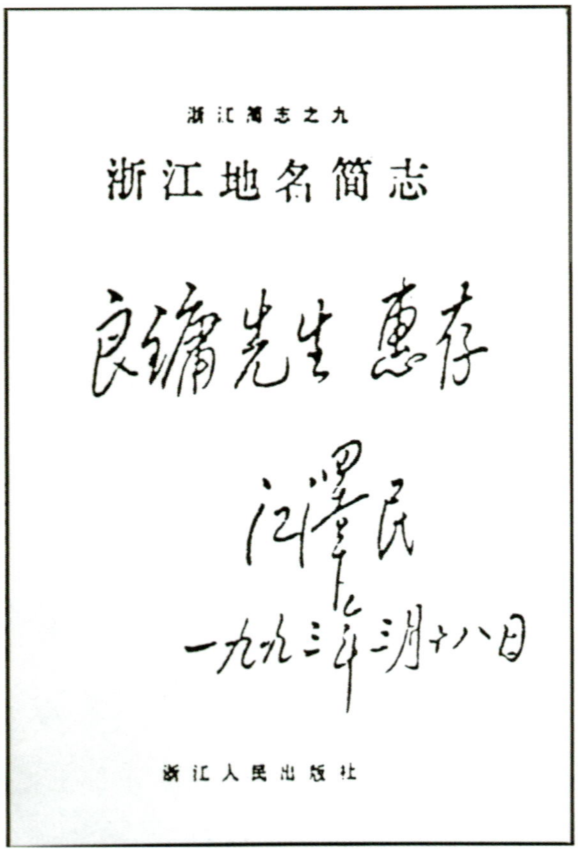

浙江简志之九

浙江地名简志

良镛先生惠存

江泽民

一九九三年三月十八日

浙江人民出版社

图版 110-014-1　1993 年 3 月，中共中央总书记江泽民向香港《明报》集团董事长查良镛（金庸）赠送《浙江地名简志》等地方志成果（浙江省地方志办公室提供）

图版 110-014-2　1999 年 9 月，浙江全省地方志成果展览在浙江图书馆举行，省第五届政协主席王家扬等参观展览（浙江省地方志办公室提供）

图版 110-014-3　2007 年 12 月，中共浙江省委宣传部向清华大学赠送浙江地方志书仪式（浙江省地方志办公室提供）

图版 110-014-4　2009 年 11 月，浙江省地方志工作代表团赴新加坡、澳大利亚、新西兰三国考察访问（浙江省地方志办公室提供）

图版 110-014-5　2010 年 7 月，华东地区省级地方志机构主任座谈会在浙江德清莫干山举行。会议对《浙江通志》篇目进行讨论（浙江省地方志办公室提供）

图版 110-015-1　2009 年 9 月 28 日，浙江省地方志办公室组织编纂的《浙江 60 年发展历程纪实》丛书首发式在浙江省人民大会堂举行(浙江省地方志办公室提供)

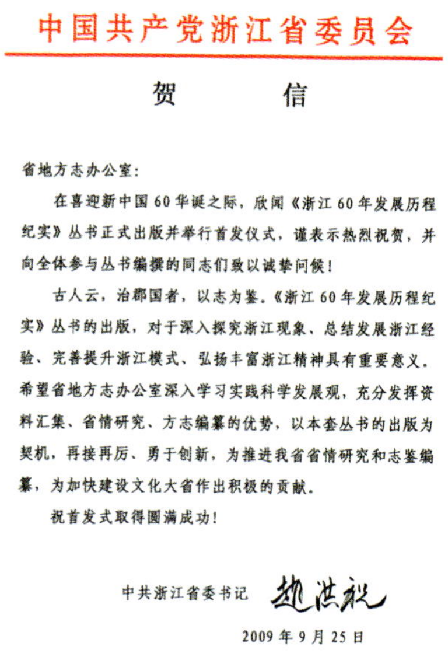

中国共产党浙江省委员会

贺　　信

省地方志办公室：

在喜迎新中国 60 华诞之际，欣闻《浙江 60 年发展历程纪实》丛书正式出版并举行首发仪式，谨表示热烈祝贺，并向全体参与丛书编撰的同志们致以诚挚问候！

古人云，治郡国者，以志为鉴。《浙江 60 年发展历程纪实》丛书的出版，对于深入探究浙江现象、总结发展浙江经验、完善提升浙江模式、弘扬丰富浙江精神具有重要意义。希望省地方志办公室深入学习实践科学发展观，充分发挥资料汇集、省情研究、方志编纂的优势，以本套丛书的出版为契机，再接再厉、勇于创新，为推进我省省情研究和志鉴编纂，为加快建设文化大省作出积极的贡献。

祝首发式取得圆满成功！

中共浙江省委书记 赵洪祝

2009 年 9 月 25 日

图版 110-015-2　中共浙江省委书记赵洪祝向丛书首发式致贺信(浙江省地方志办公室提供)

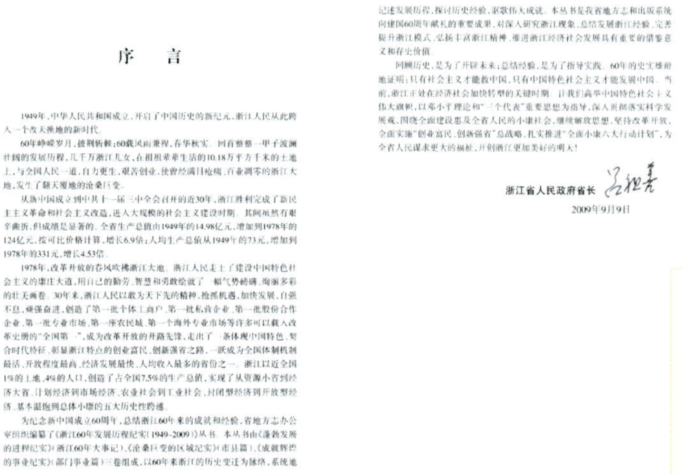

序　言

1949年，中华人民共和国成立，开启了中国历史的新纪元，浙江人民从此跨入一个改天换地的新时代。

60年峥嵘岁月，披荆斩棘；60载风雨兼程，春华秋实。回首整整一甲子波澜壮阔的发展历程，几千万浙江儿女，在祖祖辈辈生活的10.18万平方千米的土地上，与全国人民一道，自力更生，艰苦创业，使曾经满目疮痍、百业凋零的浙江大地，发生了翻天覆地的沧桑巨变。

从新中国成立到中共十一届三中全会召开的近30年，浙江胜利完成了新民主主义革命和社会主义改造，进入大规模的社会主义建设时期。其间虽然有艰辛曲折，但成绩是显著的。全省生产总值由1949年的14.98亿元，增加到1978年的124亿元，按可比价格计算，增长6.9倍；人均生产总值从1949年的73元，增加到1978年的331元，增长4.53倍。

1978年，改革开放的春风吹拂浙江大地。浙江人民走上了建设中国特色社会主义的康庄大道，用自己的勤劳、智慧和勇敢绘就了一幅气势磅礴、绚丽多彩的壮美画卷。30年来，浙江人民以敢为天下先的精神，抢抓机遇，加快发展，自强不息，顽强奋进，创造了第一批个体工商户、第一批私营企业、第一批股份合作企业、第一批专业市场、第一座农民城、第一个海外专业市场等许多可以载入改革史册的"全国第一"，成为改革开放的开路先锋，走出了一条体现中国特色、契合时代特征、彰显浙江特点的创业富民、创新强省之路，一跃成为全国体制机制最活、开放程度最高、经济发展最快、人均收入最多的省份之一。浙江以近全国1%的土地、4%的人口，创造了占全国7.5%的生产总值，实现了从资源小省到经济大省、计划经济到市场经济、农业社会到工业社会、封闭型经济到开放型经济、基本温饱到总体小康的五大历史性跨越。

为纪念新中国成立60周年，总结浙江60年来的成就和经验，省地方志办公室组织编纂了《浙江60年发展历程纪实(1949-2009)》丛书。本丛书由《蓬勃发展的进程纪实》(浙江60年大事记)、《沧桑巨变的区域纪实》(市县篇)、《成就辉煌的事业纪实》(部门事业篇)三卷组成，以60年来浙江的历史变迁为脉络，系统地记述发展历程，探讨历史经验，讴歌伟大成就。本丛书是我省地方志和出版系统向建国60周年献礼的重要成果，对深入研究浙江现象、总结发展浙江经验、完善提升浙江模式、弘扬丰富浙江精神、推进浙江经济社会发展具有重要的借鉴意义和存史价值。

回顾历史，是为了开辟未来；总结经验，是为了指导实践。60年的史实雄辩地证明：只有社会主义才能救中国，只有中国特色社会主义才能发展中国。当前，浙江正处在经济社会加快转型的关键时期。让我们高举中国特色社会主义伟大旗帜，以邓小平理论和"三个代表"重要思想为指导，深入贯彻落实科学发展观，围绕全面建设惠及全省人民的小康社会，继续解放思想，坚持改革开放，全面实施"创业富民、创新强省"总战略，扎实推进"全面小康六大行动计划"，为全省人民谋求更大的福祉，开创浙江更加美好的明天！

浙江省人民政府省长 吕祖善

2009年9月9日

图版 110-015-3　浙江省人民政府省长吕祖善为丛书作序(浙江省地方志办公室提供)

浙江日报

中共浙江省委机关报

ZHEJIANG DAILY

我省隆重表彰劳动模范

赵洪祝在大会上讲话 吕祖善宣布表彰决定 夏宝龙主持

省十一届人大常委会第十三次会议闭会

欢歌迎国庆 盛世抒豪情

我省首座二兆瓦屋顶光伏电站并网发电

创新发展"新仓经验" 更好服务新农村建设

《浙江60年发展历程纪实》丛书首发

浙江60年光辉历程给我们的启示

图版 110-015-4　《浙江日报》头版报道《浙江 60 年发展历程纪实》丛书首发式(浙江省地方志办公室提供)

图版 110-016-1　1985 年 10 月，浙江省第一次修志工作会议暨短期研究班在杭州举行。中共浙江省委顾问委员会主任铁瑛与会议代表合影(浙江省地方志办公室提供)

图版 110-016-2　2009 年 11 月 3 日，浙江省人民政府地方志办公室揭牌(浙江省地方志办公室提供)

图版 110-016-3　2010 年 12 月，浙江省地方志系统获奖代表在北京人民大会堂参加全国地方志系统表彰先进大会(浙江省地方志办公室提供)

浙江省地方志编纂委员会

主　　任：吕祖善（2004.3—2011.9）
　　　　　夏宝龙（2011.9—2013.1）
　　　　　李　强（2013.1—2016.6）
　　　　　车　俊（2016.7—2018.5）
　　　　　袁家军（2018.5—　　）
副 主 任：茅临生（2010.2—2012.8）
　　　　　张　曦（2011.4—2012.9）
　　　　　葛慧君（2012.8—　　）
　　　　　郑继伟（2010.2—2017.3）
　　　　　成岳冲（2017.3—　　）
（以下委员名单略）

《浙江通志》编纂委员会

主　　任：李　强（2016.2—2016.7）　车　俊（2016.7—2018.5）
　　　　　袁家军（2018.5—　　）
副 主 任：葛慧君　郑继伟（2016.2—2017.3）
　　　　　成岳冲（2017.3—　　）
委　　员：陈　新　王　纲　宋建勋　鞠建林　蔡晓春　王喜法
　　　　　孙耀铜　张学伟　来颖杰　胡庆国　刘　芸　孟　刚
　　　　　徐宇宁　王　杰　张伟斌　潘捷军　盛世豪　徐立毅
　　　　　裘东耀　姚高员　钱三雄　毛宏芳　盛阅春　尹学群
　　　　　汤飞帆　何中伟　张晓强　吴晓东　俞文华　王良仟
　　　　　童芍素　郑志耿　郑明治　王卫东　李志廷
总　　编：俞文华
副 总 编：张伟斌（2012.9—　　）　潘捷军（常务）　王良仟
　　　　　童芍素　郑志耿　郑明治　王卫东　李志廷（兼总纂）
　　　　　林吕建（2011.9—2012.3）

浙江省地方志编纂委员会办公室

主　　任：潘捷军
副 主 任：陈　野（2007.6—2011.3）　章其祥（2011.5—　　　）
主任助理：韩　锴（2011.9—2016.4）
成　　员：汤敏华　董郁奎　颜越虎　周祝伟　张　勤　袁新国
吕克军　赵海良　段　愿　汤　敏　李迎春　林琼华
邴　波　王兆保　周修宇　赵鹏团　徐　鹏　杨云婷
王　林　汪　珏　阎乐民　葛立朝　葛旭鹏　翁友伦
徐由由　应秀敏　章　丽　葛　伟
吴玉权（2012.11—2017.12）　白效咏（2009.9—2015.9）

《浙江通志》总纂、副总纂

总　　纂：李志廷（兼）
副 总 纂：廖曰文　章其祥　董郁奎　颜越虎　周祝伟　王　林
吴铁卿（2018.4—　　　）　倪集华（2018.5—　　　）

《浙江通志》总编室（《浙江通志》编辑部）

主　　任：董郁奎（2011.9—2012.7）　颜越虎（2018.1—　　　）
副 主 任：颜越虎（2011.9—2018.1）　袁新国（2018.1—　　　）
王　林
责任编辑：颜越虎　袁新国　王　林　汤　敏　李迎春　林琼华
邴　波　王兆保　周修宇　吕克军　赵海良　段　愿
赵鹏团　徐　鹏　汪　珏　阎乐民　葛立朝　葛旭鹏
翁友伦　白效咏（2011.9—2015.9）
刘志勇（2011.9—2012.7）　李恒悦（2011.9—2012.1）
曹爱光（2011.9—2014.9）　戴智勇（2012.7—2014.9）

《浙江通志·地方志专志》编纂委员会

主　　任：潘捷军

副 主 任：章其祥

成　　员：蒋文欢　姚晓东　赵降英　吴焱国　叶永强　赵玲华
袁朝明　胡锡明　刘旭军　林明达　雷华英　汤敏华
颜越虎　周祝伟　董郁奎

《浙江通志·地方志专志》编辑部

主　　编：潘捷军

副 主 编：章其祥

主　　任：赵鹏团

成　　员：潘捷军　章其祥　周祝伟　张　勤　徐　鹏　赵鹏团
应秀敏

序

浙江是一片风光优美、令人神往的大地，是一个历史悠久、文化璀璨的家园，是一块创业创新、活力迸发的热土……在浙江人民波澜壮阔、跌宕起伏的奋斗历程中，浙江大地上涌现出无数勇立潮头的先进人物、可歌可泣的历史事件。这一切都真实准确、全面系统地记录在皇皇巨构《浙江通志》之中。《浙江通志》编纂工作自2011年9月启动以来，历届省委、省政府十分重视，各有关单位尽职尽责。《浙江通志》的出版，是全体编纂人员呕心沥血、辛勤耕耘的珍贵结晶，也是浙江文化强省建设的丰硕成果。

编纂地方志是我国源远流长的文化传统。地方志不仅能记述、反映历史的发展与社会的变化，而且还具有独到的"存史、资政、育人"等功能，在传承文明、开创未来的宏伟大业中具有不可替代的作用。浙江有着悠久的修志传统。早在东汉初年，被称为"方志之祖"的《越绝书》诞生在浙江；宋代，"临安三志"作为中国古代方志的定型之作，登上历史舞台；清代，浙江学者章学诚则以创立方志学闻名于世。千百年来，浙江佳志迭现，名家辈出。这些名志大家既是浙江作为"方志之乡"的最好见证，也是浙江成为"文化之邦"的重要支撑。

从上山文化、跨湖桥文化、河姆渡文化、良渚文化等史前文明，到越王勾践卧薪尝胆、雪耻复国的春秋霸业，从唐宋钱塘的富庶繁华，到明清两浙的文化昌盛，浙江先人展示的画卷光辉灿烂，令人赞叹不已。"一部民国史，半部在浙江。"民国时期，政治、经济、文化、教育、科技等领域的代表性人物成就卓著、各领风骚，推动了时代的发展和社会的进步。中华人民共和国成立后，浙江发生了翻天覆地的变化。特别是改革开放以来，经济社会全面发展，城乡各业蒸蒸日上，之江大地日新月异，人民群众安居乐业。浙江人民勇做时代弄潮儿，积极实施"八八战略"，努力践行"绿水青山就是金山银山"的发展理念，探索出了一条符合浙江实际、富有浙江特色的发展路子，形成了与时俱进的浙江精神，为今后可持续发展提供了强大的精神力量与广阔的提升空间。“盛世修志，志载盛世。”《浙江通志》把浙江人民所创造的辉煌业绩和奋斗精神记载下来，既可以激发当代浙江人励精图治、团结奋斗，更能够广泛宣传浙江，让全国乃至世界更加充分地了解浙江、认识浙江，作用巨大，意义深远。

“修志问道，以启未来。”今天，浙江人民在习近平新时代中国特色社会主义思想的指引下，按照统筹推进“五位一体”总体布局、协调推进“四个全面”战略布局的要求和习近平总书记对浙江提出的“干在实处永无止境，走在前列要谋新篇，勇立潮头方显担当”的新期望，积极投身高水平全面建设小康社会和高水平推进社会主义现代化建设伟大实践。《浙江通志》的编纂出版，既为我们提供了丰富宝贵的现实经验，也为我们提供了可资借鉴的历史启示。我们要充分重视用志工作，加强宣传力度，拓宽用志途径，采用各种形式，不断扩大地方志的服务功能，既要让方志成为决策者的案头书，又要让志书成为广大群众喜闻乐见的精神产品，使地方志在“两个高水平”建设的新征程中发挥更大的作用。

是为序。

浙江省人民政府省长 袁家军

2018年10月8日

凡 例

一、宗旨

以马克思列宁主义、毛泽东思想、邓小平理论、“三个代表”重要思想、科学发展观、习近平新时代中国特色社会主义思想为指导，遵循辩证唯物主义和历史唯物主义原理，全面、客观、系统地记述浙江省自然、政治、经济、文化和社会的历史与现状。服务当代，垂鉴后世。

二、起讫时间

上溯事物发端，下限为 2010 年 12 月 31 日，必要时以注释等形式作适当下延。

三、地域范围

以下限时浙江省行政区域为界，原则上越境不书。

四、体裁

采用述、记、志、传、图、表、录等体裁，以志体为主。

五、结构

以卷章结构为主。

卷的设置以科学分类与现实社会分工（现行管理体制）相结合。凡具有特别重要地位、文化积淀深厚且体量较大者，设为专志，各置为卷。

卷下设章、节，节下根据需要设目、子目与细目等。凡时代特征、地方特色显著，又难以在正文中展开记述者，设为专记。

六、文体

使用规范的现代语体文。直接引用资料使用原文文体。

七、文字

以经中华人民共和国国务院批准、1986 年 10 月 10 日国家语言文字工作委员会重新发表的《简化字总表》，1955 年 12 月 22 日中华人民共和国文化部、中国文字改革委员会发布的《第一批异体字整理表》及 2013 年 6 月 5 日中华人民共和国国务院公布的《通用规范汉字表》为准，异形词以2001年12月19日中华人民共和国教育部、国家语言文字工作委员会发布的《第一批异形词整理表》为准。

人名、地名、书名、文章篇名及引录的原著文句，凡可能引起歧义、误解者，仍用原繁体字或异体字。

八、标点符号

以2011年12月30日中华人民共和国国家质量监督检验检疫总局、中国国家标准化管理委员会发布的《标点符号用法》为准。

九、称谓

中华人民共和国成立前的国家、民族、地名、组织、机构、职官等名称，除明显带有歧视、污蔑含义者加以适当处理外，原则上仍用文献记载的原名称。

志书下限时的地名使用各级政府审定的标准地名，必要时括注俗称地名。地名古今不同者，各章首次出现时在其后括注志书下限时的标准地名；隶属地域变化者，注明志书下限时所属地域。

外国的国名、地名、人名、民族名，以及政府机构、党派团体、报刊等名称，主要依照《辞海》（第六版）译名及新华通讯社译名室常用译名。各章首次出现时，根据需要括注外文原名。

生物名称使用学名，记述自然资源涉及有关生物名称的，各章首次出现时采用二名法，必要时加注当地俗名。

十、简称

各种较复杂的名称重复出现时，各章首次出现时使用全称并括注简称，其后出现直接使用简称；有关机构、单位2010年的简称均以《有关机构、单位全称与规范化简称对照表》为准；有关机构、单位2010年前的简称及其他简称采用社会上通行、不产生歧义者，且全卷保持一致。

十一、纪年

干支纪年、年号纪年及其他非公历纪年等，以汉字书写，括注公历纪年；非公历纪年后有月日的，同时括注经换算后公历纪年的月日。

民国纪年以阿拉伯数字书写，括注公历纪年。

同一自然段中同一纪年多次出现时，只在首次括注公历纪年，其后不再括注。

括注公历纪年于年份后加“年”字；括注某一时间段，则只在后一个公历纪年后加“年”字。

括注公元前年份，年份前冠“前”字；括注公元元年后年份直接书写年份，不冠“公元”。

自1949年10月1日起，采用公历纪年。

公历纪年及公历的世纪、年代、月、日和时分，均以阿拉伯数字书写。

十二、数字

按 2011 年 7 月 29 日中华人民共和国国家质量监督检验检疫总局、中国国家标准化管理委员会发布的《出版物上数字用法》表述。凡一个数字与“以上”“以下”“以内”等连用的，均含该数字。

十三 、数据

中华人民共和国成立前的数据按文献记载入志。

中华人民共和国成立后的统计数据以统计部门公布数据为准。统计部门缺失者则采用相关部门经过核实的数据，并以注释形式说明资料来源。同一内容数据有不同者，也以注释形式加以说明。重要地理信息数据采用测绘部门公布的法定数据。

十四、计量单位

按 1984 年 2 月 27 日中华人民共和国国务院发布的《中华人民共和国法定计量单位》规定表述。行文中使用单位名称或单位符号视具体情况而定。

中华人民共和国成立前的计量单位根据需要沿用旧制。

十五、货币

中华人民共和国成立前的货币币值均按文献记载入志。

中华人民共和国成立后货币币值均指人民币币值。1955 年 3 月 1 日前后人民币各按当时币值记载，不作换算。

外国货币按文献记载入志，币值不作换算。

十六、地图

按 2015 年 11 月 26 日中华人民共和国国务院公布的《地图管理条例》和浙江省人民政府 2014 年 11 月 11 日公布、2015 年 12 月 28 日修正的《浙江省地图管理办法》的规定，采用经浙江省测绘行政主管部门审核的地图。

十七、注释

直接引用(引文)、地图、图片、表格及有关重要内容，均注明资料来源。其他需要说明者，亦酌情加以注释。

引用清代及清代以前编纂的志书，注明朝代、纪年、志书名称及卷次(或卷次与篇名)；引用民国时期编纂的志书，注明“民国”两字和志书名称、卷次(或卷次与篇名)；引用 1949 年 10 月 1 日(含)以后编纂、出版的志书，注明志书名称、出版单位、出版时间及页码。志书名称与篇名均用书名号。引用私修志书，除上述各项内容外，于志书名称前注明作者姓名。

十八、资料

取之于档案、书籍、报刊、网络及社会调查等，均经考订、核实。凡记载不一者，正文采其一说，其余说法以注释形式记述。

十九、大事记述

以编年体为主，兼用纪事本末体，专设《大事记》记载全省大事；其余各有关卷设置《大事年表》记载相关大事。

二十、人物

以“生不立传”为原则，专设《人物传》予以记载；其余各有关卷所涉人物按“以事系人”“人随事出”方法处理。

目 录

概 述

作为中国古代文明的发祥地之一，浙江历史悠久，文化璀璨，数千年来编纂收藏的文献典籍丰富，素有“文献之邦”“方志之乡”之称。以编纂地方志记载历史、传承文明是浙江悠久的历史文化传统。浙江以东汉的《越绝书》、中国历史上最早的乡镇志——南宋海盐《澉水志》、在清代方志事业鼎盛期做出开创性贡献的章学诚、中国近现代史上第一个省级方志机构——浙江通志局、中华人民共和国成立后及改革开放以来全国第一座以“方志馆”冠名的浙江方志馆等一系列发展业绩，奠定了其在中国方志史上的独特地位。在这一历史过程中，先后有陆羽、陆龟蒙、周淙、陆游、周密、谈钥、潜说友、黄缙、方孝孺、田汝成、薛应旂、徐渭、谈迁、黄宗羲、齐召南、傅王露、章学诚、邵晋涵、俞樾、李慈铭、王棻、沈曾植、孙诒让、王国维、鲁迅、余绍宋、陈训正、来新夏、陈桥驿等名师大家参与修志。1985 年中华书局出版的《中国地方志联合目录》所列 8200 多种方志中，浙江就占了 641 种，约占全国总数的 1/13。中华民国时期梁启超推荐的 120 种方志佳作中，浙江省就有 20 种。中华人民共和国成立后，浙江的地方志事业进入了新的历史发展时期。特别是 20 世纪 80 年代全国启动首轮大规模修志工作以来，全省地方志工作成就卓著，成果丰硕，不仅编纂出版了大批志书年鉴，而且在学术研究、资源开发利用等方面也做了大量工作，为浙江的历史发展做出了独特的贡献，成为当代浙江文化大省、文化强省建设的重要标志。

一

浙江的地方志编纂事业源远流长。

西汉末梅福撰的《四明山记》是今可见浙江志书目录中最早的山志。东汉杨孚撰的《临海水土记》系浙江最早的风土记。《越绝书》是现存最早的记述浙江人文历史的地方文献，方志界为此有“一方之志，始于越绝”之说。

三国两晋南北朝时期，大批盛负文名之士参与修志，产生了记、志、传、典录、赞等形式的志书，一批地记和先贤传如《会稽记》《会稽先贤传》等在浙江境内先后问世。当时浙江境内各郡都有地记或先贤传的编纂。

隋唐五代时期，浙江方志开始由雏形向定型过渡。当时除了地记和先贤传的编纂之外，各地还编纂了一批图经和图志，如《吴兴图经》和《四明图志》等。

自宋代尤其自南宋始，浙江修志事业大兴。据张国淦《中国古方志考》统计，宋代纂修省志、府志、县志50种以上的有7个省，其中浙江以129种居于首位。另据《中国地方志联合目录》和《中国地方志总目提要》载，全国现存宋代方志34种，其中浙江18种，可见宋代浙江方志在全国占有的特殊地位。境内的地方志编修，由之前的地记、先贤传和图经等诸多形式，逐渐合流，并趋于定型，其编修主体也由私人转为官方。编修的志书不仅数量骤增，而且在时间上还形成了前后相继的编修局面。即便是“僻陋之邦，偏小之邑，亦必有记录也”。全国现存最早的乡镇志——海盐《澉水志》即出于此时。种类上也形成了府志、县志、镇志以及山水志、游览志等完整的地方文献体系。内容上则囊括了舆图疆域、建置沿革、山川名胜、赋税物产、职官人物、书院教育、金石艺文、风俗灾异等各方面，堪称一方之“百科全书”。南宋时期编纂的3部《临安志》和《四明图经》《四明志》《四明续志》，以及《会稽志》《吴兴志》《剡录》《赤城志》《澉水志》等，都在方志发展史上具有重要影响。

二

元、明、清时期，浙江的地方志事业继续传承。

据《中国古方志考》统计，在元代所修约160种方志中，浙江数量继续居全国首位。元代浙江编修各种方志66种，其中府志18种、县志23种、山水志12种、古迹志3种、游览志3种、文献志7种。有年代可考者39种，以至正朝为最多，共13种。浙江境内11路中，绍兴路修志最多，共11种。元代方志大多失佚，据《中国地方志总目提要》载，全国存有元代方志14种，其中浙江6种，留传至今的有至元《嘉禾志》、延祐《四明志》、至元《四明续志》等。

明代浙江一共编纂志书637种，其中可考的有364种。当时全省11府(州)75县，首次出现县县修志的景象，而且还编纂了大批的乡镇志、山水志、水利志、海防志、古迹志、游览志、文献志等。据不完全统计，明代浙江所纂637种方志是以前历代所修志书总数的3倍，数量居全国各省之冠。明代浙江开始编纂省志通志，如嘉靖四十年(1561年)，由胡宗宪修、薛应旂等纂的《浙江通志》，即为浙江最早的通志。而且明代浙江的地方志事业开始向更广领域拓展，如由收藏家范钦建于嘉靖年间的宁波天一阁藏书楼，以收藏430多种方志及其他文献而名扬天下，系中国现存最古老的藏书楼。

清代浙江地方志事业进一步发展，当时所编志书，仅府、县两级可考的就达320余种，其他各类志书数量难以统计。如乾隆年间编选的《四库全书》中，采录的方志无论是种数还是卷数，浙江均为全国各省之冠。其中康熙二十二年(1683年)由赵士麟等监修、张衡等纂的《浙江通志》，雍正十三年(1735年)由李卫主修、傅王露等纂的《浙江通志》等，都在浙江方志发展史上留下了重要的历史印迹。

清代浙江方志事业发展的一个重要标志，还在于被后人誉为方志学奠基人的章学诚(1738—1801年)所做出的开创性贡献。章学诚在方志学上的贡献主要有以下几个方面：一是阐明了方志的性质和作用，提出“志属信史”的主张。二是创立了一套完整的修志义例，提出方志分立三书(志、掌故、文征)的主张。这是章学诚方志学的精义所在，标志着其方志理论的成熟、修志体例的完备和方志学的建立。三是确立了"志"的体裁和内容。四是辨清了各类方志记载范围和界限。五是提出州县应设立志科的设想。他的主张为地方志事业的发展奠定了理论基础。

与志书编纂同步，当时其他有关社会人物和行业也从不同侧面为地方志事业发展做出了独特贡献。如湖州人陆心源所建的皕宋楼、瑞安孙氏父子所建的玉海楼、杭州丁申丁丙兄弟所建的八千卷楼、绍兴人徐树兰所建的古越藏书楼等，都收藏了大量志书文献；其他如自汉代而始的抄书业，自北宋而始的刻印业，自明代而始的贩书业和"贾客书船"业，都在此时呈现出繁荣的景象。

三

民国时期，浙江地方志事业在艰难时世中仍得以延续发展，不仅志书编纂得以持续，而且方志收藏等也得到逐步发展。

一方面，志书编修传统得以延续传承。据不完全统计，民国时期，浙江所纂各类志书、志稿约有80种。民国3年（1914年）由沈曾植创立、王国维等人参与的浙江通志局组织《浙江续通志》的编纂，但由于种种原因，浙江通志局仅存世9年，《浙江续通志》也未编成，仅遗存300多册稿本。民国31年，在云和县大坪村，余绍宋主持省通志馆工作并承担了《重修浙江通志》的编纂，一直延续到民国38年3月杭州解放前夕，其间共编志稿125册约500万字，同时还采集了总量在5万件以上的史料文献。尽管《重修浙江通志》也未能完成，但同样因保留了一大批弥足珍贵的资料而为这项事业做出了重要贡献，从而使后人得以在此基础上继续前行。

除省志编纂外，民国时期浙江各地的方志编纂也在持续进行中。如170多卷的民国《杭州府志》、140卷的民国《台州府志》及余绍宋等所纂的民国《龙游县志》、戴鸿熙等所纂的民国《汤溪县志》等一批志书先后问世。与此同时，以民国《南浔镇志》、民国《乌青镇志》和《雁荡山志稿》等为代表的乡镇志、山水志等形式的志书编纂也得到一定发展。值得关注的是，此时的志书编纂既注重遵循章学诚等前人的方志学传统理论和方志编纂规律，又注意吸收借鉴地理学、经济学、社会学等新兴学科成果，如陈训正等所纂的民国《定海县志》、民国《鄞县通志》便是典型代表。从而在新旧交替中逐步转型成为民国时期方志编纂的一个重要特点。

另一方面，除志书编纂外，民国时期浙江地方志的理论研究和志书收藏也有一定发展。如余绍宋、陈训正、寿鹏飞等人根据各自方志编纂的实际情况，对章学诚等前人的方志学说既有继承，又有创新，从而进一步推进了方志学的学科发展。而刘承幹建成于民国31年（1942年）的湖州南浔嘉业堂藏书楼，以其收藏的1200多种、3.3万册的地方志书，也为浙江地方志书的收藏和方志文化的传承做出了重要贡献。

四

中华人民共和国成立后特别是20世纪70年代末改革开放以来，由于中国共产党各级党委和各级人民政府的高度重视和全社会的大力支持，浙江的地方志事业进入了历史发展新阶段。1993年3月，中共中央总书记江泽民会见香港《明报》集团董事长查良镛（金庸）时，将《浙江地名简志》等17种浙江地方史志文献作为礼品相赠。2004年10月，中共浙江省委书记习近平到江山市白沙村调研时，登门看望农村方志工作者；2006年12月，他又在苍南县运用志书资料指导抗击台风的工作，这对浙江省以至全国方志系统影响重大，意义深远。

浙江社会主义新方志的编纂工作始于20世纪60年代。当时丽水、舟山、衢县、富阳等地率先启动地方志编修工作，但不久工作便中止，仅富阳县完成了“区域”“农业”“水利”等分志初稿。此外，舟山专区档案馆于1964年编成《舟山群岛、列岛、分岛简志》（内部刊印）。

1981年初，浙江省社会科学研究所（后改名为“浙江省社会科学院”。以下简称“省社科院”）向中共浙江省委、浙江省人民政府提交《关于开展浙江地方志工作的情况和建议》，建议建立专门班子，从县志编纂抓起；并建议成立学术团体，团结和组织地方史志工作者共同开创浙江地方志工作的新局面。浙江省新闻出版局也向中共浙江省委宣传部建议由浙江人民出版社编纂一套《浙江简志丛书》并获批准。此后，萧山、仙居、缙云、象山、建德、浦江等县相继建立机构，着手开展修志工作。

从1984年开展首轮新方志编修工作到2010年底，在两轮修志实践过程中，浙江通过开展全国及全省修志试点工作、成立省地方志专家委员会、制定制度规范、定期开展专业培训和学术研讨等一系列举措，积极致力于提高全省地方志工作水平。据不完全统计，全省新编志书数量约有2000种，总字数超过10亿字。全省共出版市、县（市、区）志书80部，计108册约1.2亿字。完成首轮《浙江省志丛书》66部计70册约7700万字。此外，各地还编纂出版了一大批乡镇（村）志、街道志、部门志、行业志、企业志、专业志、山水志、名胜志等各类志书，据不完全统计，共1369部计1374册，总计约2.8亿字。浙江境内的名山大川，如天目山、莫干山、普陀山、雁荡山，以及钱塘江、瓯江、苕溪、运河等，都编有志书。浙江的地方志书不仅数量多，而且质量水平稳步提高，在改革开放以来举办的两次全国性志书评奖活动中，浙江有8部市、县志书获一等奖。

2008年年底，浙江还启动了编纂《浙江通志》的筹备工作。经过两年多的认真调研、篇目设计论证、机构设立和人员选聘等基础性工作，2011年9月，省委办公厅、省政府办公厅下发了《〈浙江通志〉编纂工作实施方案》（浙委办〔2011〕117号），编纂工作随后全面启动。《浙江通志》规模经多次调整后，设计为113卷、约1亿字，计划于2020年全面完成。这也是继清雍正年间修成《浙江通志》270多年后，并在民国沈曾植、余绍宋等编修《浙江通志》未竟事业的基础上，浙江方志界再次编修《浙江通志》。

五

中华人民共和国成立后，特别是20世纪80年代全国第一轮修志工作启动以来，作为“方志之乡”的浙江，在编纂大量志书的同时，其他各项事业也在不断发展进步。全省各地经济社会各项事业的全面发展、对文化建设事业的日益重视，为地方志事业提供了良好的发展环境和条件。尤其是2006年国务院《地方志工作条例》颁布实施后，各级党委和政府日益重视，全社会大力支持地方志工作，依法修志的氛围日趋浓厚，全省各地的地方志事业也呈现出前所未有的发展态势。

年鉴编纂事业：浙江的年鉴编纂始于民国。中华人民共和国成立后，全省年鉴编纂工作一度停滞，直到20世纪70年代末才陆续恢复。1978年，《洞头统计年鉴》率先出版。1984年，《台州年鉴》（1983年）作为中华人民共和国成立后浙江最早创刊的综合年鉴出版。此后另有《浙江司法年鉴》等一大批专业年鉴先后问世。特别是作为浙江年鉴事业的龙头标志，《浙江经济年鉴》（1992年更名为《浙江年鉴》）自1986年创编以来，影响不断扩大，质量逐步提升。2006年国务院《地方志工作条例》颁布实施后，在全省地方志系统统一组织管理下，全省年鉴编纂工作有序展开，编纂质量稳步提升。以获特等奖的《浙江外事年鉴》《浙江公安年鉴》《杭州年鉴》《温州年鉴》等为代表，浙江年鉴在全国各类评奖活动中屡获殊荣。至2010年底，全省公开出版省级综合年鉴1种，市级综合年鉴11种，县级综合年鉴55种；另编有省级专业年鉴90余种，市县级专业年鉴近280种。全省年鉴编纂事业进入定期修编、逐步向各领域全覆盖的快速发展时期。

方志学术研究：注重学术研究是浙江“方志之乡”的传统优势。从20世纪80年代第一轮修志开始至2010年，浙江通过面向全省地方志系统定期开展课题研究、设立宁波大学方志学专业和中国（浙江）地方志学术研究中心、成立省地方志专家委员会、开展“全省方志系统人才梯队”建设工作、承办国际国内学术会议活动等多种方式，积极致力于推进地方志的学术研究和学科建设，这些举措也有效提升了全省广大地方志工作者的专业素质和学术水平。据不完全统计，全省地方志工作者（包括浙籍学人）共在省级以上报刊发表论文1000余篇，出版专著近百部，其中洪焕椿的《浙江方志考》、陈桥驿的《陈桥驿方志论集》、来新夏的《方志学概论》、仓修良的《方志学通论》、魏桥的《两轮修志说》等论著，均在全国方志界产生了重要影响。多项成果分获省哲学社会科学优秀成果一等奖、省新闻出版“树人奖”等各种奖励。

成立于1985年的浙江省地方志学会，经1996年、2010年两次换届，专业特色逐渐彰显，学术活动较为频繁，从2007年至2010年，先后举办了3届“浙江方志研究论坛”暨学术年会，共收到论文200余篇，其中有57篇获奖，已出版3部论文集。

创刊于1985年的《浙江方志信息》（后更名为《浙江方志》）系学术双月刊，到2010年底已编发150多期，并以其学术特色和编辑质量在全国方志界产生了较大影响。到2010年，全省还有市、县（市、区）两级史志刊物62种，数量居全国各省（区、市）第一位，它们共同为浙江方志界扩大影响、提升学术水平做出了重要贡献。

旧志文献整理和方志资源的开发利用：20世纪80年代全国新时期第一轮修志工作开展以来，省地方志办公室先后整理出版了雍正《浙江通志》和《宋元浙江方志集成》〔获第十六届浙江省哲学社会科学优秀成果(基础理论类)一等奖〕、民国《重修浙江通志稿》等一大批旧志文献。同时，还千方百计通过复制文本和缩微胶卷等方式寻找并引回一批散失在海外的旧志孤本，并对在修志过程中发现的未见著录的民国时期编修的县志稿进行了整理。

在地方志资源的开发利用方面，1987年，省地方志编纂室专门编纂了《方志功能面面观》一书，分港湾开发、城乡建设、资源利用、旅游开发、传统产品恢复、文物保护等12类，记载了115个方志服务全省经济社会发展和发挥经济社会效益的实例。另外还编有《浙江省情地图集》等一大批地方历史文献，在服务全省经济和社会发展过程中发挥了积极作用。与此同时，浙江各地的志书年鉴出版后，不少都成了当地党委、政府和社会各界开展对外交流的重要载体，成为介绍和宣传地情的窗口，从而有效促进了世界对浙江、对中国的了解。

从20世纪50年代起，浙江地方志工作者便通过在《浙江日报》发表《浙江方志述略》等文章宣传地方志工作。多年来，全省地方志系统利用所办杂志、网站等多种手段，以国务院《地方志工作条例》学习宣传活动、社会科学科普周活动等各种方式，进一步传承了方志文化，有效扩大了地方志工作的影响。

方志馆建设事业：民国3年(1914年)，浙江建立了中国近现代史上第一个较为规范的省级方志机构——浙江通志局，并对全国方志机构成立发展产生了较大影响。1990年3月，省地方志编纂室、建德县(今建德市)地方志办公室等单位联合发出《关于征集地方志筹建方志馆的通知》，经过一段时间筹备，“浙江方志馆”在该县新安江镇正式挂牌建立，馆舍借建德县档案馆库房，收藏征集到的志书等文献共计1052种2320册。同年4月15日，新华社播发通稿：我国第一家专门收集社会主义时期第一代方志的方志馆在浙江省建立。这也是中国方志史上有据可查的第一家以“方志馆”命名的方志机构，在全国方志界起到了重要的导向作用。与此同时，各地的图书馆、档案馆、博物馆等文化场馆也通过不同方式展陈志书，如1997年在宁波天一阁藏书楼建立的“中国地方志珍藏馆”，2010年常山县地方志办公室与常山县档案馆合建的常山县方志馆，浙江省及杭州市档案馆各自建立的方志展馆、展厅等，都为传播、传承浙江的地方志事业起到了积极作用。

信息化建设事业：长期以来，浙江省方志界积极探索地方志信息化工作，力求促进方志文献传播、利用效率和价值的最大化。20世纪90年代，浙江便在全国率先推出了《浙江省名村志》《浙江新编地方志资料集萃》等一批地方志电子出版物。进入新世纪以来，浙江还陆续制作出版了《浙江省首轮新编市(地区)志数字化集成》和《县(市、区)志书数字化集成》等一批电子出版物，使地方志这种传统文化形式不断向现代化转型发展。

2002年，浙江地方志网站正式开通，此后经多次改版，内容渐趋丰富，时效不断增强，已成为全省地方志系统工作交流和对外宣传的重要窗口。很多市、县(市、区)方志机构也建立了以介绍地情、宣传方志文化为主要内容的方志网(或网页)，它们除了大量上传志鉴内容以供读者查阅、利用外，还开辟了各种栏目，向社会提供各种地情资料，有效推进了方志文献的开发利用。

机构与队伍建设：浙江地方志机构和专职人员队伍的组建始于民国时期。中华人民共和国成立后，浙江的地方志事业日益发展，机构队伍逐步扩大。1984年，浙江省地方志编纂室成立（1992年4月并入浙江省地方志编纂委员会办公室）；1991年11月，浙江省地方志编纂委员会及办公室成立。2006年，省地方志编纂委员会办公室由县处级升格为副厅级，为省社科院代管的纯公益类事业单位；2009年经省机构编制委员会办公室发文同意，增挂"浙江省人民政府地方志办公室"牌子。

伴随着地方志事业的逐步发展，各地的地方志机构渐趋健全，队伍不断壮大。至2010年，全省各市、县（市、区）基本都有机构、有人员从事地方志工作，机构性质稳定的有94个（其中与党史、档案等部门合署的有63个），大部分机构实行参照公务员管理，少部分系事业单位。全省共有专职地方志工作者879人，其中正式在编的454人。广大地方志工作者以修志编鉴、促进事业全面发展的出色业绩，为全省地方志和经济社会发展各项事业做出了应有的贡献。

如果以东汉末年《越绝书》为标志，浙江地方志事业已走过了近2000年的发展历程。其间，既有"乱世修志"的艰难坎坷，更有"盛世修志"的璀璨辉煌。修志问道启未来，志存高远著华章。展望未来，在文化浙江建设过程中，浙江的广大地方志工作者将勇担重任，力创佳绩，浙江的地方志事业也一定会勇立潮头，再创辉煌！

第一章　省级志书编纂

秦代以前，现浙江省境曾为吴国、越国所辖。秦统一后，推行郡县制度，设有会稽郡和鄣郡、闽中郡。汉代，鄣郡改为丹阳郡，会稽郡分设吴郡。三国两晋南北朝时期，又分设吴兴郡、东阳郡、临海郡、新都郡、永嘉郡等。隋唐时期，改郡为州，州之上设道。唐初，浙江隶属江南东道。唐肃宗时，江南东道又下设浙江东道、浙江西道。五代时为吴越国所辖。北宋时，浙江隶属两浙路，南宋时分为两浙东路、两浙西路。元代设立行省，浙江隶属江浙行省。明代设浙江行省，置浙江布政使司。清沿明制。民国时，设浙江省地方政府。中华人民共和国成立后，设浙江省地方人民政府。从东汉的《越绝书》开始，至元代以前，历代纂有一些郡书地记等浙江地方历史文献，明代以后始编纂通志、省志丛书等省志。至 2010 年，重修《浙江通志》工作正在进行中。

第一节　通　　志

在中国方志发展史上，“通志”有两种含义：一是“以省为记述范围的地方志书”，故又称“省志”；二是相对于“专志”和“断代体志书”而言，前者主要记述某一类事物的历史和发展变化，后者主要记述某一时期的历史和发展变化，而“通志”的记述范围则远远大于专志，同时在时间跨度上又要求贯通古今，纵不断线。① 《浙江通志・地方志专志》所指“通志”，一般是指贯通古今的“省志”。

浙江省记述一省的地方志书——通志从明代开始编纂。从明代至中华民国，先后进行 5 次编纂。现存有明嘉靖《浙江通志》、清康熙《浙江通志》、清雍正《浙江通志》、民国《浙江续通志（稿）》、民国《重修浙江通志（稿）》。2008 年，省政府批准同意启动重修《浙江通志》筹备工作。

一、明嘉靖《浙江通志》

明嘉靖《浙江通志》于明嘉靖四十年（1561 年）成书，同年刊行，由浙江总督胡宗宪修，薛

① 参见黄苇主编：《中国地方志词典》，黄山书社 1986 年版，第 477 页。

应旂[①]等纂。据该志徐阶、薛应旂序，嘉靖十四年至十五年间，浙江按察佥事兼提督学政徐阶受巡按御史张君委托，开始纂修通志，后因人事变动而未果。嘉靖三十年薛应旂任提学副使后，接受修志之任，于是遍访徐阶志稿，得所录史传全文及各志铭 11 册。在徐稿的基础上，薛应旂等经十载艰辛，七易其稿，始成全志。该志编纂，从徐稿算起，先后达 26 年，全书 72 卷，首为目录、小叙、例义、全浙地理图，次分地理、建置、贡赋、祠祀、官师、人物、选举、艺文、经武、都会、杂志等志。其中：地理志 12 卷，扬州、杭州、嘉兴、湖州、严州、金华、衢州、处州、绍兴、宁波、台州、温州各为 1 卷。建置志 4 卷，分督府、巡院、盐院、织造府、部署、布政司、按察司、都司、运司、贡院和杭、嘉、湖、严、金、衢、处、绍、宁、台、温各府。贡赋志 2 卷，全浙、盐课各 1 卷。祠祀志 2 卷，分杭、嘉、湖、严、金、衢、处、绍、宁、台、温各府。官师志 15 卷，分周、秦、汉、吴、晋、宋、齐、梁、陈、隋、唐、五代、宋、元、明。人物志 14 卷，分汉、吴、晋、宋、齐、梁、陈、隋、唐、五代、宋、元、明，列女单独立目。都会志 2 卷，记春秋越国、吴越国和南宋都会会稽、杭州。杂志 10 卷，分天文、祥异、形势、风俗、两浙前代官制、仙释、术艺、物产、寺观、野史诸目。此书嘉靖四十年刊行，北京图书馆、上海图书馆、天津图书馆、南京图书馆、浙江图书馆等有藏。

二、清康熙《浙江通志》

清康熙十一年（1672 年），清廷诏令各省纂修通志，但不久发生“三藩之乱”，浙江受战事波及，浙江督抚应接战事不暇，编纂通志之事便被搁置。至康熙二十二年，开始编修通志。该志由闽浙总督赵士麟等监修，纂者有张衡等人。志稿于当年即完成，编纂时间甚短，仅 50 卷，加卷首 1 卷，次年便刻印成书，由赵士麟进呈朝廷。康熙《浙江通志》的内容有如下类别：图考、沿革、星野、疆域、城池、公署、山川、形势、古迹、关梁、都会、水利、风俗、田赋、户口、盐课、物产、学校、祠祀、寺观、陵墓、文职官、武职官、兵防、帝王、名宦、选举、人物、儒林、孝义、文苑、隐逸、寓贤、列女、方技、仙释、艺文、杂记，共 38 项。该志基本内容取自明嘉靖《浙江通志》，只是在门类的设置上有所变化，将水利、帝王、星野等单独置为门类，又将原杂志中的形势、官制、物产分出。其具体内容据明嘉靖《浙江通志》删减续补，其门类的设置较明嘉靖《浙江通志》有所发展，并为此后的雍正《浙江通志》所采纳，从而奠定了清代浙江通志的体例基础。北京图书馆、上海图书馆、天津图书馆、南京图书馆、浙江图书馆及北京大学图书馆、复旦大学图书馆、南京大学图书馆藏有康熙二十三年刊本。

三、清雍正《浙江通志》

清雍正七年（1729 年），朝廷为纂修《大清一统志》，再次诏令各省督抚修纂志书。当时闽浙总督李卫以傅王露[②]等为纂者，于杭州设志局纂修浙江通志。雍正十三年，志稿完成，次年（乾隆元年）由总督嵇曾筠进呈朝廷，并付刻成书。该志编纂于雍正期间，因此被称为雍正《浙

① 薛应旂（1500—1572），字仲常，号方山，江苏武进人。明嘉靖十四年（1535 年）进士。历任浙江慈溪知县、南京吏部考功郎中，因忤严嵩，谪建昌通判，迁浙江提学副使，后罢归。又编纂天目山、括苍山诸山志。

② 傅王露，绍兴会稽县（今越城区）人，生卒年不详。康熙五十五年（1716 年）进士，曾任翰林院编修。雍正七年（1729 年）任江西学政，历任詹事府左中允左庶子、武英殿纂修。后辞官回乡，居家近 40 年。曾纂《西湖志》。

江通志》，但也有人根据进呈与首刻时间均为乾隆元年(1736年)，遂将其称为乾隆《浙江通志》。除乾隆元年的原刊本外，有嘉庆十七年(1812年)修补重刊本、光绪二十五年(1899年)浙江书局复刻本及民国25年(1936年)商务印书馆影印光绪二十五年本。

雍正《浙江通志》正文280卷，卷首3卷。其门类设置以康熙《浙江通志》为基础，删除帝王门，以建置易换沿革，将兵防分为兵制、海防，另设海塘、蠲恤、漕运、经籍、名臣等门类，共增17门，合为57项。其具体内容与门类设置为：卷首卷一、卷二为诏谕，卷三为圣制。正文卷一为图说，有省治、诸府及海防等图，采用白描绘画方式制作，多涉及名胜古迹；卷二星野，收历代有关文献；卷三疆域，叙述省、府、县境；卷四至卷八建置，为浙江及府、县政区的状况与变迁；卷九至卷二十一为山川，载山野河流；卷二十二为形胜；卷二十三、卷二十四为城池，广涉各府诸州；卷二十五至卷二十九为学校，载省、府、县儒学与书院等；卷三十至卷三十二为公署，广涉省、府、县及其他公署；卷三十三至卷三十八为桥梁；卷三十九至卷五十一为古迹，有古城、名人旧宅及亭园、楼榭等；卷五十二至卷六十一为水利，分河、湖、塘、堰、坝、闸、埂、堤等种类；卷六十二至卷六十七为海塘，主要为清顺治、康熙、雍正时期修建海塘的记载，资料多取自工程档案、奏疏及府县志及文论等；卷六十八至卷七十为田赋，为省、府、县的土地、田亩、山丘、河荡的面积与征银的数量；卷七十一至卷七十四为户口，并非人口实数，系按赋役全书分县辑录；卷七十五、卷七十六为蠲恤，分上、下卷，上卷载历代免除租赋赈济灾荒等事项，下卷则为清代有关诏令等；卷七十七至卷七十九为积贮，分上、中、下三卷，上卷、中卷为各府、县积粮的记载，下卷载仓廒；卷八十至卷八十二为漕运，分上、中、下三卷，上卷为历代状况，中卷、下卷为清代的情况；卷八十三至卷八十五为盐法，分上、中、下三卷，上卷、中卷记有关诏令，下卷分官制、场灶、引目、掣执、课额等目；卷八十六为榷税，以清代为主要内容；卷八十七为钱法，有货币制度及清代的收铜、铸钱、管理机构、人员、禁令等项内容；卷八十八、卷八十九为驿传，仅载清代的有关内容；卷九十至卷九十四为兵制，以清代兵制为主；卷九十五至卷九十八为海防，其首卷统叙清代海防，余者为清代的有关诏令、沿海六府驻军制度等内容；卷九十九、卷一百为风俗；卷一百零一至卷一百零七为物产；卷一百零八、卷一百零九为祥异，记天现异常、各类灾害、神仙鬼怪及其他奇异事件；卷一百一十为封荫；卷一百十一至卷一百二十二为职官；卷一百二十三至卷一百四十五为选举；卷一百四十六至卷一百五十七为名宦；卷一百五十八至卷一百九十三为人物，分名臣、忠臣、循吏、武功、儒林、文苑、孝友、义行、介节、隐逸等；卷一百九十四、卷一百九十五为寓贤，记载历代客居浙江的名人；卷一百九十六、卷一百九十七为方技，记载书、画、医、卜及其他有奇异技能者；卷一百九十八至卷二百零一为仙释；卷二百零二至卷二百十六为列女；卷二百十七至卷二百二十五为祠祀；卷二百二十六至卷二百三十四为寺观；卷二百三十五至卷二百四十为陵墓；卷二百四十一至卷二百五十四为经籍，载录各类文献，其前12卷分经、史、子、集四部分录，后两卷载此志之前的浙江通志、各府县志，及学校、兵制、海防、海塘、水利、寺观等有关记述和传记、家谱、年谱等，类别繁多；卷二百五十五至卷二百五十八为碑碣，采自府、县志及其他文献；卷二百五十九至卷二百七十八为艺文，分文、诗二类；卷二百七十九、卷二百八十广采各类轶事遗文。

四、民国《浙江续通志(稿)》

民国3年(1914年),浙江省设立通志局,在雍正《浙江通志》的基础上续修省志。省当局聘请沈曾植①为总纂。当时,浙江省通志局提调为喻长霖、徐定超,其他编纂人员有朱祖谋、章梫、王国维、朱福清、陶葆廉、金蓉镜、刘承幹、吴庆坻等,共30余人。此外,各县均设有采访员数人。

民国《浙江续通志》的纂修凡例、大纲由沈曾植拟定,时限自清乾隆元年(1736年)起至宣统三年(1911年)止,乾隆以前继承雍正《浙江通志》。因属续修性质,志书的门类设置与雍正《浙江通志》一脉相承。有疆域、建置、山川、形胜、城池、学校、公署、关梁、水利、海塘、田赋、厘金、户口、蠲恤、积储、漕运、盐法、钱法、驿传、兵制、海防、风俗、寺观、陵墓、金石、职官、经籍、人物等类,另新增大事纪、经纬度、里程表、地方自治、地质等门类与内容。

为早日完成编纂,民国8年(1919年),浙江省通志局即督促各县搜集资料。沈曾植逝世后,编纂工作便陷于停滞。民国12年,浙江省议会决定裁撤通志局,遗有志稿200余册。民国16年,浙江省长公署将志稿交浙江图书馆收藏,上海图书馆、嘉兴图书馆等处也藏有部分志稿。

沈曾植主纂的《浙江续通志(稿)》虽未完成,但续修之举却始终受到浙江各界重视,后人为此多次提议重修《浙江通志》。民国18年(1929年),浙江大学校长蒋梦麟以省志多出于前清遗老之手,内容及精神不合现代要求为由,在国立中山大学《语言历史学研究所周刊》上,发表了《续修浙江省志提案》。在此文中,蒋梦麟甚至提出应解散方志之体,转以编辑年鉴、专门调查及省史三书取而代之。此文虽言辞较为激烈,观点也有所偏颇,但却引起志界广泛关注,并对方志创新改革具有积极推动作用。

图110-1-1-1　1993年,为纪念抗日战争时期浙江省通志馆所做工作,在永康设立的“民国浙江省史料征集委员会遗址碑”(浙江省地方志办公室提供)

五、民国《重修浙江通志(稿)》

民国26年(1937年),抗日战争全面爆发,日军侵入浙江,浙江省政府转辗迁至永康、云和等地。民国31年5月,省政府筹备重修《浙江通志》,在云和设立省史料征集委员会,聘余绍宋为主任委员。

民国31年(1942年)省史料征集委员会设置后,便向省直属机关及包括沦陷区在内的各县广发通知,令其设置组织搜集资

① 沈曾植(1850—1922),字子培,号乙庵,晚号寐叟,浙江嘉兴人。清光绪六年(1880年)进士,后任刑部主事、员外郎,光绪二十九年以刑部郎中外放江西广信知府。光绪三十二年迁安徽提学使,次年署理布政使,不久又代理巡抚。沈曾植通史学,以辽、金、元三史见长。政治上较保守,辞官后与郑孝胥等人组织宗社党。辛亥革命后定居上海,民国3年(1914年)受聘至杭州主持浙江省通志局。民国6年参与张勋复辟,民国11年病逝于上海。

料。民国32年，省史料征集委员会改为“浙江省通志馆”，余绍宋任馆长，凌士均任副馆长，孙延钊任总编纂，设编纂20余人，均由省政府聘任；另有分纂10余人，由馆长聘请。其后，又设浙东办事处、浙西办事处，每办事处设主任1人、分纂数人，另雇有办事员与工人；各县市成立文史馆等组织，并聘有采访员。浙江省通志馆还出有专刊，名《浙江省通志馆馆刊》。

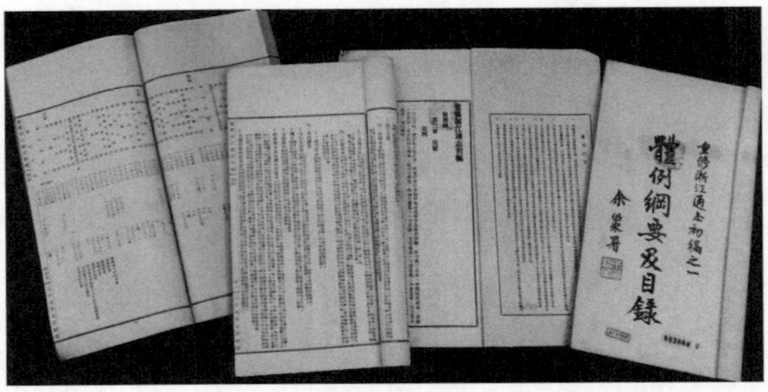

图110-1-1-2 抗日战争时期余绍宋主持浙江通志馆时所修的《浙江通志》部分志稿（浙江省地方志办公室提供）

浙江省通志馆建立后，余绍宋在《浙江通志馆馆刊》创刊号发表了《浙江省通志编纂大纲草案》一文，拟定了重修通志的体例。此次纂修通志无时间上限，属重修性质。其主要内容与门类为：

1. 纪：大事纪，采用编年体裁。

2. 考：疆域考，下设沿革、经纬度数。地理考，下设全省形势、气候、雨量、潮汐、地质、省县市沿革表。民族考，下设民族、人口、方言、外侨。社会考，下设生活情形、职业概况、谚语歌谣、婚丧祭礼、岁时礼俗、地方习俗。田地考，下设农田、山地、农户、田价地价山价、水利。物产考，下设矿产、农产、水产、特产。艺文考，下设著述、艺术。古迹考，下设古时公共建筑、碑碣、故宅、名胜、陵墓、古物。

3. 略：党务略，下分省市县党部、三民主义青年团、民众团体、动员工作。议会略，下分省议会、县自治及议会。一般行政略，下分省政府及各厅处，行政督察区，县、市、地方自治行政，地政、警察、会计、救济、卫生、劳役。司法略，下分法院、诉讼案、监狱、律师会计师。教育略，下分组织机构、学校制度及经费、社会教育、留学、印刷局、报社、训练。实业略，下分银行、合作、公共企业、农业、渔业、矿业、盐业、森林、工业、商业、物价、封锁政策。交通略，下分铁路、公路、水路、驿传、电报电话邮政。财务略，分预算、决算、税务、海关、盐务、公债、专卖、公款公产。粮政略，下分田赋、仓廒、运输、备荒。军事略，下分海防、要塞及堡垒、征兵、自卫队、保安队、军械、军医、军法、军民合作。宗教略，下分佛教、道教、回教、基督教、异教。建置略，下分城池、桥梁、海塘、祠庙。

4. 传：有人物传、列女传、宦绩。

5. 谱：选举略，下分考试、学制、议员。职官略，下分历代制度及现制、文官表、武官表。

以上为正志，此外有附志。附志有杂记、两浙文征。杂记附于正志之后。两浙文征仿明《文选》之例，诗文并收。诗、文两类又分内外编，浙江人所作诗文收入内编，非浙江籍人所作收入外编；编排以年代为序，内编除介绍作者简历外，并注明所采诗文的出处。

抗日战争胜利后，浙江省通志馆迁至杭州里西湖梅庐，由此时始，重修《浙江通志》的工作方纳入正轨，编纂速度加快。民国37年（1948年），部分志稿已近于完成，省通志馆制订《重修浙江通志体例纲要及目录》，用以统率全书的编纂。同年，财务略第二章付印。民国38年3月，浙江省通志馆解散，志书编纂停止。民国《重修浙江通志》稿后由浙江图书馆收藏，共

125 册，其编排并非按原编纂大纲的形式，而是以类别相近加以排列。其次序为：叙例、大事纪、地理、民族、物产、建置、名胜古迹、著述、艺术、党团、议会、司法、行政、财务、盐务、国税、省公债、计政、粮政、军事、水利、交通、实业、宗教、考选、人物表传、儒学表及文征等。

表 110-1-1-1　　中华人民共和国成立以前《浙江通志》编纂情况一览表

书　　名	编纂(定稿)时间	主修(纂)人员	卷　数	备　　注
嘉靖《浙江通志》	嘉靖四十年(1561 年)	胡宗宪、薛应旂等	72 卷	
康熙《浙江通志》	康熙二十二年(1683 年)	赵士麟、张衡等	50 卷，首 1 卷	
雍正《浙江通志》	雍正十三年(1735 年)	李卫、傅王露等	280 卷，首 3 卷	《四库全书》收录，中华书局 2001 年出版标点本。
民国《浙江续通志(稿)》	民国 3 年(1914 年)设浙江省通志局修志，民国 8 年解散	沈曾植、喻长霖等	200 余册	未成稿由浙江图书馆收藏。上海图书馆、嘉兴图书馆藏有部分志稿。
民国《重修浙江通志(稿)》	民国 31 年(1942 年)设浙江省史料征集委员会，次年改为浙江省通志馆。民国 37 年，初稿基本完成	余绍宋、凌士钧等	125 册	未成稿由浙江图书馆收藏。1982 年曾内部复印。

六、重修《浙江通志》

2008 年 12 月，浙江省地方志编纂委员会办公室(以下简称“省地方志办公室”)按中国地方志指导小组办公室意见，在认真调研并听取各方意见的基础上，向浙江省人民政府提交了《关于新编〈浙江通志〉编纂工作的汇报》。同年 12 月 20 日和 22 日，常务副省长陈敏尔和省长吕祖善分别做出批示，同意启动重修《浙江通志》工作。全志计划按自然、政治、经济、文化、社会五大门类，设为 100 卷左右，总规模约 6000 万字(后正式调整为 113 卷，约 1 亿字)，设想在 2015 年完成(后经省政府同意，调整为 2018 年基本完成，2020 年全面完成)。省地方志办公室随即开始了筹备工作。

图 110-1-1-3　2010 年 10 月，《浙江通志》编纂工作座谈会在杭州举行(浙江省地方志办公室提供)

2009 年 3 月，浙江省机构编制委员会办公室下发文件，同意省地方志办公室增挂“浙江省人民政府地方志办公室”牌子。同年 11 月，省编办又下文，同意省地方志办公室增加内设机构、事业编制和领导职数。经批复后的省地方志办公室内设综合处、编纂一处、编纂二处，事业编制为16人。2010年3月，省地方志办公室通过媒体发布招聘启事，经笔试、面试及考察，共录用编辑人员10名、其他人员5名。省地方志办公室还聘请浙江大学退休教授李志廷到省地方志办公室指导通志编修工作。这些都为重修《浙江通志》工作提供了组织保证和人才力量。

2009年12月4日，省委书记、省人大常委会主任赵洪祝在省委常委、宣传部部长黄坤明等陪同下，到省社科院调研，并专程到省地方志办公室了解情况。2010年3月和4月，省委常委、省委宣传部部长茅临生与副省长郑继伟也分别到省地方志办公室，调研和部署《浙江通志》编修等工作，为重修《浙江通志》指明了方向并规划了路径。

省地方志办公室边筹备边开展工作，《浙江通志》卷目设计和篇目论证工作有序展开。2010年4月，省地方志办公室首先在内部召开《浙江省志（通志）》卷目讨论会。5月和6月，又连续多次组织召开"浙江省志（通志）编纂工作汇报会暨院内专家论证会"，省社科院党委书记林吕建、院长迟全华及全体院领导、各所所长和一批专家参加讨论论证。

从2010年下半年开始，省地方志办公室面向社会广泛开展了《浙江通志》卷目设计和征求意见工作。7月，省政府副秘书长马林云主持召开省直机关地方志编纂工作座谈会并征求意见。7—11月，按自然、政治、经济、文化和社会等志书编纂五大部类，省地方志办公室先后在杭州5次召开座谈会，陆续有省直机关、中央在浙单位、部队武警及有关企事业共上百个单位的领导、专家和编纂人员参加会议。会议分门别类，对五大部类总体框架和具体篇目进行认真讨论和反复论证，并形成较为一致的初步意见。同时，2009年12月，省地方志办公室还编纂了《〈浙江通志〉编纂备览》一书，以为省志编纂提供知识指导和业务规范。

为使编纂人员充分了解省情，为《浙江通志》编纂工作做准备，省地方志办公室还于2009年起，开展了"穿越历史文化之旅"活动，按历史发展顺序，先后组织全办人员参观了省内距今约1万年的浦江上山文化，距今约8000年的萧山跨湖桥文化，距今约7000年的余姚河姆渡文化，距今约5000年的余杭良渚文化和省博物馆、省档案馆等文化场所。活动使修志人员仿佛身临其境，既通过生动形象的方式增长了知识，又增加了对浙江的切深了解和深厚感情，对开展《浙江通志》编纂工作十分有益。

2010年7月，华东地区省级地方志机构主任座谈会在莫干山召开，中国地方志指导小组（以下简称"中指组"）办公室副主任刘玉宏及华东六省一市的省级方志机构主任出席会议。会议对《〈浙江通志〉卷目（修订版）》进行讨论论证。同年12月，省地方志办公室主任潘捷军等还专程到北京，向中国社科院副院长、中指组常务副组长朱佳木作专题汇报。同时在中指组办公室召开专题汇报会，中指组秘书长兼办公室主任田嘉，副主任刘玉宏、邱新立及有关专家听取汇报，对《〈浙江通志〉卷目（修订版）》给予充分肯定，并提出修改建议。

图110-1-1-4　2010年12月，中国社会科学院副院长、中国地方志指导小组常务副组长朱佳木在京听取浙江省地方志办公室主任潘捷军的《浙江通志》编纂工作汇报（浙江省地方志办公室提供）

两年内,《浙江通志》卷目先后经 17 次修改,总体框架设计和卷目编纂基本完成。2010 年 11 月,省政府副秘书长、办公厅主任俞仲达对《〈浙江通志〉卷目(修订版)》也提出了具体的指导意见。至年底,《浙江通志》篇目框架正式形成,随后进入组织发动和编纂阶段。

第二节　省志丛书

《浙江省志丛书》的编纂以编辑《浙江简志丛书》为发端。1981 年 3 月,浙江人民出版社组织有关部门和人员开始编写《浙江简志丛书》。按省级区域范围编纂多卷本的简志丛书,是省志编纂形式的一次尝试。① 1985 年开始,浙江省地方志编纂室(后为浙江省地方志编纂委员会办公室)根据管理体制、工作条件等当时的实际情况,又组织省级有关部门开展编纂《浙江省志丛书》,作为改革开放后首轮省志编纂的形式。

一、《浙江简志丛书》

1981 年 3 月,经中共浙江省委宣传部批准,浙江人民出版社开始编纂《浙江简志丛书》,共出版《浙江分县简志》《浙江人物简志》《浙江地理简志》《浙江文物简志》《浙江风俗简志》《浙江土特产简志》《浙江教育简志》《浙江地名简志》《浙江灾异简志》9 本简志。这 9 本简志都以简明扼要见长,篇幅虽短,但概貌记述清楚。其中:

《浙江分县简志》(徐规等主编)卷首有全省性地图 10 幅,以及浙江建置沿革表、浙江概述。主体部分按当时行政区划立篇,每篇分历史沿革、自然环境、经济概况、文教卫生和名胜古迹 5 个部分。

《浙江人物简志》(魏桥等等编撰)分上、中、下 3 册出版,收录自先秦至 1980 年浙江籍人物 1359 名,记载其生卒年份和生平简历,是中华人民共和国成立后第一部全省性的人物志。

《浙江地理简志》(陈桥驿等编撰)分自然地理和人文地理两卷,在自然地理卷中,分列地质矿产、地貌、气候、水文、地域、土壤地理和植被地理 6 篇;在人文地理卷中,分列建制沿革、历史地理、经济地理、人口地理、城市地理、旅游地理 6 篇。

《浙江文物简志》(王士伦主编)分全国重点文物保护单位和省级重点文物保护单位两部分。全国重点文物保护单位有余姚河姆渡遗址、杭州六和塔、宁波保国寺、杭州岳飞墓(庙)、杭州飞来峰造像及宁波天一阁等 6 处;省级重点文物保护单位有古遗址、古窑址、古墓葬、古建筑、古代石窟造像、历代名人纪念建筑及墓葬、革命遗址等 102 处。随文有 106 幅文物或文化遗址的照片。

《浙江风俗简志》(于彤主编)首为浙江风俗概说,后按地区立篇,每篇除概述外,按生产、生活、礼俗、岁时、社会 5 类习俗分章,全面记述浙江世代传承的风俗和其他民俗事象。

《浙江土特产简志》以市、地区为单位立篇,分门别类介绍全省 400 余种土特产品的产地、

---

① 1964 年,舟山专区档案馆编纂《舟山群岛列岛分岛简志》,64 页,内部印行。

产量、特色、价值，以及在国内外的影响，产品的历史、现状和未来发展趋势。

《浙江教育简志》分古代、近现代、当代浙江教育 3 章，记述浙江教育的历史和现状。

《浙江地名简志》以地名为线索，着重介绍浙江地名由来、地名沿革、历史掌故、乡土地理知识。

《浙江灾异简志》（陈桥驿编）记述浙江历史上发生过的重大自然灾害事件。

《浙江简志丛书》的陆续出版，引起国内外方志界及学者的关注。中国香港《读者良友》和日本《东方》等杂志相继介绍了这套丛书。1993 年 3 月，中共中央总书记江泽民会见香港《明报》集团董事长查良镛（金庸）时，将该丛书中的几种作为礼品赠送。

二、《浙江省志丛书》

1985 年后，在浙江省地方志编纂室的组织指导下，省水利厅、省供销社、省体委、省公安厅、省交通厅等省级单位开始编写专业志。例如，浙江省江河水利志编纂委员会于 1984 年 8 月成立，浙江省供销合作社史料编辑委员会于 1985 年 6 月成立，等等，这些机构的成立为全省改革开放后的方志编修工作起到了积极的示范引导作用。

1985 年 10 月，中共浙江省委书记王芳在向浙江省地方志学会成立大会暨首次学术研讨会所发的贺词中，要求“在‘七五’计划内，大多数的市、县能够把市、县志修好，再把新的《浙江省志》修出来”。1989 年 1 月，省委顾问委员会主任薛驹在听取有关汇报时，要求把方志工作作为基础工作、基本建设来抓。并指出在继续抓好市县地方志编纂工作的同时，省一级的通志还是分部门编专志好。1992 年 4 月，省长、省地方志编委会主任葛洪升主持召开省地方志编委会会议。关于省志编纂，会议研究，可以采取两种形式：一是编一套《浙江省志丛书》，由省地方志编委会统一制定方案、体例和规则等，由各部门及有关单位以专业分类为主组织编纂，最后统一审定出版；二是编一部《浙江省志》（精编本），着重从总体上系统记载浙江的历史与现状。这样一详一简，可根据需要应用，以发挥各种形式志书不同的功能作用。会后，这次会议的主要内容由省政府办公厅以《专题会议纪要》形式下发。省地方志编委会据此决定改革开放后首轮省志编纂采取省志丛书形式。自 1988 年第一部专业志《浙江省供销合作社志》交付出版后，水利、电力、交通、商业、丝绸、烟草、公安、教育、哲学社会科学、体育、人物、名镇等志陆续出版，至 2010 年底共出版 65 部（到 2016 年止共出版 71 部）。

1998 年 1 月，省长、省地方志编委会主任柴松岳在为《浙江省志丛书》所作的《总序》中指出：“浙江省志采用《省志丛书》和《省志精编本》两种形式。丛书为多卷本，涵盖全省，体例完备。通贯古今，详今明古；分则独立，合则系列；以详见长，蔚为大观。”2003 年 2 月，省长、省地方志编委会主任吕祖善在为《浙江省志丛书》所作的《总序》中也指出：“《浙江省志丛书》是记载浙江社会、政治、经济、文化状况的系列丛书。它上溯史前，下至当代；详今明古，涵盖百业；有分有合，蔚为大观。”从而概括了《浙江省志丛书》的基本特点。2003 年初，省委成立《浙江概览》编撰委员会，组织编纂《浙江概览》，舒国增任主编。《浙江概览（2004 年版）》于 2004 年 7 月由浙江人民出版社出版。后每年推出新版。至 2010 年改分综合卷和经济卷，均由浙江人民出版社出版。

表 110-1-2-1　　《浙江省志丛书》一览表(71 部)

书　　名	编纂单位(个人)	上限	下限	出版单位	出版时间
浙江省情地图集	浙江省地方志编纂办公室、浙江省测绘局	—	1995 年	中国地图出版社	1999 年 1 月
钱塘江志	《钱塘江志》编纂委员会	—	1989 年	方志出版社	1998 年 4 月
浙江省气象志	《浙江省气象志》编纂委员会	—	1995 年	中华书局	1999 年 8 月
浙江省水文志	《浙江省水文志》编纂委员会	—	1995 年	中华书局	2000 年 4 月
浙江省地质矿产志	《浙江省地质矿产志》编纂委员会	—	2000 年	方志出版社	2003 年 4 月
浙江省环境保护志	《浙江省环境保护志》编纂委员会	—	2000 年	中国环境科学出版社	2003 年 12 月
浙江省名镇志	《浙江省名镇志》编纂委员会	—	1988 年	上海书店	1991 年 5 月
浙江省名村志	《浙江省名村志》编辑部	—	1992 年	浙江人民出版社	1994 年 8 月
浙江省少数民族志	《浙江省少数民族志》编纂委员会	—	1997 年	方志出版社	1999 年 12 月
浙江省人口志	《浙江省人口志》编纂委员会	—	2000 年	中华书局	2007 年 12 月
浙江省计划生育志	《浙江省计划生育志》编纂委员会	1949 年	2000 年	中华书局	2004 年 10 月
浙江省土地志	《浙江省土地志》编纂委员会	—	1998 年	方志出版社	2001 年 12 月
浙江省水利志	《浙江省水利志》编纂委员会	—	1989 年	中华书局	1998 年 10 月
浙江省农业志	《浙江省农业志》编纂委员会	—	1993 年	中华书局	2004 年 12 月
浙江省粮食志	《浙江省粮食志》编纂委员会	—	1995 年	当代中国出版社	1999 年 10 月
浙江省林业志	《浙江省林业志》编纂委员会	—	1995 年	中华书局	2001 年 11 月
浙江省茶叶志	《浙江省茶叶志》编纂委员会	—	1992 年	浙江人民出版社	2005 年 4 月
浙江省盐业志	《浙江省盐业志》编纂委员会	—	1993 年	中华书局	1996 年 10 月
浙江省水产志	《浙江省水产志》编纂委员会	—	1993 年	中华书局	1999 年 6 月

续表 1

书　　名	编纂单位(个人)	上限	下限	出版单位	出版时间
浙江省烟草志①	《浙江省烟草志》编纂委员会	—	1990 年	浙江人民出版社	1995 年 12 月
浙江省丝绸志	《浙江省丝绸志》编纂委员会	—	1993 年	方志出版社	1999 年 7 月
浙江省纺织工业志	《浙江省纺织工业志》编纂委员会	—	1995 年	方志出版社	1999 年 8 月
浙江省二轻工业志	《浙江省二轻工业志》编纂委员会	—	1992 年	浙江人民出版社	1998 年 8 月
浙江省轻工业志	《浙江省轻工业志》编纂委员会	—	1995 年	中华书局	2000 年 6 月
浙江省供销合作社志	《浙江省供销合作社志》编纂委员会	—	1987 年	浙江人民出版社	1989 年 6 月
浙江省市场志	《浙江省市场志》编纂委员会	—	1998 年	方志出版社	2000 年 7 月
浙江省建筑业志	《浙江省建筑业志》编纂委员会	—	2000 年	方志出版社	2004 年 12 月
浙江省电力志	《浙江省电力志》编纂委员会	光绪二十二年(1896 年)	1995 年	中国电力出版社	1998 年 12 月
浙江省外经贸志	《浙江省外经贸志》编纂委员会	—	2000 年	中华书局	2001 年 12 月
浙江省金融志	《浙江省金融志》编纂委员会	—	1995 年	浙江人民出版社	2000 年 12 月
浙江省保险志	《浙江省保险志》编纂委员会	清同治年间(1862—1874)	1996 年	中华书局	1999 年 12 月
浙江省工商行政管理志	浙江省工商行政管理局 浙江省工商行政管理学会	清末	2002 年	浙江人民出版社	2004 年 12 月
浙江省财政税务志	《浙江省财政税务志》编纂委员会	—	1995 年	中华书局	2002 年 12 月
浙江省中国共产党志	《浙江省中国共产党志》编纂委员会	民国 9 年(1920 年)	1998 年	浙江人民出版社	2007 年 5 月

① 《浙江省烟草志》编纂委员会后续编《浙江省烟草志(1991—2010)》,2015 年 4 月由浙江古籍出版社出版。

续表 2

书　名	编纂单位(个人)	上限	下限	出版单位	出版时间
浙江省政府志	《浙江省政府志》编纂委员会	元至正二十六年(1366年)	2008年	浙江人民出版社	2014年3月
浙江省人民代表大会志	《浙江省人民代表大会志》编纂委员会	1949年	2003年	中华书局	2005年12月
浙江省政协志	《浙江省政协志》编纂委员会	1950年	2003年	浙江人民出版社	2007年11月
浙江省民主党派志	《浙江省民主党派志》编纂委员会	1950年	1997年	中华书局	2002年12月
浙江省工商业联合会志	《浙江省工商业联合会志》编纂委员会	1952年	1997年	方志出版社	2003年4月
浙江省人民公安志①	《浙江省人民公安志》编纂委员会	1949年	1994年	中华书局	2000年4月
浙江省军事志	《浙江省军事志》编纂委员会	—	1990年	方志出版社	1999年8月
浙江省人事志	《浙江省人事志》编纂委员会	—	2000年	中华书局	2007年6月
浙江省劳动保障志	《浙江省劳动保障志》编纂委员会	—	2000年	中华书局	2004年11月
浙江省外事志	《浙江省外事志》编纂委员会	—	1992年	中华书局	1996年12月
浙江省工会志	《浙江省工会志》编纂委员会	—	1995年	中华书局	1997年11月
浙江省民政志	《浙江省民政志》编纂委员会	—	1991年	中国社会出版社	1994年11月
浙江省统计志	《浙江省统计志》编纂委员会	—	1995年	中国统计出版社	2007年10月
浙江省新闻志	《浙江省新闻志》编纂委员会	—	2000年	浙江人民出版社	2007年5月
浙江省文学志	《浙江省文学志》编纂委员会	—	1999年	中华书局	2001年2月
浙江省书画志	《浙江省书画志》编纂委员会	—	2000年	方志出版社	2004年12月
浙江省出版志	《浙江省出版志》编纂委员会	—	2000年	浙江人民出版社	2007年12月

①　浙江省公安史志编纂委员会续编有《浙江省人民公安志(1995—2014)》,2015年6月由浙江古籍出版社出版。

续表 3

书　　名	编纂单位(个人)	上限	下限	出版单位	出版时间
浙江省图书馆志	《浙江省图书馆志》编纂委员会	—	1990 年	中国书籍出版社	1994 年 11 月
浙江省电影志	《浙江省电影志》编纂委员会	—	1990 年	中国书籍出版社	1996 年 12 月
浙江省教育志	《浙江省教育志》编纂委员会	—	1989 年	浙江大学出版社	2004 年 11 月
浙江省体育志	《浙江省体育志》编纂委员会	—	1995 年	方志出版社	2003 年 4 月
浙江省医药志	《浙江省医药志》编纂委员会	—	1995 年	方志出版社	2003 年 3 月
浙江省检验检疫志	《浙江省检验检疫志》编纂委员会	—	2002 年	浙江人民出版社	2005 年 12 月
浙江省哲学社会科学志	《浙江省哲学社会科学志》编纂委员会	清道光二十年(1840 年)	1988 年	浙江人民出版社	1999 年 10 月
浙江省科学技术志	《浙江省科学技术志》编纂委员会	—	1990 年	中华书局	1996 年 10 月
浙江省科学技术协会志	《浙江省科学技术协会志》编纂委员会	—	1991 年	方志出版社	1999 年 2 月
浙江省测绘志	《浙江省测绘志》编纂委员会	—	1989 年	中国书籍出版社	1996 年 2 月
浙江省地震监测志	浙江省地震局	—	2002 年	地震出版社	2004 年 12 月
苕溪运河志	《苕溪运河志》编纂委员会	—	2000 年	中国水利水电出版社	2010 年 11 月
浙江华侨志	《浙江华侨志》编纂委员会	—	2001 年	浙江古籍出版社	2010 年 10 月
浙江省人物志	《浙江省人物志》编纂委员会	—	1990 年	浙江人民出版社	2005 年 5 月
浙江省语言志	傅国通、郑张尚芳	—	2010 年	浙江人民出版社	2015 年 11 月
浙江省海岛志	周航	—	1993 年	北京高等教育出版社	1995 年 1 月

续表 4

书　名	编纂单位(个人)	上限	下限	出版单位	出版时间
浙江省青年运动志	《浙江省青年运动志》编纂委员会	民国 8 年(1919 年)	2006 年	浙江人民出版社	2011 年 10 月
浙江省机构编制志	《浙江省机构编制志》编纂委员会	夏代	2011 年	浙江人民出版社	2014 年 3 月
浙江省红十字会志	《浙江省红十字会志》编纂委员会	清宣统三年(1911 年)	2011 年	浙江古籍出版社	2015 年 6 月
浙江省农发志	《浙江省农发志》编纂委员会	1988 年	2015 年	(内部印行)	2016 年 8 月

第三节　其他志书

浙江行省设立前，从东汉的《越绝书》开始，先后纂有一些被后人视为方志雏形的郡书地记等地方历史文献；清代以后也有一些介绍浙江省情的书籍编纂出版。

一、《吴越春秋》

东汉赵晔(山阴人)纂，记吴、越两国兴亡始末。现存有 6 卷和 10 卷两种版本。10 卷本前 5 卷记吴，后 5 卷记越(始于无余，终于勾践)。采用编年记事方法，只记人物，不记地理。同时于史事外，又增入若干民间传说。但就方志而言，该书不论在记述内容或体例门类等方面，都不够充实详备。

二、《分吴会丹阳三郡记》

作者名氏已不可考。该书见《通志・艺文略》、《旧唐书・经籍志》、《新唐书・艺文志》、清丁国钧《补晋书艺文志》、清章宗源《隋书经籍志考证》著录。以上除《旧唐书・经籍志》作《分吴会丹阳三郡记》3 卷外，其余各书皆作 2 卷。据雍正《浙江通志》卷五记载："后汉扬州部统会稽、丹阳、吴、豫章、九江、庐江六郡。而在今之浙者，吴郡之乌程、海盐、余杭、由拳、富春五县，会稽郡之山阴、鄮、乌伤、诸暨、余暨、大末、上虞、剡、余姚、句章、鄞、章安、永宁十三县，丹阳郡之故鄣、於潜二县。"该书所记，当包括以上 20 县。原书久佚。

三、《三吴郡国志》

三国吴韦昭纂。韦昭字弘嗣，吴郡云阳人。官太史令、中书仆射。《三国志・吴志》卷二十有传。该书见姚振宗《三国艺文志》、章宗源《隋书经籍志考证》、秦荣光《补晋书艺文志》著录。书已亡佚，仅见《舆地纪胜》卷四"安吉州"条引韦昭《郡国志》，又《太平寰宇记》江南东道及《永乐大典》卷二千二百六十“模”字韵，并引韦昭《三吴郡国志》。有王谟辑《汉唐地理书钞》本。

四、《会稽郡十城地志》

作者名氏不可考。该书见章宗源《隋书经籍志考证》著录。书已亡佚，仅见《太平御览》礼仪部所引。据《晋书·地理志》记载：“会稽郡统县山阴、上虞、余姚、句章、鄞、鄮、始宁、剡、永兴、诸暨。”十城指此十县。

五、《吴兴录》

三国吴韦昭撰。该书见清顾楼三《补后汉书艺文志》、雍正《浙江通志》卷二百五十三、同治《湖州府志》卷九十二著录。书已亡佚。《舆地纪胜》、辑本嘉泰《吴兴志》皆引此书。据《三国志·吴志》孙皓传，宝鼎元年（266年）分吴、丹阳二郡置吴兴郡。又据《宋书·州郡志》记载，吴兴郡领乌程、东迁（故城在今湖州市东）、武康、长城（故城在今长兴县东）、原乡（故城在今长兴县南）、故鄣（故城在今安吉县西北）、安吉、余杭、临安、於潜，共10县。

六、《会稽典录》

晋虞预纂。虞预字叔宁，余姚人。官散骑常侍，领著作郎。《晋书》卷八十二有传，曾撰《会稽典录》20篇。该书明以来传本久绝，今存辑本多种：王谟辑《汉唐地理书钞》本，民国16年（1927年）商务印书馆铅印明陶宗仪辑《说郛》本，清刊陶挺重编《说郛》本，清宣统二年（1910年）王文濡辑《古今说部丛书》第一集本，民国4年鲁迅辑刊《会稽郡故书杂集》本。

七、《会稽记》

东晋贺循撰。贺循字彦先，会稽山阴人。举秀才，为阳羡、武康令，召拜太常，行太子太傅。《晋书》卷六十八有传。该书原本久佚。今有王谟辑《汉唐地理书钞》本，鲁迅辑《会稽郡故书杂集》本。

南朝宋时，孔灵符又撰《会稽记》。孔灵符，孔季恭子，字灵符，会稽山阴人。官南郡太守、丹阳尹。事见《宋书》卷五十四孔季恭传。该书久佚。雍正《浙江通志》卷二百五十三著录，题晋孔晔撰《会稽郡记》。《初学记》及《太平御览》所引称“孔晔《会稽记》”。该书今有辑佚4种：清陶挺重编《说郛》本，题“孔晔撰”；清范锴辑本，收入民国20年（1931年）印《范声山杂著》中；又有王谟辑《汉唐地理书钞》本及鲁迅辑《会稽郡故书杂集》本。后三种并题“孔灵符撰”。

八、《吴地记》

唐陆广微撰，北宋人钞合成书，并附后集。该书见《直斋书录解题》《文献通考·经籍考》《宋史·艺文志》著录。嘉庆《嘉兴府志》载：“唐陆广微《吴地记》，多及禾中事迹，而事非一郡。”该书今有传本多种：明樊维城刊《盐邑志林》本，明钟人杰、张遂辰辑《唐宋丛书》本，明冯梦龙辑《五朝小说》本，明陶宗仪辑、清陶挺续编、顺治三年（1646年）刊《说郛》本，明万历吴琯辑《古今逸史》本。《四库全书》据江苏巡抚采进吴琯辑本著录。

九、《吴会须知》

北宋魏羽撰。魏羽，字垂天，歙州婺源人。事迹见《宋史》卷二百六十七陈恕传。该书见《通志·艺文略》、《国史经籍志》、雍正《浙江通志》卷二百五十三著录。已佚。

十、《两浙路图经》

纂修人名氏不可考，修于北宋时期。该书见《通志·艺文略》、《国史经籍志》、雍正《浙江通志》卷二百五十三著录。书已失传。

十一、《江浙须知》①

“须知”系宋元时期的一种具有省志性质的志书形式。《江浙须知》作于元代，其记述范围包括绍兴、常州和汀州3个当时处于江浙行省范围内的行政区域。如绍兴府便记载了“东至庆元路界”“西至杭州路界”“南至台州路界”“北至大海”区域范围内“至到、户口、衙门”等有关方面的史料。

《江浙须知》篇幅不大，与传统方志风格差异也较大，如基本没有人文方面的内容。明洪武朝前曾编有《浙江须知》，已亡佚。随着明代官修浙江通志的出现，“须知体”随之消亡。

十二、《浙江要略》

作者名氏及编纂年代不可考。该书当作于明洪武朝之前，仅见《文渊阁书目》卷十九旧志类著录，1册，已无传本。

十三、《浙志便览》

清李应珏纂。有清光绪十七年(1891年)杭州吏隐斋刊本，4册。传本尚多。该书前四卷为各府县山川、形势、风俗、赋税、战争、人物等门之简述，称某某府序。例言载：“浙省通志成于雍正十三年，尚未续修。序中所言近事，依邸报为据，间附鄙见。”卷五记鸦片战争时期之浙江历史，卷六记太平天国革命时期之浙江，卷七为光绪年间中法战争时期之浙江史事。

不久，李应珏又重编《浙志便览》。光绪二十二年(1896年)刊本，4册。该书7卷为重编，续增兵事3卷。台北成文出版社影印该书，编入《中国方志丛书》中。

此外，尚有民国7年(1918年)林传甲编《大中华浙江省地理志》(浙江印刷公司铅印本)以及民国25年姜卿云编《浙江新志》(2卷。杭州正中书局出版，线装2册)、民国28年葛绥成②编《浙江》(上海中华书局出版)等。

---

① 陈志坚：《〈江浙须知〉考及“须知体”方志》，《第三届中国地方志学术年会——两岸四地方志文献学术研讨会论文集》，方志出版社2014年版，第525页。

② 葛绥成(1897—1978)，浙江东阳县人。曾任中华书局地理部主任、上海地图出版社总编辑。著有《中国边疆沿革考》等。

专记

“一方之志，始于越绝”——《越绝书》

“一方之志，始于越绝”。《越绝书》在浙江方志发展史上具有举足轻重的重要地位。关于《越绝书》（一称《越绝记》）之“绝”，该书首篇《外传本事》释为：“绝者，绝也，谓勾践时也”，意即该书主要记载越国至越王勾践统治时期的历史。也有分析认为：《越绝书》之“绝”意为记录、记载，“越绝”为上古越语的译音，“越绝书”系音译意译叠加，系越国史记之专名。因当时史书多以“书”为名，故名为《越绝书》。《越绝书》是在郡国之书编纂之风兴起的历史背景下编辑成册的。当时正处于文化转型期的会稽郡，“吴、越贤者”有感于未有记载吴、越两国历史的史书，故“览史记而述其事”。该书全面记载了春秋时吴越两地之历史、地理、物产等情况，记载的史事止于东汉建武二十八年（52年），成书时间在东汉初年。①

关于该书作者，历来史志记载各有不同。《隋书·经籍志》《唐书·经籍志》及《新唐书·艺文志》皆称子贡作。《宋史·艺文志》称“或云子贡作”。《崇文总目》谓子贡或子胥作。赵希弁《郡斋读书志附志》以为吴越贤者所作。《四库全书总目提要》据杨慎《丹铅录》、胡侍《珍珠船》、田艺蘅《留青日札》，定为汉袁康、吴平撰。因此书中吴地传称，自勾践徙琅琊到建武二十八年，凡567年，推测作者当为东汉初人。书末叙外传记，以庾词隐其姓名。一般推断该书为会稽袁康所作，同郡吴平所定。

该书卷帙原为25篇，今仅存19篇。其篇目为：一、外传本事；二、荆平王内传；三、外传记吴地；四、吴内传；五、计倪内经；六、请籴内传；七、外传记策考；八、外传记范伯；九、内传陈成恒；十、外传记地传；十一、外传计倪；十二、外传记吴王占梦；十三、外传记宝剑；十四、内经九术；十五、外经记军气；十六、外传枕中；十七、外传春申君；十八、德序外传记；十九、篇序外传记。

对《越绝书》，学界历来有志书起源之说。如明万历《绍兴府志》序称：“《地传》具形势、营构始末、道里远近，是地志祖。”清洪亮吉在《新修澄城县志序》更明确说：“一方之志，始于越绝。”《中国地方志词典》载：《越绝书》“所记之事，上自吴太伯，下至光武帝建武二十八年，已是统合古今；且横列人物、地理、都邑、建置、冢墓等门类，大都记实方面较为广博，内容较为宏富，体例较为完备，可视为方志发端之作”②。洪焕椿在《浙江方志考》一书中也指出：“论者咸以为后世方志之权舆，浙江现存最早之地志。”③他还对《越绝书》的传续发展作了考证：南宋绍兴年间有许氏写本，又有陈正卿写本。稍后，丁黼于嘉定十三年（1220年）据以上两本及秘阁藏钞本，三本相互参校，刊于夔州。嘉定十七年，绍兴知府汪纲又据蜀中刻本，重刊于绍兴。此后，复有元大德十年（1306年）绍兴路刊本。《四库全书》即据大德本著录。所有宋元刊本，

① 参见王志邦：《浙江通史·秦汉六朝卷》，浙江人民出版社2005年版，第156页。

② 黄苇主编：《中国地方志词典》，黄山书社1986年版，第2页。

③ 洪焕椿：《浙江方志考》，浙江人民出版社1984年版，第9页。

均已湮佚失传。现存各本皆自明以后，有明初刊本和正德四年（1509年）刘恒仿宋刊本（杭州大学图书馆①收藏），每半页10行，每行16字。

改革开放后全国第一轮大规模修志工作开展以来，方志学界对《越绝书》性质展开了热烈讨论。如1981年7月，谭其骧在中国地方史志协会成立大会上的讲演中指出，东汉《越绝书》和《吴越春秋》这几种书的内容显然是地方史，而不是地方志。② 1990年8月，仓修良在《光明日报》发表文章，也对其方志性质提出质疑。陈桥驿则认为：《越绝书》“内容包罗极广，不能一律都作为方志看待”，但外传记中的《吴地》《地传》等篇，“对一个地区的山川地理，作这样的记载，无疑为宋人及其以后的地方志编纂开了范例。把这两篇作为我国最早的地方志，确是恰如其分的”。③ 因此从总体上看，《越绝书》对中国地方志发展史具有独特价值和重要意义。

---

① 杭州大学图书馆，1998年10月杭州大学与浙江大学、浙江医科大学、浙江农业大学等高校合并后，成为浙江大学西溪校区图书馆。

② 谭其骧：《长水集续编》，人民出版社1994年版，第267页。

③ 诸葛计编著：《中国方志两千年通鉴》，广西师范大学出版社2016年版，第16页。

第二章　市(府、路、地区)级志书编纂

图 110-2-1　在历届全国地方志书评奖中获奖的部分浙江志书(浙江省地方志办公室提供)

自隋、唐废郡设州,经宋、元、明、清直至当代,浙江省境内的州(府、市)一级的行政区虽有更迭,但总体格局未有重大调整,形成了至今 11 个设区市的行政格局。唐代各州的图经皆已亡佚,北宋编的各州府志书也已不存。有南宋时编修的乾道《临安志》、淳祐《临安志》、咸淳《临安志》、《四明图经》、宝庆《四明志》、嘉泰《吴兴志》、嘉泰《会稽志》、宝庆《续会稽志》、嘉定《赤城志》以及元代至元《嘉禾志》、延祐《四明志》、《昌国州志》等存世。明、清的府志保存下来的较多。中华人民共和国成立后,先后组织开展了两轮志书编纂,全省 11 个市(地区)都组织编纂了市(地区)志,首轮 11 部规划志书全部出版;至 2010 年,已有《湖州市志》《台州市志》等第二轮市志出版,其他都在编纂过程中。

第一节　杭　　州

秦设钱唐县,隶会稽郡。南朝梁时设钱塘郡。隋开皇九年(589 年)废钱塘郡,始置杭州,后随朝代兴替建置有所变更。北宋时,杭州先后隶属江南东道、两浙道和两浙路,杭州为路治所。南宋定都杭州,升杭州为临安府。元代,临安府先后改为杭州、杭州路,分别隶属江淮行省、江浙行省,为江浙行中书省治所。明代,改杭州路为杭州府,为浙江等处行中书省和浙江布政使司的治所。清代,依明制,仍称杭州府,为浙江行省省会。中华民国成立后,废杭州府,以原钱塘、仁和县地置杭县,直属浙江省,为省会所在地。民国 16 年(1927 年),划杭县所属城区和部分郊区设立杭州市。中华人民共和国成立后,杭州为浙江省直辖市和省会。

北宋大中祥符三年(1010 年),李宗谔曾纂修成《杭州图经》(已佚)。南宋时,曾编有 3 部临安志。自明清至中华民国时期,志书的编纂一直沿续。至 2010 年,《杭州市志》的续编工作尚在进行中。

一、临安志

南宋定都临安后，曾3次编纂临安志。临安属于都城，所以3部志书既是府志又兼有首都城志的特征。

南宋乾道五年(1169年)，临安府尹周淙创修《临安志》。周淙，字彦广，浙江长兴人。曾任两浙转运副使。乾道三年知临安府。乾道五年，除右文殿修撰，再知临安府，于是发起纂修《临安志》(后称乾道《临安志》)。该志宋刻原本为15卷，现仅存3卷，收入《四库全书》。所存3卷，第一卷记宫阙、皇子府、宗庙、郊社、三省、台阁、学校、经筵、宫观、庙宇、苑囿、院、所、三衙、寺监、司、内诸司、仓场、库、局、府第、馆驿、军营，题为"行在所"；第二卷分历代沿革、星度分野、风俗、州境、四至八到、去两京地里、陆路、水路、县、镇、在城八厢、城南北两厢、城东西都巡检使、城社、户口、廨舍、学校、科举、军营、坊市、界分、桥梁、物产、今产、土贡、税赋、仓场库务、馆驿等目；第三卷记自吴至宋乾道中诸牧守。

鉴于乾道《临安志》的疏略，淳祐九年(1249年)，临安府尹赵与篡[①]修临安志，先后命通判府事吴革、王亚夫典领，邀请施愕等纂辑(据洪焕椿考证，实为仙居陈仁玉[②]所撰，陈仁玉序见《永乐大典》卷七千六百零三"杭"字韵)，次年底告成付刊。后称淳祐《临安志》。该书共52卷，宋刊原本亡佚已久。故宫博物院藏有影宋钞本，南京图书馆藏有钞《永乐大典》本(明钞本在嘉庆年间尚流传于世。罗镜泉曾据明钞本重钞，该本今藏南京图书馆)。

到了宋度宗咸淳年间，潜说友[③]又启动了临安志的编修，后人称该志为咸淳《临安志》。该志有潜说友作序，当为咸淳四年(1268年)后所修，止于咸淳九年。全志共100卷，宋刊原本已残缺。《四库全书》据浙江巡抚采进宋刊残本著录，作93卷，此为现残存卷数。《四库全书总目提要》载："其书则颇有条理。前十五卷为行在所录，记宫禁曹司之事。自十六卷以下，乃为府志。区划明晰，体例井然，可为都城纪载之法。其宋代诏令编于前代之后，则用徐陵《玉台新咏》，置梁武于第七卷例也。他所叙录，亦缕析条分，可资考据。故明人作《西湖志》诸书，多采用之。"

此外，南宋周密还曾著有《武林旧事》一书。武林即当时的临安(今杭州)，该书也因其城西有武林山而得名。它对当时临安的宫殿、朝事、商业、市坊、民俗、礼仪等政治、经济、社会皆有述及，且多为作者耳闻目睹，故较为客观真实。《四库全书总目提要》称其"皆可以考稽"，故

① 赵与篡，字德渊，宋太祖十世孙，居湖州。宋嘉定十三年(1220年)进士。淳祐元年(1241年)，以检正除司农卿兼知临安府，淳祐十二年正月二十八日除绍兴府。累官淮浙发运使，兼知平江府。景定元年(1260年)八月卒。

② 陈仁玉，字惪公，天台仙居人。宋淳祐五年(1245年)作《菌谱》，淳祐九年受邀参与纂辑淳祐《临安志》。开庆元年(1259年)，赐同进士出身，九月以军器监丞兼国史实录院校勘，除兼国史院编修官、实录院检讨官，兼崇政院说书。十月兼权礼部郎官。十一月除直秘阁、浙东提刑，兼知衢州。后历任浙东安抚使、兵部侍郎等职。德祐元年(1275年)，谢太后下诏降元。时陈仁玉已告老返乡，与权知台州事王钰相议拒诏，并招募民众筑城死守。景炎元年(1276年)二月城破，王钰战死。陈仁玉退隐山中，临终戒子孙永不仕元。

③ 潜说友(1223—1277年)，字君高，处州缙云人。宋淳祐四年(1244年)进士，历知平江县、南康军，以朝散郎直文学阁，两浙运副使，司农少卿。咸淳四年(1268年)正月初兼知临安府。咸淳七年十月，因得罪贾似道被罢。咸淳八年，出知平江。德祐元年(1275年)初，元军压境，潜说友弃城逃走，五月被贬汀州，并被抄家。至元十四年(1277年)二月降元，任福建宣慰使。不久因军队粮饷不继，副使王积翁以言激众，为军将李雄所杀。

此书也颇为后人好评。该书版本流传甚多。浙江省地方志编纂委员会以钱塘汪氏振绮堂重刊本为底本，点校后收入《宋元浙江方志集成》，2009 年 6 月由杭州出版社出版。

二、杭州府志

在经历了元代杭州府志编修的中断以后，到明代，又开始编修杭州府志。

明洪武（1368—1398 年）初年，杭州府学教授徐一夔①曾纂修《杭州府志》。该志纂于洪武初，未知卷数，刊本 9 册，已佚。仅见《千顷堂书目》、《文渊阁书目》卷十九旧志类著录。田汝成《西湖游览志》称其书颇简明。

此后，在永乐年间（1403—1424 年）、景泰年间（1450—1457 年），曾先后续修过两部杭州府志，因其书已佚，纂修人名氏未详。另外，正统年间（1436—1449 年），仁和人周伯器也纂修过《杭州志》，刊本 4 册，也已佚。

成化十年（1474 年），杭州知府陈让②修府志，延请夏时正③等纂。该志纂于成化十年，次年刊本，附图。南京图书馆收藏本有“别下斋藏书”诸印记。上海图书馆有胶卷复制成化本。浙江图书馆有影写成化本。《四库全书》据天一阁藏原刊本存目，题为成化《杭州府志》。

万历七年（1579 年），知府刘伯缙修《杭州府志》，延请陈善④等纂。该书修于万历七年，计 100 卷、外志 1 卷，刊本共 40 册，南京图书馆有收藏，中国科学院南京地理研究所图书馆亦有藏本。1965 年，台北学生书局影印万历原刊本，编入《中国史学丛书》初编中。日本国会图书馆所藏万历刊本有补刻，卷四十七祠庙记载至万历三十八年止。

清康熙二十二年（1683 年），知府马如龙修《杭州府志》，延请杨鼐等纂。该志于康熙二十五年告成，计 40 卷、首 1 卷，刊本共 24 册，北京图书馆、上海图书馆、南京大学图书馆、浙江图书馆有收藏。该书又有康熙三十三年增辑本，知府李铎延请汪憬等人增补校正，仅会治、各宪守令等目稍有增附。北京图书馆、南京大学图书馆、浙江图书馆有收藏。

乾隆四十三年（1778 年），知府邵齐然聘汪沆、王增、邵晋涵⑤等纂修府志，稿本略具。当时浙江巡抚王亶望以贪黩著称，王燧通过王亶望取代邵齐然担任了杭州知府，又聘钱献之、王文治校正、厘定，于当年十二月付梓。王燧冒为己辑，不述邵齐然之始事及助纂诸人姓名，又不尽从王、钱二氏校厘之本。该志计 110 卷、首 5 卷，刊本共 48 册，天津图书馆、南京图书馆、浙江图书馆（有残缺）收藏。乾隆四十六年，已升任杭嘉湖道的王燧因贪渎被革职拿问，后王

---

① 徐一夔，字大章，天台人。明洪武二年（1369 年）被征纂修礼书，寻荐修《元史》，谢绝不往。后被荐为杭州教授，召修日历。

② 陈让，字德光，号云轩，淮安人。明天顺八年（1464 年）进士，授宝坻令，累官至杭州知府，被枉去职，卒年六十八。

③ 夏时正（1412—1499 年），字尚竹，一字季爵，号余留道人，仁和人。明正统十年（1445 年）进士，除刑部主事。景泰六年（1455 年）以刑部郎中录囚福建，多所平反。累擢南京大理卿。成化六年（1470 年），巡视江西灾伤，除无名税 10 余万石，汰诸司冗役数万。辞官后，布政使张瓒为筑西湖书院居之，多所著述。

④ 陈善（1514—1589 年），字思敬，号敬亭，钱塘人。明嘉靖二十年（1541 年）进士，出知歙县，历官山西按察副使、广东按察使，仕至云南左布政使。

⑤ 邵晋涵（1743—1796 年），字与桐，号二云，又号南江，余姚人。清乾隆年间（1736—1795 年）由进士官至翰林院编修、侍讲学士。乾隆三十八年预修《四库全书》，编纂总目提要。

燧、王亶望皆被处斩。乾隆四十九年,知府郑沄重新以邵齐然稿续行修正,聘邵晋涵主纂。邵晋涵依据原本详加考核,增所未备,计110卷、首6卷,于乾隆四十九年刊行,共48册,北京图书馆、南京图书馆、南京大学图书馆、复旦大学图书馆、浙江图书馆均有藏本。郑《志》出,王《志》即废。

光绪五年(1879年),知府龚嘉儁聘李榕等纂府志,光绪十二年稿成,但未刊行(此稿今已不传)。光绪十四年,知府陈文騄又请吴庆坻等续修,稿成,也未刊行(今无传本)。光绪二十年,知府陈璚又请王棻、吴庆坻、孙树礼等续修《杭州府志》,至光绪二十四年脱稿,因财力不支,未能刊行。仅吴庆坻校定的艺文志及孙树礼编辑的列女志有民国11年(1922年)铅印本,共10册。

民国5年(1916年),浙江巡按使屈映光聘请陆懋勋①续修府志。陆懋勋根据屈映光"凡前书缺佚者补之,光、宣之新政宜述者续之"的要求作了纂修。但志稿刚就绪,陆懋勋便已去世。

民国8年(1919年),浙江省省长齐耀珊改聘吴庆坻主纂,续乾隆《杭州府志》,以宣统三年(1911年)为断,对陆氏之稿进行芟正。计178卷、首10卷。民国11年刊行,有铅印本80册,流传较广。又有民国15年铅印本,附校勘记1册,共81册。

三、杭州市志

1985年,杭州市地方志编纂委员会成立,启动社会主义时期首轮市志编纂工作。1986年开始编修《杭州市志》,2000年底完成。参与编纂工作的先后有2054人。全书上限追溯到事物发端,下限止于1985年。1995—2002年,《杭州市志》由中华书局出版,总编任振泰,共12卷,约1000万字。

2002年9月23日,杭州市政府办公厅下发《关于开展续修地方志工作的通知》。随后,杭州市地方志办公室起草了续修《杭州市志》的编纂方案、志书凡例、规范制度和辅导讲义。12月9日,杭州市地方志编纂委员会召开全体会议,审议通过《杭州市续修地方志工作方案》。12月30日,全市地方志工作大会召开,标志着杭州市第二轮修志工作正式启动。2008年8月,杭州市地方志办公室成为中国地方志指导小组命名的全国第二轮修志工作试点单位。同年,为加快工作进度,市志办充实编纂人员,调整编纂机制,组成由返聘、外聘人员为主,在职人员为辅的编纂班子,终止初稿验收和复审工作,直接进行分纂。至2010年,《杭州市志(1986—2005)》尚在编纂中。②

四、严州府志

严州,所辖范围约为今杭州市建德、淳安、桐庐县(市)。东汉建安十三年(208年),孙权

---

① 陆懋勋(1869年—?),字勉斋,号潜庐,仁和人。清光绪二十四年(1898年)进士。光绪二十六年任求是书院总理,光绪二十九年任浙江高等学堂监督,曾任翰林院编修,候补知府,浙江巡按使署秘书、署理。

② 2015年10月,《杭州市志(1986—2005)》由方志出版社出版,总纂许小富,主编贾大清,执行主编李忠民,字数1230余万字。

设新都郡，置始新、新定县；晋太康元年(280年)，改新都郡为新安郡，新定县为遂安县；隋初，废新安郡，置睦州；唐武德四年(621年)，置严州，领桐庐、分水、建德三县；武德七年，废严州及分水、建德二县，以桐庐属睦州。北宋政和八年(1118年)，升建德军节度；北宋宣和三年(1121年)，改为严州遂安军节度，属浙西路；南宋咸淳十年(1274年)，升为建德府。元至元十三年(1276年)，改建德府安抚司；至元十四年，改建德路。明初，改建安府，不久改严州府；领县六：建德、淳安、桐庐、遂安、寿昌、分水。清沿明制，民国后废。

严州已知最早的地方志书，是南宋时编纂的《新定志》(又名《严州图经》)。绍兴九年(1139年)，严州知州董弅根据通判孙傅有的建议，命僚属建德知县熊遹、州学教授朱良弼、建德县主簿汪勃、桐庐县主簿贾廷佐，以及曾任汉阳军教授的喻彦先，在原有图经的基础上进行补辑。刊本久佚，董弅原序尚存。此书见《直斋书录解题》卷八著录，题"《新定志》八卷"。《舆地纪胜》卷八、景定《新定续志》卷四同。《宋史·艺文志》、嘉靖《浙江通志》卷五十四作《严州图经》。

淳熙十一年(1184年)，陈公亮知严州，因旧版不存，次年命州学教授刘文富订正重刻，淳熙十三年刊成。今南京图书馆藏有影写宋刊本。日本国会图书馆支部静嘉堂文库有明初钞本，3卷，题"《严州图经》"。北京图书馆、南京图书馆皆有旧钞本。该志现存传本仅有3卷：卷首有建德府城图、府境总图及建德、淳安、桐庐、遂安、寿昌、分水诸县境图。卷一记严州，卷二建德县，卷三淳安县。其余记桐庐、遂安、寿昌、分水诸县，惜皆亡佚。其体例先为历代沿革，次分野、风俗、州境、城社、乡里、户口、学校、廨舍、知县题名、馆驿、仓场库务、军营、坊市、桥梁、沟渠、物产、土贡、赋税、课外、寺观、祠庙、山水、古迹、贤牧、登科记、人物、碑碣等子目。后世有学者认为，《新定志》系由《严州图经》改名而来，说明图经发展至南宋，已完成了向方志的过渡转化，从而正式成为定型方志。①

景定三年(1262年)，知州钱可则命严州教授郑瑶、严州学录方仁荣纂修《新定续志》(又名景定《严州续志》)，共10卷，所记始于淳熙，迄于咸淳。中国台湾"中央图书馆"藏有宋刊本。台北成文出版社据文澜阁钞景定三年原刊本影印，编入《中国方志丛书》中。商务印书馆据文澜阁钞本，编入《丛书集成》中。

明代，先后共6次编纂《严州府志》。洪武初、永乐年间和景泰四年(1453年)3次所修的《严州府志》皆已不存。弘治六年(1493年)，知府李德恢、同知李伯通、通判董谟组织编修《严州府志》，桐庐县学唐珪校正。该志共22卷、首1卷。传本极稀，宁波天一阁残存卷五、卷六、卷九至卷十一、卷十七至卷十九。上海图书馆有嘉靖间增刻本，8册。

万历六年(1578年)，知府杨守仁修《严州府志》，徐楚纂。该志共25卷、首1卷，传本已不全。北京图书馆、宁波天一阁、上海图书馆收藏。

万历四十一年(1613年)，知府吕昌期续修《严州府志》，俞炳然续纂，次年刊本，共24卷。北京图书馆、天津图书馆、浙江图书馆、温州图书馆收藏。

清代，又先后共4次编纂《严州府志》。顺治六年(1649年)，知府钱广居补辑府志，名为

---

① 黄苇主编：《中国地方志词典》，黄山书社1986年版，第39页。

《严州府志补遗》,1卷,刊本今存。浙江图书馆有收藏。

康熙二十二年(1683年),知府任风厚修《严州府志》,请毛际可等纂。书成未刊。

乾隆二十一年(1756年),知府吴士进续修《严州府志》,请胡书源等纂。该志以任风厚所修未刊稿为蓝本,加以删改,增益而成,共35卷、首1卷。刊本计16册,北京图书馆、北京大学图书馆、上海图书馆、南京图书馆、浙江图书馆均有藏本。

光绪九年(1883年),知府吴世荣续修《严州府志》,请邹伯森等续纂。该志共38卷、首1卷,刊本为北京图书馆、上海图书馆、浙江图书馆收藏。

光绪十六年(1890年),知府鹤山有补编印本。光绪二十六年,知府贺良越又有再补编本,上海图书馆、浙江图书馆均有收藏。民国26年(1937年)重印本附有《补编》及再补编本。

第二节　宁　　波

宁波秦、汉属会稽郡,唐、宋时称“明州”,亦称“四明”。据《旧唐书·地理志》:以境内有四明山得名。明州之名始于唐开元二十六年(738年),初统鄮、慈溪、奉化、翁山四县。天宝元年(742年),明州改称“余姚郡”。肃宗至德(756—758年)初,复为明州。南宋为庆元府,元为庆元路,明、清为宁波府。民国16年(1927年)设宁波市。

宁波方志的编纂可溯至唐,但唐代的图经已亡佚无考。北宋时先后于宋真宗景德四年(1007年)和徽宗大观年间(1107—1110年)两次编修《明州图经》,书皆失传。南宋乾道《四明图经》为宁波现存的最早志书。至2010年,《宁波市志》的续编工作尚在进行中。

一、乾道《四明图经》

南宋乾道五年(1169年),明州知州张津纂修《四明图经》12卷。乾道三年,张津以右朝散大夫直秘阁知明州,兼主管沿海制置司事。两年后方纂该志。该书乾道原本已佚。明郑真编入《四明文献集》,后人辑出,始有钞本。北京图书馆藏有旧钞本1部,上海图书馆、杭州大学图书馆亦有钞本。今通行本为清咸丰四年(1854年)徐氏烟屿楼重刊本,4册。该书见《宋史·艺文志》、雍正《浙江通志》卷二百五十三著录。该书卷一总叙明州,卷二鄞县,卷三奉化,卷四定海,卷五慈溪,卷六象山,卷七昌国,卷八至卷十一诗文,卷十二为太守题名记、进士题名记。书首有处州缙云县主簿主管学事黄鼎序,末署“乾道五年四月初一日”。序载:“爰自大观元年,朝廷创置九域图志局,命所在州郡编纂图经。于是,明委郡从事李茂诚等撰述。故地理之远近,户口之主客,与夫物产之异宜,贡赋之所出,上而至于人物古迹、释氏道流,下而至于山林江湖、桥梁坊陌,微而至于羽毛鳞介、花木果窳、药茗器用之类,靡不毕备。书成未几,而不幸厄于兵火,遂致存者亡,全者毁。前日之所有者,泯然而不见。制置直阁张公治明之二年,政成民和,郡以无事,乃登黄堂而叹曰:明之为郡亦久矣。在古为余姚之墟,在汉为会稽之境。逮唐武德中而即鄮置县,开元中而即县为州。山有四明,洞有梨洲。有孙兴公见之于赋,有梅仙虞喜之所庐,有任奕、董黯之人物,有王密、房琯之德政,有建隆郡守康宪钱公亿之墓,有熙宁宰相荆国王文公之祠。其他山川胜概，章章在人耳目者，未易以缕举，而图经则缺焉。讵不可搜访遗亡，以补四明之故事也哉？公乃分委僚属，因得旧录，更加采摭，纂为七卷。又以篇什碑记等为五卷，附于其末。噫！年历四十余，守更数十政，其间非无锐意立事，欲作为一书，垂之永远者，或因循未暇。今公启是念于黄堂之上，阅六旬而篇帙粲然大备，鸠工刊木，昭示将来。信乎，天下事非立志坚而用意到，畴能有成哉！”

二、四明志

南宋宝庆三年（1227年），庆元府知府胡榘[①]延请罗浚[②]等纂《四明志》21卷。该书修于宝庆三年，次年告成，绍定二年（1229年）刻版。复旦大学图书馆有明钞本1部。杭州大学图书馆、上海图书馆有清钞本。《四库全书》据两淮盐政采进钞本著录，题“宝庆《四明志》”。雍正初，全祖望藏有该书宋刊本。又收藏宋本《四明续志》1部。雍正八年（1730年），全氏所藏两书转归赵昱小山堂。赵昱录副本分赠同好，于是钞本得以流传。宋刊本现存北京图书馆，已成海内孤本，被视为现浙江地方志中最早、最完整的古刊本。

宝庆《四明志》卷一至卷三叙郡，卷四叙山、叙水、叙产，卷五至卷六叙赋，卷七叙兵，卷八至卷十叙人，卷十一叙祠、叙遗，卷十二、卷十三鄞县志，卷十四、卷十五奉化县志，卷十六、卷十七慈溪县志，卷十八、卷十九定海县志，卷二十昌国县志，卷二十一象山县志。此志罗浚序载：“四明旧有图经，成于乾道五年，盖直秘阁张公津守郡之三祀也。先是，大观初，朝廷置九域图志局，令州郡各编纂以进。明已成书，而厄于兵火，遂逸其传。三山黄君鼎得所藏以献张公，乃俾僚属参稽，厘为七卷，而锓诸梓。然自明置州，至是四百三十二年，而城治之迁徙，县邑之沿革，人未有知其的者。唐刺史韩察，实移州城，石刻尚存，于时且未之见，他岂暇详。甚哉作者之难，固有俟乎述于后者也。尚书庐陵胡公，以宝庆二年被命作牧。上距锓梓之岁，甲子欲周，而竟未有述之者。越明年，政修人和，百废俱兴。爰命校官方君万里，取旧《图经》，与在泮之士重订之。未几，方君造朝，事遂辍。又明年，浚调官，迟次来谒铃斋尚书，俾专任斯责，因得与士友胥讲论，胥校雠。且朝夕质诸尚书，由孟夏迄仲秋，成二十一卷，图少而志繁，故独揭志名，而以图冠其首。考据之未精，搜访之未博，浅学其敢辞诮。而百五十日之间，用力亦劳矣。”

南宋开庆元年（1259年），知府吴潜延请梅应发、刘锡等续纂《四明续志》12卷。吴潜，《宋史》卷四百十八有传，记其在鄞政绩，颇为卓著。梅应发，宝祐年间（1253—1258年）以迪功郎授庆元府学教授。刘锡字自昭，宝祐间以奉议郎添差沿海制置大使，新添差通判镇江府。该志修于开庆元年。《四库全书》据两淮盐政所采钞本著录。北京图书馆藏有清钞本1部，佚后4卷。上海图书馆有清钞本，2册。通行本为咸丰四年（1854年）徐氏烟屿楼重刊本，以及同治年间（1862—1874年）重刊本。全书卷一庆元府，包括学校、科举、城郭、坊巷；卷二郡圃、驿亭、桥路、寺庙、惠民药局；卷三水利；卷四兴复省并酒库、经总制司，兴复经总制诸酒务坊场、

---

① 胡榘，字仲方，宋宝庆二年（1226年）除焕章阁学士，通议大夫，知庆元府。

② 罗浚，从政郎，赣州录事参军。

广惠院、两狱、架阁库楼；卷五新建诸寨、九寨巡检、烽燧、探望；卷六三郡隘船、出戍、水阅、作院、武藏、小教场、帐前拨发壕寨官舍；卷七排役、楼店务地、府仓斗斛、蠲放官赋；卷八蠲放沙岸、蠲免抽博倭金(收养漂泛倭、丽人，收刺丽国送还人附)、赈济、祈祷、瑞麦；卷九至卷十二吟稿、诗余。梅应发、刘锡合撰序文载："《四明志》作于乾道，述于宝庆，详矣。然则何续乎？所以志大使丞相履斋先生吴公三年治鄞，民政兵防，士习军食，兴革补废，大纲小纪也。其已作而述者，不复志。昔人谓：旧相出镇者，多不以民事为意。惟向文简大耐官职，勤于政事，所至著称。公不均其逸而先其难，过于文简数等矣。又谓：寇莱公所至多游宴，张文定倘荡任情，获盗纵遣。公慨念海道东达青、齐，御侮弭盗之方，周防曲至，世人未必尽知也。若夫切切畎亩，盼盼雨晴，一游一咏，可以观焉。故并载之于后，以诏来者。"该书共12卷，分37目，而吴潜吟稿及诗余竟占全书三分之一。所载古今体诗209首，诗余130首。乾隆《鄞县志》卷三十云："此书乃吴履斋幕下士所作，名为《续志》，实皆贡谀之词。履斋在四明固多善政，然矜夸之意多，谦抑之意少。毋乃好名而昧于撰述之体乎？"全祖望跋云："吴丞相开庆《志》，皆记其莅明善政。其自九卷而下，则其吟稿也。吾友杭君堇浦颇疑其非志体。予谓丞相莅吾乡，最有惠政。即此志可备见其实心实政之及民者。而以其余闲，春容诗酒，又想见当日刑清政简之风，原不必以志乘之体例求之也。况丞相遗集不传，则是志之存，可不谓有功欤？"[①]

元延祐七年(1320年)，庆元路总管马泽延请袁桷[②]纂《四明志》20卷。马泽字润之，以太中大夫为庆元路总管。该书修于延祐七年，至元六年(1340年)刊本。原书20卷，今传本仅存17卷及目录2卷，缺卷九城邑考下、卷十河渠考上、卷十一河渠考下。全祖望延祐《四明志》跋载："是志流传甚寡，储藏家皆无之。即在吾乡，亦但有一本：其一在天一阁范氏，其一在陆高士春明家。然皆失去第九卷、第十卷、第十一卷。盖无从觅其足本矣。"[③]该书元刻本亦仅有17卷。陆心源皕宋楼有影写元刊17卷本，系钱竹汀旧藏。该本今藏日本国会图书馆支部静嘉堂文库。《四库全书》据浙江巡抚采进钞本著录，题"延祐《四明志》十七卷"。浙江巡抚从范氏天一阁元刊本传录，系按实有卷数著录。北京大学图书馆有清钞本，北京图书馆、南京图书馆亦有钞本。今通行本为咸丰四年(1854年)徐氏烟屿楼重刊本。全书卷一沿革考、土风考，卷二、卷三职官考，卷四至卷六人物考，卷七山川考，卷八、卷九城邑考，卷十、卷十一河渠考，卷十二赋役考，卷十三、卷十四学校考，卷十五祠祀考，卷十六至卷十八释道考，卷十九、卷二十集古考。其中赋役考最详。该志袁桷序载："世祖皇帝圣德神武，混平寰宇，首命秘书监儒臣辑《大一统志》。沉几远略，与昔圣人意旨吻合。然而郡志缺落，其遗轶未备焉者，不复以彻于上。马侯泽润之甫，固尝为中秘官，知之矣。暨守四明，乃曰明旧有志，今为帅大府，浙东七州，推明为首。阨塞户版，物产地利，是宜究察以待问。清风旧德，与昔之高闳巨阀，属于宅里者，犹可考也。谓桷久为史官，宜有述。维明负山横江，岁厄于水旱河渠，是先牧民之本，推其沿革，览其山川，知昔时得人之盛。宫室户口之无垣，释道遗文之盛衰，是皆足以增其永

① 全祖望跋见《鲒埼亭集外编》卷三十五。

② 袁桷，字伯长，自号清容居士。少为丽泽书院山长，以荐改翰林国史院检阅官。累迁侍讲学士，卒赠江浙行省参知政事，追封陈留郡公，谥文清。

③ 全祖望跋见《鲒埼亭集外编》卷三十五。

叹焉者矣。乃为十二考以志其事，遂不敢以荒落而有辞也。马侯为政，恺弟恻隐，以宜于民，民以不病。郡博士吴君廷献，勤恪承令，询索州县之所宜闻者良备，因是得以成书焉。”《四库全书总目提要》载：“桷文章博赡，为一时台阁之冠。所著《易说》《春秋说》诸书，见于苏天爵《墓志铭》者，世久无传。唯《清容居士集》及此志尚存。书成于延祐七年，盖庆元路总管马泽属桷撰次者也。……条例简明，最有体要。桷先世在宋多以文学知名，称东南故家。遗献没后，会朝廷修史，遣使求郡国轶文故事，唯袁氏所传为多。故其于乡邦旧典，尤多贯串。志中考核精审，不支不滥，颇有良史之风。”

元至正二年(1342 年)，庆元路总管王元恭延请王厚孙纂修《四明续志》12 卷。王元恭字居敬，自号宁轩，至元六年(1340 年)以正议大夫总管庆元路。王厚孙曾任鄞县训导、象山教谕。该志元刻本久佚。上海图书馆有明蓝格钞本，4 册。北京图书馆、南京图书馆有钞本 1 部。日本国会图书馆支部静嘉堂文库亦有旧钞本。通行本为咸丰四年(1854 年)徐氏烟屿楼重刊本。

三、宁波府志

明洪武十四年(1381 年)改称宁波府以前修过《明州府志》，久佚，未知纂修人名氏，见《文渊阁书目》卷十九旧志类著录，2 册。

永乐(1403—1424 年)初，鄞县纪宗德、李孝谦纂《宁波府志》，稿成未刊，已亡佚。该书见《文渊阁书目》卷二十新志类著录。

天顺(1457—1464 年)初，鄞县黄润玉①、黄溥纂《宁波府简要志》5 卷。成化十三年(1477 年)黄润玉卒后，黄溥又增纂天顺六年(1462 年)以后事。《四库全书》据两淮马裕家藏明刊本存目。北京图书馆藏有明刊本 1 部。北京图书馆、北京大学图书馆各有清钞本 1 部。民国 24 年(1935 年)，张寿镛又将该书刊入《四明丛书》第三集中。

天顺年间(1457—1464 年)，知府张瓒②延请杨寔③纂《四明郡志》10 卷。此志至成化四年(1468 年)始成书。有成化四年刻本，18 册，中国台湾“中央图书馆”、浙江图书馆收藏，北京图书馆、中国科学院地理研究所图书馆有钞本。

嘉靖三十八年(1559 年)，知府周希哲延请张时彻④等纂《宁波府志》42 卷。次年成书，刊本，32 册，北京图书馆、上海图书馆、南京图书馆、浙江图书馆等均有藏本。

清康熙十三年(1674 年)，知府邱业延请万斯选、万斯同⑤、赵时赟同纂《宁波府志》30 卷。

---

① 黄润玉(1389—1477 年)，字孟清。明永乐十八年(1420 年)，举顺天乡试，授建昌府学训导。宣德中擢御史，出按湖广，历广西佥事，提督学政。所至有政声。后谪含山知县致仕，年八十九卒。其学以程、朱为宗，学者称南山先生。

② 张瓒，字宗器，明正统十三年(1448 年)进士，历知太原、宁波两府。成化十年(1474 年)，以右副都御史巡抚四川，官至左副都御史，总督漕运。

③ 杨寔(1414—1479 年)，字诚之，号南里。明正统六年(1441 年)举人，授安福训导，兼领龙泉学官。其论文称：不必求其工，学博理明，意到处即言，不求工而自工。有《南里类稿》等书。

④ 张时彻(1500—1577 年)，字维静，一字九一，号东沙。明嘉靖二年(1523 年)进士，累官南京兵部尚书。

⑤ 万斯同(1638—1702 年)，字季野，学者称石园先生。少从黄宗羲游，闻刘宗周之学，博通诸史，尤熟于明代掌故，手定《明史稿》500 卷。

该书稿成未刊,今已不传。

康熙二十二年(1683年),知府李廷机延请左臣黄、姚宗京纂《宁波府志》33卷,未付梓。北京图书馆有钞本31卷,缺卷七、卷十三。乾隆《鄞县志》卷三十载:“书未及刊,今抱经楼卢氏所藏钞本,至二十五卷而止。”则乾隆时即无全帙。雍正《宁波府志》曹秉仁序载:“郡志为一方文献所关,自前明张大司马纂修后,虽经国朝邱、李二郡守之续修,皆未成书。”

雍正八年(1730年),知府曹秉仁延请万经等纂《宁波府志》36卷、首1卷,次年告成,雍正十一年刊本,北京图书馆、中国科学院图书馆、上海图书馆、山东大学图书馆、南京图书馆、浙江图书馆收藏。又有乾隆六年(1741年)补刊本,20册,北京图书馆、上海图书馆、南京图书馆、浙江图书馆收藏。又有道光二十六年(1846年)慈溪沈氏介祉堂重刊本,16册,天津图书馆、南京大学图书馆、浙江图书馆有藏本。

四、宁波市志

1986年12月26日,中共宁波市委批准成立宁波市地方志编纂委员会及其办公室,决定编纂出版《宁波市志》。1987年2月27日,市地方志编纂委员会第一次会议召开,讨论通过《市地方志编纂委员会暂行工作通则》、成员职责分工、市志篇目初设等。同日,《宁波日报》刊登市政府关于征集《宁波市志》资料的通告。9月7日,市地方志编纂委员会第二次会议议定市志分批总纂,分25册出版;批准专志编写负责人、主笔。专志部分由部门编写,专业性较强的内容由专人承写,综合部类由主编、副主编自撰。1988年8月,市地方志办公室编印《宁波市志编纂工作资料》,1990年4月作出补充规定。1991年3月27日,市地方志编纂委员会第四次会议同意将下限延至1990年,确定成员分工,决定增聘特邀副编审,议定市志篇幅并分上、中、下3册,一次出书。1992年7月7日,浙江省第六次地方志工作会议宣布成立《宁波市志》审定小组。1993年10月5日,省地方志办公室发出《关于〈宁波市志〉审定工作的批复》,同意交中华书局出版。同月19日,宁波市政府发文同意浙江省《宁波市志稿》审定组和省地方志办公室的审定意见,批准出版《宁波市志》。1995年10月,《宁波市志》由中华书局出版,主编俞福海,字数430万字。1997年,市地方志办公室参加全国第二届、省第四届新编地方志优秀成果评比申报工作。同年8月,与中国地方志指导小组办公室和浙江省地方志办公室共同承办“全国地方志奖颁奖大会”,《宁波市志》获全国一等奖。

2004年,宁波先后两次召开全市地方志工作会议,讨论《宁波市志(2008)》大纲和编纂方案。会议还对志书下限、行文规范和编修程序等业务行政问题进行了讨论。2006年,市政府正式启动社会主义时期第二轮市志编纂工作。当年市地方志办公室就志稿格式、数据使用、人物入志、大事记编写等制定了一系列业务规范;同时通过召开片会、上门走访、书面交流等各种方式,与有关责任单位进行沟通;还对当年已提交的初稿进行了初评。这一系列措施有效推动了全市二轮修志工作。至2010年,《宁波市志》尚在编纂中。

第三节　温　　州

温州春秋战国时为越地，汉初置东瓯国，东晋时置永嘉郡，唐上元二年（675年）置温州，元时为温州路，明、清为温州府。1981年设温州市。

温州最早之地志是南朝宋郑缉之撰的《永嘉郡记》，该书在宋以后已亡佚。清陶珽有辑本，在清刊《说郛》中。孙诒让亦有辑本1卷，得佚文50余条，记中所载山川、乡亭最为详悉，有光绪四年（1878年）刊本和民国元年（1912年）孙昼玉海楼石印本。①

《太平御览》又引《永嘉图经》，此书早佚，成书时间与作者无考。北宋大中祥符三年（1010年），李宗谔修《温州图经》。此书久佚。此后又修过图经，已佚，作者无考。明代弘治《温州府志》是现存最早的温州府志。20世纪80年代新时期第一轮修志工作启动后，经各方面共同努力，《温州市志》于1998年出版。至2010年，第二轮《温州市志》的续编工作尚在筹备中。

一、永嘉志

南宋淳熙年间（1174—1189年），知州周澂延请徐嘉言纂《永嘉志》7卷。周澂于淳熙二年（1175年）知温州军州事。《宋史·艺文志》、万历《温州府志》皆著录该书。已佚。

绍熙三年（1192年），知州孙楙延请曹叔远纂《永嘉谱》24卷。该志共分年谱、地谱、人谱、名谱4编，其中“年谱”以编年方式记载建置沿革诸大事，“地谱”记载山川疆域、名胜古迹等，“人谱”记载封官授爵、官吏罢免等事宜，“名谱”“似即物谱”，主要记载物产等。孙诒让为此评价：“《永嘉谱》区分四目，在古地志中，实为创例。”该志传本久绝，见《宋史·艺文志》著录。

嘉定九年（1216年），知州留元刚延请陈谦纂《永宁编》15卷。留元刚字茂潜，嘉定间以朝请郎直显谟阁，知温州军州事。陈谦字益之，号易庵。刊本久佚。该书见《文献通考》《宋史·艺文志》著录。②

二、温州府(路)志

元至大三年（1310年），章嘉③、夏开先纂《温州路志》20卷，刊本久佚。万历《温州府志》卷十二载：“章嘉尝修《温州路志》。时永嘉有夏开先者，世著儒业，与嘉同事纂修。”延祐六年（1319年），平阳章嘉纂《东瓯志》，刊本久佚。该志见《文渊阁书目》卷十九旧志类著录。明凌迪知《万姓统谱》卷四十九载：“章嘉至大庚戌修《温州路志》，延祐己未自翰林还里，重修《东瓯

---

① 《温州经籍志》外编卷上又著录南朝宋谢灵运《永嘉记》一书，已佚。谢灵运，陈郡阳夏人，南朝宋时出为永嘉太守，《宋书》有传。孙诒让云：“谢太守灵运《永嘉记》，隋、唐以来史志书目，并未著录。《太平寰宇记》所引，与《白孔六帖》六引《永嘉郡记》柘浦水出建安吴兴县文同，或即郑《记》，乐史误题谢名。”此说可信。

② 汉分章安之东瓯乡为永宁，故以名编。

③ 章嘉（约1249—1320年），字德元，号春谷。元大德元年（1297年）平阳遇风暴潮灾，章嘉以赈灾上书廉访司佥事完颜贞、浙江行省都事鲜于枢，被荐为永嘉教谕。元延祐二年（1315年）任翰林院编修，延祐五年乞归。

志》。”

明洪武十一年(1378年),温州知府任敬延请徐兴祖、张升纂《温州府图志》,刊本今佚。任敬序见万历《温州府志》卷十七,载:“洪武十一年夏,会省部以修图志责成郡县。于是属府学教授徐宗起、永嘉县学训导张升,集四邑之耆年宿学,相与采摭讨论,考究延祐《东瓯志》而续补其所未备者。”

永乐至宣德间,曾修过一部《温州府志》,书已佚,未详纂修人名氏。该书见《文渊阁书目》卷二十新志类著录,卷数亦无可考。

弘治十六年(1503年),知府邓淮延请王瓒①纂《温州府志》22卷,刊本。宁波天一阁藏。温州图书馆据天一阁藏本重钞。

嘉靖十六年(1537年),永嘉张璁②纂《温州府志》8卷。刊本,宁波天一阁藏。1964年,上海古籍书店出版《天一阁藏明代方志选刊》本,系据嘉靖原刊本影印,线装2册。

万历二十年(1592年),知府汤日昭议修府志,不久调任,知府刘芳誉继任,一年后稿成,计18卷。万历二十六年,知府林继衡延请王光蕴改编,书成后,汤日昭来温任兵备道,又作了校定,于万历三十三年完成,刊本,12册,上海图书馆、温州图书馆收藏。

清康熙初,知府蔡兆丰、王国泰先后延请金大起纂《温州府志》32卷、首1卷。未刊,中国科学院图书馆藏有钞本1部。蔡兆丰于康熙十二年(1673年)到任,王国泰于康熙十四年继任。至康熙二十三年由汪炉继任温州知府。该志未见史志著录,仅汪炉修志时,于序中提及蔡兆丰等修志事。康熙二十四年,知府汪炉延请李璋等纂修《温州府志》32卷、首1卷,刊本,北京图书馆、北京大学图书馆、浙江图书馆、温州图书馆均有收藏。

乾隆二十一年(1756年),知府李琬延请齐召南、汪沆纂《温州府志》30卷、首1卷,乾隆二十五年修成,乾隆二十七年刊本,北京图书馆、中国科学院图书馆、南京图书馆、武汉大学图书馆收藏。又有同治四年(1865年)补版增刊本,15册,北京图书馆、北京大学图书馆、南京图书馆、南京大学图书馆、上海图书馆、浙江图书馆收藏。又有民国3年(1914年)补刊本,20册,上海图书馆、浙江图书馆、南京大学图书馆收藏。孙诒让《温州经籍志》评论云:“其书为齐侍郎召南及汪鸿博沆所定。据朱椿、李琬两序,则初定稿本,盐法、田赋、人物诸门尚未卒业。后李琬别于温州开局补修,乃得成书。今核其记载,大抵以万历王《志》及康熙汪《志》为蓝本,而稍为订补疏漏,舛误展卷皆是。”

三、温州市志

1986年3月,温州市第六届人民代表大会第三次会议通过编纂《温州市志》的议案。6月27日,市委、市政府成立温州市地方志编纂委员会,下设市志办公室,开始修志筹备工作。1988年8月,调整市地方志编委会,建立修志班子,着手资料收集,撰写分志稿。1990年2

① 王瓒(1462—1524),字思献,号瓯滨,永嘉县永嘉场(今属龙湾区)人。明弘治九年(1496年)进士,累官礼部左侍郎。曾参与纂修《大明会典》,主张“疑以传疑,信以传信”。

② 张璁(1475—1539年),字秉用,后赐名孚敬,字茂恭,号罗峰。明正德十六年(1521年)进士,仕至华盖殿大学士。

月，重新调整市地方志编委会，确定市志主编。随后，市政府和市地方志编委会聘请数位副主编和编辑，充实修志队伍，加快修志步伐，市志编纂取得很大进展。至 1994 年 10 月中旬，全市各承编单位基本完成分志编纂任务；12 月下旬举行志稿评审会。会后，根据评审意见，对市志篇目结构进行较大调整。1995 年 4 月开始，进入全面总纂阶段。1996 年 12 月完成总纂任务。1998 年 2 月由中华书局出版，主编章志诚，字数 443.4 万字。

进入新世纪后，按全省第二轮修志工作的统一部署，温州市着手开展了二轮修志准备工作。①

第四节　湖　　州

湖州春秋时属吴国，秦汉时置鄣郡、吴郡，后鄣郡改名为丹阳郡。三国时置吴兴郡，隋文帝时置湖州，元为湖州路，明、清为湖州府。1983 年 10 月，设湖州市。

唐开元间（713—741 年）撰有《吴兴图经》，因此书亡佚已久，纂修人名氏不可考。后来陆羽②又纂《吴兴图经》，书已佚。晚唐陆龟蒙③撰《吴兴实录》40 卷，书已亡佚。

北宋大中祥符三年（1010 年），李宗谔修《吴兴图经》，该书久佚。南宋绍兴年间，也修过《吴兴续图经》，久佚，纂修人名氏不可考。南宋嘉泰《吴兴志》是现存最早的湖州府志。至 2010 年，《湖州市志》的续编工作已基本完成。

一、吴兴志

北宋景德元年（1004 年），摄湖州长史左文质撰《吴兴统记》10 卷。该志内容翔实，涵盖面广，尤其是收录唐刺史题名与仿正史而别编撰述类，前者使方志职官志基本成型，后者开方志设立艺文志之先河，在方志发展史上具有重要地位。④ 该书已亡佚，仅见《舆地纪胜》、《永乐大典》、嘉泰《吴兴志》所引。今有清乌程范锴辑本，收入民国 20 年（1931 年）印《范声山杂著》中。

北宋又修过《吴兴地志》，久佚，纂修人名氏不可考。

南宋淳熙中，周世楠编《吴兴志旧编》12 卷，久佚。《舆地纪胜》卷四《安吉州碑记》下注：“《吴兴志旧编》，淳熙中教授周世楠撰”。该书今有清范锴辑本，刊入民国 20 年（1931 年）《范声山杂著》中，题“《吴兴志续编》一卷”。

南宋嘉泰元年（1201 年），湖州知府李景和延请谈钥纂《吴兴志》20 卷。谈钥字元时，淳熙八年（1181 年）进士，官枢密院编修。该书宋刊本久佚。清乾隆开四库全书馆时，从《永乐大

① 温州市二轮修志工作正式启动于 2012 年。

② 陆羽，字鸿渐，复州竟陵人。唐上元初（760—761 年）隐居苕溪，自称桑苎翁。著有《茶经》。《新唐书》卷一百九十六有传。

③ 陆龟蒙，字鲁望，号天随子，唐中和（881—885 年）初卒。《新唐书》卷一百九十六有传。

④ 桂始馨：《〈吴兴统记〉研究》，《中国地方志》2017 年第 3 期。

典》中辑出,今有旧钞本流传。北京图书馆藏有宣统元年(1909年)吴兴严氏随分读书斋钞本及沈氏枕碧楼钞本。南京图书馆藏有丁氏八千卷楼旧钞本,5册。中国科学院图书馆及南京地理研究所图书馆亦藏有钞本。北京大学图书馆有清钞本。北京师范大学图书馆有清姚覲元手钞校本。上海图书馆有清钞本1部,5册,又有光绪间钞本(存卷一至卷三、卷六至卷七、卷十、卷十三至卷十五),经姚覲元手校,又有清末江阴缪氏烟画堂钞本,10册,经缪荃孙校阅。民国3年(1914年),南浔刘氏嘉业堂又据钞本重刊,编入《吴兴先哲遗书》中,凡4册,有刘承幹跋。跋载:"嘉泰《吴兴志》二十卷,宋谈钥元时撰。明嘉靖时,徐长谷撰《吴兴掌故集》,犹及见之,后不传。开四库馆时,馆臣从《大典》中辑出,未及编纂进呈,外间传钞,有分二十卷者,有分十五卷者,亦有不分卷者。今所存原目,仍分为二十卷。嘉定、至顺两《镇江志》,亦出自《大典》。虽非完书,犹胜遗佚。而井至塘应移于河渎之下,风俗直接食用故事,则尤善矣。"

元鲁琪琳纂辑《吴兴类编》,已佚。该书见同治《湖州府志》卷五十七、卷九十二著录。弘治《湖州府志》凡例:"旧志多所缺略,今考鲁琪琳《类编》,依次补入。"

明初修有《吴兴续志》,已佚,纂修人名氏不可考。该志见《永乐大典》卷二千二百七十七"湖字韵・湖州府三・田赋"所引。

明天启年间,董斯张等纂成《吴兴备志》32卷。由于将当地遗闻逸事均征引入志,志界评其"分门甚细,采摭极富",因"无不备载,故有备志之称"。而且也正因其"典雅核备,足资后人考据,堪称明代佳志"。

二、湖州府志

明正统年间(1436—1449年),修有《湖州府志》,已佚,纂修者不可考。该志见《文渊阁书目》卷二十新志类著录。

明景泰年间(1450—1456年),陈颀①纂《湖州府志》22卷,稿成未刊,已佚。成化《湖州府志》彭华序载:"景泰间,司训姑苏陈颀因朝廷采辑,乃取谈《志》正讹补缺,续以成编,仅藏学宫。"同书劳钺自序亦载,"编成未刊"。

成化十年(1474年),湖州知府劳钺延请张渊纂《湖州府志》22卷,次年刊本。日本国会图书馆支部静嘉堂文库藏弘治补刊本18卷(存卷一至卷十三,卷十八至卷二十二),4册。北京图书馆有胶卷。上海图书馆藏有归安姚氏咫进斋钞本,残存卷一至卷十三、卷十八至卷二十二。有成化十一年安成彭华序和湖州知府劳钺序。据彭华序,该书系增陈颀《府志》所未备。

弘治四年(1491年),知府王珣②延请汪翁仪等纂《湖州府志》24卷。该书刊本,浙江图书馆收藏。中国台湾"中央图书馆"残存7卷(卷六至卷七、卷十八至卷二十二)。日本国会图书馆支部静嘉堂文库亦有藏本。

嘉靖二十一年(1542年),知府张铎延请浦南金纂《湖州府志》16卷。该书刊本,上海图书

① 陈颀,字永之,明景泰(1450—1456年)中授武阳县训导。博学,工诗文,清修介特,名重于时。有《味芝居士集》。

② 王珣,字德润,明成化五年(1469年)进士,授太康知县。擢御史,历河南右参政,官至副都御史,巡抚宁夏。

馆残存卷四至卷五、卷十至卷十一。日本国会图书馆支部静嘉堂文库及东洋文库各有藏本。

隆庆(1567—1572年)末,知府栗祁①延请唐枢②、张应雷纂《湖州府志》14卷,至万历四年(1576年)告成。此志有万历六年刊本,上海图书馆、南京图书馆、中国科学院南京地理研究所图书馆藏。上海古籍书店据万历原刊本影印,线装8册。

清顺治六年(1649年),知府程量纂修《湖州府志》。刊本,6册,北京图书馆、北京大学图书馆收藏。

康熙二十二年(1683年),知府于琨纂修《湖州府志》,稿成未刊,已无传本。据乾隆《湖州府志》记载,康熙二十二年同知于琨署府事,奉檄取明万历二年(1574年)至康熙二十二年事实,纂为该书。

乾隆三年(1738年),知府胡承谋纂修《湖州府志》,次年完成,刊本,24册,北京图书馆、北京大学图书馆、南京大学图书馆、浙江图书馆收藏。上海图书馆有胶卷。

乾隆二十三年(1758年),知府李堂增修《湖州府志》,刊本,24册,北京图书馆、北京大学图书馆、天津图书馆、南京图书馆、浙江图书馆、中山大学图书馆等均有藏本。

同治九年(1870年),知府宗源翰延请周学浚、陆心源③等纂《湖州府志》。该志同治十三年成书,有爱山书院刊本,36册,传本尚多。《中国方志丛书》系据同治刊本影印。又有光绪九年(1883年)重校刊本。

三、湖州市志

1986年7月,中共湖州市委、市人民政府成立市地方志编纂委员会,下设办公室。开始组建编纂班子,着手修志工作,形成《湖州市志·篇目》初稿。1987年6月召开第一次全市地方志工作会议,布置修志任务,各主修单位组建有关分志编纂办公室或编纂组,市地方志办公室负责自纂稿资料搜集与编纂。1988年11月,行政区划调整,城区、郊区撤销,二区志编纂工作纳入市志办。1990年10月公布《湖州市志·篇目》修订稿及篇目分工。1991年4月召开第二次全市地方志工作会议,再次发动、布置各有关单位分志稿编纂工作。1992年7月,编委会决定市志下限从1988年延至1990年。同年8月召开第三次全市地方志工作会议,培训骨干。1995年初,在各分志稿基础上分块总纂成稿。同年5月23—25日举行专家审评稿会。会后修订,按基础门类、经济、政治、社会四块分工通稿。1996年5月完稿,分送市地方志编委会、省志办和出版社审查。1999年3月,《湖州市志》由昆仑出版社出版,主编王克文,字数350万字。

2002年2月26日,中共湖州市委办公室、湖州市人民政府办公室印发《关于续修湖州市

---

① 栗祁(1537—1578年),字子登,号东岩,山东夏津人。明嘉靖四十一年(1562年)进士,授徽州府推官,擢南户部主事,历湖州知府。官至山西参政。

② 唐枢(1497—1574年),字惟中,号子一。明嘉靖五年(1526年)进士,授刑部主事。年轻时师从湛若水,学者称一庵先生。又留心经世略,九边及蜀、黔、滇险阻阨塞,无不亲历。

③ 陆心源(1834—1894年),字刚父,号存斋。有皕宋楼藏书,编刊《十万卷楼丛书》。著有《仪顾堂集》及《皕宋楼藏书志》120卷。

志的实施规划》。2003年6月,《〈湖州市志〉篇目纲要(草案)》及《分解提纲》下发。2005年12月19日,续修《湖州市志》编辑部成立。2006年1月9日,市委办公室、市政府办公室下发《关于转发市地方志办公室要求尽快完成〈湖州市志〉资料长编的通知》。2007年5月20日,市委办公室、市政府办公室《转发市委党史研究室(地方志办公室)关于尽快完成〈湖州市志〉资料长编的通知》。其间多次内部宣讲、研讨采用条目体记述,下基层指导培训数十次。2006—2009年,资料长编按五大编分纂。其间2008年4月起,主编撰写《市情提纲》,并集中统稿、总纂全志。2009年11月形成送审稿。2010年春节后,专家初审评稿。修订后于11月30日由省地方志办公室主持专家复审,再次修订。①

第五节　嘉　　兴

嘉兴先秦时介吴、越间。秦、汉时为由拳、海盐二县之地,属会稽郡,后属吴郡。三国吴黄龙三年(231年)改由拳为"禾兴",吴赤乌五年(242年),改今名。至五代末时,称"秀州"。宋政和中(1111—1118年)赐名"嘉禾郡",为秀州的别称;南宋庆元元年(1195年)升嘉兴府,元时为嘉兴路,明、清为嘉兴府。1983年设嘉兴市。

嘉兴市历史上最早的志书为修于北宋大中祥符年间(1008—1016年)的《秀州图经》。该书纂修人名氏无考,见《舆地纪胜》、至元《嘉禾志》所引。据至元《嘉禾志》郭晦序所载,该图经在元代即失传。元代至元《嘉禾志》是嘉兴现存最早的志书。至2010年,《嘉兴市志》的续编工作正在进行中。

一、嘉禾志

北宋宣和年间(1119—1125年),秀州司录洪皓纂修《嘉禾郡志》。据嘉庆《嘉兴府志》序,此书嘉庆年间(1796—1820年)已无传本。南宋淳熙元年(1174年),知州张元成延请闻人伯纪纂修《嘉禾志》(5卷,故事1卷)。也无传本。南宋嘉定年间(1208—1224年),知州岳珂延请关栻续修《嘉禾志》。岳珂字肃之,号倦翁,嘉定间权发遣嘉兴军府,兼管劝农事。关栻,字表卿,郡人。该书修于嘉定七年(1214年),后因岳珂改调而中辍,书仅5卷,分门二十有五,已佚。

元代至元年间(1264—1294年),单庆、徐硕纂修《嘉禾志》。单庆,字克斋,至元二十一年(1284年)任嘉兴路经历。此志创修于至元二十一年,至元二十五年刊行。该书元刊本已不复可得,但有《四库全书》钞本及旧钞本、重刻本流传。全书共32卷,卷一沿革、星野、道里、风俗,卷二城社、坊巷,卷三乡里、镇市,卷四山阜、江海、湖泖,卷五浦溆、溪潭、陂塘、河港、泾沟、堰闸,卷六户口、物产、赋税、征榷,卷七学校、科举、廨舍、院务、仓库、徼巡、官驿,卷八邮置、桥梁,卷九楼阁、堂馆、亭宇,卷十至卷十一寺院,卷十二宫观、祠庙,卷十三家墓、人物,卷十四仙

① 2012年3月,《湖州市志(1991—2005)》由方志出版社出版,主编嵇发根,字数500万字。

梵、古迹，卷十五宋登科题名，卷十六至卷二十六碑碣，卷二十七至卷三十二题咏。其中碑碣占11卷，具有重要史料价值，是此志的一大特色。

二、嘉兴府志

明代共6次编纂《嘉兴府志》。

第一次约修于明初，纂修人未详。该书见《文渊阁书目》卷二十新志类著录，已佚。

明弘治五年（1492年），知府柳琰延请曾春纂《嘉兴府志》。现有刊本，25册，上海图书馆收藏。正德《嘉兴府志补》邹衡自序载："弘治二年，仪真柳侯来守是邦。视篆之余，慨然以梓行志书命工。其时衡在制中，兼病弗克与。于是郡诸生曾君春承侯命，复加修订，而于人物、碑碣、遗文、古迹，颇有遗漏。厥后，聘南川林先生光校正付梓。"

正德元年（1506年），邹衡补辑《嘉兴府志补》。正德七年刊本，北京图书馆、上海图书馆收藏。南京图书馆有钞本。《四库全书》据浙江巡抚采进本存目，书名作《嘉兴志补》。《四库全书总目提要》载："衡复取宋、元诸志，增所未备。其已见于柳《志》者不录，故谓之《志补》。书成于正德元年。"邹衡自序载："暇时览宋、元志及《大明一统志》，于吾郡中七邑有遗失者，修而补之。若名宦、若贞节、若孝行，论定而后有可为人师法者，有陵墓、学校、寺观、桥梁、碑碣、文章所未载者，仍分上、中、下三帙，成十二册。"该书共分上、中、下三卷，凡12册。

嘉靖二十七年（1548年），知府赵瀛延请赵文华①纂《嘉兴府图记》。该书于次年刊，10册，天津图书馆、南京图书馆、南京大学图书馆、上海图书馆（卷一配钞）收藏。《四库全书》据浙江巡抚采进本存目。馆臣评论载："是书乃文华官通政使时，遭忧家居，应郡守之请而作。分方画、邦制、物土、人文，凡四门，而附以丛记。叙述颇有体例。其方画每朝为一地图，殊可为法。"

明万历年间（1573—1620年），知府龚勉②延请严从简③纂《嘉兴府志》，未完成。后知府曹代萧复聘黄洪宪④续成之。该志今无传本。见《千顷堂书目》、雍正《浙江通志》卷二百五十三著录。

万历二十八年（1600年），知府刘应钶延请沈尧中⑤纂修《嘉兴府志》。该书有刊本，12册，北京图书馆收藏。

清代也修过6次府志。

顺治六年（1649年），知府李国栋纂《嘉兴郡记》。该书刊本已佚。见《文瑞楼藏书目录》著录。道光《嘉兴府志》于尚龄自序载："《郡记》，国朝顺治己丑李守国栋撰，其记凡十六。"

---

① 赵文华，字元质，号梅林。明嘉靖八年（1529年）进士，阿附于严嵩，任通政使，后官至工部尚书。《明史》有传。

② 龚勉，字子勤，号毅所。明隆庆二年（1568年）进士，屡官至浙江布政使。有《尚有堂集》。

③ 严从简，字仲可，号绍峰。明嘉靖三十八年（1559年）进士，授行人，选工科给事中，迁刑科右给谏。隆庆元年（1567年）坐谪婺源县丞。历扬州同知，免官归。有《殊域周知录》。

④ 黄洪宪（1541—1600年），字懋中，号葵阳。明隆庆五年（1571年）进士，官至少詹事，兼侍读学士。尝奉使朝鲜，以文受知张居正。

⑤ 沈尧中，字执甫。明万历八年（1580年）进士，授南陵令，历吴郡丞。有《沈司寇集》。

康熙二十年(1681年),知府袁国梓等纂《嘉兴府志》,次年刊本,计18卷,首1卷、末1卷,北京图书馆、南京图书馆、嘉兴图书馆收藏。于尚龄云:"袁《志》盖因卢前守崇兴未竟之书而成之,惜补遗、正讹二门未刻。"①

康熙六十年(1721年),知府吴永芳延请高孝本等纂《嘉兴府志》,刊本,计16卷,天津图书馆、北京图书馆、北京大学图书馆、南京图书馆、上海图书馆收藏。

嘉庆五年(1800年),知府伊汤安延请冯应榴等纂《嘉兴府志》。冯应榴字星实,殁于嘉庆六年。该书次年刊本,40册,传本尚多。

道光二十年(1840年),知府于尚龄等纂修《嘉兴府志》,刊本,计40册,传本尚多。88卷,首2卷。

光绪三年(1877年),知府许瑶光延请吴仰贤等纂《嘉兴府志》,次年刊本,48册。现存。

三、嘉兴市志

1986年5月30日,中共嘉兴市委、市人民政府决定成立嘉兴市志编纂委员会(简称市志编委会),并设市志编纂室。11月25日,市编制委员会批复,同意市志编纂室编制10名。1987年4月3日,市志编委会召开有市级机关各部、委、办、局主要领导110余人参加的修志动员大会,进行全面发动,要求负有修志任务的部门或单位,组建修志班子。从1986年6月开始,组织57人分两批赴杭州参加省地方志编纂室举办的地方志研究班,学习业务知识。7月2日,组织修志先行的5个单位8人去萧山县志办学习取经。至1988年底,市级机关承担编写分志的有91个部门和单位,陆续聚集专兼职修志人员216人,最多时有300余人。1987年1月,市政府向全市发布关于征集《嘉兴市志》资料的公告。1988年开始,市级机关有修志任务的部门分批组织资料采访组,采取"先易后难,先近后远,先口碑资料后档案资料"的方法,通过查阅历代志书、文书档案、图书文献及向民间采访、实地调查,开座谈会等形式,广泛搜集资料,制成卡片。至1990年,全市共搜集有价值的资料近1亿字,其中可作入志资料的有2000余万字。1987年下半年起,由承担任务的部分单位开始试写分篇初稿。1990年初,市志编委会决定,全面转入分篇初稿的编写。1991年6月,市志编委会根据部门编写进度,采取"抓两头"的方法,一头抓进展快的单位,及时召开座谈会、评稿会,认真进行审评;一头抓进展慢的单位,由编委会主要领导分工督促,调整力量,充实人员,限期完成。在此期间,市志编纂室又将重新修订的《嘉兴市志纲目(四稿)》及行文规范,印发给各部门参照,使之有章可循,并决定,市志的下限时间从原定的1985年延伸至1990年。至1991年底,市级承担修志的91个部门和单位,有80%完成分志初稿编写,供市志总纂合成。1992年初开始,《嘉兴市志》逐步进入总纂。1993年12月15日,市委、市政府决定,为加强市志总纂的领导,重新调整充实市志编委会成员,建立审稿组织,确定主编、副主编。12月31日,市志编委会召开全体会议,对总纂的指导思想、总体设计、质量和完成时间,再次作出规定。1995年初,在市志总纂稿大部分完成的情况下,市志编委会决定采取"内部评审""各县会审"与报送省地方志办公

① 道光《嘉兴府志》序。

室最后审定交叉进行的办法，对总纂稿实行分层次审评。同年11月23—25日，市志编委会召开由各县(市)地方志办公室负责人和正副主编参加的会审会议，对市志总纂稿进行全面会审。从同年9月开始，市志编纂室又将经内部审改的总纂稿分批送省地方志办公室审定。12月26日，省地方志办公室作了批复，对志稿予以肯定，并提出一些修改意见，同意在修改定稿后，交由出版社编辑出版。1997年，《嘉兴市志》由中国书籍出版社出版，主编史念，字数406万字。2004年3月，获浙江省第五届新编地方志优秀成果二等奖。

2005年，嘉兴市开始酝酿二轮修志工作。市地方志办公室通过赴各县(市、区)调研、召开座谈会、举行培训班等各种方式，在总结一轮修志经验基础上，拟定了《〈嘉兴市志(1991—2010)〉编纂实施意见》《嘉兴市第二轮修志工作规划》等；2006年，起草了《嘉兴市第二轮修志启动准备阶段方案》。2009年，市政府正式启动社会主义时期第二轮市志编纂工作。至2010年底，《嘉兴市志》尚在编纂中。

第六节 绍 兴

绍兴因大禹治水而得会稽之名。先秦时为越国地。秦、汉属会稽郡。隋代设越州，南宋初改为绍兴府。1983年，设绍兴市。

绍兴市地方志编修的底蕴深厚。府(州)志的编纂，从现存史料来看，当始于宋大中祥符三年(1010年)李宗谔修的《越州图经》9卷，书已亡佚。该书见《文献通考》、《宋史·艺文志》、《国史经籍志》、康熙《绍兴府志》卷五十九著录。

北宋林特撰《会稽录》30卷，后华镇也纂有《会稽录》1卷。书皆佚。

宋时，曾修有《绍兴图经》。该书见《遂初堂书目》、雍正《浙江通志》卷二百五十三著录，已佚，具体编纂时间及纂者名氏皆不可考。南宋嘉泰《会稽志》是现存最早的绍兴府志。

至2010年，《绍兴市志》的续编工作正在进行中。

一、会稽志

南宋嘉泰以前，曾修过《会稽志》，书已佚，未知纂者名氏。书见嘉泰《会稽志》所引①。《永乐大典》引文，或作“会稽前志”，亦作“绍兴府前志”，多与嘉泰《会稽志》所引相合。

南宋绍熙三年(1192年)，陈公亮知绍兴府，纂修《越州新志》，书未传世。庆元五年(1199年)，沈作宾知绍兴府，与通判施宿等修纂《会稽志》。嘉泰元年(1201年)修成，计20卷，陆游有序。该志系现存最早之绍兴府志。宋刊原本已不可得。王国维《两浙古刊本考》载，宋刊原本每半页10行，行20字。《四库全书》据宁波天一阁藏明正德五年(1510年)重刊本著录，题“嘉泰《会稽志》”。现存有明正德五年仿宋重刊本等，北京图书馆、上海图书馆收藏。

南宋宝庆元年(1225年)，张淏纂修《会稽续志》8卷，原刊本已佚。《四库全书》据浙江天

① 据顾宏义《宋朝方志考》，嘉泰《会稽志》所刊非《会稽志》。

一阁藏钞本著录，题“宝庆续志”。现存明正德五年(1510年)仿宋重刊本，北京图书馆收藏。又有嘉庆十三年(1808年)采鞠轩重刊本，书名作宝庆《会稽续志》，北京图书馆、天津图书馆、南京图书馆收藏。该志历来多有好评，与嘉泰《会稽志》齐名。《四库全书总目提要》载:“淏字清源，本开封人，侨居婺州。官至奉议郎，其履贯略见《金华志》，而所作《续志序》乃自称侨寓是邦，则又尝卜居会稽矣。宋自南渡以后，升越州为绍兴府，其牧守每以宰执重臣领之，称为大藩，而图志未备。直龙图阁沈作宾为守，始谋纂辑。华文阁待制赵不迹，宝文阁学士袁说友等，相继编订。而宿一人实始终其事，书成于嘉泰元年。……其后二十五年，淏以事物沿革，今昔不同，因汇次嘉泰辛酉以后事，作为续编。复于前志内补其遗逸，广其疏略，正其伪误，厘为八卷。书成于宝庆元年，淏自为之序。所分门类，不用以纲统目之例，但各以细目标题。前志为目一百十七，《续志》为目五十。不漏不支，叙次有法。如姓氏、送迎、古第宅、古器物、求遗书、藏书诸条，皆他志所弗详。宿独能搜采辑比，使条理秩然。淏所续亦简核不苟，皆地志中之有体要者。”

此外，南宋王十朋也曾作过《会稽三赋》，其形式虽不同于一般方志，但因记载会稽山川、物产、人物等，《四库全书总目提要》也将其列入地志门内。

二、绍兴府志

元代，会稽韩性曾纂修《绍兴郡志》8卷，书久佚，纂修时间未详。

明初洪武年间(1368—1398年)，曾纂修《绍兴府志》，该书久佚，未详纂修人名氏。明正统之前，也修过《绍兴府志》，已佚。

弘治十三年(1500年)，绍兴府训导戴冠纂修《绍兴府志》42卷。稿成未刊，已佚。

嘉靖(1522—1566年)初，知府南大吉也修过《绍兴府志》，12卷。已佚。明会稽司马相曾纂《越郡志略》10卷。未刊行。该书见《千顷堂书目》《明史·艺文志》著录，万历年间(1573—1620年)已无遗本流传。

万历十四年(1586年)，绍兴知府萧良幹①延请张元忭②、孙鑛③等纂《绍兴府志》50卷。该志于万历十五年刊，凡16册，北京图书馆、南京大学图书馆、浙江图书馆收藏。《四库全书总目提要》载:“是志分十八门，每门以图列于书后，较他志易于循览，体例颇善。末为序志一卷，凡绍兴地志诸书，自《越绝书》《吴越春秋》以下，一一考核其源流得失，亦为创格。”

清康熙十一年(1672年)，知府张三异延请王嗣皋纂《绍兴府志》58卷，次年刊本，南京图书馆有收藏。日本宫内厅书陵部亦有藏本。

康熙二十二年(1683年)，知府王之宾延请董钦德续修《绍兴府志》58卷。当年刊本，共

---

① 萧良幹(1534—1602年)，字以宁，号拙斋。明隆庆五年(1571年)进士，授户部主事，榷税崇文门，例有羡金，斥不纳。累迁陕西布政使。

② 张元忭(1538—1588年)，字子荩，号阳和，山阴人。明隆庆五年(1571年)进士第一，授翰林院修撰，官至翰林侍读。好读书，以气节自负。

③ 孙鑛(1542—1613年)，字文融，号月峰。明万历二年(1574年)会试第一，为文选郎中，澄清吏治。累进兵部侍郎。著有《孙月峰全集》。

24 册，南京图书馆、上海图书馆、杭州大学图书馆收藏。

康熙五十八年(1719 年)，知府俞卿延请周徐彩等纂《绍兴府志》60 卷。刊本 24 册，北京图书馆、天津图书馆、南京图书馆、南京大学图书馆、浙江图书馆均有藏本。

乾隆五十七年(1792 年)，知府李亨特延请平恕等纂《绍兴府志》80 卷、首 1 卷，刊本 46 册，北京大学图书馆、天津图书馆、南京大学图书馆、上海图书馆收藏。《中国方志丛书》影印乾隆五十七年刊本，附有清李慈铭《乾隆〈绍兴府志〉校记》。李慈铭认为乾隆《绍兴府志》为"近时尚为佳志"，但又有"体例错杂，记载疏冗之弊，故手校此志，并逐一考订，缺者补之，误者正之，讹者辨之，滥者删之。对人物志之纠谬，尤为用力"。该文可与《绍兴府志》相互参阅。已收入李慈铭《越缦堂日记》，并藏于浙江图书馆。

三、绍兴市志

1985 年 8 月，"绍兴市志编纂委员会"成立，开始调集人员筹备市志修编工作。1989 年 5 月，市志编修工作班子基本组建完成。8 月 29—31 日，绍兴市地方志编委会召开全市第一次修志工作会议，90 多个承编单位、160 多名修志人员出席会议，对全市修志工作作出具体部署。11 月 18 日，市政府批转市地方志编委会《〈绍兴市志〉编纂规划》，就首轮修志的指导思想、原则要求、目标任务、编纂体例、实施步骤、工作要点、组织领导和主要措施作出明确规定，《绍兴市志》编纂工作全面展开。各修志单位按照市政府要求，相继成立系统或部门的编委会、编写领导小组和修志办公室。经过 98 个修志单位 400 余名专职、兼职修志人员的辛勤努力，共查阅图书资料 4 万余册、档案 5.6 万卷，摘录资料卡片 16 万张，复印资料 1.6 万件，总计收集各类资料达 1 亿字。1990 年 9 月 21—22 日，市地方志编委会召开第二次工作会议，标志着《绍兴市志》进入专业志稿编写阶段。经过各有关部门的努力，1992 年底完成近 500 万字志稿送审稿。1992 年 12 月至 1996 年 6 月，在经历了分纂、类纂、总纂合成和总纂定稿 4 个阶段以后，《绍兴市志》完成定稿。全志共设 45 卷、247 章、747 节，540 余万字，卷首彩色照片 98 幅、彩色地图 34 幅，随文黑白照片 834 幅。1996 年 9 月，召开第三次编委会全体成员会议，对市志整体质量进行最后审查评估后批准出版，并正式交浙江人民出版社编审后付梓。1997 年 4 月，《绍兴市志》正式出版，总纂任桂全。全书正文分装 5 册，索引单独成册。8 月，《绍兴市志》获中国地方志指导小组、中国社会科学院举办的全国新编地方志优秀成果评比一等奖。

为做好第二轮市志编修工作，自 2007 年始，市地方志办公室赴省内台州、金华、舟山等较早开展二轮修志工作的地区调研学习，并在参考省内外有关市志编纂方案和成功经验基础上，拟订了《绍兴市志(1979—2010)》的编纂方案。至 2010 年，《绍兴市志》的续编工作正在进行中。①

① 2018 年 10 月，《绍兴市志(1979—2010)》由浙江古籍出版社出版，执行主编陈荣昌，共 4 册，490 万字。

第七节　金　　华

三国吴宝鼎元年(266 年)始分会稽郡西部置东阳郡。梁武帝改置金华郡。隋以后或称婺州,或改为东阳郡。元至元十四年(1277 年)改为婺州路,因有金华、东阳、婺州之称。元以前所修府志,皆以"东阳"为名。当时东阳郡之辖境较明、清时之金华府为广,属县亦多寡不一。元至正十八年(1358 年)改为宁越府,至正二十年始名金华府,明、清因之。1985 年 5 月,设金华市。

南朝宋郑缉之撰《东阳记》1 卷。此为金华最早的地记,见《隋书・经籍志》著录。原刊本久佚。清末,永康胡宗楙从古籍中辑其佚文 36 则,成《东阳记拾遗》1 卷,又作《东阳记考》1 卷刊行,有民国 21 年(1932 年)永康胡氏梦选楼刊本。该记又有王谟辑《汉唐地理书钞》本。

宋代,修过《婺州图经》,不知撰人名氏,久佚。该图经仅见《舆地纪胜》、至元《嘉禾志》所引。明代成化《金华府志》是现存最早的金华府志。至 2010 年,《金华市志》的续修工作正在进行中。

一、东阳志

南宋绍兴二十四年(1154 年),通判婺州军州事洪遵纂《东阳志》10 卷。刊本久佚。洪遵序存康熙《金华府志》,序载:"东阳为郡,自吴之宝鼎迄今,八百八十有九年矣。……遵通守于兹,乐其风孅而俗淳。窃意方经舆志,粲然有纪,可以周知古今之故。间日取观,茫然棼不可读,思有以厘正之。则访之七邑,其习俗所由,区产所宜,生齿之登降,谷帛之夥尠,山川之所以名,寺观之所以始,以至官府、亭传、桥梁之属,悉提要领。又稽诸史氏,旁逮稗官、小说,凡及吾婺者,毋不载。稍加整比,引类相从,为卷者十,目曰《东阳志》。"

南宋咸淳年间(1265—1274 年),朱子槐①纂《东阳志》。该志刊本久佚,见《续文献通考》著录。光绪《浦江县志》卷十四载:"朱氏又仿鄱阳洪氏《志》,编考一郡人物,撰咸淳《东阳志》。"

元代,赵绍纂修《东阳图志》。志未修成,已亡佚。瞻思《东阳续志》序载:"余始至于婺,即访其图志,云失之已久。唯出郡人赵绍所编,简策实繁,而未为成书。"②

元至正元年(1341 年),瞻思③纂《东阳续志》6 卷。该志已无传本,瞻思序今存。序载:"继而洪《志》已令复刊矣。然自绍兴之末,迄归附后事,悉所不及。其间人物之盛可录矣,而吕成公、宗忠简之传未立,易代制度之变当纪矣,而本朝因革之宜未书,纪录不备。为郡之典,良有缺焉。斯责固守土者之所任。若夫临治者,亦岂不预哉。余思及此,为之惕然。乃夙夜

---

① 朱子槐,字可大。明宝祐年间(1253—1258 年)进士。咸淳(1265—1274 年)中为浦江学正,后转睦州学正。

② 《康熙〈金华府志〉》旧序。

③ 瞻思(1278—1351 年),字得之,号文孝,历官浙东海右道肃政廉访司佥事。《元史》卷二百十四有传。

孜孜，求所以塞之者。是志徒存，而汩没于簿书倥偬之中，眩瞀于疾病呻吟之际。故再阅岁而莫酬。顷因案部索诸属邑，有得即录，窥暇隙以时述之。逮兹成编，规模无异洪氏之旧，而事物不载而已登，厘为六卷，题曰《续东阳志》，见修述也。复命刻梓于学官，庶补其缺。”①

二、金华府志

元末明初，曾修过《金华府志》，书已佚，纂修人姓氏不可考。该书当修于元至正二十年(1360年)改名金华府之后，见《文渊阁书目》卷十九旧志类著录。

明代正统以前，又修过一部《金华府志》，已佚，不知纂修人名氏。该书见《文渊阁书目》卷二十新志类著录。

成化十六年(1480年)，知府周宗智纂修《金华府志》20卷。宗智，天顺四年(1460年)进士。刊本，6册，上海图书馆收藏。

万历六年(1578年)，知府王懋德②延请陆凤仪③纂《金华府志》30卷。刊本，中国台湾“中央图书馆”收藏。日本宫内厅书陵部、尊经阁文库亦有藏本。

清康熙二十二年(1683年)，知府张荩延请沈麟趾等纂《金华府志》30卷、首1卷。刊本，12册，中国科学院图书馆、天津图书馆、北京图书馆、上海图书馆、南京图书馆、浙江图书馆收藏。又有康熙三十四年增刊本，中国科学院图书馆藏。又有宣统元年(1909年)知府嵩连石印本，上海图书馆、南京大学图书馆、天津图书馆、浙江图书馆均有藏本。

三、金华市志

1986年7月，金华市市志编纂委员会成立。1988年9月，市志编纂委员会调整，成立金华市地方志编纂委员会，下设办公室。10月，召开首次全市地方志工作会议，修志工作全面铺开。

1988年10月至1990年5月，全市广泛发动101个部门和单位撰写志稿，200多人参与资料收集，摘抄卡片10万多张，累计达2000余万字，形成185万字的总纂稿。1990年6月，召开评审会议。之后，根据评审意见进一步修改完善。1992年3月，由浙江人民出版社出版，总纂章关键，字数175万字。1993年，首轮《金华市志》在全国首届新编地方志评奖中获一等奖。

2004年11月，金华市委、市政府召开全市地方志工作会议，正式启动《金华市志》第二轮编修。2006年6月，市政府召开全市地方志工作会议，进一步推进金华市志编修工作。全市216个承编单位、460多位编修人员参与了志书的编纂工作。2009年6月，《金华市志》稿通过由省地方志办公室组织的专家评审组评审。同年9月，通过市政府终审，委托方志出版社出版。其间，相继多次征求曾在金华任职老领导、各方面专家与群众意见，开展图照资料征集

---

① 康熙《金华府志》旧序。

② 王懋德，广东文昌人。明隆庆二年(1568年)进士，由南京比部郎出知金华。历江西副使，官至福建参政。以廉称。

③ 陆凤仪，字舜卿，号阳山。明嘉靖三十五年(1556年)进士，由余干知县选南京户科给事中，以言事罢为民。万历十一年(1583年)任吏科左给事中，未到任卒。

工作。2010年底,6册720万字的志稿正在进一步完善修改中。①

第八节 衢州

春秋时为越国姑蔑地。秦为太末县。南朝陈置信安郡,唐武德四年(621年)置衢州,元为衢州路,明、清为衢州府。1985年,设衢州市。

宋代编修的《衢州图经》1卷,当为此地有史记载最早的志书,已佚,纂修者不可考。该书见《宋史·艺文志》、嘉靖《浙江通志》卷五十四著录。明代弘治《衢州府志》是衢州现存最早的府志。至2010年,《衢州市志》的续修工作正在进行中。

一、信安志

南宋毛宪纂《信安志》16卷。该志见《宋史·艺文志》著录。毛宪系淳熙二年(1175年)进士。该书当作于淳熙以后,久佚。

南宋嘉定十二年(1219年),知州刘垕延请卫玠纂《信安志》16卷,刊本久佚。该志见《文献通考》、《宋史·艺文志》、《文渊阁书目》卷十九旧志类著录。

南宋绍定初,知州袁甫②延请叶汝明纂修《信安续志》2卷。刊本久佚。

元至大年间(1308—1311年),衢州路总管朱霁纂《信安志》,刊本久佚。该志见康熙《衢州府志》卷二十九著录。《明一统志》载:"元大德十一年,朱霁为衢州总管,有善政,尝修《信安志》,世无传本。"

二、衢州府志

明代正统以前,曾修过两部《衢州府志》,书已久佚,纂修者不可考。该两书见《文渊阁书目》卷十九、卷二十著录。

弘治十六年(1503年),衢州知府沈杰③延请吾冔④、吴夔纂《衢州府志》15卷。该志刊本,宁波天一阁珍藏,浙江图书馆有龙游余氏寒柯堂抄本1部。

嘉靖四十三年(1564年),知府杨準延请赵镗⑤等纂《衢州府志》16卷。刊本,5册,中国台湾"中央图书馆"收藏(缺卷九),龙游余绍宋据嘉靖原刊本传抄,所缺官守一卷,据天启三年(1623年)叶秉敬纂《衢州府志》职官门补入,并经兰溪叶渭清手校。该抄校本今藏浙江图书

---

① 2017年5月,《金华市志》由方志出版社出版。

② 袁甫,字广微,号蒙斋,鄞人。宋嘉定年间(1208—1224年)进士,累官国子祭酒,权兵部尚书。

③ 沈杰,明成化二十年(1484年)进士,出知河南归德州,入为右军都督府经历,迁知浙江衢州府,擢山西左参政,再进河南右布政,卒年七十一。

④ 吾冔(1431—1504年),字景瑞,号默斋,以乡举入太学,就浦江教谕,乞养归。学者称文山先生。明弘治七年(1494年)卒。

⑤ 赵镗(1513—1584年),字仲声,号方泉,晚号留斋居士。明嘉靖二十六年(1547年)进士,选庶吉士,授御史,历大理少卿、右通政,官至右佥都御史。隆庆元年(1567年)致仕归。

馆。赵镗序载:“衢有府志旧矣。自弘治十六年迄今六十载,文献故实,未及嗣续。前郡伯安吾杨公準倡修,继之者新郡伯南溟郑公伯兴,始葺于西安学训导汪子旦,重校于衢州府教授金子汝砺,又重校于西安学教谕徐子守。而总其成者则镗,以乡故僭次于末焉。其目分为九,首舆地,次山川,次建置,次礼制,次官守,次人物,次食货,次灾异,次外纪,共十六卷。时嘉靖四十三年二月。”

天启三年(1623年),知府林应翔延请叶秉敬等纂修《衢州府志》16卷、首1卷,刊本,12册,浙江图书馆、北京图书馆(缺卷十五、卷十六)收藏,日本国会图书馆支部内阁文库亦有藏本。上海图书馆有胶卷复制天启三年原刊本。该书又有崇祯五年(1632年)丁明登增补刊本,北京图书馆、北京大学图书馆收藏,日本尊经阁文库亦有此本,凡16册。日本内阁文库又收藏此书清刊本1部,20册。

崇祯七年(1634年),知府张文达延请余邦缙纂修《衢州府续志》,未见传本。该书见康熙《衢州府志》著录。

清康熙二十三年(1684年),知府姜承基延请周召纂修《续衢州府志》1卷,刊本,未见。康熙《衢州府志》载:“周召《续府志》一卷,康熙甲子太守三韩姜承基,同修者西安贡生徐国琛、王观文、刘兆元。”

康熙四十六年(1707年),知府杨廷望等纂修《衢州府志》40卷、首1卷,康熙四十八年完成,康熙五十年刊本,12册,故宫博物院、北京师范大学图书馆、中山大学图书馆、浙江图书馆收藏。上海图书馆藏本卷二十为配抄。通行有光绪八年(1882年)知府安陆刘国光重刊本,亦12册。《中国方志丛书》系据光绪重刊本影印。杨廷望于康熙四十六年任衢州知府。该志在杨任内纂修完成。康熙四十九年,马遴、金玉衡先后继署衢州,故此志有康熙四十九年七月金玉衡序。光绪八年,知府刘国光重刊时,将金玉衡所作序改为马遴撰。

三、衢州市志

1985年12月,衢州市志编纂委员会成立。1988年9月,市委、市政府对市志编纂委员会作调整。1989年8月15日,召开第一次市志工作会议,编纂工作正式起步。1989年8月至1990年上半年为组织发动和搜集资料阶段。1990年3月21日,市一届人大常委会第二十九次会议听取和审议《关于衢州市志编纂工作的报告》,作出关于加强《衢州市志》编纂工作的决议。至同年6月,各修志单位搜集资料2000多万字。1990年下半年初至1991年底为各修志单位撰写和修改送审稿阶段。至1991年底,形成送审稿360万字。1992年初至1994年1月为总纂合成和修改定稿阶段。1993年5月形成总纂初稿280万字。同年6月24—26日,市政府召开《衢州市志》稿评审会。1993年6月22日至7月5日,市委、市政府组织市志编纂委员会委员、部分单位编写小组主笔及市志办公室编纂人员70多人集中办公,修改总纂初稿。1994年1月定稿。1994年11月由浙江人民出版社出版,主编朱子善,字数205万字。1999年,该志获省新编地方志优秀成果一等奖。

2002年9月,市政府召开全市地方志工作会议,部署第二轮修志工作。同年12月,市政府办公室下发《关于进一步做好“十五”期间衢州市地方志工作的通知》,要求完成《衢州市志》

等5部政区总志的续修和出版。2004年2月,市地方志办公室向市长办公会议作续修《衢州市志》工作汇报。同年5月,市政府办公室下发《关于印发衢州市志续修方案的通知》。2005年1月,市政府召开《衢州市志》续修工作会议,启动编纂工作。同年5月,市志编辑部成立,韩章训任主编。2006—2007年,指导承编单位收集资料、撰写初稿,编辑部开展专记、大事纪要、人物传等编写工作。2008年进行分纂。2009年进行总纂。2010年开展总纂稿意见征求工作。2010年,胡锡明接任主编。至2010年,《衢州市志》的续编工作正在进行中。①

第九节　舟　　山

唐置翁山县,宋熙宁六年(1073年)置昌国县,元至元十五年(1278年)升为州。明洪武二年(1369年)降为县,洪武十七年改为昌国卫。清康熙二十六年(1687年)建县,县名"定海",并改明之定海县为"镇海"。道光二十一年(1841年),升定海县为直隶厅。民国元年(1912年)仍改为县。1953年成立舟山专区,辖定海、普陀、岱山、嵊泗4县。1959年,定海县与岱山、嵊泗、普陀等县合并为舟山县。1962年仍恢复舟山专区及定海等四县。1967年,改称"舟山地区"。1987年,成立舟山市。元代编的《昌国州图志》为舟山市现存最早的志书。至2010年,《舟山市志》的续编工作正在进行中。

一、《昌国州图志》

元大德二年(1298年),昌国州州判冯福京延请郭荐纂修《昌国州图志》7卷、首1卷、末1卷。原刊本久佚,《四库全书》据宁波天一阁藏钞本著录。今有咸丰四年(1854年)徐氏烟屿楼重刊本、同治重刊本。南京图书馆、浙江图书馆均藏有旧抄本。冯福京自号学泉居士,元贞元年(1295年)以登仕郎为昌国州判官。冯福京序载:"昌国中海而处,由县升州,而州志不作,此固仆断吏不知稽古之务,而为士者亦有罪焉。余来首访图经,徒起文献不足之叹。越岁余,始于里民购得其籍,大率浮夸如前所云。议欲刊削,且书混一以来之沿革。既以授州之文学士,属余往吴中,此事中辍。今瓜戍已逾,滞留卧疾,岂其机乎?乃趣学官,捃摭旧载,芟其芜,黜其不实,定为传信之书,使州之缺文者于所补,以俟掌建邦之六典者采焉。"

二、定海厅志

舟山定海县曾于清道光年间升为直隶厅。光绪三年(1877年),知定海厅事史致训延请陈重威、黄以周②等纂《定海厅志》。该志于光绪九年完成,光绪十一年刊本,10册,北京图书馆、上海图书馆、南京图书馆、南京大学图书馆、浙江图书馆收藏。又有光绪二十八年补刊本。

---

① 2016年9月,《衢州市志(1985—2005)》由中国文史出版社出版,字数184.5万字。

② 黄以周(1828—1899年),初名以同,字经纂,后改名以周,字元同,号儆季,历署遂昌、海盐、於潜县学训导。清光绪九年(1883年),瑞安黄体芳督学江苏,黄以周与江阴缪荃孙同受聘为南菁书院掌教,历时十五载,以博文约礼、实事求是为教。

宣统间补刊光绪十一年本。又有民国3年(1914年)铅印本。此志主要上溯康熙《定海县志》,正者继之,讹者订之,芜者删之,阙者补之,加上黄以周声望,故此志历来颇受好评。《续修四库全书总目提要》称:"是编义法严正,考据详确,足以综括前志。"

三、舟山市志

1986年1月,舟山地区地方志办公室成立,1987年改称"舟山市地方志办公室",是年11月,舟山地方志编纂委员会成立,正式启动首轮《舟山市志》的编纂,陆续充实编纂力量,并于1989年4月调整编纂委员会成员。1992年8月,《舟山市志》由浙江人民出版社出版,主编章凤池、周永孚,字数110.4万字。1993年,该志获全国地方志优秀成果二等奖。

1996年,市地方志办公室与市委党史办公室合并,成立舟山市史志办公室,开展党史、地方志相关工作。2003年6月起,续志编纂各项准备工作陆续开始:组建编纂班子,拟定续志名称、篇目设置及编写体例,编印《〈舟山市志(1989—2005)〉编写手册》。同年11月26日,中共舟山市委办公室、舟山市人民政府办公室发出《关于开展续修〈舟山市志(1989—2005)〉的通知》;12月30日召开全市地方志工作会议,布置了续志编修任务,续修《舟山市志》的工作正式启动。2003年12月31日和2004年10月10日,市史志办公室两次对各承编单位的撰稿人员进行业务培训,着重解决材料搜集处理、记述要素、记述方法、稿子修改等问题。至2010年尚未完成全部初稿。①

第十节　台　　州

三国吴太平二年(257年),以会稽东部为临海郡,治章安,领7县。唐武德五年(622年)置台州,以境内有天台山而得名。后人修志亦有以天台赤城山的"赤城"命名。元代改设台州路,明、清为台州府。1949年10月设台州专区,1978年10月改称"台州地区行政公署",1994年设台州市。

《临海记》为台州最早有记载的地方历史文献。此记久佚,不知何人所撰。(也有认为是南朝宋孙诜撰。孙诜字休群,太原人,见《南史》卷七十二邱巨源传。)

北宋时,编有《台州图经》《临海图经》,书久已失传。元代,李洧孙②纂《重修台州图经》。该书见明弘治《赤城新志》卷二十一、清雍正《浙江通志》卷二百五十三著录。久佚。南宋嘉定《赤城志》为台州现存最早的府志。至2010年,《台州市志》出版。

① 2016年11月,《舟山市志(1989—2005)》由商务印书馆出版,字数350万字。

② 李洧孙,字山甫,号霁峰,宁海人。宋咸淳十年(1274年)进士。延祐初,聘充江浙同考官,以台州路黄岩州判官致仕。

一、赤城志

南宋嘉定三年(1210年)、嘉定十六年,知州黄㽦、齐硕先后延请陈耆卿[①]等纂修《赤城志》40卷。据陈耆卿序载,前守尤袤、唐仲友、李谦皆议修而未果,至黄㽦守台,请郡人陈耆卿、陈维等纂修。黄㽦,字子耕,豫章分宁人,嘉定三年知台州。后去,束其稿十年。齐硕到任,请陈耆卿续成。该志宋刊本已不存。弘治十年(1497年),郡人谢铎重刊此书,有谢铎序。北京图书馆、中国科学院南京地理研究所图书馆均藏有弘治本。万历二十四年(1596年),知府简继芳又修补弘治本重刊,有简继芳序。北京图书馆、南京图书馆有此本。日本国会图书馆支部内阁文库藏有天启六年(1626年)补刊本。该书通行本为嘉庆二十三年(1818年)临海宋氏重刊《台州丛书》乙集本,上海图书馆、南京大学图书馆、浙江图书馆等均有收藏。

南宋临海林表民纂《赤城续志》8卷,吴子良参订。该志见《直斋书录解题》、《文献通考》、《文渊阁书目》卷十九旧志类著录。林表民曾参与修《赤城志》,不满10年,于续志后再续一志,称《三志》,为时人所讽,皆佚。

元至治三年(1323年),赵凤仪任台州路总管,请章嘉纂《天台郡志》,书已散佚。

元统二年(1334年),天台路总管王居敬延请杨敬德等纂修《赤城元统志》。该志明初尚存,后佚。

元末[②],临海杨大中纂《赤城志》。该志已亡佚,见光绪《台州府志》卷三十九著录。

弘治八年(1495年),台州知府陈相延请谢铎[③]纂《赤城新志》,至弘治十年完成,计23卷。刊本今存,北京图书馆、南京图书馆收藏。中国台湾"中央图书馆"所藏原刊本,有乾隆十三年(1748年)无名氏朱笔手跋。日本国会图书馆支部静嘉堂文库亦藏有弘治刊本。上海图书馆有胶卷复制弘治十年本。除弘治原刊本外,又有嘉靖四十四年(1565年)修刊本,北京图书馆、浙江图书馆收藏;万历二十四年(1596年)补刊本,与嘉定《赤城志》同刊。又有天启六年(1626年)补刊本,日本尊经阁文库藏。今通行本为王棻刊《台州丛书》续编本,4册。上海图书馆有胶卷复制同治间黄瑞钞校本。

嘉靖年间(1522—1566年),王启又取前《赤城志》《赤城新志》,纂成《赤城会通记》。未见传本。

二、台州府志

明代正统(1436—1449年)以前,曾修过一部《台州府志》,书已佚,纂修者不可考。该书见《文渊阁书目》卷二十新志类著录。

---

① 陈耆卿,字寿老,号筼窗。宋嘉定七年(1214年)进士。官至国子司业。嘉定十一年为青田主簿,嘉定十三年为庆元府学教授。所著有《筼窗集》。

② 元至治年间(1321—1323年),台州路总管赵凤仪修《天台郡志》,书已散佚。

③ 谢铎(1435—1510年),字鸣治,号方石。明天顺八年(1464年)进士,授编修,进侍讲,直经筵。逢丧辞官。弘治初,以原官召修宪宗实录。擢南京国子祭酒。后谢病去。家居将十年,特擢礼部右侍郎管祭酒事,屡辞不许。居五年,引疾归。铎经术湛深,文章有体要。

明成化十六年(1480年),知府刘忠延请卢守仁纂《台州府志》。稿未成,已佚。弘治《赤城新志》谢铎序载:“成化庚子,郡守刘公忠始属教谕卢公守仁踵为之,未就,而刘以代去。越十年,马公岱至,更举以属于予。予属稿未半,而马复以免去,束其稿又五六十年矣。”

崇祯五年(1632年),知府傅梅①延请陈函辉②纂《台州府志》。次年脱稿。稿本久佚。光绪《台州府志·经籍考六》载:“是书为知府傅梅所聘修。起草于崇祯五年五月,次年三月成稿,寻为乱兵所毁,见函辉自撰年谱。”

清康熙二十二年(1683年),知府鲍复泰延请冯甦等纂《台州府志》18卷、首1卷。刊本,南京图书馆、北京图书馆(缺卷八)收藏。

康熙六十一年(1722年),知府张联元延请方景濂等纂《台州府志》18卷、首1卷,刊本,18册,中国科学院图书馆、故宫博物院、天津图书馆、上海图书馆、复旦大学图书馆、南京大学图书馆均有收藏。又有嘉庆十三年(1808年)补版重印本,上海图书馆藏。

光绪二十一年(1895年),知府赵亮熙延请王舟瑶纂《台州府志》100卷,光绪二十三年中辍,光绪二十五年续修成,民国14年(1925年)重订。稿本,温州图书馆残存20册,上海图书馆残存37册。今有民国15年台州旅杭同乡会铅印本,60册,传本较多。该志王舟瑶原纂。入民国后,舟瑶自行重订,写成130卷。民国14年舟瑶卒,其弟佩瑶校印于杭州,定为100卷。每卷末皆附有考异。

民国15年(1926年),喻长霖、褚传诰等纂修《台州府志》140卷、首1卷,民国20年告成,民国25年铅印本,36册,传本尚多。成文出版社又影印编入《中国方志丛书》中。该书据清光绪《台州府志》续修,略加补辑至宣统三年(1911年)止。

三、台州地区(市)志

1985年8月,中共台州地委决定编纂《台州地区志》,成立台州地区地方志编纂委员会及其办公室。1986年12月确定人员编制,开始陆续选调编纂人员,进行搜集资料等前期准备工作。1991年1月,批转《台州地区志》编纂工作规划,召开修志工作会议,正式全面展开编纂工作,共有68个地区部门和单位参加编纂。1992年1月,《台州地区志》进入分纂阶段,编纂委员会及时成立编辑部,具体负责编纂工作。1993年8月,开始对全志进行总纂,形成评审稿。同年12月27—29日召开评审会议,邀请专家、学者及有关领导莅临评审指导。1994年6月形成审定稿,报省地方志编纂委员会办公室审定。至1995年,《台州地区志》由浙江人民出版社出版,主编方山、池招福,字数185万字。

2002年5月,台州市启动《台州市志》编纂。2003年4月,召开《台州市志》编纂培训会。2002年5月至2004年1月,通过走访调查、信函调查、实地调查,查阅图书、档案资料,广泛搜集资料,搜集资料约4000万字,奠定市志编修基础。2004年2月27日,台州市政府同意新修

① 傅梅,字元鼎。明万历(1573—1620年)举人,由登封令迁刑部主事。崇祯(1628—1644年)中官台州知府,后解职归。

② 陈函辉(1589—1645年),原名炜,字木叔,号寒椒道人,又号小寒山子。明崇祯七年(1634年)进士,授靖江知县,为御史劾罢。后归鲁王,擢礼部右侍郎,从王航海。后兵败,投水死。谥忠节。

《台州市志》的定位，总文字量控制在250万字以内，《台州图志》为副本（2005年出版）。2004年1月至2006年12月，组织专业志稿撰写，整理资料，编辑部完成市志第一次初稿修改。2006年12月至2008年10月，制订总纂方案，规范行文细则，重点处理重复交叉问题和体例问题，进行全面修改和严格把关。2007年12月，《台州市志》编辑部完成全志第三次修改稿。次年初，市志下限延伸至2006年，又陆续送发各部门审核、补充。2008年11月，完成第四次修改送审定稿。至2010年，《台州市志》由中华书局出版，主编王永献，字数250万字。

第十一节　丽　　水

隋开皇九年（589年）置处州，三年后改名为"括州"。唐大历十四年（779年）改为处州。元为处州路，明、清为处州府。1949年10月设丽水专区，不久撤销，1963年5月恢复"丽水专区"，1968年改称"丽水地区"，2000年撤地设丽水市。

南宋绍兴年间（1131—1162年），曾修过《处州图经》，已佚，纂修人名氏不详。见嘉靖《浙江通志》卷五十四、雍正《浙江通志》卷二百五十三著录。明成化《处州府志》是丽水现存最早的府志。至2010年，《丽水市志》的续编工作正在进行中。

一、括苍①志

南宋乾道六年（1170年），知州楼璩延请曾贲纂《括苍志》7卷，刊本久佚。该志见《宋史·艺文志》《文献通考》等著录。

后楼璩又纂修《括苍志补遗》4卷。该书见《澹生堂藏书目》《千顷堂书目》《明史·艺文志》著录，传本今不复可得。

南宋嘉泰（1201—1204年）初，丽水陈百朋又续纂《括苍志》10卷。该志见《直斋书录解题》《宋史·艺文志》等著录，已佚。

明万历七年（1579年），知府熊子臣延请丽水何镗②纂《括苍汇纪》15卷。刊本，上海图书馆、南京图书馆收藏。《四库全书总目提要》载："镗以处州旧志十邑各为一编，体例不当。又自成化以后，记载缺如，因汇为是编。考隋代始置处州，治括苍县。本以括苍山得名。今为处州全府之志，不应以一县冠一郡；又不应以一山该一境。名实相季，于义未允。然宋无吴郡，而范成大为《吴郡志》，则伪误相沿，亦不自镗辈始矣。"

二、处州府（路）志

元仁宗皇庆年间（1312—1313年），丽水梁载纂《处州路志》。该志见《文渊阁书目》卷十九旧志类、雍正《浙江通志》卷二百五十三等著录。传本久绝。

---

① 隋开皇九年（589年），分松阳县置括苍县，为处州治所。以括苍山得名。括苍遂为处州府之别称。

② 何镗，字振卿，号宾岩。明嘉靖二十六年（1547年）进士，官至江西提学佥事。

明洪武(1368—1398年)初,曾修过《处州府志》,已佚,未详纂人名氏。该志见《文渊阁书目》卷十九旧志类著录,凡3册。

明正统(1436—1449年)前,又修过《处州府志》,已佚,未详纂人名氏。该志见《文渊阁书目》卷二十新志类著录。

明成化十八年(1482年),知府郭忠①延请刘宣纂《处州府志》18卷、首1卷。成化二十二年刊本,日本国会图书馆收藏,8册。上海图书馆残存2卷(卷三至卷四),宁波天一阁残存11卷。中国台湾"中央图书馆"残存12卷,系成化刊影钞配本,存卷三至卷四、卷七至卷十、卷十三至卷十八。北京图书馆、上海图书馆均有胶卷。

万历三十一年(1603年),知府许国忠延请叶志淑等续《处州府志》8卷,万历三十三年刊本,南京图书馆、上海图书馆收藏。天津图书馆有晒印万历本。

崇祯八年(1635年),知府朱葵延请王一中纂《处州府志》18卷,刊本,北京图书馆、中国科学院南京地理研究所图书馆收藏。

清顺治年间(1644—1661年),知府张元枢续修《处州府志》,未见传本。该志见雍正《浙江通志》卷二百五十三著录,注:"推官张元枢续修,始崇祯八年,止顺治七年,附于旧志之后。"

康熙二十九年(1690年),知府刘廷玑等纂《处州府志》12卷。刊本,复旦大学图书馆收藏。上海图书馆有1959年传钞本。

雍正十一年(1733年),知府黄平延请朱肇济等纂《处州府志》24卷,刊本,16册,北京图书馆、北京大学图书馆、上海图书馆、浙江图书馆均有收藏。

光绪三年(1877年),知府潘绍诒延请周荣椿等纂修《处州府志》,刊本,28册,北京图书馆、北京大学图书馆、南京图书馆、南京大学图书馆、上海图书馆、浙江图书馆均有藏本。台北成文出版社出版影印本,编入《中国方志丛书》中。

三、丽水地区(市)志

1987年9月,丽水地区地方志编纂委员会成立。1988年4月14日,召开丽水地区第一次修志工作会议,开展《丽水地区志》编修工作。1991年3月15—17日召开志稿评审会。1992年2月,《丽水地区志》交浙江人民出版社出版。1993年,《丽水地区志》由浙江人民出版社出版,主编虞文喜,字数88万字。1999年,该志获省第四届新编地方志优秀成果一等奖。

2006年,市政府启动社会主义时期第二轮志书编纂工作。2007年,市地方志办公室分别通过调整市地方志编委会、组织各县(市、区)方志办主任参加全省修志业务培训班、到余杭及金华等地学习调研、起草《丽水市志续修纲目》等多种方式,有序推进二轮市志编修工作。至2010年,《丽水市志》尚在编纂中。

---

① 郭忠(1436—1488年),字廷臣。明成化五年(1469年)进士;累迁户部郎中,出守处州,声冠浙中。处州人辑其条教曰《为政纪纲》《括苍规约》。

表 110-2-11-1　　浙江省社会主义时期首轮修志市(地)级志书情况一览表

书　名	编纂单位	上限	下限	出版单位	出版时间
杭州市志	杭州市地方志编纂委员会	—	1985 年	中华书局	1995—2002 年
宁波市志	宁波市地方志编纂委员会	—	1990 年	中华书局	1995 年 10 月
温州市志	《温州市志》编纂委员会	—	1990 年	中华书局	1998 年 2 月
嘉兴市志	《嘉兴市志》编纂委员会	—	1990 年	中国书籍出版社	1997 年 12 月
湖州市志	湖州市地方志编纂委员会	—	1990 年	昆仑出版社	1999 年 3 月
绍兴市志	绍兴市地方志编纂委员会	—	1990 年	浙江人民出版社	1997 年 4 月
金华市志	金华市地方志编纂委员会	—	1989 年	浙江人民出版社	1992 年 3 月
衢州市志	《衢州市志》编纂委员会	—	1989 年	浙江人民出版社	1994 年 11 月
舟山市志	舟山市地方志编纂委员会	—	1988 年	浙江人民出版社	1992 年 8 月
台州地区志	台州地区地方志编纂委员会	—	1990 年	浙江人民出版社	1995 年 9 月
丽水地区志	《丽水地区志》编纂委员会	隋	1990 年	浙江人民出版社	1993 年 6 月

资料来源:根据各地上报材料整理。

第三章 县(州、市、区)级志书编纂

自秦设置郡县以来，浙江省境内的县级行政区几经更迭，至2010年形成了90个县(市、区)的格局。县级志书的编纂历史较早，如南朝宋时刘道真的《钱塘县记》。据元代统计，浙江编有县志23种，但多已亡佚。明、清以后，县志编纂得到地方重视，明代浙江开始呈现县县修志的景象，保存下来的志书也较多。中华人民共和国成立以后，衢县、富阳、桐庐、桐乡、安吉、宁海、丽水、龙泉等地启动修志工作，后受政治运动影响，相继中止。改革开放后新时期第一轮大规模志书编纂工作启动后，到2000年，除《永嘉县志》《瑞安市志》尚待付印外，全省列入编纂计划的市、县志书均已出版。这样，从改革开放到2000年，全省已出版或即将出版的市、县志共有80种，累计约1.5亿字。2003年12月，《瑞安市志》正式出版，标志着全省改革开放后第一轮修志任务正式结束。① 进入21世纪，全省第二轮修志工作全面展开，至2010年，第二轮县(市、区)志已出版18部，列入计划的其他县级志书也大多已启动编纂工作，计划到2020年完成。

第一节 杭 州

杭州至2010年下辖萧山、富阳、余杭、临安、建德、桐庐、淳安、上城、下城、西湖、拱墅、江干、滨江等13个县(市、区)。历史上曾设钱塘、仁和、遂安、寿昌、分水、於潜、新城、昌化等县。至2010年，下城、西湖、拱墅、滨江尚未开展区志编纂。

一、钱塘县②志

南朝宋时，钱塘县令刘道真撰《钱塘县记》。该书已佚，今存有清王谟辑《汉唐地理书钞》本。

明初(正统以前)，钱塘县曾修过一次县志，书今已不存。到明万历年间(1573—1620年)，知县聂心汤发起编修《钱塘县志》，延请虞淳熙③纂。该志修于万历三十七年，刊本6册，南京图书馆有藏。又有光绪十九年(1893年)钱塘丁氏校刊本，6册，后编入《武林掌故丛编》

---

① 据《中国地方志年鉴(2002)(创刊号)》第185页;《中国地方志年鉴(2004)》第29页。

② 钱塘县从秦代设立，至民国元年(1912年)，仁和县与钱塘县合并为杭县。

③ 虞淳熙，字长孺，号德园。明万历十一年(1583年)进士，授兵部主事。历官吏部稽勋郎中。引疾归，殁于天启元年(1621年)。有诗文集传世。

第八集中。该书不分卷,厘为10纪:纪疆、纪胜、纪制、纪都、纪官、纪士、纪献、纪事、纪义、外纪。

清康熙年间(1662—1722年)先后两次纂修《钱塘县志》。康熙十九年(1680年),知县梁允植发起纂修,不久卸任,由继任知县迟炘继修。稿成未刊,共26卷。康熙五十七年,知县魏嵘又发起纂修,聘请裘琏等纂《钱塘县志》。该志共36卷,首1卷,刊本12册,北京图书馆、北京大学图书馆、天津图书馆、南京图书馆、上海图书馆收藏。该志成书后不久,吴允嘉曾辑《钱塘县志补》,对前志所未备者进行补录。南京图书馆藏有抄本。

民国元年(1912年),钱塘县和仁和县合并为杭县,至1958年撤销。杭县曾于民国35年启动县志编修工作。当年7月,杭县修志馆借塘栖商会依云楼办公;9月,馆长汪坚青等召开第一次馆务会议,后分别起草了《杭县修志馆组织规程》《杭县修志馆办事细则》《杭县修志馆特约撰述采访办法》等文件,制订了分年度计划、编纂大纲,开展了乡镇调查和资料收集工作。但自民国36年下半年起,修志工作逐步陷入困境。到民国37年,连馆员的薪水都无法正常发放,当年10月召开最后一次馆务会议后,修志人员或逝世或去职,编纂工作难以为继,后改为文献委员会。民国38年4月,杭县解放,人民政府接收了修志馆,杭县修志工作至此基本结束。解放后,汪坚青等将未成志稿整理为"列图""通纪""人口""物产"等18卷,因曾借塘栖依云楼办公,故而命名为《倚云丛载》。①

二、仁和县②志

约作于北宋间的仁和县图经(已佚),是仁和县最早编纂的志书。

明初(正统以前),仁和县曾修过一次县志,书今已不存。

明嘉靖年间(1522—1566年),沈朝宣纂修《仁和县志》。沈朝宣字君力,号三吾,曾任江陵知县。其归里之后,详稽府志,旁采杂书,遍历坊隅,博访故老,义例悉仿洪武《府志》。该志修于嘉靖二十八年(1549年),历时八载而成书,共14卷。分封畛、桥梁、山川、公署、风土、学校、水利、恤政、坛庙、名宦、科贡、人物、坟墓、寺观、书籍、碑碣、纪遗17门,又分86子目。体例谨严,简而有法。书成未刊行。北京图书馆、北京大学图书馆、南京图书馆皆有清钞本。光绪十九年(1893年),钱塘丁氏校刊本,编入《武林掌故丛编》第十七集中,共6册。《四库全书》据浙江巡抚采进钞本存目,题嘉靖《仁和县志》。

清康熙年间(1662—1722年),仁和知县赵世安聘请顾豹文、邵远平等纂《仁和县志》。从康熙二十五年(1686年)开始,到次年完成,共28卷,有刊本,北京图书馆、南京图书馆、上海图书馆、浙江图书馆有收藏。

《仁和县志》从康熙年间修成后,200余年失修。光绪年间(1875—1908年),知县萧治辉聘孙峻主纂,积稿2400余页。后因孙氏寿松堂失火,大部焚毁。浙江图书馆所藏残稿,仅存封畛、县令两门,1册。卷面有"光绪二十九年十月孙峻识"。孙峻字极于,号康侯,清末岁贡,

---

① 陈杰:《民国杭县修志始末》,《余杭史志》2016年第3期。

② 宋太平兴国四年(979年),改钱江县为仁和县。民国元年(1912年),仁和县与钱塘县合并为杭县。

精目录之学，熟悉杭州历史掌故。早年助丁丙编纂《善本书室藏书志》，又掌管文澜阁《四库全书》，编有《文澜阁志》，著作甚富。民国25年(1936年)歿后，其家藏寿松堂遗书，大部捐献给浙江图书馆。

民国时期，仁和县与钱塘县合并为杭县后所开展的杭县修志工作详见上一节。

三、萧山县(市)志

明永乐二十年(1422年)，萧山知县张崇延请楼观等纂《萧山县志》8卷，书成未刊，稿已散佚。该书见《文渊阁书目》卷二十新志类、《千顷堂书目》著录。宣德《萧山县志》吴汝芳序载："予宰萧山之明年，邑之儒士楼惟观，以前令张公崇所修图志示予，且曰：惜乎书成将欲版行，而令以秩满去任，勿克遂厥志。"①

图110-3-1-1　萧山区整理出版的历代萧山县志(杭州市萧山区地方志办公室提供)

宣德三年(1428年)，知县吴汝芳与萧山教谕陈颜仍对永乐《萧山县志》稿重加考订锓梓，予以刊行，书已佚。该书见《千顷堂书目》著录。

弘治元年(1488年)，县丞何钛延请黄萃、朱琪纂《萧山县志》，刊本已佚。该书见《千顷堂书目》、雍正《浙江通志》卷二百五十五著录。

正德二年(1507年)，知县朱俨延请黄懿、张烛等纂《萧山县志》，未见传本。该书见《千顷堂书目》著录。雍正《浙江通志》卷二百五十三载："正德丁卯，邑令朱居正与邑人黄懿、丁洪、朱孔毓编集是书，属田惟祐订本，分属张烛、钱縠纂成。田公领乡荐时，即有郡志私本。弘治间《志》取裁焉。后三十余年，惟祐致仕家居，复出订本，乃成。"

嘉靖二十二年(1543年)，知县林策延请张烛纂《萧山县志》6卷，嘉靖三十六年知县襄阳魏堂续增，刊本。又有万历三年(1575年)补刻本，宁波天一阁藏。

万历十七年(1589年)，知县刘会延请戴文明等纂《萧山县志》6卷，刊本，上海图书馆残存卷五至卷六。

万历年间，教谕王学孝等纂《萧山县志》，至天启时完成，刊本已佚。该书见《千顷堂书目》著录。

清康熙十年(1671年)知县邹勷、康熙十二年聂世棠、康熙二十二年刘俨先后纂修增补县志，刊本，北京图书馆、故宫博物院、上海图书馆收藏。美国国会图书馆所藏初刊本，钞配卷十四至卷二十一，有"浙东朱起翔四十八后所见善本"印记。日本国会图书馆支部东洋文库亦有藏本。又有康熙二十二年增补刊本，12册，北京图书馆、南京图书馆、上海图书馆、嘉兴图书馆藏。

乾隆《萧山县志》黄钰序载："国朝康熙间，邑令邹勷、聂世棠、刘俨俱有增辑本。其书率沿

① 民国《萧山县志稿》卷末。

讹袭谬，漫无考订。毛西河《县志刊误》不过举其较著者而已，然亦有误处。”

乾隆十四年(1749 年)，知县黄钰纂修《萧山县志》40 卷，乾隆十六年刊本，10 册，中国科学院图书馆、北京大学图书馆、天津图书馆、南京图书馆、南京大学图书馆、上海图书馆、浙江图书馆均有藏本。此志黄钰自序载：“自康熙癸亥迄今六十余年，未有起而议修者。乾隆丁卯，调任邑令王君嘉会始谋重辑，越载余不成。岁己巳，余于内署之西偏别建书屋，延请老宿搜辑增订。逾年，成书四十卷。”

宣统年间，曾修过一次县志，稿未成，亦未详纂修人名氏。南京大学图书馆藏蓝格钞本 1 册，仅存田赋(上)，纪事至宣统二年(1910 年)止。该书无卷数，疑为未刊之初稿。

民国 3 年(1914 年)，知事彭延庆等延请姚莹俊等纂《萧山县志稿》33 卷、首 1 卷、末 1 卷。民国 24 年告成，铅印本，16 册。传本颇多。

1981 年 2 月，中共萧山县委常委会决定编纂《萧山县志》，成立萧山县志编纂领导小组，确定下限为 1982 年。1981 年 12 月，县委发文批转了《萧山县志编纂规划》。1985 年初，县委决定将下限延至 1984 年，并将县志编纂领导小组改为萧山县志编纂委员会。1986 年 4 月，完成县志稿，后又经过多次评比修改。1987 年，《萧山县志》由浙江人民出版社出版，主编费黑，字数 95 万字。该志 1987 年获华东地区优秀政治理论读物二等奖，1993 年获全国地方志优秀成果一等奖。

2001 年 11 月，《萧山市志》(简本)由方志出版社出版，列入“新编中国优秀地方志简本丛书”(第二辑)，主编沈迪云，字数 38.6 万字。

2002 年，萧山市政府启动社会主义时期第二轮志书编纂工作。至 2010 年，《萧山市志》第一卷(试印本)由浙江人民出版社出版。①

四、富阳县②(市)志

富阳最早的志书为北宋富阳知县程珌纂的《富春志》。程珌字怀古，绍熙进士，累官至礼部尚书。据咸淳《临安志》卷七十九所述，该志乃程泌为宰时重修。该志用古地名。书已佚。

明洪武年间，曾修过一部《富春志》，此书已佚，纂修人名氏不可考。

正统年间(1436—1449 年)，知县吴堂重修《富春志》。该志共 6 卷，修于正统五年(1440年)，北京图书馆现存有正德十六年(1521 年)重刊本，3 册。南京图书馆、浙江图书馆有钞本。

此后，明代又重修过一次《富春志》，为富阳王之献纂，共 12 卷。该书见《千顷堂书目》、雍正《浙江通志》卷二百五十三著录。其书已佚。

清康熙十二年(1673 年)，知县牛奂纂修《富阳县志》，共 12 卷，北京图书馆藏有刊本。到康熙二十二年，知县钱晋锡又重修《富阳县志》，该志共 10 卷，现北京图书馆、天津图书馆、南京图书馆藏有刊本。

光绪二十五年(1899 年)，知县汪文炳请蒋敬时等纂《富阳县志》，到光绪三十一年刊成。

---

① 2013 年 12 月，《萧山市志》由浙江人民出版社出版，主编谭勤奋，字数 1005 万字。

② 秦设富春县，东晋太元十九年(394 年)，为避简文帝生母太后郑阿春讳，更名为“富阳”。

该志共24卷，首1卷，刊本为16册，流传颇多。

光绪三十二年(1906年)，富阳朱寿保作有《富阳县新旧志校记》(2卷)，北京大学图书馆、南京图书馆、上海图书馆、浙江图书馆均有藏本。该书校订光绪汪《志》舛误，兼及牛奂、钱晋锡两《志》之疏误。其六区十乡七十五庄考，较光绪汪《志》为详。

民国33年(1944)，富阳县政府成立文献委员会。至民国37年，仅积累部分资料。

1960年，富阳县人民政府建立县志编纂委员会，1968年中止，完成“区域”“农业”“水利”分志初稿。这也是中华人民共和国成立后浙江省内较早编修新方志的县之一。

1987年11月，中共富阳县委、县政府决定成立富阳县地方志编纂委员会，下设办公室。1987年12月选调人员，建立机构，开展宣传发动、落实组织、培训业务、拟定规划(草案)、设计篇目等工作。全县有70多个部门和单位先后成立部门志和专题资料编写小组，采编人员达200余人。自1988年4月起，先后组织30多个单位100余人，分7批赴浙江图书馆、浙江省档案馆等单位查阅、摘录资料；并派员到省内临安、金华和上海、北京、江苏南京、宁夏银川、陕西西安等地历史博物馆、图书馆、档案馆和有关部门征集资料，复印旧志；访问散居各大城市和县内城乡知名人士。至1990年9月，共查阅各种档案、书籍、报刊3.84万卷，摘抄、复印资料卡片7.9万张，约计1700余万字；征集旧县志8部。分类研究、整理，写出资料长编25万余字。1990年9月至1991年1月，各部门撰写志稿140余万字。1991年2—6月，县地方志编委会办公室有关人员分编执笔，根据部门稿编成125万余字的县志初稿。至12月上旬完成县志总纂和评审准备工作。12月10日完成县志送审稿。此后召开各部门负责人参加的论证会。至1993年，《富阳县志》由浙江人民出版社出版，主编王文治，字数149万字。该志于1998年获省第四届地方志优秀成果一等奖。

2004年，市委、市政府启动《富阳县志》的续志——《富阳市志》编修，及时调整了市地方志编纂委员会，召开全体成员会议，明确了《富阳市志》的时限、主旨以及相关事项，并决定由市史志办公室组织实施，市财政拨专款予以经费保障。市史志办公室建立修志队伍，除配备办内业务骨干参与此项工作外，还先后聘用社会上有一定文字功底又乐意于此项工作的10余位老同志担任责任编辑，同时，要求各个乡镇街道、市级机关各单位也配备修志人员，形成了一支较为合理的修志队伍。修志队伍建立后，着手开展培训、拟定篇目、搜集资料、分类指导、试写初稿、编辑修改、部门修改等程序。2008年底，《富阳市志》进入总纂阶段。在总纂中，着重解决交叉重复、互相矛盾、特色不鲜明、文字不准确不规范不简练的问题。2009年9月完成总纂，2010年5月通过省地方志办公室审查。6月，富阳市政府同意付印。8月初，送交浙江人民出版社。①

五、余杭县(区)志

余杭的县志编纂，最早始于北宋大中祥符年间(1008—1016年)。据嘉庆《余杭县志》张吉安序载：“余杭之志何始？咸淳《临安志》尝引祥符旧县志矣，《洞霄图志》尝引《余杭图经》

① 2011年6月，《富阳市志(1991—2005)》由浙江人民出版社出版，主编蒋寿南，字数200万字。

矣,而其书不传。”

明代,先后4次纂修《余杭县志》。第一次修于正统之前,因志书已佚,纂修人名氏不可考。第二次是在成化年间(1465—1487年)纂修,稿成未刊,今已不传,纂修人名氏也不可考。第三次是嘉靖年间(1522—1566年)由知县王确纂修。民国《杭州府志》卷一百七十八引旧县志王确传载:“是书杭城孙氏寿松堂有汲古阁藏刊本,仅四卷,曰:舆地、规制、版籍上、版籍下。前冠吴鼎序,而无自序,卷帙完整。”今刊本已佚。第四次是万历四十四年(1616年)由知县戴日强纂修,万历《余杭县志》共10卷,刊本8册,北京图书馆收藏。

清代康熙年间又先后3次纂修《余杭县志》。康熙四年(1665年),知县宋士吉发起纂修《余杭县志》,次年完成,共10卷,北京图书馆藏有刊本。康熙十二年,知县张思齐又组织纂修《余杭县志》。该志共8卷,刊本8册,上海图书馆有收藏。康熙二十二年,知县龚嵘再次组织纂修,名为《余杭县新志》,也为8卷,康熙二十四年刊本,4册,北京图书馆、上海图书馆有收藏。

此后在清嘉庆年间,又组织县志纂修。嘉庆十年(1805年),知县张吉安延请朱文藻、崔应榴、董作栋等纂。该志共40卷,至嘉庆十三年刊行。南京图书馆、上海图书馆藏有刊本。又有光绪六年(1880年)重刊本。民国8年(1919年),吴兰孙又据嘉庆本铅印,8册。

光绪年间,余杭褚成博纂有《余杭县志稿》。该稿不分卷,亦无序跋、凡例、目录。其内容一部分为补嘉庆张《志》之遗漏,一部分为续纂稿。水利门记事至光绪三十二年(1906年)止。现有光绪三十二年刊本,1册,北京图书馆、天津图书馆、上海图书馆、南京图书馆、南京大学图书馆、浙江图书馆均有藏本。

1985年7月,余杭县委、县政府决定编纂《余杭县志》,1988年6月完成。《余杭县志》编纂,采取“采、编、评结合”的方法,大体经历了3个阶段:一是准备阶段,包括思想准备、组织准备和物质(资料)准备,而以资料工作为重点,并贯彻于修志全过程;二是初稿编写阶段;三是总纂阶段,经过总纂合成、专家评志、部门核稿、反复修改,最后由县委、县政府领导审查定稿。至1990年,《余杭县志》由浙江人民出版社出版,主编周如汉,字数100万字。该志1993年获全国地方志优秀成果二等奖。

2000年,余杭市政府又编纂《余杭市志》,中华书局出版,主编王庆,字数48万字。

2004年,余杭区政府启动社会主义时期第二轮编修《余杭通志》工作。当年组建编纂队伍,指导督促各单位写稿。在各单位陆续交稿后开展分志编纂和志稿总纂。先后于2007年、2008年、2009年,分别纂成40编300万字的分志稿、41编350余万字的征求意见稿、36编440余万字的送审稿。各次志稿向中国地方志指导小组部分专家,方志出版社和省、市专家征求意见后修改。2009年纂成的送审稿向余杭区老领导和区内各单位征求意见后修改,于2010年纂成4卷36编440余万字的复审稿,作为送省地方志办公室复审的志稿。2010年,《余杭通志(复审稿)》在省地方志专家委员会专家提前匿名审稿的基础上,省政府地方志办公室于12月2日召开《余杭通志》复审论证会。专家复审论证后认为,《余杭通志》是一部成功的志稿。志稿经复审论证后获通过。①

六、临安县(市)志

宋代,曾修过一部《临安县志》,为咸淳《临安志》所引用,因久佚,纂修人名氏不可考。

明代,先后3次纂修《临安县志》,志书皆佚。第一次修于正统之前,纂修人名氏不可考。第二次是由嘉靖五年(1526年)知县廖瑜纂修,共8卷。第三次是万历三十九年(1611年)由知县黄鼎象纂修,共4卷。

清代,共4次纂修《临安县志》。

康熙十四年(1675年),知县陆文焕纂修《临安县志》10卷,康熙二十二年刊本,4册。中国科学院图书馆及南京地理研究所图书馆有藏。

雍正元年(1723年),知县张淑鄘纂修《临安县志》,共10卷。上海图书馆有传钞本。

乾隆二十四年(1759年),知县赵民洽聘请许琳纂《临安县志》,共4卷,故宫博物院、中山大学图书馆藏有刊本。

宣统二年(1910年),知县彭循尧聘请董运昌等纂《临安县志》,共8卷,首1卷、末1卷。该志为木活字印本,附图,传本尚多。台北成文出版社又影印出版,编入《中国方志丛书》中。

1985年,中共临安县委、县政府决定建立修志机构,组织编纂力量。1985年始建班子,广泛采集资料,1987年分写初稿,1989年进入总纂,1991年定稿付印。至1992年,《临安县志》由汉语大词典出版社出版,主编蔡涉,字数123万字。

2005年4月,临安市地方志编纂委员会举行第一次会议,会上通过续修《临安市志》工作方案,确定试点单位。纲目初稿拟定后,在临安新闻网和《今日临安》全文刊登,向全体市民征求意见。并邀请省、杭州市专家,召开3次纲目设置论证会。经临安市政府审查通过后,以市政府名义正式下文。同时,在临安市贸易局和太湖源镇试点,拿出样稿。在此基础上,2006年3月,临安市政府召开动员大会,并将修志工作列入乡镇、部门、单位的年度考核任务,召开编纂工作督查会、审稿会等,举办3期培训班,对全体参与《临安市志》的编纂人员进行培训。编写分发《临安市志编纂备览》,方便备查。2007年底,各分志初稿陆续完成,开始分纂,2009年进入总纂。10月形成初稿。2009年11月16日和18日,分两个阶段举行评审会议,同年12月由省地方志办公室举行复审会议。至2010年,《临安市志》由方志出版社出版,主编王建华,字数300万字。

七、建德县(市)志

明代正统以前,曾修过《建德县志》,书已佚,纂修人无考。该书见《文渊阁书目》卷二十新志类著录。

清康熙二十三年(1684年),建德知县戚延裔延请马天选等纂《建德县志》9卷、首1卷,刊本,北京图书馆残存7卷、卷首1卷,缺卷六、卷七。日本国会图书馆支部内阁文库藏本,4册,

---

① 2013年1月,《余杭通志》由浙江人民出版社出版,主编杨法宝、陈耿忠、吴莹岗,字数478.3万字。

全。

乾隆十九年(1754年),知县王宾等延请应德广等纂《建德县志》,刊本,5册,上海图书馆、浙江图书馆收藏。

道光七年(1827年),知县冯崴延请严可均等纂《建德县志》21卷、首1卷。严可均字景文,号铁桥,嘉庆五年(1800年)进士,精于考据之学。道光二年任建德教谕。该志于次年告成,刊本,10册,上海图书馆、南京大学图书馆、天津图书馆、浙江图书馆(缺卷十、卷十一)等有藏本。

光绪十六年(1890年),知县谢仁澍延请俞观旭等纂《建德县志》,次年告成,光绪十八年刊本,10册,传本尚多。

民国5年(1916年),张良楷、王韧等纂《建德县志》,民国8年修成,金华朱集成堂铅印本,12册。台北成文出版社有影印本,编入《中国方志丛书》中。

1981年8月,中共建德县委、县政府建立县志编纂领导小组,下设办公室,负责修志的日常工作。县机关各部门也建立相应机构,承担编写分志任务。1982年6月前,为建立组织、宣传发动阶段;1982年7月至1983年8月,为广征博采、收集资料阶段;1983年9月至1984年7月,为编写分志、专志阶段;1984年8月至年底,为总纂县志阶段。至1986年,《建德县志》由浙江人民出版社出版,主编周金奎,字数75万字。该志1993年获全国地方志优秀成果二等奖。

2003年6月2日,中共建德市委发文组成《建德市志》编纂委员会。《建德市志(1978—2005)》编修历经五载,经过4个阶段:第一阶段进行组织发动、组建班子、纲目拟订;第二阶段广泛征集资料;第三阶段为分编梳理,逐编评审;第四阶段为统稿总纂。至2010年,《建德市志(1978—2005)》由浙江人民出版社出版,主编邵德成、章舜年,执行主编周金奎,字数296万字。

八、桐庐县志

明正统之前,修过一部《桐庐县志》,已佚,纂修人不可考,书见《文渊阁书目》卷二十新志类著录。

明嘉靖三年(1524年),桐庐县主簿屠继祖延请王鹏举等纂《桐庐县志》8卷,次年完成,嘉靖五年刊本,上海图书馆残存卷一至卷二。乾隆《桐庐县志》卷八《官师》载:"屠继祖字述之,宜兴人,监生。嘉靖二年任,修县志;八年升海宁县丞。"

万历五年(1577年),知县李绍贤纂县志。刊本,今佚。该志见《千顷堂书目》、雍正《浙江通志》卷二百五十三著录。

万历十三年(1585年),知县杨束延请罗昌龄等纂县志,刊本,今佚。该书见《澹生堂藏书目》《内阁藏书目录》《千顷堂书目》著录。

清康熙十二年(1673年),知县马象麟延请柴文卿、杨汝挺等纂《桐庐县志》,刊本,中国科学院图书馆收藏。又有康熙钞本1部。

康熙二十二年(1683年),知县童炜延请吴文炜等纂《桐庐县志》,刊本,中国科学院图书馆、天津图书馆、浙江图书馆收藏。南京图书馆有钞本1部。

乾隆十八年(1753年),知县严正身延请金嘉琰等纂《桐庐县志》,乾隆二十年完成,次年梓行,12册,北京图书馆、北京大学图书馆、中国科学院图书馆均藏有原刊本。上海图书馆、浙江图书馆有原刊钞配本。南京图书馆、上海图书馆各有钞本1部。

1960年6月9日,桐庐县成立县志编纂委员会,着手编纂桐庐县志,后因故停止。

1986年4月29日,中共桐庐县委、县政府发文成立县志编纂委员会,设办公室和编辑部负责修志的日常工作和编纂工作。同年9月20日,县委、县人民政府召开第一次县志编纂工作会议,全面动员和部署修志工作。县属各部门相继建立修志机构,组成有120多人参加的修志队伍。县委还多次召开常委会议,研究解决修志工作中的疑难问题,从人力、财力、物力等方面给予保障,使修志工作得以顺利进行。《桐庐县志》的编纂,自1986年秋始,历经3个阶段:1986年9月至1987年9月,为思想发动、落实组织、搜集资料阶段;1987年10月至1988年9月,为撰写分志稿阶段;1988年10月至1989年12月,为县志总纂阶段。至1991年,《桐庐县志》由浙江人民出版社出版,主编范樟友,字数87万字。该志于1993年获省地方志优秀成果二等奖。

2003年11月,县政府下发《关于开展续修〈桐庐县志〉工作的通知》,拟定续志断限1986—2002年。2004年6月,举办编修《桐庐县志(1986—2002)》业务培训班。10月,续修《桐庐县志》下限调整为2003年。2005年10月,县地方志编纂委员会办公室下文成立《桐庐县志(1986—2003)》编辑部。2007年5月,县政府下文确定续志断限为1986—2005年。6月,县政府办公室下文调整《桐庐县志(1986—2005)》编辑部人员,设主编1人、执行主编1人、副主编4人、责任编辑5人。7月,再次举办编修《桐庐县志(1986—2005)》业务培训班。8月,县地方志编纂委员会办公室印发《〈桐庐县志〉初稿送审验收办法》。2008年7月,承编单位基本完成分志初稿撰写。2009年7月,县志编辑部基本完成分志稿修改,进入志书总纂。2010年4月,志稿提交县地方志编纂委员会审阅。①

九、淳安县志

南宋咸淳年间(1265—1274年),钱礼延请方逢辰②纂修《淳安县志》。该志今已不传。万历《淳安县志》陈三槐后序载:"淳有志也,盖起于宋云。郡守钱公礼、硕儒方蛟峰先生辑志讲学。"

明代正统以前,曾修过一部《淳安县志》,已佚,纂修人不可考。该志见《文渊阁书目》卷二十新志类著录。

明成化十二年(1476年)修,淳安知县汪贵延请吴福纂《淳安县志》。刊本,已佚。该书见《千顷堂书目》、雍正《浙江通志》卷二百五十三著录。

---

① 2011年12月,《桐庐县志(1986—2005)》由浙江人民出版社出版,主编程春明,执行主编陆安玉,字数245万字。

② 方逢辰(1221—1291),又名梦魁,字君锡。宋淳祐十年(1250年)进士,兵部侍郎。学者称蛟峰先生。

嘉靖三年(1524年),知县姚鸣鸾[1]延请余坤等纂《淳安县志》。该志刊本北京图书馆、宁波天一阁、上海图书馆收藏。1965年,中华书局上海编辑所出版《天一阁藏明代方志选刊》,系据嘉靖原刊本影印,线装4册。

万历二十六年(1598年),知县吴天洪延请陈三槐纂县志,刊本,已佚。该书见《千顷堂书目》、雍正《浙江通志》卷二百五十三著录。

清顺治十五年(1658年),知县张一魁延请虞世恺、谢鼎元等纂《淳安县志》,刊本,5册,上海图书馆、北京图书馆(缺卷四)收藏。

康熙十三年(1674年),知县张三让延请闵圻申纂《淳安县志》,刊本,北京图书馆收藏。

康熙二十二年(1683年),知县胡就臣延请陈棐等纂《淳安县志》,刊本,8册,北京图书馆、中国科学院南京地理研究所图书馆收藏。上海图书馆残存卷九至卷十。日本国会图书馆支部内阁文库亦有藏本。

乾隆二十一年(1756年),知县刘世宁纂《淳安县志》,刊本,8册,中国科学院图书馆、故宫博物院、上海图书馆、浙江图书馆、中山大学图书馆均有收藏。

光绪十年(1884年),知县李诗延请陈中元续修县志,刊本,8册,流传尚多。《中国方志丛书》影印原刊本。该志系乾隆刘世宁修《淳安县志》之续编,仍录前志原文,续纂部分附于各门之后。

1984年4月,中共淳安县委决定成立淳安县志编纂委员会,并设办公室和编辑室。编辑室于同年10月开始工作。至年底,县志编纂委员会及其办公室因精简机构而撤销,保留县志编辑室。1986年3月,建立县志编纂领导小组,同年12月又改为县志编纂委员会。当年有62个部门、单位建立修志机构,先后有200余人参加搜集资料编写初稿的工作。《淳安县志》的编纂,自1984年开始筹备,经历了4个阶段:1984年4月至1986年3月,组建班子、征集资料;1986年4月至1987年5月,全面发动,编写专志;1987年6月至1988年10月,为总纂阶段;1988年11月至1989年8月,修改、评审和定稿。至1990年,《淳安县志》由汉语大词典出版社出版,主编孙平,字数120万字。该志于1993年获省地方志优秀成果一等奖、全国地方志优秀成果二等奖。

2005年,县政府启动社会主义时期第二轮志书编纂工作。至2010年,《淳安县志》尚在编纂中。[2]

十、遂安县[3]志

宋元时,遂安皆编有旧志,书久佚,纂修人无考。北宋时旧志见《太平寰宇记》卷九十五所引。《永乐大典》卷九千七百六十六亦引《遂安县图经》1条。万历《遂安县志》詹理序载:"成化间,姑苏朱福氏来令遂,尝采宋、元旧志,裒集成书。"[4]

---

① 姚鸣鸾(1487—1526年),字景雍。明正德十六年(1521年)进士,授淳安知县,卒于官,年仅四十。

② 2014年8月,《淳安县志(1986—2005)》由浙江人民出版社出版,主编张建华、姚宏韬、朱华民,字数335万字。

③ 遂安县于1958年9月并入淳安县。

④ 民国《遂安县志》卷末。

明代正统之前，曾修过《遂安县志》，已佚，纂修人不可考，见《文渊阁书目》卷二十新志类著录。

明成化十三年(1477年)，知县朱福延请陆希和、俞谧纂县志，刊本，今佚。朱福序载民国《遂安县志》卷末。该志见《千顷堂书目》、雍正《浙江通志》卷二百五十三著录。

嘉靖三十七年(1558年)，知县朱木延请余乾亨等纂县志。该志因朱木调任没有完成，未见传本。

万历四年(1576年)，知县吴抟谦延请余乾亨、余乾贞等纂《遂安县志》10卷，刊本，北京师范大学图书馆收藏，残存卷十。该志见《千顷堂书目》《内阁藏书目录》著录。

万历四十年(1612年)，知县韩晟延请毛一鹭[①]纂《遂安县志》。该志刊本，北京大学图书馆收藏。上海图书馆有钞本1部。日本国会图书馆亦藏有旧钞本1部，6册。北京图书馆有清钞本。

清康熙十二年(1673年)，知县刘从龙延请方象璜、方象瑛纂《遂安县志》。刊本，北京图书馆、浙江图书馆收藏。

康熙二十二年(1683年)，知县刘闳儒延请毛升芳续修《遂安县志》。康熙二十四年刊本，浙江图书馆收藏。上海图书馆有胶卷复制康熙刊本。

康熙五十四年(1715年)，知县陈学礼延请章振萼纂《遂安县志》，刊本，上海图书馆残存卷一至卷二、卷十。该志有赵光荣、陈学礼、章振萼诸序，并载民国《遂安县志》卷末。

乾隆十七年(1752年)，知县周世恩等延请郑爚等纂《遂安县志》，乾隆十九年刊本，6册，中国科学院图书馆、上海图书馆、吉林图书馆、嘉兴图书馆藏。

乾隆三十二年(1767年)，知县邹锡畴延请姜士仑纂《遂安县志》，同年刊本，8册，中国科学院图书馆、故宫博物院、天津图书馆、南京图书馆、上海图书馆均有藏本。又有光绪十六年(1890年)唐济仿印木活字本及民国17年(1928年)罗柏麓重印本。

民国17年(1928年)，罗柏麓、姚桓等纂修《遂安县志》，民国19年铅印本，8册。成文出版社又据以影印，编入《中国方志丛书》中。

十一、寿昌县[②]志

元代郑彧修《寿昌县志》，已佚。该志见乾隆《寿昌县志》修志姓氏记载。作者情况及纂修年代皆无可考。

明代正统以前，曾纂修《寿昌县志》，书已佚，纂修人不可考。该志见《文渊阁书目》卷二十新志类著录。

明嘉靖四十年(1561年)，知县李思悦延请洪一鳌、吴御重修《寿昌县志》12卷。刊本，北京图书馆残存。中国台湾“中央图书馆”有万历十四年(1586年)增补嘉靖四十年刊本，附图，凡4册。万历十二年，知县李世芳延请叶文等增修，刊本，北京图书馆收藏。中国科学院南京

① 毛一鹭，字孺初。明万历三十二年(1604年)进士，授松江司理。天启末，巡抚应天。

② 寿昌县于1958年11月并入建德县。

地理研究所图书馆有钞本1部。

清康熙九年(1670年),知县罗在位等延请张熙纂县志,未见刊本。该志见雍正《浙江通志》卷二百五十三著录。

康熙十二年(1673年),知县曾华盖延请张可元等纂《寿昌县志》。刊本,6册,上海图书馆藏。日本国会图书馆支部内阁文库亦有藏本。南京图书馆有胶卷复制康熙原刊本。

乾隆十九年(1754年),知县钟沛延请陆铭一等纂县志。刊本,4册,中国科学院图书馆、故宫博物院、上海图书馆、南京图书馆收藏。

光绪年间,知县贝蕴章延请黄标等纂县志,有钞本,8册,嘉兴图书馆收藏。上海图书馆残存钞本4卷。该志未见各藏书家著录,似未刻印成书。

民国16年(1927年),金兆鹏、李任等编修《寿昌县志》,民国19年金华大同印务局铅印本,8册(附正误表1册)。传本尚多。《中国方志丛书》亦收入此书。

十二、分水县①志

明代正统(1436—1449年)以前,撰有一部《分水县志》,已佚,纂修人不可考。该志见《文渊阁书目》卷二十新志类著录。

明景泰四年(1453年),分水知县乐武纂修《分水县志》,刊本久佚。该书见光绪《分水县志》著录。

隆庆三年(1569年),知县侯汝白纂修县志,刊本今佚。该书见光绪《分水县志》著录。

万历五年(1577年),知县方梦龙纂修《分水县志》12卷,刊本已佚。该书见《澹生堂藏书目》《内阁藏书目录》《千顷堂书目》著录。

清康熙十一年(1672年),知县胡必誉延请沈璜纂《分水县志》12卷,未见传本。该书见雍正《浙江通志》卷二百五十三、光绪《分水县志》著录。

康熙二十二年(1683年),知县李檠等延请钱世泷等续修县志,刊本,2册,北京图书馆、故宫博物院、南京图书馆、上海图书馆均有藏本。中国科学院南京地理研究所图书馆藏有旧钞本1部。

道光七年(1827年),知县饶芝延请陈景潮纂县志,稿未刊,已佚。仅存饶芝序,载光绪《分水县志》卷末。

道光二十四年(1844年),知县王承楷延请王椿煜等纂《分水县志》,次年由继任知县福增刊行。刊本,4册,天津图书馆、南京图书馆、南京大学图书馆、上海图书馆、浙江图书馆收藏。

光绪三十一年(1905年),知县陈常铧等延请臧承宣等纂《分水县志》,次年刊本,6册,传本尚多。《中国方志丛书》影印光绪本。又有民国30年(1941年)钟诗杰、臧承宣重修次年铅印本,略有增补,纪事至宣统元年(1909年)止。南京大学图书馆、浙江图书馆均有收藏。

---

① 分水县于1958年11月并入桐庐县。

十三、於潜县①志

据咸淳《临安志》所引，宋代曾纂修过《於潜县志》，因其书久已失传，纂修不可考。

明代正统(1436—1449年)之前，也曾修过一部《於潜县志》。该书见《文渊阁书目》卷二十新志类著录，因书已佚，纂修人也不可考。

嘉靖年间(1522—1566年)，於潜知县汪奕纂修《於潜县志》，共5卷，刊本，已佚。

清代共4次编纂《於潜县志》。康熙十二年(1673年)，知县赵之珩聘请何尔彬等纂修《於潜县志》，计8卷，故宫博物院、南京图书馆、浙江图书馆藏有刊本。北京大学图书馆、上海图书馆收藏有乾隆三十一年(1766年)重刊本4册。

康熙二十二年(1683年)，知县刘国儒又组织纂修《於潜县志》，共18卷。南京图书馆收藏有刊本。

嘉庆十五年(1810年)，知县蒋光弼聘请李江等纂《於潜县志》，共16卷，首1卷、末1卷。嘉庆十七年，稿成刊行，6册。北京图书馆、天津图书馆、上海图书馆、浙江图书馆有藏。

光绪二十四年(1898年)，程兼善重修《於潜县志》，计20卷，首1卷。直至民国2年(1913年)付印，北京大学图书馆、南京大学图书馆有藏。

十四、新城县②志

《新城县志》始修于南宋乾道年间(1165—1173年)，由新城知县耿秉纂修。该书见雍正《浙江通志》卷二百五十三著录，已佚。景泰《新城县志》凌志序载："予因先君子升家藏乾道《志》书一帙，乃县令耿公所修，间多缺略。如许远名臣也，略而不传，周雄名神也，抑而不录，未免乎遗珠之叹。"

在南宋乾道之后、淳祐之前，又修过一部《新城续图经》。其书久佚，未详纂修人。

南宋淳祐、咸淳年间，又两次修过《新城县志》，但到元代皆已亡佚，纂修人未详。

明代永乐、景泰、嘉靖年间先后4次纂修《新城县志》，皆亡佚。

永乐年间，新城人袁璞修《新城志》，成稿未刊行。景泰五年(1454年)，新城人凌志纂修《浙江新城县志》。嘉靖八年(1529年)，知县袁泽聘请洪贯纂《新城县志》。嘉靖十八年，聂莹署新城县令，嘉靖二十三年聘请方椿在袁志的基础上纂修，仅一个多月而告成。

万历三年(1575年)，知县温朝祚聘请方廉③纂《新城县志》，共4卷，次年刊行。北京大学图书馆有藏，天津图书馆、上海图书馆、复旦大学图书馆、浙江图书馆均有钞本。

康熙十二年(1673年)，知县张瓒聘请张戬、袁浣等纂修《新城县志》，计8卷，首1卷，同年刊行(4册)，天津图书馆、南京图书馆有藏。

康熙十八年(1679年)，新城人罗欲绣作《新城县志补辑》，稿成未刊。该稿见民国《杭州

---

① 汉武帝元封二年(前109年)，置县。1958年，於潜县并入昌化县。1960年，昌化县又并入临安县。

② 新城立县于吴黄武年间。民国3年(1914年)1月改为新登县。1958年11月，新登县并入桐庐县。

③ 方廉(1513—1582年)，字以清，号双江。明嘉靖二十年(1541年)进士，授南康府推官，历松江知府。累迁右副都御史，巡抚湖广，升南京工部侍郎。

府志》卷一百七十八著录，原稿已散佚，仅存序文。

道光三年(1823 年)，知县吴墉聘请张吉安等纂《浙江新城县志》，计 24 卷，首 1 卷。道光六年刊行(6 册)，故宫博物院、南京图书馆、南京大学图书馆、浙江图书馆收藏。张吉安(1759—1829 年)字迪民，号莳塘，曾任新城、余姚知县。

民国 6 年(1917 年)，县知事徐士瀛聘请张子荣、史锡永纂《新登县志》。计 20 卷，首 1 卷、附录 1 卷，次年完成，民国 11 年印行(8 册)。现有《中国方志丛书》影印本。

十五、昌化县①志

南宋乾道年间，昌化知县卞圜纂修《昌化图经》，该书已佚。淳祐《临安志》、咸淳《临安志》引此书。南宋淳熙之后、淳祐以前，曾编修过一部《昌化县志》，此书已佚，纂修人名氏失考。淳祐《临安志》引此书。

明代，昌化县编纂过 5 部县志，但志书都已不传。明正统以前，编修过一部《昌化县志》，已佚，纂修人名氏无考。嘉靖十七年(1538 年)，知县马逢伯聘请汪子卿纂《昌化县志》，计 9 卷，稿成未刊。嘉靖四十五年，知县华文甫聘请戴仪等纂《昌化县志》，计 9 卷。

万历二十年(1592 年)，知县周洛都纂修《昌化县志》，计 10 卷。万历四十三年，知县康万有聘请闻人宗望等纂《昌化县志》，计 10 卷。

清康熙十二年(1673 年)，知县周颂孙聘请陈秉谦等纂《昌化县志》，计 10 卷，刊本(5 册)，上海图书馆有藏。据周颂孙序，参与纂辑者除陈秉谦、章勖外，尚有帅镶、徐学龙、姚九穗等人。

康熙二十二年(1683 年)，知县谢廷玑等纂《昌化县志》，计 10 卷，该书未见刻本，日本国会图书馆支部内阁文库藏有钞本 1 部，5 册。中国科学院图书馆、南京图书馆、上海图书馆有胶卷。谢廷玑于康熙二十二年起任昌化知县。其修志原委未见县志记载，可能是增补周颂孙《昌化县志》，卷数亦同。

乾隆十二年(1747 年)，知县甘文蔚聘请王守矩、章起龙等纂《昌化县志》，计 20 卷，次年刊本，北京图书馆、南京图书馆、浙江图书馆收藏。该志由甘文蔚创修，后由继任知县王元音完成。

道光三年(1823 年)，知县于尚龄聘请王兆杏、李泉等修《昌化县志》，计 20 卷，首 1 卷。北京大学图书馆藏有钞本 1 部，浙江图书馆亦有此书传钞本。

民国 8 年(1919 年)，曾国霖、许昌言等纂《昌化县志》，计 18 卷，首 1 卷，至民国 19 年成书付印。传本较多。台北成文出版社又据以影印，编入《中国方志丛书》中。

十六、上城区志

1992 年，上城区启动《上城区志》编纂，至 2001 年成稿，字数 50 万字，作为内部资料

---

① 北宋太平兴国四年(979 年)，改吴昌县为昌化县。1960 年，昌化县并入临安县。

印行①。

十七、江干区志

1995年9月，中共江干区委、区政府决定成立《江干区志》编纂委员会，开始江干区志编修工作。在编纂过程中，工作人员收集资料2000余万字，摘录卡片上万张，并对初稿进行了数次调整修改。2003年6月，《江干区志》由中华书局出版，主编叶小宝，字数110万字。

第二节 宁 波

宁波市辖县(市区)历史上各县(市、区)区划有所变动，但总体相对稳定。2010年，宁波下辖鄞州、余姚、慈溪、奉化、宁海、镇海、象山、江东、江北、海曙、北仑等县(市、区)。至2010年，宁波市各县(市、区)都启动了社会主义时期第二轮志书编纂工作。

一、鄞县(鄞州区)志

宋代李璜撰的《鄞县记》，当为该县最早的志书。该书亡佚已久。《舆地纪胜》卷十一“庆元府风俗形势”曾引李璜《鄞县记》1条。

明永乐年间(1403—1424年)，曾修过一部《鄞县志》，书已佚，纂修人名氏不可考。书见《千顷堂书目》、《文渊阁书目》卷二十新志类著录。明末鄞县高宇泰《敬止录》载：“永乐《志》不著撰者姓氏，予于《南山集·张德愚墓志》言其博学好古，预修永乐《志》，惜未及刊。”

图110-3-2-1　鄞州区地方志编纂部分成果
(鄞州区地方志办公室提供)

清顺治初年，鄞县高宇泰纂《敬止录》40卷。高宇泰考证甚博。明末起兵于鄞，鲁王授以兵部郎，旋为清军所捕。后隐居以终。该书未刊。清鄞县徐时栋复加编次，有道光十九年(1839年)烟屿楼钞本，现藏北京图书馆。灾异考记载至清顺治三年(1646年)止。上海图书馆有传钞本。

康熙十一年(1672年)，鄞县知县朱士杰纂修《鄞县志》20卷，支可培等参校，未见传本。

康熙二十二年(1683年)，知县汪源泽延请闻性道纂《鄞县志》24卷、首1卷，康熙二十四年告成，康熙二十六年刊本，北京图书馆、南京图书馆、上海图书馆、浙江图书馆收藏。

乾隆五十年(1785年)，知县钱维乔延请钱大昕等纂《鄞县志》30卷、首1卷。乾隆五十二年成书，次年刊行，16册，北京图书馆、北京大学图书馆、天津图书馆、南京图书馆、南京大学

① 2015年12月，《杭州市上城区志》由方志出版社出版，周经华等编纂，字数76万字。

图书馆、上海图书馆、复旦大学图书馆、浙江图书馆均有藏本。又有道光二十六年(1846年)重刊本,南京图书馆、浙江图书馆等馆收藏。该志凡例载:“志中取材,或据历代正史,或采地理书如《元和郡县志》……之类,或引旧志如乾道《图经》……之类,或名公诗文集,或稗官小说,或家传志状,俱仿咸淳《临安志》之例,于各条之下注出书名,庶无攘善之嫌,亦无杜撰之诮。”又载:“公署、赋税、户口、兵制诸门,皆公文案牍,亦于各条之下注明某衙门来文,某科档册,以凭征信。”该志所述水利,较前志为详。卷末有辨证,对旧志多所考辨。金石一门对宋、元以前断碑只字,悉著于录。明以后碑刻,亦择要著录。钱大昕是清代著名史学家、考证学家。此志由钱氏总裁,是清代方志中的佳作。

乾隆年间,蒋学镛参与编修《鄞县志》,因议论不合而离去,独自编辑《鄞志稿》20卷。当时未曾刊行。民国24年(1935年),张寿镛将此稿辑刊入《四明丛书》第三集中,张氏系据蕙江楼钞本,再参校孙鹤皋所藏手稿本刻印。上海图书馆现藏有此书稿本2册,为卷一至卷八列传部分。全书计甬上先贤传19卷、水利考1卷。

咸丰六年(1856年),知县张铣延请周道遵纂《鄞县志》32卷、首1卷,刊本,16册,北京图书馆、天津图书馆、上海图书馆、南京图书馆、南京大学图书馆、浙江图书馆收藏。

同治七年(1868年),知县戴枚延请董沛①、张恕、徐时栋②纂《鄞县志》75卷。该志初由徐时栋主其事,发凡起例,总持大纲。编辑讨论,则嘱诸同事任之。次年,编纂场所移至其家,益发藏书及同里卢氏、杭州丁氏书,搜采至千数百种。仿国史馆列传之例,注所征引,排比成文。临殁,执其友董沛手,郑重相委。同治十三年,志书编成。今有光绪三年(1877年)刊本,24册,北京图书馆、天津图书馆、上海图书馆、南京大学图书馆、浙江图书馆均有收藏。北京图书馆又藏有红格钞稿本。

民国22年(1933年),张传保、赵家荪、陈训正、马瀛等纂修《鄞县通志》。该志于民国26年大体完成。自民国24年起即陆续付铅印。因抗日战争,一度停辍。民国37年起复继续付印,至1951年印竣。全书不分卷,共36册,厘为51编,分舆地、政教、博物、文献、食货、工程六志。首册为序、例、目录、子目及编印始末记等。又附地图26幅。台北成文出版社影印该书,编入《中国方志丛书》中。为辛亥革命以后浙江新编地方志中体例创新、篇幅最巨、内容丰富之县志,传本尚多。

1983年9月,鄞县志编纂领导小组成立,开始筹备工作。后因诸多原因,县志工作未开展就搁置。1987年8月,县委、县政府成立“鄞县地方志编纂委员会”,下设办公室。至1993年初,《鄞县志》总纂初步完成。1996年,《鄞县志》由中华书局出版,主编周时奋,字数333万字。该志获省地方志优秀成果二等奖。

2002年4月,撤县设鄞州区。2005年12月30日,中共鄞州区委、区政府建立区地方志编纂委员会。2007年5月16日,区委办公室、区政府办公室发出《关于开展地方志编纂工作的

---

① 董沛(1828—1895年),字孟如,号觉轩。清光绪三年(1877年)进士,官建昌知县。学识丰富,与徐时栋为忘年交。生平聚书5万卷,藏书之所名“六一山房”。

② 徐时栋(1814—1873年),字定宇,一字同叔,学者称柳泉先生。清道光二十六年(1846年)举人。故居名“烟屿楼”,藏书6万卷。

通知》，全面启动新一轮地方志编纂工作。2008 年 10 月 7 日，《鄞州区志》编辑部召开第一次全体会议，标志着区志修编进入实际操作阶段。2009 年 2 月 24 日，鄞州区地方编纂委员会召开全体（扩大）会议，全面部署《宁波市鄞州区志（1978—2008）》修编工作，审议通过区志编纂规划、纲目和任务分工，标志着《鄞州区志》编纂工作全面启动。区志定位为续修，1987 年第一轮修志下限为 1990 年。为重点反映鄞州现代化建设历程和社会发展成果，同时为保证记述完整性，经研究，决定将上限由上轮修志的下限 1991 年前移至 1978 年，主体部分采用续修方式全面系统记述 1978—2008 年间鄞州行政区域内各方面的发展变化。至 2010 年底，承编单位 98%以上报送初稿，形成初稿文字 500 余万字。①

二、余姚县（市）志

明代正统以前，修过一部《余姚县志》，已佚，纂修者名氏不可考。此书见《文渊阁书目》卷二十新志类著录。

明嘉靖十四年（1535 年），余姚知县顾存仁②等延请杨抚③、胡膏④、岑原道等纂《余姚县志》。该志嘉靖二十一年刊本，宁波天一阁藏（存卷五至卷十七，附外纪 1 卷）。上海图书馆藏有光绪年间会稽徐氏铸学斋钞本。

万历二十九年（1601 年），知县史树德延请杨文焕等纂《余姚县志》，万历三十一年刊本，6 册，北京图书馆、中国科学院图书馆收藏。日本国会图书馆亦有藏本。

清康熙二十二年（1683 年），知县李成龙修《余姚县志》，未见传本，未详卷数。康如连修康熙《余姚县志》序载："姚之志，癸亥间前李令尝修之，迄于今虽川原如故，风土依然，然未十年，而残缺失次者已不但鲁鱼豕亥之感，则数千百年间……其潜德之幽光，必多失于断简残编。"

康熙三十二年（1693 年），知县康如连纂《余姚县志》，刊本，北京图书馆收藏。上海图书馆有胶卷复制本。

乾隆四十三年（1778 年），知县唐若瀛延请邵晋涵等纂《余姚志》40 卷。乾隆四十六年刊本，8 册，北京图书馆、北京大学图书馆、天津图书馆、南京图书馆、南京大学图书馆、上海图书馆、复旦大学图书馆、中山大学图书馆等馆均有藏本。

光绪十九年（1893 年），知县余炳麟延请邵友濂、孙德祖等纂《余姚县志》。该书至光绪二十五年始成书，刊本，16 册，北京图书馆、天津图书馆、南京图书馆、南京大学图书馆、浙江图书馆收藏。又有民国 24 年（1935 年）铅印本。另上海图书馆藏有初稿本 13 册，有残缺。

---

① 《宁波市鄞州区志（1978—2008）》于 2016 年 11 月由浙江古籍出版社出版，主编谢富国、姚志浩（总纂），字数 425 万字。

② 顾存仁（1502—1575 年），字伯刚，一字子奇，号怀东，江苏苏州人。明嘉靖十一年（1532 年）进士，历礼科给事中、南太仆寺卿。有《太仆寺志》《东白草堂集》诸作。

③ 杨抚，明正德十六年（1521 年）进士，以文学著名，为济南知府赏识。后官至湖广提学副使。善书，能作径尺余大字。

④ 胡膏，明嘉靖二十九年（1550 年）进士，仕至徽州同知。

1985年12月,中共余姚市委、市政府决定成立市地方志编纂委员会及其办公室。次年5月,市地方志办公室开始工作。6月,市政府批转市地方志办公室《余姚市地方志编纂规划》,要求有关部、委、办、局成立相应领导小组,抽调人员负责搜集整理资料,编写本系统专志初稿,并规定新志上限力溯事物发端,下限至1985年底。7月,市政府召开第一次地方志工作会议,同时印发《余姚市人民政府关于征集地方志文史资料的公告》。9月,举办编写人员业务训练班,尔后进入制订纲目、搜集资料阶段。1987年,鉴于修志工作发展情况,决定市志下限延伸到1987年底,成稿时间也相应推迟。6月,市委重新调整编委会成员,陆续任命市志主编、副主编,各有关部、委、办、局也陆续充实编写力量,形成130多人的修志队伍,先后到北京、南京、杭州、绍兴、宁波及本市图书馆、档案馆复印旧县志5部、摘抄资料1000余万字。1990年底形成100万字送审稿,经评审后,又经一年补充、调整、修改,最终定稿。1993年3月,《余姚县志》由浙江人民出版社出版,主编章亦平,字数120万字。

2006年,余姚市政府启动社会主义时期第二轮市志编纂工作。至2010年,《余姚市志》尚在编纂中。①

三、慈溪县(市)志

宋代宝庆以前,曾修慈溪县志,书已佚,未知作者。宝庆《四明志》卷八张齐芳传云:"骠骑将军意之子,隐于慈溪之骠骑山,人皆贤之。遂以其父之官名其山。"注云:"出慈溪旧志。"

明正德年间(1506—1521年),周旋②、陆绅纂修《慈溪县志》。书已亡佚,纂修人名氏不可考。该书见《文渊阁书目》卷二十新志类著录。

天启四年(1624年),知县李逢甲延请姚宗文等纂修《慈溪县志》16卷,刊本,中国科学院图书馆、天津图书馆(有钞配)、上海图书馆、南京图书馆、浙江图书馆收藏。

清康熙十一年(1672年),知县吴殿弼延请姚宗京等纂县志,书成未刊,已失传。该书见雍正《慈溪县志》卷十著录。

雍正四年(1726年),知县张淑郿延请林梦麒、蔡云鹏等纂县志,将成书而张被荐去职,事遂中止,未刊行。今无传本。

雍正八年(1730年),知县杨正笱延请冯鸿模等纂修《慈溪县志》16卷,次年校订,刊本,天津图书馆、山东大学图书馆、湖北图书馆收藏。《中国方志丛书》据雍正原刊本影印。又有乾隆三年(1738年)补刊本,6册,北京图书馆、南京图书馆、南京大学图书馆、上海图书馆、浙江图书馆均有藏本。该志由蔡云鹏、林梦麒等任分纂,冯鸿模裁定,许炳校订。蔡、林二氏皆曾参与雍正四年修志事,多取材于张《志》初稿。

同治年间(1862—1874年),曾修过一次慈溪县志,不知作者名氏,稿本未刊,藏于浙江图书馆。该志职官门记载至同治九年(1870年)止。

---

① 2015年12月,《余姚市志(1988—2010)》由浙江人民出版社出版,主编陈建泰,字数168.5万字。

② 周旋(1450—1519年),字克敏。明成化二十三年(1487年)进士,选户科给事中。在科九年,屡上疏,论事剀切,后任广东参政。

光绪五年(1879年),慈溪杨泰亨等纂《慈溪县志》56卷。光绪十四年完成,光绪二十三年刘一桂校刻,至光绪二十五年刊成,24册,传本尚多。台北成文出版社据光绪二十五年刊本影印,编入《中国方志丛书》中。

1986年,慈溪县地方志编纂委员会成立,启动社会主义时期首轮县志编纂工作。至1992年,《慈溪县志》由浙江人民出版社出版,主编徐长源,字数153万字。1993年,该志获全国地方志优秀成果一等奖。

1992年下半年起,慈溪市地方志办公室着手编纂《慈溪市图志》。1993年12月,《慈溪市图志》由西安地图出版社出版,主编徐长源,为32开本。2001年11月,《慈溪县志》(简本)由方志出版社出版,列入"新编中国优秀地方志简本丛书"(第二辑),主编周乃复,字数35.1万字。

2006年,慈溪市政府启动社会主义时期第二轮市志编纂工作。2008年4月,慈溪市政府办公室发文,公布慈溪市二轮修志书目,《新编慈溪市图志》被列入编纂规划。至2010年,《慈溪市志》尚在编纂中。①

四、奉化县(州、市)志

宋代赵与萁曾纂《古鄞志》,书佚已久。徐时栋《四明六志校勘记》卷九载:"与萁字君理,奉化人。此其所作奉化县志也,亦名《鄞城志》。奉化为古鄞地,故号古鄞,事见《戴剡源集》中。陈县尉观作《资福庙记》,引《古鄞志》:'公名风,即晋康乐侯谢灵运子也。尝宰鄞,有功德于民,至今祠之。'"

元至元二十九年(1292年),奉化知县丁济延请舒津、陈著等纂《奉化志》10卷。舒津字通叟,景定三年(1262年)进士,由太学博士判平江府。陈著字谦之,宝祐四年(1256年)进士,官至监察御史,知台州。晚年隐居奉化。刊本久佚。此书见钱大昕《补元史艺文志》著录。雍正《浙江通志》卷二百五十一载:有教谕严德元序。严序尚存,序云:"丁侯为邑,识大体,人多归焉。乡先生舒公津、陈公著,以先朝宿望,退老于家。丁侯有以致之,朝夕琴堂之上,搜罗故实,作为邑志。凡例之目,窃闻之矣。……疏为十卷,列七图其首,目曰《奉化志》。德元倚席邑庠,备数编正,敢识于左方。"(顺治《奉化县志》旧序)

皇庆二年(1313年),奉化州达鲁花赤木八剌纂修《奉化州志》。该书见雍正《浙江通志》卷二百五十三著录。书已散佚。②

延祐六年(1319年),奉化知州马称德纂修《奉化州志》。该志刊本在明嘉靖时尚流传。嘉靖《奉化县志》序载:此志"虽仅得于民间,而多蠹残脱裂"。该书又见雍正《浙江通志》卷二百五十三著录,其书今不复可得。

明永乐十八年(1420年)修过一部奉化县志,刊本久佚,纂修人名氏不可考。该书见《文

① 《新编慈溪市图志》于2013年2月由西安地图出版社出版,主编周乃复,为16开本。《慈溪市志(1988—2011)》于2015年4月由浙江人民出版社出版,主编龚建长,字数350万字。

② 奉化县,元元贞(1295—1297年)初升为州,明洪武二年(1369年)降为县。

渊阁书目》卷二十新志类、《千顷堂书目》、雍正《浙江通志》卷二百五十三著录。

景泰六年(1455年),知县陈关延请汪纶纂《奉化县志》,稿成未刊,久无遗本流传。该书见《千顷堂书目》著录。

弘治五年(1492年),知县徐绍先延请汪纶纂《奉化县志》10卷,刊本,已佚。该书见《千顷堂书目》、雍正《浙江通志》卷二百五十三著录。该志徐绍先序尚存。序载:“……遂谒邑之耆儒汪师古先生访焉。先生盖尝用心于此者,乃出其晚年手钞私稿,谓闻见增益,颇多于前,题《县志续考》。余喜而遍阅之,见其群分类例,各有条理。于是币请搜检异同,编成十卷。……捐俸命梓,以广其传。”

嘉靖十一年(1532年),知县钱璠延请谢瀊纂县志,未见传本。明嘉靖十四年,知县钱璠又请倪复纂修《奉化县志》12卷,刊本,4册,上海图书馆、北京图书馆(残存卷六至卷十)收藏。

清顺治十六年(1659年),知县王奂延请项斯勤重修《奉化县志》,顺治十八年知县孙成名续成,刊本,北京图书馆收藏,上海图书馆有胶卷。

康熙二十二年(1683年),知县张起贵延请孙懋赏、刘鸿声等纂《奉化县志》,康熙二十五年稿成。刊本,8册,北京图书馆、中国科学院图书馆、南京图书馆收藏。

乾隆三十七年(1772年),知县曹膏延请陈琦等纂《奉化县志》,次年刊本,北京图书馆、天津图书馆、上海图书馆、复旦大学图书馆、南京图书馆、南京大学图书馆、浙江图书馆均有藏本。又有同治重刊本、光绪木活字重印本。

光绪二十八年(1902年),知县李前泮延请张美翊等纂《奉化县志》,光绪三十四年告成,同年木活字本,12册,传本尚多。《中国方志丛书》影印光绪本。

民国时期,奉化县政府编纂《奉化新志》。民国28年(1939年)铅印本。该书不分卷,仅有11篇。

1985年10月,奉化县成立县志编纂委员会,下设办公室。1987年8月调整编委会成员,充实编辑力量,制订修志规划,发凡起例,草拟纲目。12月召开首次修志工作会议,进行全面发动。会后,68个单位、200余人承担采访、撰稿任务。1988年初,编写人员开始赴宁波、杭州、上海、南京等地查阅档案、报刊及其他史料,深入城乡,调查采访,共采集各类文字资料约2000万字。10月,撤县设市,改称《奉化市志》。1988年秋,各承编单位开始编写。经试写、评议、修改,至次年10月陆续完成资料稿,计200余万字。在此基础上,调整纲目,进行分纂,1990年5月完成分编稿,送有关单位审核,广泛征求意见。并进行逐编评议,增补、核改资料,处理交叉重复,理顺文字。是年底,完成总纂第一稿,交编委会审阅。1991年3月召开专家评稿会,12月完成总纂第二稿,提请奉化市委、市政府、市人大、市政协和省方志编纂室审阅。1992年4月定稿,1994年1月由中华书局出版,主编胡元福,字数113万字。该志获浙江省第四届新编地方志优秀成果一等奖。

2004年3月,第二轮市志编修筹备工作启动。奉化市政府办公室组织召开地方志工作协调会议,研究机构设置、队伍组建等问题。8月成立市地方志编纂委员会,下设办公室。2004年9月8日,下发《奉化市人民政府办公室关于开展续修地方志工作的通知》(奉政办发〔2004〕111号),明确地方志工作的指导思想和总体目标,确定第二轮修志上限为1989年,下限原则上为2008年。2005年6月29日，召开市地方志编纂委员会第一次会议暨续志工作动员大会，审议通过《奉化市续修地方志工作方案》、《奉化市志(1989—2008)》纲目、凡例、行文规则和《志稿编审试行规定》《承编任务分解表》。奉化市志续修工作全面启动。9月，举办第一期市志编修人员培训班，来自全市77个单位的120余人参加培训。此后又于2006年10月、2009年5月召开编修人员培训会议。各承编单位进入搜集资料和初稿试写阶段。在志稿编纂过程中，共搜集、征集文字资料5000多万字、图照资料8200多幅，其中不少是珍贵史料。2007年12月，承编单位基本完成分志稿试写，总计300余万字。市地方志办公室开始拟订分编方案，明确编纂责任。2008年5月，根据编纂完成的试写稿，在集体研讨、与承编单位对接基础上调整篇目结构，形成纲目第二稿。至2010年，市志尚在编纂中。①

五、宁海县志

宁海县志书编修始于宋大中祥符年间(1008—1016年)。其书已佚。明洪武时，方孝孺纂《宁海县志》，"靖难之变"后佚。清光绪《宁海县志》卷首王显谟《志略》载："邑自西晋析置，历千余年未有传志，至洪武间，方正学先生有创本，惜格于历禁，不传。"明正统前曾修过《宁海县志》，也已不存。明弘治时，宁海知县张邦佐纂《宁海县志》，今佚。明正德二年(1507年)修的《宁海县志》，刊本也佚。

明万历年间(1573—1620年)知县曹学程主修《宁海县志》被收录在《千顷堂书目》《内阁藏书目录》，共10卷，刊本也已佚。该志曹学程、秦鸣雷、石承芳、周家栋所作各序尚存。

崇祯五年(1632年)，知县宋奎光修《宁海县志》，刊本分舆地、建置、食货、秩官、名宦、选举、人物一、人物二、诰敕、艺文一、艺文二、流览12卷。该志清雍正《浙江通志》、《千顷堂书目》存目，北京图书馆存残本卷八至卷十。1988年，宁海县地方志办公室从台北成文出版社购入影印本2套，2008年9月复制缩印本2000册。

清康熙十三年(1674年)，知县崔秉镜修《宁海县志》，华大琰纂辑。康熙十七年刊本，共12卷。北京图书馆、南京图书馆、上海图书馆、浙江图书馆、南京大学图书馆有藏本。

咸丰十一年(1861年)，县人钱翼衢修《宁海县志》，稿成未刊。该志在光绪《台州府志·经籍考》中存目。据清光绪《宁海县志》卷十六引钱翼衢序载："旧志缺略残误为特甚，迨今一百八十多年，未有起而重辑者。见又板毁于寇，衢恐文献散佚，不揆固陋，辑为十四卷"。又见民国《宁海续志稿》载，"该志本世纪40年代当有抄本流传，惜今难觅"。

同治《宁海志稿》，知县周祖升始修、王耀斌续修，王以藩、叶含辉、叶得新同纂。成稿后未刊，光绪《台州府志·经籍考》中有存目。据光绪《宁海县志》卷十六载，该志稿分地理上、地理下、公署、学校(附祠祀)、秩官、名宦、庶政、军政、选举、人物上、人物下、艺文、杂志上、杂志下，共14卷。

光绪十八年(1892年)，知县王瑞成修《宁海县志》，柳商贤、孙启蒙、程云骥续修，至光绪二十八年刊印。全志设卷首、地理、建置、版籍、军政、秩官、选举、人物、艺文、金石、流览、杂

① 2016年8月，《奉化市志(1989—2008)》由浙江人民出版社出版，主编陈黎明，字数226万字。

志、志余，共25卷。民国4年(1915年)重印100部。1983年，宁海县文物管理办公室又据原藏印板重印400部。

民国《宁海续志稿》，县人干人俊①撰，系光绪《宁海县志》之续，然有所补阙，下限至民国29年(1940年)三门建县之前止。全书设卷首及正文共18卷。稿成未刊，手稿今存宁海县档案馆。

民国《宁海县志稿》，始修于民国32年(1943年)9月，民国35年续其事，成稿约在浙江解放前夕，未付印，后志稿佚失。该志稿由屠伊新任总纂。修纂期间，宁海专设修志馆，地点位于孔庙(今为宁海宾馆址)。

1962年，宁海、象山重新分开，新组建的宁海县政府为厘清历史、以利施政，抽调左军、陈去生、徐锡珪等开始修县志。当时因政治运动频繁，修志工作被视为不合时宜，于1964年初终止。此次修志的资料藏于宁海县档案馆，资料中有修志纲目及政治、经济、地理、教育、人物等编的手稿或油印本。

1985年8月，中共宁海县委、县人民政府成立县地方志编纂委员会，下设办公室，调集人员，制订编纂计划，进行全面发动，把修志任务落实到76个单位。此后，组成100余人的修志队伍，先后派人赴杭州、宁波、台州等地档案馆、图书馆摘录史料，深入城乡查阅宗谱，实地采访，搜集文献、口碑资料，历时2年余，共收集各种资料近2000万字。1988年4月，在承编单位供稿的基础上，由责任编辑进行分纂，至1989年8月纂成初稿100余万字，并分编召开评稿会，广泛征求意见。至1990年8月，完成总纂稿(送审稿)，送宁海县党政领导、县地方志编委会成员和有关部门审阅。9月底召开志稿评审会，听取省、市领导，方志专家和有关县县志主编的评审意见。后又进一步修改定稿。1993年，《宁海县志》由浙江人民出版社出版，主编苏其德，字数110万字。

2006年，宁海县政府启动社会主义时期第二轮志书编纂工作。至2010年，《宁海县志》尚在编纂中。

六、镇海(定海)县(区)志

明初，曾修过一部《定海县志》，书已佚，纂修人名氏不可考。该书见《文渊阁书目》卷二十新志类著录。

明正德年间(1506—1521年)，定海知县郑余庆延请薛俊纂《定海县志》，已佚。雍正《宁波府志》卷十八郑余庆传载："字崇善，闽人，正德末由举人令县，礼聘薛博士俊纂辑县志，躬为裁定。"

嘉靖四十二年(1563年)，知县何愈修、鄞县张时彻纂《定海县志》13卷，刊本，4册，北京图书馆、天津图书馆、南京大学图书馆收藏。

---

① 干人俊(1901—1982)，宁海人。毕业于上海复旦大学国文系，民国25年(1936年)任杭州《之江日报》主编。民国30年回宁海，任县政府政工指导室主任。后长期在杭州、天台、黄岩、三门、宁海等地中学任教或任校长，曾兼任宁海县志编纂、浙江通志馆采访，致力于地方志资料的搜集和编写工作。

清康熙六年(1667年),知县王元士修县志,稿成未刊。该书见雍正《浙江通志》卷二百五十三著录。乾隆《镇海县志》卷五《名宦传》载:“元士号九山,麻城人,康熙六年来令。……邑志自前明嘉靖后,百年来未修。因采访增辑成稿。至十一年升琼州司马,未及刻,稿存于署。”浙江图书馆藏有《续定海县志》残钞本2册,不著纂修人名氏,亦未详纂修年代。原目列35门,其秩官门所载,始于嘉靖四十三年(1564年),终于清康熙六年。可以断定此书乃续何愈修嘉靖《定海县志》,为王元士所修县志之残本。王元士于康熙六年到任,所以记职官终于此年。

康熙年间(1662—1722年),知县郝良桐、黄宫柱、唐鸿举等相继续修县志。皆未刊,稿已散佚。乾隆《定海县志》卷五《名宦传》载:“鸿举号磐庵,歙县人……康熙三十四年莅任…邑乘久缺,偕邑生薛君士学、陈君梦莲纂辑成书,未及梓而去。今多所取征焉。”同书凡例载:“邑志于康熙年间经历前令王公元士、郝公良桐、黄公宫柱、唐公鸿举先后修辑,皆未成刊。今仅存王公、唐公二稿。志内取征,标明某令志稿。”则王元士、唐鸿举两稿,乾隆十七年(1752年)修志时尚见存,并为乾隆《志》所征引。

康熙五十四年(1715年),缪燧、陈琯纂《定海县志》,刊本,4册,天津图书馆、台北故宫博物院收藏。

乾隆十二年(1747年),镇海知县王梦弼纂修《镇海①县志》8卷、首1卷。乾隆十七年告成,刊本,北京图书馆、北京大学图书馆、南京图书馆、南京大学图书馆、浙江图书馆收藏。又有乾隆四十五年周樽增补刊本,附周樽纂《同善院志》1卷,上海图书馆收藏。

嘉庆年间(1796—1820年),镇海陈景沛纂修《镇海县志》,稿未付梓。见光绪《镇海县志》卷三十一著录。嘉庆十二年(1807年),清镇海陈景沛纂《蛟川②备志》50卷。未见传本。

同治九年(1870年),知县于万川延请刘凤章等纂《镇海县志》,至光绪五年(1879年)脱稿,由俞樾审定,同年刊本,16册,传本尚多。《中国方志丛书》影印光绪五年刊本。南京图书馆藏有该志底稿本16册。

民国7年(1918年),知事洪锡范、盛鸿焘等请王荣商、杨敏曾纂《镇海县志》,民国12年告成,民国20年铅印本,24册。记载至宣统三年(1911年)。董祖义又编《镇海县新志备稿》,民国20年铅印本,2册,附民国《镇海县志》后,亦有单行本。又有《中国方志丛书》影印本。

1986年9月,《镇海县志》筹备小组成立。③ 1988年7月,聘请10余人为编委会顾问。11月又聘请熟悉当地情况、爱好文史的乡镇采访员20余名。1989年8月改聘陈兵为主编,同时成立县志编纂室。自1988年各承编单位定员起步,到1993年县志编纂室总纂定稿,历时5年有余,编修工作涉及两区100余个部门单位,搜集资料总数在3000万字以上。从原始稿到分纂、总纂,各编志稿的增删厘定,少则六七次,多则10余次。至1994年,《镇海县志》由中国

① 据《清朝通志》卷二十九《地理略》记载,浙江定海县于清康熙二十六年(1687年)更名镇海县。

② 镇海本为定海,古称“蛟川”。

③ 因镇海撤县分设镇海、北仑两区,1987年7月,镇海、北仑两区区委、区政府协议组成《镇海县志》编纂委员会,由镇海区委书记张曦任主任,主编陈惠炳,下设办公室,并议定修志工作以镇海区为主,北仑区配合,经费与人员以2∶1比例分担。1990年12月,镇海区委书记洪钧杰接任编委会主任。

大百科全书出版社出版,字数257万字。该志获浙江省第四届新编地方志优秀成果一等奖。

2004年,镇海区政府启动社会主义时期第二轮志书编纂工作。至2010年,《镇海区志》尚在编纂中。

七、象山县志

明代正统(1436—1449年)之前,曾修过一部《象山县志》,书已佚,纂修人名氏未详。该书见《文渊阁书目》卷二十新志类著录。

嘉靖三十五年(1556年),象山知县毛德京延请杨民彝、周茂伯等纂《象山县志》15卷。宁波天一阁藏有隆庆五年(1571年)增补刻本。

万历三十四年(1606年),知县吴学周延请陆应旸、左谕德、邵景尧纂《象山县志》16卷,万历三十六年刊本。中国台湾"中央图书馆"残存6卷(卷一至卷三、卷十四至卷十六),2册。北京图书馆、南京图书馆有胶卷。

清康熙十一年(1672年),知县马鲲延请周光春纂《象山县志》;稿本未刊,已佚。

康熙二十一年(1682年),知县李郁纂修县志。刊本,南京图书馆、北京师范大学图书馆收藏。

康熙三十七年(1698年),知县胡祚远延请教谕姚廷杰重修县志。刊本,北京师范大学图书馆收藏。道光《象山县志》载:"胡《志》即李(郁)《志》原板,唯于艺文、秩官诸卷,或更换数叶,或挖补数行而已。盖李《志》成于康熙二十一年,至康熙三十七年相去仅十六年,其板完好无疑,乃姚广文竟于改头换面,名之曰修,是可怪也。"

雍正七年(1729年),知县马受曾延请袁澄等纂《象山县志》42卷,刊本,北京图书馆残存17卷(卷九至卷二十、卷三十八至卷四十二),上海图书馆据北京图书馆残本摄制胶卷。

乾隆二十三年(1758年),知县史鸣皋延请姜炳璋、冒春荣等纂《象山县志》,次年刊本,6册,北京图书馆、上海图书馆、南京大学图书馆、南京图书馆、浙江图书馆均有收藏。

道光十年(1830年),知县董立成延请冯登府等纂《象山县志》。至道光十二年告成,道光十四年刊本,8册,附《象山文类》2卷,北京图书馆、北京大学图书馆、南京图书馆、南京大学图书馆、上海图书馆、浙江图书馆收藏。又有民国4年(1915年)重印木活字本,有张鹏霄重印序。

同治七年(1868年),知县黄丙堃延请马嗣澄等纂《象山县志》,次年稿成,未刊。该书无序跋,仅有董沛识语,载民国《象山县志》卷十八。稿本由宁波图书馆收藏。南京大学图书馆亦有该稿传钞本,16册。

民国10年(1921年),罗士筠、陈汉章等纂《象山县志》,至民国15年成书,次年铅印本,计32卷、首1卷。

道光年间(1821—1850年),嘉兴冯登府纂南田①志稿。该稿手稿本现藏上海图书馆,有

① 南田岛本是象山县海中大佛头山,清光绪间置南田厅,属宁波府。民国元年(1912年)设县,民国29年改置三门县,后裁撤并入象山县。

叶景葵题识。

光绪年间(1875—1908年),又修过一部《南田县志》,未详纂者。该书未分卷。现有《四明丛书》稿本,北京图书馆收藏。

民国19年(1930年),吕耀钤、厉家桢等纂修《南田县志》34卷、首1卷,铅印本。台北成文出版社有影印本,编入《中国方志丛书》中。

民国26年(1937年),象山陈汉章纂《南田志略》,有铅印本。

1981年7月,中共象山县委、县政府开始调配人员,筹备编志。1982年9月,象山县成立县志编纂委员会,下设办公室。着手搜集旧志,订定计划,发凡起例,草拟纲目。1984年12月,首次召开县志编纂工作会议,进行全面发动,共有65个部门和单位承担了撰稿任务,先后组织200余人查阅档案、报刊、专著及其他文献,调查访问,收集资料2000余万字。至1986年7月,陆续成文,计约300万字。8月,县委、县政府确定主编、副主编。遂遴选人员,重新调整纲目,重新考核资料,重新撰写志稿,至12月底基本总纂成稿。至1988年,《象山县志》由浙江人民出版社出版,主编王庆祥,字数57万字。该志获浙江省第一届新编地方志优秀成果一等奖。

2007年,县政府启动社会主义时期第二轮县志编纂工作。至2010年,《象山县志》尚在编纂中。

八、江东区志

2005年6月,江东区地方志编纂委员会成立,开始编纂《宁波市江东区志》。区志编修经历了宣传发动、队伍培训、资料采撷、分志编写、总纂合拢、评议修改、审定验收等阶段。2006年8月,组建修志工作班子,着手制定编纂方案和编纂工作规划,为编写《江东区志》奠定基础。9月,区地方志编委会召开全区第一次修志工作会议。10月,召集全体修志人员,开展专题培训辅导。11月起,全体修志人员深入档案馆、图书馆,查阅数以千卷计的地方文献,走访老干部、社会各界人士和有关专业工作者,在搜集约400多万字原始资料的基础上,去粗取精,去伪存真,编写出110余万字的区志资料汇编。2009年6月,对区志资料汇编稿进行修改、完善,至2010年2月、11月,分别形成120万字的初稿第一稿及105万字的初稿第二稿。①

九、江北区志

2005年,江北区地方志编纂委员会成立,开始编纂《宁波市江北区志》。江北区地方志编纂委员会弘扬“专家修志”的传统,聘请了宁波大学相关学科的3名教授、4名副教授、3名讲师参与编修,其中两位分别担任区志的主编、副主编,与熟悉地情的江北区史志办公室通力合作,优势互补。至2010年底,志稿尚在编纂中。②

① 2016年11月,《宁波市江东区志》由浙江人民出版社出版,主编徐国平,字数201.2万字。

② 2015年12月,《宁波市江北区志》由浙江人民出版社出版,主编戴光中,字数322.6万字。

十、海曙区志

2004年,海曙区党史地方志编纂委员会成立,聘请市内专家学者担任区志主编和副主编,抽调人员组成编委会办公室,正式开展区志编修工作。《宁波市海曙区志》的编修经历了4个阶段。第一阶段,篇目设置。2005年5月举行区志篇目论证会,前后花了近1年半时间,打磨出一份符合海曙区实际的区志篇目,为区志编修顺利推进奠定了坚实基础。第二阶段,征集资料、编写资料长编和初稿阶段。从2005年下半年到2008年底,整整用了3年半的时间进行业务培训和广泛征集资料,编写资料长编,撰写初稿,反复打磨,区志编修工作稳步扎实推进。第三阶段,总纂和评议。第四阶段是审查和出版。

2008年12月,《海曙区志》总纂工作还未结束,中国地方志协会城市区志专业委员会年会在海曙区召开。会上,由中国地方志指导小组办公室指定了7名全国有关方志专家对海曙区志稿进行评议(初审)。根据专家的意见和建议,区志编辑室直至2010年底尚在进行修改和总纂。①

十一、北仑区志

2003年,中共北仑区委、区政府发文成立北仑区地方志编纂委员会及办公室,决定编修《宁波市北仑区志》。区志的编纂,大致可分为3个阶段:第一阶段自2003年至2005年,2003年11月召开区志编纂动员会议,组织发动,成立编纂网络,搜集资料,各承编单位对1984—2003年的资料进行整理编写,形成区志初稿;第二阶段自2006年至2009年,2006年11月召开第二次编纂工作动员会议,适当调整志稿篇目结构,各承编单位续写并修改初稿。志稿上溯至事物发端,下限至2006年,重大事物适当延伸。各责任编辑对部门上报的资料长编进行整理编辑,形成初审稿;2010年3月,由区地方志办公室组织召开志稿初审会,进入第三阶段评审。②

第三节　温　　州

2010年,温州市下辖永嘉、乐清、瑞安、平阳、泰顺、洞头、苍南、文成、鹿城、瓯海、龙湾等县(市、区)。永嘉、乐清、瑞安、平阳、泰顺县(市)志书编纂历史较早,至2010年,各县(市、区)政府都启动了社会主义时期第二轮修志工作。

一、永嘉县志

元至大、延祐年间(1308—1320年),平阳章嘉纂修的《永宁志》为最早的县志,已佚。雍

---

① 2014年7月,《宁波市海曙区志》由浙江人民出版社出版,主编胡再恩、郑世晟,字数372万字。

② 2013年6月,《宁波市北仑区志》由浙江人民出版社出版,主编高训贤、张嘉梁,字数320万字。

正《浙江通志》卷二百五十三据林景熙《平阳志序》，题教谕章嘉修《永嘉县志》。孙诒让说："旧通志、府县志所载元时地志，别无所谓《永宁志》者，疑即章《志》。本以汉县名书，与陈氏《永宁编》相类。（林）霁山《平阳州志序》据当时县名言之，故曰《永嘉县志》耳。"①

明代正统以前，修过《永嘉县志》，已佚，未详纂修人名氏。该志见《文渊阁书目》卷二十新志类著录。

弘治十一年（1498年），永嘉知县汪循②纂修《永嘉县志》16卷。该志有太平谢铎序，载乾隆《永嘉县志》。孙诒让编纂《温州经籍志》时，未见此书传本，已佚。

嘉靖四十五年（1566年），知县程文箸延请王叔果③纂《永嘉县志》9卷，刊本。日本尊经阁文库藏嘉靖刊本有补刻，如卷五《秩官》补至万历十年（1582年）止。全书共4册。中国科学院图书馆、上海图书馆有胶卷。此志共分9门：舆地、建置、食货、祠祀、秩官、选举、人物、外志、杂志。据程文箸序，阅三载始成。

万历二十八年（1600年），知县姚永济延请王光蕴纂《永嘉县志》11卷，万历三十年刊本，孙殿起《贩书偶记续编》卷七地理类有此本。王光蕴（1540—1606年）字季宣，号玉洞，王叔果子，官宁国郡丞。该志王光蕴自序载乾隆《永嘉县志》卷二十三。

清康熙十二年（1673年），知县马琾延请林占春、周天锡纂《永嘉县志》14卷，未完成。郑廷俊康熙二十一年续修《永嘉县志序》载："时癸丑，圣天子命修通志，颁行郡县，前令关西马君暨邑博士樊君聘乡贡林君占春、周君天锡辈，编辑成稿，草创未备。"康熙二十一年，知县郑廷俊在此基础上请郑应曾等增订刊行。该志北京图书馆、上海图书馆、中国科学院南京地理研究所图书馆收藏。日本国会图书馆支部东洋文库及内阁文库亦有藏本。

乾隆二十六年（1761年），知县崔锡延请齐召南、汪沆纂《永嘉县志》26卷、首1卷，乾隆三十年知县施廷灿校订刊行，刊本8册，北京图书馆、北京大学图书馆、南京图书馆、上海图书馆、浙江图书馆、复旦大学图书馆均有收藏。日本国会图书馆静嘉堂文库所藏乾隆刊本有补刻，如卷十寺观志记载至嘉庆十四年（1809年）止。

道光（1821—1850年）末，知县汤成烈纂修《永嘉县志》37卷，稿本未刊，孙氏玉海楼有传钞稿本。该书见《温州经籍志》著录。

光绪五年（1879年），知县张宝琳延请王棻、孙诒让纂《永嘉县志》38卷、首1卷。光绪七年完成，次年刊本，24册，北京图书馆、上海图书馆、南京大学图书馆收藏。又有民国24年（1935年）永嘉刘景晨补板刊本，由永嘉梅雨清校补，附有跋语。

1987年12月，永嘉县地方志编纂委员会和相应办事机构成立。1990年5月后，县地方志编委会办公室主任、主编相继到位。1991年3月，县政府发布县志资料征集通告，后制定编纂方案、行文通则、县志篇目等。7月，召开全县地方志工作会议，分解任务到75个单位。

---

① 《温州经籍志》卷十。

② 汪循，字进之。明弘治九年（1496年）进士，授永嘉知县。官至顺天府通判。正德初，太监刘瑾擅权，为瑾所忌，罢归。

③ 王叔果（1516—1588年），字育德，号西华。明嘉靖二十九年（1550年）进士，授职方主事，官终于广东按察副使。

经两年多,收集各类资料 1000 余万字。1994 年,分头进行县志稿编写,各编初稿完成后,返回承编单位核对。至 1997 年 8 月底,初稿完成,12 月召开评审会。会后再次修改,于 2000 年 8 月完成总纂。报省地方志办公室审定后,2001 年 11 月送出版社编辑。2003 年 11 月,《永嘉县志》由方志出版社出版,主编徐顺旗,字数 272 万字。

2009 年 12 月,永嘉县地方志编纂委员会办公室召开第二轮《永嘉县志》编修工作基础纲目论证会。2010 年 10 月,印发《永嘉县志(1991—2010)》编纂方案,县第二轮修志工作全面启动。

二、乐清县(市)志

宋代曾修过《乐清县图经》。该书久佚,纂修人无考,见《温州经籍志》外编卷上著录。

南宋淳熙六年(1179 年),乐清知县袁采纂修《乐清县志》10 卷,刊本久佚。该志见《文献通考》、光绪《乐清县志》著录。

元大德八年(1304 年),判乐清县事冯福京纂修《乐清县志》。刊本已亡。道光《乐清县志》卷首载有冯福京自序。

明永乐年间(1403—1424 年),修有《乐清县志》8 卷,宁波天一阁藏有永乐原刊本,因缺前数页,未详纂修人名氏。1964 年,上海古籍书店出版《天一阁藏明代方志选刊》本,系据永乐原刊本影印,线装 4 册。

隆庆六年(1572 年),知县胡用宾延请侯一元①纂修《乐清县志》7 卷。刊本,中国科学院南京地理研究所图书馆、北京师范大学图书馆收藏。又有民国 7 年(1918 年)乐清张侯佐石印隆庆原刊本,4 册,传本尚多。温州图书馆藏有钞校本,系据乐清林大椿所藏明刊本校订,孙诒让手校。孙诒让注:“其志人物,传后有论,在地志中颇为创例。其考证亦详核。在明代志乘,最为佳本。”②

清康熙十二年(1673 年),知县阙一骃纂修《乐清县志》,未完成,稿已散佚。康熙二十四年,知县徐化民延请林允楫、鲍易等纂《乐清县志》8 卷,刊本,4 册,北京图书馆、南京图书馆、上海图书馆、温州图书馆藏。

道光三年(1823 年),知县刘荣玠延请鲍作雨、张振夔等纂《乐清县志》16 卷、首 1 卷。道光六年告成,刊本,13 册,中国科学院南京地理研究所图书馆、南京大学图书馆、南京图书馆、浙江图书馆收藏。

光绪二十七年(1901 年),知县李登云延请陈珅、黄式苏、高谊等纂《乐清县志》16 卷、首 1 卷,次年刊本,北京图书馆、中国科学院图书馆、山东大学图书馆、杭州大学图书馆收藏。又有民国元年(1912 年)校补本,附高谊考证,北京图书馆、北京大学图书馆、南京图书馆、上海图书馆、南京大学图书馆、浙江图书馆均有收藏。又有民国 20 年铅印本。

1986 年 11 月,中共乐清县委、县人民政府根据浙江省第一次地方志工作会议精神及县

---

① 侯一元(1512—1586 年),字舜举,号二谷。明嘉靖十七年(1538 年)进士,曾任江西布政使,有惠政。

② 《温州经籍志》卷十。

政协的建议，决定编纂《乐清县志》，成立县地方志编纂委员会，下设办公室，编制5人。1987年，县志编纂工作全面启动，搜集旧志，制订计划，草拟纲目，培训修志人员；召开县地方志编纂委员会会议和县志工作会议，部署修志工作。1992年4月，县地方志编纂委员会全体成员会议讨论并通过《乐清县志纲目》(新二稿)，确定下限从1987年延伸至1990年。1992年5月至1996年11月，《乐清县志》送审稿完成，35卷、大事记1卷。1996年12月，乐清市委、市政府召开《乐清县志(送审稿)》评审会议。1998年12月，完成《乐清县志》总纂第一稿。1999年10月，温州市地方志编纂委员会办公室批文同意《乐清县志》出版。1999年底，完成县志总纂第二稿。2000年3月，编辑人员对县志清样进行了三次校对和审读。同年6月，由中华书局出版，主编马升永，字数178万字。

2006年，乐清市政府启动社会主义时期第二轮志书编纂工作。至2010年，《乐清市志》尚在编纂中。

三、瑞安县(市)志

元至大(1308—1311年)初，平阳章嘉纂修《瑞安州志》，刊本久绝。孙诒让《温州经籍志》著录。

明永乐十三年(1415年)，修过《瑞安县志》，书佚，未详纂修人名氏。该志见《文渊阁书目》卷二十新志类、《千顷堂书目》著录。

嘉靖三十三年(1554年)，瑞安知县刘畿[①]延请朱绰、吴镇、秦激、林翰等纂《瑞安县志》10卷。翌年刊本，中国科学院南京地理研究所图书馆、瑞安玉海楼藏。日本国会图书馆支部内阁文库亦藏有原刊本。上海图书馆有传钞本1部，4册。温州图书馆藏钞本，系孙诒让据瑞安项氏家藏明刊本传钞并手校。

万历三年(1575年)，知县周悠延请秦激编《瑞安县志备遗》2卷，刊本，今佚。该书见《千顷堂书目》、雍正《浙江通志》卷二百五十三著录。嘉庆《瑞安县志》载："秦激，嘉靖甲寅预修邑志，独为当事所委重。万历乙亥复专馆，续修二卷。才学识兼长，人莫能及。"光绪间孙诒让编纂《温州经籍志》时，此志已不复可得。

清康熙三十年(1691年)，知县范永盛延请章起鸿等纂《瑞安县志》10卷，刊本，中国科学院南京地理研究所图书馆、北京图书馆(缺卷一至卷五)藏。

乾隆十四年(1749年)，知县陈永清延请章昱、吴庆云纂《瑞安县志》10卷，刊本，北京图书馆、故宫博物院、中国科学院南京地理研究所图书馆、温州图书馆收藏。该志倡修于知县邹克昌。艺文门有邹克昌所撰《议修邑志序》。邹于乾隆八年莅任。

嘉庆十三年(1808年)，张德标、王殿金、黄征乂等纂修《瑞安县志》10卷、首1卷，同年刊本，8册，北京图书馆、北京大学图书馆、南京图书馆、南京大学图书馆、上海图书馆、复旦大学图书馆、浙江图书馆均有收藏。温州图书馆所藏原刊本，曾经孙诒让手校。又有同治七年

① 刘畿(1509—1569年)，字子京，一字朝宗，号羽泉，长州(今江苏吴县)人。明嘉靖二十九年(1550年)进士，知瑞安县，历工科右给事中，以功进通政司参议。屡迁右副都御史，督抚两浙，仕终兵部右侍郎。

(1868年)补刊本、民国6年(1917年)石印本。

民国24年(1935年),县长陈成倡导修志,成立瑞安县志编纂委员会,聘邑人项保桢、孙延畛、宋慈抱等修纂。此志流传有3种版本:一是民国27年《瑞安县志(稿)》铅印本,不分卷,俗称大字本,藏北京图书馆、上海图书馆、浙江图书馆。二是民国35年《瑞安县志》铅印本,28卷,俗称小字本,藏北京图书馆、中国科学院图书馆、吉林图书馆、广西图书馆、温州图书馆。三是民国26年油印本,藏北京图书馆、天津图书馆、浙江图书馆。

1985年12月23日,瑞安县地方志编纂筹备委员会成立,下设办公室。1987年12月4日,瑞安市地方志编纂委员会成立,市长为主任,下设办公室。1993年12月16日,瑞安市委、市政府再次调整编纂委员会成员,并确定宋维远为《瑞安市志》主编。

1994年11月24日,瑞安市政府办公室下发《瑞安市志》篇目(提纲)。1997年5月25日,瑞安市编制委员会办公室和市政府办公室联合发文,决定当年7月底未完成撰稿任务的单位,扣整个单位的全年目标奖。1997年9月,瑞安市地方志编纂委员会编印《瑞安市简志》,字数21万字。至1999年,《瑞安市志》初稿完成。2000年9月4日,瑞安市政府召开志稿评审会。2003年12月,《瑞安市志》由中华书局出版,主编宋维远,字数282万字。2007年4月,《瑞安市志》数据化完成,制作可全文检索、复制的光盘(CD-ROM)5000张。

四、平阳县①志

元大德十一年(1307年),州判官皮元延请章嚞纂《平阳州志》,刊本明以后久绝。该志见钱大昕《补元史艺文志》卷二著录。该志有林景熙序,载《霁山集·拾遗》,云:“平阳旧无志。何以无志也,温属县也。土地、人民、政赋附见于《永宁编》《永嘉谱》者,往往而略。元贞元年,以县五万有奇户升中州,仍隶于温。……判官皮侯元,饮冰食蘖,以诗书饰政。览形势,稽典籍,方有志于兹事。会前永嘉教谕章嚞德元修《永嘉县志》成,捧路檄来补平阳、瑞安二属州志。……德元祖述《编》《谱》,搜旧闻,访残刻。山林遗录,它府近制,无不博询旁采。增昔所无,续今所有,而定去取于侯。其友前西安教谕陈天佑孝章,相与汇集,手钞穷日夜,不为无助。志于是成,咸曰勤哉。继而谢公振孙来守是州,捐俸率先锓之”。末署大德十一年。

明正统(1436—1449年)初,平阳知县章惠延请方燧纂《平阳县志》。刊本,已佚。该志见《文渊阁书目》卷二十新志类、乾隆《平阳县志》卷十九著录。

弘治五年(1492年),知县王约延请孔彦雍、包瑜纂《平阳县志》10卷。王约,字资博,成化二十三年(1487年)进士,授平阳知县,擢御史,屡官云南副使。刊本,已佚。该志见《千顷堂书目》、乾隆《平阳县志》卷十九著录。

嘉靖年间,平阳陈彦生续纂《平阳县志》。此志已无传本。见乾隆《温州府志》卷二十七、乾隆《平阳县志》卷十九著录。

---

① 晋太康年间(280—289年),始置始阳县,隶永嘉郡。唐代为横阳县。五代吴越国时改为平阳。元元贞年间(1295—1297年)升为平阳州。明初仍为平阳县。

隆庆五年(1571年),知县朱东光[①]延请侯一元等纂《平阳县志》8卷,知县万民华补刊。同年刊本,中国台湾"中央研究院"历史语言研究所有传钞本。万历十八年(1590年),知县万民华略有补遗,有万历补刊本。杭州大学图书馆所藏系万历刻崇祯补刊本,有玉海楼藏印。日本宫内厅书陵部藏有万历补刊本。

清顺治八年(1651年),知县马腾霄延请平阳陈文谟等纂修《平阳县志》8卷,刊本,不见有藏。

康熙十二年(1673年),知县石金和延请施铉纂修《平阳县志》10卷,刊本,中国科学院图书馆收藏。

康熙三十三年(1694年),知县金以埈延请吕弘诰等纂《平阳县志》12卷,刊本,北京图书馆(有残缺)收藏,日本国会图书馆支部内阁文库藏本,全6册。南京图书馆、上海图书馆有胶卷复制康熙原刊本。

乾隆二十二年(1757年),知县徐恕延请平阳张南英、孙谦等纂《平阳县志》20卷、首1卷,次年完成,乾隆二十五年刊本,北京图书馆、北京大学图书馆、南京图书馆、上海图书馆、浙江图书馆、温州图书馆均有藏本。又有同治年间补版本、民国7年(1918年)补刻本。

同治(1862—1874年)初,平阳林少亮纂修《平阳县志》,未成书,稿已散佚。

光绪年间(1875—1908年),知县汤肇熙延请吴承志纂修《平阳县志》4卷,稿本未刊,未见流传。

民国4年(1915年),王理孚、符璋、刘绍宽等纂《平阳县志》98卷、首1卷,民国13年脱稿,次年刊成,凡30册,附图1册,传本尚多。《中国方志丛书》据民国14年刊本影印。此为近代浙江方志之佳作,先后费时十载。全书分:舆地志4卷、建置志4卷、学校志3卷、食货志5卷、武卫志2卷、风土志3卷、职官志6卷、选举志4卷、人物志13卷、神教志3卷、经籍志4卷、古迹志3卷、金石志3卷、杂事志2卷。另有补遗、正误、考异共3卷,文征内编14卷,外编22卷。

1986年1月,平阳县地方志编纂委员会成立,并设办公室。1988年7月,全县第一次修志工作会议后,编纂工作全面展开。全县70余个部门单位根据县志编纂工作规划,均先后组建了撰写班子,部门领导、单位业务骨干、离退休老同志积极参加修志工作,全县直接参与修志工作的300余人。县志修编过程中,经过函征手摘、调查访问、座谈采录,共摘录卡片5万多张,抄录搜集资料数千万字。1991年,《平阳县志》初稿完成。是年6月18日,召开志稿评审会。年底,与汉语大词典出版社签署出版合同。1993年12月,《平阳县志》出版,主编郑立于,字数152万字。

2002年,县政府启动社会主义时期第二轮志书编纂工作。至2010年,《平阳县志》尚在编纂中。

---

① 朱东光,字元曦,号存敬。明隆庆二年(1568年)进士,授祁门知县,选户科给事中。历河南佥事、广东参政,累官分巡淮徐道。曾编《中都四子集》。

五、泰顺县志

明万历元年(1573年),知县王克家延请张庆暘等纂《泰顺县志》8卷,侯一元等订正。该志刊本已佚。王克家序载雍正《泰顺县志》卷首,称:“政暇则举邑之故属乡大夫士张君庆暘、毛子一兰、胡子良工,厘辑成帙,曰舆地、曰廨学、曰赋役、曰祀典、曰官师、曰人物、曰杂志、曰艺文,凡八卷若干言。既成,以请于方伯二谷侯先生暨其季舜昭氏订正删削。甫逾月而吾泰之志亦遂斌斌乎其告成矣。”

崇祯六年(1633年),泰顺知县涂鼎鼐延请包大方、周家俊等纂《泰顺县志》8卷,刊本,2册,杭州大学图书馆收藏,有玉海楼藏印。

清康熙十二年(1673年),清知县林天桢纂修《泰顺县志》4卷,刊本未见。该书见雍正《浙江通志》卷二百五十三、《温州经籍志》著录。

康熙二十二年(1683年),知县刘可聘纂《泰顺县志》4卷,原刊本已不易得。北京图书馆有钞本,4册,不分卷数。

雍正七年(1729年),知县朱国源延请朱廷琦等纂《泰顺县志》10卷、首1卷,刊本,4册,北京图书馆、北京大学图书馆、南京图书馆、上海图书馆、浙江图书馆均有藏本。

同治四年(1865年),泰顺林鹗开始编纂《分疆录》,书未脱稿而逝,其子林用霖续成,于光绪四年(1878年)刻本刊行,共12卷。内容分原始、舆地、建置、职官、选举、人物、杂志、艺文等门类。北京图书馆、浙江图书馆收藏。

1987年6月25日,泰顺县政府在第九届人大工作报告中,提出筹备县志编纂工作。1988年4月20日,县志编纂委员会成立,设立县志修编办公室。修志伊始,县志修编办公室即派员到中国第一、第二历史档案馆,北京图书馆和省市县档案馆、图书馆,查阅图书档案近百次,并深入全县38个乡镇查阅民间谱牒786册,获得了多于志稿10余倍的基础性资料。1990年,发布《泰顺县志》编纂方案,要求各区、镇、乡撰写篇幅为1000字的区、镇、乡概况,72个部门和单位提供专业志的缩稿。1994年秋,完成县志稿28编、100多万字,并召开了有部门负责人、撰稿人参加的初审会。同年12月,召开志稿评审会,省、市、县方志专家和泰顺籍在外地工作的专家、学者共100多人参加。评审会后,县志编辑部又经过2年多时间的补充、修改。1997年9月15日,志稿通过县地方志编纂委员会终审。1998年12月由浙江人民出版社出版,主编施明达,字数115.3万字。

2006年,泰顺县政府启动社会主义时期第二轮志书编纂工作。至2010年,《泰顺县志》尚在编纂中,处于资料收集阶段。

六、洞头县①志

1988年12月,洞头县地方志编纂委员会成立,下设办公室。1989年1月7日,召开洞头县志编纂委员会第一次会议。至1月24日,县地方志编委会办公室完成《洞头县志编纂工作

① 1953年,洞头始设县,1958年曾划归玉环县,1964年恢复建制,隶属温州。

规划》《洞头县志篇目》拟订工作；3月21日，召开洞头县志编纂委员会第二次会议，讨论通过《洞头县志编纂工作规划》，讨论修订《洞头县志篇目》（第一稿）；4月3日，县志编纂委员会下发《洞头县志各专业志撰写任务的分工和要求的通知》。1992年4月中旬，完成《洞头县志》初稿。6月16—17日，召开洞头县志评审会议。1992年11月，《洞头县志》定稿。1993年12月，《洞头县志》由浙江人民出版社出版，主编杨志林，字数65.2万字。

2006年3月，中共洞头县委常委会上提出开始启动县志续修工作。6月，续志工作启动。2009年3月6日，洞头县地方志编纂委员会召开《洞头县志（1991—2005）》编纂初审会，予以原则通过。2009年6月3日，又经温州市地方志编纂委员会组织的专家组评审。此后，根据市志编委会专家组和县地方志编委会的意见，再进行部分篇目调整和文字修改校对润色，于2009年年底完成修订稿。2010年7月送交浙江人民出版社。至2010年11月出版，主编杨志林，字数111万字。

七、苍南县志

1981年，苍南正式设县。1989年5月31日，苍南县地方志编纂委员会成立；6月3日，下设的办公室成立。开始筹备编纂工作，着手资料搜集，共收集各类文字资料1000多万字，从中甄别、筛选有关苍南的资料。1997年7月，《苍南县志》由浙江人民出版社出版，主编萧耘春，字数124万字。

2004年3月，中共苍南县委、苍南县人民政府做出县志续编工作的决定，调整县地方志编纂委员会，下设办公室，并成立县志编辑部。随后召开全县修志工作会议，筹备修志事宜。2004年初开始着手编写志稿，分两次完成。第一次编写1981—2003年的分志稿，第二次再续写后两年内容。2008年6月进入总纂，形成300多万字的送审稿。7月初召开评稿会，并请温州市史志办公室（审定委员会），苍南县政法委、保密局、统计局、人武部、档案局等有关单位审查验收。①

八、文成县志

民国25年（1946年），文成始设县。1986年12月12日，中共文成县委、县政府发文成立文成县地方志编纂委员会。1987年1月6日召开县编纂委员会第一次会议，具体部署全县修志工作。此后，办公室组织撰写《县志编纂工作规划》《文成县志篇目》初稿，举办修志培训班，收集资料。1991年4月8日，文成县政府对县地方志编委会成员进行调整、充实，确定主编、副主编和编辑人员。1993年5月完成县志初稿，11—12月多次召开不同层次县志评审会。1995年5月26日，《文成县志》定稿，10月由中华书局出版，主编朱礼，字数148万字。

2009年，县政府启动社会主义时期第二轮志书编纂工作。至2010年，《文成县志》续编工作尚在进行中。

---

① 2014年11月，《苍南县志（1991—2005）》由西泠印社出版社出版，主编简少微，字数300万字。

九、鹿城区志

1984年,温州市城区更名为鹿城区。2002年11月20日,温州市鹿城区地方志编纂委员会成立。2003年2月25日,鹿城区地方志编纂委员会召开第一次全体会议,开启区志修编工作。4月16—18日,举办第一期区志编纂工作培训班。7月16日,区政府召开鹿城区地方志编纂工作会议,交流经验,探讨解决困难的办法。2004年4月8日,区政府召开修志工作推进会,剖析疑难焦点,完善工作机制。编志全程实行三审(承编单位自审—部门领导会审—区审)定稿制度。2010年10月,《温州市鹿城区志》由中华书局出版,主编金文平,字数317万字。

十、瓯海区志

2006年10月,瓯海区地方志编纂委员会成立。2010年7月启动《温州市瓯海区志》编纂工作。至2010年末,处于资料收集阶段。

十一、龙湾区志

龙湾区系温州主城区之一,1984年建区。2005年10月开始筹备《温州市龙湾区志》编纂工作。12月,成立龙湾区史志编纂委员会,聘请国家、省、区专家担任区志顾问。2006年10月,召开史志编纂委员会第一次全体会议,通过编纂方案。2007年6月,龙湾被列为省二轮修志创优工程试点单位。区志编纂历经筹备及资料收集阶段(2006年3月至2007年5月)、志稿初稿编纂阶段(2007年6月至2011年6月)、送审二稿编纂阶段(2011年7月至2012年9月)、送审三稿编纂阶段(2012年10月至2013年5月)等4个阶段,先后编纂形成2000余万字的初稿、500余万字的初审稿、320余万字的复审稿、350余万字的终审稿。①

第四节　湖　州

湖州市下辖县(市、区)几经变革,至2010年有长兴、德清、安吉县和吴兴、南浔区,历史上曾设有乌程县、归安县、武康县、孝丰县。至2010年,除德清县启动社会主义时期第二轮志书编纂工作,其他县、区尚未启动。

一、乌程县②志

宋代曾修过《乌程县志》,传本久绝,纂修人名氏不可考。《永乐大典》辑本嘉泰《吴兴志》引该书,或称《乌程旧志》,或称《乌程志》。

---

① 2014年12月,《温州市龙湾区志》由中华书局出版,主编陈建敏,字数350万字。

② 秦置乌程县,民国元年(1912年)改为吴兴县,1981年撤县并入湖州市。

明初也修过《乌程县志》，已佚，纂修人名氏无考。该书见《文渊阁书目》卷二十新志类著录。

明嘉靖十三年(1534 年)，乌程知县钱学延请唐枢纂《乌程县志》，刊本，已佚。该书见《千顷堂书目》《万卷堂书目》著录。

崇祯十年(1637 年)，知县刘沂春延请徐守纲等纂《乌程县志》，次年刊本，6 册，日本国会图书馆藏。中国科学院图书馆有胶卷复制本。

清康熙十九年(1680 年)，知县高必腾延请沈从龙等纂《乌程县志》，次年刊本，6 册，北京图书馆、湖北图书馆收藏。美国国会图书馆、日本国会图书馆支部内阁文库均有藏本。

雍正(1723—1735 年)末，知县罗愫延请杭世骏①纂《乌程县志》。该志至乾隆十一年(1746 年)告成付刊，刊本 12 册，北京图书馆、中国科学院图书馆、天津图书馆、南京图书馆、南京大学图书馆、上海图书馆收藏。此志卷首无序文，亦未列纂修人姓名。凡例载："旧志辑于康熙十九年，大抵全袭崇祯刘《志》，略为增改，未称详赡。今又六十年矣。予不敏，妄思踵继，更易门类，别其体裁，遍考史传、地志、文集、家乘。沿流讨源，务求根据旧钞秘册，多方搜罗。"

光绪五年(1879 年)，知县潘玉璿延请汪曰桢、周学浚等纂《乌程县志》。次年刊本，16 册，传本尚多。原稿本现藏北京图书馆。

二、归安县②志

明初曾修过《归安县志》，已佚，纂修人名氏无考。该书见《文渊阁书目》卷二十新志类著录。

明嘉靖间，归安知县刘塾延请唐枢纂《归安县志》，已无传本。该书见《澹生堂藏书目》《千顷堂书目》《内阁藏书目录》著录。据同治《湖州府志》卷六十三名宦录，刘塾字汝学，号梧冈，江西鄱阳人，进士。嘉靖十年(1531 年)知归安县。该志当修于此后。

清康熙十二年(1673 年)，知县何国祥等延请严经世等纂《归安县志》，刊本，4 册，北京图书馆、吉林图书馆、湖北图书馆、南京图书馆、上海图书馆、浙江图书馆均有藏本。

光绪七年(1881 年)，知县李昱延请陆心源、丁宝书纂《归安县志》，次年刊本，16 册。该志体例分为图、略、录、传四体，"略"载自然，"录""传"记人事。注意严境外域中之辨，凡归安一地事，详加记载，与归安无涉之事，虽善不收。后为北京图书馆、天津图书馆、上海图书馆、南京大学图书馆、浙江图书馆收藏。《中国方志丛书》系据原刊本影印。又有清刊《潜园总集》本，南京大学图书馆有藏本。

三、长兴县志

北宋太平兴国(976—984 年)初年，长兴县令张韬礼纂修《长兴县志》，久佚。同治《湖州

---

① 杭世骏(1696—1773 年)，字大宗，号堇浦，一号秦亭老民。清雍正二年(1724 年)进士，由闽浙总督程元章荐举，授编修。博学多识，藏书 10 万卷，著有《金史补》《史汉北齐书疏证》《道古堂诗文集》等。

② 宋太平兴国七年(982 年)，析乌程县置归安县。民国元年(1912 年)2 月，乌程、归安两县合并为吴兴县。

府志》卷七十三张韬礼传载:“韬礼宋太平兴国初摄长兴令,时吴越新纳土,韬礼与摄簿韩廷峭,申明教化,编集图志,百废俱举。”该书见雍正《浙江通志》卷二百五十三著录,注:“太平兴国初张韬礼摄令时编集,嘉定间重加纂修。”

南宋嘉定年间(1208—1224年)重修县志,已佚,纂修人名氏无考。

明洪武(1368—1398年)初,长兴刘巽纂修县志,已亡佚。该书见雍正《浙江通志》卷二百五十三著录。

永乐间(1403—1424年),周镐夫纂修县志,已亡佚。该书见《文渊阁书目》卷二十新志类、《千顷堂书目》、雍正《浙江通志》卷二百五十三著录。

弘治二年(1489),长兴人臧衍纂修县志,已佚。该书见《千顷堂书目》、雍正《浙江通志》卷二百五十三著录。

嘉靖间(1522—1566年),知县黄光升①等纂修《长兴县志》。据同治《湖州府志》卷六职官表,黄光升于嘉靖十年至十五年(1531—1536年)知长兴县。该志当修于此时。已佚。

嘉靖三十八年(1559年),知县黄宬延请顾应祥②纂《长兴县志》。该志于嘉靖四十年刻成书。原刊本清初顺治年间尚存,今不复可得。该书见《千顷堂书目》、《内阁藏书目录》、雍正《浙江通志》卷二百五十三著录。

崇祯十一年(1638年),知县吴钟峦③延请姚光佑纂《长兴县志》。雍正《浙江通志》卷二百五十三注:“崇祯十一年,邑令吴钟峦属文学姚光佑修,草未就而钟峦去任,光佑亦旋卒,事遂湮废。有遗稿。”稿今不存。

清顺治六年(1649年),知县张慎为延请金镜纂《长兴县志》,同年驯雅堂写刻本,10册,附补遗1卷,上海图书馆收藏。该志金镜跋载:“较顾司寇(即顾应祥嘉靖《县志》)所修,事续八十余年,篇增七百有奇,字增二十五万二千有奇。”

康熙十二年(1673年),知县韩应恒延请金镜、朱升纂《长兴县志》,刊本,6册,南京图书馆、复旦大学图书馆、浙江图书馆收藏。上海图书馆有传钞本1部,6册。

乾隆十三年(1748年),知县谭肇基延请吴棻等纂《长兴县志》,次年刊本,12册,北京图书馆、天津图书馆、上海图书馆、浙江图书馆收藏。南京大学图书馆有钞本4册,残存卷一、卷四至卷七。

嘉庆七年(1802年),知县邢澍延请钱大昕④、钱大昭纂《长兴县志》。该志于嘉庆九年脱

---

① 黄光升,字明举,号葵峰。明嘉靖八年(1529年)进士,由长兴知县选刑科给事中,升浙江佥事。累拜兵部侍郎,总制楚、蜀、黔三省。万历十四年(1586年)卒,谥恭肃。有《昭代典则》诸书。

② 顾应祥(1483—1565年),字惟贤,号箬溪。明弘治十八年(1505年)进士,授饶州府推官。历广东佥事,累迁刑部尚书。顾应祥尤精算学,尝受业于王守仁。王守仁殁,顾应祥见《传习续录》《门人问答》多有未当于心者,因作《传习录疑》《龙溪致知议略》。

③ 吴钟峦(1577—1651年),字峦稚,号霞舟。受业于顾宪成、高攀龙,明崇祯七年(1634年)进士,授长兴知县,迁桂林推官。福王立,擢礼部主事。鲁王起兵,以为礼部尚书,往来普陀山中。清军入宁波,钟峦渡海入昌国卫,后兵败,自焚死。

④ 钱大昕(1728—1804年),字晓徵,一字及之,号辛楣,又号竹汀。精西北地理、元史之学,著有《廿二史考异》等。其弟大昭(1744—1813年),字晦之,又字竹庐,曾参与校录《四库全书》,著有《两汉书辨疑》等。

稿，次年刻本，故宫博物院、北京大学图书馆、上海图书馆、复旦大学图书馆、浙江图书馆收藏。南京大学图书馆有旧钞本。邢澍序载："旧《长兴县志》十二卷，止于高宗纯皇帝之十有二年，新会谭公肇基所修也。……乾隆戊辰以后，迄今五十余年，久未修采。……壬戌之岁，始延请嘉定宫詹钱辛楣先生至署，稽旧之失，汰旧之繁，增旧之缺，订旧之讹。余每见先生口讲指划，不惮精详。常与余商论，或秉烛至午夜。由是体例门类，举邑志而更新之，而是书顿为改观。其戊辰以后续修诸条，则宫詹之弟征君竹庐先生所手定。……卷凡二十八，门凡二十有九，附类者凡八。"

同治十二年(1873年)，知县赵定邦等延请丁宝书、周学浚纂《长兴县志》，次年完成，光绪元年(1875年)刊本，北京大学图书馆、上海图书馆、浙江图书馆收藏。又有光绪十八年补刊本，16册，有邵同珩补刊序。其中卷八蚕桑门系孙德祖校补。该志凡例载："邢《志》纂于钱宫詹大昕之手，体例精严，世称善本。兹即随条增辑，不妄涂窜。间有疑义，笺注于下，以俟通人订正。"

光绪年间，朱镇纂《长兴县志拾遗》。该书历时五载，于光绪二十二年(1896年)完成，次年刊本，1册，北京图书馆、北京大学图书馆、上海图书馆、复旦大学图书馆、南京图书馆、南京大学图书馆收藏。全书分舆图、仪象、疆域、官署、公建、学校、兵防、庙祀、古迹、职官、选举、人物、风俗等目。

1985年10月，中共长兴县委、县政府做出重修长兴县志的决定，并建立长兴县志编纂委员会，下设办公室。11月15日，长兴县志编纂委员会召开第一次会议，讨论并通过县志的编纂规划。12月，落实经费和办公地点，调集工作人员。1986年1月，县志办公室正式开始工作。当月，先后赴江苏宜兴、安徽广德两县参观学习。4月中旬，长兴县第一次县志编纂工作会议召开，根据县志编纂提纲，落实各分志编纂任务。5月中旬，举办修志骨干培训班。1988年1月至1989年5月，编纂完成县志初稿。1989年5月起，进入总纂、定稿阶段。1989年12月，完成116.5万字的评审稿，1990年6月中旬由省、湖州市地方志机构组织评议。经过专家评议，县志办公室归纳整理修改后，于10月送交省地方志编纂室验审合格，同月交付出版社。至1992年，《长兴县志》由上海人民出版社出版，主编谢文柏，字数129万字。

四、德清县志

南宋嘉熙年间(1237—1240年)，德清知县章鉴纂《余不志》2卷。该书见《文渊阁书目》卷十九旧志类著录，已佚。同治《湖州府志》卷六十二名宦录载："章鉴字君保，昌化人，嘉定进士。嘉熙中知德清县……尝著《余不志》。"此章鉴序尚存，载康熙《德清县志》。序称："予略究邑之颠末，自武康析为武源，继改临溪，又改德清而后定。县多古迹，如坡仙之来游，东莱之寓读，班班仅见。而文字之无稽，及举郡志所载，与邑之壁记参之，至以辜肃为韦肃，引陈羔为陈恙，华莘为华萃，初虞昌为虞初昌，姓名且不复辨。至于义庄有碑，为米一百六十二石有奇，用以赈荒，询之吏则茫然不知，再诘之则曰入之义仓。耳目所及尚如此，其他从可知矣。失真难订，传讹易承。继今不图，益重来者之恨。拨治斯暇，刊而正之，资识见之该博者纂其书。裒用度之赢余，而付之版。定误增略，厘为上下卷，卷各有目。虽不敢自谓编次之备，尚庶几他日有考焉。后之与我同志者,嗣而广之,或可传不朽云。”据同治《湖州府志》卷三建置表,德清县本乌程之余不乡。县东有余不溪。康熙《德清县志》凡例载:“县自宋嘉熙间邑令章公鉴始作《余不志》,以县临余不溪也。”

明初曾修过一部德清县志,已佚,纂修人名氏不可考。该书见《文渊阁书目》卷二十新志类著录。

明嘉靖四年(1525 年),德清知县方日乾[1]延请陈霆纂《德清县志》。陈霆字声伯,号水南,事迹见同治《湖州府志》卷七十五文学传。该志刊本上海图书馆收藏,选举记载至嘉靖十六年,当系后来补刊。

天启四年(1624 年),知县敖荣继延请蔡奕琛等纂《德清县志》,刊本,上海图书馆收藏。

清康熙十二年(1673 年),知县侯元棐延请陈后方等纂《德清县志》,刊本,4 册,北京图书馆、北京大学图书馆、上海图书馆、南京图书馆、浙江图书馆收藏。又有康熙十九年增刻本,天津图书馆收藏。又有民国元年(1912 年)德清县续修县志事务所石印本,4 册,错落及伪夺甚多。浙江图书馆又有民国 3 年传钞本 1 部。

雍正八年(1730 年),知县钱学洙纂《德清县志》,稿成未刊。今无传本。嘉庆《德清县续志》周绍濂序载:“余以嘉庆初元,自安吉奉调至德清。……偶检县志,则犹康熙十三年以前侯明府元棐所修。盖至雍正八年,钱明府学洙尝修之,稿已具而未及梓,逮今复七十年。”嘉庆《续志》多取材于此稿。

嘉庆十三年(1808 年),知县周绍濂延请徐养源等续修县志,刊本,北京图书馆、浙江图书馆收藏。南京图书馆藏有嘉庆底稿本 5 册及德清许宗彦复审底稿本 2 册,卷帙完整无缺,原为钱塘丁氏八千卷楼所藏。又有民国元年(1912 年)德清县续修县志事务所石印本。该志系续康熙侯《志》,纪事起自康熙十三年(1674 年),止于嘉庆十三年。

民国 4 年(1915 年),王任化、程森等纂《德清县新志》,至民国 12 年始成,有民国 21 年铅印本,4 册。台北成文出版社有影印本,编入《中国方志丛书》中。

1984 年 4 月,中共德清县第六次代表大会作出修志的决定,次年 5 月 22 日,成立县志编纂委员会,6 月 1 日设办公室,聘请县志顾问。县志办公室成立后,县委、县政府抽调人员,建立写作班子,进行宣传发动,征集资料。1986 年 1 月,召开全县第一次县志编修工作会议,发动县级机关 70 多个部门和单位为编写县志提供资料。各单位和部门集中 200 余人,先后赴南京、杭州等地查阅档案、报刊及其他文献;调查访问,实地考察,广征博采。历经年余,共搜集资料 8000 余万字。1987 年夏秋之交,经整理陆续成稿。1988 年 8 月,县志进入总纂,并将编就的有关卷、章先后刊载《德清县志通讯》,广泛征求意见。1989 年底完成 76 万余字的《德清县志》初稿。1990 年 5 月,县志编纂委员会在莫干山召开评稿会,听取领导、专家及各界人士意见。10 月,修改定稿,经县领导和有关部门审阅。至 1992 年,《德清县志》由浙江人民出版社出版,主编来光和,字数 83 万字。该志于 1993 年获全国地方志优秀成果二等奖。

---

① 方日乾,字体道,号健庵。明嘉靖二年(1523 年)进士,授德清知县。探求民隐,划剔吏弊,有善政。擢监察御史,历山西按察佥事。

2003年10月9日，中共德清县委、县政府召开全县各乡镇、部门参加的动员大会，会上印发了县地方志办公室拟定《续修〈德清县志（1986—2005）〉实施计划》和《〈德清县志（1986—2005）〉篇目纲要及分解（草案）》。同年11月，编纂人员到位。2004年10月28日召开全县第二次方志工作会议，确定乡镇党委秘书、部门办公室主任为县志编写撰稿的联络人。2006年3月起，县志稿陆续通过《史志通讯》发到全县广泛征求意见（至2008年7月，共出刊县志内容的通讯13期，计50余万字）。2009年3月，县志初稿交县地方志编纂委员会成员审阅征求意见。2010年，形成县志送审稿。①

五、武康县②志

唐沈常撰《武康土地记》1卷，已佚。《永乐大典》辑本嘉泰《吴兴志》卷十八载："《武康土地记》，唐福州侯官尉沈常撰，一卷。"《舆地纪胜》卷四《安吉州碑记》亦引此书。

南宋时，撰有《武康县志》，已佚，纂修人名氏不可考。该书仅见嘉泰《吴兴志》（《永乐大典》辑本）所引。

南宋庆元年间（1195—1200年），刘瞳纂《余英志》2卷。《舆地纪胜》卷四《安吉州碑记》注："《余英志》，庆元中进士刘瞳撰。"嘉泰《吴兴志》（《永乐大典》辑本）卷十八载："《余英志》，庆元中乡贡进士刘瞳撰，二卷。"以上两书均有征引该志。康熙《武康县志》王弘仁序载："先自邑有《余英志》，为宋刘瞳笔。既散失不可考，后之纂修者率多所未备。"武康县西南有余英溪，即前溪上流，因以名志。

明初也修过一部《武康县志》，已佚，纂修人名氏不可考。该书见《文渊阁书目》卷二十新志类著录。

明弘治十四年（1501年），武康知县易纲纂《武康县志》，刊本，已佚。该志陈琳序见康熙《武康县志》。序载："衡阳易君来令是邑，政事之暇，乃仿《一统志》凡例，摘其事迹，分类而书，以为《武康县志》。……君名纲，字正道。督而修之者，邑丞许君英，判簿李君睿。而索余文者郑君美，今为其邑幕云。"

嘉靖二十九年（1550年），知县程嗣功③延请骆文盛④纂《武康县志》。该志刊本为宁波天一阁藏。1962年，上海古籍书店据原刊本影印，为《天一阁藏明代方志选刊》之一，线装，2册。

清康熙十一年（1672年），知县冯圣泽延请骆惟恭等重修《武康县志》，刊本，2册，北京图书馆、上海图书馆、湖北图书馆收藏。北京大学图书馆有清钞本，南京大学图书馆、浙江图书馆、上海图书馆亦藏有钞本。雍正《浙江通志》卷二百五十三著录，注云："康熙壬子，知县冯圣泽聘邑人骆惟恭重修。先是，顺治间邑人骆仁埏考旧志，有前溪钓叟钞本。康熙乙巳、丙午间，知县吴定远解组后，搜录遗事，有《武康县志》藏本，斯志集其成。"

---

① 2015年10月，《德清县志（1986—2005）》由浙江人民出版社出版，主编姚达人，字数202.8万字。

② 三国吴黄武元年（222年）置。于1958年4月并入德清县。

③ 程嗣功（1525—1588年），字汝懋。明嘉靖二十六年（1547年）进士，授武康令，迁南兵部主事，历广东布政使，官至南京户部侍郎。

④ 骆文盛（1496—1554年），字质甫，号两溪。明嘉靖十四年（1535年）进士，授翰林院编修。有《骆两溪集》。

乾隆十二年(1747年),知县刘守成延请高植等纂《武康县志》,刊本,北京图书馆、北京大学图书馆、南京图书馆、上海图书馆、复旦大学图书馆收藏。又有乾隆四十四年增刻本,系李培植增修。

道光九年(1829年),知县疏筤延请陈殿阶等纂《武康县志》,刊本,10册,北京图书馆、北京大学图书馆、天津图书馆、浙江图书馆收藏。浙江图书馆又有民国22年(1933年)传钞本1部,卷端多出乌程卢葆辰撰《余英纪事》一篇。

六、安吉县(州)志

旧有《古桃志》,其书亡佚已久,纂修人名氏及纂修年代无考。该书见乾隆《湖州府志》卷四十五著录。嘉靖《安吉州志》陈良谟序载:"安吉旧无志,余幼时于舅氏家尝睹钞本《古桃志》一卷,残缺已甚,亦莫知所自始。"①

明永乐年间(1403—1424年),修有《安吉州志》,已佚,纂修者不可考。该书见《文渊阁书目》卷二十新志类著录。

正统年间(1436—1449年),安吉施善纂《安吉州志》,稿本已佚。嘉靖《安吉州志》陈良谟序载:"乐庵施先生善,曾一修纂,顾未几遽卒,稿不及见。"

嘉靖十三年(1534年),安吉州州判伍余福②纂修《安吉州志》16卷。该书刊本,上海图书馆残藏卷五至卷八,宁波天一阁残存卷一至卷四、卷九至卷十一、卷十五至卷十六。上海图书馆又有胶卷复制天一阁所藏残本,中国科学院图书馆亦有胶卷复制本。

嘉靖三十四年(1555年),知州江一麟③延请陈敬则纂《安吉州志》。该书次年刊本,2册,附图,宁波天一阁有藏本。中国科学院南京地理研究所图书馆有钞本1部。南京大学图书馆所藏系万历张蒙养增修嘉靖刊本。

康熙十年(1671年),知州曹祖封等纂修《安吉州志》,刊本,北京图书馆、复旦大学图书馆收藏。上海图书馆有钞本1部,4册。

乾隆十四年(1749年),知州刘蓟植延请严彭年等纂《安吉州志》,次年刊本,北京图书馆、故宫博物院、上海图书馆、南京图书馆收藏。

同治十年(1871年),知县汪荣等延请张行孚、丁宝书纂《安吉县志》,同治十二年成书,同年刊本,16册。传本尚多。此为续修之志。凡例称:"乾隆十五年以前仍刘《志》。"刘《志》即乾隆刘蓟植主修之《安吉州志》。据《清朝通志》卷二十九《地理略》注:安吉州于乾隆二十八年(1763年)以后降为县。

1987年8月,中共安吉县委、县政府成立安吉县地方志编纂委员会,下设办公室。经外

---

① 唐武德三年(620年),以安吉县隶桃州。明弘治元年(1488年)分安吉县南境置孝丰县,1958年11月并入安吉县。

② 伍馀福字,君求,更字畴中。明正德十二年(1517年)进士,授长垣知县,迁工部主事,升兵部郎中。以事谪判安吉州。累官至镇远知府,致仕卒。著有《三吴水利论》。

③ 江一麟,号新源。明嘉靖三十二年(1553年)进士。万历初,历浙江布政使,进副都御史,提督南赣,累官户部侍郎。

出参观、制订规划、草拟篇目等项筹备工作，于次年3月29—31日举行安吉县地方志第一次工作会议，全面部署修志任务。县人民政府于1989年10月公布了县志主编、副主编名单；县委和县政府于1990年11月调整了县志编委会组成人员。1990年下半年开始进入总纂。1991年8月编就《安吉县志（初稿）》，分发有关领导、专家进行审查。10月23—25日举行评审会。会后，县地方志办公室又进行修改。至1994年，《安吉县志》由浙江人民出版社出版，主编徐文彬，字数98万字。

七、孝丰县志

明嘉靖六年（1527年），孝丰知县郭治延请陈表纂《孝丰县志》，刊本，已佚。该志有归安陆昆序，见光绪《孝丰县志》。同治《湖州府志》卷五十九载："泰和郭治，嘉靖癸未莅任，属学谕陈君表采辑成志。"

嘉靖、隆庆年间（1522—1572年），唐枢纂《孝丰县志》。唐枢（1497—1574年），嘉靖五年（1526年）进士。该书久佚，见《千顷堂书目》、雍正《浙江通志》卷二百五十三著录。

万历三十年（1602年），知县黄朝选延请吴宗相等纂《孝丰县志》，刊本，已佚。该志黄朝选序今载光绪《孝丰县志》。序载："余承乏兹邑，退食之余，与邑博王君锦、江君大爵、张君子恩定为条例，以属诸生吴宗相、王用卿、王绍通、周维新等共汇次之。其类方舆，则地图至风俗，为条六；其类建置，则公署至亭榭，为条十五；类食货，则户口至土产，为条四；类职官，则县令至名宦，为条十一；类选举，则荐辟至封荫，为条七；类人物，则乡贤至仙释，为条七；类灾祥，则灾异、祥瑞，为条二；类旁览，则古迹至寺观，为条三；类艺文，则御制至诗赋，为条四。总共帙凡二卷。"

清康熙十二年（1673年），知县罗为赓延请张暹、李焕文等纂《孝丰县志》，刊本，5册。北京图书馆、南京图书馆、南京大学图书馆、上海图书馆、浙江图书馆收藏。

同治十三年（1874年），知县刘濬延请潘宅仁等纂《孝丰县志》，至光绪三年（1877年）告成，光绪五年刊本，10册，北京图书馆、天津图书馆、上海图书馆、南京大学图书馆、浙江图书馆收藏。《中国方志丛书》影印原刊本。又有光绪二十九年补刻本，南京图书馆、上海图书馆、浙江图书馆收藏。康熙《孝丰县志》原分方舆、建置、食货、职官、选举、人物、灾祥、旁览、艺文等9门。该志增水利门，自成一卷。

第五节　嘉　　兴

2010年，嘉兴市下辖县（市、区）有嘉善、海盐、平湖、桐乡、海宁、秀洲、南湖等。明清时期，嘉兴府辖嘉兴县、秀水、嘉善、平湖、海盐、桐乡、崇德（石门）县。至2010年，除秀洲区外，下辖各县（市、区）都已启动社会主义时期二轮志书编纂工作。

一、嘉兴县志

据《文渊阁书目》卷二十新志类、《千顷堂书目》著录，嘉兴县编修县志最早一次在明初，因书已佚，纂修人已不可考，当修于明正统(1436—1449年)之前。

明天启四年(1624年)，嘉兴知县汤齐延请李日华[①]等纂县志。该志未成书，已无传本。雍正《浙江通志》卷二百五十三著录，注："天启甲子，邑令汤齐聘邑人李日华、沈德符、屠中孚等修，未成。"

崇祯十年(1637年)，知县罗炌延请黄承昊等续修县志。刊本今存，计21册，日本宫内厅书陵部收藏。该书见《千顷堂书目》著录。光绪《嘉兴府志》卷八注："崇祯丁丑，知县罗炌聘县人黄承昊续修，二十四卷。"

清康熙二十三年(1684年)，知县何鋕延请王庭、徐发等纂修县志，次年刊本，10册，北京图书馆、天津图书馆、南京图书馆、上海图书馆收藏。

嘉庆四年(1799年)，知县司能任延请屠本仁纂县志，嘉庆六年告成，次年刊本，16册，故宫博物院、湖北图书馆、南京图书馆、上海图书馆、浙江图书馆收藏。

光绪十八年(1892年)，知县赵惟崳延请石中玉、吴受福续修县志，至光绪三十二年始成书，光绪三十四年刊本，24册。传本较多。

民国17年(1928年)，阎幼甫、陆志鸿等编修《嘉兴新志》，次年嘉兴建设委员会铅印。该书分上、下两编，仅出版上编1册，凡地理、人口两章。又有《中国方志丛书》影印本。

二、秀水县[②]志

《秀水县志》从明代戴经开始纂修，此书见《千顷堂书目》著录，纂修年代不详。据万历《秀水县志》卷六人物传："经字孟常，御史佑之子。成化丙午(1486年)举人，历延平、九江二府推官。历任六载，随升泰安知州。致仕家居，杜门著书。"该志当作于戴经致仕家居以后，约在弘治初。书久已不传。雍正《浙江通志》卷二百五十三引万历《嘉兴府志》载："秀水前未有志，志自经始。"

明嘉靖年间，秀水知县周显宗纂修县志，未见传本。据万历《秀水县志》卷八《官师门》记载，周显宗于嘉靖八年(1529年)任知县，次年即离去。该志当修于此时。该志又见《千顷堂书目》、雍正《浙江通志》卷二百五十三著录。

万历二十四年(1596年)，知县李培延请秀水黄洪宪等纂县志。刊本，8册，上海图书馆收藏，各卷有缺页。民国14年(1925年)，金蓉镜又据万历原本校补铅印，4册，传本甚多。

清康熙二十三年(1684年)，知县任之鼎延请鄞县范正辂纂县志，次年刊本，8册，北京图书馆、天津图书馆、南京图书馆、南京大学图书馆、上海图书馆收藏。

---

① 李日华，字君实，号竹懒，又号九疑。明万历二十年(1592年)进士，官至太仆少卿。

② 秀水县系明宣德四年(1429年)析嘉兴县之西北地置。民国元年(1912年)1月，与嘉兴县合并为嘉禾县。民国3年1月，因与湖南嘉禾县名重复，更名为嘉兴县。

民国年间，秀水金蓉镜编辑重修《秀水县志》，稿本未刊。嘉兴图书馆藏原稿 21 册，未装订。

三、嘉善县志

明正德十二年(1517 年)，嘉善知县倪玑等创修县志。刊本，中国科学院图书馆、北京大学图书馆收藏。南京图书馆、上海图书馆、浙江图书馆有传钞原刊本。嘉兴图书馆有长发堂旧钞本。日本国会图书馆支部东洋文库及京都大学人文科学研究所各有旧钞本 1 部，6 册。光绪《嘉善县志》卷三十六载纂修经过："倪《志》，正德丁丑知县倪玑创修。其时去设县之岁八十七年。经营草创，搜辑非易。偕致仕训导孙璧及邑生沈概、蒋岳、高廪、夏光宇、郁衮分类纂集。虽或病其亟成而简，然一邑掌故，赖以存矣。凡六卷，分目二十有五。后又续《志余》三卷。"

嘉靖二十九年(1550 年)，知县于业续修县志，今未见传本。该书见《千顷堂书目》著录。光绪《嘉善县志》卷三十六载："于《志》，嘉靖庚戌知县金坛于业增修，距倪《志》三十四年，以邑绅陆琊所订《志草》增辑成书。复延邑生郁天民、钱子皋、郁敦易、张光祖校而梓之。凡八卷，分九门，列四十四目。序论虽仍前志，而正谬补缺，益加详矣。"

万历二十四年(1596 年)，知县章士雅修《嘉善县志》，刊本，上海图书馆收藏，缺卷一。光绪《嘉善县志》卷三十六载："章《志》，万历丙申知县姑苏章士雅修，距于《志》四十七年，主笔者职方袁黄、御史盛唐，同校者邑生顾自新、李自芳、冯盛时、陈五礼、袁士鲲、沈万钶、冯盛典、庄则孝。凡十二卷，九纲，析为五十目。"

清康熙十六年(1677 年)，知县杨廉延请郁之章等纂县志，刊本，10 册，北京图书馆、南京图书馆、南京大学图书馆、上海图书馆收藏。光绪《嘉善县志》卷三十六载："杨《志》，康熙丁巳知县三韩杨廉奉宪檄修，与章《志》相距八十一年。鼎革之余，旧文散佚，考核殊难。赖有天启辛未邑绅钱棻所纂《熹庙邑乘》，顺治己丑知县刘肃之所纂《启祯条款》，收罗荟萃，罔有缺遗。是书之成，率沿袭而增辑之。"

康熙二十三年(1684 年)，知县崔维华等续修县志，刊本，北京图书馆收藏。上海图书馆有传钞本。

雍正十一年(1733 年)，知县戈鸣岐等续修县志，次年刊本，4 册，北京图书馆、上海图书馆、南京大学图书馆、浙江图书馆收藏。该书知县戈鸣岐、罗绪先后续修，上距崔维华《嘉善县志》59 年。凡例载："兹编仍续杨《志》，而以崔《志》删辑并入。……间有前志缺遗者，收采补录。"

嘉庆五年(1800 年)，知县万相宾纂修县志。刊本，12 册，中国科学院图书馆、北京大学图书馆、天津图书馆、南京图书馆、南京大学图书馆、上海图书馆、浙江图书馆收藏。光绪《嘉善县志》卷八十八载："万《志》，嘉庆庚申知县德化万相宾修，距戈《志》六十六年。其书统前志而详加增辑。万侯自为总纂，而延邑人孙燕昌等分纂焉。"

道光十年(1830 年)，知县张如梧等续修县志，未刊，今无传本。仅存张如梧、李东育、汪能肃诸人所作序，载光绪《嘉善县志》。同书卷三十六载该志纂修始末："道光庚寅，知县张如梧、李东育先后续修邑志,距万《志》三十一年,垂成而止,卷帙散佚,仅《魏塘人物记》存其凡例,条目皆无所考。”

光绪十八年(1892 年),知县江峰青延请顾福仁等纂县志,光绪二十年刊本,16 册,传本尚多。又有民国 7 年(1918 年)重印本。台北成文出版社据光绪原刊本影印,编入《中国方志丛书》中。嘉善孙传枢有《校勘光绪县志札记》。该书不分卷,有民国 8 年铅印本。又有《中国方志丛书》影印本。

1989 年初,中共嘉善县委、县政府启动《嘉善县志》编纂工作。1989 年 4 月起,先后 3 批共 69 人到苏州大学地方志培训班参加学习。修志人员先后在县档案馆、浙江图书馆、浙江省档案馆、湖州市档案馆、南京国家第二历史档案馆、上海图书馆等地分系统翻阅资料,并摘录卡片。1991 年 9 月,拟定全志篇目。总纂:闵三、张镜潜、陆勤方、陈华宗、金运通、徐耀祖。至 1995 年,《嘉善县志》由上海三联书店出版,字数 177 万字。该志获浙江省第四届新编地方志优秀成果一等奖。

2006 年 1 月 17 日,嘉善县政府决定续修《嘉善县志》,经过一年多时间的准备,形成县志编修纲目。2007 年 3 月 16 日,嘉善县地方志编纂委员会召开全体成员会议,讨论确定县志纲目,制订编纂计划和编写任务分工。4 月 4 日,嘉善县政府召开续修《嘉善县志》动员大会,部署县志编纂工作。2009 年 6 月 18 日,县地方志编纂委员会决定将续修《嘉善县志》断限时间调整为 1989—2008 年,记载年限顺延 3 年。县委办公室、县政府办公室第二次下发编纂计划,部署编纂工作,进行纲目再修订、责任再明确、任务再落实。至 2010 年,《嘉善县志(1989—2008)》尚在编纂中。①

四、海盐县志

修于北宋景德四年(1007 年)的《海盐图经》为该县最早的志书。该图经明以来传本久绝,纂修人名氏不可考。至元《嘉禾志》郭晦序载:“真宗景德四年,尝诏诸道修图经,仅得海盐一志而已。”

南宋绍熙年间(1190—1194 年),海盐县令李直养纂修《武原②志》。该书已佚。天启《海盐县图经》卷九本传:“邑志纂修,亦自直养始。”同书朱泰祯序载:“绍熙中,邑大夫李公直养作志,文约事核,识者韪之。”该书又见《舆地纪胜》卷三嘉兴府所引。《文渊阁书目》卷十九旧志类亦著录《武原志》3 册。

明永乐年间(1403—1424 年),曾纂修过一次海盐县志,但因书久佚,纂修人名氏不可考。见《文渊阁书目》卷十九旧志类著录。天启《海盐县图经》朱泰祯序载:“国朝永乐有志,半袭李旧。”李即直养所修《武原志》。

弘治三年(1490 年),知县谭秀延请陈暹等纂《海盐县志》,刊本,已佚。夏时正序尚存,载光绪《海盐县志》卷末。

---

① 2015 年 7 月,《嘉善县志(1989—2008)》由中华书局出版,主编严宏、龚跃华、沈庆中,字数 220 万字。

② 据《汉书·地理志》,海盐本武原乡,秦置武原县,汉初始改名海盐县。该志称“武原”,用古地名。

嘉靖十一年(1532年),知县夏浚延请徐泰纂县志,刊本未见。上海图书馆藏有清钞本,1册。天启《海盐县图经》朱泰祯序载:"嘉靖夏公浚《志》,大部仿康德涵《武功》,最简直有法,或嫌太朴。"此志徐泰后序载:"嘉靖壬辰秋月,夏侯乃降,谋及泰……乃会萃历代地志图经,并古今诸名家文集,巨细翻阅,参互考证,越两月成书。"

万历三年(1575年),署县事推官张鹏延请仇俊卿纂《海盐县近志》,刊本,未见。据光绪《海盐县志》徐用仪序所述,该志在光绪初年尚有传本。

天启二年(1622年),知县樊维城①延请胡震亨②、姚士粦同纂《海盐县图经》。天启四年刊本,6册,北京图书馆、北京大学图书馆、南京图书馆、上海图书馆、复旦大学图书馆、浙江图书馆均有收藏。《四库全书》据浙江汪启淑家藏明刊原本存目。该书又有乾隆十三年(1748年)重刊本,与清陈世棰等撰《海盐县续图经》7卷合刻,北京图书馆、北京大学图书馆、南京图书馆、南京大学图书馆、浙江图书馆藏。《四库全书总目提要》载:"是书凡七篇,首方域,次食货,次戍海,次堤海,次官师,次人物,次杂识。盖与姚士粦参修而成,然不署士粦之名,仅见卷首樊维城序中。其不曰志而曰图经者,用北宋州县图经例也。"

清康熙十二年(1673年),知县张素仁延请彭孙贻、童申祉纂县志。该书未刊。南京图书馆藏有旧钞本1部。该志见《八千卷楼书目》、《清吟阁书目》、光绪《海盐县志》著录,书名有作《海盐县志补遗》,未著卷数。

康熙二十二年(1683年),知县侯文灿延请杨鼎续修县志,稿成未刊。今仅存侯文灿、何凤岐、张皓、杨鼎诸序,并载光绪《海盐县志》卷末。

乾隆十二年(1747年),知县王如珪延请陈世倕等纂《海盐县续图经》,次年刊本,北京图书馆、北京大学图书馆、南京大学图书馆、上海图书馆、浙江图书馆收藏。该志王如珪序载:"即仿胡职方《图经》篇目,续为一编。向有彭羿仁、童松门、杨郦崖三君未刊稿本,取而重加论定。"卷一方域篇有图说。该书亦见《清史稿·艺文志》著录。

光绪二年(1876年),知县王彬等延请徐用仪等纂县志。徐用仪字吉甫,殁于光绪二十六年,《续碑传集》卷十五有传。次年蔚文书院刊本,16册,传本尚多。上海图书馆藏有光绪二年紫格钞稿本,毛装16册,卷首缺图。《中国方志丛书》本系据原刊本影印。该志附《图说》1卷,《叙录》1卷,故亦作24卷。徐用仪序载:"合图表、考录、传记诸体,成书二十有四卷。五考:首舆地,辨方域也;次食货,有土斯有财用也;次典礼,既富而后教也;次武备,礼乐不废兵戎也;次祥异,即天变以验人事也。舆地考中,水利、海塘二事关邑利害,志之特详。后之览者,庶几知所重乎。"

1984年10月下旬,海盐县县志编纂委员会成立,下设办公室,同时建立县志顾问组。1985年着手组建班子,先后在县级机关和各乡镇组建史志编纂组79个,计170余人。为提高修志人员的业务水平,先后举办4期短训班,参加学习者共489人次。1985年1月,编委会发

① 樊维城,字紫盖。明万历四十七年(1619年)进士,除海盐知县,迁礼部主事。崇祯元年(1628年)抗疏请诛魏忠贤,迁户部主事,历福建副使,以大计罢归,殁于崇祯十六年(1643年)。

② 胡震亨,字孝辕,晚年自称遁叟。明万历二十五年(1597年)举人,由固城教谕任官兵部员外郎。

出《关于征集有关文史资料的公告》。8月上旬开始，组织人员分赴北京、南京、杭州、上海、嘉兴等地档案馆、图书馆，摘录有关海盐历史档案资料，共12个组，47人次，历时一年，搜集各类文书档案材料约1700万字（含各专业志），经整理分列27个类目，制卡26600余张。为广泛征集史料和充分利用已有资料，县工业、二轻、教育、文化和政府机关等系统组织基层单位编写厂史、校史和单位史共123册，为编撰专卷打下坚实基础。1987年，各单位史志编纂组先后进入专卷撰稿阶段。于1988年3月开始编辑和总纂工作。1989年3月起逐卷审定。至1992年，《海盐县志》由浙江人民出版社出版，主编王德坚，字数115万字。1993年，该志获全国新编地方志优秀成果三等奖。

2004年10月，根据省人民政府办公厅《关于开展续修地方志工作的通知》精神，海盐县启动续修县志准备工作。县地方志办公室在赴平湖、萧山、义乌等地考察取经的基础上，结合海盐实际，形成续修县志工作大体思路。11月15日，县政府第十一次常务会议原则同意县志办《关于续修海盐县志的报告》。12月28日，县委办公室、县政府办公室发文调整充实县地方志编纂委员会。2005年初，县地方志办公室先后拟订《海盐县志(1986—2005)篇目及分工意见(草案)》《凡例》《行文规范》《资料搜集要求》《入志图照要求》《人物志编纂要求》等。3月16日，县政府召开续修海盐县志动员大会，回顾总结首轮修志工作，部署二轮修志任务，并将续修县志篇目等材料分发各单位征求意见。7月，海盐县志编辑部成立。发布《征集资料公告》，通过媒体广泛宣传。全县130多个部门、单位陆续建立修志工作领导小组和工作班子。8月起，编辑部采取“请进来，走出去”方式，先后举办县志编辑、各单位撰稿人员业务培训班10余期。同时，抓紧修订篇目。12月31日，《海盐县志(1986—2005)篇目及分工》经县地方志编纂委员会审议通过，由县委办公室、县政府办公室印发各单位。2009年后进入总纂。至2010年5月形成初审稿，9月9日，召开初审稿评审会。会后，编辑部对所有意见作系统梳理，按编汇总成册。在此基础上形成复审稿，于11月初送省地方志编纂委员会办公室审定。然后，由责任编辑按照复审稿篇目和各方意见进行全面修改，查缺漏、去枝蔓、重组合、精加工。①

五、平湖县(市)志

明嘉靖四十二年(1563年)，平湖知县顾廷对延请法皑纂《平湖县志》9卷。刊本已佚，法皑序尚存，载光绪《平湖县志》卷末。

万历年间(1573—1620年)，知县黄焰延请吴迪纂县志，未成书，已无传本。天启时程《志》，即据嘉靖法皑《县志》及该稿纂辑增修而成。

天启七年(1627年)，知县程楷②延请杨儁卿等纂《平湖县志》19卷。该志刊本，宁波天一阁、上海图书馆收藏。上海图书馆所藏原刊本，其中卷七至卷九、卷十四至卷十六有配钞。北京图书馆有乌丝栏钞本1部，12册。

---

① 2013年11月，《海盐县志(1986—2005)》由浙江人民出版社出版，主编王健飞，字数285万字。

② 程楷，字畸人。举进士，初令平湖，有政声。累官云南参政，致仕。明崇祯十五年(1642年)殁。

崇祯年间(1628—1644年),知县吴春枝纂修县志。该书未刊,久无传本。光绪《平湖县志》卷末《前志序录》载:“崇祯间,知县吴春枝复修,见府袁《志》、吴《志》艺文门。兹广为搜罗,并无刊本。”

清康熙十一年(1672年),知县陈孚宸延请周宏起等纂县志,稿成未刊,今无传本。光绪《平湖县志》卷末载:“康熙十一年敕修省志,知县陈孚宸尝重修邑志。时分纂为周宏起、倪象鸿、陆示诸人。”

康熙二十八年(1689年),知县朱维熊延请陆菉等纂《平湖县志》10卷。陆菉(1630—1699年),字次友,《碑传集》卷四十有传。刊本,10册,上海图书馆收藏。浙江图书馆有平湖陆氏求是斋钞本1部,缺卷七。该书又见雍正《浙江通志》卷二百五十三著录。全书分10门,第九门为武备,分汛守、兵制(附海防)、军屯、倭变等目。

雍正六年(1728年),知县白环纂修县志,稿成未刊,未详卷数,今佚。该书见光绪《平湖县志》卷末著录。

乾隆十年(1745年),知县高国楹延请倪藻垣等纂《平湖县志》10卷,刊本,8册,中国科学院图书馆、天津图书馆、北京图书馆、武汉大学图书馆、南京图书馆、上海图书馆收藏。

乾隆四十四年(1779年),知县张力行延请徐志鼎纂《平湖县志》20卷、首1卷。次年刊本,10册,北京大学图书馆、上海图书馆、中国科学院南京地理研究所图书馆收藏。浙江图书馆有平湖陆氏求是斋钞本1部。

乾隆五十二年(1787年),知县王恒修《平湖县新志》10卷、首1卷、末1卷,乾隆五十五年成书,同年刊本,10册,故宫博物院、上海图书馆、南京图书馆、南京大学图书馆收藏。该志卷三海防门,附记明代倭寇史事。

嘉庆十年(1805年),知县路锜延请张跃鳞纂《平湖县续志》10卷,次年刊本,6册,上海图书馆收藏。浙江图书馆有平湖陆氏求是斋钞本1部。该志又有民国影印本。此为续志,起乾隆五十四年(1789年),迄于嘉庆九年。书末附旧志补遗4卷。

咸丰八年(1858年),马承昭纂《当湖外志》8卷,上海图书馆收藏。当湖即平湖县。明宣德置县时,治当湖镇。又有光绪元年(1875年)白榆邸舍重刊本,与《续当湖外志》合刻,传本尚多。该书又见《清朝续文献通考》著录。

光绪元年(1875年),马承昭续辑《续当湖外志》。刊本,6册,上海图书馆、南京图书馆、北京大学图书馆、浙江图书馆等收藏,末附《当湖忠义纪略》1卷。

同治十三年(1874年)至光绪十一年(1885年),知县彭润章等纂修《平湖县志》25卷、首1卷、末1卷。该志创修于同治十三年,至光绪十一年成书,次年刊本,13册,传本颇多。上海图书馆藏稿本30册。《中国方志丛书》影印光绪刊本。此书卷末续遗,系叶存养增辑。书末又附《平湖殉难录》1卷。

民国15年(1926年),季新益等纂修《平湖县续志》12卷,钞本,4册,上海图书馆收藏。

1986年12月,中共平湖县委、县人民政府决定编纂《平湖县志》,12月6日成立平湖县志编纂委员会,下设办公室。1987年春,平湖县志编委会相继召开第一次编委会主任会议和县志编委会第一次全体会议,通过了《平湖县志编纂工作规则》,经县委、县政府批准实施,并聘请了县志顾问。全县上下,层层宣传发动,组建班子,有60个部门、22个乡镇的200多人参加修志工作。1990年下半年全面进入总纂。翌年底,形成送审稿120万字。1992年2月下旬召开评审会进行评审,听取意见,修改定稿。7月初,志稿分别送交浙江省地方志编纂委员会办公室和上海人民出版社。县志办公室根据省地方志办公室和出版社意见,对志稿又做了一些调整和修改。至1993年,《平湖县志》由上海人民出版社出版,主编庄文生,字数144万字。

2002年8月,平湖市史志办公室起草《关于编纂〈平湖市志(1990—2005)〉的工作意见》。2003年4月,建立《平湖市志(1990—2005)》(以下简称市志)编辑部,聘用3人开始制订市志纲目。至年底,初步完成编纂纲目。2004年4月,市政府下发《关于开展续修地方志工作的通知》,正式启动二轮修志工作。随后,确定市志编纂纲目,以市委办公室、市政府办公室文件下发给各撰稿单位。2010年9月,基本完成市志稿件的汇总,形成内审稿,随即组织编辑部人员进行内审。至2010年底尚未完成市志初审稿。①

六、桐乡县(市)志

明天顺五年(1461年),桐乡县教谕危山纂修《桐乡县志》。久佚。见雍正《浙江通志》卷二百五十三、《千顷堂书目》著录。

弘治十五年(1502年),桐乡钱荣纂修《桐乡县续志》14卷。已佚。雍正《浙江通志》卷二百五十三引《续见闻杂记》:"弘治十五年乡进士钱荣纂修。"该书又见《千顷堂书目》著录。

正德九年(1514年),桐乡知县任洛延请谭桓同纂《桐乡县志》10卷。嘉靖年间又做增修。上海图书馆有清初影钞正德九年修嘉靖增修本,6册,清汪文柏校过。该书又见《万卷堂书目》《内阁藏书目录》《千顷堂书目》著录。

万历年间(1573—1620年),唐枢等纂修县志,刊本,14卷,南京图书馆收藏。

清顺治三年(1646年),桐乡周拱辰辑《桐乡邑乘》8卷。该书编于顺治间,稿本未刊,已佚。光绪《桐乡县志》凡例载:"国朝有周公拱辰《邑乘》卷。惜稿本早为盗劫失去。"

康熙十七年(1678年),知县徐秉元延请仲弘道纂县志,刊本,5册,北京图书馆、北京大学图书馆、上海图书馆收藏。光绪《嘉兴府志》卷八十八载云:"戊午年知县徐秉元重修,邑人仲弘道编纂,五卷。"

嘉庆四年(1799年),知县李廷辉延请徐志鼎等纂县志,刊本,14册,流传尚多。

光绪四年(1878年),柏岩居士编《桐乡县志》,稿本,南京图书馆收藏。

光绪三年(1877年),桐乡严辰②纂修县志。该书至光绪十三年编定付梓,有青镇立志书院刊本,24册,流传颇多。台北成文出版社又据以影印,编入《中国方志丛书》中。该志附《杨园渊源录》4卷,系沈曰富所撰。民国《乌青镇志》著录此书,作32卷,盖并卷首及附录卷数在内。

---

① 2012年12月,《平湖市志(1990—2005)》由中华书局出版,主编陈仕栋,执行主编郭杰光,字数166万字。

② 严辰,号缁生。清咸丰九年(1859年)进士,授翰林院庶吉士。同治元年(1862年)任刑部主事,不久辞归。晚年以一己之力,耗费4000银圆,纂成并刊行《桐乡县志》。

1987年6月，中共桐乡县委、县政府决定成立桐乡县县志编纂委员会，下设办公室，主管修志，全面开展《桐乡县志》的编修工作。1988年6月，县委、县政府召开第一次修志工作会议，讨论部署全县修志工作。按照县志编纂工作规划，着手编纂县志篇目稿或部门专业志。至1992年底，有28个部门提交了初稿。1993年，县志编纂委员会办公室人员除了继续协同有关部门抓紧完成各编初稿的编写外，以较大精力对已搜集的历史资料进行分门别类、系统整理，同时组织力量到外地继续查摘资料，核实调查。1994年开始以编辑工作为重心，边编辑，边总纂，分段作业。1995年9月完成总纂，全志合成。1995年10月，《桐乡县志》(送审稿)通过领导和专家的评审。后又经过8个月的精心修改，于1996年6月送交出版社。1996年11月由上海书店出版社出版，主编马新正、魏棣华，字数251万字。

2009年，桐乡市政府启动社会主义时期第二轮志书编纂工作。至2010年，《桐乡市志》尚在编纂中，处于资料收集阶段。

七、崇德县志

南宋淳祐十一年(1251年)，崇德县令黄元直①延请钱达善、朱鹏飞②纂《语溪③志》10卷。该书刊本久绝。陈垲序文尚存于康熙《石门县志》。《语溪志序》载："邑皆有志，此独无。淳祐辛亥，今令黄君元直始志之。记虽缺，邑有志焉。……予尝疑崇德为邑，创于晋天福中。今三百余载，岂无以人民社稷为重者，有所荟萃，厄于五季之散佚与？毁于建绍之兵烬与？余不得而知也。中兴百有余年，郡邑典章文物，悉还旧观，此何独不然。黄君试邑数月，病此缺文，即访耆旧，招致士友，首编是书，厘为十卷，目曰《语溪志》。"

明初曾修过一部《崇德县志》，因书已佚，纂修人名氏不可考。该书见《文渊阁书目》卷二十新志类著录，当修于正统以前。

正德十二年(1517年)，知县洪异延请董遵纂县志。董遵，字道卿，浙江兰溪人，由太学出为南昌训导。官至感恩知县，卒年七十余。刊本已佚。该书见《千顷堂书目》、雍正《浙江通志》卷二百五十三著录。该志有董玘序及董遵后序，并见光绪《石门县志》卷首。董玘序称："正德丁丑冬十有二月，《崇德志》成。县故有《语溪志》，志以地名，宋淳祐间所修也。顾其事止于宋，历元迄今三百年，洪君始续为之。志名不以地而以县者，从今制也。"董遵后序云："凡三阅月始脱稿。首目录，次四图，类为五，第目为七十一。……为卷五，为册三。"

隆庆四年(1570年)，知县朱润纂修县志。刊本已佚。该书见《千顷堂书目》、雍正《浙江通志》卷二百五十三著录。光绪《石门县志》余丽元序称："隆庆间朱天泽重修，纂修名氏未详。"

万历九年(1581年)，知县陈履延请胡其久纂县志，刊本已佚。该书见《千顷堂书目》、雍

① 黄元直，字致君，南宋淳祐年间(1241—1252年)任崇德县令。

② 朱鹏飞，字行裕，号南斋。宋宝祐二年(1254年)进士，高淳教授。

③ 崇德县，在越称"御儿"，三国吴改为"语儿"。唐代称义和镇。后梁改镇为市。至后晋天福三年(938年)，改名"崇德"。元称崇德州，明初改为县。至清康熙元年(1662年)，又改称石门县。因与湖南石门县名重复，民国3年(1914年)4月改称崇德县。1958年11月，并入桐乡县。该书以"语溪"名志，因县东南有语儿溪，旧名"御儿"，用古地名。

正《浙江通志》卷二百五十三著录。

万历三十八年(1610年),知县靳一派延请李太冲等纂《崇德县志》12卷,刊本,5册,上海图书馆收藏。中国科学院南京地理研究所图书馆、浙江图书馆皆有钞本。光绪《嘉兴府志》卷八十八著录,注:"知县靳一派重修,李太冲等纂。凡十二卷,为纪八,为目五十有九。凡例载:旧志俱毁,藏书家亦鲜全帙。兹采摭参考,仿聂纯中《钱塘志》以定体例。"

八、石门县志

清康熙十二年(1673年),石门知县杜森、邝世培延请祝文彦等纂《石门县志》12卷。康熙十五年完成,同年刊本,5册,北京图书馆、北京大学图书馆、南京图书馆、南京大学图书馆、上海图书馆收藏。又有康熙四十七年增刻本,5册,天津图书馆收藏。此志分8纪:纪疆、纪制、纪官、纪士、纪献、纪文、纪事、外纪。钟朗序称:"螺阳杜公于癸丑年开局始之,未竟。舜水邝公取而续之。延至丁巳,始成全书。"

嘉庆十七年(1812年),知县耿维祜延请潘文辂等纂县志,至嘉庆二十三年方脱稿,道光元年(1821年)刻成,刊本8册,北京图书馆、北京大学图书馆、天津图书馆、上海图书馆、浙江图书馆均有藏本。

光绪二年(1876年),知县余丽元延请谭逢仕等纂县志,光绪四年稿成,次年刊本,12册,北京图书馆、天津图书馆、南京图书馆、南京大学图书馆、上海图书馆、浙江图书馆收藏。《中国方志丛书》影印光绪刊本。

九、海宁县(州、市)志

海宁县始建于三国吴,称盐官县。据记载,最早的方志为宋代的《盐官县图经》。据周春《海昌胜览》载,当成于建中靖国元年(1101年),久佚,纂修者名氏不可考。该书见《宋史艺文志补》著录。

南宋绍兴八年(1138年),盐官知县胡尧纂修《续盐官县图经》1卷。该书已佚。周广业《宁志余闻》载:"崇宁后,县令题名未备,因辑为一编以续之。"

南宋时,又修有《盐官县志》,已佚,纂修人名氏无考。该志见绍定三年(1230年)《澉水志》古迹门所引。

宋时,又有《海昌志》,书已亡佚,作者及纂修年代无考。仅见《舆地纪胜》征引《海昌志》1条。①

南宋嘉定二年(1209年),盐官知县潘景夔纂修《海昌图经》10卷。次年书成,刊本久已亡佚。楼淳序见嘉靖《海宁县志·艺文》。绍定《澉水志》、咸淳《临安志》皆引《海昌图经》。据周广业《宁志余闻》记载,该图经在康熙初尚有传本,至康熙十四年(1675年)海宁知县许三礼修志时,已不复可得。楼淳序称:"海昌为今畿县。令尹古括潘景夔下车以来,慈祥临民,儒雅饰吏。政成暇日,摭《临安志》全书,增考故牍,命秀士相与订正之。历代之沿革,山川之向背,风

① 三国初置海昌都尉。此用古名。

俗人物，赋役土产，凡一邑之所当问者，会粹满篇，而以碑碣、纪咏次之。将与斯人仰许睢阳之余烈，挹张无垢之遗风，以庶几于起敬慕之意。垂受代而书成，将锓之木，邑尉玉牒崇稷，淳之外弟也，介以请于家君，叙其事于篇首。机务鲜暇，乃命小子书之。敢诵所闻，以塞嘉命。”末署嘉定三年立冬之日。

咸淳三年（1267 年），盐官知县吴由延请杨均重修《海昌图经》10 卷，亡佚已久。该书见崇祯《宁志备考》、谈迁《海昌外志》著录。康熙《海宁县志·名宦》载：“吴由，咸淳间任盐官令，尝与邑人杨均重辑《图经》，作《先贤录》，表章诸名贤之产于海宁者。”同书《人物·文苑传》载：“令吴由修《图经》，均实秉笔，成书十卷。”

明永乐十六年（1418 年），海宁县教谕曾昶纂修《海宁县志》6 卷，已佚。该书见《文渊阁书目》卷二十新志类、《千顷堂书目》著录。

明海宁许相卿①编校《校定海昌续志》，已佚。该书见民国《杭州府志》卷八十七、卷一百七十八和民国《海宁州志稿》卷十二著录。

成化年间（1465—1487 年），朱迪、洪贯纂修《海宁志补》4 卷，已佚。该书见《千顷堂书目》、乾隆《鄞县志》卷二十一著录。

嘉靖三十六年（1557 年），知县蔡完延请董穀②纂修《海宁县志》9 卷。刊本，北京图书馆收藏。上海图书馆有胶卷复制嘉靖刻本。中国台湾“中央图书馆”所藏原刊本有乾隆四十七年（1782 年）吴骞手书题记，罗振玉书笺。北京大学图书馆有钞本 1 部。又有光绪二十四年（1898 年）李圭重刊本，书名改题《重刊嘉靖海宁县志》，增附录 1 卷，共 2 册，北京图书馆、天津图书馆、上海图书馆、南京大学图书馆收藏。

天启年间（1621—1627 年），吴维熊纂《海宁志余》，该书已佚，见民国《杭州府志》卷八十七、卷一百七十八，民国《海宁州志稿》卷十二及卷末著录。

崇祯三年（1630 年），赵维寰纂《宁志备考》12 卷，刊本，中国科学院南京地理研究所图书馆收藏。北京图书馆、上海图书馆有钞本。民国《海宁州志稿》卷二十八本传：“维寰字无声，平湖人，天启乙丑任海宁教谕。县令谢绍芳欲重修县志，属秉笔。会谢以忧去，不果。维寰综前后所搜采，汇为一编，曰《宁志备考》。”

明末清初，谈迁③纂《海昌外志》。该志作于崇祯年间（1628—1644 年），书首有“丁亥秋九月”自序，即顺治四年（1647 年）。天津图书馆有旧钞本，4 册。上海图书馆有清钞本 1 部，2 册，有管庭芬校并跋。北京图书馆所藏钞本，一为康熙、雍正年间旧钞，一为清静得楼钞本。浙江图书馆所藏旧钞本，有“海昌马氏昧吾斋藏”“陈恭溥印”“游艺仙馆”诸印记，末有道光二十七年（1847 年）陈恭溥手跋。中国台湾“中央图书馆”所藏康熙钞本，有乾隆年间吴骞手批、

---

① 许相卿（1479—1557 年），字伯台，号云村，又字台仲，号九杞。明正德十二年（1517 年）进士，世宗时授兵科给事中。为给事中三年，所言皆不听，遂谢病归。著有《黄门集》等书。

② 董穀，字硕甫。明正德十一年（1516 年）举人。年轻时师从王守仁，历知安义、汉阳二县，所至廉静不苟。罢归后，自号“碧里山樵”，又曰“汉阳归叟”。

③ 谈迁（1594—1657 年），原名以训，字观若。明亡后易名迁，字孺木，隐居不出。好审古今治乱，熟于历代典故，尤精明史。生平以 30 年之精力，编明代编年史《国榷》传世。

同治年间唐翰手书题记。

清顺治十三年(1656年),知县秦嘉系延请范骧①纂《海宁县志略》。该书未成书,当时并无刻本。北京图书馆有旧钞本,为管庭芬所手钞,题《海宁志略》。管钞本系据范骧手稿校录。上海图书馆有胶卷复制管庭芬手钞本,又藏有传钞本1部,题《海宁志略》1卷,又补遗及附录各1卷。同治八年(1869年),海宁钱保塘得此书钞本,于光绪八年(1882年)付刊,即清风室校刊本,1册,北京图书馆、北京大学图书馆、天津图书馆、南京大学图书馆、浙江图书馆均有收藏。全书未分卷数,仅列分野、山川、坊衢、乡市、沟洫、田赋、户口、兵防、公署、学宫、潮说、海塘、寺观、补遗及附录等目。

康熙十三年(1674年),知县许三礼延请朱嘉征纂《海宁县志》13卷。该书康熙二十二年由黄承琏续纂告成,刊本,24册,北京图书馆、上海图书馆、南京大学图书馆、浙江图书馆收藏。天津图书馆藏本有张光第题识。乾隆《海宁县志》载:"西山令君修志,延邑绅朱嘉征主其事,遂任海塘、海防、人物诸门,莫不简而有法。"全书13卷,有康熙二十二年黄承琏序。

康熙十九年(1680年),范元恒编《海宁县志略》,刊本,中国科学院南京地理研究所图书馆收藏。

后有劳大兴纂《海昌志略》。劳大兴于康熙二十八年(1689年)补海宁教谕,该书当作于康熙年间。该志见光绪《嘉兴府志》卷八十、民国《海宁州志稿》卷十六署录。今无传本。

康熙年间,查祥纂《海宁县志补》2卷。该书见民国《杭州府志》卷一百七十八著录。今无传本。

乾隆二十三年(1758年),知县金鳌延请王又曾等纂《海宁县志》,金鳌去任时已脱稿。知县黄簪世继任,复加增删编次,厘为12卷,乾隆二十九年续成,次年刊本,上海图书馆、南京大学图书馆收藏。

乾隆四十年(1775年),海宁知州战效曾延请高瀛洲纂《海宁州志》16卷、首1卷,次年刊本,北京图书馆、南京图书馆、上海图书馆、浙江图书馆收藏。该书又有道光二十八年(1848年)朱绪曾补刊乾隆本,北京图书馆、上海图书馆、南京大学图书馆、中山大学图书馆、浙江图书馆收藏。②

乾隆五十一年(1786年),海宁周广业纂《宁志余闻》8卷。周广业(1730—1798年)字勤补,号耕崖,乾隆间举人。至乾隆五十四年稿成,未梓。今有钞稿本流传。北京图书馆藏有静得楼钞本,经海宁王国维手校。浙江图书馆有光绪三十二年(1906年)海宁张光第钞本。上海图书馆亦有钞本1部。南京图书馆有民国6年(1917年)海宁管振之钞本。日本国会图书馆支部东洋文库亦有钞本1部。全书分12目:方域、建置、海塘、典礼、食货、盐法、官师、选举、人物、列女、艺文、杂志。搜罗极富,考核颇精。道光年间钱泰吉纂《海昌备志》时,多征引该书。

乾隆年间,周春还撰有《海昌胜览》,后又经多人之手而成书。该书主要记述乾隆四十五

---

① 范骧,字文白,号默庵。清顺治十一年(1654年)举贤良方正,不就。卒年六十八,门人私谥清献先生。

② 海宁在元时为州,明改为县。清乾隆年间又升为州,民国时期复改为县。

年弘历南巡至海宁事，全书20卷，分类42门。因对前志有伪误者，广征博采，加以订讹补缺，因而是一本体例内容较为完备之志书。

道光二十五年(1845年)，钱泰吉①等纂修《海昌备志》52卷、附录2卷。该书于次年告成，有尊经阁刊本，14册，北京图书馆、北京大学图书馆、天津图书馆、上海图书馆、南京大学图书馆、浙江图书馆收藏。

光绪二十二年(1896年)，知州李圭纂修《海宁州志》。该书未刊行，今已无存。其修志条例见民国《海宁州志稿》。民国《海宁州志稿》跋载："光绪二十二年，李州牧圭创议修志，未及蕆事卸任去。今遭世变，无人过问，稿置州署又余载矣。"

民国4年(1915年)，刘蔚仁、朱锡恩等续修《海宁州志稿》。民国7年告成，民国11年付铅印，32册，传本颇多。

1986年5月，海宁县志编纂委员会成立，进行筹备。同年底撤县设市，次年开始全面发动。各部门、各乡镇相继成立修志机构，调配人员，着手搜集资料。先后共11次组织人员去外地学习取经，举办了3次修志培训班，参加学习培训达200人次，为编纂市志打下基础。1991年初，经市委、市政府研究决定，调整领导班子，充实人员，市志编纂进入编写阶段。1992年起，由于各编进度不一，采取编写、审稿、修改相结合方式，交叉进行。每编征求意见稿完成后，即召开审稿会，邀请有关部门及行家审议，之后再反复修改。有些专业性较强的篇章则约请行家撰写。至1994年初，完成送审稿150万字。3月间，召开《海宁市志》审稿会议。会后又经过5个月的修改，于8月间经浙江省地方志编纂委员会审查合格。至1995年，《海宁市志》由汉语大词典出版社出版，总编沈济英、叶长根，字数212万字。

2005年，海宁市政府启动社会主义时期第二轮志书编纂工作。至2010年，《海宁市志(1991—2010)》尚在编纂中。②

十、南湖区志

南湖区原名秀城区，2005年更名为南湖区。2009年，区政府启动志书编纂工作。至2010年，《南湖区志》处于资料收集阶段。

第六节　绍　　兴

2010年，绍兴市下辖绍兴、诸暨、上虞、嵊州、新昌、越城等县(市、区)。历史上曾设有山阴县、会稽县。至2010年，越城区因设置时间不长，尚未开展志书编纂。

---

① 钱泰吉(1791—1863年)，字辅宜，自号警石，海盐人。清道光七年(1827年)始为海宁州训导，先世藏书万余卷，尽携之学舍中。取仇山村"官冷身闲可读书"之句，名其斋曰"冷斋"。著有《甘泉乡人稿》等书。

② 2018年12月，《海宁市志(1991—2010)》由浙江人民出版社出版，总编徐霞芳，执行总编朱玉泉，字数316万字。

一、山阴县[①]志

《山阴县志》的编纂最早始于明正统以前。因书已佚，纂修人名氏不可考。该书见《文渊阁书目》卷二十新志类著录。

明嘉靖二十一年(1542年)，山阴知县许东望修《山阴县志》，知县杨家相续修，张天复等纂。次年刊本，12卷，上海图书馆收藏。万历《绍兴府志》卷五十载有孙鑛述纂修始末："山阴志向有修者，未成。嘉靖十七年，前兵宪岭东许公东望以进士学政于秋官，问我山阴徐比部千岩万壑之奇，因索其志。徐君曰：无有也。假得君为吾邑令，愿留意焉。弗旬月，许公果拜山阴知县。逾三年，乃辑邑志。时张太仆及柳都昌文方有名于诸生间。许即以志属之，而聘耆儒傅君易参校焉。书十二卷，文典核有法。"

清康熙十年(1671年)，知县高登先延请沈麟趾纂《山阴县志》38卷。刊本，中国科学院图书馆、北京大学图书馆、南京图书馆、上海图书馆、浙江图书馆收藏。康熙二十二年，知县范其铸续修，高茎续纂，刊本，12册，上海图书馆收藏。

康熙四十年(1701年)，知县顾彲补修《山阴县志》38卷，刊本，16册，日本国会图书馆支部东洋文库收藏。顾序载："山阴邑乘自钟祥高公修辑之后，秩然明备，讫成大观。余偶一披览，凡山川、疆域、人物、风尚，与夫兴废沿革，事无巨细，综核不遗。始叹公之有裨于文献，为不朽也。然辛亥迄今不过三十年，而板籍收存遂多残缺。夫以前人之旁搜博采，编纂成书，不知几许心劳，乃令观者有飘零散失之憾，可乎哉！及今不为增补，窃恐岁月经久，渐至沦亡，是亦守土者之责也。爰其缺略计五十余页，悉仿原本，捐俸镌之。"

雍正二年(1724年)，知县丁弘又对县志作补修，请鲁曾煜补纂。补修本，中山大学图书馆、上海图书馆(有残缺)收藏。丁弘序载："山邑户口繁多，山川环绕；自前志迄今，以图则有沧桑，以志则有兴废，以传则有忠孝节义、文学艺术、高人逸士之绍起。故在于补，尤在于修。但修而不补，是舍桃问梨也，补而必修，又得陇望蜀也。余未遑修而先为补之。"

嘉庆八年(1803年)，知县徐元梅延请朱文翰等纂《山阴县志》30卷、首1卷，刊本，北京图书馆、北京大学图书馆、南京图书馆、南京大学图书馆、上海图书馆、浙江图书馆收藏。又有民国25年(1936年)绍兴县修志委员会铅字重印本，7册，题"嘉庆《山阴县志》"，附勘误表，传本尚多。清李慈铭作《嘉庆〈山阴县志〉校勘记》。该校记不分卷，有民国19年铅印本。

二、会稽县志

会稽县志在明代正统以前曾修过一部，因明代志书已佚，纂修人及时间不可考。该书见《文渊阁书目》卷二十新志类著录。

嘉靖年间(1522—1566年)，会稽知县张鉴等延请岑原道纂《会稽县志》，未成书，稿未刊行。万历年间(1573—1620年)，稿已不复存。该书见雍正《浙江通志》卷二百五十三著录。万历《绍兴府志》卷五十述纂修经过云："嘉靖中，无锡华舜钦为知县时，尝属金乐会阶、马金溪

---

① 山阴县，秦置。民国元年(1912年)，山阴县、会稽县合并为绍兴县。

尧相辑之，未成。后南充张鉴来，属余姚岑原道为之，又未成。”

万历三年(1575年)，知县杨维新延请张元忭、徐渭[①]纂《会稽县志》16卷，同年刊本，4册。北京图书馆、天津图书馆、上海图书馆、南京大学图书馆收藏。浙江图书馆有传钞本。万历《绍兴府志》卷五十述纂修经过：“隆庆初，祥符杨节复经纪其事，已上记省司，将料费设馆。会以召行，而丹徒杨维新继之。时张修撰元忭子荩适请告家居，杨公遂绍前杨之绪，以志属子荩。子荩又荐徐生渭使专编摩，而子荩相雠榷焉。时岑稿已不复存，唯求得马氏本，加之十七，润色其山川。大约本郡旧志，文辞尔雅可观，而户书徭役特详核，为邑志最。人物传独出子荩手，人服其公。书十六卷。”

清康熙十年(1671年)，知县吕化龙延请董钦德纂《会稽县志》，计28卷、首1卷。康熙十二年刊本，北京图书馆、中国科学院图书馆、上海图书馆、浙江图书馆收藏。又有民国25年(1936年)绍兴县修志委员会铅印本，附校误1卷，4册。

康熙二十二年(1683年)，知县王元臣延请董钦德、金烔等续修《会稽县志》，仍计28卷、首1卷。刊本，8册，北京图书馆、上海图书馆、南京大学图书馆、浙江图书馆收藏。又有民国25年(1936年)绍兴县修志委员会铅印本，题“康熙《会稽县志》”。

道光二十五年(1845年)，王藩、沈元泰纂修《会稽县志》，计25卷、首1卷、末1卷，刊本，北京图书馆收藏。又有民国25年(1936年)绍兴县修志委员会铅印本，3册。

民国时期，绍兴人王家襄编《会稽县志》20卷。有民国15年(1926年)印本，传本颇多。

三、绍兴县志

1991年2月，绍兴县成立绍兴县地方志编纂委员会及其办公室，确定主任、主编人选，着手修志准备。6月17日召开绍兴县地方志编纂委员会第一次会议，明确修志任务，落实修志队伍。此后，多次以地方志工作会议形式，通过编纂规划，制订、修改《绍兴县志纲目》。先后以两年时间搜集资料，以近亿字的资料卡片和复印资料为基础，一年半辑成《资料长编》2000万字，一年半撰成县志初稿近1000万字，并于1996年进入总纂，1998年总纂定稿。1999年3月由中华书局出版，主编傅振照。全书共450万字，下限迄于1993年(个别延伸至1998年)。2004年获浙江省第五届新编地方志优秀成果奖一等奖。

四、诸暨县(市)志

诸暨县志的编纂始于元代末年。元至正十七年(1357年)，黄邻[②]纂修《诸暨志》12卷。该志已亡佚。黄邻序载康熙《诸暨县志》。明正统之前，也曾修过一部《诸暨县志》，书已亡佚，纂修人名氏未详。该书见《文渊阁书目》卷二十新志类著录。

景泰四年(1453年)，诸暨人骆象贤纂修《诸暨县志》，刊本，已佚。隆庆初，其五世孙骆问

---

① 徐渭(1521—1593)，字文长，山阴人。屡试不第。后入浙闽总督胡宗宪幕府。因胡宗宪案牵连，一度精神失常。嘉靖四十五年(1566年)因杀妻下狱。万历元年(1573年)为张元忭所救，出狱。

② 黄邻，字元辅，元季晦迹城南，因号南郭居士。明洪武(1368—1398年)初征为翰林院典籍，迁监察御史。

礼修县志时,尚存。正德十五年(1520 年),诸暨知县彭莹纂修《诸暨县志》,刊本已佚。

嘉靖三年(1524 年),知县朱廷立[①]纂修《诸暨县志》。该志刊本已佚。朱廷立自序存宣统《诸暨县志》。该志系就黄邻、骆象贤二《志》,删繁增补而成。

嘉靖二十四年(1545 年),知县徐履祥延请骆骐等纂《诸暨县志》,刊本已佚。该书见《千顷堂书目》、雍正《浙江通志》卷二百五十三著录。

隆庆六年(1572 年),知县夏念东延请骆问礼[②]纂《诸暨县志》20 卷。万历《绍兴府志》卷五十载:"隆庆六年,邑人骆问礼撰,沈资、郦文相、徐有悦、朱良弼参阅焉。书二十卷。时夏念东为知县,开馆于青莲寺。"

清顺治年间(1644—1661 年),知县张士琳纂修《诸暨县志》,稿成未刊,已佚。该书见宣统《诸暨县志》卷四十七经籍门著录。张士琳于顺治九年(1652 年)任诸暨知县。该志当修于是年之后。

康熙十一年(1672 年),知县蔡灼延请杨浣等纂《诸暨县志》12 卷。刊本,北京图书馆、北京大学图书馆收藏。

乾隆三十五年(1770 年),知县沈椿龄延请楼卜瀍纂《诸暨县志》44 卷、首 1 卷、末 1 卷,乾隆三十八年刊本,14 册,北京图书馆、天津图书馆、南京图书馆、南京大学图书馆、上海图书馆、复旦大学图书馆收藏。宣统《诸暨县志》卷四十七著录是书,称:"卜瀍自撰后序谓,较旧志所载,文省事增,颇以自负。惟期月成书,搜辑既多谫陋,考订又未详审。疏陋滥载,皆所未免。如职官不列署任,例贡滥入选举,山川不严界限……平心而论,卜瀍此书,诚多伪误。"

光绪二十五年(1899 年),陈遹声、蒋鸿藻纂《诸暨县志》,光绪三十四年成书,宣统二年(1910 年)刊本,18 册,天津图书馆、上海图书馆、南京大学图书馆收藏。又有民国 4 年(1915 年)翻印本。

1983 年初,诸暨县志编纂委员会成立,下设办公室。随后着手起草县志纲目,制订编纂方案,收集县志资料,征集地方志书 10 余种。1987 年 8 月,中共诸暨县委、县政府全面部署《诸暨县志》编纂工作,12 月任命主编。1988 年开始撰写志稿,至 1989 年底,编纂成《诸暨县志》初稿。1990 年初举行志稿评审会后,根据意见对志稿进行修改,至 1991 年 4 月定稿。1993 年 12 月由浙江人民出版社出版,主编刘效柏。全书共 137.5 万字,下限迄于 1987 年(建置篇下限延至 1992 年 5 月)。

至 2010 年,二轮《诸暨市志》编修工作已启动,处于资料搜集阶段。

五、上虞县(市)志

上虞县志在宋以前编纂的情况已不可考。元至正八年(1348 年),张叔温任上虞县尹,请张德润纂《上虞志》。张德润官至陕西甘州卫指挥使。刊本久佚。该志张叔温序载万历《新修

---

① 朱廷立,字子礼,号两崖,受学王守仁。明嘉靖二年(1523 年)进士,历御史,巡按顺天,督修河道。以礼部右侍郎致仕,有《马政志》《两崖集》等著作。

② 骆问礼,字缵亭。明嘉靖四十四年(1565 年)进士,历南京刑科给事中。万历初官至湖广副使卒。有《万一楼集》传世。

上虞县志》卷首。张叔温序称："上虞为东越望邑，由帝舜封支庶得名。至正戊子，余来尹兹邑，问之故老，皆曰是邑志书，素无善本，非缺典欤？于是登进邑人张德润使裒集之。厥既成帙，取而阅之，则其书文而不俚，核而有证。古今事迹，搜抉无遗。……阖邑吏士庶僧道，相与赞助，命工镌梓，以永其传。"

至正十四年（1354 年），上虞知县林希元、教谕陈子翚[①]重修《上虞志》。刊本已佚。该志林希元序载万历《新修上虞县志》卷首，称："余出宰上虞，见前志略而未备，后志紊而无序，于是为之笔削。咨之文献，采之民间。正其讹缺，文其俚俗。不逾年而书成。详而不失之繁，简而不遗其要。虽然郡志以星分为主，县邑以山川为主，区域既明，则凡风俗、土田、户口，皆可类稽而胪分矣。"

明永乐十六年（1418 年），上虞人袁铧、袁铉编纂《上虞县志》12 卷。刊本已绝。该书见《文渊阁书目》卷二十新志类、《千顷堂书目》、雍正《浙江通志》卷二百五十三著录。

正统六年（1441 年），上虞人郭南纂修《上虞县志》12 卷。刊本已佚。

万历十一年（1583 年），知县朱维藩延请葛桷等纂《上虞县志》12 卷，刊本已佚。葛桷序载万历《新修上虞县志》卷首，称："越古扬州郡，上虞其属邑也。元张侯叔温、林侯希元俱有《志》。自永乐间郭《志》出，遂尽毁，无可考见。今郭氏《志》俱在，未免浅俗。而又间徇己见，是以舆论不能尽协。矧今物有变迁，事有沿革，既不可同日语。而邑之治行人物，亦宜随时纪录。志其可以弗备也哉。"万历《绍兴府志》卷五十载："南居曹黎湖侧，欲以湖为己有。又冒郭子仪为祖，遂托修志，尽更旧本。改曹黎为皂李，又妄入汾阳裔孙。后为通判，以贪致富。乃重价购旧志焚之，并毁其板。今所存者南《志》也，久之，南《志》亦毁于火。而其子孙陵替，乃以志为乞贷资。南盖起自县功曹云。近新志录本，知县朱维藩颇有增益。然往事大抵袭郭故，犹未成书。"

万历三十三年（1605 年），知县徐待聘[②]延请马明瑞、葛晓、车任远等纂《新修上虞县志》20 卷、首 1 卷。该志于次年告成，刊本 8 册，中国科学院南京地理研究所图书馆、天津图书馆、上海图书馆、浙江图书馆收藏。日本国会图书馆亦有万历原刊本。徐待聘序称："顾旧志，正统初为郭南氏所私纂。是非舛错，大不理于口。南又举宋、元《志》付之祖龙。二百年来，盖扼腕信史之不复见也久矣。万历丁丑，余从祖凤竹公栻抚浙，始檄部中修郡邑志。于时前令朱公维藩属葛、陈两先生秉笔，又以弹射者众，虽尝具草，竟未成书。……即不量肤鲁，不避劳怨，毅然谋以新之。……得永乐古志钞本，并陈、葛两先生志草。二志较郭颇有裁。于是敦请学博当湖马君明瑞，虞征士葛君晓、车君任远总其成。又进文学范延爵等数辈分理焉。凡汉晋迄胜国时事，强半参旧二志而折衷之；嘉隆之近者，务采乡评、惬舆论而止。固不敢以成心负手，亦不敢以屈笔负人。而编内最条析者，则水利为重。纵无桑郦征引诡博，而要其指伪凿凿，将使湖利尽归于民，不为康乐所请，意固有独至也。……是役也，经始于乙巳之九月，告竣

---

① 林希元，号长林子。元至正十二年（1352 年）为上虞县尹。陈子翚至正十四年任教谕。

② 徐待聘（1555—1626 年），字廷珍。明万历二十九年（1601 年）进士，历知乐清、上虞、分宜县，廉辨惠和，累官湖广、陕西按察使，有《雁山志胜》诸作。

于丙午之八月，为卷二十，为目六十。余不敏，亦搦三寸管从诸君子后。”

康熙十年(1671 年)，知县郑侨延请上虞唐征麟等纂《上虞县志》20 卷、首 1 卷，刊本，北京图书馆、中国科学院图书馆、上海图书馆、浙江图书馆收藏。

嘉庆十二年(1807 年)，知县崔鸣玉延请朱文绍、李方湛等纂《上虞县志》14 卷、首 1 卷，嘉庆十四年完成，嘉庆十六年刊本，天津图书馆、上海图书馆、北京大学图书馆、南京图书馆、南京大学图书馆、浙江图书馆均有收藏。

光绪十六年(1890 年)，知县唐煦春延请朱士黻等纂《上虞县志》48 卷、首 1 卷、末 1 卷。刊本，20 册，传本尚多。台北成文出版社又影印编入《中国方志丛书》中。

光绪二十三年(1897 年)，知县储家藻延请徐致靖续修县志，名为《上虞县志校续》，计 50 卷、首 1 卷、末 1 卷。次年刊本，20 册，天津图书馆、北京图书馆、南京图书馆、南京大学图书馆、浙江图书馆收藏。有《中国方志丛书》影印本。

1985 年 7 月，上虞县成立上虞县志编纂委员会及其办公室，着手筹备修志工作。1986 年 3 月，召开全县第一次修志工作会议。4 月举办修志工作人员培训班后，即开始拟订纲目、搜集资料，共摘抄资料 2000 余万字，征集历代旧志 15 种。1987 年上半年进入志稿撰写阶段，至 1988 年 9 月基本完成县志初稿。1989 年 5 月初召开县志稿评议会，并根据意见进行了全面修改，至 10 月定稿。1990 年 12 月，《上虞县志》由浙江人民出版社出版，主编唐元明。全书 92 万字，下限迄于 1985 年。获第三届浙江省新编地方志优秀成果二等奖。

2006 年，上虞市政府启动社会主义时期第二轮志书编纂工作。至 2010 年，《上虞市志》尚在编纂中。

六、嵊县①(嵊州市)志

南宋嘉定七年(1214 年)，知县史安之②延请高似孙纂《剡录》10 卷③。该书修于嘉定七年，次年刊本。原刊本今不复可得，有明刊本及钞本传世。北京大学图书馆藏有明刊本 1 部，北京图书馆藏有黄荛圃影写本，浙江图书馆也有钞本。史安之序称：“剡在汉为县，在唐为嵊州。未几，复为县。本朝宣和间，以剡为两火一刀，不利于邑，故更今名。邑旧有乡四十，后分十有三，别为新昌县。今所存才二十七乡耳。夫州县之名，虽数变更，然山川之灵，盖自若也。使剡古而有志，则历代因革废兴之典，百世可知也。予惧夫后之视今，亦犹今之视昔，故为《剡录》十卷。《录》皆高氏所作，凡山川城池、版图官治、人杰地灵、佛庐仙馆、诗经画史、草木禽鱼，无所不载。度此版可支百年，后之人毋以印刓而即废斯书也。宋嘉定八年岁次乙亥，县令鄞人史安之序。”

---

① 嵊县，汉时为剡县，唐时曾改为嵊州，未几复改为剡县。宋宣和年间(1119—1125 年)，改为嵊县，后又分设新昌县。1995 年 8 月，撤县设嵊州市。

② 史安之，字子田，鄞县人。嘉定间知嵊县。高似孙，字续古，号疏寮，鄞县人。宋淳熙十一年(1184 年)进士，历官校书郎，出知徽州，迁守处州。晚年家居越州。民国《鄞县通志》有传。

③ 传世明刊本为 11 卷，无卷七。《四库全书》收入时，将卷十一、卷十并为一卷，共 10 卷，以合史安之序。

元至正年间(1341—1368年),嵊县许汝霖①纂修《嵊县志》18卷。该书已湮佚失传。

明初,在正统之前,也修过一部《嵊县志》。书已佚,纂修人名氏无考。该书见《文渊阁书目》卷二十新志类著录。

明成化十七年(1481年),知县许岳英延请钱悌纂《嵊县志》,刊本已佚。宁波天一阁有明钞本(残存5卷)。

弘治十四年(1501年),知县徐恂延请周山、夏雷等纂《嵊县志》10卷,刊本,上海图书馆(残存卷二至卷六)收藏。

万历初,知县谭礼延请王天和等纂《嵊县志》,稿成未刊,已亡佚。

万历十六年(1588年),明知县万民纪延请周汝登②纂《嵊县志》13卷。该书存刊本,北京图书馆、浙江图书馆收藏。周汝登序称:"是志创修于邑令万民纪。岁戊子,万谢职去,邑令冀州王大康继修之。五月稿具,付梓。八月,晋江林岳伟至,更申阅始布行。"

清康熙十年(1671年),知县张逢欢延请袁尚衷等纂《嵊县志》12卷。该志刊本,8册,北京图书馆、南京大学图书馆收藏。

康熙二十二年(1683年),知县陈继平纂修《嵊县志》。已无传本。

康熙二十三年(1684年),知县蒋炜延请姜君献纂《嵊县志》10卷,刊本,8册,日本国会图书馆支部内阁文库收藏。

乾隆七年(1742年),知县李以琰延请田实秬等纂《嵊县志》,刊本,6册,北京图书馆、中国科学院图书馆、故宫博物院、上海图书馆、南京图书馆、南京大学图书馆、浙江图书馆收藏。

道光八年(1828年),知县李式圃延请朱渌等纂《嵊县志》,刊本,8册。北京图书馆、北京大学图书馆、天津图书馆、上海图书馆、南京图书馆、南京大学图书馆、浙江图书馆、杭州大学图书馆等均有收藏。

同治九年(1870年),知县严思忠延请蔡以瑺等纂《嵊县志》。次年刊本,12册,传本尚多。台北成文出版社有影印本,编入《中国方志丛书》中。

民国时期,罗毅、丁谦、余重耀等纂修《嵊县志》。该志民国7年(1918年)创修,民国21年续修,民国23年告成,次年铅印本,20册。台北成文出版社有影印《中国方志丛书》本。

1983年7月,嵊县志编纂委员会成立,下设办公室。1984年,修志工作全面铺开,开始组建修志班子,收集县志资料,合计搜集资料2500余万字,历代旧志10部。1985年春任命主编,至1986年夏完成初稿编写。1986年9月,进入总纂,一年后初步成稿。1987年10月召开县志稿评议会,并于1988年夏交出版社付印。1989年8月由浙江人民出版社出版,主编邬福民,全书75万字。1990年8月获浙江省新编地方志优秀成果一等奖,1993年9月获全国新编地方志优秀成果三等奖。2007年出版《嵊县志》修订版,纠误增补500余处,新增文字36万字。

2002年2月,嵊州市志编纂委员会成立,5月召开市志编委会第一次会议,6月任命主

① 许汝霖,字时用。元至正十一年(1351年)进士,官国史编修。

② 周汝登,字继元,号海门。明万历五年(1577年)进士,累官南京尚宝卿。有《海门先生集》。

编。8月,中共嵊州市委、市政府召开续修《嵊州市志》编纂工作会议,续志工作正式启动。2004年5月完成分志稿编写任务,2005年9月完成总纂初稿。2007年4月召开评稿会,并根据意见进行了修改。2007年9月,《嵊州市志(1986—2002)》由方志出版社出版,主编金午江,字数175.4万字。

七、新昌县[①]志

南宋时,新昌人俞瑞纂《剡东录》。俞瑞,字公美,端平二年(1235年)进士,授乐清令,庆元通判。该书稿成未刊,已佚。见雍正《浙江通志》卷二百五十三著录,并引成化《新昌县志》载:“宋人俞瑞公美著,其弟监察御使公浙志之曰:兄病乡邑无图志,著《剡东录》。凡例一新,记载精密,未及锓梓,兵火丧之。”

南宋梁希夷纂《新昌志》1卷。该书见《宋史·艺文志》著录,久绝传本。

元代与明初,曾纂修过《新昌志》,书无不存,纂修人名氏无考。

成化十三年(1477年),新昌知县李辑延请莫旦纂《新昌志》16卷。刊本,上海图书馆收藏。北京图书馆、上海图书馆又有正德十六年(1521年)重刊本,4册。

万历七年(1579年),知县田琯延请吕光洵[②]纂《新昌县志》13卷、首1卷。刊本,4册,宁波天一阁藏。1964年,上海古籍书店据天一阁藏万历原刊本影印,编入《天一阁藏明代方志选刊》中。

清康熙十年(1671年),知县刘作梁延请吕曾枏等纂《新昌县志》18卷,刊本,4册,南京大学图书馆、浙江图书馆收藏。又有光绪重刊《新昌县志》18卷本。

光绪七年(1881年),新昌人陈谔编辑《新昌县志稿》16卷,稿成未刊。该书民国初年尚有钞本流传。民国《新昌县志》卷二十有载。

民国7年(1918年),金城、陈畬等纂修《新昌县志》,次年铅印本,12册,附《沃州诗存》1卷、《沃州文存》1卷、新昌农事调查6篇。传本尚多。台北成文出版社有影印民国8年本,编入《中国方志丛书》中。

1982年8月,中共新昌县委发文公布县志编纂领导小组。1983年11月召开第一次领导小组会议,成立县志办公室。1984年开始调配工作人员并开始征集资料,共收集资料1500余万字。1986年5月公布县志编纂委员会名单,8月任命办公室主任和正副主编,11月召开首次县志编纂工作会议。1988年下半年进入撰写分纂稿阶段,至1990年底基本完成。1991年底完成总纂稿。1992年2月召开县志评审会议,并根据意见进行深入修改,至1992年8月定稿。1994年5月由上海书店出版社出版,主编陈百刚、王伯祥,字数96万字。

2006年,新昌县政府启动社会主义时期第二轮志书编纂工作。至2010年,《新昌县志》处于资料收集阶段。

---

① 五代梁开平二年(908年),吴越王钱镠析剡东13乡,置新昌县。

② 吕光洵(1518—1580年),字信卿,号沃洲。明嘉靖十一年(1532年)进士,擢御史,巡按苏、松。历右都御史,巡抚云南,升工部尚书,致仕卒。有《元史正要》《期斋集》诸作。

第七节 金 华

2010年,金华市下辖兰溪、东阳、义乌、永康、武义、浦江、磐安、金东、婺城等县(市、区),历史上曾设有金华县、汤溪县。至2010年,各县(市、区)都已启动社会主义时期第二轮志书编纂工作。

一、金华县①志

明代正统以前,曾修过《金华县志》,已佚,纂修人不可考。该书见《文渊阁书目》卷二十新志类著录。

嘉靖十九年(1540年),金华戚雄②纂辑《金华县志》4卷。该书原刊本未见,今有姜志望活字本。

万历二十六年(1598年),金华胡颂等纂修《金华县新志》10卷,刊本,中国社会科学院历史研究所收藏。日本国会图书馆支部东洋文库有钞本1部,10册。

清顺治十一年(1654年),金华知县王世功纂修《金华县志》10卷,次年告成,刊本,6册,日本国会图书馆支部内阁文库藏。王世功序称:"戚《志》旧刻竟归乌有矣。乡绅叶九峰氏觅之家藏者以进。余阅之,既博既渊,有典有则,足征信也。终始思维,欲以戚《志》为骨,戚所未备者,采之胡《志》。第兵荒交集,料理不遑,那得片晷作文字缘。又谋之吴君得余,上虞谕王君有悌……委币而敬致之,乃就馆。自甲午初冬迄乙未春夏,纂辑成书。……书成,计十卷,余总裁定之。"

康熙二十二年(1683年),知县王治国纂修《金华县志》10卷,未见传本。书见雍正《浙江通志》卷二百五十三、光绪《金华县志》著录。

康熙三十二年(1693年),知县赵泰牲延请张士纮增修《金华县志》10卷,康熙三十四年刊本,4册,北京图书馆、北京大学图书馆、天津图书馆、上海图书馆、南京大学图书馆、浙江图书馆收藏。

道光三年(1823年),知县黄金声延请李林松纂《金华县志》12卷、首1卷、末1卷,刊本,8册,北京图书馆、天津图书馆、上海图书馆、南京图书馆、南京大学图书馆收藏。又有民国4年(1915年)铅印本。

光绪十七年(1891年),谢骏德纂《金华县志稿》1卷,有刊本,仅刻职官表1册,全书未完成。南京大学图书馆有该刊本。

光绪二十年(1894年),邓钟玉、刘绶编修《金华县志》16卷、首1卷,有民国4年(1915年)

---

① 金华县,秦、汉为乌伤县地。汉献帝初平三年(192年),分乌伤县南乡立长山县。隋改金华县。2000年12月撤金华县,设金东区。

② 戚雄,字世英。明正德六年(1511年)进士。知建阳县,平易近民,锄强扶善,置学田,重文教。寻调知南海,官至监察御史。

钱人龙铅印本,8册,北京图书馆、天津图书馆、上海图书馆、南京大学图书馆、浙江图书馆各有藏本。又有民国23年铅印本。《中国方志丛书》据民国23年重印本影印。该志末附《咸同间金华殉难人姓名录》1卷。

1987年2月,金华县人民政府公布建立县志编纂委员会及其办公室。4月开始全面筹划,县人民政府公布《关于征集〈金华县志〉资料的通告》。5月,县政府办公室下发县志办公室编写的《金华县志编目》(草案),为各部门搜集资料作参考,7月召开县志编委会第一次全会,决定志书下限为1985年。同时,聘请编辑,至1988年聘请了14人。1989年3月,县志编纂委员会办公室印发《金华县志编目》(第二稿)作为分志撰稿的依据。4月召开第二次县志工作会议。5月召开各分志编辑参加评稿会,评审军事编和粮油购销章,以提高编辑的水平和分志质量。县志编纂委员会办公室负责编写卷首、行政区域、自然环境、人物、专记、附录、工业、商业、金融、工会、外贸和外事等编章。1990年,县志进入总纂。采取边编、边评、边加工的办法。11月,县志总纂稿告成。县委、县政府召开评稿会。至1992年,《金华县志》由浙江人民出版社出版,主编石夫,字数118.5万字。

2002年12月,金东区政府公布建立《金华县续志》编纂委员会及其编辑室。2003年2月开始全面策划,并草拟了《金华县续志》编修纲目。3月召开《金华县续志》编修工作会议,至2003年底,95%以上部门的基础稿均已完稿。编辑室人员对各部门送交的基础稿进行精心的编辑。2004年3月,《金华县续志》进入总纂阶段,采取边评审、边修改、边提高的办法,完成一卷送审一卷。根据专家和行家的意见进行逐卷修改加工,使志稿渐趋成熟。2005年1月,《金华县续志》由方志出版社出版,主编王远,字数142万字。

二、兰溪县(市)志

明代正统以前,曾修过《兰溪县志》,已佚,纂修者名氏不可考。该志见《文渊阁书目》卷二十新志类著录。

明弘治六年(1493年),兰溪知县王倬①延请章懋②、郑铸纂《兰溪县志》5卷,知县许完重订。正德五年(1510年)书成。浙江图书馆残存正德五年刊本卷三至卷五。该书又有万历四十二年(1614年)重刊本,有知县刘宇烈序,卷三人物志记载至嘉靖元年(1522年)止。日本国会图书馆支部内阁文库藏有万历重刊本,2册。王士祯《香祖笔记》称其不失史法。

万历三十三年(1605年),知县程子鳌延请徐鲁源纂修《兰溪县志》9卷,次年刊本,中国科学院南京地理研究所图书馆、台北故宫博物院收藏。又有康熙年间补刊本。

康熙十一年(1672年),知县刘芳喆延请郭若绎等纂《兰溪县志》9卷,刊本,北京图书馆、中国科学院图书馆收藏。上海图书馆藏卷三、卷四,卷三末增至乾隆三年(1738年)。

---

① 王倬(1447—1521年),字用俭,号质庵。明成化十四年(1478年)进士,初令山阴、兰溪,后为御史,首劾选曹,又劾罢尚书五人,论斥阉官。历贵州按察副使、四川布政使,累官南京兵部侍郎。

② 章懋(1436—1521),字德懋,浙江兰溪人。明成化二年(1466年)会试第一,次年授翰林院编修。因谏言被贬临武知县,复改任南京大理寺左评事,后升福建按察司佥事,平泰宁、沙县、尤溪县民乱。任满后辞官回乡,屡诏不起。弘治十六年(1503年)后,诏任南京国子监司业、南京太常卿、礼部尚书。为官清正,道德文章为世推重。

嘉庆五年(1800年),知县张许延请陈凤举等纂《兰溪县志》18卷、首1卷,刊本,6册,北京图书馆、北京大学图书馆、南京图书馆、南京大学图书馆、上海图书馆收藏。

光绪七年(1881年),知县秦簧等延请唐壬森等纂《兰溪县志》8卷、首1卷、补遗1卷,光绪十二年告成付梓,光绪十五年刊成,10册,末附补遗,传本尚多。台北成文出版社又影印编入《中国方志丛书》中。该书《补遗》1卷,系光绪十七年所刻。

1984年5月,兰溪县县志编纂委员会成立。翌年7月撤县建市,改为纂修市志。《兰溪市志》的编纂,历经宣传发动、收集资料、编写初稿、总纂审查4个阶段。先后有54个单位150余人组成编写小组,承担有关篇章的编写任务。共收集口碑与文字资料达2000余万字。1986年6月基本结束初稿编写,7月起汇集初稿,由编委会办公室总纂。初稿经总纂后,再度征求意见,三审定稿。至1988年,《兰溪市志》由浙江人民出版社出版,总纂胡汝明,字数86.5万字。

2004年12月,中共兰溪市委、市政府调整市地方志编纂委员会成员,并确定市志编纂顾问和办公室主任、主编人员。2005年2月,市地方志编纂委员会召开第一次会议,全面部署新一轮市志编纂。3月,召开市地方志编纂工作动员大会,二轮市志编纂工作启动。为了使全市所有撰写单位有效地完成志稿,市志办公室下发《〈兰溪市志〉编写工作的意见(2005年)》《〈兰溪市志〉编写行文暂行规定》《〈兰溪市志〉志稿编写和审定工作的试行规定》《〈兰溪市志〉人物撰写工作的规范》等指导性文件;并着手拟订二轮志书篇目。2006—2008年,完成《兰溪市志》文稿79篇,255万字。2009年,全面突破重点、难点篇章,完成卷首彩图和卷中插图约300幅的设计制作。2009—2010年,开展内部查漏补缺、纠错厘正工作。至2010年底整理完成省级专家和指导组专家阅读志稿后提出的建议和修改意见,对志稿进行修改、增补、完善。①

三、东阳县(市)志

南宋宝祐二年(1254年),东阳知县何宗社②纂修《东阳县志》。该志已佚。尤焴序见康熙《东阳县志》。序称:"余弱冠侍先君宰东阳,先君与诸贤皆厚。他年,余借以遍交诸贤。今志所叙先达姓名中,不识者盖鲜。何君宗社,余旧僚也。负材试剧,绰有能声。一日以所编新志见示,求余为序。披卷阅图,山川宫室,宛然旧游,某水某丘,皆在目中。先达传中,诸贤皆与余情分厚甚。静阅盛衰之变,追念先君,不觉流涕横臆。因为书其末,并道其山川人物之大都焉。"

元延祐七年(1320年),县尹任谦、县丞戴璧等纂修《东阳县志》。任谦,延祐五年任东阳县尹。戴璧号粹轩,延祐七年任县丞。该书至治二年(1322年)成书,次年刊本,已佚。见嘉靖《浙江通志》卷五十四、钱大昕《补元史艺文志》著录。

明代正统以前,修过一部《东阳县志》,已佚,纂修人名氏不可考。该书见《文渊阁书目》卷

① 2013年5月,《兰溪市志(2005版)》由浙江人民出版社出版,主编何百川,字数319.8万字。

② 何宗社,字志公。宋淳祐十二年(1252年)知东阳县。

二十新志类著录。

成化十九年(1483年),知县缪樗[①]纂修《东阳县志》9卷。该志刊本未见。雍正《浙江通志》卷二百五十三、康熙《东阳县志》并有著录。

隆庆六年(1572年),知县郑准纂修《东阳县志》17卷。隆庆刊本未见。上海图书馆藏有万历贡修龄补刊本(存卷一至卷五、卷十三至卷十四,凡4册),浙江图书馆存卷六至卷七。

清康熙十五年(1676年),知县俞允撰延请赵衍等纂《新修东阳县志》22卷、首1卷、末1卷。康熙二十年完成,刊本,故宫博物院、南京图书馆、南京大学图书馆、上海图书馆、浙江图书馆收藏。杭州大学图书馆藏本有钞配,20册。该志卷首题《新修东阳县志》,而中缝作《东阳新志》,为书之简称。

道光九年(1829年),知县党金衡延请王恩注等纂《东阳县志》27卷、首1卷,道光十二年成书,刊本,北京图书馆、南京图书馆、浙江图书馆收藏。又有民国3年(1914年)东阳商务石印公司石印本,10册,传本尚多,北京图书馆、浙江图书馆、南京大学图书馆均有收藏。

1986年12月,东阳县建立县志编纂委员会。但因编辑人员调集颇费周章,规模粗具,编务难就。1989年9月,市人民政府公布成立市志编辑室,充实两名副主编和有关编辑人员,实施主编负责制,进入实质性的撰稿阶段。1989年10月形成系统的篇目修改稿。1991年7月,完成170多万字讨论稿的撰写。先由编辑室内部自审、互审,继而邀请有关领导、专业技术人员、知情者参与分卷内审。共召开内审会39次,参加内审者1100余人次。同年10月,修改成140万字的送审稿。12月11—14日召开由专家学者和修志行家参加的《东阳市志》评审会。至1993年,《东阳市志》由汉语大词典出版社出版,主编王庸华,字数120万字。

2008年12月,东阳市政府启动社会主义时期第二轮志书编纂工作。至2010年,《东阳市志》尚在编纂中。

四、义乌县(市)志

宋代曾修有《义乌图经》,已佚,未详作者及纂修年代。嘉定《赤城志》卷八《职官门·历代郡守》曾引该图经1条。

宋元丰年间(1078—1085年),义乌知县郑安平纂修《义乌志》。郑安平于元丰二年(1079年)知义乌县。该志刊本久佚。咸淳年间(1265—1274年),义乌黄应龢续修《义乌志》,久佚。

图110-3-7-1　义乌市地方志编纂部分成果
(义乌市地方志办公室提供)

元至正十三年(1353年),达鲁花赤亦璘真、县尹周思泰延请黄溍、王祎、朱廉纂《义乌县志》7卷,久佚。该书见《千顷堂书目》、《绛云

① 缪樗,字全之。明成化十一年(1475年)进士。官给事中。孝宗初,陈时政八事,劾大学士尹直等,时号敢言。终营州判官。

楼书目》、钱大昕《补元史艺文志》、金门诏《补三史艺文志》著录。

明正统六年(1441年),知县刘同延请义乌朱肇纂《义乌县志》14卷,刊本已佚。该书见《千顷堂书目》、雍正《浙江通志》卷二百五十三著录。

隆庆六年(1572年),潘允执、郑茂林等纂修《义乌县志》,刊本已佚。该书见《千顷堂书目》、《文渊阁书目》卷十二新志类、《内阁藏书目录》著录,2册,未详卷数。

万历二十四年(1596年),知县周士英延请吴从周等纂《义乌县志》20卷,刊本,浙江图书馆(残存卷一至卷八、卷十一至卷十四、卷二十)收藏,南京图书馆、中国科学院图书馆有胶卷复制万历刊本。

崇祯十三年(1640年),知县熊人霖纂修《义乌县志》20卷,刊本,6册。义乌市博物馆、日本国会图书馆支部内阁文库藏。上海图书馆有胶卷复制崇祯十三年刊本。

清康熙十二年(1673年),知县于涟纂修《义乌县志》20卷,稿本未付梓,见雍正《浙江通志》卷二百五十三著录。该志于涟序及常光裕等序均载嘉庆《义乌县志》。

康熙三十一年(1692年),知县王廷曾纂修《义乌县志》20卷,刊本,16册,复旦大学图书馆、吉林大学图书馆收藏,日本国会图书馆支部内阁文库亦有此本。

雍正五年(1727年),知县韩慧基延请沈裕等续修《义乌县志》20卷、首1卷,刊本,上海图书馆收藏(缺卷一)。故宫博物院图书馆、山东图书馆、日本东京大学东洋文化研究所、美国国会图书馆亦有藏本。

嘉庆四年(1799年),知县诸自谷延请程瑜等纂《义乌县志》22卷、首1卷,嘉庆七年告成,刊本,中国科学院图书馆、北京大学图书馆、天津图书馆、南京图书馆、上海图书馆、浙江图书馆、杭州大学图书馆收藏。《中国方志丛书》影印嘉庆刊本。该书又有民国18年(1929年)灌聪图书馆石印本,12册。

民国时期,朱乾编义乌县志稿。稿本未刊,浙江图书馆收藏。沿革记载至民国6年(1917年)止。2008年,义乌市志编辑部汇集有关稿本,影印300套。

1984年春,中共义乌县委决定编纂《义乌县志》。4月16日,义乌县党史资料征集、县志编纂领导小组成立,县志办公室和县机关各部门志小组也相继建立,共有170余人投入修志工作。1985年3月11日,在原有机构基础上,建立县志编纂委员会,下设办公室。1986年4月,县志的多数专篇写成,编辑部开始总纂。10月,分系统评议志稿。11月中旬开始,县委志稿审定小组对志稿逐篇逐段进行了审查修订。12月下旬,送交浙江人民出版社编辑出版。至1987年,《义乌县志》由浙江人民出版社出版,主编吴世春,字数80万字。

2001年,义乌市政府办公室发出《关于成立义乌市志编纂委员会的通知》,公布市志编纂委员会组成人员,并下设办公室和编辑部,标志着市志编纂工作正式启动。通过在职抽调、退休返聘和社会招聘等途径,组建修志队伍。为提高专业知识和业务水平,编辑部分赴周边县市和绍兴、萧山、宁波、苏州、镇江、扬州等地学习取经。同时,对各部门、镇、街道撰稿主笔进行业务培训和任务落实,实行开门修志。2001年进行篇目设计。2002年,义乌市政府批转市志编纂委员会《关于义乌市志编纂工作方案》。2002年以收集资料为主。2003年开展资料长编工作。2003年8月6日,召开第一次市志编纂委员会全体成员会议。2004—2005年撰写专业志稿。2006 年进行志稿分纂。2007 年、2008 年进行总纂。2008 年底，召开《义乌市志》评审会。评审会后，为完整、真实、客观地记载改革开放 30 年的不平凡历程，《义乌市志》编写下限由 2005 年延伸至 2008 年。至 2009 年底，志稿总纂全面告竣，并送交出版社出版。①

五、永康县(市)志

南宋嘉泰年间(1201—1204 年)，永康知县陈昌年纂修《永康县志》。该书刊本久佚，见雍正《浙江通志》卷二百五十三著录。

元延祐年间(1314—1320 年)，永康陈安可续修《永康县志》，久佚。该志见雍正《浙江通志》卷二百五十三、钱大昕《补元史艺文志》著录。

明洪武(1368—1398 年)初，修过《永康县志》，已佚，纂修人名氏未详。该书见《文渊阁书目》卷二十新志类著录。

成化年间(1465—1487 年)，永康训导欧阳汶与尹士达纂修《永康县志》，已佚，见雍正《浙江通志》卷二百五十三、光绪《永康县志》著录。

正德九年(1514 年)，知县吴宣济延请章懋、陈泗等纂《永康县志》8 卷，至嘉靖三年(1524 年)始梓行。刊本，宁波天一阁藏。上海图书馆有胶卷复制嘉靖刊本，湖北图书馆有钞本。日本国会图书馆支部东洋文库亦有钞本 1 部，6 册，有嘉靖元年叶式序。

明嘉靖年间(1522—1566 年)，知县洪垣②纂修《永康县志》8 卷。该书刊本北京图书馆、宁波天一阁收藏。北京大学图书馆、湖北图书馆各有钞本 1 部。

万历九年(1581 年)，知县吴安国③延请应廷育纂《永康县志》10 卷。刊本未见。该书见《内阁藏书目录》、雍正《浙江通志》卷二百五十三著录。

清康熙十年(1671 年)，知县徐同伦延请俞有斐等纂《永康县志》10 卷，次年刊本，6 册，日本国会图书馆支部内阁文库藏。中国科学院图书馆、南京图书馆、上海图书馆均有胶卷复制康熙刊本。

康熙三十七年(1698 年)，知县沈藻延请朱谨等纂《永康县志》16 卷、首 1 卷，刊本，6 册，上海图书馆、浙江图书馆收藏。

道光十五年(1835 年)，知县廖重机延请应曙霞、潘国诏④等纂《永康县志》12 卷、首 1 卷，道光十七年修成，刊本，8 册，北京大学图书馆、吉林大学图书馆、上海图书馆、浙江图书馆收藏。

光绪十七年(1891 年)，知县李汝为延请潘汝棠等纂《永康县志》16 卷、首 1 卷，次年刊本，12 册，传本尚多。又有民国 21 年(1932 年)铅印本，4 册，有丘远雄重印序。《中国方志丛书》

---

① 2011 年 12 月，《义乌市志》由上海人民出版社出版，主编吴潮海，字数 508.5 万字。

② 洪垣，字峻之，号觉山。明嘉靖十一年(1532 年)进士，受业湛若水之门，由永康令征授御史，出为温州知府，寻落职归。复往从湛若水。湛若水为建二妙楼居之。家食 40 余年，年九十卒。有《觉山史说》《觉山绪言》诸作。

③ 吴安国，字文仲。明万历五年(1577 年)进士，历宁波知府。官至浙江参政，有《今是堂集》诸作。

④ 潘国诏(1770—1840)，永康人，嘉庆五年(1800 年)以贡生选任知县，历知直隶任丘、获鹿、庆云、宣化、南皮、交河等县，后知沧州兼天津通判，道光十三年(1833 年)告归。因为官清正，沧州和永康皆立庙祭祀，今犹存。

系据民国重印本影印。

1984年5月，中共永康县委、县政府发文成立永康县志编纂委员会，下设办公室。修志下限时间为1985年。自1984年10月开始，至1990年5月正式发稿付梓。1991年，《永康县志》由浙江人民出版社出版，主编应宝容，字数90.3万字。

2006年，永康市政府启动社会主义时期第二轮志书编纂工作。至2010年8月，《永康市志》完成初稿，进入评改总纂阶段。①

六、武义县志

明代正统以前，曾修《武义县志》，已佚，纂修人名氏不可考。该书见《文渊阁书目》卷二十新志类著录。

图110-3-7-2 《武义县志(1986～2005)》(武义县地方志办公室提供)

明正德十五年(1520年)，武义知县林有年延请董遵纂《武义县志》5卷。林有年，字以永，号寒谷，由繁昌令擢监察御史。以言事左迁，知武义、乐清诸县。嘉靖初升守衢州；皆有惠政。刊本已佚，见《千顷堂书目》、雍正《浙江通志》卷二百五十三著录。

嘉靖二年(1523年)，知县黄春纂修《武义县志》5卷，刊本，4册，日本宫内厅书陵部收藏。中国科学院图书馆有胶卷复制本。该书见《千顷堂书目》、雍正《浙江通志》卷二百五十三著录。

万历十四年(1586年)，知县熊秋芳纂修《武义县志》，刊本已佚。该志见《千顷堂书目》、雍正《浙江通志》卷二百五十三著录。

万历十八年(1590年)，知县陈大烈延请陈尧言纂《武义县志》8卷，刊本已佚。该书见《千顷堂书目》著录。

万历三十七年(1609年)，知县张国裳纂修《武义县志》10卷，刊本已佚。该书见《千顷堂书目》、雍正《浙江通志》卷二百五十三著录。张国裳，晋江举人，万历三十二年莅任，续修县志。

清顺治三年(1646年)，知县张内有纂修《武义县志》10卷，未见传本。该志仅见雍正《浙江通志》卷二百五十三著录。

顺治十一年(1654年)，知县梁遂纂修《武义县志》10卷，未见传本。该书仅见雍正《浙江通志》卷二百五十三著录。

康熙十二年(1673年)，知县李经邦延请徐孟湖等续修《武义县志》10卷、首1卷，刊本，北京图书馆收藏。上海图书馆有胶卷。

康熙三十七年(1698年)，知县江留篇延请徐俟召等纂《新修武义县志》12卷，刊本，6册，

① 2017年12月，《永康市志》由上海人民出版社出版，主编童文贤，字数565万字。

北京大学图书馆、吉林大学图书馆、上海图书馆收藏。

嘉庆九年(1804 年),知县张营堠延请周家驹等纂《武义县志》12 卷、首 1 卷,刊本,北京图书馆、故宫博物院、上海图书馆、南京图书馆、南京大学图书馆、浙江图书馆收藏。又有宣统二年(1910 年)石印本。中国科学院图书馆有钞本 1 部。

1985 年 7 月,中共武义县委公布成立县志编纂委员会及办公机构,11 月抽调人员,正式开展《武义县志》的编纂工作。1986 年主要进行组织发动、拟订篇目、收集资料。县机关有 47 个单位建立了编志小组,有专兼职编志人员 170 多名,共收集各种资料 2000 多万字。1987 年,主要由各部门为县志各篇章编写初稿。1988 年开始由县志编辑部进行总纂,8 月底完成评审稿,9 月中旬召开有省、金华市有关领导和专家参加的县志评稿会,同时多渠道多层次征求意见,然后进行调整、补充、修改。11 月由县委、县人民政府指定县志编委会部分成员进行全面系统的审稿。1989 年 2 月底完成初定稿。至 1990 年,《武义县志》由浙江人民出版社出版,主编朱和沈,字数 87.7 万字。

2005 年 5 月,在武义县地方志编纂委员会领导下,《武义县志(1986—2005)》编纂工作启动。编纂工作经过纲目编制、资料搜集、初稿撰写、编辑、总纂、评审后的精加工 6 个阶段。2010 年 12 月由方志出版社出版,主编包宏斌,执行主编潘金谊,字数 224.5 万字。

七、浦江县志

南宋咸淳年间(1265—1274 年),浦江朱子槐纂修《浦阳县经》2 卷,刊本久佚。该书见嘉靖《浙江通志》卷五十四、《续文献通考》著录。光绪《浦江县志》卷八朱子槐本传:“咸淳中为本邑学正,学者咸奉为宗主。月泉书室新建,邑侯王霖龙聘主讲席,本白鹿洞规条,以为程范。一时人文翕然振起。时浦邑建县已久,未有志乘。乃搜辑先哲遗事,析为四门,撰《浦阳县经》二卷。”

元代修过《浦江图经》,已佚,未详纂修人名氏。书见王圻《续文献通考》、光绪《浦江县志》著录。

明永乐七年(1409 年),修过一部《浦江县志》,已无传本,纂修人名氏无考。该书见《文渊阁书目》卷二十新志类著录。

嘉靖二年(1523 年),浦江知县毛凤韶①纂修《浦江县志》8 卷,王庭兰校。嘉靖五年刊本,宁波天一阁收藏。1963 年,上海古籍书店出版影印嘉靖刊本,2 册。

万历十八年(1590 年),知县周尚礼延请蒋大禄纂《浦江县志》10 卷,万历三十八年刊本,已佚。该志见《千顷堂书目》、雍正《浙江通志》卷二百五十三著录。

万历四十六年(1618 年),知县黎弘道纂修《浦江县志》,已佚。该志见《千顷堂书目》、雍正《浙江通志》卷二百五十三著录。

崇祯十年(1637 年),知县吴应台延请张一桂、张德庆纂《浦江县志》12 卷,刊本,南京图书

① 毛凤韶,字瑞成。明正德十六年(1521 年)进士,授浦江知县,有善政。擢御史,上弭灾八事,巡按陕西、云南。寻谪嘉定州判,终云南佥事。

馆收藏，存卷九至卷十二。

清康熙十二年(1673年)，知县毛文野延请张一炜纂《浦江县志》12卷、首1卷，刊本，10册，中国科学院南京地理研究所图书馆、复旦大学图书馆收藏。日本国会图书馆支部内阁文库亦有藏本。上海图书馆有胶卷，又藏有1962年传钞本1部，8册。

乾隆四十一年(1776年)，知县薛鼎铭延请张可槱等纂《浦江县志》20卷、首1卷，刊本，12册，中国科学院图书馆、故宫博物院、南京图书馆、上海图书馆收藏。又有乾隆四十四年重刊本，南京图书馆、上海图书馆(缺卷二至卷三)收藏。北京图书馆、南京图书馆、上海图书馆、浙江图书馆有道光二十三年(1843年)李业修补刊本，李业修有补刻县志缺页序。

光绪二十年(1894年)，知县善广延请张景青等纂《浦江县志》15卷、首1卷。光绪二十二年成书，光绪二十五年刊本，北京大学图书馆、南京图书馆、复旦大学图书馆收藏。又有光绪三十一年金国锡等续增本，附《咸同殉难录》2卷，14册，南京大学图书馆、上海图书馆、浙江图书馆藏。又有民国5年(1916年)铅印黄志璠补辑本，16册，书名题《光绪浦江县志》，传本尚多。

1981年12月，浦江县县志编纂委员会成立，下设办公室，着手搜集翻印旧志、整理编写部分资料等工作，并编纂《风俗志》《地名志》。1985年4月，县委、县政府召开第一次修志工作会议，各系统、部门均成立修志小组，县志编纂工作从此全面展开。通过搜集资料、分章编写、总纂评审、修改定稿等阶段，历经三个寒暑，终于成稿。1990年4月，《浦江县志》由浙江人民出版社出版，主编何保华，字数74万字。该志获得浙江省第三届新编地方志优秀成果一等奖和1993年全国新编地方志优秀成果二等奖。

1999年，中共浦江县委、县政府决定编纂《浦江县志(1986—2000)》，是年5月成立县地方志编纂委员会，8月任命主要编辑人员，接着批转了县志编纂工作意见，各部门单位和乡镇共建立了76个修志小组，修志人员167人。10月召开全县第一次修志工作会议，续志编纂工作全面展开。通过拟定纲目、搜集资料、分类撰稿、补充订正、编辑修改、部门复核和主编统稿，于2004年8月形成送审稿，分送县领导班子成员、编委会成员征求意见，报送省、市地方志主管部门审查。同年12月召开县志评稿会。然后总纂，再做进一步修订和编排，最后经县地方志编委会和金华市地方志办公室审查通过。2005年10月，《浦江县志(1986—2000)》由中华书局出版，主编何保华，字数168.3万字。

八、磐安县志

磐安于1949年建县，1958年曾被撤销，1983年恢复建置。

1989年春，磐安县委、县人民政府决定编修磐安县历史上第一部县志。组成县志编纂委员会，下设办公室，并布告全县征集资料，抽调和聘用编修人员，开始工作。随后，县人民政府任命县志主编，并聘请顾问，修志工作全面铺开。县级机关许多单位确定分管领导，并建立了专业志编纂班子。县志办公室和专志编纂人员广征博采，搜集资料，编写资料汇编16期。因许多部门缺乏档案资料，又因复县不久，新参加工作人员不了解历史情况，完成此项工作客观上存在困难。为此，把原由各部门分头编写各专业志的计划改为提供资料。各专业志初稿按主编所拟的篇目由县志办公室专人负责撰写。1991年底,除工业篇外,其余均经过总纂,完成80万字的县志初稿,送县委、县人大、县政府、县政协领导和编委会成员审阅,同时,把有关篇章返回提供专业志资料的人员征求意见。1992年12月完成75万字的县志评审稿,再送县委、县人大、县政府、县政协的领导和编委会审查。12月6日,县人民政府举行《磐安县志(稿)》评审会。会后,县志办公室编纂人员对各卷评审意见进行逐条整理吸收,分工加以修改。最后由县志主编统稿,于1993年3月底定稿。至1993年10月,《磐安县志》由浙江人民出版社出版,主编陈新希,字数70.2万字。

2005年3月,《磐安县志(1991—2005)》的编纂工作启动。主编陈新希拟出《纲目》初稿后,县委、县政府召开两次编纂委员会讨论修改。纲目初定,编纂人员进行明确分工,分头收集资料。7月,召开动员大会,全面做出部署,嗣后各部门、各乡镇编纂工作有序进行。志办人员分头一边下乡镇进部门协调联系,一边查档案、访口碑、找文献、翻宗谱,进行收集汇集并撰写资料稿,计有600多万字。2007年6月总纂后,编成194万字的总纂稿,送县委、县人大、县政府、县政协领导和编纂委员会委员,以及部分老领导和有关人士审阅,征求意见。反馈回来后,办公室进行梳理研究,于2008年底完成评审稿,报金华市政府地方志办公室。2009年1月9日,通过评审。2—3月,根据评审意见,再进行修改定稿。4月,委托金华市地方志办公室送交方志出版社出版。2010年10月出版,字数214.7万字。

九、汤溪县①志

明成化十年(1474年),汤溪知县宋约延请胡祚、胡暹纂《汤溪县志》,已无传本。该志见《内阁藏书目录》、《千顷堂书目》、雍正《浙江通志》卷二百五十三著录。

万历三十二年(1604年),知县汪文璧延请罗元龄等纂《汤溪县志》8卷,刊本,4册,北京图书馆、南京图书馆、上海图书馆收藏。又有康熙二十二年(1683年)重刊本,与康熙《汤溪续志》合刻。

康熙十二年(1673年),知县张元会延请黄大会等纂《汤溪县志》,未见传本。该志张元会序见民国《汤溪县志》卷二十。

康熙二十二年(1683年),知县谭国枢延请陈虞应、金杲等纂《汤溪续志》1卷,刊本,与万历《汤溪县志》合刻,上海图书馆收藏。日本国会图书馆支部内阁文库亦有藏本。上海图书馆又有胶卷复制康熙二十二年刊本。

康熙五十五年(1716年),知县宋绍业延请张祖年纂《汤溪县志》10卷,刊本,北京大学图书馆、上海图书馆、南京图书馆收藏。

乾隆四十八年(1783年),知县陈钟灵延请冯宗城等纂《汤溪县志》10卷、首1卷,刊本,6册,中国科学院图书馆、北京大学图书馆、天津图书馆、上海图书馆、浙江图书馆收藏。南京大学图书馆有钞本1部。

民国6年(1917年),薛达、戴鸿熙等纂修《汤溪县志》20卷,民国15年编成,民国20年铅

① 汤溪县于1958年9月撤销,并入金华县。

印本，12 册。《续修四库全书总目提要》对之评价甚高。台北成文出版社有影印本，编入《中国方志丛书》中。

十、婺城区志

婺城区系金华市城区，1985 年始设。

2005 年，婺城区政府成立区志编纂委员会，开始组织编纂区志。聘请市、区内专家学者担任区志主编和副主编，并对编辑人员作了分工，正式开展区志编修工作。《金华市婺城区志》编修经历了 3 个阶段。1985 年 5 月建区至 1994 年 3 月为第一阶段；1994 年 4 月实行市、区两级党政机关合署办公至 2000 年 12 月结束合署办公为第二阶段；2001 年 1 月调整金华市部分行政区划、扩大婺城区管辖区域为第三阶段。

从 2005 年下半年到 2009 年上半年，用了 4 年时间进行业务培训和广泛征求资料、编写资料、撰写初稿、反复打磨，区志编修工作稳步扎实推进。历时 5 年，金华市婺城区首部区志编纂完成。①

第八节　衢　　州

2010 年，衢州市下辖龙游、常山、江山、开化、柯城、衢江等县(市、区)，历史上曾设有西安县、衢县。至 2010 年，各县(市、区)都启动了社会主义时期第二轮志书编纂工作。

一、西安县②志

明洪武年间(1368—1398 年)，留文溟纂修《西安县志》。刊本 4 册，久佚。该志见《文渊阁书目》卷二十新志类著录。又见康熙《衢州府志》卷二十九著录。

此后，又作《西安县补志》，纂修人不可考，当修于明代。康熙《西安县志》例言称：“郡志书目，旧有《西安县志》四册，相传为明司训留公文溟所撰。后又有《补志》2 册。然考之故老，从未见其书，盖散亡久矣。”

清康熙三十七年(1698 年)，西安知县陈鹏年延请徐之凯等纂《西安县志》12 卷、首 1 卷，次年完成。刊本，14 册，故宫博物院、复旦大学图书馆、南京大学图书馆、浙江图书馆、上海图书馆(缺卷首)收藏。美国国会图书馆亦有藏本，钤有“抱经楼”藏印。

嘉庆十五年(1810 年)，知县姚宝煃延请范崇楷等纂《西安县志》48 卷、首 1 卷，次年刊本，10 册，北京图书馆、北京大学图书馆、南京图书馆、南京大学图书馆、上海图书馆、浙江图书馆均有收藏。又有民国 6 年(1917 年)蕲春桂铸西重补刻本。《中国方志丛书》系据民国重刻本

① 《金华市婺城区志》于 2011 年 8 月由方志出版社出版。

② 汉献帝初平三年(192 年)，分太末置新安。晋初以弘农有新安，改“信安”。唐始以“西安”名，隶衢州。民国元年(1912 年)2 月改称衢县。

影印。

二、衢县志(衢江区志)

民国9年(1920年),衢县郑永禧纂辑《衢县志》30卷、首1卷,民国15年成书,民国25年铅印本,20册,存本尚多。浙江图书馆有传钞原稿本1部。作者精于考订,书中订正嘉庆《西安县志》伪误凡百数十条。方言及碑碣两篇尤为精审。

1987年8月,中共衢县县委、县人民政府决定编纂《衢县志》,抽调人员建立修志机构。1988年3月,县委、县政府首次召开县志编纂工作会议。会议号召发扬艰苦奋斗精神,苦干3年,完成任务。各单位抽出专人,参与资料收集和初稿编写。编纂工作人员先后到浙江图书馆、浙江省档案馆,衢州市档案馆、博物馆以及衢州市地方志办公室等单位收集资料。1989年6月完成150万字的试写稿。1990年7月中旬,召开评审会议,请专家、同行评审。经过一年时间的精心修改,1991年7月编就付梓。1992年8月由浙江人民出版社出版,主编王家寿,字数101.5万字。

2001年2月20日,衢县县委办公室、县政府办公室印发《关于续编衢县志工作的通知》,成立衢县志编纂委员会。2月27日,县委办公室、县政府办公室转发县志编委会关于《衢县志续编工作规划》。3月6日,县委、县政府召开各部门负责人和初稿执笔人员参加的县志编纂工作会议。3—4月为初稿征集阶段,共收集近200万字的初稿材料。同年10月完成县志的总纂工作,形成约80万字的初编稿。11月开始,进入审核阶段。修改补充后分送县领导班子成员和原在衢县工作过的老领导、老同志,广泛征求意见。同时,请省、市业务部门领导及专家协助审稿。2002年9月25日召开编委会暨书稿评审会,通过审查。经上级业务部门同意,衢江区人民政府批准,2002年10月,《衢县志1985—2001》由方志出版社出版,主编金召卫,字数80万字。

三、龙游县志

明代正统以前,修有《龙游县志》,书已久佚,纂修者不可考。该书见《文渊阁书目》卷二十新志类著录。余绍宋称:“宋代方志渐兴,州县多有专志。南渡以后,吾县人文至盛,疑亦有之,惜无考耳。今可考者,以明天顺间知县王瓒所修本为最早。今《文渊阁目》既载有《龙游县志》,则正统以前已有纂修,惜未详纂修者名氏、卷数及年代,未知究出何时何人之手耳。”(民国《龙游县志》卷末)

天顺四年(1460年),龙游知县王瓒①纂修《龙游县志》10卷。刊本久佚。该志见《千顷堂书目》著录。

弘治十一年(1498年),知县袁文纪纂修《龙游县志》14卷。刊本,已亡。该书见《千顷堂书目》、天启《衢州府志》著录。该志樊莹序今载民国《龙游县志》。

---

①　王瓒(1428—1504年),字廷器。明成化十七年(1481年)进士,授工部主事,升员外郎,以忤中使李瑾下狱。不久获赦出狱。历郎中,出知怀庆、开封两府,有善政。

万历四年(1576年),知县涂杰[①]延请余湘、童佩纂《龙游县志》10卷。刊本已佚。该书见《千顷堂书目》《内阁藏书目录》著录。有尹泰、陆瓒两序,载民国《龙游县志》卷末。

万历四十年(1612年),知县万廷谦纂修《龙游县志》10卷、首1卷,曹闻礼、钟相业校订。刊本,4册,附图。北京图书馆、浙江图书馆收藏。南京图书馆、上海图书馆有胶卷复制万历原刊本。通行本有民国12年(1923年)龙游余绍宋重刊铅印万历本。余氏有重刊序及校刊记。浙江图书馆藏有余绍宋传钞万历原刊本,经叶渭清初校,余氏本人复校。

清康熙十一年(1672年),知县卢灿延请余恂等纂《龙游县志》12卷、首1卷,康熙十九年成书,次年刊本,6册,北京图书馆、故宫博物院、上海图书馆、浙江图书馆收藏。又有光绪八年(1882年)龙游余氏重刊本,6册,南京大学图书馆收藏。

乾隆六年(1741年),知县徐起岩续修《龙游县志续编》,刊本,上海图书馆、天津图书馆收藏。仅续编官师、选举、艺文等门,未成全志。又有光绪八年(1882年)龙游余氏重刻本。

道光年间(1821—1850年),知县周敦培纂修《龙游县志》,未成书,今已散佚。

同治(1862—1874年)初,知县朱朴纂修《龙游县志》,也未成书,无传本。

光绪二十年(1894年),知县张炤延请冯一梅纂《龙游县志》,亦未完成,稿本未见。

光绪二十六年(1900年),知县杨葆光延请叶吉臣纂《龙游县志》,亦未完成,稿已佚。

民国10年(1921年),龙游余绍宋开始编纂《龙游县志》,民国12年成初稿8卷,今有铅印本传世。计选举表3卷,人物传5卷。中国科学院图书馆、北京大学图书馆、南京大学图书馆各馆均有收藏。民国14年,余绍宋编成《龙游县志》40卷、首1卷、末1卷。此志铅印本,16册,传本尚多。该书分正志23卷,附志17卷,卷首末各1卷,合计42卷。此志为民国时期浙江新纂地方志中不可多得之佳作。书中氏族考、食货考尤为创新之作。梁启超因此特为此志作序,称其"字字皆呕心血铸成",甚至"与实斋诸志较,其史识与史才突过之者盖不鲜",并称此志以"不可多得之佳构"而为方志界中"独传之作"。

1987年4月,龙游县志编纂委员会成立。7月,中共龙游县委、县人民政府批转县志编纂委员会关于县志编纂工作的意见。8月,龙游县人民政府召开第一次县志工作会议,进行全面的思想和组织发动。1988年后约用一年半时间进行资料的搜集和整理,搜集文献和口碑资料2100余万字,50余个部门、单位提供专业或专题资料长编。1989年7月,县志办公室组织编辑人员按县志总纂纲目编写,1990年5月脱稿。嗣后,邀请省方志界部分领导、专家及同仁评议,组织部门领导、知情人评审。根据评议和评审意见,调整纲目,补充、考证资料,改写二稿,1990年底完成。复送地方志领导部门、省内外专家学者、修志同仁、县志编纂委员会及有关部门评审。1991年5月再行修正,6月由县志编纂委员会、省地方志编纂室、中华书局终审定稿。1991年10月,《龙游县志》由中华书局出版,主编胡礼舟,字数100万字。

2004年5月,中共龙游县委、龙游县人民政府决定重设县地方志办公室,确定龙游县地方志编纂委员会领导及成员,着手筹备县志编修。2005年4月19日,召开全县县志编纂工作会议,新编县志工作全面启动。起初编修续志,以1983—2005年为时间断限,组织发动,征集

---

① 涂杰,明隆庆五年(1571年)进士,历龙游知县,擢御史,迁光禄少卿。

提供资料,明确任务,确定修志人员,进行业务培训,拟定纲目,撰写初稿。分别于2006年11月、2007年4月,由衢州市地方志办公室、浙江省地方志编委会办公室进行纲目论证。论证中,发现1991年版《龙游县志》下限为1988年,而自1988年以来,改革不断深化,社会经济快速发展,志书内容已很难套用1991年版县志的体例框架,也很难处理好历史资料的补充问题。2007年4月,龙游县地方志编纂委员会领导决定改续修为重修。于是另行制订纲目,编纂初稿。至2010年底,基本形成第一稿。

四、江山县(市)志

明代正统以前,曾修过《江山县志》,书已佚,纂修人不可考。该志见《文渊阁书目》卷二十新志类著录。

明正德十三年(1518年),江山知县吴仲[①]延请徐文溥[②]纂《江山县志》10卷。该志刊本已佚,见《千顷堂书目》、康熙《衢州府志》卷二十九著录。徐文溥序见同治《江山县志》卷首,称:"江山自唐迄今,殆数百年而志弗修。晋陵吴侯仲以名进士来宰是县,始创新志。凡十卷,属余参订,纲厘为八,而条例其下。时正德十三年。"

嘉靖二十三年(1544年),知县黄纶延请谭景韶纂《江山县志》,未见刊本。该书见《千顷堂书目》、康熙《衢州府志》著录。黄纶序见同治《江山县志》卷首。

天启三年(1623年),知县张凤翼延请徐日葵纂《江山县志》10卷,刊本,中国台湾"中央图书馆"收藏,缺末两卷。北京图书馆、上海图书馆、南京图书馆均有胶卷(存郑卷一至卷八)。日本宫内厅书陵部藏有钞本4册,全。

清康熙二十二年(1683年),江山余锡纂修《江山县志》10卷。北京图书馆有钞本7卷(缺卷一至卷三),上海图书馆有胶卷复制传钞本。据康熙《衢州府志》卷二十九记载,该志并未付梓。

康熙四十年(1701年),知县朱彩延请朱长吟纂修《江山县志》10卷,刊本,4册,上海图书馆收藏。

康熙五十二年(1713年),知县汪浩延请宋俊等纂《江山县志》14卷、首1卷、末1卷,刊本,北京图书馆、北京大学图书馆、浙江图书馆均有藏本。

乾隆四十一年(1776年),知县宋成绥延请陆飞等纂《江山县志》16卷、首1卷、末1卷,刊本,8册,北京图书馆、故宫博物院、上海图书馆、南京图书馆、武汉大学图书馆、浙江图书馆收藏。

同治十二年(1873年),知县王彬延请朱宝慈等纂《江山县志》12卷、首1卷、末1卷,同年文溪书院刊本,8册,传本尚多。台北成文出版社又据同治原刊本影印,编入《中国方志丛

---

① 吴仲(1482—1568年),字亚夫,号剑泉。明正德十二年(1517年)进士,授江山令,擢御史,累官南京太仆寺少卿。

② 徐文溥(1480—1525年),名幼凤,字可大,号岳峰,更号梦渔。明正德六年(1511年)进士,授给事中,伉直敢言,屡上书言事,帝勿听,遂引疾去。世宗即位,起河南参议,迁广东副使。嘉靖四年(1525年)复引归,道卒,年仅四十六。

书》中。

1982年9月，江山县志编纂办公室成立，开始收集资料。1984年，编印《江山县志简编》1册，由上海中华印刷厂印刷，内部发行。1985年3月，县志编纂委员会成立，开始《江山县志》编修工作。1986年底以前为收集资料阶段。1987年8月，完成初稿。9月，任命郑立墉为主编。1987年11月撤县设市后，《江山县志》改名为《江山市志》。1988年1月，开始总纂阶段。同年11月，完成总纂初稿及总纂征求意见稿，并进行评审。1989年3月，总纂修改稿完成，经省、衢州市相关部门审定后送出版社。1990年2月，《江山市志》由浙江人民出版社出版，字数70.7万字。

2005年1月，江山市志编纂办公室成立。12月，印发市志纲目征求意见稿。2007年7月，市志编纂办公室作为临时机构并入江山市档案局（史志办）管理。11月，召开《江山市志》暨《江山年鉴》编纂工作会议，动员推进第二轮《江山市志》的修编，启动《江山年鉴》的编纂工作。会后，工作重点侧重于《江山年鉴》。2009年11月，重新启动《江山市志（1988—2007）》编修。①

五、常山县志

明代正统之前，曾修过《常山县志》，书已佚，纂修人不可考，见《文渊阁书目》卷二十新志类著录。

明成化三年（1467年），常山知县李溥延请樊莹纂《常山县志》，书见《千顷堂书目》、康熙《衢州府志》卷二十九著录。刊本已佚。

万历十三年（1585年），知县傅良言延请詹莱纂《常山县志》15卷，刊本，北京图书馆收藏。又有顺治十七年（1660年）王明道增刻本，北京图书馆收藏，上海图书馆有胶卷复制顺治增刻本。该志詹莱序称："始事于乙酉仲春上旬，五阅月而讫工。"

清顺治十七年（1660年），知县王明道纂修《常山县志》15卷，刊本，4册，北京图书馆有藏本，南京图书馆有胶卷复制顺治本。该志系续万历詹莱《常山县志》。

康熙二十二年（1683年），知县杨潆纂修《常山县志》15卷。书成未付梓，日本宫内厅书陵部藏有钞本1部，8册。

雍正元年（1723年），知县孔毓玑纂修《常山县志》12卷、首1卷，次年刊本，北京图书馆、故宫博物院、吉林大学图书馆收藏。

嘉庆十八年（1813年），知县陈珄延请张巽等纂《常山县志》12卷、首1卷，刊本，8册，天津图书馆、上海图书馆、浙江图书馆收藏。又有道光二十八年（1848年）修锓嘉庆原刊本，北京图书馆、上海图书馆收藏。

光绪九年（1883年），知县李瑞钟延请朱昌泰等纂《常山县志》68卷、首1卷、末1卷，光绪十二年修成，刊本，12册，浙江图书馆、南京大学图书馆收藏。又有民国18年（1929年）重印本。

---

① 2013年9月，《江山市志（1988—2007）》由方志出版社出版，主编祝龙光，字数170.3万字。

1985年10月12日，中共常山县委成立县志编纂委员会；12月30日，县委、县人民政府印发《关于编纂新〈常山县志〉的决定》。1986年1月至1988年2月，为资料集中搜集阶段，县志办公室和各部门采编小组共查阅历史档案2.4万卷、图书刊物1300多册，搜集历史文献186篇、老人回忆录591篇、厂矿学校等史料116篇，资料总字数1745万字，照片、图表、实物等1343件。1987年4月，根据工作需要，县委调整县志编纂委员会。1988年2月开始编写，并四次改稿；10月底，县人民政府召开评稿会，对篇目和部分编做调整增删；11月起进行评后改稿。1990年6月，《常山县志》由浙江人民出版社出版，主编周鸿富(最早为李赓扬)，字数77.6万字。

2003年9月12日，县委办公室公布成立县地方志编纂委员会及其办公室；12月，县委办公室、县政府办公室下发《关于印发〈常山县志(1988—2005)编纂工作规划〉的通知》；随后，召开动员大会，各乡镇、部门成立编纂工作领导小组。2004年1月至2006年8月，主要是组织发动、分解任务、业务培训、资料搜集、编写志稿。2006年9月完成《常山县志(1988—2005)》初稿编纂。2007年3月，召开下延3年志稿撰写工作部署会，编辑部将任务分解到个人，倒排时间，确保质量，限时完成各篇章节文稿的组稿和编辑工作；11月形成"通审稿"；12月21日召开"通审稿"评审会，邀请省、衢州市方志办领导和专家参加。2008年1—3月进行评审后改稿；3月完成送审稿(第一稿)的修改任务；10月由县委办公室、县政府办公室审定，衢州市地方志办公室验收和省地方志编纂委员会办公室审核定稿；12月由西泠印社出版社出版。主编刘石平、黄孔森、鲍秀英，字数167.5万字。

六、开化县志

明代正统以前，曾修过一部《开化县志》，书已佚，纂修人不可考。该书见《文渊阁书目》卷二十新志类著录。

明弘治八年(1495年)，知县程伦延请方泌纂《开化县志》10卷。方泌(1425—1500年)字继源，号二宜。天顺四年(1460年)进士，授刑部主事，升员外郎，官至广东按察佥事。该志刊本今已不存，见《千顷堂书目》、康熙《衢州府志》卷二十九著录。

图110-3-8-1　2006年4月19日，开化县人民政府召开《开化县志》续修工作动员会议(开化县地方志办公室提供)

万历十六年(1588年)，知县汪应望延请徐公軏等纂《开化县志》10卷，无刊本流传。汪应望序尚存，载光绪《开化县志》卷首。

万历二十九年(1601年)，知县苏琞延请徐公敬等纂《开化县志》10卷。万历三十四年继修，未见刊本流传。该志苏琞序载光绪《开化县志》卷首。

崇祯四年(1631年)，知县朱朝藩延请汪庆百纂《开化县志》10卷，刊本，4册，日本国会图书馆收藏。中国科学院图书馆有胶卷复制崇祯原刊本。

清顺治九年(1652 年),知县朱凤台延请徐世荫等纂《开化县志》,刊本,北京图书馆收藏,上海图书馆有胶卷。

康熙二十二年(1683 年),知县吉祥延请汪尔敬、姚夔等纂《开化县志》10 卷,次年知县嵩县董铎梓行。北京图书馆收藏,日本国会图书馆支部内阁文库有钞本 1 部,6 册。

雍正七年(1729 年),知县孙锦延请方严翼等纂《开化县志》10 卷、首 1 卷,刊本,9 册,北京图书馆、故宫博物院、南京图书馆、上海图书馆收藏。

乾隆六十年(1795 年),知县范玉衡延请吴淦等纂《开化县志》12 卷、首 1 卷,刊本,6 册,中国科学院图书馆、故宫博物院、北京图书馆、复旦大学图书馆、上海图书馆、南京图书馆、浙江图书馆收藏。

光绪十三年(1887 年),知县徐名立延请潘树棠纂《开化县志》14 卷、首 1 卷,光绪二十四年稿成。刊本,10 册,中国科学院图书馆、北京大学图书馆、上海图书馆、南京图书馆、南京大学图书馆、浙江图书馆均有藏本。

1984 年 12 月,开化县人民政府开始筹备《开化县志》编纂工作。1986 年 11 月以前,为组织发动和收集资料阶段;1986 年 11 月至 1987 年 5 月,为各篇分纂修改阶段;1987 年 6 月至 1988 年 1 月,为总纂评审阶段。1984 年 12 月开始选调修志人员,组织培训学习,拟定“县志纲目”。1985 年 4 月,建立开化县志编纂委员会及其办公室。全县 59 个部门单位建立修志机构,参与修志人员 200 多人。1985 年 7 月,召开全县第一次修志工作会议,进行编写人员业务培训,修志工作全面展开。从 1985 年 9 月至定稿,修志人员先后到浙江省档案馆、浙江图书馆、开化县档案馆等地查阅档案、搜集资料。在县档案馆查档 3903 卷(次),共搜集文字资料约 1200 万字。1986 年 5 月,开化县志编纂委员会成立编辑部,主编王建华。1987 年 10 月,邀请省市县修志专家、部分外地原在开化工作过的老同志,召开《开化县志》评审会。1988 年 12 月,《开化县志》由浙江人民出版社出版,字数 63 万字。

2005 年初,中共开化县委、县政府决定续修《开化县志(1986—2005)》。同年 6 月,成立开化县地方志编纂委员会及其办公室。2005 年 6—12 月是筹备阶段,成立修志机构,落实人员、经费、办公场所。12 月,志书纲目经过反复讨论、修改、补充后定稿。2006 年 4 月至 2007 年 2 月是资料征集阶段,县政府召开全县修志工作动员大会,部署修志工作任务和总体安排,明确资料搜集的具体要求和行文规定,落实资料稿。2006 年 12 月,全县 115 个承编单位,主笔 117 人,修志成员约 600 人,完成了承编任务,上交初稿约 600 万字。2007 年 3 月至 2008 年 2 月是志稿编纂阶段,经过整理、核实、补充、分纂,形成 160 万字初稿。2008 年 3—10 月是志稿修改阶段,初稿分送县志顾问,编委会主任、副主任及相关人士手中,征求修改意见。并通过公文交换系统返回到各单位,由各承编单位分管领导、主笔对文稿提出书面修改意见。同年 5 月,115 个承编单位返回初稿。同年 8 月,副主编分编修改志稿,插入相关图表、照片。同年 10 月,形成约 135 万字的续志送审稿。11 月,送审稿分送县领导,县志顾问,编委会主任、副主任及相关人士二审后,于 12 月中旬召开了方志专家评审会,经再次整理、核实、修改文字,形成 130 万字的志稿。2009 年 1 月,续志稿交出版社付梓。2010 年 8 月,《开化县志

(1986—2005)》由方志出版社出版,主编汪权龙,字数160万字。

七、柯城区志

2003年8月,衢州市柯城区委、区政府决定编纂《柯城区志》,建立柯城区志编纂委员会及其办公室,着手修志准备。2004年3月12日,召开区志编纂委员会第一次会议,明确修志任务,组织修志队伍,聘请专家顾问,编修工作全面展开。3—8月收集资料,试写志稿,共收集文字资料960多万字,征集旧志15种、文史资料30多册。9月开始分纂和总纂。2005年4月召开编委会评审会,并请区委、区政府、区人大、区政协及有关部门领导审阅。6月8日,召开专家评审会,然后修改定稿。2005年8月,《柯城区志》由方志出版社出版,主编韩志宏,字数131.9万字。

第九节 舟 山

舟山在宋代置有昌国县,清代置有定海县。2010年,舟山市下辖定海、岱山、嵊泗、普陀等县(区)。至2010年,除《定海区志》尚在编纂之中,其他县(区)已完成社会主义时期第二轮志书编纂工作。

一、昌国县志①

南宋绍熙元年(1190年),昌国县令王阮纂修昌国志。王阮字南卿,江州德安人,隆兴元年(1163年)进士,仕至抚州守。淳熙十五年(1188年)以承议郎任昌国县令。该志传本久绝。徐时栋《四明六志校勘记》卷九载:"元成宗大德时,冯州判福京购之民间,岁余仅得其一。明武宗正德初,陶教授恭搜访故籍,仅获写本。是在元、明时流传甚稀,已为罕觏,况今日乎。"

明初,修过一部昌国县志,书久佚,纂修人不可考。该书见《文渊阁书目》卷二十新志类著录。

明正德元年(1506年),陶恭纂修《昌国县志》,隆庆三年(1569年)陶积续修,已佚。该书见《千顷堂书目》著录。

天启六年(1626年),昌国卫参将何汝宾汇辑《舟山志》4卷,邵辅忠②订正。该书刊本已佚。见《千顷堂书目》著录。亦称《翁山志》。民国15年(1936年),潘景郑曾见此书清钞本,跋载:"《翁山志》四卷,题通政司左通政邑人邵辅忠订正,宁绍副总兵官茂苑何汝宾汇辑。前有邵辅忠序,末有天启丙寅茂苑何汝宾跋。又失名一跋。分类:卷一舆地、沿革、疆域、城治、官制、兵防;卷二山川、风俗、学制、公署、闾里、田赋、仓储、户口、灾祥、祀典、寺观;卷三宦绩、选举、物产、人物;卷四艺文。按舟山在定海未立县时,名为翁山县。已复改为昌国县,与定海

① 昌国县于元至元十五年(1278年)升为州,《昌国州志》详见第二章第九节。

② 邵辅忠,明万历二十三年(1595年)进士,官工部郎中,附魏忠贤,骤迁至兵部尚书。魏忠贤败,赎徙为民。

并隶。已又升为昌国州。盖定邑为两浙咽喉，而舟山实为定邑门户。贡寇出入，道所必由。其阨要之区，非寻常也。有明嘉靖壬子之变，海寇蟠据柯梅，联络巢穴。土人献议者，欲从后山开道，引兵袭之。当事诧为危计，不敢用。卒以猖獗，流毒吴、越间。何氏作此志，实有所愤发。故大要主于示险要，列兵防之宜，备养军之策所由，于战守方略，最为关切。原书刊于明天启丙寅，此从刊本影写者。审纸墨尚是乾隆以前钞本。刊本今不可见，则此虎贲中郎，犹当视为球璧矣。”①

清康熙年间(1662—1722年)，鄞县闻性道纂《昌国县志》，稿未刊。今浙江图书馆藏有此稿钞本，不全。原目35门，钞本仅存14门。知县姓名列至康熙初。

二、定海县(区)志

明嘉靖年间(1522—1566年)即有《定海县志》，由何愈修、张时彻纂，共13卷。该志图、表、志、传并用，有纲有目，目录所列详备、明晰。

清康熙三十三年(1694年)，定海知县周圣化延请裘琏、隆鋆等纂修《定海县志》，不久周圣化调离。后由继任知县缪燧重修，历时19年始成。康熙五十四年刊本，4册，北京图书馆、北京大学图书馆、南京图书馆、南京大学图书馆、上海图书馆、浙江图书馆收藏。该志分28类，以何汝宾《舟山志》为蓝本，参以宝庆《四明志》及大德、正德诸昌国州、县志而成。

乾隆二十一年(1756年)，知县庄纶渭续修《定海县志》，未见传本。该书见光绪《定海县志》卷二十九、《宁属方志目》著录。

清光绪年间，著名学者黄以周等纂有《定海厅志》；民国9年(1920年)，钱焕绮、汤浚等纂修《定海厅续志》，后又改为《定海县新志》《定海县续志》，未刊，未见传本。

民国12年(1923年)，陈训正、马瀛纂修《定海县志》，次年铅印本，6册。台北成文出版社又影印编入《中国方志丛书》中。该志不分卷，除取材于直接调查之文献外，并参考光绪《定海厅志》及民国9年所修未刊稿。全书卷首为列图，第一册为舆地志，第二册为营缮志、交通志、财赋志，第三册为鱼盐志、食货志、物产志、教育志、选举志、人物志，第四册为职官志、军警志、礼教志、艺文志、故实志，第五册为方俗志。该志有关定海县社会经济状况，记载独详，为辛亥革命后浙江新修县志中之佳作。

1988年5月，定海县成立地方志编纂委员会，定海区委、区人大常委会、区政府决定新编《定海县志》。同年9月至翌年3月，开始着手建班子，订规划，拟篇目，宣传发动，落实承编任务。1989年4月至次年3月，广泛征集资料，先后查阅档案4643卷、宗谱147册和大量文献、报刊，走访1500多位知情人；摘录卡片5万余张，复印资料500余份，1500余万字。1990年4月至次年3月，64个部门、单位撰写分篇初稿250余万字。1991年3月至翌年6月，县志正副主编、责任编辑分工改写各分篇。1992年7—8月分纂组合。9月，返回各部门征求意见，报区领导审阅。10月，召开志稿评议会，听取方志界专家意见。嗣后，调整篇目，进行深加工，修改定稿。1993年7月初送审，8月初交出版社。至1994年，《定海县志》由浙江人民出

---

① 《著砚楼书跋》。

版社出版，主编黄信、陈誉，字数 122.8 万字。该志获省第四届地方志优秀成果二等奖。

2006 年 2 月 13 日，中共定海区委办公室、区政府办公室联合发文宣布成立《舟山市定海区志》编纂委员会，并着手组织力量，成立《舟山市定海区志》编辑部，开展《舟山市定海区志》(以下简称《定海区志》)的编撰工作，当时，区委、区政府决定《定海区志》上限紧接 1994 年出版的《定海县志》(下称前志)，下限截至 2005 年。启动后，许多部门、行业反映限内的 18 年间，有近 10 年时间一直处于市、区合署办公和调整、完善过程中，故在搜集限内的区志资料时遇到诸多困难。为此，又报经区委、区政府领导批准，决定将区志下限时间推迟到 2007 年。虽然只延后了两年时间，这两年却是区属机构和各部门几经调整后比较完善、固定下来的时期，许多资料比较完善，可以充分反映定海在市区管理体制调整后 20 年的经济社会发展状况。区史志办公室在 2007 年 6 月和 9 月先后两次举办全区性撰稿人员培训会，请省地方志编纂委员会、市史志办公室专家授课，进行有针对性的业务研讨和交流，以提高撰稿人员的修志水平。《定海区志》从正式启动到终审定稿，历时 8 年，在这 8 年期间，经过组织发动、组建班子、制订纲目、培训人员、收集资料、编撰长篇、精选提炼、组织内审、结集初审、复审、终审等程序。①

三、岱山县志

民国 38 年(1949 年)7 月，国民党当局析定海县置滃洲县(县治岱山高亭)。当年编《滃洲简志》，次年纂成。

1988 年 6 月，岱山县人民政府做出县志编纂工作的决定，建立县志编纂委员会，下设办公室和编辑室。9 月召开县第一次修志工作会议，至年底，县属 62 个部门成立县志编写小组，参与修志人员 176 人。1989 年集中力量搜集各种资料近 1500 万字。1990 年起，各部门按《县志编纂工作规划》和县志初定篇目，陆续进入资料汇编，在此基础上，由编辑室编写分志稿。1991 年 7 月进入总纂，1992 年 6 月完成送审稿。此后，经专家评议，部门核稿，多方征求意见，反复修改，最后由县人民政府领导审查定稿，再经省地方志编委会办公室组织专家小组审稿。至 1994 年，《岱山县志》由浙江人民出版社出版，主编朱家通，字数 77 万字。该志获省第四届地方志优秀成果二等奖。

2000 年末，中共岱山县委、县政府决定编纂续修《岱山县志》，上限 1989 年，与上部县志相衔接，下限 2000 年。2001 年 3 月，成立岱山县志编纂委员会及其办公室、编辑室，聘请顾问 2 人、编辑 9 人。乡镇、县属部门、企事业等 96 个单位成立编写小组。4 月，县志编委会召开第一次会议，审议通过《岱山县志(1989—2000)》纲目，并召开第一次全县县志编纂工作会议。续志编纂全面启动。2002 年 10 月，完成 250 余万字的县志资料稿编写。11 月，县委办公室、县政府办公室召开第二次全县县志编纂工作会议。至 2003 年末，县志编辑室完成 150 余万字的县志初稿编写。2004 年 1 月进入总纂，经反复核实、补充，几易其稿，于 2005 年 8 月完成送审稿，分别报送县委、县人大、县政府、县政协领导，省、市地方志办公室领导，有关方志专

① 2016 年 11 月，《舟山市定海区志》由浙江人民出版社出版，主编唐小明，字数 265.6 万字。

家，县志编委会各委员审阅，并按章分送给各编写单位审核。2005 年 12 月 17—18 日，县政府在杭州召开了《岱山县志(1989—2000)》评审会议。评审会后，县志编辑室根据专家和各承编单位意见，认真调整结构，仔细核实史料、斟酌文句、消除差错，于 2006 年 5 月定稿。2006 年 12 月，《岱山县志(1989—2000)》由浙江人民出版社出版，主编李淑霞，字数 170 万字。

四、嵊泗县志

1984 年 9 月，中共嵊泗县委常委会研究决定编纂《嵊泗县志》，随即成立嵊泗县志编纂委员会。1984 年 9 月至 1988 年 8 月，历时四载，完成志稿。通过组织发动和征集资料、试写初稿、组织总纂等阶段，1988 年 3 月起，转入第一稿评审，先后召开 12 次评审会，共有 170 人次参加评审。评审结束后，又逐编进行修改。至 1989 年，《嵊泗县志》由浙江人民出版社出版，主编陈惕吾、许示，字数 70.3 万字。

2001 年 5 月，嵊泗县地方志编纂委员会成立，下设办公室和编辑室，启动编纂《嵊泗县志(1986—2000)》。各乡镇和各部门也相继成立了相应的领导班子和编写小组。11 月，召开县志编纂工作会议，同时对各乡镇、各单位主笔人员进行培训。在编纂过程中，县政府又多次召开专题会议，研究解决志书编修中的困难与问题。在编纂过程中，共收集了 450 多万字的书面、口碑和图、照片等资料，通过梳理、补充、筛选，从 200 多万字的原稿形成 160 万字的资料稿，尔后又压缩成 100 多万字的送审稿。2006 年 7 月，送审稿呈交省内外的十几位专家和方志出版社编辑及省、市地方志办公室领导审阅。同时又一次请离退休的老领导、老同志及相关部门、单位、乡镇领导审阅。至 2007 年，《嵊泗县志(1986—2000)》由方志出版社出版，主编张菊英、刘康义，字数 101.3 万字。

五、普陀县(区)志

1985 年上半年，中共普陀县委、县政府开始酝酿《普陀县志》的编纂，议定先编地名志，后编县志。1986 年底，《普陀县地名志》如期编辑出版。1987 年 3 月，普陀撤县设区。中共普陀区委、区政府于同年 9 月 17 日发出《关于编纂普陀县志的决定》，并建立《普陀县志》编纂委员会，下设编辑部和办公室。10 月下旬开始发动编纂《普陀县志》，下限为 1986 年。整个编纂过程历时两载半，参与搜集资料及分志撰稿人员共 250 余人，搜集各类资料近 1500 万字，1990 年 6 月修改定稿。至 1991 年，《普陀县志》由浙江人民出版社出版，主编蒋文波，字数 115.7 万字。1993 年，该志分别获全国新编地方志优秀成果二等奖、省第三届新编地方志优秀成果一等奖。

《普陀县志》编成出版后，社会效益良好，受到各界普遍好评。区委、区政府决定编纂《普陀区志》。《普陀区志》是《普陀县志》的第一部续志。续志的上、下限为 1987—1995 年。1996 年 4 月，开始组织发动，各单位编写、总纂、核实修改等阶段，于 1997 年 12 月基本编成，历时 1 年 9 个月。1999 年 2 月，《普陀区志(1987—1995)》由浙江人民出版社出版，主编蒋文波，字数 140 万字。

第十节　台　　州

2010年,台州市下辖临海、黄岩、天台、仙居、温岭、玉环、三门、椒江、路桥等县(市、区)。至2010年,除三门县尚未启动社会主义时期第二轮志书编纂工作以外,其他县(市、区)都已启动。

一、临海县(市)志

宋代曾修过《临海图经》,书久佚,不知纂修人名氏。嘉定《赤城志》卷八职官曾引该书。明代永乐年间,曾修过《临海县志》,书佚,纂修人不可考,志见《文渊阁书目》卷二十新志类著录。

明弘治年间(1488—1505年),临海任稜、周玉①编纂《临海县志》,已无传本。书成于弘治十七年前,吴珪校刊,其所撰后序存于其所著《夔门残稿》。

嘉靖十五年(1536年),临海知县刘大直延请余宽、金贲亨②纂《临海县志》26卷,嘉靖十八年成书。刊本,北京图书馆藏4册(存卷一至卷四、卷十五至卷十八)。

清康熙十二年(1673年),知县高培延请洪若皋等纂《临海县年志》15卷、首1卷,至康熙二十二年修成,刊本,8册,北京图书馆、北京大学图书馆、天津图书馆、南京大学图书馆、浙江图书馆收藏。又存同治十年(1871年)重刊本,8册,上海图书馆收藏。

乾隆三十三年(1768年),知县许巽行延请秦锡淳③纂《临海县志》。该书未成书,已佚。光绪《台州府志·经籍考六》著录,凡12册。

嘉庆初,洪蒙煊、郭协寅、沈河斗纂修《临海县志》10卷,稿本未刊,已散佚。叶书纂光绪《临海县志》所载《志原》篇有云:"嘉庆初,蒙煊馆郭茂才协寅、沈明经河斗于家,协而修之。阅三载始成。咸丰辛酉,稿毁于寇。其族孙福钧有舆地、建置、职官初稿三卷,余则得其金石稿一卷。引书并录原文,标其名目。近事未有记载,则列其案牍。无案牍则注新增二字别之。间附案语,参互考订。论者谓远轶前志。"

咸丰十年(1860年),临海程霖纂修《临海县志》,未成书而卒。稿本未刊。该书见光绪《台州府志·艺文略六》著录。临海市博物馆藏有原稿1册。

同治十年(1871年),临海知县黄敬熙延请何炳麟等纂《临海县志》,未刊行,稿已散佚。该书见光绪《台州府志·艺文略六》著录。叶书纂光绪《临海县志》所载《志原》篇称:"同治间,黄侯敬熙集诸生何炳麟、宋珍、程俊、洪福均等,开馆修辑,搜集各家遗稿,杂揉成卷。昧其来源,全失面目。而各家之稿,由是散佚矣。"

---

① 任稜,字孟廉。明天顺元年(1328年)以经明行修荐,历官国子学录。周玉字朝振,官至祭酒。

② 金贲亨(1483—1564年),字汝白,号一所。明正德九年(1514年)进士,官至江西提学副使。嘉靖四十三年(1564年)卒,年八十一。著有《台学源流》。

③ 秦锡淳,字即瞿,号沐云,官平山知县。家贫,专心著述。

光绪二十一年(1895年),知县吴鸿宾延请叶书等纂《临海县志》32卷。该志于光绪二十九年脱稿,未刊行。民国15年(1926年)修县志时,大部取用此稿。

民国15年(1926年),县知事孙熙鼎延请何奏簧等编纂《临海县志》,一度中辍,民国23年张寅任县长后续成,次年铅印刊行,22册,传本尚多。台北成文出版社有《中国方志丛书》影印本。

民国33年(1934年),临海县成立修志馆,设馆长、总纂、采辑4人,至民国38年初结束。该馆摘抄报纸杂志和采访,计若干册。

民国期间,陈懋森撰《临海县志稿》。陈懋森字铭生,殚心于志,遍访全县各地,有闻必录,阅33年而成。该书记事延至民国,卷目尚未配置定当,系初稿,稿本59册,今存临海市博物馆。

1984年秋,中共临海县委、县政府开始筹备《临海县志》的编纂工作。1985年2月9日成立县志编纂委员会及办公室,然后陆续调聘人员组成编纂班子。同时,临海县志编纂委员会发布了《关于征集资料的通告》。各单位相继成立专志编写小组或落实编写人员,为县志编写奠定组织和业务基础。同年4月起,全面搜集资料,从各级档案馆、图书馆、历代旧志和手稿中摘录资料,建立卡片2万余张、文字200余万字。1986年进入编写阶段,按成稿先后,不定期刊登在《临海修志通讯》上,发至有关单位、兄弟县市、各级领导及县志顾问等征求意见。1987年5月,完成初稿。同年6月转入志稿修订。于6月下旬召开了《临海县志稿》讨论会。于1988年年初定稿。1989年5月,《临海县志》由浙江人民出版社出版,主编梁光军,字数80万字。

二、黄岩县(区)志

宋大中祥符年间(1008—1016年),撰有《黄岩县志》,书久佚,纂修人名氏不可考。嘉定《赤城志》卷八《职官》、卷三十九《纪遗》皆引该志。

南宋嘉定十七年(1224年),黄岩知县蔡范纂修《黄岩县志》6卷,刊本久佚。

明永乐年间(1403—1424年),修过一部《黄岩县志》,纂修人不可考,传本久绝。光绪《黄岩县志》王棻序称:"黄岩有志,始于宋大中祥符,重修于嘉定甲申,至明永乐后复修,书皆佚不传。"

明万历七年(1579年),知县袁应祺[①]延请牟汝忠等纂《黄岩县志》7卷。该书刊本,宁波天一阁藏。1963年,上海古籍书店据万历原刊本影印,列入《天一阁藏明代方志选刊》中。

清康熙二十一年(1682年),知县张思齐延请潘文韬等纂《黄岩县志》,刊刻未竟。北京图书馆藏有刊本3册,有职宫、选举、人物、艺文、杂志诸项;书口未刻卷页数。

康熙三十八年(1699年),知县刘宽延请平遇、潘最同纂《黄岩县志》8卷,刊本,北京图书馆、上海图书馆、南京图书馆、浙江图书馆收藏。

---

① 袁应祺(1538—1593年),字文谷,号肖海。明万历二年(1574年)进士,授黄岩知县,擢户部主事,督理昌平粮饷。有《浮玉山人集》问世。

乾隆三十五年(1770年),知县王愷纂修《黄岩县志》12卷,刊本,大连市图书馆藏。上海图书馆、浙江图书馆藏有道光十八年(1838年)重刊本,14册。

咸丰八年(1858年),黄岩姜文衡纂修县志,咸丰十年,稿成。次年,知县曾元澄以为稿未备,请卢锡畴重新纂修,因太平军占领县城,中止。稿已佚。

同治七年(1868年),知县郑锡滜延请王棻纂修县志,后王咏霓续纂,至光绪三年(1877年)告成,刊本,16册。北京图书馆、上海图书馆、南京图书馆、南京大学图书馆收藏。《中国方志丛书》影印光绪三年刊本,附《黄岩集》。又有光绪六年刊本,附王棻撰《黄岩志校议》2卷而无《黄岩集》,浙江图书馆有藏本。

1985年11月,黄岩县成立黄岩县志编纂委员会及其办公室。次年6月,开始安排修志计划,要求县级机关各部门和区(镇)乡提供资料,并举办培训班。1990年7月底完成县志总纂。然后发各单位校核修改,并报请领导机关审定和要求安排出版经费。1991年1月,县志稿送上海三联书店编审。出版社审稿结束后,通过社会募资出版。至1992年,《黄岩县志》由上海三联书店出版,总纂严振非,字数100万字。

1989年,黄岩撤县设市,1994年撤市设区,划出南部设置路桥区,行政区域变动较大。1999年,黄岩区政府要求修订原县志,并续下限至2000年。2002年5月,《黄岩志》由中华书局出版,主编严振非,字数100万字。

三、天台县志

宋大中祥符三年(1010年),李宗谔修《天台图经》,传本久绝。

南宋嘉泰二年(1202年),天台知县丁大荣[①]延请宋之瑞纂《天台图经》5卷,宋刊本于明万历后亡佚。

明永乐十二年(1414年),天台曹宜约纂修《天台县志》16卷。刊本久佚。

宣德年间(1426—1435年),天台杜宁[②]纂修《天台县志》,刊本久佚。该书见《千顷堂书目》《文渊阁书目》著录。

正德十六年(1521年),知县刘俸延请陈绂等纂《天台县志》8卷,刊本未见。

万历二十七年(1599年),知县张宏代延请赵予禄等纂《天台县志》12卷,次年成书,刊本未见。

万历四十三年(1615年),知县胡来聘续修《天台县志》20卷,刊本,未见流传。《四库全书》据两淮马裕家藏本存目。

清康熙十一年(1672年),知县赵廷锡、李德耀等先后纂修《天台县志》,康熙二十二年告成,次年知县黄执中补订梓行,前有赵廷锡序。刊本6册,北京图书馆、北京大学图书馆、南京图书馆、南京大学图书馆、上海图书馆、浙江图书馆收藏。天津图书馆藏本有佚名批校。该书

① 丁大荣,宋嘉泰二年(1202年)知天台县。宋之瑞字伯嘉,隆兴元年(1163年)进士,官宝谟阁直学士,知宁国府、江陵府,以光禄大夫致仕。

② 杜宁,字宗谧。明宣德二年(1427年)廷试第二,历官至兵部侍郎。

又有道光二十四年(1844年)重刻本，浙江图书馆藏。又有咸丰六年(1856年)补刊本，北京图书馆、上海图书馆、浙江图书馆、复旦大学图书馆均有收藏。

光绪十一年(1885年)，知县李光益延请褚传诰纂县志，后中途停修。民国4年(1915年)冬，稿成付油印，10册，上海图书馆、浙江图书馆、南京图书馆、南京大学图书馆(有缺卷)收藏。

1986年3月，中共天台县委、县政府成立县志编纂委员会。1987年10月，调整、充实县志编纂委员会及其办公室领导成员。1988年4月，落实了人员编制和经费，使工作得以顺利开展。8月，县政府发布《关于征集县志资料的通告》。9月，召开县志编委会第一次会议。10月，召开天台县第一次修志工作会议。接着，各承编单位相继建立修志机构，抽调编写力量。至1990年底，共有33个承编单位完成初稿。1992年2月，县委、县政府成立《天台县志》审定组，由编委会和熟悉各行业的有关领导组成，对志稿从政治和史实方面进行严格的审定。同年9月开始，进行总纂工作。1993年1月起，进行评后改稿。审定后，报送省地方志办公室审批。至1995年，《天台县志》由汉语大词典出版社出版，总纂朱封鳌、张立道，字数113万字。

2002年3月，天台县政府常务会议决定编纂《天台县志(1989—2000)》。天台县地方志编纂委员会组建编辑部，开始编纂续志。2002年3—8月，县地方志办公室先后聘请编辑、顾问，着手编写篇目。2002年9月至2003年12月，搜集资料。2004年1月至2007年，进行分纂和总纂。2006年2月，县政府在杭州召开志稿评议会。会后，县志编辑部根据评议意见修改补充。7月，送方志出版社。经出版社“三审”后，县志编辑部根据“三审”意见对志稿又做了几次较大的修改。至2007年，《天台县志(1989—2000)》由方志出版社出版，总纂庞国凭，字数135万字。

在编纂完成县志的基础上，天台县地方志编纂委员会又编纂了《天台县简志》，2008年3月由方志出版社出版，总纂庞国凭，字数28.9万字。

四、仙居县志

明正统以前，曾修过一部《仙居县志》，久佚，纂修人不可考。该志见《文渊阁书目》卷二十新志类著录。

万历三十六年(1608年)，仙居知县顾震宇[①]纂修《仙居县志》12卷。次年刊本，北京图书馆收藏。日本国会图书馆静嘉堂文库有旧钞本1部，4册。又有清道光十八年(1838年)王魏胜重刊本。民国24年(1935年)《仙居丛书》第一集本系据吴兴刘氏嘉业堂藏万历原刊本及道光重刊本校印，有仙居李镜渠校记，书名万历《仙居县志》。康熙《仙居县志》凡例载:“嘉靖十七年，令况一经与应良、张俭、林九皋议修未成。三十三年，令马濂委文学张舜臣、蒋少河修之。应大猷讥其苟简，事遂寝。万历八年，令金凌汉请吴时来主其事，吴锡凤、张堂赏相与搜集。会吴公膺简命，复不果。至三十六年，令顾震宇始竣其役，付出梓。案首叶题云:知县顾

① 顾震宇，字宇清。明万历十三年(1585年)举人，授沧州学正，升仙居知县。历顺德府经历，迁五台知县，卒于官，年五十九。

震宇编辑,训导王湛同辑,教谕吴维翰、训导张崇圣校,主簿杨安、典史郑同文同校。则此书皆出顾令手笔矣。”

崇祯四年(1631 年),知县萧鸣盛延请应世虞等纂修《仙居县志》,稿成未刊,已佚。该书见《千顷堂书目》、雍正《浙江通志》卷二百五十三著录。

清康熙十八年(1679 年),知县郑录勋延请张明焜、张徽谟同纂《仙居县志》,次年修成付梓,刊本,北京图书馆、上海图书馆(有缺卷)、天津图书馆、南京图书馆有藏本。

同治九年(1870 年),知县余丽元延请杨晋藩纂《仙居县志》24 卷,稿成未刊,北京大学图书馆藏有稿本 32 册。光绪《仙居县志》田赋即采用此稿。

光绪十八年(1892 年),知县王寿颐延请王棻、李仲昭纂《仙居县志》24 卷、首 1 卷,光绪二十年木活字本,18 册,附《仙居集》24 卷。传本尚多。《中国方志丛书》亦收入此书。

1980 年 10 月,中共仙居县委召开座谈会,酝酿县志编修工作。1981 年 2 月 20 日,成立仙居县志编写办公室,进行全面筹备。1982 年 2 月 12 日,成立仙居县志编纂委员会,下设办公室,具体负责编纂事宜。资料搜集工作全面展开。1985 年初开始编写《征求意见稿》,分发有关方面征求意见。1986 年 1 月,全志进入总纂,6 月完成初稿,58 万字。7 月,县志办公室进行集体讨论修改。10 月 23 日,召开《仙居县志稿》评议会。至 1987 年,《仙居县志》由浙江人民出版社出版,总纂沈在秀、章宏溪,字数 48.7 万字。

2001 年,中共仙居县委、县政府启动二轮修志。2002 年初,仙居县续志编纂委员会完成续志纲目,并在县信访局、县外事办进行初稿试写。至 2003 年底,部门初稿基本完成,县地方志办公室进行汇总修改编写,五易其稿。2005 年 8 月又返回相关部门,征询意见修改,形成送审稿。2006 年 7 月召开评审会。2007 年 9 月,《仙居县志(1986—2001)》由中华书局出版,主编项军美,字数 125 万字。续志出版后,县委决定重修县志,下限延至 2010 年。至 2010 年,《仙居县志(1986—2010)》尚在编纂中。①

五、温岭县(市)志②

明黄缙曾撰《太平县志草》,已佚。书见《千顷堂书目》著录。

明嘉靖十九年(1540 年),温岭知县曾才汉延请叶良佩③纂《太平县志》8 卷。刊本,宁波天一阁藏。1963 年,上海古籍书店影印嘉靖原刊本,3 册。又有明祇圆寺承满修镘嘉靖本,北京图书馆收藏复制本,上海图书馆有胶卷。又有康熙二十二年(1683 年)重刊本,上海图书馆收藏。北京图书馆有钞本 1 部。

清康熙二十一年(1682 年),知县曹文珽延请林槐纂修《太平县志》8 卷。次年刊本,2 册,北京图书馆、北京大学图书馆、天津图书馆、上海图书馆、南京图书馆、中山大学图书馆等馆均有收藏。

① 2013 年 4 月,《仙居县志(1986—2010)》由中华书局出版,主编陈子干、项军美,字数 168 万字。

② 明成化五年(1469)分黄岩县南与乐清东境建置太平县,民国 3 年(1914 年)改为温岭县。

③ 叶良佩,字敬之。明嘉靖二年(1523 年)进士,官至刑部郎中。著有《周易义丛》《海峰堂集》。

嘉庆十五年(1810年),知县庆霖延请戚学标等纂《太平县志》18卷、首1卷,次年刊本,12册,北京大学图书馆、南京图书馆、上海图书馆收藏。又有光绪二十二年(1896年)陈其昌重刊本,10册,北京图书馆、天津图书馆、上海图书馆、南京图书馆、南京大学图书馆均有藏本。

同治十一年(1872年),知县吴俊延请叶蒸云、陈沣等重修《太平县志》8卷,未完成。重修姓氏表见《光绪太平县续志》卷首。稿已无存。

光绪二十年(1894年),知县陈汝霖延请王棻等纂《太平续志》18卷、首1卷,次年稿成,光绪二十二年刊本,8册,传本尚多。

1986年3月,温岭县地方志编纂委员会及其办公室成立;6月,中共温岭县委、县政府批准县地方志编委会提出的《温岭县志》编纂工作规划;7月底,县地方志编纂委员会召开县级机关部、委、办、局主要负责人参加的第一次修志工作会议,部署编修任务;8月举办修志培训班,有62个承编单位130多人参加培训。经过4年多的努力,通过资料搜集、专志编写、分纂、总纂、送审稿等阶段,1990年6月底召开《温岭县志稿》评审会。会后又经3个月的修改加工,然后分别送请县志编委会和县委、县人大、县政府、县政协诸领导,按分工范围分别审查。根据审查意见,再行修改加工成审定稿,经县委、县政府核准,送浙江人民出版社编辑出版。至1992年,《温岭县志》由浙江人民出版社出版,总编吴小谦,字数107万字。

2008年,温岭市政府启动社会主义时期第二轮志书编纂工作。9月,市政府召开市志编纂动员会,11月批准《温岭市志编纂工作规划》。至2010年,《温岭市志》尚在编纂中,主编方先勇。

六、玉环县志

清雍正六年(1728年),在玉环岛上,始设玉环厅。民国元年(1912年)2月改为玉环县。

雍正十年(1732年),玉环县同知张坦熊纂修成《特开玉环志》4卷。刊本,4册,北京大学图书馆、故宫博物院、上海图书馆、南京图书馆、南京大学图书馆、杭州大学图书馆收藏。杭州大学图书馆藏本有玉海楼藏印。孙诒让《温州经籍志》载:"玉环山,明以前为滨海荒岛,旧无记载。雍正五年,浙江巡抚李卫奏开其地,始筑城,设清军饷捕同知驻防其地,以桐庐知县汉阳张坦熊为之。《玉环志》四卷,即坦熊所创,其书前无所因,故所载掌故寥寥不能数叶,而奏报公牍几占全书之半,舆图则备绘全浙海口,军制则详胪火器形制,皆未免横滋支蔓,务盈卷帙。……而卷末所载艺文,乃录坦熊自作诗文,连篇累牍,殊嫌芜秽,未足备士训之选也。"

光绪四年(1878年),玉环县同知杜冠英、胥寿荣延请吕鸿焘等纂《玉环厅志》14卷、首1卷,胡钟骏续增2卷。光绪六年完成,光绪七年刊本,8册,北京图书馆、北京大学图书馆、上海图书馆、南京大学图书馆、浙江图书馆及玉环县档案馆等均有收藏。该志续增2卷,计《补遗》1卷,《全浙海图》1卷。

1986年8月26日,玉环县地方志编纂委员会成立,《玉环县志》编纂工作开始。通过半年左右时间的准备和发动,各有关部门相继建立修志机构,形成全县200多人的修志队伍。1987年6月22日,县党史、地方志机构合并,成立县编史修志委员会,开始全面搜集资料。1988年3月22日,建立县志编辑部。1988—1992年,为志稿编写阶段。1992年10月底,完成《玉环县志》送审稿编纂任务。11月下旬,《玉环县志》稿评议会举行。会后,根据所提意见,梳理、分类,先由总纂小组成员分工修改,然后交主编再次统稿,至1993年2月底,全志定稿。1994年3月,《玉环县志》由汉语大词典出版社出版,主编胡万樑,字数105万字。

2006年,玉环县政府启动社会主义时期第二轮志书编纂工作。至2010年,《玉环县志》尚在编纂中。

七、三门县志

中共三门县委、县政府于1985年4月做出编纂《三门县志》的决定,成立县志编纂委员会,下设办公室。同年6月,工作启动,征集资料,组织人员赴萧山、建德两县学习修志经验,制订计划,发凡起例,草拟纲目。1989年春,在各专志初稿基本完成的基础上,进行县志总纂。经过半年的努力,总纂初成。编委会于8月召开县志稿审查修改会议,11月召开县志稿评议会,经修改审定后,于1990年5月送浙江人民出版社编辑出版。至1992年,《三门县志》由浙江人民出版社出版,主编郜凡户,字数108.9万字。

八、椒江市(区)志

椒江,1980年为海门特区(县级),1981年建市(县级),1994年改设台州市椒江区。

1990年11月,中共椒江市委建立椒江市志编纂委员会及办公室和《椒江市志》编辑部。1991年1月批转关于编修《椒江市志》工作规划的报告,3月6日,召开《椒江市志》编修动员大会,全面部署修志工作。1994年12月基本完成分纂稿,1995年1月开始总纂,至1996年4月形成评审稿,交椒江市志编委会审阅。9月22—24日,召开评审会,邀请省、台州市专家参加评审。1997年5月形成审定稿,报省地方志编纂委员会审定。1998年9月,《椒江市志》由浙江人民出版社出版,主编陈志超,字数137.7万字。

1994年8月,椒江撤市设区时,《椒江市志》已进入总纂及出版后期操作阶段。考虑到《椒江市志》下限为1990年,距撤市设区尚差4年,为了及时完整地记述椒江建市这个特殊历史时期的各方面情况,椒江市志编纂委员会于1995年9月决定,在《椒江市志》按原计划完成出版后,继续编修以1991—1994年为主要记述内容的《椒江续志》。同年12月,市志编辑部编出续志纲目,报请编委会同意,于1996年1月12日举行《椒江续志》编修工作会议。至2000年年底,完成50余万字的续志送审稿。至2001年,《椒江续志》由中华书局出版,主编陈志超,字数56万字。

九、路桥区志

1994年8月,设路桥区。

2006年,路桥区政府启动区志编纂。至2010年,《台州市路桥区志》尚在编纂中。

第十一节 丽 水

2010年,丽水市下辖莲都、缙云、松阳、遂昌、龙泉、庆元、云和、景宁、青田等县(市、区),历史上曾设有宣平县。至2010年,各县(市、区)都已启动社会主义时期第二轮志书编纂工作。

一、丽水县(莲都区)志

明代正统之前曾修过《丽水县志》,已佚,纂修者不可考。该志见《文渊阁书目》卷二十新志类著录。

清雍正九年(1731年),曾修有《丽水县志略》1卷,未详作者。该书见雍正《浙江通志》卷二百五十三著录。光绪《处州府志》卷末载:"《浙江通志》载雍正《丽水县志略》一卷,盖时方编辑通志,官吏奉檄塞责之作,不是为典要,故书亦不传。"

乾隆三十年(1765年),金学超任处州教谕,开始编纂《丽水志稿》。嘉庆十年(1805年),屠本仁继任教谕,复加增补。至道光年间,陈棠再加整编,成《丽水志稿》4卷。有道光十六年(1836年)温州录古斋刊本,4册,南京大学图书馆收藏。

道光二十六年(1846年),丽水知县张铣纂修《丽水县志》14卷,刊本,北京图书馆、上海图书馆、武汉大学图书馆收藏。

同治十三年(1874年),知县彭润章等纂修《丽水县志》15卷,刊本,8册,流传尚多。台北成文出版社印行《中国方志丛书》,亦收入此书。

民国13年(1924年),李钟岳、孙寿芝等纂修《丽水县志》14卷,民国15年完成,有铅印本,10册。《中国方志丛书》亦收入此书。

1963年7月,丽水县县志编委会成立,编修县志未成。1986年,丽水撤县设市(县级)。1988年6月,中共丽水市委、市人民政府决定编修《丽水市志》,成立市志编纂委员会,下设办公室。1989年1月召开各部、委、办、局负责人会议,进行全面动员、部署。全市70余个单位(包括地区6个单位)建立修志班子,组织近200人参加修志工作。市志办公室会同各单位修志人员在市、地区和杭州、温州、南京、上海等地档案馆、图书馆查阅档案、书刊,摘抄史料,在市内外调查、访问,广泛搜集口碑资料,合计搜集资料1500余万字。1989年底,市志办公室和各部门开始编写初稿,至次年底大部完成,打印后分发至各部门征求意见。1991年1月,市志编纂委员会决定将志书下限由1988年延至1990年,并于5月召开会议,进行再次动员和部署,要求各部门补充1989年、1990年两年资料。至年底补充完毕。1992年3月完成修改稿。4月底进行第一次评稿。10月底,经丽水市委、市政府审定后,报省地方志编纂委员会办公室审批。至1994年,《丽水市志》由浙江人民出版社出版,主编叶兆雄,字数96.8万字。

2000年,丽水市改为莲都区。2008年,区政府启动社会主义时期第二轮志书编纂工作。至2010年,《丽水市莲都区志》尚在编纂中。

二、缙云县志

南宋咸淳年间(1265—1274年),缙云孙友益纂修《缙云县志》。该志见《文渊阁书目》、嘉靖《浙江通志》卷五十四著录,已亡。光绪《缙云县志》卷七《选举》记载:"咸淳十年进士孙友益,字泽之,乐清教谕,咸淳中修县志。"

明正统五年(1440年),缙云樊浚纂修《缙云县志》。已佚。该志李棠序尚见存,载光绪《缙云县志》卷十一,载:"正统五年春,分命郡县修地志以进。缙云为括苍属邑,道出孔要,亟请儒士樊时清踵旧志,删芜摭要,为书上之。"

万历五年(1577年),缙云知县黄季茂延请李继儒等纂《缙云县志》,已无传本。该志见《澹生堂藏书目》《千顷堂书目》《内阁藏书目录》著录。黄季茂序见光绪《缙云县志》卷首。

康熙十年(1671年),曹懋极纂修《缙云县志》10卷。上海图书馆藏有钞本1部,4册。

康熙二十三年(1684年),知县霍维腾纂修《缙云县志》4卷,刊本,4册。北京大学图书馆、上海图书馆、南京大学图书馆有藏本。南京图书馆有胶卷复制本。

乾隆三十二年(1767年),知县令狐亦岱延请沈鹿鸣纂《缙云县志》8卷,刊本,中国科学院图书馆、山东大学图书馆收藏。上海图书馆藏本缺卷七至卷八。

道光二十九年(1849年),知县汤成烈延请尹希伊、余伟纂《缙云县志》18卷、首1卷,刊本,10册,北京图书馆、北京大学图书馆、南京图书馆、南京大学图书馆、上海图书馆收藏。

光绪二年(1876年),知县何乃容延请潘树棠纂《缙云县志》16卷、首1卷、末1卷,葛华校补。光绪六年补修,次年校补本,12册。北京图书馆、南京图书馆、南京大学图书馆、北京大学图书馆、上海图书馆收藏。台北成文出版社出版《中国方志丛书》影印本。

1981年7月,缙云县人民政府编写县志领导小组成立,下设办公室,借用、聘用三四人,于10月开始办公。1984年4月,因县政府人事变动,编写县志领导小组改组。6月,县政府撤销编写县志领导小组,保留办公室,隶属县文化局。1988年3月恢复编写县志领导小组,县志办公室申请配备专职人员、借调干部教师和配备主编等要求仍未获解决,县志编写工作难以开展。1991年8月,县委、县政府下决心配备专职人员,重新聘请编写人员,重新设计并确定县志纲目,全面搜集和组织材料,对原有材料重行鉴定和利用,采取坐班编写、特约编辑、特邀撰稿等多种形式,解决编写力量不足的困难,编写工作走上轨道,进度较快。1994年4月完成县志初稿,打印后送请县领导、编委会成员、各有关单位和知情人士审阅,广泛征求意见。6月,县志稿评审会召开。1995年3月,修改稿完成,送省地方志办公室审批。至1996年,《缙云县志》由浙江人民出版社出版,主编金兆法,字数101.5万字。1999年,该志获省第四届地方志优秀成果一等奖。

2006年,缙云县政府启动社会主义时期第二轮志书编纂工作。至2010年,《缙云县志》尚在编纂中。

三、松阳县志

元代,吴莱撰《松阳志略》。吴莱,字立夫,浦江人,长芗书院山长。该书已佚,见嘉靖《浙江通志》卷五十四、钱大昕《补元史艺文志》、《续文献通考》、《金华经籍志》著录。

明代正统(1436—1449年)以前，修过一部《松阳县志》，已佚，不知作者。该志见《文渊阁书目》卷二十新志类著录。

明隆庆年间(1567—1572年)，松阳潘伯广等纂修《松阳县志》，已无传本。该志见《千顷堂书目》、雍正《浙江通志》卷二百五十三著录。

清顺治十一年(1654年)，松阳知县佟庆年延请胡世定纂《松阳县志》10卷，刊本，4册，南京图书馆收藏。日本国会图书馆支部内阁文库亦藏有顺治原刊本。孙殿起《贩书偶记续编》载有顺治刊本。

乾隆三十三年(1768年)，知县曹立身延请潘茂才纂《松阳县志》12卷，次年刊本，6册。北京大学图书馆、上海图书馆、南京图书馆收藏。此书较前志增学校、风俗两卷。

同治十三年(1874年)，知县支恒椿延请丁风章等纂《松阳县志》12卷。光绪元年(1875年)告成，刊本6册，流传尚多。《中国方志丛书》据光绪元年刊本影印。

民国11年(1922年)，吕耀钤、许作舟等纂《松阳县志》14卷、首1卷、末1卷，民国14年完成，有木活字本，10册。

1986年5月20日，松阳县志编纂委员会成立，下设办公室。1991年9月15日，县志编纂委员会调整，组设《松阳县志》编辑班子，工作渐趋正常：制订编纂计划、撰写规则，出版《松阳修志通讯》，筹备召开全县修志工作会议，指导各部门编撰专业志和县志资料稿。1993年2月，调整编辑班子，逐月安排志稿总纂任务，落实到人。县志办全体同仁以修志大局为重，不辞辛劳，埋头伏案，坚持满负荷工作。8月，《松阳县志》征求意见稿发至各部门各乡镇广泛征求意见。11月，完成评审稿总纂。1994年3月7—10日，召开《松阳县志》稿评审会。评审会后，集中精力修改。10月，送审稿送交省地方志办公室审定。12月，送浙江人民出版社编辑出版。至1996年，《松阳县志》由浙江人民出版社出版，主编叶永萱、吴关燧，字数94.3万字。1999年，该志获省第四届地方志优秀成果二等奖。

2009年，松阳县政府启动社会主义时期第二轮志书编纂工作。至2010年，《松阳县志》尚在编纂中。

四、遂昌县志

明代正统(1436—1449年)之前，曾修过一部《遂昌县志》，书佚，不知作者。该志见《文渊阁书目》卷二十新志类著录。

嘉靖十五年(1536年)，遂昌翁学渊纂《遂昌县续志》，已佚。翁学渊自序载光绪《遂昌县志》卷首。

隆庆二年(1568年)，遂昌知县池浴德[①]纂修《遂昌县志》，已佚。该志见《千顷堂书目》、雍正《浙江通志》卷二百五十三著录。

崇祯十五年(1642年)，知县许启洪延请许九纶等纂《遂昌县志》，已无传本。该志见《千

① 池浴德，号明洲。明嘉靖四十四年(1565年)进士，授遂昌知县，听断明决，累迁太常寺少卿。致仕归。

顷堂书目》、雍正《浙江通志》二百五十三著录。

清顺治十一年(1654年),知县徐治国延请吴世定纂《遂昌县志》10卷,刊本未见。该志见雍正《浙江通志》卷二百五十三著录。

康熙五十一年(1712年),知县缪之弼延请程定纂《遂昌县志》10卷,刊本,8册,南京大学图书馆收藏。

乾隆三十年(1765年),知县王憕纂修《遂昌县志》12卷,刊本,4册,故宫博物院、上海图书馆、中国科学院南京地理研究所图书馆收藏,南京图书馆有缩微胶卷。天津图书馆存卷一至卷八。

道光十五年(1835年),知县朱煌延请郑培椿等纂《遂昌县志》12卷、首1卷,刊本,中国科学院图书馆收藏。上海图书馆存卷二至卷四、卷六至卷七、卷十。

光绪二十一年(1895年),知县胡寿海延请褚成允等纂《遂昌县志》12卷、首1卷、外编4卷,次年刊本。台北成文出版社据光绪本影印,编入《中国方志丛书》中。

1985年6月,遂昌县志编纂委员会成立,县志办公室与地名办公室合署办公,全力征编《遂昌县地名志》,虽发过关于征集有关地方史志资料的布告,但未开展县志具体工作。1987年7月调整县志编委会成员并公布了正副主编,着手组织发动和业务培训工作。1988年6月,《遂昌县地名志》出书后,始以主要精力征集修志资料,着手拟订篇目,在有关部门提供承编稿的基础上,试写部分大事记、人物和农业、城建两篇及有关章节。1990年12月,遂昌县政府公布刘宗鹤任县志主编,主持县志办公室工作。4月,地名办公室划归民政局,理顺了县志工作与地名工作的关系。5月13日,县政府重新公布县志编纂委员会成员。5月25日召开县志编委会会议,对新编县志篇目、县志编写原则及下限时间从原定的1988年底延伸至1990年底等有关事宜进行讨论。1992年完成县志征求意见稿。1993年10月完成县志评审稿,11月在遂昌金矿召开"新编《遂昌县志》评审会"。1994年底形成终审稿。1995年1月送省地方志办公室终审,于3月审定。为保证志书质量,在付印前又将书稿分解到各有关单位作最后的核实。7月,全书纂定。至1996年,《遂昌县志》由浙江人民出版社出版,主编蓝石永、刘宗鹤(总纂),字数109万字。1999年,该志获省第四届地方志优秀成果二等奖。

2006年,遂昌县政府启动社会主义时期第二轮志书编纂工作。至2010年,《遂昌县志》尚在编纂中。

五、龙泉县(市)志

南宋嘉定二年(1209年),龙泉何澹①纂修《龙泉县志》。该志见嘉靖《浙江通志》卷五十四著录,久佚。

明代正统(1436—1449年)之前,曾修过一部《龙泉县志》,已佚,不知作者。该志见《文渊阁书目》卷二十新志类著录。

明嘉靖四年(1525年),龙泉叶溥、李溥纂修《龙泉县志》20卷,已佚。该志见《千顷堂书

① 何澹,字自然。宋乾道二年(1166年)进士,历官御史中丞,参知政事。

目》、雍正《浙江通志》卷二百五十三著录。

万历二十六年(1598年),龙泉知县夏舜臣纂修《龙泉县志》,今无传本。

清顺治十二年(1655年),知县徐可先延请胡世定、傅梦吁纂《龙泉县志》10卷,刊本,4册,日本国会图书馆支部内阁文库收藏。上海图书馆有缩微胶卷。

乾隆二十七年(1762年),知县苏遇龙延请沈光厚纂《龙泉县志》12卷、首1卷,刊本,5册,北京大学图书馆、故宫博物院、南京图书馆、上海图书馆、北京图书馆、浙江图书馆收藏。又有同治二年(1863年)重刊本,天津图书馆收藏,6册。

光绪三年(1877年),知县顾国诏延请程炳藻等纂《龙泉县志》12卷、首1卷,次年刊本,6册,传本尚多。台北成文出版社出版影印本,编入《中国方志丛书》中。

1988年4月26日,龙泉县人民政府发文建立县志编纂委员会,下设办公室。经广泛的宣传发动,全县各单位组成255人的修志队伍,并进行修志业务培训。1989年春,资料收集工作全面展开,先后印发征集资料公告、信函,开座谈会。1991年3月,形成初稿约160万字,由主编、副主编进行总纂。10月,总纂毕,形成110万字的评审稿,再度分送市领导、方志专家和兄弟县(市)志主编审阅。11月,召开《龙泉县志》稿评审会议。至1994年,《龙泉县志》由汉语大词典出版社出版,主编林世荣,字数115万字。1999年,该志获省第四届地方志优秀成果二等奖。

2006年,市政府启动社会主义时期第二轮志书编纂工作。至2010年,市志尚在编纂中。

六、庆元县志

宋代邵笥撰《括苍庆元志》1卷。该志久佚,见《宋史·艺文志》著录。

明代正统(1436—1449年)以前,修过《庆元县志》,已佚,未详纂修人名氏。该志见《文渊阁书目》卷二十新志类著录。

明万历四年(1576年),知县沈维龙纂修《庆元县志》,次年刊本。未存。该书见雍正《浙江通志》卷二百五十三著录。

万历四十六年(1618年),知县汪献忠增修《庆元县志》,刊本未见。该书见《千顷堂书目》、雍正《浙江通志》卷二百五十三著录。

崇祯十五年(1642年),知县杨芝瑞增修《庆元县志》,刊本,上海图书馆藏卷五至卷八。该志见《千顷堂书目》、雍正《浙江通志》卷二百五十三著录。

清康熙十一年(1672年),知县程维伊延请吴运光等纂《庆元县志》10卷,刊本,北京图书馆收藏。上海图书馆有胶卷复制康熙十一年刊本。

嘉庆六年(1801年),知县关学优延请吴元栋等纂《庆元县志》12卷,刊本,4册,故宫博物院、上海图书馆收藏。该志关学优序称:"己未夏,予来治庆事……即以修志为务。因偕章癖山、胡慕园两广文,延集邑之绅士,开馆纂修,辑为一十二卷。壬子以前不妄损亦不妄增者,从其旧也。壬子以后不敢遗亦不敢滥者,录其实也。"

道光十二年(1832年),知县吴纶彰延请周大成纂《庆元县志》12卷,刊本,5册,附图1卷,北京图书馆、上海图书馆、天津图书馆收藏。

光绪二年(1876年),知县林步瀛延请史恩纬、史恩绪等纂《庆元县志》,次年刊本,10册,北京图书馆、北京大学图书馆、上海图书馆、南京图书馆、南京大学图书馆、浙江图书馆收藏。

民国21年(1932年)设修志馆,由清廪生姚文林主修。志稿完成时正值抗日战争爆发,未能刊印。民国36年复馆,由馆长吴钟祥续修,但只订出篇目就告散伙。姚氏所修民国《庆元县志》(稿)14卷,“文化大革命”期间辗转到龙泉县人民法院,1983年取回时仅存残稿5卷。民国志稿是以光绪志为基础,《武备》篇增设“警察”,《风土》篇删“坑冶”,《选举》篇增设“毕业生、议员”,《杂事》篇增设“教堂”等目,另增《金石志》。该志对待历史尚客观、严谨,补充、订正了旧志中的一些重要遗漏和谬误,虽残缺不全,仍不失是一部珍贵史料。

1985年11月26日,庆元县志编纂委员会及其办公室成立。办公室人员由县政协文史办公室、地名办公室人员组成。同时负责编辑《庆元文史》(后改《庆元纵横》)、《庆元县地名志》和全县地名管理的任务。考虑到修志工作势在必行,早在县志办公室成立之前,就指定一位老同志负责征考史料,校阅旧志,并于1984年春整理、标点、刊印清光绪《庆元县志》;同时在《庆元文史》上设置栏目,广征和登载有关县志稿件,并通过各种渠道,收集民国志稿和清康熙、嘉庆两部旧志,为开展修志做必要的资料准备。因忙于地名志编纂,至1987年底才着手草拟《庆元县志》篇目,创刊《庆元修志通讯》,印发《县志编写规则》。1988年5月,县委、县政府召开第一次修志工作会议,把任务分配到各单位。1990年2月又召开第二次修志工作会议,57个有修志任务的单位在会后建立修志机构,配备编写人员,县志的编纂工作总算开始,但进展缓慢,至1991年初还很少有单位上交初稿。为加快进度,遂于1991年7月采取责任编辑制,将县志编写任务落实给编辑部的8位编辑(包括主编),同时约请专家撰写《方言》和《自然环境》。经一年多的努力,各卷初稿相继完成,交由主编修改总纂,于1992年11月底完成评审稿。至1996年,《庆元县志》由浙江人民出版社出版,主编余绪,字数84.4万字。

2009年,县政府启动社会主义时期第二轮志书编纂工作。至2010年,县志尚在编纂中。

七、云和县志

明嘉靖四年(1525年),云和知县胡希铨延请汪屺纂《云和县志》5卷,见《澹生堂藏书目》、《千顷堂书目》、《内阁藏书目录》、雍正《浙江通志》卷二百五十三著录,今无传本。

清康熙二十九年(1690年),知县林汪远延请柳之元等纂《云和县志》5卷,康熙三十一年刊本,北京图书馆、中国科学院图书馆、南京图书馆、上海图书馆收藏。

乾隆四十二年(1777年),知县窦绖延请方宏模纂《云和县志》,刊本未见。该志序载于同治《云和县志》卷首。

嘉庆十四年(1809年),知县陈治策纂修《云和县志》22卷,刊本未见。陈治策序载同治《云和县志》。

咸丰五年(1855年),知县伍承吉延请王士钖等纂《云和县志》。咸丰八年完成志稿6册。同治三年(1864年),知县涂冠续修,刊本,6册,北京图书馆、北京大学图书馆、南京图书馆、南京大学图书馆、上海图书馆收藏。台北成文出版社影印同治三年刊本,编入《中国方志丛书》中。

1986年5月，中共云和县委、县政府成立云和县地名志、县志编纂委员会。为加强对修志工作的领导，1987年5月设立县志办公室。1988年1月，县政府批转《云和县志》编纂工作规划后，进行全面发动，把修志任务落实到63个单位，组成100余人的修志队伍。1992年9月，在承编单位提供初稿的基础上，由县志编辑部进行分纂，至1993年6月纂成讨论稿，分送各有关单位审阅，广泛征求意见。同时，编辑部又进行评审，进一步修改成送审稿。1994年4月26—28日，召开《云和县志》稿评审会议。会后，县志编委会会议决定将志书部分内容下限由1990年延至1993年，个别重要事件延至1994年，并对志稿部分编、章、节进行调整。经补充、修改，至11月中旬成稿并报县委、县政府审定。至1996年，《云和县志》由浙江人民出版社出版，主编方金雨，字数95.7万字。

2006年，云和县政府启动社会主义时期第二轮志书编纂工作。至2010年，《云和县志》尚在编纂中。

八、景宁县志

明嘉靖六年(1527年)，景宁知县程达延请潘援纂《景宁县志》，刊本已佚。该书见《千顷堂书目》、雍正《浙江通志》卷二百五十三著录。

万历十一年(1583年)，知县姜师闵延请赖汝霖纂《景宁县志》6卷，万历十六年刊本，中国台湾"中央图书馆"收藏，南京图书馆、上海图书馆均有缩微胶卷。

清康熙五十年(1711年)，知县张琢延请潘可藻等纂《景宁县志》10卷，刊本未见。该志见雍正《浙江通志》卷二百五十三著录。张琢序存雍正十三年修《景宁县志》，云："《景宁县志》自前任姜君师闵、学博赖君汝霖纂辑而后，旷焉弗修者百有余年。……于是择期正月二十二日，张局于署东书院，诸生潘可藻总其草创。叶永阳等分类编摩。……越五月而志成，为卷十，为类九，于旧所志，诚殊观矣。"

雍正七年(1729年)，知县汪士璜请潘可藻纂《景宁县志》9卷，未完成，见雍正《浙江通志》卷二百五十三著录。雍正十三年，知县李应机再请潘可藻纂县志，成10卷，刊本，6册，北京图书馆、南京大学图书馆收藏。该书分封域志、建置志、田赋志、秩祀志、官师志、选举志、人物态、武备志、艺文志，其中艺文志占全书三分之一。

乾隆四十三年(1778年)，知县张九华延请吴嗣范、任涛等纂《景宁县志》12卷、首1卷，刊本，4册，北京图书馆、北京大学图书馆、南京图书馆、南京大学图书馆、上海图书馆、浙江图书馆收藏。

同治十一年(1872年)，知县周杰延请严用光等纂《景宁县志》14卷、首1卷、末1卷，次年刊本，8册，传本尚多。

民国22年(1933年)，吴吕熙、柳景元等纂修《景宁县续志》17卷、首1卷，刊本，6册。台北成文出版社有影印本，编入《中国方志丛书》中。

1990年5月，景宁畲族自治县第三届人民代表大会第一次会议将编纂《景宁畲族自治县志》列为政府大事之一，11月成立县志编纂委员会及其办公室。县人民政府还通过每年的《政府工作报告》，向人民代表汇报修志情况，从而得到全县各族各界人民的关注、支持。志稿几经修改浓缩，经浙江省地方志编纂室审定付梓。1995年，《景宁畲族自治县志》由浙江人民出版社出版，主编柳意城，字数82万字。

九、青田县志

南宋绍定年间(1228—1233年)修过《青田县志》，书久佚，纂修人无考。该志见嘉靖《浙江通志》卷五十四著录。

明代，在正统年间(1436—1449年)之前，也修过《青田县志》，已佚，纂修人不可考。该志见《文渊阁书目》卷二十新志类著录。

明景泰年间(1450—1456年)，知县单瑛延请叶仕宁纂《青田县志》4卷，已佚。该志见《千顷堂书目》著录。嘉靖三十三年(1554年)，知县李楷延请陈中州纂《青田县志》4卷。李楷字邦正，由举人历知青田县。御倭有功，改知昌乐，亦以治行闻。刊本已佚。《千顷堂书目》《内阁藏书目录》均有著录。

清康熙二十五年(1686年)，知县张皇辅延请钱喜选纂《青田县志》12卷，刊本，6册，北京图书馆、上海图书馆、浙江图书馆、复旦大学图书馆收藏。

雍正六年(1728年)，知县万里延请沈渊懿续修《青田县志》12卷，刊本，8册，中国科学院图书馆、故宫博物院、上海图书馆、南京图书馆、浙江图书馆收藏。

清乾隆四十二年(1777年)，知县吴楚椿纂修《续青田县志》6卷，刊本，台北故宫博物院收藏。

光绪元年(1875年)，知县雷铣延请王棻等纂《青田县志》18卷、首1卷，次年刊本，14册，北京图书馆、北京大学图书馆、南京图书馆、南京大学图书馆、上海图书馆、浙江图书馆收藏。又有民国24年(1935年)铅印本。《中国方志丛书》系影印民国重印本。该书合康熙、乾隆两县志，增删为12门，厘为68目。

1984年6月，中共青田县委、县人民政府决定编修县志，成立青田县志编纂委员会，下设办公室，制订青田县志编纂规划，进行全面发动，把修志任务落实到68个单位，组成了100余人的修志队伍。先后派人赴杭州、宁波、温州、丽水等地档案馆、图书馆摘录史料；深入城乡，搜集文献、口碑资料，并查阅宗谱360部。历时2年，共收集各种资料1800多万字。1987年3月，在承编单位提供资料稿的基础上，办公室进行分纂。1988年11月，纂成初稿90多万字。分编召开评稿会，广泛征求意见。1989年4月成稿，陆续送县领导和有关部门审阅。同时，召开《青田县志》评稿会，听取省内外方志专家、教授和部分县志主编的意见，进一步修改定稿。1990年，《青田县志》由浙江人民出版社出版，主编陈慕榕，字数98万字。该志在1993年全国新编地方志优秀成果评奖中获一等奖。

2007年，《青田县志(1988—2007)》编纂工作启动，续修《青田县志》被浙江省地方志办公室列入浙江省二轮修志创优工程。至2010年，《青田县志(1988—2007)》尚在编纂中。①

---

① 2013年4月，《青田县志(1988—2007)》由浙江人民出版社出版，主编陈慕榕，字数169万字。

十、宣平县志

明成化年间(1465—1487年),知县何昌纂修《宣平县志》4卷,见乾隆《宣平县志》卷五何昌传。已佚。

明嘉靖年间(1522—1566年),舒祥原修、郑禧增补《宣平县志》4卷。有嘉靖二十五年(1546年)重刊本,中国台湾"中央图书馆"收藏。北京图书馆、上海图书馆、南京图书馆有胶卷复制本。上海图书馆、中国科学院南京地理研究所图书馆各有钞本1部。

崇祯九年(1636年),宣平知县王在镐纂修《宣平县志》,刊本,未见。该志见光绪《处州府志》、民国《宣平县志》著录。

清顺治十二年(1655年),知县侯杲延请胡世定纂《宣平县志》10卷,刊本,日本国会图书馆支部内阁文库、日本天理图书馆收藏。中国科学院图书馆、上海图书馆、南京图书馆有缩微胶卷。

康熙五十四年(1715年),知县张廷祜延请章綎纂《宣平县志》12卷,刊本,未见。章綎自序载民国《宣平县志》卷首。

乾隆十八年(1753年),知县陈加儒延请祝复礼等纂《宣平县志》16卷、首1卷,刊本,北京图书馆、上海图书馆、南京大学图书馆收藏。《中国方志丛书》影印乾隆原刊本。

道光二十年(1840年),知县汤金策延请俞宗焕纂《宣平县志》18卷、首1卷,刊本,北京图书馆、北京大学图书馆、上海图书馆收藏。

光绪四年(1878年),知县皮树棠延请祝凤梧等纂《宣平县志》20卷、首1卷,刊本,8册,北京图书馆、上海图书馆、南京大学图书馆收藏。台北成文出版社有影印本,编入《中国方志丛书》中。

民国15年(1926年),何横、邹家箴等纂修《宣平县志》14卷、首1卷、末1卷,民国16年中辍,民国20年续成,民国23年铅印本。《中国方志丛书》有影印本。

1958年撤销宣平县,其地划归丽水、武义二县。

表110-3-11-1　　浙江省社会主义时期首轮修志县级志书情况一览表

书　名	编纂单位	上限	下限	出版单位	出版时间
萧山县志	萧山县志编纂委员会	—	1984年	浙江人民出版社	1987年8月
建德县志	建德县志编纂办公室	—	1983年	浙江人民出版社	1986年5月
余杭县志	余杭县志编纂委员会	—	1987年	浙江人民出版社	1990年8月
临安县志	临安县志编纂委员会	—	1988年	汉语大词典出版社	1992年12月

续表 1

书　　名	编纂单位	上限	下限	出版单位	出版时间
富阳县志	富阳县地方志编纂委员会	—	1990 年	浙江人民出版社	1993 年 8 月
桐庐县志	桐庐县地方志编纂委员会	—	1985 年	浙江人民出版社	1991 年 2 月
淳安县志	浙江省淳安县志编委会	—	1985 年	汉语大词典出版社	1990 年 11 月
余姚市志	余姚市地方志编纂委员会	—	1985 年	浙江人民出版社	1993 年 3 月
慈溪县志	慈溪市地方志办公室		1987 年	浙江人民出版社	1992 年 6 月
奉化市志	奉化市地方志编纂委员会	—	1988 年	中华书局	1994 年 1 月
鄞县志	鄞县地方志编纂委员会	—	1990	中华书局	1996 年 9 月
镇海县志	镇海县志编纂委员会	—	1985 年	中国大百科全书出版社	1994 年 11 月
宁海县志	宁海县地方志编纂委员会	—	1986 年	浙江人民出版社	1993 年 4 月
象山县志	象山县志编纂委员会	清宣统三年（1911 年）	1985 年	浙江人民出版社	1988 年 4 月
瑞安市志	瑞安市地方志编纂委员会	—	1996 年	中华书局	2003 年 12 月
乐清县志	乐清市地方志编纂委员会	—	1990 年	中华书局	2000 年 6 月
永嘉县志	永嘉县地方志编纂委员会	—	1990 年	方志出版社	2003 年 9 月
洞头县志	洞头县志编纂委员会	—	1990 年	浙江人民出版社	1993 年 12 月
平阳县志	平阳县地方志编纂委员会办公室	—	1990	汉语大词典出版社	1993 年 12 月
苍南县志	苍南县志编纂委员会	—	1990 年	浙江人民出版社	1996 年 7 月
文成县志	文成县地方志编纂委员会	—	1990 年	中华书局	1996 年 11 月
泰顺县志	泰顺县志编纂委员会	—	1990 年	浙江人民出版社	1998 年 12 月

续表 2

书　　名	编纂单位	上限	下限	出版单位	出版时间
海宁市志	海宁市志编纂委员会	—	1990 年	汉语大词典出版社	1995 年 12 月
平湖县志	《平湖县志》编纂委员会	—	1989 年	上海人民出版社	1993 年 10 月
嘉善县志	《嘉善县志》编纂委员会	—	1992 年	上海三联书店	1995 年 4 月
海盐县志	《海盐县志》编纂委员会	—	1985 年	浙江人民出版社	1992 年 3 月
桐乡县志	桐乡市《桐乡县志》编纂委员会	—	1990 年	上海书店出版社	1996 年 11
德清县志	德清县志编纂委员会	—	1985 年	浙江人民出版社	1992 年 2 月
安吉县志	安吉县地方志编纂委员会	—	1988 年	浙江人民出版社	1994 年 4 月
长兴县志	长兴县志编纂委员会	—	1987 年	上海人民出版社	1992 年 1 月
诸暨县志	诸暨县志编纂委员会	—	1987 年	浙江人民出版社	1993 年 12 月
上虞县志	上虞县志编纂委员会	—	1985 年	浙江人民出版社	1990 年 12 月
绍兴县志	绍兴县地方志编纂委员会	—	1993 年	中华书局	1999 年 5 月
嵊县志	嵊县志编纂委员会	—	1985 年	浙江人民出版社	1989 年 8 月
新昌县志	新昌县志编纂委员会	—	1989 年	上海书店	1994 年 5 月
兰溪市志	兰溪市志编纂委员会	唐乾符元年(874 年)	1985 年	浙江人民出版社	1988 年 11 月
东阳市志	东阳市地方志编委会	—	1988 年	汉语大词典出版社	1993 年 12 月
义乌县志	义乌县志编纂委员会	—	1985 年	浙江人民出版社	1987 年 9 月
金华县志	金华县志编纂委员会	—	1985 年	浙江人民出版社	1992 年 8 月

续表 3

书　　名	编纂单位	上限	下限	出版单位	出版时间
永康县志	永康县志编纂委员会	—	1987 年	浙江人民出版社	1991 年 3 月
武义县志	武义县志编纂委员会	—	1986 年	浙江人民出版社	1990 年 3 月
浦江县志	浦江县志编纂委员会	—	1985 年	浙江人民出版社	1990 年 4 月
磐安县志	磐安县志编纂委员会	—	1990 年	浙江人民出版社	1993 年 1 月
江山市志	江山市志编纂委员会	—	1987 年	浙江人民出版社	1990 年 2 月
衢县志	衢县志编纂委员会	—	1985 年	浙江人民出版社	1992 年 8 月
龙游县志	龙游县志编纂委员会	—	1988 年	中华书局	1991 年 10
开化县志	开化县志编纂委员会	—	1985 年	浙江人民出版社	1988 年 12 月
常山县志	常山县志编纂委员会	—	1987 年	浙江人民出版社	1990 年 6 月
定海县志	定海县志编纂委员会	—	1987 年	浙江人民出版社	1994 年 7 月
普陀县志	普陀县志编纂委员会	—	1986 年，适当延伸	浙江人民出版社	1991 年 11 月
岱山县志	岱山县志编纂委员会	—	1988 年	浙江人民出版社	1994 年 11 月
嵊泗县志	嵊泗县志编纂委员会	—	1985 年，少数延至 1987 年	浙江人民出版社	1989 年 8 月
椒江市志	椒江区地方志编纂委员会	—	1990 年	浙江人民出版社	1998 年 7 月
黄岩县志	黄岩县地方志编纂委员会	—	1988 年	上海三联书店	1992 年 3 月
临海县志	临海市志编纂委员会	—	1985 年	浙江人民出版社	1989 年 5 月

续表 4

书　　名	编纂单位	上限	下限	出版单位	出版时间
温岭县志	温岭县志编纂委员会	—	1987 年	浙江人民出版社	1992 年 4 月
玉环县志	玉环县志编纂委员会	—	1988 年	汉语大词典出版社	1994 年 3 月
三门县志	《三门县志》编纂委员会	—	1988 年	浙江人民出版社	1992 年 3 月
仙居县志	仙居县地方志编纂委员会	—	1985 年	浙江人民出版社	1987 年 11 月
天台县志	天台县志编纂委员会	—	1988 年	汉语大词典出版社	1995 年 4 月
丽水市志	《丽水市志》编纂委员会	隋	1992 年	浙江人民出版社	1994 年 4 月
龙泉县志	《龙泉县志》编纂委员会	—	1988 年	汉语大词典出版社	1994 年 6 月
青田县志	《青田县志》编纂委员会	—	1987 年，少数延伸	浙江人民出版社	1990 年 10 月
缙云县志	《缙云县志》编纂委员会	—	1993 年	浙江人民出版社	1996 年 4 月
云和县志	《云和县志》编纂委员会	明嘉靖三十一年（1552 年）	1990 年	浙江人民出版社	1996 年 5 月
松阳县志	《松阳县志》编纂委员会	—	1992 年	浙江人民出版社	1996 年 2 月
遂昌县志	《遂昌县志》编纂委员会	—	1990 年	浙江人民出版社	1996 年 10 月
庆元县志	《庆元县志》编纂委员会	—	1992 年	浙江人民出版社	1996 年 1 月
景宁畲族自治县志	《景宁畲族自治县志》编纂委员会	西汉	1992 年	浙江人民出版社	1995 年 12 月

资料来源：根据已出版志书情况统计。

表 110-3-11-2　　浙江省社会主义时期首轮志书获奖情况一览表

奖项名	届数(时间)	奖项	获奖单位
浙江省新编地方志优秀成果奖	第一届(1990年)	一等奖	《象山县志》《嵊县志》《浙江省供销合作社志》《开化县林业志》
		二等奖	《兰溪市志》《开化县志》《嵊泗县志》《临海县志》《武义柳城镇志》
	第二届(1991年)	一等奖	《建德县志》《萧山县志》
		二等奖	《义乌县志》《仙居县志》
	第三届(1992年)	一等奖	《青田县志》《余杭县志》《普陀县志》《龙游县志》《浦江县志》《淳安县志》
		二等奖	《永康县志》《武义县志》《上虞县志》《江山市志》《桐庐县志》《常山县志》《淳安县林业志》《西天目山志》《塘栖镇志》《慈溪水利志》《天台山风物志》
		三等奖	《江山城关镇志》《嘉善县名镇志》《桐庐县农业志》《泰顺县交通志》《余杭临平镇志》《杭州医药商业志》《富阳县卫生志》《湖州人物志》《龙游县粮食志》
	第四届(1999年)	一等奖	《浙江省烟草志》《奉化市志》《安吉县志》《台州地区志》《镇海县志》《富阳县志》《衢州市志》《缙云县志》《嘉善县志》《丽水地区志》
		二等奖	《浙江省电影志》《洞头县志》《松阳县志》《海宁市志》《定海县志》《遂昌县志》《平湖市志》《岱山县志》《庆元县志》《长兴县志》《文成县志》《云和县志》《鄞县志》《平阳县志》《天台县志》《新昌县志》《丽水市志》《玉环县志》《诸暨县志》《龙泉县志》《三门县志》
	第五届(2004年)	一等奖	《绍兴县志》《钱塘江志》
		二等奖	《浙江省水利志》《浙江省林业志》《浙江省水产志》《杭州市志》《嘉兴市志》
		三等奖	《浙江省军事志》《湖州市志》《温州市志》《乐清市志》《浙江省市场志》《浙江省少数民族志》《浙江省文学志》《浙江省民主党派志》
全国新编地方志优秀成果奖	1993年	一等奖	《浙江省名镇志》《金华市志》《萧山县志》《龙游县志》《青田县志》《慈溪县志》
		二等奖	《舟山市志》《浦江县志》《余杭县志》《德清县志》《温岭县志》《建德县志》《淳安县志》《江山市志》《普陀县志》
		三等奖	《海盐县志》《嵊县志》《永康县志》
	1997年	一等奖	《绍兴市志》《宁波市志》
		二等奖	《浙江省科学技术志》《桐乡县志》《东阳市志》

资料来源：根据省地方志办公室有关资料整理。省级奖由省地方志办公室从 1990 年开始组织评定，国家级奖由中国地方志指导小组办公室组织评定。

第四章　乡镇村志编纂[①]

乡镇村志是记载县以下相应基层区划综合情况的志书，是地方志中的一个重要类别。乡镇村志作为较小区域单位的方志，许多具体内容为州府志乘所未备，有拾遗补阙的作用；有的乡镇一再纂辑，延续数百年，积累了丰富的材料，更具有独特的史料价值与学科价值，在中国方志史上有其一席之地。

浙江乡镇志最早出现于宋代，成熟于明代，盛于清代。我国现存最早的乡镇志——南宋常棠《澉水志》就诞生在浙江海盐澉浦镇。据《中国地方志联合目录》统计，现存 1949 年前编修的地方志书中，有乡、镇、村、里志 160 多种。《中国地方志集成·乡镇志专辑》收入南宋至民国时期的乡、镇、村、里志 253 种，其中浙江有 70 种。洪焕椿编著的《浙江方志考》将"浙江乡镇志"特设为一卷，著录了历代编修的乡镇志 118 种，其中宋代 4 种，明代 16 种，清代 76 种，民国 22 种。这些数据尚不完整。

中华人民共和国成立后，特别是改革开放以来，乡镇村志的编修传统得到传承，并有了新的发展。尤其是 20 世纪末期以来，乡镇村志的编修更得到各级领导的重视，在方志机构的积极推动和社会各界的大力支持下，风气渐开，形成政府主导、志办指导、百姓修志、专家参与、各方互动、共同推进志书编修的良好局面。据不完全统计，至 2010 年末，浙江省有乡镇村志约 350 部，其中乡镇（街道）志 160 余部，村志 200 余部。数量众多的乡镇村新志，为留住乡土记忆、接续传统文脉创造了一个新的平台，为乡村的可持续发展提供了历史参考与文化动力，获得普遍认同并越来越受到重视。

---

① 关于章名需要说明的是，即使到了清代，凡是有一定集中的人口、商业比较繁荣的聚落（集市），往往被人们称为镇（邹逸麟《清代集镇名实初探》，载《清史研究》2010 年第 2 期）。在各类文献中，中华人民共和国成立之前的乡镇志包括了乡志、镇志、村志、里志、场志、巷志等。志书名称，有"志"（"小志""补志""续志""新志""志稿"）、"记"（"杂记""续记""记闻""小记"）、"识"（"小识""杂识"）、"录"（"杂录"）、"文献"（"遗献""征献"）、"编"（"类编""续编""简编"）、"略"（"志略""述略""集略"）以及"乘""考""征""注"等不同的命名方式。因此，本章述及宋至民国时期的乡镇志书，不另加"村"字。中华人民共和国成立以后，因乡镇确立为中国最基层的行政机构，而村则是基层群众性自治单位，二者界限清晰，故述及这一时期的称为乡镇村志书。

本章内容主要参考和引用《浙江方志考》（洪焕椿著，浙江人民出版社 1984 年版）、《浙江方志源流》（魏桥、王志邦、俞佐萍、王永太著，浙江人民出版社 1988 年版）、《浙江方志概论》（林正秋主编，吉林省地方志编纂委员会、吉林省图书馆学会 1985 年编印）、《清代乡镇志书研究》（陈凯撰，复旦大学 2014 年博士学位论文）、《明清乡镇志研究》（褚赣生撰，复旦大学 1987 年硕士学位论文）等，所引不再一一标注。

第一节　宋代乡镇志

乡镇志发端于宋代。目前可以确切考知的宋代乡镇志书共有9种，现仅存1种。浙江有4种（现存1种），皆成书于南宋后期。分别为：罗叔韶修、常棠纂宝祐《澉水志》8卷，南宋宝祐四年（1256年）成书，现存；张即之纂《桃源志》，卷数不详，南宋后期成书，已佚；沈平所纂《乌青志》4卷以及《乌青拾遗》，均于南宋末年成书，皆已亡佚。其中，宝祐《澉水志》是现存最早的乡镇志，也是唯一存留至今的宋代乡镇志（详见专记）。

浙江宋代见于著录的4部镇志中，属湖州、嘉兴地域的两部，即《乌青记》和《乌青拾遗》。两书皆为宋末沈平所纂，均属二镇合志。乌镇旧属湖州府乌程县，青镇属嘉兴府桐乡县，两镇中隔车溪，而又联成一市，经济、文化方面又不能分隔，故合称“乌青”，以此作志。所载皆两镇事迹和沿革，反映当地的风土民情，以及缙绅冠盖的显要。该志约佚于明末。明嘉靖年间（1522—1566年）陈观续修镇志时曾校正该志，“增入国朝人物土产，事绩及前所载之碑文……类成一帙”。后万历年间（1573—1620年）修镇志，又引用嘉靖《乌青志》，而万历《乌青志》尚存，这样就保存了该志一些材料。从内容上看，已具有后来镇志规模。

专记

中国现存最早的乡镇志——南宋海盐《澉水志》

宝祐《澉水志》①以名构佳作闻名于世，宋代乡镇志的特点亦仅从中可见。它以澉浦镇为记载对象。澉浦置镇于唐开元五年（717年），位于现浙江海盐县境内。这是一座具有上千年历史文化底蕴的江南古镇，据《澉水志》载：“镇南镇西诸山峻秀，东与北多低矮白山，不种林木，东枕大海，相望秦驻跸山，实为险要。”澉浦也是浙江历史上著名的海防要津、海塘重镇、贸易良港和产盐重地。

《澉水志》修于南宋绍定三年（1230年），宝祐四年（1256年）刊本，由罗叔韶修，常棠纂。罗叔韶，字仪甫，四明人。以胄小登太常第，绍定三年授澉浦监镇。常棠，字召仲，号竹窗，海盐人。隐居不仕。南宋时，由图经到方志的定型已基本完成。《澉水志》即以“志”为名，在编纂上采用了分纲列目的纲目体形式，横排门类，以事系目。全书8卷15门。书前有罗叔韶及常棠序和《澉浦所全图》。卷一为地理门（沿革、风俗、形势、户口、赋税、镇名、镇境、四至八到、水陆程），卷二为山门（湾埘），卷三为水门（堰闸），卷四为廨舍门、坊巷门、坊场门、军寨门、亭堂门、桥梁门，卷五为学校门、寺庙门、古迹门，卷六为物产门（早稻名、杂谷、货、花、果、菜、竹、

---

①　宝祐《澉水志》，[宋]罗叔韶修、常棠纂，《中国地方志集成・乡镇志专辑》第二十册影印1935年《澉水志汇编》铅印本，上海书店出版社1992年版。

木、药、禽、畜、海味、河味)，卷七为碑记门，卷八为诗咏门。8卷44页之书，正文仅1.1万字，篇幅精炼，内容却详今略古，十分丰富，保存了南宋海外贸易重要港口澉浦镇的许多珍贵资料，志中有关市舶场、番舶骈集流通吴浙等记载，为研究宋代海外贸易提供了很有价值的资料。

从体裁运用上看，该志卷首有图(即《澉浦所全图》)，无人物传记，全篇门类皆为书志体，属于兼备图、志两种体裁的志书。宝祐《澉水志》以这种纲举目张的编纂体裁与篇目框架，对南宋时期澉浦镇历史、人文、地理等方面的内容进行分门别类的记述，其编纂体例稳当，篇目设计得体，语言叙述凝练有法、详略得当，与南宋“临安三志”在编纂上具有一致的风格与特点，是一部不可多得的宋代名志。特别因其体例成型，质量上佳，因而成为早期乡镇志的代表之作，垂誉后世，影响深远。《四库全书总目》评介其“叙述简核，纲目该备，而八卷之书，为页止四十有四，……可谓体例精严，藻不妄抒者矣”①。清代学者周中孚亦评价该志“叙述赅括，体例谨严，而文尤雅洁。盖为一镇作志，自不能多所搜采，故以精简出之”②。此外自古以来还有“乡镇之有志，自宋常棠《澉水志》始”，其为“镇志之滥觞，亦地乘之典型”等诸多评价③，从而对后世乡镇志书的编纂产生了重要影响。

该志不仅有嘉靖三十六年(1557年)重刻本、明天启樊维城刻《盐邑志林》本、道光十九年(1839年)刻本，而且此后还有明代董穀的《续澉水志》、清代康熙年间吴为龙的《再续澉水志》及道光年间方溶的《澉水新志》、民国时期程煦元的《澉志补录》等。除吴为龙的《再续澉水志》已佚外，其他四种均保存完好，“令人称道的是这四种旧志还分别属于不同的朝代：宋、明、清、民国，这在中国的乡镇中是绝无仅有的”④。为此，西泠印社出版社专门影印出版了《澉水志四种》一书，使这一传统得以传承弘扬。

第二节　明代乡镇志

囿于资料所限，尚未考得有元代的乡镇志书名目。明朝建立后，比较重视政治制度的完善，故于修志一事积极倡导，府志、县志多次修纂，乡镇志也比宋代有所发展，但仍不普及。明代是乡镇志的初步发展时期。

一、数量与分布

目前可考知的明代乡镇志书有76种，其中现存20种，亡佚56种。浙江有明代乡镇志书27种，亡佚20种，现存7种，分别为正德《仙潭志》、嘉靖《续澉水志》、嘉靖《观海卫志》、嘉靖

---

① 参见四库全书研究所整理：《钦定四库全书总目》(整理本)，中华书局1997年版，第932页。

② [清]周中孚著、黄曙辉等标校：《郑堂读书记补逸》卷十二，上海书店出版社2009年版，第1454页。

③ 黄苇主编：《中国地方志词典》，黄山书社1986年版，第48页。

④ 沈松平：《由“澉水四志”看旧志如何作为传承地域文化的载体》，载邱新立主编《志载地域、自然的理论与实践：2014年新方志论坛论文集》，方志出版社2016年版。

《临山卫志》、万历《重修乌青镇志》、崇祯《石步志》、明末《硖川志》。

浙江省见于著录的明代乡镇志，以明代中后期的嘉靖、万历、崇祯三朝编纂的志书为多，共19种，占明代乡镇志总数的三分之二。

明代的浙江乡镇志书在地域分布上很不平衡，主要集中于嘉兴、湖州两府，杭州、宁波甚少，而绍兴、金华、台州、处州、温州、衢州诸府，均未发现有修镇志。当时嘉兴、湖州及杭州等地市镇的兴起和经济的发展，与这些地域修志事业的发达密切关联。乡镇志在乌青、濮院等少数几个镇市集中纂修的原因也在于此。

从宋代开始，到明代初年，一些原来属临时性、定期的集市，逐步发展成为规模较大的、以商业为主体的新市镇。当时湖州、嘉兴府不少新兴的商业、手工业市镇崛起，巨商大贾聚集，归安之双林、菱湖、琏市，乌程之乌镇、南浔，有的数千家，大者万家，且商旅来往频繁，经济发达，商业繁荣，其富饶程度已超过某些县城。

宋代二修镇志的乌青镇，明代又三修镇志。据乾隆《乌青镇志》卷首载，该镇洪武初"虽云重兴，亦不尽复。迄成化弘治间，年谷屡登，居民殷富，锐于兴作，……民居则鳞次栉比"，"十里之内，民居相接，烟火万家"。由于经济繁荣，交通便利，世族名士聚居于市镇，书院、寺院林立，文人学士辈出，又形成了人文荟萃之地。乌青镇宋有进士17人，元1人，明9人；宋、明两朝，举人达39人之多。桐乡濮院镇，明代修了《濮院小志》《濮川志草》《濮川残志》《濮川志略》4种，其数量之多，为明代各镇之首，惜相继佚失。濮院镇北宋不过是一个草市，叫"御儿市"，元代逐步形成小市，称"永乐市"，到了明代万历年间，一跃而成为商品经济发达的中心。这里也是人文荟萃之地，自宋代至明代考中进士的有15人，其中宋代4人，元代2人，明代9人。另外，海盐县澉浦镇、德清县新市镇等亦均几度修志。

二、体例与内容

明代乡镇志书在志书体例与编纂体裁的成熟完备以及记载篇目门类的丰富程度上，较之南宋时期有了更进一步的发展。

以董穀纂修的嘉靖《续澉水志》为例。该志纂于嘉靖二十六年(1557年)，分4册9卷。董穀，正德十一年(1516年)举人，官安义、汉阳知县。罢官后，居海盐澉浦镇。他将宋常棠宝祐《澉水志》校后刊行，仿其图经体例，采元、明诸事，续成新编，较之今存之宋代常棠《澉水志》，分类更精细，体例更完备，内容更丰富。该志虽然沿用了宋《澉水志》的纲目体形式，但是在分纲列目的程度上更为精细，每个大类都有次一级细目的设置。宋《澉水志》仅在《地理门》下细分为《沿革》《风俗》《形势》《户口》等9个细目进行记述，其他诸门并未再划分次级篇目，而嘉靖《续澉水志》分为地理、职官、公署、贡赋、兵卫、祠宇、人品、杂记、艺文9个大类共51个细目，仅在卷之四《贡赋纪》下就分置《区图》《丁产》《税课局》《盐课》《滩荡》《团盘》《屯种》《岁造》，共8个细目。嘉靖《续澉水志》在次级细目的设置与编排上更为符合当地实际情况，使志书各卷各类的篇幅更为均衡，体例更趋精严。如其卷之五《兵卫纪》下分《城池》《军伍》《校场》《砦堠》《铺舍》等次级篇目，而在宝祐《澉水志》中大致与这些篇目记载的内容相对应的乃是《廨舍》《坊巷》《坊场》《军寨》等高一级的大门类，所载内容都较为简略单薄。又如宋《澉水志》

仅有图、志二体，通篇无人物列传。嘉靖《续澉水志》增设《人物纪》1卷，运用传记体裁记述乡里先贤人物，丰富了乡镇志书的记载内容。卷首载图较之宋《澉水志》亦为多，不仅有舆地形势图，又增加了地理景观图。嘉靖《续澉水志》图、传、志三体兼备，整部志书的内容与形式更趋丰富完备，展现了明代乡镇志书较之南宋乡镇志书编纂的长足发展特征。

此外，成于正德十一年（1516年）的正德《仙潭志》实为缩小的县志。撰者陈霆是该镇人，曾任山西提学佥事等职，离官后回乡，从事著述。他所纂修的镇志共8卷，卷首有序、目录、凡例，卷一为地图、沿革、山川、风俗等，卷二为桥梁、庙祀等，卷三为图墓、科贡等，卷四为寓贤、节义等，卷五、卷六为诏、敕等，卷七、卷八为题咏。所载几乎遍及当地古今人、事、物诸大端。与宋元乡镇志相比，体例可称周备。且该志《物产》一目记载甚详，特别是有关湖州物产丝、油、苎麻等生产和贸易的情况；《街坊》的记载也颇为详细，对研究明代江南镇市经济有一定价值。

第三节　清代乡镇志

自宋代以来乡镇志书在体例、体裁以及篇目设计上的不断完善与演进的发展趋势，为清代乡镇志书编纂繁盛时期的到来，以及志书的体例体裁丰富多样、记载方式富于个性的鲜明特点之形成做好了铺垫和准备。清代，随着江南地区市镇的发展以及经济、人文事业的繁荣昌盛，乡镇志书的编纂进入了一个新的历史阶段，不仅在数量与种类上大有增加和突破，而且在志书的体例、体裁以及篇目门类的多样化方面展示出非常鲜明的特点，由此成为地方志书文献的一个重要门类与组成部分。清代是浙江乡镇志编纂的兴盛时期。

一、数量与分布

可考知的清代纂修的乡镇志书有466种，今存263种 。其中浙江有126种，存71种，佚55种①。以浙江清代乡镇志书总数126种计，就其编纂（或成书）时间分布来看，顺治志有5种，康熙志有26种，雍正志有3种，乾隆志有31种，嘉庆志有11种，道光志有14种，咸丰志有2种，同治志有9种，光绪志有20种，宣统志有2种，另有清末1种，年代不详2种。最多的5个朝代依次为乾隆、康熙、光绪、道光、嘉庆。顺治、康熙、雍正朝，所纂乡镇志34种，如李卫修、许梦闳纂的《北关新志》，张之鼐的《栖里景物略》，韩存礼纂的《梅里志》，吴为龙续辑的《再续澉水志》，吴若金的《双林志》，凌维远、谈嗣升的《双林志》及臧麟炳的《桃源乡志》等。乾隆至道光朝所纂乡镇志56种，乡镇志的编纂既普遍且频繁，唐栖、湖墅、花溪、濮川、乍浦、南浔、双林等镇曾纂有2部以上镇志。特别是南浔、濮川二镇，编纂志书尤多。濮川有杨树本纂的《濮院琐志》，胡涿纂的《濮镇记闻》，金淮等纂的《濮川所闻记》及其《续编》等；南浔镇有董肇镗纂的《南浔镇志》，方焘纂的《重修南浔镇志》，范来庚纂的《南浔镇志》等。咸丰至清末所纂乡

① 陈凯：《清代乡镇志书研究》，复旦大学2014年博士学位论文。另有清代乡镇志书存100种、佚41种等诸说。

镇志 36 种，质量都比较好。

自明以来，浙江一些地区经济发展，镇市林立，出现了不少在全国颇负盛名的大镇。其中一些著名大镇的镇志甚至也和府县志一样，一修再修。如南浔镇明清共修镇志 7 次，双林镇共修 9 次，乌青镇共修 7 次。

二、体例与内容

清代浙江乡镇志书的编纂较为普遍，反映出清代浙江乡镇经济社会迅速发展的状况。乡镇志书多由私人纂修，体裁以倾向于府县志为多，但仍千姿百态，颇有创新，内容丰富齐备。

乡镇志的性质与府县志基本相同，在编纂上也深受其影响。由于清代的府县志体裁多取自正史，于是一部分乡镇志也仿正史体裁，加以变通。如唐佩金纂宣统《闻湖志稿》，即分地理志、建置志、食货志、经政志、职官表、选举表、人物志、经籍志、艺文志、旧闻志等九志二表。乾隆朝许良谟所纂的《花溪志》，从民国《海宁州志稿》卷十八所存其序与凡例来看，该志设有方域、人物、列女、选举、艺文、杂志 6 门，其中方域一门综合了地理、食货等项内容，其门类的设置带有模仿正史的痕迹，但与仿正史的府县志体例已有很大不同。总体上，模仿正史体裁的乡镇志书数量较少，而类书体裁的较多。如乾隆年间董世宁纂修的《南浔镇志》12 卷，其卷首有绘图，卷一为星土、祥异、沿革、疆域，卷二为形势、水利、农桑，卷三为建置，卷四为庙宇、古迹、名胜、坊巷，卷五为桥梁、农村，卷六为祠庙、寺观，卷七为园第、风俗、土产，卷八为职官、选举，卷九为人物、耆德，卷十为艺术、流寓、贤母、节烈，卷十一为释老、艺文，卷十二为著述、旧闻、存疑。乾隆年间董肇镗所纂的《南浔镇志》，道光年间邹景所纂的《乍浦备志》等，亦可归为此类。

还有一些乡镇志的体例十分灵活，篇目也很简洁，多能因地制宜。在这类志书中，对那些府县志中不可缺少的而对乡镇志来说并非重要的门类，如疆域、建置、公署、职官、星野、选举等，或舍去，或不作为主要门类设置；而把堤堰、桥梁、园亭、冢墓、坊巷、村里、碑刻等在府县志中较次要的内容，作为其主要门类，对山川、河流、物产、风俗、农桑等门类则记载详细。这类志书构成清代乡镇志的主体。如乾隆何琪所纂《唐栖志略》分山水、古迹、梵刹、园圃、寓公、风俗 6 门，便为其中一例；光绪年间王同纂的《唐栖志》，分图说、山水、桥梁、街巷、遗迹、祠庙、梵刹、人物、艺文、碑碣、冢墓、事纪、诗纪、杂记 14 门，篇目设置也与上述同一格局。咸丰、光绪年间浙江各地所纂的乡镇志如陈宗洛原纂、他人辑补的光绪《三江所志》，邹存淦纂同治《修川小志》，张道纂光绪《定乡小识》等多采用此体例。

清代浙江乡镇志质量普遍提高，不乏佳作。如吴玉树所纂嘉庆《宝前两溪志略》，记事约而能赅，详而不滥。刘承幹将它与宋代常棠《澉水志》相媲美。汪曰桢纂修的咸丰《南浔镇志》也称善本，为“一时名流所重”，誉满海内。孙志熊所纂光绪《菱湖镇志》受赞“博而不芜，简而不漏”（该志由陆心源作序）。谈嗣升、凌维远纂康熙《同辑双林志》，王同纂光绪《唐栖志》，赵霈涛纂光绪《剡源乡志》及唐佩金纂、宣统末年近于脱稿的《闻湖志稿》等，也均为较佳之作。即使浙江在经受战争创伤、经济遭到严重破坏、志书的编纂锐减之时期，质量较高的志书竟也不少。梁启超在《清代学者整理旧学之总成绩・方志学》一文中，举出全国 30 部同治到光绪时期所修的优异志书，浙江便有《湖州府志》《杭州府志》《乌程县志》《鄞县志》等14种，几乎占全国半数，《南浔镇志》就名列其中。

第四节　中华民国时期乡镇志

民国社会颇为动荡，政治经济状况不稳定，但修志传统并未中断，其中乡镇志书的编纂也得到一定的发展。加之乡镇一级单位渐有行政建置的地位，乡镇志书的编修开始由政府组织。

一、数量与分布

据不完全统计，民国时期全国编修的乡镇志书现存计54种，其中以浙江省最多，有22种①。

在地域分布上，民国乡镇志书的纂修延续传统，仍以嘉兴、湖州为多，但分布更广。如台州路桥镇先有杨晨编、徐兆章参校的《路桥志略》刊于民国4年(1915年)，后有杨绍翰纂的《增订路桥志略》印于民国24年。甚至如海岛县岱山，也于民国7年由汤浚编修了《岱山镇志》。汤浚编纂该书首采《宋元四明六志》及光绪《定海厅志》之记述，增以近三四十年来之见闻，有关掌故及于地方有益之人、事条分缕析，尽采并揽，总凡20卷。该书体例悉合，叙事简要，于岱山之山口、形胜、史事、古迹、人物、风俗、物产几无所不包，又出自一人之手，实属难得。此外，余姚有《六仓志》(民国9年杨积芳纂辑)，绍兴有《螭阳志》(民国9年张拯滋辑)、《松厦志》(民国20年连光枢纂、何鸣宣参订)、《曹娥乡志稿》(民国26年徐蝇淙编)、《天乐志》(民国24年汤叙辑)、《天乐乡富家墩村志》(民国24年陈德明辑)等多种。

二、体例与内容

民国乡镇志的编撰总体上承清代地方志撰修余绪，体例仍多因旧志，有的甚至断限也止于辛亥革命之前，如周庆云民国《南浔志》就止于清宣统三年(1911年)。同时，基于时代的发展、西学的影响，这一时期的乡镇志书也有了新变化。

方志门类越分越细。如南浔镇在民国时期纂成两部镇志，由周庆云编的《南浔志》60卷，附《南浔撷秀录》1卷，为镇志中的巨篇，门目比咸丰《南浔镇志》增设学校、园林等10目，还置"大事记"统摄全志，体例也是较为齐备的一部；由周子美编的《南浔镇志稿》4卷，记述了辛亥革命至抗日战争期间有关南浔镇的历史事件，其中一卷、二卷为社会调查材料，三卷、四卷为各类文献资料，刘承幹为该志作序云："使每邑有人焉能如子美之所为，纵无志科之设，其乡邦文献，必不泯没无传。"朱士楷纂的《新塍镇志》、夏辛铭纂的《濮院志》、卢学溥纂的《乌青镇

① 见洪焕椿：《浙江方志考》，浙江人民出版社1984年版。另有16种之说，见黄燕生：《中国历代方志概述》，来新夏主编：《中国地方志综览(1949—1987)》，黄山书社1988年版，第436页。

志》、蔡蒙等纂的《双林镇志》等，卷幅多在30卷以上，载述也较细腻。部分志书对太平天国时期和清末民国初的社会、经济状况有较多的反映。

其他如志书之中出现“电灯”“电话”“电报”等近代词汇，用近代化计量方式记载区域方位和温度气候，用近代测绘方式制作地图，还出现专以记载修纂志书所涉及方志书目的“参考书目”一门，甚至出现具有近代色彩的专业化修志编辑室，体现出乡镇志书从体例、内容到编修组织等各方面，顺应时代，逐步演进。

第五节　中华人民共和国成立以后的乡镇村志

图110-4-5-1　浙江出版的部分镇志（浙江省地方志办公室提供）

中华人民共和国成立后，乡镇成为行政区划中的一级政区，也是最基层的一级政权组织，乡镇村志的编修呈现出新的景象。以改革开放为界，大致可划分为两个阶段。改革开放前编修志书为数不多，且多未公开出版。改革开放后，虽然政府（包括2006年国务院颁布的《地方志工作条例》）仅对县级以上行政区域修志做出明确规定，但伴随新时期首轮修志的大规模开展，乡镇村志修编开始步入兴旺期。进入21世纪以来，随着城镇化进程的不断推进和地方志事业的不断延伸①，乡镇村志的编修发展迅速，方兴未艾。

一、数量与分布

中华人民共和国成立初期，百废待举，后又遇“文化大革命”影响，志书修纂一直未被纳入政府工作。乡镇村志较少编修，并以私人修撰为多，多以稿本形式存在，较少刊印。因存世少且散失多，这一时期的乡镇志数量尚无统计。现存较早的有丽水林福生纂《锦溪乡志》（手写复印本，1957年7月，15万字）、安吉县《双一简志》（1961年1月印行，简装32开本，38页）、张和孚编《南浔小志》（1966年稿本，未刊，2册共4卷）等。

20世纪80年代以来，乡镇经济迅速发展，浙江经济呈现出“三分天下有其二”的格局，镇志、村志的编纂则与之交相辉映。浙江省将乡镇村志的编修、出版纳入“浙江省名镇志集成”“浙江省名村志集成”与“浙江乡村社会研究系列丛刊”。据不完全统计，自中华人民共和国成立至1992年，浙江出版新编乡镇志68种，村志46种，乡镇志、村志成为浙江新志的两大系

① 李培林指出：“修志工作要往社区、乡镇和村延伸”，见《在江苏省调研地方志工作时的讲话》，《中国地方志》2014年第6期。

列①;至1999年,浙江出版新编乡镇志69种②,始于20世纪80年代的首轮修志中,浙江是全国出版乡镇村志最多的省份;至2010年底,浙江累计出版、刊印乡镇志、街道志、村志约350部,仍然居于全国前列。中华人民共和国成立后浙江乡镇村志的编修出版数量超过中华人民共和国成立之前的总量。

同时,乡镇村志的编修不再如旧时那样限于部分经济发达乡镇,而是出现了在全省遍地开花的局面,各地都开展了或多或少的编修活动,很多市县还出现了从少到多的趋势。不过,从地域分布看,乡镇村志的编修虽然有了扩散性的发展,但各市所修乡镇村志数量差距较大,且各市内部的覆盖面也大小不均,地域差异明显。

相比于镇村的数量,乡镇村志的覆盖率并不高。至2010年底,浙江省共有1512个乡级行政区划单位(其中341个街道、728个镇、429个乡、14个民族乡),累计出版、刊印的乡镇志、街道社区志未实现全覆盖,村志数量尚不及行政村数量的1%。

二、体例与内容

(一)20世纪50—70年代的乡镇村志

从现存的一些志书来看,这一时期所编乡镇村志的篇目、体例、内容,与旧志相比已有所不同。如张和孚在周子美《南浔镇志稿》基础上纂辑《南浔小志》,上限民国元年(1912年),下限民国37年,分机关、团体、水利、桥梁、祠墓、寺庙、古迹、学校、蚕丝、金融、灾荒、兵事、风俗、土产、园林、人物、列女、金石、艺文20类。吴藕汀《南浔小志序》认为该志"续周氏以清末为断,数十年来,陵谷沧桑,可以见其梗概,尤以一乡习俗,琐细之事,民风礼俗之变易,由此可鉴",可与汪曰桢咸丰《南浔镇志》和周庆云民国《南浔志》二志成鼎足。

姚志卫纂《菱湖新志》,16开本,复写稿本,252页,约10万字。该志编纂始于1964年4月,"文化大革命"开始后一度中断,1978年完成初稿,1979年2月开始重订,1980年2月成稿。上限不限,下限1978年,重点记载清光绪《菱湖镇志》之后80年。全志分概论、地理、经济与物产、文化、人物、风俗、旧闻拾遗、大事纪略8章41节。

由中共安吉县递铺公社双一生产队支部、安吉县档案馆合编的《双一简志》,是为了配合全国林业现场会议在双一生产队召开,供与会代表现场视察作书面向导而编写。志首序、双一生产队全图。正文为:建队沿革;区域、界至和面积;地理概况;气候;土壤;土壤冲蚀和保持;人口与土地;政治[解放前政治、解放后政治(剿匪反霸、减租减息、土地改革、镇压反革命、抗美援朝运动)];贯彻过渡时期总路线总任务;全民整风和反右斗争;互助合作运动;贯彻建设社会主义总路线和"大跃进";人民公社化运动;农林业(解放前的农林业;解放后的农业;解放后的林业;大胆革新创造毛竹改制改小年为大年;大搞山林培育取得"八字经验"的光辉成

① 邱新立:《中国新编地方志二十年成就》(二),《中国地方志》2000年第3期。
② 周祝伟:《浙江新编地方志目录》(1999年增订本),方志出版社1999年版。

就);文卫福利事业;风俗习惯。内容带有鲜明的时代特征。①

(二)20 世纪 80 年代以来的乡镇村志

这一时期,浙江的乡镇村志编修出现了许多新事物。如 2003 年出版的天台《水南村志》是全国较早由村民个人修撰、公开发行的村志,由许亦江主编;毛东武、毛兆丰两度主编的《白沙村志》,为改革开放后较早以村为单位单独出版的村志与续志,先后得到中共浙江省委书记习近平、赵洪祝的关注。魏桥主编的《浙江省名镇志》(1991 年出版)按市、地区分块。共收录 161 个建制镇;《浙江省名村志》(1994 年出版)共收录 604 个村(占全省行政村总数的 1.4%),记述各镇村的历史和现状,是乡镇村志编纂的一种特殊形式。1995 年永康市河头村《河头村志》出版首发的同时,召开了中国乡村社会文化研讨会,对村志的内容、体例、资料、特色等各方面进行探讨,对浙江的村志编修产生重要影响。与会专家认为,农民自己创造历史,众人写志、众人入志、众人用志、众人藏志,"是神州大地的一件新鲜事"②。

新编乡镇志较旧乡镇志,其非区划性、私纂性的特点已不复存在,与省、市、县(区)志一样,具有区划性和官修性。乡镇已成为我国最基层的一级行政区,其行政区划十分明确,新编乡镇志的记述地域范围也以本辖区为限,不再"越境而书"。以"官修"居多的乡镇新志,在体例、篇目设计上减少了随意性,体例结构更接近县志,更为整齐划一。多数志书采用章节体,前置概述、大事记,后有附录、跋或编纂始末,采用记、志、传、图、表、录等体裁,来记述区域内自然、政治、经济、文化和社会的历史与现状。各志所设篇目的规模、数量不同,但其构成大都涉及自然环境、镇村建制、姓氏人口、土地、交通、商业、农业、工业、财税金融、镇村建设、党派群团、基层政权组织、军事治安司法、教育科技卫生、文化广播电视、名胜、社会生活、方言、人物、丛录等。如杭州市萧山区《义桥镇志》除概述、大事记外,志书主体分自然环境与镇村建制、姓氏人口、土地、交通、商业、农业(含水利)、工业、财税金融、镇村建设、党派群团、基层政权组织、军事治安司法、教育科技卫生、文化广播电视、名胜、社会生活(含民政、社会保障、风俗、宗教)、人物 16 篇,志末设丛录(含方言)。

相比而言,村志的编修,因村与行政建置的距离略远,编修内容较多体现出以本地村民为主体。私人纂修也使志书体例内容呈现出更为多样、不拘一格的面貌,有的志谱结合,如《(永康)连枝村谱志》,有的自创新体,如《(江山)六家志》,有的则随意不羁,内容更是繁简悬殊。21 世纪以来,村志体例也出现了一种向县志看齐的趋势。

体例趋同会削弱乡镇村志的地方特色,然而,由于乡镇村新志的记述层次较低,内容较为丰富,涵盖的范围较广,一些富有地方特色的内容往往会以升格、详记的方式加以突出,因此使志书仍能保持一定的地域特色与时代特征。如海盐《澉浦镇志》除概述、大事记外,主体部分共设 11 卷,计 603 页,其中旨在反映地方特色的卷、章就达到了 332 页。因中国唯一集山、海、湖于一体的风景区——南北湖坐落在澉浦镇,故该志特设"南北湖风景区"卷,浓墨重彩地

① 参见沈慧:《湖州方志提要》,中国文史出版社 2013 年版。

② 魏桥:《神州大地新鲜事——村志初探》,《中国地方志》1995 年第 4 期。

记述其独特的自然风貌；又因澉浦镇靠海，海塘和海盐是其显著的地域文化特征，故专设“海塘”“盐业”两章，彰显了澉浦的地方特色。萧山《浦联村志》，设村域、村民、村区组织、土地、基础设施建设、种植业、养殖业・林业、企业、农业集体化时期社会分配、村办企业时期社会分配、村民生活、村民观念、丛录等编，开拓浙江村志编纂的新模式。该志获得第八届(1995—1996 年度)浙江省哲学社会科学优秀成果奖三等奖。

乡镇村志在单本规模、体量上，呈现文字量由少变多的趋势。杭州市 1980—2000 年间出版的《梅城镇志》《瓜沥镇志》《长河镇志》《临平镇志》《塘栖镇志》《余杭镇志》《富阳镇志》《新登镇志》《桐庐镇志》《浦沿镇志》《西兴镇志》等均为数十万字，最多的《桐庐镇志》66 万字，而 2003 年出版的《衙前镇志》、2008 年出版的《党山镇志》《临浦镇志》，2009 年出版的《许贤乡志》均超百万字，其中《党山镇志》达 154 万字。丽水市 1990 年内部出版的《龙泉城北区志》为 9 万字，2009 年出版的《青田县鹤城镇志》则达 123.8 万字；湖州市 2009 年出版的《菱湖镇志》达 240 万字。

乡镇村志既有纵贯古今的通志，也有接续前志的续志，以修编通志占主体地位，这既是传统使然，又因不少乡镇村还是首次修志。间隔时间较短又连续修志的乡镇，以某个时段为时限编修续志，这种情况虽在少数，却逐渐增多。参照国务院《地方志工作条例》每 20 年左右修一次志的规定，又在经济社会变化速度加快，电子图书、纸质图书保存条件日益改进的条件下，修编续志也可能逐渐成为乡镇村修志的“新常态”。如天台《西张村志》于 1997 年、2007 年两修，江山《白沙村志》于 1991 年出版后，又于 2008 年启动第二部的编纂。

三、编修与出版

乡镇村志的修志模式呈现由单一向多元化发展的趋势。中华人民共和国成立后的乡镇村志编纂原以个人发起为主，但 20 世纪 90 年代起，乡村基层组织与地方志机构的介入，使编修经费来源与主创人员发生了较大变化，编纂方法、刊印质量、用志途径也更趋多样。与乡镇村旧志相比，乡镇村新志的编修，从编修主体看，政府修志取代私人修纂已成主要趋势，方志工作机构介入指导更成为常态。从具体操作看，一般都由乡镇政府或党委、政府共同组成编纂委员会，负责指导、协调和保障等工作，下设编委会办公室或临时的修志办公室，选定主编和副主编，具体负责修志业务工作。此种做法，已属于官修。私纂而成的乡镇村新志相对较少，并有减少的趋势。至 2010 年，浙江湖州已成书的 25 部乡镇村志书中，由政府作为主体承担修志的有 13 部，占 52%。其中，村志的编修略有不同，其编修多由县一级修志机构主导或村民自发的编修，编修区域主要集中在经济发达的乡镇村，或者是城中村。但随着修志逐渐被纳入乡村文化建设的范畴以及方志机构的深度介入，由村委会出资、方志机构指导的修志模式也逐渐占据主要地位。

至 2010 年，《浙江省实施〈地方志工作条例〉办法》是全国唯一将乡镇村志编纂正式列入部署的地方法规。该办法第二条规定：“本省行政区域内地方志、其他志书和年鉴的组织编纂、管理、开发利用工作，适用本办法。……本办法所称其他志书和年鉴，是指机关、社会团体、企业事业单位、其他组织及个人组织编纂的专业志、乡镇志、村志和专业年鉴等资料性文献。”对《地方志工作条例》的内容进行了延展，为地方志工作与乡镇村志编纂之间架起了制度化的桥梁。

乡镇村新志的编修人员，既有社会人员，也有专业人员。修志社会人员，既有来自高校、科研院所的学者，也有爱好文史、热心乡邦的当地居民。如浙江南浔镇的12部镇志中，地方史专家研究者一人就承担或参加了其中的9部，并独立完成了6部。又如省地方志办公室王志邦主编了《浦联村志》(1996年中国书籍出版社)、《武义柳城镇志》(1989年浙江人民出版社)、《东冠村志》(2000年中华书局)、《义桥镇志》(2005年方志出版社)、《许贤乡志》(2009年中华书局)等多部乡镇村志。其他有象山县地方志办公室林志龙等主编了象山县第一部乡镇志《爵溪镇志》(1997年)，舟山市定海区地方志办公室谢永根主编了《沈家门镇志》(1996年出版，该志突出渔都、渔港地方特色，获舟山市1995—1996年度社会科学优秀成果奖)；《六横志》(1996年出版)主编蒋文波和《南岙村志》(2003年出版)主编邬永昌则均就职于舟山市普陀区地方志办公室。

少数地方由当地居民编纂村志，虽然体例不很规范，却能较好地保存了基层社会的珍贵史料。如《水南村志》由村民许亦江个人修撰，2003年4月由方志出版社出版，56.8万字。除概述、大事记外，还设村域建置、自然环境、人口土地、姓氏宗族、村名地名、农业、水利电力、工业、金融商业、交通邮电、村构建设、党政社团、治安消防、兵事、教育文化、村风民俗、人物、艺文18编，村境、建置、行政区划、自然地理、自然灾害、土壤、婚姻、耕地、姓氏、宗族、宗族活动、古今地名、与洪水有关地名、农业经济演变、农具肥料、耕作、粮食、经济作物、副业、林业、引水提水、蓄水、幸福水库灌区、防洪堤坝24章。

乡镇村志的刊印形式，从油印、铅印到内部印刷，再到正式出版，乃至兼出电子本。各地有公开出版的，也有非公开出版或自己编印的，公开出版的日益增多。随着信息化程度的不断提高，阅读与获取信息的方式不断改变，许多志书不再只印刷纸质本，也制作了电子本发行，甚至上传至网站，为读者提供了更为便捷的读志用志方式。乡镇村志的装帧表现为由简本到精装本的发展趋势；印数也从数册增至数千册，如1995年出版的《南浔镇志》印数已达4000册。

表110-4-5-1　　　　1957—2010年浙江乡、镇、街道志一览

区域	志书名称	出版(印刷)时间	区域	志书名称	出版(印刷)时间
浙江省	浙江省名镇志	1991年5月	杭州市	长河镇志	1989年6月
杭州市	上城区街道志	未详		余杭临平镇志	1991年9月
	梅城镇志	1985年11月		塘栖镇志	1991年11月
	瓜沥镇志	1986年3月		余杭镇志	1992年2月
	萧山临浦镇志	1988年		富阳镇志	1994年2月
	萧山城厢镇志	1989年4月		富阳新登镇志	1994年3月

续表 1

区域	志书名称	出版(印刷)时间	区域	志书名称	出版(印刷)时间
杭州市	桐庐镇志	1994 年 3 月	宁波市	浒山镇志	1994 年
杭州市	浦沿镇志	1994 年 12 月	宁波市	梅山岛乡志	1995 年 12 月
杭州市	小营巷街道志	1996 年 12 月	宁波市	爵溪镇志	1997 年 10 月
杭州市	清泰街志	1997 年	宁波市	小港镇志	2000 年 12 月
杭州市	西兴镇志	2000 年 12 月	宁波市	龙观志	2001 年 3 月
杭州市	萧山南阳镇志	2001 年 6 月	宁波市	新碶镇志	2005 年 12 月
杭州市	上塘志	2002 年 6 月	宁波市	龙观乡志	2006 年 6 月
杭州市	杭州市余杭区镇乡街道简志	2003 年 8 月	宁波市	横河镇志	2007 年 6 月
			宁波市	晓塘乡志稿	2008 年 12 月
杭州市	鸠坑乡志	2003 年 9 月	宁波市	长街镇志	2010 年 3 月
杭州市	衙前镇志	2003 年 12 月	宁波市	西坞街道志	2010 年 12 月
杭州市	坎山镇志	2003 年 12 月	宁波市	姜山镇志稿	2010 年
杭州市	临安市三口镇志	2004 年 12 月	温州市	黄华镇志	1989 年 3 月
杭州市	义桥镇志	2005 年 12 月	温州市	桥头镇志	1989 年 3 月
杭州市	所前镇志	2007 年 4 月	温州市	磐石镇志	1989 年 12 月
杭州市	采荷街道志	2007 年 10 月	温州市	慎江镇志	未详
杭州市	袁浦镇志	2007 年	温州市	信智乡志	1990 年 3 月
杭州市	党山镇志	2008 年 5 月	温州市	乐成镇志	1990 年 10 月
杭州市	临浦镇志	2008 年 10 月	温州市	大岙镇志	1990 年
杭州市	许贤乡志	2009 年 3 月	温州市	大荆镇志	1991 年 3 月
杭州市	余杭镇志(1990—2005)	2009 年 5 月	温州市	白石镇志	1991 年 5 月
杭州市	昌化镇志	2010 年 11 月	温州市	虹桥镇志	1993 年 2 月
宁波市	奉化县方桥乡志	1984 年	温州市	灵溪镇志	1993 年 3 月
宁波市	大桥镇简志	1985 年 1 月	温州市	蒲岐镇志	1993 年 9 月
宁波市	宁海城关镇志	1989 年 10 月	温州市	马站镇志	1994 年 2 月
宁波市	余姚镇志	1989 年 12 月	温州市	乐成镇志	1994 年 5 月
宁波市	镇海庄市地方志	1993 年 9 月	温州市	龙港镇志	1994 年 9 月

续表 2

区域	志书名称	出版(印刷)时间
温州市	马站地方志	1996 年 9 月
	白石镇志	1997 年 1 月
	瓯北镇志	1997 年 10 月
	莘塍镇志	1998 年 5 月
	芙蓉镇志	1998 年 9 月
	柳市镇志	1998 年 10 月
	鳌江志	1999 年 7 月
	城郊乡志	2000 年 2 月
	浙江省泰顺县莒江乡志	2001 年 7 月
	翁垟镇志	2002 年 6 月
	龙港镇志(1991—2000)	2003 年 7 月
	仰义乡志	2004 年
	马站地方志	2005 年 7 月
	黄华镇志	2005 年 11 月
	磐石镇志	2005 年
	灵溪镇志(1990—2005)	2007 年 12 月
	淡溪镇志	2010 年 1 月
	温州市龙湾区永中街道志	2010 年 10 月
湖州市	南浔小志(稿本)	1966 年
	菱湖新志	1982 年 2 月
	南浔镇新志(民国部分)	1982 年 9 月
	南浔镇备志(新中国成立后部分)	1983 年
	南浔镇志(1252—1980)	1988 年
	新市镇新志	1989 年 1 月
	士林镇志(打印本)	1989 年 12 月
	练市镇志	1992 年 4 月
湖州市	洛舍镇志	上册 1992 年 10 月 中册 1995 年 10 月 下册 1995 年 7 月
	重辑南浔镇新志稿(1912—1948)	1993 年
	南浔镇志	1995 年 12 月
	南浔镇图志	1996 年 5 月
	南浔镇志校勘笺注	1996 年
	南浔文献新志	2000 年 4 月
	钟管镇志	2000 年 7 月
	南浔文献新志纪余	2001 年 1 月
	南浔志续编(1912—1985)	2003 年 7 月
	埭溪镇志	2004 年 12 月
	南浔志续编·补遗	2004 年
	乾元镇志	2008 年 6 月
	菱湖镇志	2009 年 1 月
	东林镇志	2009 年 5 月
	龙山志	2009 年 9 月
	武康镇志	2009 年 12 月
嘉兴市	嘉兴县惠民人民公社社志	1959 年 4 月
	沈荡镇志	1991 年 4 月
	武原镇志	1991 年 10 月
	朝阳乡志	1991 年 12 月
	乍浦新志	1992 年 3 月
	嘉善县乡镇志	1992 年 7 月
	海宁硖石镇志	1992 年 9 月
	斜桥镇志	1992 年
	通元镇志	1993 年 2 月

续表 3

区域	志书名称	出版(印刷)时间	区域	志书名称	出版(印刷)时间
嘉兴市	盐官镇志	1993 年 4 月	绍兴市	安华镇志	2009 年 6 月
	长安镇志	1994 年 1 月		夏履镇志	2010 年 12 月
	崇福镇志	1994 年 3 月	金华市	兰溪城关镇志	1987 年 11 月
	西塘镇志	1994 年 12 月		兰溪游埠镇志	1989 年 5 月
	新仓镇志	1995 年 10 月		武义柳城镇志	1989 年 8 月
	魏塘镇志	1996 年 3 月		清溪乡志	1990 年 11 月
	王店镇志	1996 年 6 月		义乌稠城镇志	1990 年 12 月
	濮院镇志	1996 年 12 月		唐先志	1997 年 1 月
	平湖市城关镇志	1997 年 10 月		女埠镇志	1998 年 7 月
	新塍镇志	1998 年 1 月		古丽镇志	2001 年 10 月
	乌镇志	2001 年 3 月	衢州市	天马镇志稿	1989 年
	澉浦镇志	2001 年 9 月		江山城关镇志	1991 年 7 月
	石门镇志	2002 年 11 月		江山市长台镇志	2001 年 5 月
	余新镇志	2007 年 9 月		清湖镇志	2003 年 1 月
	新丰镇志	2008 年 5 月		华埠镇志	2003 年 2 月
	七星镇志	2009 年 4 月		球川镇志	2004 年 2005 年 3 月
	洲泉镇志	2009 年 12 月			
	袁花镇志	2010 年 6 月		蜀阜志	2005 年 1 月
绍兴市	东浦镇志	1998 年 3 月		青石镇志	2005 年 12 月
	枫桥史志	1998 年 10 月		廿八都镇志	2007 年 1 月
	长乐镇志	1999 年 4 月	舟山市	白泉镇志	1996 年 7 月
	曹娥乡志	1999 年 8 月		六横志	1996 年 7 月
	安昌镇志	2000 年 8 月		沈家门镇志	1996 年 8 月
	璜山镇志	2000 年		展茅镇志	1997 年 7 月
	草塔镇志	2002 年 10 月		金塘志	1999 年 9 月
	齐贤镇志	2005 年 7 月		马岙镇志	2010 年 12 月
	马剑镇志	2006 年 7 月	台州市	玉怀县城关镇志	1989 年 12 月

续表 4

区域	志书名称	出版(印刷)时间	区域	志书名称	出版(印刷)时间
台州市	楚门镇志	1990 年 9 月	丽水市	锦溪乡志	1957 年 7 月
	玉环坎门镇志	1991 年 4 月		龙泉城北区志	1990 年 2 月
	泽国镇志	1999 年 12 月		方山乡志	2004 年 6 月
	大溪镇志	2007 年 12 月		八都地方志	2005 年 12 月
	杜桥志	2009 年 12 月		鹤城镇志	2009 年 12 月

资料来源：1. 各市地方志办公室、部分县(市、区)地方志办公室提供的相关资料；2. 浙江图书馆、各市级图书馆、部分县级图书馆的相关馆藏。

表 110-4-5-2　　1961—2010 年浙江村志一览

区域	志书名称	出版(印刷)时间	区域	志书名称	出版(印刷)时间
浙江省	浙江省名村志(上、下)	1994 年 8 月	杭州市	张家弄村志	2003 年
杭州市	杭州近江村志	1991 年 7 月		宁新村志	2005 年 3 月
	尖山下村志	1993 年 8 月		板桥村志	2006 年 4 月
	浦联村志	1996 年 5 月		增丰村村志	2007 年 1 月
	姚家埭村志	1996 年 10 月		萧山戴村大湖头村志	2007 年 12 月
	三盈村志	2000 年 1 月		西墅村志	2007 年
	海龙村志	2000 年 2 月		羲幹村志	2007 年
	东冠村志	2000 年 6 月		工农村志	2008 年 1 月
	程家村志	2000 年		下源村志	2008 年 3 月
	杭州近江村志(重修)	2001 年 6 月		岭下村志	2008 年 6 月
	后坛村志	2002 年 1 月		戴村镇顶山村村志	2008 年 11 月
	山后村志	2002 年 1 月		义南村志	2008 年
	新建村志	2002 年 2 月		新建村志(2000—2007)	2009 年 9 月
	邵宅村志	2002 年 2 月		谢田村志	2010 年 12 月
	下钱简志	2002 年	宁波市	前堰头村志	1988 年 12 月
	萧山衙前镇杨汛村志	2002 年		宁海县西门村志	1990 年 11 月
	潘山村志	2003 年 7 月		宁海县南门村志	1990 年 11 月
	西兴村志	2003 年 12 月		蜜岩村志	1991 年 9 月

续表1

区域	志书名称	出版(印刷)时间	区域	志书名称	出版(印刷)时间
宁波市	宁海北湖村志	1991年10月	温州市	仙门村志	1996年
	白石村志	1993年9月		章前垟村志	1998年
	伊家村志	1993年10月		上园村志	1999年5月
	湾底村志	1995年9月		溪东村志	2002年
	鲍家村志	1995年10月	湖州市	双一简志	1961年
	山头应村志	1996年		湖州市名村志	1996年6月
	泽山村志	1997年10月		大溪村志	2009年3月
	岭口村志	1998年9月		石龙村志	2010年2月
	眉山村志	1998年	嘉兴市	林家浜志	2001年9月
	海墩村志	1999年2月		曹王村村志	2005年
	东陈村志	1999年12月	绍兴市	墨城村志	1997年1月
	最良村志	2000年		雅张村志	1999年12月
	永丰村志	2002年2月		诸暨渔橹赵家村志	2001年6月
	上灵岙村志	2002年5月		诸暨祝家坞村志	2001年
	宜青桥村志	2003年1月		三江口村志	2003年
	钱家山村志	2003年12月		陈宅村志	2004年8月
	梅岭志	2004年12月		横路村志	2006年2月
	磨刀桥村志	2005年10月		梅山村志	2006年
	文岙村志	2006年10月		尤家村村志	2006年
	河头村志	2007年12月		南村志	2007年9月
	田交朱村志	2008年3月		黄家埠村志	2007年12月
	文岙村志(修订本)	2008年5月		张市村志	2007年
	溪里方村志	2009年12月		南岸村志	2008年3月
	上白(岩)村村志	2009年12月		新风村志	2008年
	俞家山志	2009年		盛陵村志	2009年7月
	下公和村志	未详		宁六村志	2009年12月
	定桥志	未详		横路坑村志	2009年

续表 2

区域	志书名称	出版(印刷)时间	区域	志书名称	出版(印刷)时间
绍兴市	保驾山村志	2010 年 10 月	宁波市	湖溪村志	1996 年 12 月
	小将村志(里)	2010 年 11 月		黄塘村志	1996 年 12 月
	诸暨渔樵赵家村志(重修本)	2010 年 12 月		前陈村志	1996 年
				厚庐金村志	1997 年
金华市	官川村志	1987 年 12 月		洞源村志	1997 年 3 月
	派溪吕村志	1988 年 4 月		溪边颜村志	1997 年 4 月
	柳墅村志	1988 年 5 月		黄溢村志	1997 年 9 月
	英村村志	1988 年 5 月		姚村村志	1997 年 11 月
	山西村志	1988 年 10 月		下骆宅村志	1997 年 11 月
	杏里村志	1988 年 11 月		古山志	1997 年 11 月
	黄岗村志	1988 年 12 月		俞溪头志	1997 年 12 月
	上柏石村志	1989 年 9 月		五指岩前村志	1998 年 1 月
	前黄村志	1991 年		横洋村志	1998 年 1 月
	泽塘村志	1991 年		岘川志	1998 年 1 月
	桥下村志	1992 年 12 月		清渭马店志	1998 年 2 月
	长山村志	1992 年		琅琊徐村志	1998 年 7 月
	河头村志	1994 年 12 月		江头村志	1998 年 10 月
	下徐店村志	1995 年 1 月		后杜志	1998 年 11 月
	林坑陈村志	1995 年 2 月		何麻车村志	1998 年 11 月
	前杭村志	1995 年 2 月		星光村志	1998 年 11 月
	太平志	1996 年 1 月		前山杨村志	1999 年 9 月
	桐琴村志	1996 年 1 月		渔父里村志	1999 年 12 月
	前洪村志	1996 年 2 月		冞卢村志	2000 年 1 月
	雅庄村志	1996 年 3 月		厚泽志	2000 年 2 月
	前吴村志	1996 年 8 月		象塘村志	2000 年 5 月
	赵宅村志	1996 年 9 月		桥头周村志	2000 年 10 月
	寮前村志	1996 年 12 月		唐先二村志	2000 年 11 月

续表 3

区域	志书名称	出版(印刷)时间	区域	志书名称	出版(印刷)时间
金华市	双溪村志	2000 年	金华市	蒲阳村志	2006 年
	义乌颜坞颜村志	2000 年		柿后村志	2007 年
	东皋村志	2001 年 2 月		文溪村志	2007 年
	永祥志	2001 年 3 月		大寺下村志	2008 年 5 月
	新何村志	2001 年 8 月		婺城名村志	2008 年
	胡宅村志	2001 年 9 月		金川村村志	2008 年
	邵宅下邵村志	2001 年 11 月		义乌青口村志谱	2008 年
	大后村志	2001 年 12 月		王阡村志谱	2009 年
	岩渡里志	2001 年 12 月		大湖头村志	2010 年 11 月
	华溪中心盛村志	2001 年 12 月		张麻车村志	2010 年 12 月
	毫塘村志	2002 年 4 月		城东新村志	2010 年 12 月
	尚周村志	2002 年 3 月		后景颜村志	2010 年
	留雅村志	2002 年 10 月	衢州市	白沙村志	1991 年 6 月
	盘溪施氏村志	2002 年 12 月		航埠村志	1995 年 12 月
	唐东村志	2003 年 7 月		六家志	1996 年 10 月
	木城村志	2003 年 11 月		东乡村志	2006 年 4 月
	长城村志	2003 年 11 月		花园岗村志	2007 年 3 月
	前于村志	2004 年 8 月		彭家村志	2007 年 8 月
	下甲村志	2004 年 10 月		乌溪桥村志	2007 年 10 月
	蔡宅村志	2004 年 12 月		石室街村志	2008 年
	东阳名村志	2004 年		沙埠谱志	2009 年 7 月
	高镇村志	2004 年	舟山市	青黑村志	1999 年 9 月
	乌漱村志	2004 年		南岙村志	2003 年 6 月
	六石口村志	2005 年 1 月		高亭镇闸口一村村志	2004 年 12 月
	东河七一村志	2005 年 11 月		南峰村志	2010 年 12 月
	后溪河村志	2006 年 9 月	台州市	大路村志	1988 年
	杨田村志	2006 年 10 月		圳口村志	1996 年 10 月

续表 4

区域	志书名称	出版(印刷)时间	区域	志书名称	出版(印刷)时间
台州市	对洋村志	1997 年 3 月	丽水市	后山村志	2004 年 12 月
	大路村续志	1997 年 7 月		碧龙村志	2006 年 3 月
	西张村志(第一修)	1997 年		界首村志	2006 年 10 月
	水南村志	2003 年 4 月		堰头村志	2006 年
	西张村志(第二修)	2007 年 9 月		梅地村志	2007 年 2 月
丽水市	越陈村志	1989 年 8 月		下沙曾家志	2007 年 6 月
	石仓村志	1997 年 5 月		横街村志	2007 年 12 月
	黄言圩村村志	2000 年 1 月		竹坪村志	2008 年 3 月
	城北乡上田村志	2002 年 12 月		骆庄村志	2009 年 2 月
	安吉村志	2003 年 5 月		塘坑村志	2010 年 1 月
	松阳县高亭村志	2003 年		玉岩村志	2010 年 9 月

资料来源:1.各市地方志办公室、部分县(市、区)地方志办公室提供的相关资料;2.浙江图书馆、各市级图书馆、部分县级图书馆的相关馆藏。

说明:除少数名不副实者外,以“村志”命名者多予收录。

第五章　专门志书编纂

在浙江地方志事业发展史上，除了以省、市（州、府、厅）、县（区、市）、乡镇街道、村等为记述范围的综合性志书之外，还有一类以一事一物为记述对象的专门志书，就其记述对象性质而言，包括以具体事物为记述对象的专门事物志，以行业或事业发展为记述对象的专门事业志，和以部门、单位或企业等机构为记述对象的部门单位企业志。这类专门志书具有发源时间早、品类繁杂、数量众多等特点。浙江早在西汉末寿春梅福撰有《四明山记》，三国时期沈莹撰有《临海水土异物志》，唐代陆羽撰有《顾渚山记》，宋代倪守约撰有《赤松山志》、周密撰有《吴兴园林记》、胡融撰有《赤城风土志》、王崇祐撰有《仙居十洞天志》等。自元代开始，各种山志、水志数量逐渐增多。据统计，元代浙江共编有 66 种方志，其中山水志就有 12 种，如丰灼撰《三茅山志》、盛熙明撰《普陀洛迦山考》、黄奇孙撰《南明（山）志》等。这一时期还出现了一些新的品类，如邓牧撰《洞霄图志》等宫观志，吴莱撰《甬东山水古迹记》等古迹志。明清以及民国时期，各类专门志书编纂进入了一个前所未有的空前繁荣的发展时期，不仅数量骤增，而且涉及领域不断拓展，品种不断增多，山、岛、江、湖、塘、井、堰、堤、祠、寺、宫、观、楼、阁等，无不有志。即使同一种类的志书，在地域空间的分布上也呈现出了由点到面发展的勃兴态势。20 世纪 80 年代社会主义时期修志工作启动以来，专门志书的编纂更是掀起了新高潮，无论是数量还是质量都进入了一个全新的高度，据 2010 年不完全统计，全省已有专业志约 1000 种以上。不仅以山水志、宫观寺庙志、亭台楼阁志等为主体的传统事物志得到了进一步繁荣发展，而且兴起了以各级行政区域为记述范围的一大批事业（行业）志，如公安志、金融志、交通志、教育志、水利志等，和以各级各类机构、各种经济实体为记述对象的部门单位企业志，数量不胜枚举。

第一节　事物专志

浙江历史上事物专志的编修具有历史悠久、品种丰富、数量众多的特点，也是浙江成为方志之乡的一个重要因素。浙江大地上的山山水水、书院学校、寺庙宫观、亭台楼阁、名特物产等，一事一物无不成为志书的记述对象，留下了丰厚的历史文化积淀，丰富了浙江志坛的方志品种。

一、山志

浙江是一个多山的省份，境内分布着天目山脉、会稽山脉、四明山脉、天台山脉、括苍山脉、雁荡山脉，等等。这些山脉及其山峰，历史上都曾编纂有数量不少的志书。由元道士陈性定纂、独峰书院山长吴明义校正的《仙都志》，便以缙云境内的仙都山为记载对象，主要记载了该山的诸多胜景和包括白居易等在内的诗赋石刻题咏。又如明万历年间(1573—1620年)由释传灯所纂的《天台山方外志》，共30卷，有山名考、山源考、山体考、山寺考等丰富内容。《四库全书总目提要》云："此书出自释家之手，述梵迹者为多，与专志山川者体例稍殊，故别题目《方外志》焉。"再如天目山，其志书自明代以来就代有编纂。明万历年间有谭廷辅纂辑的《西天目山志》(4卷)、徐嘉泰编纂的《天目山志》(4卷)，天启年间(1621—1627年)有章之采编纂的《东西天目山志》(8卷)和朱奎光编纂的《天目两山合志》(17卷)，另有纂辑年代不详的明代李晔然《东天目山志》和明释广宾《西天目祖山志》。入清以后，释际界又增订《西天目祖山志》，形成全志8卷、首1卷、末1卷。民国钱文选纂有《天目山名胜志》。

就浙江历史上山志的编纂情况来看，主要集中于佛、道名山以及经济文化繁盛之区。境内的天目山、天台山、四明山、会稽山、金华山、仙都山等均是著名的江南宗教名山。天目山，有"浙江诸山之祖"之称，相传东汉时张道陵曾在此修道，道家称第三十四洞天；其山佛教始于晋，梁昭明太子萧统分经著文于此，元狮子正宗禅寺祖师高峰及弟子中峰隐修于此，清玉琳禅师创建禅源寺，弘扬临济宗风，遂为中国东南名刹。乾隆两度巡山，钦赐《无量寿经》、御笔《心经》，敕封"大树王"。历代名人墨客，登临志游，声名广播。如前所述，历史上曾经编修了8部山志。天台山，分别是佛教天台宗和道教南宗的创建地，既有自隋代智顗创建之佛教天台宗祖庭国清寺，亦有唐代道士司马承祯居住的道教南宗祖庭桐柏观。因此，早在唐代就有道士徐灵符所撰《天台山记》和僧人神邕所撰《天台山记》二志。其后自元至清又留下了5部以天台山命名的山志。舟山市的普陀山，素有"海天佛国""南海圣境"之称，与山西五台山、四川峨眉山、安徽九华山并称中国四大佛教名山，历史上曾纂修有周应宾《普陀山志》等近10部山志。位于丽水市缙云县的仙都山，是唐代十大名山之一，即道家第二十九洞天，元代道士陈性定纂有《仙都志》2卷，记述仙都山的山川、祠宇、神仙、高士、草木、碑碣题咏等。金华山，又名赤松山，为道家第三十六洞天，相传晋代术士黄初平在此修炼成仙，号赤松子，后世尊称黄大仙。宋代，倪守约撰《赤松山志》，记述山之灵异、丹药、洞穴、山、水、宫宇、人物、制诰、碑籍等，是浙江现存山志中最早的一部。衢州烂柯山，为道家七十二福地之第三十福地，黛峰翠嶂，景极幽邃，素有"围棋仙地"之誉，明代先后有瞿溥纂《烂柯山志》、徐日炅纂《烂柯山志》，清代有冷时中纂康熙《烂柯山志》、潘世懋纂《续修烂柯山志》以及郑永禧纂光绪《烂柯山志》。除了宗教名山之外，在经济人文繁盛之区像历史上的杭州、嘉兴、绍兴等中心城市及其周边地区，一些山体规模不大、海拔不高的小山，也广受士人重视，留下不少志书，如杭州有清代王复礼纂的《孤山志》(1卷)、王曾祥纂的《孤山志》(5卷)，朱文藻纂的《皋亭小志》和丁丙纂的《皋亭山志》，金志章撰的《吴山志》(20卷)；嘉兴有清李确纂的《九山志》《乍浦九山补志》，李庶本纂的《九山续志》，宋景濂纂的《乍浦九山续补志》；其他还有侯继高纂的《补陀山志》，清章钥纂的

《会稽稱山志》等。

20世纪80年代社会主义时期第一轮修志兴起，各地在开展市、县综合志书编修的同时，还编修了数量不少的山志。如杭州天目山，有程炳卿主编的《西天目山志》付梓出版；玲陇山，有蔡涉主编的《玲珑山志》。湖州长兴县顾渚山，有谢文柏编著的《顾渚山志》；德清莫干山，先后有浙江省人民政府办公厅莫干山管理局编、梁仁执笔的《莫干山志》，以及《莫干山志》编纂委员会编、来光和主编的《莫干山志》。舟山普陀山，有方长生主编的《普陀山志》和普陀山佛教协会编、王连胜主编的《普陀洛迦山志》。温州雁荡山，有袁良安主编的《雁荡山简志》。衢州烂柯山有徐文荣、诸葛静、范显铠主编的《烂柯山志》。这些山志的编纂，大多由各地方志机构专家指导或直接主持编修，如《玲珑山志》主编蔡涉、《顾渚山志》编著者谢文柏、《普陀山志》主编方长生均曾经担任过方志机构负责人或者参与过地方综合志书的编纂工作。

二、水志

浙江地处温暖湿润的江南地区，境内河道纵横，水网广布，既有钱塘江、瓯江、曹娥江、灵江、飞云江、苕溪、甬江、鳌江等大江大河，杭州西湖、绍兴鉴湖、嘉兴南湖、鄞州东钱湖等著名湖泊，更有数不胜数的各种溪、洞、湾、井等。历史上，浙江水志种类繁多，江、河、湖、溪、湾、井等皆有志书纂修传世。

湖志　有杭州西湖的《西湖志》，萧山湘湖的《湘湖志略》《萧山湘湖志》，临安的《青山湖志》等；宁波有明代的《慈湖志》《杜白二湖志》，清代的《双湖小志》《牟山湖志》，民国的《东钱湖志》等；台州有东湖的《东湖志》《东湖续志》等。

江志　有《钱塘江志》《曹娥江志》《甬江志》《瓯江志》《飞云江志》《鳌江志》等。

河志　有清代《宁郡城河丈尺图志》等。

溪志　有《幽溪别志》《宝前两溪志略》《竹溪小志》《光溪志》以及《苕溪运河志》等。

井志　有杭州龙井的《龙井志》、湖州金井的《金井志》等。

湾志　有邵凡户主编、黄山书社1994年出版的《三门湾志》等。

洞志　有清代仁和人朱文藻纂的《金鼓洞志》(8卷、首1卷)等。

一些历史悠久、名闻遐迩的著名湖泊，如杭州西湖，历史上曾多次纂修志书，先后有明代田汝成撰《西湖游览志》及《西湖游览志余》、余思冲纂《西湖志类钞》，清代李卫修、傅王露等纂《西湖志纂》(48卷)、梁诗正等纂《西湖志纂》(12卷末1卷)及增辑本《西湖志纂》(15卷)、林澜纂《西湖逸志》、施绍武纂《西湖小志》等，民国胡祥翰撰《西湖新志》(14卷)。1995年，上海古籍出版社出版了杭州市园林文物管理局编、施奠东主编的《西湖志》。2009年启动的《浙江通志》又专设《西湖专志》，正在编纂之中。

三、书院学校志

浙江是人文渊薮之地，历史上素重教育，全省各地在不同时期均兴办有各种书院。书院之名，始于唐代，原意为藏书而兼校书之所。清学者袁枚说："书院之名，起唐玄宗时，丽正书院、集贤书院，皆建于朝省，为修书之地，而非士子肄业之所。"然此处所谓书院是指学者自动集结读书讲习、聚徒传业的场所，是在私家聚书藏书基础上发展起来的、具有学校性质的书院。浙江书院编纂志书甚早，明永乐年间（1403—1424年）即有徐琦的《西湖书院志》，它是中国目前可考的最早的定型书院志，可惜已佚。

明清时期是浙江书院志大量出现并繁荣的时期，全省许多地方都有书院志的编纂。杭州府，除了永乐年间编纂的《西湖书院志》外，还有万历年间聂心汤编纂的《虎林书院志》。嘉兴府，有万历年间岳和声编纂的《仁文书院志》。湖州府，有沈桐编纂的《安定书院集》。严州府遂安县，有万历三十年（1602年）方应时编纂的《瀛山书院志》以及天启二年（1622年）方世敏编纂的《续刻瀛山书院志》。金华府东阳县，有万历年间胡僖编纂的《崇正书院志》。清代是书院志的发展和成熟期，据学者统计，这一时期全国有书院志110种，其中浙江就有12种，占十分之一强。1995年，赵所生等主编的《中国历代书院志》，其中收录清代的浙江书院志有：《敷文书院志略》，不分卷，阙名撰，浙江财务学校排印本；《诂经书院志初稿》，不分卷，张崟撰，排印本；《瀛山书院志》，10卷、首1卷，清方宏绶等辑，乾隆三十九年（1774年）刊本；《杭州三书院记略》，4卷、末1卷，清王同辑，钞本；《五峰书院志》，8卷，清程尚斐辑，民国25年（1936年）活字印本；《姚江书院志略》，2卷，清阙名撰，乾隆五十九年（1794年）刊本；《东明书院志》，不分卷，郑兴恺辑，民国11年（1922年）活字印本；《鄮山书院志》，不分卷，清阙名撰，光绪十六年（1890年）活字印本；《紫阳书院志》（18卷）、《紫阳书院四书讲义》（5卷），清施璜撰，《清吴瞻泰同补并撰四书讲义》，清吴瞻淇同补，雍正三年（1725年）刊本；《桐乡书院志》，6卷，清阙名辑，活字印本。

有的书院志曾经多次编修，如浦江《东明书院志》，不分卷，浦江郑兴恺、郑隆经、郑隆炼、郑定震纂修。据其题名可知，该志乾隆三十年（1765年）初修，乾隆五十一年、嘉庆十一年（1806年）、道光四年（1824年）、道光二十四年、民国11年（1922年）不断重修；而刊于乾隆五十九年的《姚江书院志略》2卷，系清姚江书院弟子所辑，也是康熙年间邵廷采所撰《姚江书院志略》的增补本。

自清末以来，书院先后为各式学堂、大中小学校所取代，除了个别书院作为历史遗存尚偶有志书编纂，如2010年永康市出版的《五峰书院志》，书院志的编纂已逐渐为学校志所代替。1989年，浙江省教育委员会曾发布浙教志字（89）第623号文件《关于编写本省各级各类教育中一批代表性学校的校史（志）及一批教育优秀人物事迹简介的通知》，推动了学校志的编纂工作。如1990年有《绍兴职工大学校志》《台州卫生学校校志》等，1991年有《松阳一中校志》《松阳县实验小学校志》等，1992年有浙江农业大学校志编纂委员会编、何泳生主编的《浙江农业大学校志》，1993年有《台州师专校志》《临海中学校志》，1994年有《宁波师范学院志》，2003年有宁海县《桥头胡小学百年志》，2004年有《浙江水利水电专科学校志》，2005年有《宁海县高级职业技术中心学校志（1985—2005）》等，一大批各级各类学校志内部编印或公开出版。其中，《浙江农业大学校志》还由著名书法家沙孟海题写封面书名，由浙江教育出版社出版。学校志的编纂，一般均以逢五逢十校庆为契机，如《杭州电子科技大学志》（1956—2005）、《浙江广播电视大学校志（1979—1995）》、《中共湖州市委党校志》（1949—2005）、《湖州师范学院志》（1958—2008）、《台州学院校志》、《杭州二中校志》（1899—2009）等均属此列。其内容以

《湖州师范学院志》为典型，除志首彩照、凡例、目录外，全志设历史沿革、体制机构、教育教学、科学研究、教职员工、学生、办学条件、校园文化、独立院校、下属学院等10篇，后附大事记。浙江大学则自1984年开始，每年编撰一部《浙江大学校志》，颇似学校的年鉴。2000年11月，由《中华学府志》编辑委员会编辑、中共中央党校出版社出版的《中华学府志·浙江卷》，收录了浙江省地区历史上的书院以及当代普通高等学校、师范学校、普通中学等各类教育机构。

四、寺庙宫观志

浙江历史上儒、释、道昌盛，寺庙、宫观、祠宇众多。寺院志、庵堂志、宫观志、祠志等成为浙江方志中专志之一大宗，数量不菲。

（一）寺志

佛教自西汉末年传入中国，于东汉末年由僧人安世高等传入浙江。三国时，僧人康僧会在浙江海盐建立金粟寺，这是浙江省有佛寺之始。西晋南朝以后，浙江境内寺院迅速增多。隋唐五代时期，朝廷崇佛，佛教更是繁荣发展。两宋时期，浙江甚至一时成为全国佛教中心。南宋宁宗嘉定年间（1208—1224年），朝廷品评江南禅院“五山十刹”，绝大多数在浙江境内。杭州寺院众多，寺院志数量也最多，其中最著名者如灵隐寺，明万历二十年（1592年）白珩撰《灵隐寺志》8卷，清孙治纂、徐增重编《灵隐寺志》8卷，民国释巨赞编《灵隐小志》。灵隐寺因清康熙帝南巡时登临寺后的北高峰顶览胜，看到山下云林漠漠，整座寺宇笼罩在一片淡淡的晨雾之中，而赐名灵隐寺为“云林禅寺”，故又有“云林寺”之称。清厉鹗纂《增修云林寺志》8卷、沈荣彪撰《云林寺续志》8卷，其所增、所续均为灵隐寺志。《四库全书总目提要》即云：“是编（指《增修云林寺志》）成于乾隆甲子，以灵隐旧志脱漏尚多，且圣祖仁皇帝省方南幸，驻跸山中，赐名云林寺，不宜仍用旧名……故因前志而增辑之。”台州天台县国清寺，位于县城北3千米，始建于隋开皇十八年（598年），初名“天台寺”，后取“寺若成，国即清”改名为国清寺，是我国佛教天台宗的祖庭，南宋列为“江南十刹”之一。1995年10月，丁天魁主编的《国清寺志》由华东师范大学出版社出版。

此外，其他还有明释智聆纂《卞山龙华寺志》，清释荫在纂《常照寺志》，王华编、江谦补订民国《北天目灵峰寺志》等；《阿育王寺新志》（上下册，1989年内部印行）、《七塔寺志》（张秉全主编，1994年内部印行），朱封敖、韦彦铎编著《高密寺志》（1995年内部印行），陈百刚主编《大佛寺志》（2001年内部印行），宁波的《新修天童寺志》（宗教文化出版社1997年出版），阮观其、释慈满主编《北天目山灵峰寺志》（中国文史出版社2007年出版），等等。

（二）宫志

宫志也是浙江颇有特色的志书，例如：

余杭有洞霄宫，位于杭州市余杭区余杭镇西南的大涤山中峰下大涤洞旁，创建于汉武帝时，唐代弘道元年（683年），奉敕建天柱观；乾宁二年（895年），钱镠改建后称“天柱宫”；宋大中祥符五年（1012年），奉敕改名“洞霄宫”；宋南渡后，常以去位之宰执大臣提举洞霄宫；元至元年间(1264—1294年),屡经扩建,规模日益壮观。极盛时,洞霄宫占地面积达80亩,并以该宫总摄江、淮、荆、襄诸路道教,是元代全国著名的道教宫观之一。至正年间(1341—1368年)毁于兵火,明代洪武初年重建,因林壑深秀,名胜古迹甚多,道教称“大涤洞天”。清代乾隆年间(1736—1795年)再次焚毁,后唯存方丈室、斗姆及道舍数间,今尚留遗址。元邓牧撰有《洞霄图志》6卷,记当地宫观、洞府、古迹、人物、碑记等颇详。清乾隆年间,闻人儒辑有《洞霄宫志》75卷;嘉庆三年(1798年),朱文藻撰《洞霄宫志续》,其中图志续5卷、诗集续5卷。

清丁午辑有《城北天后宫志》1卷(宫在旧府城北孩儿巷,故名)。

(三)观志

历代以来,浙江境内有代表性的观志有:

杭州通元观,位于七宝山东南麓,建于宋代绍兴年间(1131—1162年),明仁和姜南纂《通元观志》,清钱塘吴陈琰纂《通元观志》。元妙观,在旧钱塘县,唐时为紫极宫,元改称“元妙观”,清道士仰蘅辑《元妙观志》。清道观,位于今宁波慈城镇,始建于唐开元八年(720年),后废。南宋绍兴三十年(1160年)由道士宋景虚重建。民国时,宁波干人俊纂有《清道观志》。古梅花观,坐落于湖州城南7千米金盖山桐凤(云巢)坞,又名“纯阳观”,俗称“云巢庙”,曾是道教全真教龙门派在江南最大的活动中心。《湖州金盖山古梅花观志》由王宗耀编著,2003年内部印行,系《湖州道教丛书》之一。

(四)庙志

庙志也是浙江富有特色的一种志书,例如:

杭州吴山有城隍庙,祀明永乐年间浙江按察使周新。明代道士钱斯馨辑《吴山城隍庙志》1卷,清道士黄给中修、钱塘顾鸣廷辑《重修吴山城隍庙志》1卷,清襄平卢崧、仁和朱文藻等辑《吴山城隍庙志》8卷。西湖栖霞岭南麓有岳庙,又称“岳王庙”,始建于南宋嘉定十四年(1221年),初称“褒忠衍福禅寺”,明天顺间改额“忠烈庙”,因岳飞追封鄂王而称“岳王庙”,清冯培撰《岳庙志略》10卷、首1卷,清吴廷康辑有《岳忠武王初瘗志》1卷。在杭州松木场金祝新村旧又有灵卫庙,祀为抗击金兵而死的钱塘县尉金胜、祝威,淳祐十年(1250年),赐庙额“灵卫”,明夏宾纂修《灵卫庙志》1卷。吴山上又有伍公庙,祀伍子胥。《史记·伍子胥传》记载:伍子胥被赐死后,“浮尸江上,吴人怜其忠,立祠山上”。自宋代以后,伍子胥被视为潮神。庙屡毁屡建,清仁和金志章等人辑有《吴山伍公庙志》6卷、首1卷。董孝子庙,祀东汉孝子董黯,清代董秉纯纂有《董孝子庙志》。

(五)祠志

与观志、庙志等一样,祠志又是具有浙江特色的一种志书,例如:

杭州西湖先贤祠宇甚多,所编纂的祠志数量较多。明代有杭州仁和人夏时正纂的《先贤祠录》,喻均纂的《勋贤祠志》1卷、《仁钱二县节孝祠录》1卷。清代有海宁人周勋懋辑的《重修西湖周元公祠志》3卷,无名氏编纂的《西湖朱文公祠志》(在西湖孤山),钱塘人丁午辑的《扬清祠志》1 卷①,等等。民国时,曾任浙江都督府参谋长、浙军第一师师长的长兴人周凤岐曾编纂《周元公祠志略》。浙江其他地区也多有祠志存世,如金华府有明代薛敬之纂辑的《金华乡贤祠志》,台州府有清代台州知府张联元纂辑的《清圣祠志》。

明代嘉靖年间,著名学者王阳明逝世后,其门生合力在杭州城外龙山建起天真书院,祭祀阳明先生且讲论王学。万历七年(1579 年),敕令毁天下私建违制书院,天真书院迅即毁弃。万历十二年,朝廷议准恢复重建,并且赐以"勋贤"祠名。当时任杭州府同知的喻均主持修建之事,而撰有《勋贤祠志》,配以图版。此书国内久佚,唯日本尚存孤本,反映出重修之勋贤祠,仅作为祭祀祠堂,放弃了书院的体制,这是因为明朝朝廷并未完全停止压制私家书院的意向,因此《勋贤祠志》对了解当时的相关历史具有重要价值。②

(六)庵志

庵志系寺庙宫观志中的又一种类型。浙江境内较有代表性的庵志有:

民国杭县孙峻辑录的《莲居庵志》10 卷,民国周庆云纂的《西溪秋雪庵志》4 卷,等等。

五、亭台楼阁志

浙江历来山清水秀,亭台楼阁林立,因而自古以来编纂了不少亭台楼阁志,较有代表性的有:

民国杭县孙峻编《六和塔志稿》1 册,杂采地志及各家咏六和塔诗文而成,稿本今藏浙江图书馆。清仁和孙树礼等编《文澜阁志》2 卷并附录 1 卷,光绪九年(1883 年)刊《武林掌故丛编》本、光绪二十四年刊本。清张锦云编《弄珠楼志》6 卷,楼在旧平湖县。明无锡龚勉纂《烟雨楼志》4 卷,清秀水朱稻孙纂《烟雨楼志》4 卷和民国董巽观辑《南湖烟雨楼志稿》2 卷。清钱塘邹在寅辑《照胆台志略》,照胆台在旧钱塘县孤山关帝庙,为关帝庙之俗名。清阮元手订、嘉兴杨蟠等编录《竹垞小志》5 卷,竹垞为秀水朱彝尊别业,清周中孚《郑堂读书记补逸》卷十七云:"锡鬯(朱彝尊字)惟好竹,徙宅十余次,必择有竹之地。后买宅于梅花溪畔,宅西有竹,即以竹垞自号。又建曝书亭于南垞,定为十二景,形之诗词。云台(阮元)督学浙江,重修其亭,以题试士。乃遍搜锡鬯(彝尊)集中诗词所及,得诸胜景及诗词杂文,附以时人题咏,手订成是志五卷。"可见是志实乃曝书亭志也。

六、名特物产志

浙江地形复杂多样,气候温暖湿润,自古物华天宝,物产丰饶,名产特产众多,茶叶、柑橘、蚕桑、丝绸、陶瓷、矿产、手工艺品等蜚声中外。

---

① 《扬清祠志》,收入清光绪年间《武林掌故丛编》第五集中,祠祀王琦、项麒。据陈一贯《扬清祠记》:"王讳琦,由乡进士为按察佥事致仕,贫甚,寒饿卒。项讳麒,亦乡进士,改南京刑部郎中,乞归,饘糜仅糊口。阖户歌吟,充然有得。……嘉靖二十年,予从弟仕贤为杭守,别建一祠,制颇隘陋不称。予适继守府,得近坊凝真庵,迎神祀于中,改题曰扬清,用别褚太傅也。"

② 乔治忠:《日藏孤本〈勋贤祠志〉及相关史事》,《浙江学刊》2012 年第 6 期。

浙江茶叶种植历史悠久，茶中名品佳品众多。杭州龙井茶、湖州顾渚紫笋茶、婺州东白茶、会稽日铸茶等历史上名闻遐迩。当代又有西湖龙井、大佛龙井、开化龙顶、安吉白茶、武阳春雨等十大名茶。浙江还是全国最大的产茶省份之一，2010 年全省有茶园面积 18 万公顷，产茶 16.6 万吨，产值达 86 亿元。2005 年，浙江省茶叶志编纂委员会编《浙江省茶叶志》，由浙江人民出版社出版。全书 150 万字，分为生产种植、加工再制、国内贸易、国际贸易、茶政管理、科学研究与教育、茶文化、名茶、人物、企业等 10 篇，内容涵盖古今，记载了自汉代以来约 2000 年的浙江茶叶发展历史，是全国第一部省域茶叶专志。有的县，如湖州德清县，也以本行政区域为记述范围，编纂印行了《德清县茶叶志》。

浙江素有丝绸之府美誉，早在宋代就有“湖丝遍天下”之说。为此历代志书早有记载，如明代嘉靖《浙江通志》对“杭州水纬罗”“嘉兴云绢”“宁波画绢”“绍兴萧绢”“台州兼丝葛”等丝绸品种的详细记载等。当代更有《浙江省丝绸志》《湖州丝绸志》《嘉绢志》《嘉兴市蚕桑志》《诸暨蚕桑丝绸志》等专业志书。而且“其中一些独特的地方品种今已无存，在其他文献中或难觅踪影，或语焉不详，唯有方志对其记录最为详尽”①。

浙江省著名柑橘产地衢州、台州黄岩等市县，开展了柑橘专志的编纂工作，先后编纂印行了《衢州柑橘志》《黄岩县柑橘志》等。

丽水遂昌县的金矿，杭州临安市的昌化石，金华武义县的萤石矿等，都是浙江具有重要影响的特色矿物。遂昌金矿志编纂委员会编、刘宗鹤主编的《遂昌金矿志》，1995 年由浙江古籍出版社出版。姚宾谟编著的《昌化石志》，1998 年由中华书局出版。《武义萤石志》编纂委员会编、朱和沈主编的《武义萤石志》，1994 年由浙江人民出版社出版。

此外，作为历史上著名越窑产地的绍兴，曾经编纂有《绍兴陶瓷志》，而萧山市新塘街道羽绒产业蓬勃兴起，曾经编纂出版有记载该街道羽毛羽绒行业兴起、发展的历史和现状的《新塘羽绒志》，记述了新塘街道行政区划、产业发展、企业简介、企业管理、经营方式、生产状况、主要产品、羽绒文化、发展前景等内容。

各地除了专门以某种具体的特产名产为记述对象编纂专志之外，还将本行政区域内各种特产融为一志，而编纂一地的特产志，像湖州、台州等市均编纂有以市级行政区冠名的特产志《湖州特产志》《台州特产志》等。其中，《湖州特产志》分 3 辑，共著录湖州蚕丝、双林绫绢、卞山杨梅、湖州紫笋茶、安吉白片茶等湖州特色产品 53 种，先后于 1985 年、1987 年内部印行。梁方编著《台州特产志》，1994 年由浙江人民出版社出版。也有专门记述某一类特产的特产志，如《临海林业特产志》《瑞安市林业特产志》等，就是以林业特产为记述对象的专门特产志。

七、重大事件志

重大事件志是以某一个时期、某一个方面或某一件重大事件为记述对象的专门志书。

元末明初，有无名氏撰的《保越录》1 卷，记述元顺帝至正十九年（1359 年）朱元璋军队攻打绍兴，张士诚部将吕珍坚守城池的战事。当时朱元璋部将胡大海攻打绍兴城，吕珍率部顽

① 熊瑛：《略论明清方志丝织记述的史料价值——以江浙为中心的探讨》，《中国地方志》2016 年第 10 期。

强坚守，胡大海军队久攻不下。

明代，郭钰纂有《保越武备志》1卷。郭钰，字子式，会稽县人。该志记载绍兴府历代兵事，自汉灵帝熹平元年(172年)会稽许昌起于句章，自称阳明皇帝，与其子诏动众数万，未及三年为吴郡司马富春孙坚所平之事。下限记载至明洪武三十一年(1398年)为止。该志所记载绍兴兵事，为绍兴历代所修志书中最为完备。志首附有《绍兴考》1卷。

中华人民共和国成立以来，浙江又编纂出版了《浙江省水库电站移民志》《嘉兴市农业机械化志》《衢州血防志》《萧山围垦志》等，以及《浙江历史大事记》《浙江省改革开放30年大事记》《蓬勃发展的历程纪实：浙江六十年大事记》等一批以重大事件为记述对象的重大事件专志。

八、其他

作为"方志之乡"的浙江，方志编修传统悠久，事物专志种类丰富繁多，除前已提到的外，还有很多，例如：

早在清代，由著名学者孙诒让所编的《温州经籍志》即为浙江艺文专志中的佳作。该志系仿马端临《文献通考·经籍考》和朱彝尊《经义考》而作，共分内编33卷(录本籍人著述)、外编2卷(录外籍人所著有关温州之书籍)和辨误1卷三部分，依次著录其书名、卷数、著者、籍贯、履历等情况，对温州地区方志著录考证甚详。

改革开放后所编纂的《浙江风物志》则属《中国风物志丛书》之一种，由浙江人民出版社组织编纂，并于1985年2月出版。全书29.3万字，内容囊括浙江地理概貌、历史概况、名胜古迹、历代人物、文化艺术、古代建筑、土特名产、工艺美术、饮食风味、风俗人情等方面。另外，还有《浙江省畜禽品种志》(浙江省农业厅编，1980年内部印行)、《浙江省市场志》、《浙江乡村旅游志》、《浙江省畜禽资源遗传志》等。

第二节　事业行业专志

事业行业专志，无论从数量还是从种类看，均是专门志书中的大宗。此类志书历史上发展较为平缓，长期以来主要局限于水利志、海防志等数种。20世纪80年代兴起的社会主义时期首轮修志激发起各行业对其自身事业发展的历史与现状进行客观记述的热情，在各地地方志机构的鼓励、推动和指导下，全省各地掀起了编纂事业行业专志的热潮。当代事业行业专志的编纂工作有一个突出特点，就是垂直推动与横向影响的特征非常明显。一个行业、一项事业的某层级主管机构重视程度的强弱，往往与该行业(事业)主管机构辖下各区域该项行业(事业)志的数量成正比关系。而一个行政区域内各辖区相同行业之间的相互学习、影响，以及本级地方志机构的重视、引导、指导，某种程度上是该类志书编纂工作普遍与否的重要决定因素。因此，浙江省各类行业事业专志的编纂出版，往往呈现出较强的区域性、系统性特点。

一、土地志

浙江早在三国时期就有东吴朱育编撰的《会稽土地记》。南朝宋刘义庆撰《世说新语》注引该书作《土地志》。该书早佚,《隋书·经籍志》谓仅1卷,而《旧唐书·经籍志》《新唐书·艺文志》均作4卷。鲁迅《会稽郡故书杂集·土地记序》:"《世说新语》注引《土地志》二条,不题撰人,盖即育《记》。所言皆涉地理……其书,唐宋以来,绝不见他书征引,知阙失已久。……以其为会稽地记最古之书"。至唐代,浙江又有沈常所撰《武康土地记》1卷。此类作为后代定型方志重要源流之一的"土地志(记)",实与现代科学意义上的土地志颇多不同。

中华人民共和国成立后,全国分别于1958—1960年、1979—1985年开展两次土壤普查工作。普查工作一般以乡为单位,以村为基础,逐丘逐块进行,成果自下而上逐级汇总。浙江在开展土壤普查工作的同时,利用普查成果开展土壤志的编修工作。1959年,嘉兴专区土壤普查土地规划工作委员会编印了《浙江省嘉兴专区土壤志》,海宁县土壤普查土地规划工作委员会编印了《浙江省海宁县土壤志》,桐乡县土壤普查土地规划工作委员会编印了《浙江省桐乡县土壤志》。1964年12月,浙江省土壤普查土地规划工作委员会组织编纂的《浙江土壤志》由浙江人民出版社出版发行,这是浙江省唯一一部在改革开放前编纂出版的新编专门志书。此后,直到20世纪80年代随着第二次土壤普查工作的开展,各地重新又启动了土壤志的编修工作,先后编印了《奉化县土壤志》(1984年)、《诸暨县土壤志》(1984年)、《浙江省绍兴县土壤志》(1984年)、《龙泉县土壤志》(1985年)、《云和县土壤志》(1986年)、《松阳县土壤志》(1986年)、《舟山土壤志》(1993年)等。

20世纪90年代以后,在浙江省各级土地管理部门的组织和领导下,省、市、县三级土地管理部门开展了土地志的编修工作,并取得丰硕成果。《浙江省土地志》作为《浙江省志丛书》之一,于2001年12月由方志出版社出版。《绍兴市土地志》(内部印行,1993年)、《金华市土地志》(中国大地出版社,1998年)、《宁波市土地志》(上海辞书出版社,1999年)、《杭州市土地志》(中华书局,2002年)等市级土地志先后内部印行或由出版社公开出版发行。许多地级市下辖县(市)也都编纂了本行政区域的土地志,如杭州市有《萧山土地志》《余杭市土地志》《富阳土地志》《建德市土地志》《临安市土地志》《桐庐县土地志》《淳安县土地志》等;宁波市有《镇海县土地志》《余姚市土地志》《慈溪土地志》《鄞县土地志》等;金华市有《兰溪市土地志》《金华县土地志》《义乌市土地志》《武义县土地志》《永康县土地志》《浦江县土地志》《磐安县土地志》等;绍兴市有《诸暨市土地志》《上虞市土地志》《嵊州市土地志》《新昌县土地志》等;台州市有《温岭市土地志》等;丽水市有《遂昌县土地志》等。土地志记述内容,一般均囊括土地资源、土地制度、土地开发利用、土地保护、土地规划、地籍管理、建设用地管理、土地税费、土地监察以及土地管理机构等内容。有的地区也编写了土地管理志,如《嘉兴市土地管理志》《海宁市土地管理志》等。

二、水利志

水利志也是浙江行业事业专志中出现较早的一种。最早的或可归于宋单锷的《吴中水利书》。《吴中水利书》1卷，宜兴人单锷撰，《四库全书总目提要》谓："锷，字季隐，宜兴人，嘉祐四年进士……得第以后，不就官，独留心于吴中水利。尝独乘小舟，往来于苏州、常州、湖州之间。经三十余年，凡一沟一渎，无不周览其源流，考究其形势。因以所阅历，著为此书。……盖此书久无专刻，志书从《东坡集》中录出。此本又从志书录出。"明代又有东阳张国维所纂《吴中水利全书》28卷以及不著撰人名氏的《吴中水利通志》17卷。三书虽均非浙江一域之水利专志，然皆囊括浙北杭嘉湖地区。以一府一县水利为记述对象的有：明代刘伯缙撰《杭州府水利图说》、严宽撰《海宁水利图志》、金汝砺纂《嘉兴七县塘圩水利图》、黄献可纂《嘉兴县水利图志》、贾应璧纂《绍兴水利图说》、游应乾纂《四明水利图说》等，清代周道遵纂《甬上水利志》、毛奇龄纂《湘湖水利志》等。历代编修各种类型水利志数量颇多。20世纪80年代以来，全省水利志编修工作自上而下，统一规划，全面推进，取得丰硕成果，先后编纂出版了省级水利志《浙江省水利志》(1998年)和市(地)级水利志如《湖州市水利志》(1995年)、《金华市水利志》(1996年)、《温州市水利志》(1998年)、《宁波市水利志》(2006年)、《舟山市水利志》(2006年)、《嘉兴市水利志》(2008年)、《杭州市水利志》(2009年)等，以及数量不菲的县(市、区)水利志。此外，有的地方还以小流域水利为记述对象，编修了小流域水利志，如嵊州市《范洋江流域水利志》(1991年)等。

除了以行政区域为记述范围的综合性水利志之外，浙江各地还编修了不少以水利工程为记述对象的专门志书，其中有水利工程志、灌区志、水电站志等。水利工程志，如海塘志有清钱塘钱文翰撰《捍海塘志》1卷、《(嘉兴)七县海塘图说》等；堰志有宋代魏岘纂《四明它山水利备览》，清顾润章纂《虹桥堰志》、金懋纂《平湖横桥堰图说》等；闸志有元代黄岩知州韩国宝纂《黄岩州河闸志》，清黄岩县令刘世宁纂《黄岩县河闸志》，当代乐清市《慎江水闸志》(1990年)等。埭志有约纂于明代的《平阳县凤浦埭志》等。

图 110-5-2-1　浙江省水利系统编纂的部分地方志成果(浙江省地方志办公室提供)

中华人民共和国成立后，浙江全省大兴水利设施建设，在山地丘陵地区修建了不少水库，于是志苑又出现了以水库为记述对象的新志种——水库志，如宁波市的《白溪水库志》《皎口水库志》《亭下水库志》《四明湖水库志》等；湖州市的《对河口水库志》《赋石水库志》等；绍兴市的《南山水库志》《剡源水库志》等；衢州市的《铜山源水库志》《乌溪江水映山红——衢县乌溪江水库志》《龙游社阳水库志》等；台州市的《黄岩长潭水库志》等；温州市的《乐清市中型水库志》等。灌区志，有《温瑞灌区志——瓯江翻水站专辑》《瑞平灌区志》《温瑞灌区志》等。

三、粮食志

浙江省各级粮食部门自20世纪80年代开始积极开展粮食志的编纂工作。无论在素有"鱼米之乡"之称的浙北杭嘉湖地区，还是在金衢、丽温等浙中浙南山地丘陵地区，都编纂印行了数量不菲的粮食志。如杭州市编纂完成了《杭州市粮食志》，并于1994年5月由杭州大学出版社出版。杭州市辖萧山、余杭、富阳、临安、淳安、建德、桐庐等县（市）各自也完成了本行政区域的粮食志编印工作。嘉兴市1997年编印了《嘉兴市粮食志》，所辖县（市）如嘉善县、平湖市、桐乡市等也都编印了粮食志，《嘉善粮食志》《平湖市粮食志》《桐乡市粮食志》等都已由出版社正式出版，海宁市则将粮食与油料合为一志，1991年出版了《海宁粮油志》。湖州市于1993年由当代中国出版社出版了《湖州粮食志》，辖县如德清县编纂印行了《德清县粮食志》，长兴县编纂印行了《长兴县粮食志》。浙中地区的金华市，1989年编纂印行了《金华市粮食志》，辖县（市）分别编纂出版或印行了《兰溪市粮食志》《东阳市粮食志》《义乌县粮食志》《武义县粮食志》《浦江县粮食志》等。衢州市也先后有《龙游县粮食志》《开化县粮食志》《常山县粮食志》等编印发行。丽水市编纂印行了《丽水市粮食志》（时丽水市系县级市，即今莲都区）、《龙泉县粮食志》、《松阳县粮食志》、《遂昌县粮食志》、《缙云县粮食志》、《庆元县粮食志》、《景宁县粮食志》等。1999年10月，浙江省粮食志编纂委员会所编《浙江省粮食志》，由当代中国出版社出版。全书共设19章：粮情、田赋公粮、粮食收购、粮食销售、油脂购销、粮食市场、粮油价格、军粮供应、粮油储藏、粮油质量检验、粮油调运、粮油工业、粮油科技等，比较全面、系统地记述了全省粮食工作的历史与现状。

四、金融志

金融是人类社会重要的经济活动，金融志则是记述这一活动重要的资料文献。特别是中华人民共和国成立以来，从全省金融系统看，省、市、县三级都编纂了不少金融志，如作为《浙江省志丛书》之一的《浙江省金融志》，2000年由浙江人民出版社出版，记述了浙江省金融事业发展的历史与现状，内容包括货币、金融机构、存款业务、贷款业务、基建拨款监督、国际金融业务、结算、保险、信托投资业务、金融市场、金融管理、会计与财务管理、稽核监察、教育科技、人物等。杭州市金融志编纂委员会编有《杭州市金融志》（1912—1985）（1990年内部印行），嘉兴金融志编纂委员会编有《嘉兴金融志》（中国金融出版社，1996年），宁波金融志编纂委员会编有《宁波金融志（第一卷）》（中华书局，1996年）、《宁波金融志（第二卷）》（方志出版社，2006年），《舟山市金融志》编纂委员会编有《舟山市金融志》（上海社会科学院出版社，1996年）。有的地区在编纂金融志的同时，还开展了农村金融志的编纂工作，如杭州市农村金融志编纂委员会编《杭州农村金融志》，1995年内部印行；中国农业银行绍兴分行编《绍兴市农村金融志》（1994年，内部印行），《舟山农村金融志》编纂委员会编《舟山农村金融志》（1995年，内部印行），衢州市农村金融志编写组编纂《衢州市农村金融志》（方志出版社，1998年），等等。

五、公安志

公安志着重记述的是中华人民共和国成立以来浙江人民公安事业发展过程，较为典型的有：1994年，浙江省公安志编纂委员会成立，下设办公室。2000年，浙江省公安志编纂委员会编《浙江人民公安志》由中华书局正式出版。作为《浙江省志丛书》之一，它全面系统地记述了浙江解放以后全省人民公安工作的历史，下限至1994年12月，其中大事记及机构下限延伸至1999年10月。同时，又编纂《浙江警察简志》，专记清末民国时期浙江旧警察的历史，并于同年内部印行。省公安史志部门还在全省开展了《浙江省公安史志丛书》编纂工作，《杭州市人民公安志》（中华书局，2001年）、《金华市公安志》（方志出版社，1997年）、《天台县公安志》（方志出版社，1998年）、《黄岩县公安志》（群众出版社，2000年）、《临海市公安志》（群众出版社，2000年）、《武义县公安志》（方志出版社，1998年）、《永康市公安志》（中华书局，1997年）、《建德市公安志》（当代中国出版社，1995年）、《淳安县公安志》（中华书局，2000年）、《鄞县公安志》（中华书局，2000年）、《慈溪市公安志》（方志出版社，1998年）等公安专志，被列入《浙江省公安史志丛书》。1993年，绍兴市公安局组织编纂、由当代中国出版社出版的《绍兴市公安志》，是浙江省较早公开出版的地（市）级公安专志。而1985年内部编印发行的《萧山县公安志》，则是浙江省最早编纂完成的公安专志之一。也有市、县（市、区）编纂的公安志在命名上略有差异，即在行政区域名后不冠行政区划单位市、县（市、区），如《宁波公安志》（中华书局，1999年）、《衢州公安志》（中华书局，2002年）、《台州公安志》（汉语大词典出版社，2001年）、《舟山公安志》（1993年，内部印行）、《富阳公安志》（当代中国出版社，1995年）、《椒江公安志》（群众出版社，1999年）等。还有的地方，在编纂完成公安专志的情况下，又向公安部门的具体工作职责拓展，就其中的某一工作内容编纂志书，如绍兴市公安局交通警察支队编纂完成了《绍兴市公安交通管理志》，并于1998年由浙江大学出版社出版。

六、教育志

浙江历史上就有以编纂书院志等形式记述教育事业发展的传统。中华人民共和国成立以来，各种形式的教育志也是浙江事业行业专志的一个重要特色。例如：1988年11月，浙江省教育委员会成立浙江省教育志编纂委员会，下设教育志编纂办公室，负责纂修志稿以及处理与修志相关的具体工作。全省绝大多数市（地）、县（市、区）教育委员会也都在20世纪80年代和90年代，陆续开展地方教育专志编修工作。至2000年底，已正式出版或内部印行的市（地）、县（市、区）教育专志计75部。教育系统的教育志是全省各系统中志书编纂工作覆盖面最广的一个系统，成果也最为丰硕。如杭州的西湖区、上城区、下城区、拱墅区、江干区等均开展并完成了本区的教育志编纂。仅市教育志便多次编修，传承延续不断，例如：《杭州教育志》（1928—1949），杭州市教育委员会编，浙江教育出版社1994年出版。《杭州教育志》（1949—1985），杭州市教育局编纂，2012年内部印行。《杭州教育志》（1986—2005），杭州市教育局编纂。另外还有：《兰溪教育体育志》，浙江教育出版社2008年出版，该书分教育卷和体育卷两个部分，记载了兰溪教育、体育事业的各个方面，展示了兰溪教育、体育发展的轨迹，反映了兰溪教育体育事业发展的特色和成就；《庆元县职工教育志》，庆元县职教委办公室编，1992年内部印行；《庆元教育志》，庆元教育志编纂委员会编，西安地图出版社1994年出版；《浙江商业教育志》（1973—1995），《浙江商业教育志》编审委员会编写，杭州大学出版社1997年出版；《宁海县教育志》，《宁海县教育志》编写组编，1989年内部印行；《宁海县教育志》（增订本），主编苏其德，浙江人民出版社1997年出版，等等。

七、其他

除了土地、水利、粮食、金融、公安、教育等行业系统编纂完成基本覆盖全省各地、构成系列的专门志书之外，浙江省其他行业系统也十分重视行业事业发展历史与现状的记述，同样编纂了数量不少的记述本行政区域范围内一个行业或一项事业发展情况的志书，如地名志、农业志、林业志、工业志、二轻工业志、电力工业志、商业志、财政税务志、交通（运输）志、城乡建设志、供销合作志、民政志、科技志、文化志、卫生（医药）志、检察志、军事志等。

图 110-5-2-2　2010 年 10 月，《浙江省军事志》书稿评审会在杭州举行（浙江省地方志办公室提供）

第三节　机构团体专志

在浙江历史上，各种类型的机构团体是一种普遍的历史现象，但编修机构团体专志却主要始于中华人民共和国成立后，特别自 20 世纪 80 年代浙江省开展社会主义时期首轮修志工作以来，许多机构部门、团体单位在以主管行业、事业为记述对象编纂行业事业志的同时，也有的以机构、团体、部门、单位为记述对象，编纂了大量的机构团体专志。此类志书，与前述行业事业专志有相同的地方，也有不同的地方。相同之处在于，当它作为一个地区一个行业或一项事业主管机构时，该行业或事业的发展历史与现状也是其重要的记述内容。不同之处在于，行业事业专志记述的重点为行业事业本身，而机构团体专志则更侧重于本机构（团体）的历史沿革、内设机构、各项职责履行情况以及政治思想建设、党团工妇组织与活动情况等。后者在修志实践中，往往概而称之为“部门志”。

一、政治机构志

浙江省各级地方志部门在修志指导实践中，比较注重并倡导各机关单位立足于本主管行业事业、编纂能够翔实反映本行政区域范围内某个行业事业发展情况的行业事业专志，而不仅仅局限于记述一个单位或机构的情况。因此，在众多的修志成果中，以行政机构（单位）为记述对象的机构（单位）志数量相对较少。此类成果主要集中于各级人民代表大会志（或简称人大志）和政治协商会议志（或简称政协志）。

浙江省人民代表大会是浙江省地方国家权力机关。《浙江省人民代表大会志》是《浙江省志丛书》的一种，于 2005 年由中华书局出版。全志包括各级各界人民代表会议、各级人大代表选举、省人民代表大会会议、省人民代表大会常务委员会、省人大专门委员会和常委会工作、市县乡人民代表大会、人物、人大工作法规和规章制度 8 编，前有概述、大事记，后有专记、特载、附录、索引等。杭州市、温州市、金华市等也先后编纂出版了市人民代表大会志，如《杭

图 110-5-3-1　2005 年 6 月,《浙江省人民代表大会志》定审会在杭州举行(浙江省地方志办公室提供)

州市人大志》(浙江摄影出版社,2002 年)、《温州市人民代表大会志》(中华书局,2004 年)、《金华市人民代表大会志》(浙江摄影出版社,2005 年)等。其中金华市除了市本级编纂人民代表大会志外,下辖各县(市、区)也大多编纂了人民代表大会志,如《金华市婺城区人大志》《金华县人民代表大会志》《兰溪市人大志》《永康县人大志》《永康市人大志(1989—2001)》《义乌人大志》《磐安县人民代表大会志》等。其他各市也都有辖县(市、区)人大志编印或出版,如温州市编纂有《乐清市人民代表大会志》等县(市、区)人大志,台州市编纂有《温岭县人民代表大会志》等县(市、区)人大志,衢州市编纂有《江山市人大志》等县(市、区)人大志,丽水市编纂有《缙云县人大志》等县(市、区)人大志。

图 110-5-3-2　2007 年 6 月,《浙江省政协志》首发式在杭州举行(浙江省地方志办公室提供)

中国人民政治协商会议是中国共产党领导的多党合作和政治协商的重要机构。中国人民政治协商会议浙江省委员会(简称浙江省政协)是中国人民政治协商会议的地方组织。作为《浙江省志丛书》之一,《浙江省政协志》于 2007 年由浙江人民出版社出版。全志包括组织、会议、工作机构、主要工作(上)、主要工作(中)、主要工作(下)、人物 5 编,前有总述、大事记,后有文献辑录。宁波市、杭州市、衢州市、温州市等设区市均先后编纂了政协志,如《宁波市政协志》(浙江人民出版社,1998 年)、《杭州市政协志(1950—2002)》(方志出版社,2005 年)、《衢州市政协志》(方志出版社,2005 年)、《温州市政协志》(上海社会科学院出版社,2006 年)、《嘉兴市政协志》(上下册,方志出版社,2012 年)、《金华市政协志》(浙江人民出版社,2011 年)。许多县(市、区)政协也组织编纂了政协志,如台州市的《临海政协志》《温岭市政协志》《黄岩县政协志》等,金华市的《永康市政协志》《东阳市政协志》等,温州市的《苍南县政协志》等,舟山市的《定海政协志》《嵊泗县政协志》等。其中,台州的临海市、温岭市还完成了政协志续志的编修,如《临海政协志》《临海政协志(1998—2006)》和《温岭市政协志》《温岭市政协志(第二部)(1995.10.1—2007.1.22)》。

二、司法机构志

浙江省各地各类司法机构组织编纂的志书,大多立足于记述本地司法事业发展的历史与现状,属于事业(行业)专志,如各市、县(市、区)检察院编纂了数量不少的检察志。而属于司法机构志的,主要有各级法院志。至 2010 年,全省有杭州、宁波、绍兴、金华、衢州 5 个设区市分别编纂了本级法院志。1990年，杭州市中级人民法院组织编印了《杭州法院志》。同年，宁波市中级人民法院也组织编印了《宁波法院志》，并于2005年由宁波出版社出版。1997年，绍兴市中级人民法院组织编印了《绍兴市法院志》。1999年，金华市中级人民法院组织编纂的《金华法院志》，由方志出版社出版。同年，衢州市中级人民法院编印了《衢州法院志》。省内县（市、区）一级人民法院也编纂了不少法院志，如杭州市的《西湖区法院志》《萧山县法院志》《建德法院志》等，宁波市的《余姚法院志》《宁海县法院志》等，温州市的《瓯海法院志》《瑞安市法院志》等，湖州市的《德清县法院志》等，绍兴市的《嵊县法院志》等，金华市的《武义县法院志》等，衢州市的《龙游县法院志》《江山法院志》等，丽水市的《云和县法院志》《遂昌县法院志》《龙泉法院志》等。

三、政府部门志

浙江省各级政府部门在以编纂主管行业（事业）发展历史与现状的行业（事业）志书为主的同时，也有的编纂了以部门（单位）为记述对象的部门（单位）专志，如《浙江省水电水利工程局志》《宁波动植物检验检疫局志》《丽水地区计划委员会专业志》《嘉兴市化工建材工业局志》《海宁市物资局志》《富阳县工业局志》《海盐县工业局志》《遂昌县工业局志》《仙居县农业局志》《富阳县工商行政管理局志》《云和县城乡建设环境保护局志》等。在浙江修志实践中，各政府部门单位组织开展修志工作，大多以所管辖的行业事业为志书记述对象，所修志书大多属于行业事业志。此类纯粹以部门单位冠名，以部门单位工作为记述对象和主体的志书，不居主流地位，数量不多。

图110-5-3-3　2007年7月，浙江省交通厅召开浙江省交通系统编志工作会议（浙江省地方志办公室提供）

图110-5-3-4　2007年1月，《浙江省人事志》编纂委员会全体会议在杭州召开（浙江省地方志办公室提供）

四、政党团体志

浙江省编纂的政党志主要有《浙江省中国共产党志》《浙江省民主党派志》，两部政党志均属《浙江省志丛书》。

《浙江省中国共产党志》，2007年由浙江人民出版社出版。全志凡17编，包括机构沿革、代表大会代表会议、组织建设、宣传教育、统一战线、纪律检查、政策研究、党校教学、群团信访、经济发展、改革开放、文化建设、军事、政法工作、顾委工作、党史研究、人物等，全面、系统地记述了浙江省中国共产党组织80年来的建设历程，以及对全省政治、经济、文化、社会诸方面的领导和取得的成就，充分反映了中国共产党的执政党地位和特点。

图110-5-3-5　2007年6月，《浙江省中国共产党志》首发式在杭州举行（浙江省地方志办公室提供）

《浙江省民主党派志》，2002年由中华书局出版。全志以中国国民党革命委员会浙江省委员会等8个民主党派在浙地方组织分别立篇，凡8编，全面、系统记述了浙江省中国国民党革命委员会、中国民主同盟、中国民主建国会、中国民主促进会、中国农工民主党、中国致公党、九三学社、台湾民主自治同盟等各民主党派发展的历史，及参与民主革命、政治运动、参政议政、服务社会主义建设、海外联谊、思想建设等各项工作情况。

浙江省工商业联合会是中国工商业联合会的省级地方组织，又称“浙江省商会”。作为《浙江省志丛书》之一的《浙江省工商业联合会志》，2003年由方志出版社出版。全志以组织、资本主义工商业社会主义改造、参加政治运动、参政议政、为社会主义经济建设服务、对外联络工作、思想政治工作及人物传略分别设章记述，凡8章，前有概述、大事记，后有附录及主要资料目录。

除了编纂出版《浙江省中国共产党志》《浙江省民主党派志》《浙江省工商业联合会志》外，有的县（市、区）中国共产党地方组织还就党的某项具体工作编纂了志书，如《余杭县纪检志》、《中国共产党浙江省富阳县纪检志（1959.5—1992.12）》《嵊县党的宣传工作志》等。民主党派的市县基层组织，有的也编纂了自己的志书，如温州市平阳县农工民主党组织编印了《平阳农工党志》等。各地工商业联合会也编有志书，如《杭州市工商业联合会（商会）志》《萧山工商业联合会（总商会）志》《富阳市工商业联合会（总商会）志》《黄岩区工商联（总商会）志》等。

浙江省的一些重要社会团体，如工会、科学技术协会等，也都纷纷编纂了志书。其中，工会志有《浙江省工会志》《杭州铁路分局工会志》《嘉兴市工会志》《丽水市工会志》《瑞安市工会志》《缙云县工会志》《云和县工会志》《松阳县工会志》《遂昌县工会志》《普陀区工会志》《武义县工会志》《常山工会志》《龙泉县工会志》等；科学技术协会志有《浙江省科学技术协会志》《杭州市科协志》等。

五、社会组织志

社会组织的志书编纂也是浙江志书编纂工作的一个特色，较突出的有：浙江省供销合作社联合社，这是一家具有50多年发展历史的合作经济组织。2010年末，全省共有市级供销合作社11个，县（区、市）供销合作社83个，基层社438个。1989年，《浙江省供销合作社志》由浙江人民出版社出版发行。全志共分合作组织、经营业务、综合业管理3编，经营业务编设棉花、麻类、蚕茧、茶叶、果菜、竹材、土产品、日用杂品、畜产品、废旧物资、肥料、农药药械、农具、生活资料、旅游服务、工业经营16章，综合管理编设经营管理、基建储运、劳动工资、教育4章。市级供销合作社志有《杭州供销合作社志》《嘉兴市供销合作社分志》等，县级供销合作社志有《余杭县供销合作社志》《海宁县供销社志》《平湖县供销社志》《永康县供销合作社志》《义乌县供销社志》《武义县供销合作社志》《常山供销合作社志》《龙泉县供销社志》《松阳县供销合作社志》《遂昌县供销合作社志》《庆元县供销社志》等。县以下的基层供销社有的也编纂志书，如《永康县石柱供销社志》《(温岭县)松门供销社简志》等。

六、其他

浙江省其他一些机构、组织如医疗卫生机构、公铁路管理机构等，也开展了志书编纂工作。医疗卫生机构志，如《余杭第一人民医院志》《余杭二院院志》《余杭县中医院志》《余杭县瓶窑医院院志》《余杭县三墩医院志》《兰溪市人民医院志》《乐清县人民医院志》等。公路管理机构志，如《泰顺县公路管理段志》等。铁路管理机构志，如《金温铁路武义段志》。水利发电设施管理机构志，如《新安江水电站志》《富春江水电站志》等。杭州市支援青川县灾后恢复重建指挥部等单位联合编纂了《杭州市支援青川县灾后恢复重建指挥部志》。

第四节　厂矿企业专志

浙江厂矿企业专志的编修工作主要兴起于20世纪80年代。浙江地处全国经济最发达、最具活力的长江下游地区，自改革开放以来各种各类企业如雨后春笋般涌现，企业数量众多，类型多样。受浙江人文环境的影响，尤其是方志文化的厚植和浸渍，浙江企业普遍比较重视企业文化的建设，注重采用志书的体裁和形式记录企业发展的足迹，塑造企业的品牌和形象。全省自20世纪80年代以来，一些地区在方志部门的参与、组织和指导下，编纂了以本行政区域为空间范围记述本市、县(市、区)境内工商企业发生、演变、发展的历史与现状的综合性企业志，如《浙江省乡镇企业志》(中华书局，2011年)、《湖州市工商企业志》(黄山书社，1998年)、《义乌县乡镇企业志》(1987年，内部印行)、《普陀企业志》(浙江古籍出版社，1994年)等。但是，以企业自身作为编纂主体，详细记述一个企业自身创业、发展的历史与现状的企业志，是企业类志书的主体，涉及行业众多，数量不胜枚举。以企业所涉行业性质来分，大而言之，此类专志主要有以下几类。

一、企业集团志

自20世纪90年代以来，全省出现了一大批实力雄厚的现代企业集团。这些企业集团十分重视企业文化和品牌建设，着力强化员工的企业自豪感和企业精神的培育，增加企业凝聚力、向心力。而记载企业艰辛创建、曲折发展、不断成长壮大的历史与现状的地方志书，成为一个比较合适的载体，因此全省涌现了不少企业集团志。如《浙江钱江啤酒集团志》(中华书局,1999年)记述了公司发展的历史以及建设、生产、销售、管理、经营状况等。具体有企业沿革、建设、生产、销售、管理、多种经营、科学研究与技术改造、技术合作、党群组织、钱啤人、钱啤文化、丛录12编,前有凡例、概述、大事记,后有后记。《钱江电气集团志》(杭州钱江电气集团股份有限公司《钱江电气集团志》编纂委员会编,方志出版社,2005年),记述了杭州钱江电气集团股份有限公司的历史以及生产、销售、管理、科研改革等情况。《中国广厦集团志》(中国广厦集团志编撰委员会编,2001年印行),全面记述了中国广厦建设集团有限责任公司诞生、发展、壮大的历史过程和行业特色。《浙江力霸皇集团志》,全志以1988年11月为上限,2008年6月为下限,以前言统领全志,大事记为经,诸篇为纬,设组织机构、职能机构、领导关怀、公司荣誉、董事会成员简介、公司发展沿革、大事记、技术改造、产品及研发、销售策略、展会、售后服务、人才外部与内部培养、公益事业、人物15篇,近百张图表,40余幅照片,客观、翔实地记述了企业生产经营和改革发展的历史进程。《浙江大梁山集团志》,浙江大梁山集团志编纂委员会编,前有序、凡例、概述,内容第一章:艰苦创业开拓奋进,第二章:加强管理从严治厂,第三章:质量至上敢创名牌,第四章:扩展市场拓宽销路,第五章:增进效益惠利各方,第六章:企业兴旺事在人为,第七章:展望未来再铸辉煌,另有附录。其他的还有浙江虎山集团有限公司编的《虎山集团志》(1988—2007)(杭州出版社,2012年);杭州汽轮动力集团有限公司编《杭汽轮集团志》(1958—2008)(上、下册),等等。由于大型企业集团经济实力较强,集团领导对文化产品比较重视,此类志书编纂完成后大多由出版社正式出版,并且具有装帧精良、内容丰富等特点。

二、矿山企业志

浙江省矿产种类繁多,有铁、铜、铅、锌、金、钼、铝、锑、钨、锰等,以及明矾石、萤石、叶蜡石、石灰石、煤、大理石、膨润土、硵石等。明矾石矿储量居世界第一(占60%),萤石矿储量居全国第二。但是,浙江的矿产资源存在着点多面广、开采条件相对较差、企业规模普遍不大的特点。全省比较著名的矿山企业,主要有长广煤矿公司、遂昌金矿有限公司、武义东风莹石公司等。

浙江长广煤矿是浙江唯一的重要煤炭工业基地,曾是浙江省四大省属国有企业之一。所编志书有《长广煤矿志》编辑部编、樊冬秀主编的《长广煤矿志》,1989年由浙江人民出版社出版。全志包括管理机构与体制、矿厂建设、矿区生产、安全生产、生产经营管理、教育卫生、矿区服务等,比较全面、客观地记述了长广煤矿的历史和现状。

遂昌金矿位于丽水市遂昌县花园岭,占地面积70多万平方米,是一家集采、选、冶于一体具有悠久历史的现代黄金矿山企业。公司前身是始建于1954年11月的衢州化工厂遂昌黄铁矿。1976年成立浙江省遂昌金矿,2001年改制为浙江省遂昌金矿有限公司。1995年,由浙江省遂昌金矿志编纂委员会编、刘宗鹤主编的《遂昌金矿志》,由浙江古籍出版社出版。全志包括地质概况、发展历程、企业管理、安全生产环境保护、科技教育、企业改革、党群工作、治安保卫、人物、丛录10章。

东风莹石公司是一个主要生产萤石产品、采选联合的综合性矿山企业,公司总部位于武义县。武义素有“萤石之乡”“萤石王国”的美称，萤石蕴藏量居全国各县之首，以开发早、产量多、品位高而驰名中外。抗日战争时日军侵占期间，曾派出由日本地质专家组成的从军调查队，对武义等七县萤石产地进行调查，写出《武义—义乌萤石产地精查报告》，报告中对贮量进行了测算，称：“就7个县的萤石资源调查实施结果看，武义萤石为东方第一。”民国31年（1942年）11月，日军成立了“华中矿业公司武义硑石采矿所”，在杨家、塘里、周岭等地设立矿区，盗采萤石。同年，日军为了加快掠夺，还专门修建了从金华经杨家至武义塘里的矿山铁路，并于民国33年5月8日通车。中华人民共和国成立后，成立浙江省硑矿办事处，恢复开采萤石矿。1966年12月，改名浙江东风萤石矿，1980年11月改称东风莹石公司，成为当时中国最大的萤石生产经营企业，为国家创收了大量外汇。1990年，由东风莹石公司矿志编纂委员会编、王火旺主编的《东莹志》内部印行。全志包括概述、建设、生产、管理、党群工作、文化技术教育、生活福利7编42章，全面、系统地记述了该企业的发展历史。

此外，全省各地其他一些小型矿山企业也内部编印了志书，如杭州市《（余杭）獐山石矿志》《仇山磁土矿志》《建德铜矿志》等，湖州市《长兴石英矿矿史（志）》（1987年），丽水市《龙泉铅锌矿志》等。

三、电力企业志

浙江经济发达，对电力需求量大，省内分布着不少水电、火电、核电等企业。浙江的电力企业对修志工作十分重视，自20世纪90年代以来组织编修了数量不少的电力企业志。

（一）火电企业志

杭州市区三大历史悠久的老牌发电厂闸口发电厂、艮山发电厂、半山发电厂都编纂了各自的厂志。闸口发电厂志编纂委员会编的《闸口发电厂志》（1929—1990），1995年由浙江古籍出版社出版。全志包括机构、建设、生产、设备改造、管理、职工、生活、党群、多种经营9章，记述了闸口发电厂自民国18年（1929年）创建至1990年近70年的发展历史与现状。艮山门发电厂志编纂委员会编、王长征主编的《艮山门发电厂志》，1995年由当代中国出版社出版。该志设体制机构、建设、发电、管理、党群、职工、福利、多种经营8章，记述了艮山门电厂自民国8年（1919年）至1990年的发展历史与现状。《半山发电厂志》编纂委员会编、王根富主编的《半山发电厂志》，2010年由浙江人民出版社出版。该志客观记述了半山发电厂自1958年开始创办至2006年改革、发展的历史及现状，是该厂首部志书。志书以生产发展为主线，设建设、电厂生产、管理、科技与教育、职工、党群、创建工作、多种经营8章，记述了半山发电厂48年的发展历史，再现发展轨迹和经验教训。

嘉兴发电厂位于平湖市乍浦镇，紧靠杭州湾乍浦港，东距上海90千米，西离杭州122千米。它所在的地区是中国经济最发达的地带之一，用电需求极大。一期工程于1992年开工，安装两台30万千瓦国产燃煤发电机组，均在1995年投产。二期工程于2002年末开工，2004年、2005年相继投产发电。《嘉兴发电厂志》编纂委员会编、周玉宝主编的《嘉兴发电厂志》（1986—2006），于2010年由浙江人民出版社出版。该志以生产发展为主线，设建设、生产、管理、科技与环保、职工、党群、创建工作、多种经营共8章，记述了嘉兴发电厂的历史和现状。

此外，湖州发电厂、台州发电厂、温州发电厂以及宁波镇海发电厂、北仑发电厂等火力发电企业也都编纂了记载本企业历史与现状的志书。《湖州发电厂志》，中国电力出版社1995年出版。《台州发电厂志》，浙江大学出版社1993年出版。《温州发电厂志》，滕寿祚主编，中国电力出版社2008年出版。《镇海发电厂志》，水利电力出版社1994年出版。《北仑发电厂志》，中国电力出版社2005年出版。

（二）水电企业志

浙江省水力资源丰富，水电企业众多。一些历史较悠久、规模较大的水电企业，均组织编纂了志书。

位于杭州建德市境内的新安江水电站，1957年4月开工建设，1960年建成投产，是中华人民共和国成立后我国自行设计、自制设备、自主施工建设的第一座大型水力发电站，为国家建设大型水电站积累了宝贵经验，也为国内多座大中型水电站输送了大量人才，被人们誉为"长江三峡的试验田"，成为社会主义制度集中力量办大事的光辉范例，更是中国水利电力事业史上的一座丰碑。在电站建设和运行期间，周恩来、朱德、郭沫若、叶剑英、李先念、朱镕基、乔石、李鹏等党和国家领导人都曾先后亲临视察。由新安江水电站志编辑委员会编、项传发主编的《新安江水电站志》，1993年由浙江人民出版社出版。全志分地理环境、工程建设、水库移民、电力生产、科技教育、生产管理、企业管理、综合效益、党群组织、职工生活、视察参观、附属企业12章，全面记述了新安江水电站建设、发展的历史与现状。

位于丽水市云和县境内的紧水滩水力发电厂，由《紧水滩水力发电厂志》编纂委员会编、龙京平主编的《紧水滩水力发电厂志》，2008年由中国电力出版社出版。全志分自然环境、电站建设、电力生产、生产管理、企业管理、党群、职工、多种经营等内容，记述了1956—2005年间紧水滩水电厂的历史和现状。位于衢州市衢江区境内的乌溪江水力发电厂，其中的黄坛口水电站动工兴建于1951年，1958年投产发电，是中华人民共和国成立后第一座自行设计、建造和管理的中型水电站，是"中国水力发电的发祥地"、中国水电建设的摇篮。由《乌溪江水力发电厂志》编纂委员会编、刘国庆主编的《乌溪江水力发电厂志》，2002年由中华书局出版。全书记述了乌溪江水力发电厂的发展历程，包括：自然环境、电站建设、电力生产、生产管理、企业管理、党的工作等，内容下限止于1994年。2010年，又由浙江人民出版社出版了《浙江华电乌溪江水力发电厂志》编纂委员会编、方正亚主编的《浙江华电乌溪江水力发电厂志（1995—2007）》，内容包括自然环境、电站扩容、发电生产、科技进步、生产管理、企业管理、职工、党群、多种经营9章，是2002年出版的《乌溪江水力发电厂志》的续志。

另外其他地区的一些水力发电企业也编纂了志书，如《百丈漈水力发电厂志》编纂委员会编、蔡定怀主编的《百丈漈水力发电厂志》，1997年由当代中国出版社出版，等等。

（三）核电企业志

秦山核电站是我国自行设计、建造和运营管理的第一座30万千瓦压水堆核电站，也是我国自行设计、建造的第一座实用型核电站。核电站地处嘉兴市海盐县，由中国核工业集团公司100%控股、秦山核电有限公司负责运行管理。由秦山核电有限公司编、徐维康主编的《秦山核电有限公司志》(1982—2010)，2011年由中国原子能出版社出版。该书按照“横排门类、纵述史实”的手法，记载了中国第一座核电站从决策、建造、运行、管理到扩建发展的全过程，设基本建设、生产运行、设备检修、技术支持与改造等15卷，分别叙述了秦山核电有限公司的历史，特别是并网发电以来方方面面的史实。

(四)其他

在火电、水电、核电三大发电企业之外，浙江省的一些电力建设施工企业、送配电企业等也开展了志书编纂工作。浙江省火电建设公司创建于1958年，是一个集火力发电厂、核电站常规岛、洁净能源、长输管道等工程建设为一体的专业承包和施工总承包企业。《浙江省火电建设公司志》编纂委员会编、贾锡智主编的《浙江省火电建设公司志》(1958—1990)，中国电力出版社1996年出版；於进云、徐春明主编的续志《浙江省火电建设公司志(1991—2005)》，浙江人民出版社2008年出版。浙江省送变电工程公司创建于1978年，是一家主营承包高压输电线路施工、大中型变电工程安装，以及变电设备、线路调试、风力发电机组安装等的电力工程公司。浙江省送变电工程公司志编纂委员会编、王承奋主编的《浙江省送变电工程公司志》(1958—1990)，2000年由中华书局出版。全志共设管理体制、输电工程、变电工程、施工管理、经营管理、科技教育、基地建设、职工队伍、党群工作9章，记述公司不断发展壮大的历史与现状。2008年，黄永根主编的续志《浙江省送变电工程公司志(1991—2005)》由浙江人民出版社出版。

四、冶金化工企业志

在浙江省境内，冶金化工企业数量不多。杭州钢铁厂、绍兴钢铁厂是为数不多的两家钢铁冶炼企业。杭州钢铁厂《杭钢志》编辑部编的《杭钢志》，1985年由浙江人民出版社出版。全志设概述、建设、生产、管理、党群工作、文化技术教育、生活福利、大事记等8编，其中建设编分章记述了筹建、兴建、调整、续建、改造的历史过程，生产编分章记述了焦化分厂、超山耐火材料分厂、炼铁分厂、转炉炬钢分厂等11个分厂，动力系统、原材料加工系统、设备系统、运输系统四大系统和修建部、钢铁研究所、服务公司等的生产情况，内容十分丰富。绍兴钢铁厂志《绍钢志》，由《绍钢志》编纂委员会编，1987年内部印行，篇目体例与《杭钢志》略同。化工企业志，主要有《东南化工总厂志》(1989年)、《杭州塑料厂志》(1988年)、《杭州塑料化工二厂志》(1988年)、《杭州新丰塑料厂志》(1988年)、建德更楼化工厂《更化志》(1990年)等。这类企业志，以内部印刷发行为主，正式出版的较少。

五、纺织制丝企业志

浙江历史上盛产蚕桑、黄麻等。浙江解放后根据国家和社会需要，全省各地建立了一批纺织制丝企业。在1950年5月15日创建，位于杭州拱宸桥畔的浙江麻纺织厂(简称浙麻)，是浙江解放后自主建立的第一个大型国有企业，鼎盛时有上万名职工，年产麻袋近亿条，占全国麻袋总产量的四分之一，成为亚洲地区最大的黄麻纺织基地。浙麻的建立，不仅结束了我国麻袋依靠进口的历史，而且所开发的黄麻高支纱还一直对外出口，是国内唯一黄麻高支纱生产厂家。浙江麻纺织厂编、陈建华主编的《浙麻志》，1987 年内部印刷发行。全志设地理环境和自然条件、厂区布局、发展过程、对发展国民经济所做贡献和荣誉、组织机构、现状与前景、主要统计资料、大事记 8 篇，其中第三篇以时间为序分设建厂时期(1949.8—1952.12)、建立和加强企业管理时期(1953—1957)、“大跃进”时期(1958—1960)、调整时期(1961—1965)、“文化大革命”时期(1966—1976)、整顿恢复与发展时期(1977—1985)6 章，记述了浙江麻纺织厂曲折的历史发展过程。其他的纺织企业志，还有浙江制丝一厂编的《浙江制丝一厂厂志》、杭州棉毛针织厂编的《杭州棉毛针织厂志》、杭州工艺编织带厂编的《杭州工艺编织带厂志》、嘉兴市制丝针织联合厂编的《嘉丝联志》，以及《海宁市布厂志》《嵊县丝厂志》《常山棉纺厂志》等。

六、生活用品企业志

生活用品关系着浙江人民的千家万户，企业主营产品涉及人民生活的方方面面，生产企业数量众多。杭州作为浙江省省会，在计划经济时代承担了全省生活日用制品的主要生产功能，集中了全省生活用品生产的大多数企业。因此，这类企业志的编纂成果，也以杭州地区最为丰硕。从 20 世纪 80 年代开始，先后编纂有《杭州食品厂志》《杭州木器厂志》《杭州不锈钢厨设备厂杭州刀具厂志》《杭州天竺筷厂简志》《杭州钟厂志》《杭州手表厂志》《杭州锁厂简志》《杭州第二锁厂志》《杭州玩具厂志》《杭州沙发家具厂厂志》《杭州西湖伞厂志》《杭州制鞋总厂志》《杭州皮鞋厂志》《杭州皮件厂志》《杭州热水瓶厂志》《杭州文教体育用品厂志》《杭州制笔总厂志》《杭州墨水厂厂志》《杭州牙膏厂志》等。

七、其他

企业志种类繁多，除了上述各类之外，其他类型的企业也都有志书编纂问世。一些建材企业编写有志书，如《浙江省新安江水泥制品厂志》《江山水泥厂志》《长兴县白水泥厂志》《地方国营长兴石灰厂厂志》等；一些具有企业性质的农(林)场也编写了场志，如杭州余杭区的《余杭县南湖农场志》、萧山区的《红山农场志》，绍兴新昌县的《新昌县小将林场志》，温州苍南县的《苍南县林场志》，丽水庆元县的《庆元县林场志》等；以及其他的如《浙江处州药厂志》《龙泉瓷厂厂志》《嵊县饮服公司志》《象山自来水公司志》等，涵盖了百姓日常生活的方方面面。

第六章　年鉴编纂

浙江的年鉴编纂始于民国。民国时期编纂的年鉴现存10种，13部，分别为《浙江省年鉴:战时动员工作》(1940年)、《浙江司法年鉴》(1922—1923年、1924年、1925年)、《浙江工商年鉴》(1946年)、《浙江经济年鉴》(1948年)、《浙江兵役年鉴》(1946年)、《浙江省第五行政督察专员兼保安司令公署三十三年年鉴》(1945年)、《三门年鉴》(1943年、1944年)、《桐乡年鉴》(1947年)、《黄岩县政年鉴》(1944年)、《黄岩县三十五年度统计年鉴》(1947年)。上述年鉴国家图书馆、浙江图书馆、上海图书馆、南京图书馆等均有收藏，其中以浙江图书馆藏量最多、版本最优。中华人民共和国成立以后，浙江的年鉴编纂工作曾一度停滞，直到20世纪70年代，才陆续恢复。1978年，《洞头统计年鉴》率先出版①。1984年，《台州年鉴(1983)》作为中华人民共和国成立后浙江最早创刊的综合年鉴出版，随后《临海年鉴(1985)》、《文成年鉴(1985)》、《浙江经济年鉴(1986)》(1992年改名为《浙江年鉴》)等相继出刊。据浙江图书馆藏《地方文献部藏地方年鉴目录》统计，全省从20世纪70年代末至2010年底，出版(包括公开出版和内部发行)省级综合年鉴1种，市级综合年鉴11种，县级综合年鉴48种;省级专业年鉴50余种，市县级专业年鉴90余种，其他专业年鉴200种左右，共计约400种。30年来，全省的年鉴编纂工作持续发展，尤其是国务院颁布实施《地方志工作条例》后，地方综合年鉴划归省人民政府地方志办公室统一管理，市、县综合年鉴的编纂工作有序展开，编纂质量有效提升。为此，2001年1月，省地方志办公室开展了全省第一届年鉴评奖活动，共评出一等奖10名、二等奖12名、优秀奖11名。同时在全国的各类评比中，浙江年鉴也屡获殊荣。

2006年5月18日，国务院颁布第467号令《地方志工作条例》，第三条明确规定“本条例所称地方志，包括地方志书、地方综合年鉴”，首次将地方综合年鉴纳入各地方志机构统一编纂、管理、开发利用。因而，本章记述将以浙江境内编纂出版的地方综合年鉴为主，适当辅以专业年鉴和其他年鉴类型。

第一节　综合年鉴

地方综合年鉴，是指系统记述本行政区域自然、政治、经济、文化、社会等方面情况的年度

① 1972年5月，由象山县革命委员会生产指挥组计划办公室编纂的《象山县国民经济统计资料》(1971年)内部出版，封面注明“绝密”。事实上，该资料就是《象山统计年鉴》的前身。

资料性文献。① 一般分为省、市、县三级年鉴。总体而言，浙江的地方综合年鉴覆盖面较广，编纂质量较高。

一、省级综合年鉴

民国时期，浙江未编过省级层面的综合年鉴，至1986年始创《浙江经济年鉴》，为《浙江年鉴》前身。

《浙江年鉴》由浙江省人民政府主管，中共浙江省委政策研究室、浙江省人民政府研究室主办，省长任编辑指导委员会主任委员。《浙江年鉴》前身为《浙江经济年鉴》，创刊于1986年；1992年，《浙江经济年鉴》改名为《浙江年鉴》。《浙江年鉴》为期刊，全书约170万字。在《浙江年鉴》创刊10周年、20周年、25周年之际，中共浙江省委原书记薛驹、时任中共浙江省委书记李泽民、时任中共浙江省委副书记刘枫、时任浙江省常务副省长柴松岳、时任浙江省人大常委会副主任许行贯、时任浙江省省长吕祖善都曾为《浙江年鉴》题词，对《浙江年鉴》的工作给予充分的肯定和支持。1992年5月5日，中共浙江省委办公厅、浙江省政府办公厅发文，要求各地、各部门关心和支持《浙江年鉴》的编辑出版和发行工作。1996年8月27日，中共浙江省委办公厅、浙江省政府办公厅发出《关于进一步办好〈浙江年鉴〉有关问题的通知》，要求各地、各部门关心和支持《浙江年鉴》的编辑出版和发行工作，指定专人负责为《浙江年鉴》供稿。2009年，《浙江年鉴》进行了全面改版，内容按经济建设、政治建设、文化建设、社会建设、生态文明建设、党的建设“五位一体”的框架编排，这在全国年鉴界属首创。《浙江年鉴》框架是：特载（根据年度重大事项而设立）和概况、经济建设、政治建设、文化建设、社会建设、生态文明建设、党的建设、市区县概况8个固定篇目。“概况”篇目包括基本省情、大事记、重要文献、主要组织机构及其负责人名录和人物5个子篇目；“经济建设”篇目包括四大国家战略举措、农业、工业、服务业、开放型经济、民营经济、科技、财政税收、体制改革、经济监管10个子篇目；“政治建设”篇目包括省委、省人大常委会、省政府、省政协、省法院、省检察院、政法、民主党派、群众团体、民族宗教、外事侨务港澳台事务、军事12个子篇目；“文化建设”篇目包括文化、新闻出版、广播影视、社会科学、档案、体育6个子篇目；“社会建设”篇目包括教育、就业、社会保障、社会救济、社会稳定、人民生活、城乡建设、医疗和卫生、人口和计划生育9个子篇目；“生态文明建设”篇目包括环境保护、节能减排、循环经济、资源节约、气候气象、防灾减灾6个子篇目；“党的建设”篇目包括纪检（监察）、组织、宣传、统战、政策研究、党史研究6个子篇目；“市区县概况”篇目包括杭州市、宁波市2个副省级城市，以及温州市、嘉兴市、湖州市、绍兴市、金华市、衢州市、舟山市、台州市、丽水市9个地级市概况。2004年，《浙江年鉴》获中国年鉴奖；在第三届全国年鉴编纂出版质量评奖中获条目编写一等奖、装帧设计特等奖、框架设计特等奖、综合奖特等奖；2007年获全国年鉴编校质量检查评比特等奖。《浙江年鉴》全面、系统地记录了浙江改革开放、科学发展的历程，为社会各界和海外人士了解和研究浙江提供了翔实的资料。

---

① 国务院《地方志工作条例》（2006年5月18日颁布）。

二、市级综合年鉴

从严格意义上来讲，浙江现存最早的市级综合年鉴应是民国34年(1945年)出版的《浙江省第五行政督察专员兼保安司令公署三十三年年鉴》，也即现在衢州市所辖范围。该年鉴共分编制、法制、人事、一般政务、情报、民政、财粮、教育、经济建设、保安、计政、附录12编，框架体例与现行地方综合年鉴基本无异。改革开放后，浙江的市级综合年鉴恢复编纂，先后创刊了《台州年鉴》(1984年)、《杭州年鉴》(1987年)、《湖州年鉴》(1994年)、《衢州年鉴》(1995年)、《舟山年鉴》(1995年)、《丽水年鉴》(1996年)、《金华年鉴》(1997年)、《宁波年鉴》(1997年)、《温州年鉴》(1998年)、《嘉兴年鉴》(1998年)、《绍兴年鉴》(2000年)。至2000年，浙江11种市级综合年鉴已全部公开出版。大部分市级综合年鉴在早期编纂出版过程中曾存在几年合刊或间断的现象，2000年后基本趋于一年一鉴。

(一)《杭州年鉴》

由中共杭州市委、市人民政府主办，杭州市地方志编纂委员会办公室编纂。《杭州年鉴》创刊于1987年，创刊卷由红旗出版社出版，杭州市市长钟伯熙作序，著名书法家沙孟海题写书名。全书114万字，卷首设特载、总述，百科部类设城乡建设、园林·文物·旅游、工业经济、农村经济、科学技术、商业·物资、对外经济贸易、交通运输、邮政·电信、财政·金融、劳动·物价·计量·工商管理、教育、社会科学、文化、新闻、卫生、体育、政治、政法、军事、社会、县区概况22个类目，卷尾缀统计资料、专文、法规规章选编、部分先进集体先进个人名录、1986年获奖产品、企事业广告和名录等内容。创刊卷在类目排列上体现为经济建设中心服务的理念，经济相关的类目比较集中地安排在前面，同时为了突出杭州作为全国重点风景旅游城市和历史文化名城的城市定位，“城乡建设”和“园林·文物·旅游”放在其他经济类目之前。1990卷部分类目的排列顺序做了调整，政治部类的共产党、政务、民主党派和工商联、群众团体、人事监察、外事侨务6个类目调整至“总述”类目之后。1994卷框架结构参考了国民经济行业分类的原则和顺序，百科部类大致按照经济、政治、文化、社会的顺序排列，“总述”后紧接农村经济、工业经济、科学技术、商品流通、对外经济贸易等类目。此后，类目数量逐年调整、名称屡有变更、内容或有损益，但资料分类体系相对稳定。其间，较为重要的几次框架结构调整分别是：1997卷“城乡建设”类目更名为“城乡建设与环境保护”，增加人物类目；2000卷增设个体和私营经济、市场、信息化建设类目，旅游内容从“园林·文物·旅游”类目析出，单独设类目；2002卷“城乡建设与环境保护”更名为“城建·城管·环保”类目，增加城市管理的内容；2004卷增设会展业、西湖风景名胜区类目；2005卷增加经济合作交流类目，环境保护内容从“城建·城管·环保”类目析出，单设类目。年鉴框架结构的调整，反映了年鉴从创刊之初至形成鲜明个性和品牌特色的发展轨迹。至2010年末，《杭州年鉴》先后获得首届中国地方志年鉴奖特等奖(2004年)、全国地方志系统第二届年鉴评奖特等奖(2010年)，第一届(1994年)、第二届(1999年)全国地方年鉴评奖特等奖，两届全国年鉴编纂出版质量评比特等奖(2004年、2010年)，以及4届全国年鉴编校质量检查评比特等奖。《杭州年鉴》全面、准确、系统地记载了杭州改革开放、科学发展的历程，已成为各级党政机关、研究机构以及社会各界人士了解杭州、研究杭州的重要工具书。

（二）《宁波年鉴》

由中共宁波市委、市人民政府主办，宁波市地方志办公室承编。1996年12月17日，宁波市地方志编纂委员会办公室向市政府提交《关于编纂出版〈宁波年鉴〉的请示报告》。1997年3月27日，市政府召开《宁波年鉴》协调工作会议。会议做出由市委、市政府主办，市地方志办公室承编的决议。5月20日，市政府正式批复同意自1996年度起每年编纂出版《宁波年鉴》。1998年1月13日，《关于做好〈宁波年鉴〉编纂工作的通知》中确定宁波市地方志编纂委员会为《宁波年鉴》编纂工作的领导机构，由市领导任主编、副主编，下设编辑部具体负责编纂事宜，编辑部设在市地方志办公室。1999年6月，宁波市首部地方综合年鉴——《宁波年鉴(1997)》由中华书局出版。《宁波年鉴》纲目设栏目、分目、条目三级结构，辅以特载、大事记、概貌、专记、附录、索引等，突出地方特色，每部年鉴设置城市建设、城市管理、港口、交通运输、口岸、对外经济贸易、外资个私企业等栏目，还新增或调整设置资源管理、物流、信息业、会展业、宁波籍著名人士等时代特点鲜明的栏目，每卷栏目平均有50余个。编纂重质量，重变化，有新意，每部年鉴动态性条目均占80%以上，年度特征明显。《宁波年鉴》资料翔实可靠，信息价值高，条目信息量大，注意数字资料在各部分记述时统一无误、相互对应。检索系统完备，注重索引主题高频词的连续性。同时注重方式手段创新，在全国首次启动设计"宁波年鉴网上撰修平台"，实现网络催稿、传稿、返稿、补稿、资料共享等。装帧设计基调清新淡雅，风格简洁、流畅。至2010年，累计出版14部《宁波年鉴》。《宁波年鉴(2008)》获全国地方志系统第二届年鉴评比一等奖、条目编写特等奖、装帧设计一等奖和第四届全国年鉴编纂出版质量评比综合一等奖，累计获全国、全省年鉴综合奖、单项奖近10次。《宁波年鉴(1997—2001)》《宁波年鉴(2002—2006)》《宁波年鉴(2007—2009)》还被制作成光盘，赠送给宁波市各单位和参加"两会"的人大代表、政协委员。宁波杭州湾新区招商引资、"五路四桥"交通项目建设等涉及相关部门、建设单位，在工作中也时常调阅使用《宁波年鉴》资料，从而使年鉴编纂工作为地方经济社会发展事业起到了积极的促进作用。

（三）《温州年鉴》

由中共温州市委、市人民政府主办，温州市地方志编纂委员会承编。1998年开始编纂，中华书局出版，每年出版一部，至2010年共出版13部，均为大16开本。首卷《温州年鉴(1998)》共481页，《温州年鉴(2010)》共682页。年鉴框架由卷首、百科、卷尾3个部分组成，除特载、特辑等类目采用综合性文章外，百科类目均采用条目体，并分类目、分目、条目3个层次设计。卷首设温州便览、特载、特辑、大事记等类目；百科部分设自然环境、历史人文、机构、农村经济、温州乡镇、工业、特色工业、信息化和信息产业、经济开发区、民营经济、温州企业、商业、对外经济贸易、市场、金融、旅游业、交通运输、经济管理、行政管理、口岸管理、外事侨务涉台事务、住房和城乡建设管理、重点工程建设、环境保护、社会事务、教育、科学、文化、文学艺术、传媒、卫生、体育、中共温州市委员会、中共温州市纪律检查委员会(监察局)、温州市人民代表大会、温州市人民政府、政协温州市委员会、民主党派和人民团体、政法、军事、温州人在全国各地、温州人在世界各地、外地人在温州、温州学者论著、人物、外地媒体报道温州、县(市、区)、地方新闻轶事等栏目;卷尾设重要文件目录、法人单位名录、索引。1999 年开始,《温州年鉴》创新性地举办“菱华奖”摄影赛,比赛获奖照片入选《温州年鉴》,并拓宽年鉴图片来源,至 2010 年共举办 12 届。历年来,《温州年鉴》曾获首届中国地方志年鉴奖特等奖、第三届全国年鉴编纂出版质量评比特等奖、第四届全国年鉴编纂出版质量评比一等奖。《温州年鉴》还被许多温州籍华侨收藏。

(四)《湖州年鉴》

由湖州市人民政府主办、市发改委承办,湖州年鉴编辑部编纂。1994 年创刊,一年一鉴,公开出版,编辑部先后设于市政府体制改革委员会办公室、发展和改革委员会内,至 2010 年,共编纂出版 17 部。《湖州年鉴(2010)》,编委会主任马以,副主任吴水霖、周杰、方新旗、杨建新、李建平、沈建平、钟鸣、徐克强。主编董立新、杨新宇。该年鉴由卷首、百科、卷尾三部分组成,按类目、分目、条目三个层次编纂。全书合计 27 个类目、126 个分目、865 个条目,收录宣传彩页 78 页、图表 32 张,全面、系统、客观地记载了 2009 年湖州市政治、经济、文化和社会发展的基本情况。2010 年由方志出版社出版,87.2 万字,精装 16 开,印数 2000 册,单价 150 元。

(五)《嘉兴年鉴》

由中共嘉兴市委、市人民政府主办,嘉兴市地方志办公室编纂。自 1998 年起,每年编纂出版一部,旨在全面、真实地反映上一年度全市经济、社会各项事业的发展情况,为建设和谐嘉兴服务,为各级领导科学决策服务,为国内外人士了解、研究、宣传嘉兴服务,也是为记载嘉兴历史服务。1997 年 12 月 2 日,嘉兴市委办公室、市政府办公室印发《关于做好〈嘉兴年鉴〉编纂工作的通知》,提出《嘉兴年鉴》每年出版一部。1998 年 2 月 18 日,嘉兴市地方志编纂委员会发文成立《嘉兴年鉴》编辑室,主编张根甫。同年 8 月,嘉兴市首部地方综合年鉴——《嘉兴年鉴(1998)》由方志出版社出版。1998 年 11 月,中国年鉴研究会会长尚丁致函嘉兴年鉴编辑室,对《嘉兴年鉴》创刊表示祝贺并给予充分肯定。《嘉兴年鉴》设篇目、分目、条目三级结构,辅以特载、专记、大事记、概貌、附录、索引等,突出地方特色,每部年鉴设置农业、工业、城乡建设、经济管理与服务等篇目,框架设置合理,资料翔实可靠,曾多次获得全国年鉴编校质量评比一等奖。同时,编辑部还每年将《嘉兴年鉴》实体书籍及光盘赠送给嘉兴市各单位和参加“两会”的人大代表、政协委员参阅。

(六)《绍兴年鉴》

由中共绍兴市委、市人民政府主办,绍兴市地方志编纂委员会编纂。创刊于 2000 年,按年度出版,每年一卷,至 2010 年共出版 11 卷。首部《绍兴年鉴(2000)》于 2000 年由浙江人民出版社出版，主编任桂全，设特载、总述、党政团体、城建环保、经济管理、科学技术、教育、文化、人物、统计资料、规范性文件选编、大事记等28类，共92.7万字。随着时代发展，《绍兴年鉴》记载内容大幅丰富和扩展，如《绍兴年鉴(2010)》按类目、分目、条目三个层次框架编排，类目下一般设综述，分目下设概况，以记述事物的变化发展情况和基本数据。以条目为主要载体，一事一条，对其中的个别类目和分目做了适当调整和补充。卷首设地图、彩页、中英文目录、特载、专记、大事记和总述，百科部分按事物属性设35个类目，卷尾设统计资料、规范性文件选编、附录和索引。全鉴共设44个类目、266个分目，95.8万字。收录2008年版地图2幅、宣传彩页85页，正文黑白照片177帧、图表106张。《绍兴年鉴》曾多次在中国出版工作者协会年鉴研究会和中国地方志指导小组办公室组织的年鉴评比中获得特等奖、一等奖。

(七)《金华年鉴》

由中共金华市委、市人民政府主办，2001年以前由金华年鉴编纂委员会编纂，2002年后由金华市地方志编纂委员会承编。创刊于1997年，一年一鉴，至2010年共出版12部。该鉴全面、真实反映上一年度金华全市经济和社会各项事业发展状况，汇集各行业、各方面在社会主义现代化建设中的实绩。全书采用分类编辑法，分为类目、分目、条目三个层次。如《金华年鉴(2010)》为16开精装本，全书83.8万字，由方志出版社出版。除地图、彩页、附录、索引外，分特载、专辑、大事记、概况、党政社团、军事、政法、外事华侨及港澳台同胞事务、台湾事务、经济开发区、农村经济、工业经济、交通、邮电、国内贸易、对外经贸、对口援建支援工作、城乡建设环境保护、旅游、财政税务审计、金融保险、综合管理、科学技术、教育、广电新闻出版、文化、文物博物档案、卫生、体育、社会生活、县(市、区)、人物简介等类目。书中附政区图、城区图各1张，卷首彩照54张，直观体现了2009年金华发展实况。

(八)《衢州年鉴》

由中共衢州市委、市人民政府主办，衢州市地方志编纂委员会办公室编纂。年鉴编纂工作始于1994年，1995年《衢州年鉴(1994)》问世(内部编印)，《衢州年鉴》由此创刊。该年鉴历任主编为胡立义、韩章训、胡锡明，卷首设有综述，主体内容由居民与环境、经济、政治、文化、辖县(市、区)5大块构成，卷末为衢州市国民经济和社会发展统计公报。1996年，编纂完成1995年度卷。1997年，市地方志办公室编纂完成1996年度卷，方志出版社出版，这是第一部公开出版的《衢州年鉴》。1998年起，市政府决定每5年编纂一部《衢州年鉴》，先后出版1995—1999年卷、2000—2004年卷、2005—2009年卷和2010年卷。至2010年，共编纂7部，其中公开出版5部。2010年后，调整为一年一鉴。

(九)《舟山年鉴》

由中共舟山市委、市人民政府主办，舟山市地方志编纂委员会编纂，舟山市史志办公室承编。1994年6月，舟山市委办公室、市政府办公室联合行文各部门，提出编写《舟山年鉴(1989—1994)》，由舟山市地方志办公室承编。1995年2月，市政府召开年鉴工作会议，年鉴编写工作正式启动。同年9月,市地方志办公室与市党史办公室合并设立市史志办公室,年鉴编纂工作由市史志办公室承编。1997年3月,舟山首部地方综合年鉴——《舟山年鉴(1989—1994)》由上海科学普及出版社出版,该年鉴时跨6年,以分类编辑法,分卷首、百科、卷尾三个组成部分,卷首设特载、综述、大事记等类目,百科部分以小编的形式对政治、经济、文化、社会各领域分门别类详细记载,卷尾设重要文件辑录、文件目录选辑。总字数106.8万。1998年,该年鉴获浙江省地方志成果二等奖。2001年12月,第二部《舟山年鉴(1995—2000)》再以六年鉴形式由方志出版社出版,总字数142万字,文末增设表格和人物索引。2002年2月,市委、市政府决定从2001年起,每年编纂《舟山年鉴》,一年一鉴,以分类编辑法,设类目、分目、条目三个层次,由卷首、政治卷、经济卷、社会卷、卷末五部分组成。卷首设特载、专记、市情概述、大事记,政治卷设中共舟山市委、纪检监察、市人大、市政府、市政协、市属机关及县(区)负责人名录、民主党派和工商联、群众团体、外侨工作与台湾事务、人事劳动和社会保障、民政、政法、军事等,经济卷设工业、渔业和海洋管理、农业、盐业、城乡建设、环境保护、交通运输、港务、口岸、邮政、电信、国内贸易、对外贸易与经济合作、旅游、普陀山风景名胜区、财政税务、金融、经济管理等,社会卷设教育、科技与气象、文化体育、新闻出版、广播电视、医疗卫生、社会生活、县(区)综情、人物等,卷末设索引。至2010年,共连续编纂出版9部(不含2部六年鉴),约1200余万字,由中国文史出版社出版(2002年和2003年年鉴由中国文献出版社出版)。其间先后又对各分目做微调,并于2005年起在正文内配随文照片。2010年11月,《舟山年鉴(2009)》在全国地方志系统第二届年鉴评奖会上获地市级地方综合年鉴一等奖。

(十)《台州年鉴》

由中共台州市委、市人民政府主办,台州市档案局承编。创刊于1984年,一年一鉴,系中华人民共和国成立后浙江最早创刊并出版的综合年鉴。1999年开始,由简装本转为精装本,中华书局出版。全书设特载文献、市情概况、大事记、党政机关、民主党派工商联人民团体、军事政法、经济管理、财税、金融、工业、民营经济、农业、国内贸易、开发区、外事外贸、交通邮电、城建环保、旅游、科技、教育、文化体育、卫生、社会生活、县市区概况、人物、光荣榜、文件选录、公报28个部类。全书100多万字。《台州年鉴》连续、全面、系统地记录了台州市近30年来经济、政治、文化、社会以及生态文明建设中取得的成就和经验,起到了较好的存史、资政、育人的作用,得到了省内外学者、台州市各级领导的关心支持和社会各界人士的普遍欢迎,曾获全省档案编研成果一等奖和全国年鉴质量评比二等奖。

(十一)《丽水年鉴》

由中共丽水市委、市人民政府主办,丽水市地方志编纂委员会及其办公室负责编纂。创刊于1996年,一年一鉴,至2010年连续编纂出版14部,共计1156万字。2000年,丽水撤地设市,年鉴名称由《丽水地区年鉴》改为《丽水年鉴》。《丽水年鉴》采用分类编辑法,全书由栏目、分目和条目组成。2010卷《丽水年鉴》共设栏目38个、分目240个、条目1267个,共93.5

万字,印数2000册,定价200元,由方志出版社出版。主编张津华,执行副主编朱放鸣。栏目依次为:特载、专辑、大事记、总述、中国共产党丽水市委员会、丽水市人民代表大会、丽水市人民政府、政协丽水市委员会、中共丽水市纪委(市监察局)、民主党派与工商联、工会·共青团·妇联、人事·劳动·社保、外事·侨务·台务、政法、武装、农村经济、林业、工业经济、交通、网络·电信·邮政、城建·城管·环保、旅游、财政·税务、金融、国内贸易、对外经济贸易、经济管理、教育、科学技术、文化·体育、报刊·广播·电视、卫生、社会生活、县(市、区)、人物·名录、文选、附录、索引。多年来,《丽水年鉴》较为全面、系统地记录了丽水市政治、经济、文化、社会建设以及生态文明建设等发展与变化,充分发挥了年鉴为现实服务、存史资政和宣传丽水的作用。

三、县级综合年鉴

浙江的县级综合年鉴编纂始于民国时期,民国32年(1943年),《三门年鉴》第一辑正式出版,民国33年又出版了民国32年、33年合辑;民国36年,《桐乡年鉴》出版。此后至1984年,未有任何形式的县级综合年鉴编纂出版。1985年,《临海年鉴》《文成年鉴》相继创刊,并于次年出版。至2010年底,全省已编纂出版48种县(市、区)级年鉴。其中,创刊卷以几年合刊居多,其后则基本为一年一鉴。

以下选介的县级综合年鉴主要以在中国地方志指导小组办公室或全国版协组织的年鉴评比中获得特等奖和一等奖的为主,个别县因为多种原因获得二等奖、三等奖或没有获得相应奖项的,原则上按每个市一部的标准入志。

(一)杭州市

至2010年,杭州市下辖7个区、2个县、4个县级市。最早的县级综合年鉴始于1986年的《萧山年鉴》《桐庐年鉴》,至2010年底,全市已公开出版《上城年鉴》《萧山年鉴》《余杭年鉴》《富阳年鉴》《建德年鉴》《桐庐年鉴》《临安年鉴》7种。

《萧山年鉴》 由中共杭州市萧山区委、区人民政府主办,萧山区人民政府地方志办公室承编。创刊于1986年。至2003年,已出版的《萧山年鉴》全部实现数字化。是年起,纸质书和光盘同步发行。2007年,《萧山年鉴》入选中国年鉴全文数据库。1986—2000年各卷由萧山市地方志编纂委员会办公室编纂;2001卷起由萧山区人民政府地方志办公室编纂(萧山于2001年3月25日撤市设区)。至2010年,《萧山年鉴》已连续编纂出版25卷,计1873.9万字。《萧山年鉴》采用分类编辑法,正文结构由类目、分目、条目3个层次组成。如《萧山年鉴(1986)》设类目22个、分目85个、条目270条,正文140页,黑白图片8页,印数500册,共21.2万字,内部发行。1988年起,《萧山年鉴》改为公开出版,1988卷由上海社会科学院出版社出版。《萧山年鉴(2010)》设类目43个、分目279个、条目1850条,正文438页,彩色图片37页,共103万字,定价150元,由浙江人民出版社出版,主编沈迪云,执行主编徐燕锋。卷首设特载、专记、大事记、总述;正文设工业经济、重点企业和集团、农业、国内贸易、对外经济贸易、开发区、旅游、交通、城市建设、城市管理、房地产业·建筑业、国土资源管理·环境保护、银行·保险·证券·期货、社会服务业、经济管理、中共萧山区委、中共杭州市萧山区纪律检查委员会、萧山区人民代表大会、萧山区人民政府、政协萧山区委员会、民主党派·群众团体、人事·劳动和社会保障、外事·侨务·涉台工作、政法、军事、教育、科技·信息化、文化·体育·文博·档案、新闻、卫生、人口和计划生育、社会、镇·街道、人物、先进名录、重要文件辑录、重要文件目录选编、调研报告；卷尾设索引。《萧山年鉴(2003)》获得由中国地方志指导小组办公室、中国地方志协会联合举办的首届中国地方志年鉴奖特等奖。《萧山年鉴(2006)》获浙江省地方志编纂委员会授予的第三届浙江省年鉴优秀成果奖一等奖。在中国出版协会举办的系列评奖中，《萧山年鉴(2003)》在第三届全国年鉴编纂出版质量评奖中被中国出版工作者协会授予中国年鉴奖，《萧山年鉴(2003)》《萧山年鉴(2008)》《萧山年鉴(2010)》分别获得第三届、第四届、第五届全国年鉴编纂出版质量评奖综合一等奖。

《余杭年鉴》　由中共余杭区委、区人民政府主办，余杭区地方志编纂委员会办公室承编(余杭 1994 年撤县设市；2001 年撤市设区)。《余杭年鉴》于 1991 年创刊，每年一卷，至 2010 年，连续出版 20 卷，累计 1200 余万字。首卷《余杭年鉴(1991)》于 1992 年 8 月由上海同济大学出版社出版，全书 49 万字，32 开，设特载、总情等 30 个类目、147 个分目、732 个条目，附有反映余杭新貌的彩照 28 幅，印数 2000 册，定价 27 元。创刊卷全面系统地记载 1988—1990 年 3 年间余杭县自然、政治、经济、文化、社会等方面的基本情况。2001 年起，《余杭年鉴》由 32 开本改为 16 开本。《余杭年鉴(2010)》由方志出版社出版，为大 16 开本。设栏目 33 个、分目 195 个、条目 1500 余条，100 万字，全彩印刷，印数 2500 册，定价 150 元。主编陈耿忠。1994 年，《余杭年鉴(1993)》获首届全国地方年鉴评奖县市年鉴综合一等奖。1999 年，《余杭年鉴(1999)》获第二届全国地方年鉴评奖县市年鉴综合一等奖。2004 年，首届中国地方志年鉴评奖会在武汉举行，《余杭年鉴(2004)》获特等奖。

《临安年鉴》　由中共临安市委、市人民政府主办，临安市地方志编纂委员会编纂，临安市地方志办公室承编。1990 年创刊，每年一卷。1990 卷、1991 卷《临安年鉴》由县政府办公室负责编纂，1992 卷始转由县地方志办公室编纂(临安于 1996 年 12 月 28 日撤县设市)。至 2010 年，连续编纂出版 20 卷，计 936.5 万字。《临安年鉴》采用分类编辑法，正文结构由栏目、分目、次分目、条目 4 个层次组成。1990 卷《临安年鉴》设栏目 23 个、分目 110 个、条目 401 个，正文 255 页，彩色图片 12 页，印数 1000 册，定价 35 元，共 31.1 万字，上海科学普及出版社出版。2010 卷《临安年鉴》设栏目 27 个、分目 162 个、次分目 57 个、条目 1062 个，正文 432 页，彩色图片 56 页，共 66.1 万字，印数 1000 册，定价 150 元，方志出版社出版；主编黄文根、刘关成、许宝文，执行主编唐剑平。该卷年鉴较为系统地记载了 2009 年临安市政治、经济、文化、社会生活诸方面的新成就、新变化、新发展、新经验、新问题等，框架结构有较大调整，卷首设特载、大事记、市情概览；正文设农业·水利·气象、林业、工业、国内贸易、旅游、财政·税务·金融、综合管理与监督、基础设施建设、城建·土地·环保、人事·劳动和社会保障、中共临安市委员会、临安市人民代表大会、临安市人民政府、政协临安市委员会、民主党派·工商联·人民团体、政法·武装、科学技术、教育、文化、卫生·体育、社会生活、乡镇街道；卷尾设附录、索引。

(二)宁波市

宁波市下辖6个区、2个县、3个县级市,最早的县级综合年鉴始于1987年的《鄞县年鉴》,至2010年底,全市已公开出版《余姚年鉴》《宁海年鉴》《象山年鉴》《北仑年鉴》《鄞州年鉴》5种。

《鄞州年鉴》 由中共鄞州区委、区人民政府主办,鄞州区地方志办公室承编。1987年,为了配合当时的县志编修,积累资料,县政府决定县地方志办公室在做好县志工作的同时,编纂《鄞县年鉴》,作为内部资料。2003年起,更名为《鄞州年鉴》,至2010年,共编辑年鉴24部,累计1370多万字。2004年9月首次公开出版,并在首届中国地方志年鉴奖评选中获综合二等奖,在全省年鉴综合评比中获二等奖。2007年下半年,与中国知网合作,《鄞州年鉴》加入中国年鉴信息总库,实现年鉴上网。《鄞州年鉴(2010)》首次采用全彩印刷,图文并茂,设计合理,印刷精美。全书采用分类编辑法。卷首设鄞州概貌、特载、专记,正文部分设类目、分目、条目3个层次,其中条目为主要的信息载体,共有类目32个、分目177个。卷末设有附录和索引。全书约90万字,扉页彩图64幅,文中插图百余幅,主要记述2009年度鄞州自然、政治、经济、文化、社会的发展历程,是一本了解鄞州、研究鄞州、存史与资政兼得的年度资料性文献。

(三)温州市

温州市下辖3个区、6个县、2个县级市,最早的县级综合年鉴始于1985年的《文成年鉴》,至2010年底,全市已实现县级综合年鉴编纂工作全覆盖,公开出版《鹿城年鉴》《瓯海年鉴》《龙湾年鉴》《乐清年鉴》《瑞安年鉴》《永嘉年鉴》《洞头年鉴》《平阳年鉴》《泰顺年鉴》《苍南年鉴》《文成年鉴》11种。

《龙湾年鉴》 由中共龙湾区委、区人民政府主办,龙湾区史志编纂委员会、区委史志办公室承编。创刊于2006年,一年一鉴,大16开,至2010年共出版5部。年鉴框架由卷首、百科、卷尾3个部分组成,除特载、特辑等类目采用综合性文章外,百科类目均采用条目体,并分类目、分目、条目3个层次设计。卷首设龙湾便览、特载、特辑、大事记等类目;百科部分设建置沿革、自然地理、机构、中共龙湾区委员会、中共龙湾区纪律检查委员会(监察局)、龙湾区人民代表大会、龙湾区人民政府、政协龙湾区委员会、民主党派·工商联·无党派人士、人民团体、司法及司法行政、武装、行政管理、社会事务、经济管理、财政·税务、农业·水利、工业、个体及民营企业协会·知名企业、经济开发区、城区基本建设和管理、重点工程、交通·邮政·信息产业、国内外贸易、旅游、金融、资源·环境保护、教育、科技、文化、卫生、体育、镇·街道、龙湾副业;卷尾设名录、重要文件、附录、索引。该年鉴曾获得第二届中国地方志年鉴奖特等奖、第四届全国年鉴编纂出版质量评比综合一等奖。

(四)湖州市

湖州市下辖2个区、3个县,最早的县级综合年鉴始于1993年的《安吉年鉴》,至2010年底，全市公开出版《德清年鉴》《安吉年鉴》《长兴年鉴》3种年鉴。

《德清年鉴》 由中共德清县委、县人民政府主办，德清县地方志编纂委员会办公室承编，创刊于1994年。1995—1997年为一年一编，1998—2000年、2001—2002年、2003—2004年、2005—2006年、2007—2008年、2009—2010年为合鉴，共9部。《德清年鉴（2009—2010）》除特载等类目采用综合性文章外，百科类目采用条目体，设类目、分目、条目3级结构层次。全书分设32个类目，172个分目，829个条目，统计表格11张，彩页8页。记载2008—2009年德清县经济建设、改革开放和社会各项事业的发展情况，客观地反映社会主义经济与社会各项事业，特别是经济建设的历史进程。方志出版社2011年出版，精装16开，79.6万字，印数700册，单价120元，主编林立。

（五）嘉兴市

嘉兴市下辖2个区、2个县、3个县级市，最早的县级综合年鉴始于1993年的《嘉善年鉴》，至2010年底，全市已公开出版《嘉善年鉴》《平湖年鉴》《海宁年鉴》《海盐年鉴》《桐乡年鉴》5种。

《嘉善年鉴》 由中共嘉善县委、县人民政府主办，嘉善县年鉴编辑委员会编纂。创刊于1999年，五年一刊。全书采用分类编辑法，分为篇目、分目、条目3个层次，列特载、大事记、嘉善概貌、农业、工业、人物、附录等31个篇目，全书65万字，由中华书局出版。2003年，改为由嘉善县地方志编纂委员会承编。2004年起，改为一年一鉴。至2010年卷《嘉善年鉴》，设特载、专记、大事记、嘉善概貌、农业经济、工业经济、经济开发区、交通运输、邮政通信、城乡建设、环境保护、旅游、国内贸易、专业市场、外经外贸、财政税务、银行保险、经济管理、中共嘉善县委、嘉善县人民代表大会、嘉善县人民政府、政协嘉善县委员会、民主党派（无党派）、人民团体、政法、军事、科学技术、教育、文化体育、媒体、卫生、社会生活、街道（镇）、名录、国民经济统计资料、文件选编、附录。有彩页照片35张，随文照片103张，70万字，由线装书局出版。

《平湖年鉴》 由中共平湖市委、市人民政府主办，平湖市史志办公室承编。创刊于1998年，一年一鉴，大16开，至2010年共出版13部。全书除特载、专记、大事记、人物·名录、文件选编、国民经济统计资料不设条目外，其余篇目均采用条目体，分篇目、分目、条目3个层次，设全市概况、中共平湖市委、平湖市人民代表大会、平湖市人民政府、政协平湖市委员会、民主党派·工商联·无党派人士、群众团体、地方军事、政法、农业、水利、工业、经济开发区、交通运输·邮政、通信、国内贸易、对外经济贸易、旅游、城乡建设、环境保护、嘉兴港区、财政·税务、金融、综合经济管理、教育、科学技术、文化·体育、新闻传媒、卫生、社会·生活、人力资源和社会保障、镇·街道等篇目。篇目之首一般设“综述”，分目之首一般设“概况”，记述各行各业的总体情况。全书前有目录，后有索引。《平湖年鉴》曾多次获全国年鉴编纂出版质量评比综合一、二、三等奖。

《海盐年鉴》 由中共海盐县委、县人民政府主办，海盐县党史地方志编纂委员会组织编纂，创刊于1994年。1994—1999年为两年一卷出版，2000年后每年一卷。其中，1994—1995卷为浙江大学出版社出版，1996—1997卷为方志出版社出版，1998—1999卷为中华书局出版。后均由中华书局出版。至2010年,连续出版14卷。1994—1995卷至2004卷为海盐县地方志办公室编纂,2005卷、2006卷为海盐县地方志编纂委员会编纂,2007—2010卷为海盐县党史地方志编纂委员会编纂。2004年5月,与中国知识资源总库《中国年鉴全文数据库(CAFD)》网络出版签订协议书,《海盐年鉴》为"中国年鉴全文数据库"全文收录年鉴。《海盐年鉴》采用分类编辑法,分栏目、分目、条目3个层次。1994卷《海盐年鉴》卷首设文献特载、全县概况、大事记;百科部分设党政团体、人民武装、政法、农业、农机水利、工业、交通邮电、商业、对外经济贸易、开发区·经济技术合作、财政税务、金融、经济管理与监督、城乡建设、教育、科学技术、文化、新闻、卫生、体育、社会生活、乡镇发展概况22个类目;卷尾附录设先进集体和先进人物名录、文件选录、文件目录选编。《海盐年鉴(2010)》在保持连续性和稳定性的基础上,注重突出地方特色和年度特点,注重实用性和可读性,着重突出了2009年度海盐县经济、政治、社会、文化等方面工作。全书设36个栏目、262个分目,涉及撰稿单位近130个,文字85万,有彩页52页,新闻、随文图片150余幅。精装大16开,印数2000册,单价150元。

《海宁年鉴》 由中共海宁市委、市人民政府主办,海宁史志编纂委员会(海宁市地方志编纂委员会)组织编纂,海宁市史志办公室承编。创刊于1999年,采用大16开本,由中华书局出版,主编蔡爱玉,采用条目体,有篇目、分目、条目3个层次,设36个篇目、264个分目、1190个条目,共80万字。此后每年一部,2000版起用16开本,2003版改由方志出版社出版,至2010年共出版12部。2010版年鉴主编朱掌兴,共设39个篇目、248个分目、1138个条目,配图片139张、表格104张,共82.6万字。篇次分别为:特载、专文、大事记、海宁概况、农业、工业与建筑业、皮革、经济开发区、国内贸易、对外经贸、市场、财政·税务、金融·保险·证券、经济管理监督与服务、科学技术、基础设施建设、城乡建设、房地产业、生态环境、旅游、中共海宁市委员会、海宁市人民代表大会常务委员会、海宁市人民政府、政协海宁市委员会、民主党派与工商联、人民团体、政法、军事、教育、文化、体育、传媒、卫生、社会生活、镇·街道、名录、统计资料、文件选编、附录。该年鉴曾获首届中国地方志年鉴奖一等奖,第三届全国年鉴编纂出版质量评比"中国年鉴奖"、框架设计一等奖、综合奖一等奖,浙江省第二届年鉴优秀成果奖一等奖,浙江省第三届年鉴优秀成果奖一等奖,第四届全国年鉴编纂出版质量评比综合奖二等奖等奖项。

《桐乡年鉴》 由中共桐乡市委、市人民政府主办,桐乡市地方志编纂委员会组织编纂。创刊于1998年,一年一鉴,至2010年,已连续出版13卷,大16开本,前有中英文目录,后设索引,内文注重图表辑录,图文并茂。内容编写上采用栏目分类编辑法,一般分栏目、分目、条目3个层次。大框架保持基本不变,以经济、政治、文化、社会、人物为序,设栏目约30个,系统涵盖桐乡市的自然、政治、经济、文化、社会等市情,同时注重与时俱进,即根据时代发展特点作微调,既突出地域特色,又凸显年度特点。如2008年是改革开放30周年、桐乡撤县设市15周年,《桐乡年鉴(2009)》即增设《专记》栏目,对有关内容作详细记录。《桐乡年鉴》多次在全国、浙江省获奖,其中《桐乡年鉴(1998)》获第二届全国年鉴编纂出版质量评比综合一等奖,框架设计、条目编写、装帧设计一等奖;《桐乡年鉴(2003)》获第三届全国年鉴编纂出版质量评比综合一等奖、框架设计二等奖、条目编写一等奖和装帧设计二等奖;《桐乡年鉴(2004)》获浙江省第二届年鉴奖二等奖;《桐乡年鉴(2005)》获第二届全国年鉴编校质量检查评比特等奖、第三届浙江省年鉴优秀成果一等奖;《桐乡年鉴(2006)》获第三届全国年鉴编校质量检查评比二等奖;《桐乡年鉴(2007)》获第四届全国年鉴编校质量检查评比一等奖;《桐乡年鉴(2008)》获第四届全国年鉴编纂出版质量评比综合一等奖和框架设计、条目编写、装帧设计一等奖,又在全国地方志系统第二届年鉴评奖中获县级地方综合年鉴一等奖;《桐乡年鉴(2010)》获第五届全国年鉴编校质量检查评比一等奖。

(六)绍兴市

绍兴市下辖1个区、2个县、3个县级市,最早的县级综合年鉴始于2001年的《绍兴县年鉴》《诸暨年鉴》,至2010年底,全市已公开出版《嵊州年鉴》《新昌年鉴》《绍兴县年鉴》《诸暨年鉴》4种。

《绍兴县年鉴》　由中共绍兴县委、县人民政府主办,绍兴县地方志编纂委员会编纂,绍兴县史志办公室承编,中华书局出版(2002—2003卷为方志出版社出版)。创刊于2001年,每年一卷。创刊以来,一直注重编纂体制机制创新,关注内容丰富性、信息全面性、体例完备性、编排合理性,注重对社会焦点和热点问题的反映。年鉴资料收集采用撰稿单位与编辑自主收集相结合,编纂注重以老带新、个人编纂与集体审稿相结合。同时增加大量图表,增设小资料,提高年鉴可读性。2005年起被列为中国年鉴资源全文数据库核心年鉴,2006卷起采取全彩色印刷,用纸规格也相应提高,总体质量得到大幅度提升。至2010年年底,连续编纂出版10卷,计778.7万字,累计获全国特等奖1次、中国年鉴奖1次、全国优秀奖1次、全国二等奖2次、全国三等奖1次,浙江省一等奖2次。2010卷《绍兴县年鉴》按事物属性和主次,分总情、经济、政治、文卫、建制镇(街道)、国民经济统计资料选刊和索引7块,分类目、分目、条目3个层次编辑。全书共设44个类目、247个分目、1385个条目,有217幅彩色照片、71张表格,75万字,全面、系统、客观地记述了绍兴县2009年度经济、政治、文化和社会生活的基本面貌及发展状况。

《新昌年鉴》　由新昌县人民政府主办,新昌县地方志编纂委员会编纂。创刊于2002年,一年一鉴。至2010年共出版9部,均为大16开本。其中《新昌年鉴(2003)》被中国地方志指导小组办公室、中国地方志协会评为首届中国地方志年鉴奖特等奖,《新昌年鉴(2005)》被中国出版工作者协会年鉴研究会评为全国年鉴编校质量检查评比一等奖。如《新昌年鉴(2010)》共352页,65.3万字,全书采用分类编辑法,由类目、分目、条目3个层次组成,条目为记述的基本单位。设有28个类目,即:特载、大事记、地情、农业、工业、旅游、水利电力、商贸服务、城建环保、交通邮电、金融、经济管理、财政税务、中共新昌县委、新昌县人民代表大会、新昌县人民政府、政协新昌县委员会、群众团体·民主党派、政法、军事、教育科技、文化、医疗卫生、社会事务、镇乡(街道)、文件与文件目录选编、附录,下设分目170个、条目1190个,是系统记述新昌县行政区域自然、政治、经济、文化、社会等方面情况的年度资料性文献。

(七)金华市

金华市下辖2个区、3个县、4个县级市,最早的县级综合年鉴始于1995年的《东阳年鉴》,至2010年底,全市已公开出版《东阳年鉴》《义乌年鉴》2种。

《义乌年鉴》 由中共义乌市委、市人民政府主办,义乌市志编纂委员会主持,义乌年鉴编辑部组织实施,各有关部门参与编写。《义乌年鉴》编纂工作分两个时段。1991年4月,市委、市政府决定编纂《义乌年鉴(1986—1990)》合刊本。同月,市委下文成立义乌年鉴编纂小组及其办公室。5—7月,启动编写工作,当年12月定稿付梓。第二阶段自2008年创刊,编纂《义乌年鉴(2006—2007)》两年合刊。从2009年开始,一年编纂一卷,于每年的11—12月出版发行。《义乌年鉴(2006—2007)》为反映义乌人的创业精神,设置义乌人在外地、外地人在义乌、外商在义乌等内容;将物流、市场、会展业从各个类目中提出分设,凸显义乌市场强市、商贸城市发展特点;为纪念改革开放30周年,大事记中专设"改革开放大事记略(1978—2005)"。2009版年鉴在2008版的框架基础上,在类目、分目设置进行了调整,卷首增加"专记",专题记述"义博会"、"文博会"、小商品指数及市政府10项工作和10大实事,对两大展会的推介、筹备过程及会展情况进行翔实的记述。特载中增设"经济运行情况分析及城乡居民收支情况分析"分目,客观反映2008年全市工业经济运行情况和金融运行情况,并将大事记从后面提至前面,开卷就为读者呈现一个立体鲜活的义乌概貌。《义乌年鉴(2010)》记述时限2009年1月1日至12月31日。全书设置44个类目、784个条目,99张图照,计67.1万字,2010年由上海人民出版社出版,印数1000册。主编吴潮海。在2009卷年鉴框架总体不变的基础上,在类目、分目设置上进行部分调整。在"专记"中增设"全市学习实践科学发展观活动"分目,"事情概览"中增设传统建筑、传统民俗、义乌方言3个分目,在工业、会展、市场等类目中调整和增加部分分目,对科教文卫类目中的分目设置进行修改、删并,使年鉴分目设置得更合理科学。

(八)衢州市

衢州市下辖2个区、3个县、1个县级市,最早的县级综合年鉴始于2005年的《龙游年鉴》,至2010年底,全市已公开出版《龙游年鉴》《江山年鉴》《开化年鉴》《常山年鉴》《柯城年鉴》5种。

《龙游年鉴》 由中共龙游县委、县人民政府主办,龙游县地方志编纂委员会编纂,龙游县委党史研究室、县地方志办公室承编。创刊于2005年12月,大16开精装本。一年一鉴,逐年编纂,至2010年底共连续编纂出版6部,计396.7万字。《龙游年鉴》为综合性地方年鉴,旨在全面、系统地按年度记载龙游县经济建设和社会发展进程,为各级党政机关和社会各界人士以及中外投资者了解、研究、建设龙游,提供丰富翔实的地情资料,并为今后续修《龙游县志》积累资料,是一部政府公报性的工具书。《龙游年鉴》以文字记述为主,辅以图表照片。采用分类编辑法,分为类目、分目、条目3个层次,分别以不同的字号和字体表示。条目是年鉴汇集资料信息的基本单元,目名以黑体字加鱼尾号表示,以便查阅。以县机关各部门、各乡镇

(街道)及有关驻龙游单位为记述主体,记述内容按事物性质分类。为增加资料价值和使用价值,在卷首设特载、大事记、县情概要,以反映总体情况;卷末设机构名录、荣誉录、文件选目、艺文、国民经济若干统计资料。首卷《龙游年鉴(2005)》记事时间为2004年1—12月,因是首部年鉴,所以有些内容适当上溯。该年鉴设36个类目、195个分目、967个条目,正文共330页,卷首彩页61页,字数56.3万字,印数1200册,定价128元,当代中国出版社2005年出版,主编劳乃强。《龙游年鉴(2006)》获全省综合年鉴质量评比三等奖,是衢州市唯一获奖的县级年鉴。《龙游年鉴(2009)》记事时间为2008年1—12月,设置35个类目、180个分目、931个条目,正文352页,卷首彩页43页,卷末彩页35页,字数69.3万字,印数1200册,定价120元,方志出版社2010年出版,主编夏希虔。《龙游年鉴(2010)》记事时间为2009年1—12月,设置34个类目、178个分目、943个条目,正文329页,卷首彩页39页,卷末彩页39页,字数66万字,印数2000册,定价120元,方志出版社2010年出版,主编黄国平。《龙游年鉴(2010)》全面客观地反映2009年全县人民在县委、县政府领导下,创建和谐社会、发展地方经济取得的成果和实效。

(九)舟山市

舟山市下辖2个区、2个县,最早的县级综合年鉴始于1991年的《嵊泗年鉴》,至2010年底,全市已公开出版《岱山年鉴》《定海年鉴》《嵊泗年鉴》3种。

《定海年鉴》　由中共舟山市定海区委、区人民政府主办,定海区史志办公室组织实施,区属各部门、单位撰稿,系经《定海年鉴》编辑部编辑、总纂,《定海年鉴》编纂委员会审定而成的地方年度资料性文献。创刊于2004年,一年一鉴,至2010年底共出版7部。该年鉴采用分类法编辑,设类目、分目、条目3个层次。类目依次为特载、专记、区情综述、大事记、中共舟山市定海区委员会、中共舟山市定海区纪律检查委员会、舟山市定海区人大常委会、舟山市定海区人民政府、政协舟山市定海区委员会、区直机关及镇(街道)负责人名录、民主党派与工商联、群众团体、政法、军事、农业农村、海洋渔业、工业经济和信息化、商务、旅游、城区管理与城乡建设、水利水务、环境保护、交通运输、港航、海事、邮政电信、财政税务、银行保险、综合管理、市场监督管理、教育、科技气象、文化体育、新闻媒体、医疗卫生与计划生育、人力资源和社会保障、民政、街道镇、先进集体与先进人物、逝世人物、文件目录选编。全书以条目为主要载体,条目标题加鱼尾号表示,其中“特载”类目采用综合性文章;“大事记”“先进集体与先进人物”“逝世人物”“文件目录选编”等类目因行文需要,分目下直接记述,不另设条目。卷首有地图、彩页照片、中英文目录,主体内容图文结合,卷尾附有要目索引和图表索引。曾获省第二届年鉴奖二等奖、省第三届年鉴奖一等奖、舟山市2009—2010年度社会科学优秀成果三等奖。

(十)台州市

台州市下辖3个区、4个县、2个县级市,最早的县级综合年鉴始于1986年的《临海年鉴》,至2010年底,全市已公开出版《路桥年鉴》《临海年鉴》《天台年鉴》《温岭年鉴》《玉环年鉴》《椒江年鉴》《黄岩年鉴》《三门年鉴》8 种。

《临海年鉴》 由中共临海市委、市人民政府主办，临海市委办公室、市政府办公室、临海市档案局承编。创刊于 1986 年 3 月，一年一鉴。1999 年开始，由 32 开简装本改为大 16 开精装本。《临海年鉴(2010)》约 66 万字、425 页，印数 1000 册。采用分类编辑法，由部类、属类和条目组成，以条目作为记述的基本形式。篇首 18 帧彩照，正文设特载·文献、大事记、国民经济、党政、民主党派·群众团体、军事·政法、农林水、工业、交通·邮政·电信、城市建设、财税·金融·保险、贸易、经济技术监督、教育·科技·文体、卫生·环保、社会·生活、镇(街道)、光荣榜、文件选编 19 个部类，客观、系统地记载了 2009 年临海市政治、经济、文化和社会发展的基本情况。

(十一)丽水市

丽水市下辖 1 个区、7 个县、1 个县级市，最早的县级综合年鉴始于 1997 年的《云和年鉴》，至 2010 年底，全市已公开出版《云和年鉴》《松阳年鉴》《庆元年鉴》《缙云年鉴》《莲都年鉴》《龙泉年鉴》6 种。

《松阳年鉴》 由松阳县委、县人民政府主办，松阳县史志办公室承编。创刊于 2004 年。2005 年 2 月，首部《松阳年鉴》由方志出版社出版，主编洪关旺，全书约 69 万字。是继《松阳县志》(下限 1992 年)、《松阳记事(1993—1997)》后，记录 1998—2003 年 6 年间松阳县域政治、经济、军事、科技、文化和社会发展等方面的史实，承前启后的、较为全面的地情性资料工具书。该年鉴采用分类编辑法，全书由栏目、分目和条目组成，以条目作为记述的基本形式。全书设县情概况、大事记、名录、中国共产党松阳县委员会、县人民代表大会常务委员会、松阳县政府、政协松阳县委员会、中共松阳县纪委松阳县监察局、军事政法、民主党派工商联、职工青少年妇女工作、人事劳动和社会保障、农村经济、林业、工业经济、交通、邮电通信、城建环保、旅游事业、财政税务、金融保险、经济贸易、经济管理、教育、科技、文化体育、报刊广播电视、卫生、社会生活、乡镇、先进单位与先进个人、附录 32 个栏目。多年来，《松阳年鉴》遵循“对历史负责、为现实服务”的宗旨，较鲜明地体现了松阳的时代特征、年度特色和地域特点。

第二节 专业年鉴

专业年鉴是数量上仅次于综合年鉴的第二大群体，又称“专科性年鉴”。自 20 世纪 80 年代以来，“年鉴热”经久不衰，浙江的年鉴出版量增加迅速，其中就有大量的专业年鉴。随着社会分工的细化，专业年鉴所包含的类型也越来越多，如行业年鉴、专题年鉴、单位年鉴等。本节着重记述浙江范围内自民国以来的各级、各类专业年鉴，并择要介绍。

一、省级专业年鉴

图 110-6-2-1　2009 年，省财政厅、地税局召开《浙江财政年鉴》《浙江地税年鉴》编纂工作会议（浙江省地方志办公室提供）

现存浙江民国时期的年鉴中，省级专业年鉴占到一半数量，同时就其编纂时间、连续性以及质量而言，这部分年鉴都堪称同时期年鉴中的佳构。如最早的《浙江司法年鉴》就连续出版了 3 卷，《浙江经济年鉴》《浙江工商年鉴》则分别由当时的学术团体和学者个人负责纂修或担任总纂，质量较好。与综合年鉴一样，中华人民共和国成立后的省级专业年鉴编纂肇始于 20 世纪 80 年代初，此后省级部门纷纷成立年鉴编纂机构，开展常规化的年鉴工作，个别厅局还编纂发行多种年鉴，如省文化厅就有《浙江文化年鉴》《浙江文化市场年鉴》《浙江省文化文物统计年鉴》。至 2010 年底，已有近 30 个部门公开出版 30 余种省级专业年鉴，多部年鉴在全国年鉴编纂出版质量评比中屡获殊荣，如《浙江外事年鉴(2009)》获得“中国年鉴奖”地方专业年鉴特等奖；2004 年开编的 7 部《浙江公安年鉴》中，有 6 部在全国获奖，等等。此外，《浙江统计年鉴》在全国地方性统计年鉴综合评比中，共获得 15 次一等奖。浙江省级专业年鉴在全国同类年鉴中的编校质量可见一斑。

二、市县级专业年鉴

浙江的市县级专业年鉴始于民国时期，现存《黄岩县政年鉴》《黄岩县三十五年度统计年鉴》两种。中华人民共和国成立后，从 20 世纪 70 年代初开始出现各类带有涉密性质的国民经济统计资料，实为统计年鉴前身。80 年代后，市县级专业年鉴的编纂工作蓬勃发展，至 2010 年，据不完全统计，全省市县级专业年鉴近百种，以统计年鉴和内部刊行为主要类型与出版形式。如《杭州市上城区经济普查年鉴》《宁波美术馆年鉴》《温州瓯海区统计年鉴》《嘉兴市南湖区统计年鉴》《湖州统计年鉴》《绍兴财政(地税)年鉴》《婺城区统计年鉴》《舟山统计年鉴》《柯城统计年鉴》《黄岩财政地税年鉴》《龙泉统计年鉴》，等等。

三、其他专业年鉴

浙江的专业年鉴除了以政府部门为主的组织编纂形态外，部分企事业单位、社会团体甚至民间组织也有刊行出版。企事业单位方面主要是国有企业和学校，国企如《浙江邮电年鉴》(后改为《浙江电信年鉴》)、《浙江出版年鉴》、《中国工商银行浙江省分行年鉴》、《杭钢年鉴》、《杭州铁路分局年鉴》等；学校如《浙江大学年鉴》《浙江工业大学年鉴》《浙江师范大学年鉴》《宁波大学年鉴》《浙江工商大学年鉴》《温州医学院年鉴》《中国美术学院学术年鉴》《杭州市西湖高级中学年鉴》等。社会团体与民间组织方面如《浙江法学会年鉴》《浙江 74 市县 IT 年鉴》

《鲁迅研究年鉴》《温州旅美同乡会年鉴》《包兆龙包玉刚留学生奖学金年鉴(1993—1996)》等。上述各类专业年鉴约200种。这些专业年鉴的编纂出版基本始于20世纪90代末至21世纪初,以记载该企业、学校等单位的年度工作为主,部分年鉴出版的连续性有待规范。

表110-6-2-1　　《浙江图书馆地方文献部藏地方年鉴目录》所收年鉴一览表

地　区	年鉴种数	地　区	年鉴种数	地　区	年鉴种数
省级	96	湖州	17	台州	29
杭州	66	绍兴	19	丽水	19
宁波	49	金华	21	总计	394
温州	34	衢州	16		
嘉兴	25	舟山	11		

资料来源:以上数据为浙江图书馆所藏浙江当代年鉴,数量统计至2010年底。

四、专业年鉴选介

(一)中华民国时期专业年鉴

《浙江经济年鉴》　浙江省银行经济研究室编,民国37年(1948年)7月31日出版。32开精装本,774页。内容包括气象、土地、人口、财政、粮政、金融、交通、水利、特产、农业、林业、垦殖、渔业、盐业、矿业、工业、商业、合作、救济与灾害,共19章,均先概括叙述,再继以统计数字。资料断至民国36年底。书后附有杭州市工商团体一览表、有关浙江经济之图书杂志索引及民国36年浙江经济大事记。国家图书馆、上海图书馆、浙江图书馆等均有藏。

《浙江工商年鉴》　浙江工商年鉴编纂委员会编,民国35年(1946年)出版,载民国35年资料。16开本,376页。卷首置沈鸿烈序及金润泉发刊词。内容包括直接税与货物税章程、规则,银行法、保险法、新公司法、商标法、商业法、商业登记法、经济改革方案、工商团体的组织与管制,以及有关浙江省的特产、自由职业团体名录、杭州市工商业一览等资料。国家图书馆、上海图书馆、浙江图书馆均有藏。

《三门年鉴》　浙江省三门县政府编,主编陈诚。首卷民国31年(1942年)卷于民国32年出版,32开本,350页。分讲评、大事记、全面检讨、分层记述4部分。附录包括历年来的建设资料、一年来的建设方案、一年来的工作讲话三部分。书前有三门设治之沿革、三门县形势略图,以及阮毅成序、编者自序和黄绍竑等题字。国家图书馆、浙江图书馆均有藏。民国32—33年合辑于民国33年出版,522页。内容为民国32—33年县政工作汇录,包括各级长官训示、大事记、县政实录、各方业务、三门县第二次三年建设计划、历年政绩比较、县情志略、大事记详、人名录等15部分。国家图书馆、上海图书馆、浙江图书馆均有藏。

(二)中华人民共和国成立后专业年鉴

《浙江外事年鉴》　浙江省人民政府外事办公室党组、浙江省人民政府外事办公室主持，《浙江外事年鉴》编辑部编纂。《浙江外事年鉴(2005)》是浙江省外事系统编印出版的第一部部门年鉴，2005年12月由浙江人民出版社出版。该年鉴为大篇结构，采用条目体为主、文章体兼用的编纂体例。类目、分目、条目为基本结构层次。全书分省情、市情、人物、附录4篇，设特辑、大事记、综述、出访、来访、友城、部门外事、各市外事、人物、重要文献辑存、领事业务须知、外事信息库、友协资料汇编等类目，共有分目111个、条目1165条，表30张，黑白图3幅，彩图64页。按时间先后编排条目。年鉴编纂方面特色明显：一是秉承方便阅读和查检的理念。编有简明英文目录、部分称谓全称与简称对照、横向参见系统等内容，收集了众多的实用性信息资料，还为读者配置了光盘。二是编有专题性彩图。该年鉴选取了富有代表性的珍贵图像资料，将其编成若干专题，所反映的专题及内容与正文类目相辅相成，形成一体，使主题内容更加突出鲜明，图文并茂。三是编有较完善的检索系统。卷首设详细目录，各篇设分目录等。四是记事手法多样，力求做到记、传、表、图、照、录等形式灵活运用。《浙江外事年鉴(2005)》在第四届中国年鉴奖评比中获特等奖。至2010年，《浙江外事年鉴》坚持一年一鉴，并不断完善创新。

《浙江统计年鉴》　浙江省统计局主办，中国统计出版社出版。自1984年起，浙江省统计局参照国家统计局公开出版的全国第一部《中国统计年鉴(1982)》，试编了《浙江经济统计年鉴》，内容分综合、人口及劳动力、农业、工业等12个部分。1986年，改名为《浙江社会经济统计年鉴》，1988年更名为《浙江统计年鉴》。1989年，《浙江统计年鉴》扩展了统计信息量，全书内容分为全省篇和市地县篇，全省篇包括综合、人口和劳动力、农业、工业、交通邮电、固定资产投资及建筑业、物资和能源、商业、对外经济贸易和旅游、财政金融保险、物价、人民生活、城市建设和环境保护、教育科学专利标准计量和质量监督、文化体育卫生司法工会和妇联组织情况15个部分；市地县篇包含国民经济主要统计指标。1991年，增加了反映20世纪80年代特别是“七五”时期浙江经济和社会发展情况的统计资料，新增沿海开放城市、沿海经济开发区资料。主要篇章中配统计图表。1992年，在体例上把市地县篇改为市地县社会经济主要指标。1997年，增加了反映中共十四大以来浙江经济、社会、科技等方面发展情况，以及浙江与香港经济交往和互通的统计内容。1998年开始，全书内容采用中英文对照编排，同时增加了改革开放前后浙江主要统计指标及增长速度比较统计图表。1999年起，该年鉴电子光盘同步出版，并增设“历史的回眸——浙江经济和社会发展50年的辉煌成就”彩色文字资料和“新中国成立以来浙江省国民经济主要指标”彩色统计表。2001年后，开始采用大16开本排版印刷。由于统计指标体系的变化，《浙江统计年鉴(2004)》的统计数据信息量大大增加，统计数据表从上年的636页增加到724页。《浙江统计年鉴(2010)》以新的国家统计报表制度为依据，对年鉴中的部分指标进行了增删，全面反映了浙东北、浙西南两大区域的发展状况，并编制了统计年鉴数据编辑自动排版系统，使统计年鉴编辑自动化水平迈上了新台阶。1993年开始，《浙江统计年鉴》连续17年获全国地方统计年鉴评比一等奖。

《浙江公安年鉴》 浙江省公安厅主办，省公安史志编纂委员会办公室(同时为《浙江公安年鉴》编辑部)编纂。首部《浙江公安年鉴》2004年8月由方志出版社出版。《浙江公安年鉴(2004)》采用分类编辑法，由卷首、百科、卷尾3个基本组成部分和类目、分目、条目3个层次为全书的框架结构。卷首部分设专文、图片、特载、大事记4个类目。其中，图片部分按照厅机关的机构序列编排照片，百科部分按机构设置和业务分工设49个类目。卷尾部分设发文目录(部分)、规范性文件辑录、警务咨询3个类目。此后，年鉴不断得到创新发展。2005年，增加全省派出所的规范序列和厅机关副处长以上领导名录等内容；2006年，开辟“浙江公安之窗”新栏目，用图文结合的彩页形式对部分基层公安机关进行专题介绍；2007年始，《浙江公安年鉴》内文全部采用彩色印刷。从2010年开始，为凸现年鉴的公安专业特色，编辑部打破原先按照内设组织机构排序的惯例，对年鉴百科部分在编排上做了较大调整，突出公安主业，细分组织机构，特色中心工作，防范打击犯罪，公安行政管理，行业公安，警务保障，队伍建设，市、县(市、区)公安，人物，典型案例10个大类，并新增“公安专业术语解释”；卷尾部分设发文目录(部分)和索引2个类目。《浙江公安年鉴》自2004年创办，至2010年已按年份出版7本。其中，《浙江公安年鉴(2004)》在第三届中国年鉴质量评比中获“中国年鉴奖”和装帧设计、编校质量等3个一等奖；《浙江公安年鉴(2005)》获第二届全国年鉴编校质量检查评比一等奖和浙江省年鉴优秀成果奖二等奖；《浙江公安年鉴(2006)》获第三届全国年鉴编校质量检查评比一等奖和浙江省档案编研优秀成果二等奖；《浙江公安年鉴(2009)》获第四届全国年鉴编纂出版质量评比二等奖；《浙江公安年鉴(2010)》获第五届全国年鉴编校质量检查评比一等奖。

《浙江文化年鉴》 浙江省文化厅主办，2007—2010年由浙江文化信息中心编辑① 2007年正式创办，是浙江省第一部翔实记录和反映全省文化年度发展状况的大型综合性、权威性、资料性年刊，也是浙江文化领域出版层次最高、信息容量最大、资料索引最全并且可供长期保存和反复查阅的大型工具书。《浙江文化年鉴》采用分类编辑方式，内容按栏、条层次编排，并以条目体为主，同时秉承“存史”和“镜鉴”的指导原则和“分头编撰，汇总审校”的编写方法，包括特载、特辑、专文、概览、概况、大事记、文化事业和企业、市(区、县、市)文化工作、文献资料、统计资料、附录、索引12个栏目，总文字量约100万字，全面反映浙江省文化发展新形势、新特点和新走向，为文化的学术研究、政策制定和实践操作提供更科学、更准确的综合参考。《浙江文化年鉴(2008)》获全国年鉴评比一等奖(由中国版协组织)，《浙江文化年鉴(2009)》获全国地方志系统第二届年鉴评比一等奖。

《浙江大学年鉴》 浙江大学校长办公室编，1987年开编，此后每年一本，由浙江大学出版社出版。《浙江大学年鉴(1987)》是一本资料性年刊，主要反映浙江大学该年度内教学、科研、行政、后勤等诸方面的工作情况，同时附有浙江大学部分概况和资料等。年鉴卷首附有《浙江大学地理位置图》和《浙江大学校园平面图》，时任校长路甬祥作前言。《浙江大学年鉴(2010)》全面系统地反映了2009年浙江大学事业发展及重大活动的基本情况，包括学校教

---

① 2011年开始，《浙江文化年鉴》由浙江省文化艺术研究院编辑部承编。

学、科研、社会服务等方面内容。该年鉴分特载、专题、浙江大学概况、党建与思想政治工作、人才培养、科学研究与社会服务、规划与重点建设、学科与师资队伍建设、对外交流与合作、学院基本情况、财务与资产管理、校园文化建设、办学支撑条件建设、后勤服务与管理、附属医院、机构与干部、表彰与奖励、人物、大事记等栏目。内容表述有专文、条目、图片、附录等几种形式，以条目为主。卷首有彩图31幅。

第三节　组织管理

20世纪80年代以来，伴随着全国两轮大规模修志工作，以三级综合年鉴为重点，全省各地年鉴编纂工作方兴未艾，同时也进一步加强了组织管理工作。

一、队伍建设和行政推动

自2006年国务院《地方志工作条例》将全国年鉴的指导、组织和管理职能划归各地方志部门后，浙江日益重视方志系统年鉴编纂和管理队伍的建设。2010年3月，为进一步加强对全省年鉴编纂工作指导、协调和管理方面的工作，省地方志办公室牵头成立了全省年鉴编辑指导委员会，聘任林吕建、沈建明、盛世豪、陈克韶等省有关部门领导任顾问，由省地方志办公室主任潘捷军任主任，省地方志办公室、省有关部门和部分市级方志机构负责人等任副主任，部分市、县(市、区)方志机构负责人和一批具有编鉴实践经验和理论水平的专家担任委员。

各地也十分重视年鉴编纂、指导和管理工作，如杭州、宁波、温州等设区市分别设有独立的职能处室(科室)，大部分市、县(市、区)方志部门都有专职编辑人员从事此项工作。省公安厅、省文化厅等单位也相继设立了相关机构从事专业年鉴编纂工作。还有一大批人员以聘用、兼职等方式，在各地、各有关单位从事这项工作。全省年鉴编纂人员队伍已初步形成，专业素质和业务水平也逐步得以提高。

各级政府和有关部门还十分重视运用行政手段推进工作。有的将年鉴工作列入政府对各承编单位的考核目标，有的定期听取年鉴工作情况汇报，对供稿质量不佳、供稿不及时的年鉴供稿单位进行约谈督促，等等，这一系列措施对推动工作都产生了积极成效。

二、质量规范和学术研究

在加大行政推动工作力度的同时，全省方志系统日益重视年鉴编纂的质量规范问题。2007年10月起，省地方志办公室先后在海盐县等地，多次召开《浙江省年鉴编纂规范》研讨会，并在此基础上，于2009年下发了《浙江省年鉴编纂规范细则》(内容包括框架设计、条目标题、条目撰写、语言文体、名称表述、时间表述、数字、标点和计量名称使用、图片表格、版面版式)，使年鉴审读有章可依，有法可据，规范了年鉴编纂工作流程。

各地各部门也逐渐建立了行之有效的运行机制，有的制定并实施了“主编负责制”“编辑工作责任制”及例会制度，定期检查通报工作进度。温州市地方志办公室还与有关部门连续多年定期联合开展了“菱华奖”摄影比赛，很多获奖照片被直接运用在当年的年鉴中，对提升年鉴图照质量水平起到了积极作用。

注重年鉴学科的理论研究是浙江年鉴编纂工作的传统特色和创新亮点。如全省方志系统人才梯队建设计划中有年鉴编纂人才，通过开展专业培训、举办学会年会论坛、进行职称评聘等方式，全省培养锻炼了一批人才，如有县级方志机构的成员因专门从事年鉴研究工作而获评研究员职称。仅二轮修志期间，全省先后举办的重大活动就有：2001 年 11 月在温州举行的第八届全国年鉴学术年会，2008 年 11 月在杭州举行的中国年鉴论坛暨第十一届全国年鉴学术年会，2009 年 10 月在杭州举行的全省地方志系统年鉴工作培训班，2010 年 3 月在杭州召开的全省年鉴工作交流会，等等。

图 110-6-3-1　2007 年 11 月，《浙江省年鉴编纂规范》研讨会在德清举行（浙江省地方志办公室提供）

图 110-6-3-2　2009 年 10 月，“浙江年鉴论坛暨年鉴培训班”在杭州举行（浙江省地方志办公室提供）

改革开放以来，全省各地、各部门在历届全国年鉴编校质量评比中频频获奖，如在 2010 年全国地方志系统第二届年鉴评奖中，全省共有 23 部年鉴获奖，其中，《浙江外事年鉴》《杭州年鉴》《余杭年鉴》《龙湾年鉴》获特等奖，8 部获一等奖，还有一些综合、专业年鉴分获各种奖项。

三、信息化建设和开发利用

浙江地方志信息化工作一直走在全国前列，这项工作在年鉴编纂、管理和应用等方面也得到了有效运用。如有的已采用随书附光盘的形式，向读者提供数字化的电子版年鉴；有的将历年出版的年鉴数字化整理后上传网络，供公众下载阅读。如从 2001 年开始，杭州市、海宁市等地的地方志办公室分别将年鉴加载到市党政机关计算机通信网上，通过资源共享方式，使读者能及时了解当地综合性地情资料，以更便捷地为当地经济建设和社会发展服务。还有的地方专门联合企业研发了“综合年鉴在线编纂信息系统”。这些举措都有效提升了年鉴编纂水平。

各地方志机构十分注重年鉴出版后的开发利用工作，有的县每年把年鉴发给全县各部门和人大代表、政协委员，以更好地为当地经济社会发展服务；有的向机关单位、学校、企业、档案馆、图书馆、方志馆、农村文化礼堂等捐赠书籍，并利用年鉴资料进行二次开发，方便社会各界人士使用。

表 110-6-3-1　　浙江省年鉴获奖情况一览表

奖项名	届数	奖项	获奖年鉴
中国地方志指导小组地方志系统年鉴奖	第一届	特等奖	《杭州年鉴》《温州年鉴》《绍兴年鉴》《余杭年鉴》《萧山年鉴》《新昌年鉴》《嘉善年鉴》
		一等奖	《嘉兴年鉴》《金华年鉴》《海宁年鉴》《海盐年鉴》
		二等奖	《宁波年鉴》《永嘉年鉴》《鄞州年鉴》《绍兴县年鉴》
	第二届	特等奖	《杭州年鉴》《余杭年鉴》《龙湾年鉴》《浙江外事年鉴》
		一等奖	《宁波年鉴》《舟山年鉴》《嘉兴年鉴》《绍兴年鉴》《桐乡年鉴》《义乌年鉴》《临安年鉴》《浙江文化年鉴》
		二等奖	《海盐年鉴》《浙江公安年鉴》
		三等奖	《永嘉年鉴》《平湖年鉴》《海宁年鉴》《浙江统一战线年鉴》《浙江教育年鉴》《浙江财政年鉴》《浙江地税年鉴》《浙江劳动和社会保障年鉴》
全国年鉴编校质量检查评比（中国版协）	第一届	优秀	《浙江年鉴》《杭州年鉴》《绍兴年鉴》《绍兴县年鉴》《东阳年鉴》《海宁年鉴》《海盐年鉴》
		良好	《金华年鉴》《丽水年鉴》
		合格	《温州年鉴》《余杭年鉴》
	第二届	特等奖	《浙江年鉴》《杭州年鉴》《桐乡年鉴》《浙江公安年鉴》《浙江地税年鉴》
		一等奖	《嘉兴年鉴》《新昌年鉴》
		二等奖	《平湖年鉴》《海盐年鉴》《浙江财政年鉴》
		三等奖	《衢州年鉴》《临安年鉴》
	第三届	特等奖	《浙江年鉴》《杭州年鉴》《海盐年鉴》《嘉善年鉴》《浙江地税年鉴》
		一等奖	《余杭年鉴》《平湖年鉴》《浙江公安年鉴》《浙江财政年鉴》
		二等奖	《桐乡年鉴》
		三等奖	《绍兴年鉴》《台州年鉴》《建德年鉴》《绍兴县年鉴》《浙江外事年鉴》
	第四届	特等奖	《浙江年鉴》《杭州年鉴》《余杭年鉴》
		一等奖	《嘉兴年鉴》《绍兴年鉴》《富阳年鉴》《海盐年鉴》《平湖年鉴》《桐乡年鉴》

续表 1

奖项名	届数	奖项	获奖年鉴
全国年鉴编校质量检查评比（中国版协）	第四届	二等奖	《浙江地税年鉴》
		三等奖	《丽水年鉴》《临安年鉴》《绍兴县年鉴》《龙湾年鉴》《浙江外事年鉴》
全国年鉴编纂出版质量评比（中国版协）	第三届	中国年鉴奖	《浙江年鉴》《杭州年鉴》《温州年鉴》《绍兴年鉴》《绍兴县年鉴》《海宁年鉴》《嘉善年鉴》《桐乡年鉴》《萧山年鉴》《浙江公安年鉴》
		中国年鉴奖提名奖	《金华年鉴》《台州年鉴》《余杭年鉴》《浙江大学年鉴》
	第四届	特等奖	《杭州年鉴》《浙江外事年鉴》
		一等奖	《宁波年鉴》《温州年鉴》《余杭年鉴》《萧山年鉴》《临安年鉴》《桐乡年鉴》《义乌年鉴》《龙湾年鉴》《浙江文化年鉴》
		二等奖	《台州年鉴》《富阳年鉴》《桐庐年鉴》《上城年鉴》《绍兴县年鉴》《海宁年鉴》《海盐年鉴》《浙江公安年鉴》《浙江地税年鉴》
		三等奖	《平湖年鉴》《嘉善年鉴》《鄞州年鉴》
		框架设计特等奖	《温州年鉴》
		框架设计一等奖	《杭州年鉴》《萧山年鉴》《桐乡年鉴》《义乌年鉴》《浙江文化年鉴》
		框架设计二等奖	《台州年鉴》《富阳年鉴》《嘉善年鉴》《海宁年鉴》《绍兴县年鉴》《鄞州年鉴》《浙江公安年鉴》
		条目编写特等奖	《杭州年鉴》《宁波年鉴》《浙江外事年鉴》《浙江文化年鉴》
		条目编写一等奖	《温州年鉴》《临安年鉴》《余杭年鉴》《桐乡年鉴》《海盐年鉴》《义乌年鉴》《龙湾年鉴》
		条目编写二等奖	《萧山年鉴》《富阳年鉴》《桐庐年鉴》《平湖年鉴》《绍兴县年鉴》
		装帧设计特等奖	《杭州年鉴》《温州年鉴》《萧山年鉴》《浙江外事年鉴》
		装帧设计一等奖	《宁波年鉴》《台州年鉴》《临安年鉴》《桐乡年鉴》《义乌年鉴》《浙江文化年鉴》
		装帧设计二等奖	《余杭年鉴》《桐庐年鉴》《鄞州年鉴》《龙湾年鉴》《绍兴县年鉴》《浙江地税年鉴》《浙江公安年鉴》

续表 2

奖项名	届数	奖项	获奖年鉴
浙江省年鉴优秀成果奖	第一届	一等奖	《杭州年鉴》《宁波年鉴》《温州年鉴》《嘉兴年鉴》《金华年鉴》《舟山年鉴》《丽水地区年鉴》《余杭年鉴》《萧山年鉴》
		二等奖	《衢州年鉴》《富阳年鉴》《临安年鉴》《桐乡年鉴》《平湖年鉴》《海盐年鉴》《安吉年鉴》《德清年鉴》《东阳年鉴》《苍南年鉴》《嵊泗年鉴》《岱山年鉴》
		优秀奖	《淳安年鉴》《桐庐年鉴》《鄞县年鉴》《瑞安年鉴》《洞头年鉴》《平阳年鉴》《文成年鉴》《云和年鉴》《庆元年鉴》《路桥年鉴》《磐安县纪事录》
	第二届	一等奖	《杭州年鉴》《宁波年鉴》《温州年鉴》《嘉兴年鉴》《绍兴年鉴》《金华年鉴》《余杭年鉴》《萧山年鉴》《海宁年鉴》《嘉善年鉴》《绍兴县年鉴》《新昌年鉴》《浙江公安年鉴》
		二等奖	《舟山年鉴》《丽水年鉴》《衢州年鉴》《海盐年鉴》《桐乡年鉴》《鄞州年鉴》《永嘉年鉴》《定海年鉴》《浙江地税年鉴》《金华公安年鉴》
		三等奖	《富阳年鉴》《桐庐年鉴》《平湖年鉴》《普陀年鉴》《岱山年鉴》《平阳年鉴》《瑞安年鉴》《苍南年鉴》《浙江广播电视年鉴》《浙江金融年鉴》《杭州铁路分局年鉴》《浙江旅游年鉴》
	第三届	一等奖	《杭州年鉴》《温州年鉴》《嘉兴年鉴》《绍兴年鉴》《萧山年鉴》《海宁年鉴》《桐乡年鉴》《绍兴县年鉴》《定海年鉴》《浙江外事年鉴》
		二等奖	《宁波年鉴》《金华年鉴》《舟山年鉴》《余杭年鉴》《永嘉年鉴》《平湖年鉴》《海盐年鉴》《嘉善年鉴》《新昌年鉴》《龙泉年鉴》《浙江统计年鉴》《浙江公安年鉴》《浙江地税年鉴》
		三等奖	《衢州年鉴》《建德年鉴》《富阳年鉴》《桐庐年鉴》《乐清年鉴》《平阳年鉴》《瑞安年鉴》《东阳年鉴》《龙游年鉴》《椒江年鉴》《松阳年鉴》《浙江广播电视年鉴》《浙江财政年鉴》《浙江统一战线年鉴》

资料来源：以上资料根据省地方志办公室档案室藏文件综合整理，时间统计至 2010 年。

市县组织机构方面，已正式编纂出版年鉴的地区，业务处室大部分设在史志或档案部门，并基本做到一年一鉴。

表 110-6-3-2　　浙江省市、县（市、区）地方综合年鉴情况一览表

地区	年鉴名称	创刊时间	主管单位	主办单位	编纂单位	出版单位	一年一鉴	公开出版
杭州	杭州年鉴	1987 年	杭州市委、市人民政府	杭州市地方志编委会	杭州市地方志编委会办公室	方志出版社	是	是

续表 1

地区	年鉴名称	创刊时间	主管单位	主办单位	编纂单位	出版单位	一年一鉴	公开出版
杭州	上城年鉴	2006 年	上城区委组织部	上城区地方志编委会	上城区地方志编委会办公室	方志出版社	是	是
	萧山年鉴	1986 年	萧山区人民政府	萧山区地方志编委会	萧山区地方志编委会办公室	浙江人民出版社	是	是
	余杭年鉴	1991 年	余杭区人民政府	余杭区地方志编委会	余杭区地方志编委会办公室	方志出版社	是	是
	富阳年鉴	1996 年	富阳市人民政府	富阳市地方志编委会	富阳市史志办公室	方志出版社	是	是
	桐庐年鉴	1990 年	桐庐县委、县人民政府	桐庐县地方志编委会	桐庐县地方志编委会办公室	方志出版社	是	是
	淳安年鉴	1998 年	淳安县人民政府	淳安县地方志编委会	淳安县地方志编委会办公室	方志出版社	是	是
	建德年鉴	2000 年	建德市委、市人民政府	《建德年鉴》编委会	建德市地方志编委会办公室	方志出版社	是	是
	临安年鉴	1990 年	临安市委、市人民政府	临安市委、市人民政府	临安市地方志编委会办公室	方志出版社	是	是
宁波	宁波年鉴	1999 年	宁波市委、市人民政府办公厅	宁波市地方志编委会	宁波市地方志(年鉴)编委会	中华书局	是	是
	鄞州年鉴	1987 年	鄞州区人民政府	鄞州区地方志编委会	鄞州区地方志编委会办公室	方志出版社	是	是
	宁海年鉴	1995 年	宁海县人民政府	宁海县地方志编委会	宁海县地方志编委会办公室	宁波出版社	是	是
	象山年鉴	2006 年	象山县人民政府	象山县地方志编委会	象山县地方志编委会办公室	方志出版社	是	是
温州	温州年鉴	1998 年	温州市委、市人民政府	温州市地方志编委会	温州市地方志编委会办公室	中华书局	是	是
	鹿城年鉴	2007 年	鹿城区人民政府	鹿城区地方志编委会	鹿城年鉴编辑部	方志出版社	是	是
	龙湾年鉴	2006 年	龙湾区委、区人民政府	龙湾区地方志编委会	龙湾区地方志编委会办公室	中国时代经济出版社	是	是

续表 2

地区	年鉴名称	创刊时间	主管单位	主办单位	编纂单位	出版单位	一年一鉴	公开出版
温州	瓯海年鉴	2006 年	瓯海区委、区人民政府	瓯海区地方志编委会	瓯海区地方志编委会办公室	中华书局	是	是
	乐清年鉴	2005 年	乐清市人民政府	乐清市地方志编委会	乐清市地方志编委会办公室《乐清年鉴》编辑部	线装书局	是	是
	瑞安年鉴	1987 年	瑞安市人民政府	瑞安市地方志编委会	瑞安市地方志编委会办公室	中华书局	是	是
	永嘉年鉴	2004 年	永嘉县人民政府	永嘉县地方志编委会	永嘉县地方志编委会办公室	方志出版社	是	是
	洞头年鉴	1991 年	洞头区委、区人民政府	洞头县地方志编委会	洞头区委史志办公室	方志出版社	是	是
	文成年鉴	1986 年	文成县委、县人民政府	文成县地方志编委会	文成县史志办公室	中华书局	是	是
	平阳年鉴	1994 年	平阳县委、县人民政府	平阳县地方志编委会	平阳县地方志编委会办公室	中国文史出版社	是	是
	泰顺年鉴	1999 年	泰顺县人民政府	泰顺县地方志编委会	泰顺县地方志编委会办公室	中国时代经济出版社	是	是
	苍南年鉴	1994 年	苍南县委、县人民政府	苍南县史志办公室	《苍南年鉴》编辑部	线装书局	是	是
湖州	湖州年鉴	1994 年	湖州市人民政府	湖州年鉴编委会	湖州年鉴编委会办公室	方志出版社	是	是
	德清年鉴	1994 年	德清县委、县人民政府	德清县地方志编委会	德清县史志办公室	方志出版社	是	是
	长兴年鉴	1994 年	长兴县委、县人民政府	长兴县地方志编委会	长兴县史志办公室	方志出版社	是	是
	安吉年鉴	1993 年	安吉县委、县人民政府	安吉县地方志编委会	安吉县史志办公室	方志出版社	否	是
嘉兴	嘉兴年鉴	1998 年	嘉兴市委、市人民政府	嘉兴市地方志编委会	嘉兴市地方志编委会办公室	方志出版社	是	是

续表 3

地区	年鉴名称	创刊时间	主管单位	主办单位	编纂单位	出版单位	一年一鉴	公开出版
嘉兴	嘉善年鉴	1999 年	嘉善县委、县人民政府	嘉善县地方志编委会	嘉善县史志办公室	方志出版社	是	是
	平湖年鉴	1997 年	平湖市委、市人民政府	平湖市地方志编委会	平湖市史志办公室	中华书局	是	是
	海盐年鉴	1996 年	海盐县委、县人民政府	海盐县党史地方志编委会	海盐县史志办公室	中华书局	是	是
	海宁年鉴	1999 年	海宁市委、市人民政府	海宁市史志编委会	海宁市史志办公室	方志出版社	是	是
	桐乡年鉴	1998 年	桐乡市委、市人民政府	桐乡市地方志编委会	桐乡市史志办公室	方志出版社	是	是
绍兴	绍兴年鉴	2000 年	绍兴市人民政府	绍兴市地方志编委会	绍兴市地方志编委会办公室	方志出版社	是	是
	柯桥区年鉴	2001 年	柯桥区人民政府	柯桥区地方志编委会	柯桥区史志办公室	方志出版社	是	是
	诸暨年鉴	2002 年	诸暨市委、市人民政府	诸暨市地方志编委会	诸暨市史志办公室	方志出版社	是	是
	嵊州年鉴	2002 年	嵊州市委、市人民政府	嵊州市地方志编委会	嵊州市地方志编委会办公室	中国时代经济出版社	是	是
	新昌年鉴	2002 年	新昌县人民政府	新昌县地方志编委会	新昌县史志办公室	中国文史出版社	是	否
金华	金华年鉴	1997 年	金华市委、市人民政府	金华市地方志编委会	金华市地方志编委会办公室	方志出版社	是	是
	东阳年鉴	1997 年	东阳市委、市人民政府	东阳市地方志编委会	东阳市地方志编委会办公室	上海人民出版社	是	是
	义乌年鉴	2008 年	义乌市委、市人民政府	义乌市地方志编委会、义乌年鉴编委会	《义乌年鉴》编辑部	上海人民出版社	是	是
	永康年鉴	1999 年	永康市委、市人民政府	永康市地方志编委会	永康市地方志编委会办公室	上海人民出版社	是	是
衢州	衢州年鉴	1994 年	衢州市委、市人民政府	衢州市地方志编委会	衢州市地方志编委会办公室	中国文史出版社	是	是

续表 4

地区	年鉴名称	创刊时间	主管单位	主办单位	编纂单位	出版单位	一年一鉴	公开出版
衢州	柯城年鉴	2004 年	柯城区委、区人民政府	柯城区地方志编纂委员会	柯城区档案局	中国文史出版社	是	是
	江山年鉴	2008 年	江山市委、市人民政府	江山市地方志编委会	江山市档案局（史志办公室）	方志出版社	计划一年一鉴	是
	龙游年鉴	2005 年	龙游县委、县人民政府	龙游县地方志编委会	龙游县史志办公室	方志出版社	是	是
	常山年鉴	2006 年	常山县委、县人民政府	常山县地方志编委会	常山县地方志编委会办公室	方志出版社	是	是
	开化年鉴	2009 年	开化县委、县人民政府	开化县地方志编委会	开化县地方志编委会办公室	中国文史出版社	是	是
舟山	舟山年鉴	1997 年	舟山市委、市人民政府	舟山市地方志编委会	舟山市史志办公室	中国文史出版社	是	是
	定海年鉴	2004 年	定海区委、区人民政府	定海区地方志编委会	定海区史志办公室	中国文史出版社	是	是
	普陀年鉴	2004 年	普陀区委、区人民政府	普陀区地方志编委会	普陀区史志办公室	中国文史出版社	是	是
	岱山年鉴	1996 年	岱山县委、县人民政府	岱山县地方志编委会	岱山县史志办公室	浙江人民出版社	是	是
	嵊泗年鉴	1992 年	嵊泗县委、县人民政府	嵊泗县地方志编委会	嵊泗县史志办公室	中国文史出版社	是	是
台州	台州年鉴	1984 年	台州市委、市人民政府	台州市地方志编委会	台州市档案局	中华书局	是	是
	椒江年鉴	2004 年	椒江区委、区人民政府	椒江区地方志编委会	椒江区地方志办公室、椒江区档案局	中华书局	是	是
	路桥年鉴	1994 年	路桥区委	路桥年鉴编委会	路桥区档案局	浙江古籍出版社	是	是
	天台年鉴	2003 年	台州市档案局	天台县档案局	天台县档案局	中华书局	否	是
	三门年鉴	2002 年	三门县人民政府	三门县档案局	三门县档案局	银河出版社等	是	是

续表 5

地区	年鉴名称	创刊时间	主管单位	主办单位	编纂单位	出版单位	一年一鉴	公开出版
丽水	丽水年鉴	1995 年	丽水市人民政府	丽水市地方志编委会	丽水市地方志编委会办公室	方志出版社	是	是
	莲都年鉴	2006 年	莲都区人民政府	莲都区地方志编委会	莲都区史志办公室	方志出版社	是	是
	龙泉年鉴	1998 年	龙泉市人民政府	龙泉市地方志编委会	龙泉市史志办公室	方志出版社	是	是
	云和年鉴	1997 年	云和县人民政府	云和县地方志编委会	云和县史志办公室	方志出版社	是	是
	庆元年鉴	2008 年	庆元县人民政府	庆元县地方志编委会	庆元县史志办公室	方志出版社	是	是

资料来源：以上资料根据各市、县(市、区)上报材料综合整理，其中，出版单位间或有变，以 2010 年出版的为准；时间统计至 2010 年。

第七章　志书收藏与传播

浙江地方志书的收藏与传播，大体上始于宋代。宋代以后，随着方志编纂的兴起，浙江官方、民间都比较重视志书的收藏和交流传播，尤以私人藏书楼收藏地方志书最为显著，数量也最多，其中又以宁波天一阁历史最久、影响最大。中华民国时期，浙江近代公共藏书机构出现并开始收藏部分志书。中华人民共和国成立后，公共藏书机构如图书馆、档案馆、博物馆、展览馆、方志馆以及全省各级地方志工作机构等大规模设立，各有不同数量的地方志书收藏；与此同时，民间仍然有较丰富的地方志书收藏。此外，浙江大量的方志卷帙，在历史上经由各种途径流播海外，自中华民国时期开始，特别是中华人民共和国成立后，经各方努力，不少志书珍本得以还家。在1985年中华书局出版的《中国地方志联合目录》中所载的8200多种志书中，浙江就有641种之多。到2010年，浙江各地以各种方式收藏了大量志书等历史文献，同时以志书为主体的方志文化也得以广泛传播弘扬。

第一节　志书收藏

自宋代开始，随着地方志书编纂的兴起，浙江各地官方、民间都比较重视地方志书的收藏。古代地方志书主要藏于各地官府、学政的衙署、学校和书院，以及民间私人藏书家。中华民国时期，浙江的私人藏书楼逐渐衰落，图书馆等近代公共藏书机构开始兴起，并收藏了部分地方志书。中华人民共和国成立后，各地所建立的公共图书馆或专业图书馆都十分重视地方志书的收藏；在档案馆等其他公共文化机构中，也有不同数量的收藏。20世纪80年代开始，浙江省逐步建立了相对完整的省、市、县（市、区）三级地方志工作机构及其所辖的专业方志馆等场所，也都不同程度收藏本地和外地的志书。与此同时，民间仍有一批私人藏书家和较丰富的地方志书收藏，但由于各种因素所限，这部分情况很难详尽统计。

一、中华人民共和国成立前的志书收藏

中华人民共和国成立之前，浙江的地方志书收藏以民间收藏为盛，官方收藏主要见于与地方文化、教育有关系的政府机构。这一漫长历史时期中的地方志书收藏，受整个社会政治经济发展局势影响，往往政治经济局势相对稳定的时期，就是浙江藏书事业包括地方志书收藏发展较好的时段；而遇到政局动荡、战火延绵、经济萧条的情况，藏书事业就会受到很大冲击。藏书或受兵火焚烧，或遭劫掠，或反复转移，或迭经转售，往往损失大半。

(一)宋元时期的志书收藏

宋代时,绍兴府衙署在南宋嘉泰元年(1201年),藏有嘉泰《会稽志》;嘉定年间(1208—1224年),刻藏有《吴越春秋》《越绝书》。①

南宋陈振孙收藏志书167种。(《直斋书录解题》归入地理类,开头有《山海经》《水经》《水经注》,因不属地方志书,此处未计算入内。其中亦有部分似属方志,又似地理书者,此处均视作方志,计算入内。)

元代时,杭州路,江浙等处行中书省衙署(治所在杭州)藏有《大元一统志》1300卷。庆元路儒学(治所在宁波)藏有《四明郡志》20卷。绍兴路儒学(治所在绍兴)藏有《吴越春秋音注》10卷,《越绝书》15卷。婺州路浦阳县衙署藏有《浦江人物记》2卷。温州路儒学藏有《温州路志》20卷。

杭州西湖书院藏有《临安志》等。

(二)明代的志书收藏②

明代浙江地方志书收藏首推宁波天一阁(详见节后专记)。其他较有影响的藏书之所则有:

绍兴祁承㸁澹生堂藏有丰富的地方志书,详见《澹生堂藏书目》。③

两浙运司衙署藏《两浙盐志》;杭州府衙署藏《西湖游览志》。

杭州府学尊经阁明洪武七年(1374年)所藏地方志书有《临安志》;明正德年间(1506—1521年),所藏地方志书共21种,目录如下:《大明一统志》2部共计48册、《八闽志》2部共计40册、《嘉兴府志》1部计9册、《桐乡县志》1部计1册、《湖州府志》1部计6册、《武康县志》1部计1册、《会稽县志》1部计10册、《上虞县志》1部计2册、《萧山县志》1部计2册、《嵊县志》1部计4册、《宁波府志》1部计4册、《慈溪县志》1部计4册、《赤城新旧志》1部计10册、《宁海县志》1部计2册、《金华府志》1部计4册、《兰溪县志》1部计2册、《严州府志》1部计10册、《遂安县志》1部计1册、《温州府志》1部计6册、《处州府志》1部计6册、《吴兴名贤录》1部计2册。

嘉兴府衙署在明代前期和中期,藏有《越绝书》,并藏有一定数量的地方文献和地方志,明代所编府县志齐全。

湖州府衙署藏有地方志书13种:成化《湖州府志》20卷、弘治《湖州府志》22卷、嘉靖《湖州府志》16卷、万历《湖州府志》12卷,嘉靖《乌程县志》、崇祯《乌程县志》,嘉靖《长兴县志》,嘉靖《德清县志》、天启《德清县志》,弘治《武康县志》,嘉靖《安吉州志》,嘉靖《孝丰县志》、万历《孝丰县志》等。

---

① 顾志兴:《浙江藏书史》,杭州出版社2006年版,第70页。

② 主要参见顾志兴:《浙江藏书史》,杭州出版社2006年版。

③ 祁承㸁:《澹生堂读书记 澹生堂藏书目》,上海古籍出版社2015年版。

宁波府衙署藏有地方志书4种：《袁学士旧郡志》《（宁波）府志》《奉化志》《四明文献志》。

台州府衙署在明代前期及中期，藏有弘治《赤城新志》、万历《仙居县志》、嘉靖《太平县志》和《临海志》等台州府及所属县地方志书。

金华府衙署藏有数量不等的金华府及所属县地方志。衢州府衙署藏有衢州府及所属县地方志书。温州府衙署藏有一定数量的温州府及所属县地方志。处州府衙署藏有处州府及所属县地方志。①

杭州府书院：虎林书院万历年间（1573—1620年）刻有聂心汤纂的《虎林书院志》。瀛山书院万历三十年（1602年）刊刻方应时纂的《瀛山书院志》（一名《瀛山志略》）；天启二年（1622年），方世敏又刻《续刻瀛山书院志》。②

谢铎朝阳阁藏书中，有《赤城志》《赤城三志》和《赤城新志》。王宗沐畸园藏书中，有《江西大志》和《海运志》。

（三）清代的志书收藏

清代浙江藏书家对于方志的收藏，不论是普遍程度还是重视程度，都胜过明代。除宁波天一阁外，清末四大藏书楼中的湖州皕宋楼和杭州八千卷楼，同样以收藏大批方志而著称。较为典型的有：

湖州皕宋楼，由湖州归安县人陆心源创建，系陆心源宋元旧本藏书处所，“皕宋”即藏有200种宋本之意。编定《皕宋楼藏书志》，其中史部地理类主要著录所藏宋元旧志，“地理类一”著录有《元和郡县图志》40卷2种，一为宋淳熙刊本影写本，一为旧抄本；有《太平寰宇记》193卷，《舆地纪胜》200卷，等等，总数达400多种。光绪十四年（1888年），陆心源曾向国子监捐献《元和郡县志》（抄本）、《新安志》、《严州图经》（抄本）等大量书籍。他去世后，所藏大量志书被日本静嘉堂收购，总量约有403种421部，包括总志6种、通志25种及大量府志、州志、县志、乡镇志。如以朝代计，则有唐代志书2种、宋代志书30种、元代志书8种、明代志书18种、清代志书345种，其中仅宋元志书便约占现存宋元方志数量的一半以上。巴兆祥对其所藏方志数目有一个大致的考证：“《陆心源遵捐国子监书清单》著录庚子之乱后残余书140种。从其藏书看，重经部、集部，但对地方志也给予较大的关注，如《皕宋楼藏书志》中收集的方志有《太平寰宇记》《舆地纪胜》《淳熙严州图经》等36种。因国内缺乏系统的藏书资料，我们从流入日本

图110-7-1-1　湖州皕宋楼内景（浙江省地方志办公室提供）

① 顾志兴：《浙江藏书史》，杭州出版社2006年版，第196页。
② 顾志兴：《浙江藏书史》，杭州出版社2006年版，第198页。

静嘉堂文库的陆氏图书再结合其他史料推测，当年陆氏收藏的方志，大约有410种。陆心源收藏方志之多，在当时首屈一指。”①

杭州八千卷楼，为丁申、丁丙兄弟所创建。丁氏兄弟藏书达20万卷，藏书处除八千卷楼外，尚有后八千卷楼、小八千卷楼、善本书室等。善本书室主要收藏善本书籍，后编有《善本书室藏书志》。该志第十一、第十二两卷著录所藏地方志善本105种，约占藏书总量的5%，著名的宋代“临安三志”即在其列。这些方志并非丁氏所藏方志全部，仅是其中的善本。这些志书，主要是宋元明以来的旧志，多为宋刻抄配本、影宋抄本、旧抄本及明刊本、明抄本等，几乎集中了明清以来江南著名藏书楼的藏品，价值很高。

杭州文澜阁，文澜阁系清代皇家藏书楼，专为乾隆年间所修《四库全书》而建，也是中国历史上著名的“北四阁”“南三阁”之一，藏有《四库全书》所收录方志82种。② 清咸丰年间因受战乱影响，文澜阁岌岌可危，丁氏兄弟又冒险潜入阁内救回残书8000多册，约占全书四分之一。文澜阁修复后，他们又将其送回，并对缺失部分进行了补抄。几经周折，清宣统三年(1911年)，《四库全书》由浙江公立图书馆接收保管。民国元年(1912年)，浙江图书馆于文澜阁西建造馆舍，将《四库全书》移藏馆中，至此馆与阁分，以迄于今，即为今浙江图书馆孤山古籍部。民国4—14年，由钱恂、张宗祥等主持，又先后两次对其进行集中补抄，共补抄缺书、缺卷244种，重校光绪补抄本213种。至此，阁书除有个别缺卷外，全书基本补齐，总册数已有36278卷，反超出原颁的35990册。因而“南三阁”中唯独文澜阁《四库全书》得以劫后重生，而且对后世方志收藏和传播利用产生了重大影响，发挥了重要作用。

此外较有影响的还有：

嘉兴府鸳湖书院藏有清光绪四年(1878年)的《嘉兴府志》。③

赵昱、赵信兄弟的小山堂藏有宋版开禧、宝庆《四明志》。④

孙宗濂的寿松堂藏有宋本乾道《临安志》3卷和淳祐《临安志》、咸淳《临安志》。⑤

陆芝荣的寓赏楼藏有宋乾道《临安志》、淳祐《临安志》的抄本。⑥

全祖望双韭山房藏宁波乡邦旧志颇多，主要有宋乾道《四明图经》、开禧《四明续志》、宝庆《四明志》，元延祐《四明志》、至正《四明续志》，明永乐、成化、嘉靖等朝《宁波府志》等。⑦

卢址抱经楼藏有宋开庆《四明续志》等诸多宁波乡邦旧志。

嘉兴府的吴骞藏有宋本乾道《临安志》3卷、淳祐《临安志》6卷、咸淳《临安志》91卷。⑧ 陈鳣藏有宋本乾道《临安志》、淳祐《临安志》和咸淳《临安志》。⑨

---

① 巴兆祥：《陆心源所藏方志流失日本考》，《安徽大学学报(哲学社会科学版)》2007年第6期，第127页。

② 详见《四库全书总目提要·地理类》。

③ 顾志兴：《浙江藏书史》，杭州出版社2006年版，第225页。

④ 顾志兴：《浙江藏书史》，杭州出版社2006年版，第225页。

⑤ 顾志兴：《浙江藏书史》，杭州出版社2006年版，第231页。

⑥ 顾志兴：《浙江藏书史》，杭州出版社2006年版，第242页。

⑦ 顾志兴：《浙江藏书史》，杭州出版社2006年版，第357页。

⑧ 顾志兴：《浙江藏书史》，杭州出版社2006年版，第295页。

⑨ 顾志兴：《浙江藏书史》，杭州出版社2006年版，第295页。

临海洪若皋东壁园藏有康熙《台州府志》和《临海县志》。宋世荦确山楼藏有《临海补志料》《台郡识小录》《台学源流》。洪颐煊小停云山馆藏有《台州札记》和咸丰《临海县志稿》。黄瑞秋籁阁藏有康熙《临海县志补遗》《台州金石录》《金鳌山志》《盖竹山志》。

天台齐召南宝轮堂藏有《温州府志》《永嘉县志》《天台山志要》《天台山方外志》。

太平戚学标景文堂藏有嘉庆《太平县志》、《涉县志》、《台州外书》。

黄岩李诚敦说楼藏有《云南通志》《新平县志》《万山纲目》。王棻的知非求是楼藏有他主编的光绪《黄岩县志》《青田县志》《永嘉县志》《仙居县志》和《太平续志》，以及《九峰山志》。王舟瑶的后凋草堂藏有他自撰的光绪《台州府志》。

（四）民国时期的志书收藏

民国时期，浙江地方志书收藏事业进入了一个新阶段，呈现官民并举的发展格局。其中有较大影响的藏书家和其所创建的收藏机构有：

杨复及丰华堂：杨复系近现代藏书家，其所建丰华堂收藏有230种、2402册浙江地方志书，《丰华堂旧藏浙江地方志目录》序中说："于乡邦志乘，自乾道以至宣统，总七百四十年中，凡有关于浙土者，无论官私新旧各志，罔弗节衣缩食，昕夕搜求，以资探索……若得假之以岁年，裕之以财货，则犹将继之以戮力，由邻省以递及天下，不竟蔚为巨观也哉！"①

刘承幹及嘉业堂：刘承幹系湖州南浔人，其所建嘉业堂收藏大量地方志书。据李性忠《刘承幹与嘉业堂》记载："刘承幹非常重视地方志书的收藏，从府志到镇志，几乎是来者不拒……全盛时期嘉业堂收藏地方志约4000部，1192种。"②

朱希祖及郦亭：朱希祖系海盐籍著名史学家，曾任北京大学、清华大学教授。其所建郦亭藏书以南明为主，也收藏有不少方志。《郦亭藏书目录》分经、史、子、集和海盐地方文献5部，收书5000余种。海盐地方文献是从其他四部中辑出的海盐地区作者书目，种数不计在内，但史部方志普本目录佚失。据朱士嘉《中国地方志联合目录》称，朱希祖生前编有所藏方志目录1部，约1000种。③

平湖葛氏家族及传朴堂：平湖葛氏家族自晚清起至民国时期，历经几代，建起传朴堂藏书楼。初建时藏书已有10万卷，后又增至40万卷。其所藏志书便有2000多种，当时著名出版家张元济为此有"藏书之富，骎骎乎为浙西之冠"之誉。

其他较有影响的藏书家和所收方志还有：

钱塘（今杭州）人王体仁积20余年，博采旁搜方志，尤喜购省府县志："迩年以收集郡县志乘为职志，远自陇西，僻及滇南，奔凑而至九峰旧庐中，为之充积而不可回旋。"民国23年（1934年）编成的《九峰旧庐方志目》称，"九峰旧庐"藏志2300余种，其中约400种不见各大图书馆收藏。④

---

① 张升：《民国时期方志搜求热考述》，《近代史研究》2004年第3期，第230—231页。
② 张升：《民国时期方志搜求热考述》，《近代史研究》2004年第3期，第230页。
③ 李培文：《朱希祖与郦亭藏书》，《江苏图书馆学报》2011年第5期，第52页。
④ 张升：《民国时期方志搜求热考述》，《近代史研究》2004年第3期，第229—230页。

余绍宋“尤喜蓄方志,先后搜得浙省各府县乡村新旧志凡四百三十余种,其中旧志多有为他处所未见者”。①

进入近现代后,图书馆等现代公共藏书机构逐渐取代旧时藏书楼,成为方志收藏的重要部门。如浙江早期图书馆形态,有绍兴人徐树兰所创建的古越藏书楼,在其珍藏的7万多卷图书文献中便包含了大量方志。在20卷《古越藏书楼书目》中,卷十五《政部·舆地第十五》多数即为地方志。其中“舆地总志附地图”一目著录《元和郡县志》《大清一统志》等22种(地图略)。“国朝省府厅县志”一目著录有清雍正本《浙江通志》、清乾隆本《江南通志》、乾隆本《台湾府志》等各地省、府、县志35种。此外“直隶杂地志”“东三省杂地志”“江南杂地志”“安徽杂地志”“浙江杂地志”“江西杂地志”“山东杂地志”等23目,著录之志多为山志、风土志、水志、寺观志、游览志等。② 光绪二十九年(1903年),拥有大量方志文献的杭州藏书楼改建为浙江藏书楼,开始对外开放,实际上成为中国近现代史上最早具有“公共”意义的公共图书馆,宣统元年(1909年)官书局并入后改建为浙江图书馆。该馆于民国25年(1936年)2月印行《浙江省立图书馆史地类图书目录》,其中收录不少地方志书。

二、中华人民共和国成立后的志书收藏

中华人民共和国成立后,特别是20世纪80年代新时期第一轮大规模修志工作开始后,随着浙江经济和文化建设各项事业的快速发展,志书收藏也日益为社会所关注。公共图书馆、公共文化机构、高等院校、政府地方志机构等政府行政机关、社会公共文化事业部门收藏有丰富的地方志书,与此前民间收藏为盛的格局形成了鲜明对比。

(一)省级机构的地方志书收藏

省一级机构收藏有地方志书的,主要是浙江图书馆、省地方志办公室以及部分省直机关和单位从事修志工作的部门。其中以浙江图书馆收藏最为丰富。该馆所藏众多的古籍和善本中,最具代表性的当数古代方志文献。据2002年统计,浙江图书馆收藏民国及此前旧志,共计713种,其中善本为153种。馆藏浙江方志,包括省志,各府、县志,沿海图说,部分乡镇志,杭州各城门志,西湖志,湖山志,湖船志,名胜志,楼志,乡土志,山志,岩志,洞志,江、水志,水利志,堰志,祠庙志,寺志,庵志,道观志,亭志,书院志等,种类颇多。③ 据2005年统计,浙江图书馆收藏各朝代至民国浙江方志有省、府州、县、乡、镇志466种,599种版本,计8649卷(不含不分卷的39种)。

其中部分珍本目录如下④:

《北郭书钞》不分卷,清丁丙辑,手稿本

《北隅续录》,清丁丙著,稿本

---

① 张升:《民国时期方志搜求热考述》,《近代史研究》2004年第3期,第231页。

② 赵任飞主编:《古越藏书楼资料集·古越藏书楼书目》,广陵书社2012年版,第195—221页。

③ 潘美月、沈津编:《中国大陆古籍存藏概况》,台湾“国立”编译馆2002年版。

④ 夏定域、夏锡元:《浙江图书馆馆藏浙江部分方志提要》,《浙江方志》1999年第4期。

《北新关志钞》不分卷，抄本

《两浙地志录》，种松书塾抄本，系清代海宁周广业氏原稿

《栖里景物略》12 卷、补遗 1 卷，清张之鼎撰，抄本

《临平记》3 卷，清沈谦撰，清抄本

《武林志余》残存 4 卷，清张旸著，原稿本

《仁和县志稿》不分卷，清孙峻撰，稿本

《中天竺法净寺备志》不分卷，清孙峻撰，稿本

《天竺续志》备稿不分卷，清孙峻撰，稿本

《六和塔志稿》不分卷，清孙峻撰，稿本

《西湖老人繁胜录》1 卷，旧抄本，系涵芬楼秘籍底本

《修川小志》1 卷，清邹存淦撰，抄本；又一部，2 卷，小清仪阁抄本

《修川志余》2 卷，清钟兆彬撰，抄本

《宁志余闻》8 卷，清周广业撰，抄本

《海昌胜览》20 卷，清周存春撰，清抄本

《海昌外志》不分卷，明谈迁撰，旧抄本

《花溪志补遗》不分卷，清许良谟撰，抄本

《湖州人物志》，朱祖谋撰，手稿本

《会稽三赋》4 卷，宋王十朋撰，明南逢吉校注，明嘉靖二年（1523 年）南京大学图书馆吉刻本

《会稽三赋》，宋王十朋撰，明末刻本

《会稽三赋》，宋王十朋撰，明天启元年（1621 年）凌氏套印本附图

万历《会稽县志》16 卷，明张元忭撰，传抄本

《重修曹溪通志》5 卷，明释德清撰，明万历刻、清增补本

《漷阴志略》1 卷，清管庭芬纂，清道光十一年（1831 年）管嗣许抄本

康熙《平陆县志》8 卷，清柴应辰纂修，潘金越增纂，清康熙十八年（1679 年）刻、康熙五十二年增刻本

康熙《重修宜兴县志》10 卷，图考 1 卷，清李先荣、徐喈凤纂修，清康熙二十五年（1686 年）刻本，清蒋学培跋

康熙《杭州府志》40 卷，图 1 卷，清马如龙、杨鼐等纂修，李铎等增修，清康熙二十五年（1686 年）刻、康熙三十三年李铎增刻本

康熙《遂安县志》10 卷，清刘从龙、方象璜、方象瑛纂修，刘闳儒、毛升芳等续修，清康熙十二年（1673 年）刻、康熙二十四年增修本

民国《萧山县志稿》14 卷，来裕恂纂辑，稿本

嘉靖《海盐县志》5 卷，明夏浚、徐泰纂修，清抄本，清佚名校注

康熙《续定海县志》不分卷，清康熙抄本

康熙《定海县志》□□卷，清王元士纂修，郝良桐续修，清康熙抄本

《镇海县志备修》不分卷，清陈景沛纂，稿本

咸丰《上虞志备稿》不分卷，清王振纲纂，稿本

《邑乘管窥》2卷，管世骏撰，手稿本

弘治《兰溪县志》5卷，明王倬、章懋、郑锜纂修，许完续修，明正德刻本，清邓钟玉跋

隆庆《东阳县志》17卷，明郑准纂修，贡修龄补辑，明隆庆六年(1572年)刻，万历、天启增修本

万历《龙游县志》10卷，明万廷谦纂修，钟相业校，曹闻礼订，明万历刻本

康熙《巢县志》20卷，清于觉世、陆龙腾等纂修，清康熙十二年(1673年)刻、康熙增刻本

康熙《太平府志》40卷，清黄桂、宋骧等纂修，李敏迪、曹守谦增修，清康熙十二年(1673年)刻、康熙四十六年增刻本

咸丰《弋阳县志》14卷，卷首1卷，清陈乔枞等纂修，清咸丰元年(1851年)刻本

乾隆《龙南县志》26卷，清永禄、廖运芳等纂修，清乾隆十七年(1752年)刻本

康熙《西宁县志》10卷，清赵震阳、钟光斗等纂修，清康熙六年(1667年)刻本

特别是浙江图书馆还藏有多种历代所编的《浙江通志》(稿)珍本：

嘉靖《浙江通志》原刻本，1981年被列入善本书库收藏。

康熙《浙江通志》(已残缺，存43卷、卷首1卷)，20世纪80年代初被列入善本书库收藏。

雍正《浙江通志》原刻本，清光绪二十五年(1899年)浙江书局重刻本120册，民国25年(1936年)商务印书馆影印浙江书局本4册，文渊阁四库全书本150册，清光绪五年墨润堂校刻本14卷6册(即水利海防的单行本)，中华书局2001年出版标点本15册。

民国《浙江续通志(稿)》，共撰成志稿300余册，因未付梓问世，通志局解散后，志稿没有集中保存，有数十册散落各地。民国16年(1927年)，浙江省长公署将志稿移交浙江图书馆保存；民国26年，该馆又从杭州书肆中购得地方自治篇稿本4册。20世纪80年代初，该馆投入大量人力物力，将散佚在外的所有《浙江续通志(稿)》稿本全部补抄完成。

民国《重修浙江通志(稿)》，馆藏有原稿240余册。1980年，浙江图书馆馆长王健英主持，在徐毓惠具体指导监督下，组织社会上有书法功底的30余位老先生，用毛笔抄录馆藏民国《重修浙江通志(稿)》并油印装订成125册。

改革开放后新时期两轮方志编修工作开展以来，全省各市、县(市、区)相继参与，并编修了一大批志书。相对于旧时期的志书，这些志书被称为社会主义时期新修志书，浙江图书馆等各地公共图书馆和一些专业图书馆基本都有收藏。

省地方志办公室自成立以后，办公条件一直较差，没有专门的图书资料室，直到2008年才开始拥有自身的图书室。现有藏书，以中华人民共和国成立之后的社会主义时期新修志书居多。据2010年统计，省地方志办公室藏有各类地方志书1200多部，其中古旧方志320多部。

此外，1990年3月1日，省地方志编纂室、省地方志学会、建德县地方志办公室曾联合发文筹建浙江方志馆，馆址设在建德县白沙镇。4月13日，新华社发出《我国第一家专门收集社会主义时期第一代方志的专门机构——浙江方志馆在建德县建立》的专电。该馆收藏，本

着“立足浙江，面向全国”的方针，至同年6月，征集到地方志书2033部(册)，计有全国各地新县(市、区)志500多部，专业志、乡镇志540部，旧志11种12部，还有一些志稿、史料和方志理论类书刊等。

(二)各地的地方志书收藏

20世纪80年代以来，浙江各市、县(市、区)陆续成立地方志工作机构并建设了一些方志馆等机构，部分高校、科研部门等单位的图书馆、档案馆等场所也十分注重收藏志书等历史文献。这些机构所藏多为中华人民共和国成立以后的新修地方志书，也不乏一些影印的海外孤本或旧志中的珍贵版本。如湖州市档案馆藏有(东洋文库本复印本)明嘉靖《湖州府志》和上海著易堂石印本清嘉庆《东林山志》；湖州师范学院图书馆藏有《嘉业堂丛书》本宋嘉泰《吴兴志》，清同治十三年(1874年)爱山书院刻本、1985年杭州古籍书店复印清同治间刻本线装60册《湖州府志》，《华东师范大学图书馆藏稀见方志丛书》本《南浔镇志稿》；湖州市地方志办公室藏有南浔嘉业堂刻本复印本宋嘉泰《吴兴志》，东洋文库本复印本明嘉靖《湖州府志》，1985年杭州古籍书店复印清同治间刻本《湖州府志》，1987年5月德清县志办公室标点的油印本明嘉靖《德清县志》；舟山藏有清乾隆四年(1739年)编修的《南海普陀山志》(孤本)；台州黄岩区档案馆藏有清光绪《黄岩县志》和民国《黄岩县志》稿，等等。此外，2001年3月28日，全国首家山水史志馆在余姚梁辉开馆，共收集全国各地水利志、名山大川志、江河志等2000多种3000多册(套)。这些都从不同方面传承了方志传统并弘扬了传统文化。

专记

中国现存最早的私家藏书楼——宁波天一阁方志收藏

天一阁位于浙江宁波市区，是中国现存最早的私家藏书楼，也是亚洲现有最古老的图书馆和世界最早的三大家族图书馆之一。天一阁占地面积2.6万平方米，建于明代中期，由当时退隐的兵部右侍郎范钦主持建造。天一阁的藏书，在中国藏书史上具有十分重要的地位，不论是藏书的数量，还是藏本质量，在国内藏书楼里都是翘楚。同样，天一阁的方志收藏，在国内外藏书楼中也属首屈一指。

天一阁族规甚严，子孙遵行“代不分书，书不出阁”的遗教，非各房子孙齐至，不得擅自开锁。天一阁藏书自清代乾隆以后逐渐散失，修《四库全书》时天一阁进呈的图书后均未发还。道光二十一年(1841年)，英国侵略军占领宁波，闯进天一阁，掠《一统志》及舆地书数十种。咸丰十一年(1861年)，太平军进驻宁波，当地偷盗者乘混乱之际，拆毁阁后墙垣，潜运藏书，转卖给法国传教士和论斤贱卖给奉化棠岙制纸作坊，珍版善本成了制造土纸的原料。民国初年，窃贼薛继渭与不法书商勾结，潜入书楼，盗去藏书1000多部，其中《登科录》和地方志就被窃100多部。经过几次浩劫，加上零星散失和保管中的一些问题，至中华人民共和国成立前夕，天一阁除清代续增的《古今图书集成》外，藏书只存1.3万卷，仅及原藏书量的五分之一左右，而且其中不少藏书虫蛀霉烂，成了断编残简。清末民国初，藏书楼已呈衰败景象。抗日战争爆发之际，浙江省立图书馆馆长陈训慈动员组织范氏族人把天一阁藏书9000余册随浙江省立图书馆善本图书运往浙南山区密藏，抗日战争胜利后全部运回。

图 110-7-1-2　天一阁内景及所藏方志等文献（宁波市地方志办公室提供）

天一阁原藏省、府、州、县志书可考的有435种，包括北京、天津、河北、山西、上海、江苏、浙江、安徽、福建、江西、山东、河南、湖北、湖南、广东、广西、四川、贵州、云南、陕西、宁夏等地的省志、府志和县志，其中，明代嘉靖以前的有55种，嘉靖年间纂修的有185种，嘉靖以后、崇祯以前所修的有31种。[①] 民国23年（1934年），赵万里作《重整范氏天一阁藏书记略》，统计当时天一阁尚存明代方志240种，其中十之八九为孤本。明代万历刻本最少，大部分是明代嘉靖或弘治、正德年间所修。纸墨精湛，多做包背装。民国25年，冯贞群在《天一阁方志目序》中提到，当时经他整理，天一阁存明代方志270余种，另有清志10种，多属名家之作、稀见版本。中华人民共和国成立后，经清理，共存地方志书268种。后政府多方搜集散失在各地的天一阁原藏书3000多卷，许多当地藏书家也先后把珍藏图书捐献给天一阁。其中方志有陆续依据旧目补入的正德《姑苏志》、嘉靖《山东通志》、嘉靖《宁波府志》的原刻本等，总数达到271种。这些方志当中，以弘治、正德、嘉靖年间所修者为多，少数为万历刻本。其所藏方志占全国现存明代地方志总数的34%，是全国最大的明代地方志收藏单位。由于明代以前纂修方志多数失传，当时天一阁所藏这271种方志当中，有172种为当时所见各地纂修方志当中所存最早的志书。其中明正德五年（1510年）《云南志》等164种堪称海内孤本，在《中国地方志联合目录》和《台湾公藏方志联合目录》中均属仅见之本。这些孤本中，除明刻本外，另有一些明抄本，如弘治《偃师县志》、正德《新乡县志》、嘉靖《钧州志》、嘉靖《涉县志》、嘉靖《长泰县志》、嘉靖《仁化县志》等，都是明人得不到刻本的情况下，用蓝格棉纸抄录，至为珍贵。这些明代方志，是天一阁藏书当中保存最好、使用较多的重点资料，而由天一阁散出去的明代方志大多为各地藏书家收藏。在中华人民共和国成立后，在北京图书馆访得20部、上海图书馆访得24部，其余或藏于中国台湾地区和国外，或下落不明。其中50余种国内外主要方志目录都未见著录，或已失传。

1979年后，天一阁在参加全国古籍善本编目工作的同时，编就了反映天一阁藏书新貌的《天一阁善本书目》（初稿）。到1990年底，阁藏古籍增加到20余万卷，其中善本书有5万余卷。[②] 为了当代学者研究古代地方志的需要，中国科学院图书馆和上海图书馆也先后拍摄了

① 骆兆平：《天一阁藏明代地方志考录》，书目文献出版社1982年版，前言第1页。详细书目参见该书。

② 浙江省图书馆志编纂委员会：《浙江省图书馆志》，中国书籍出版社1994年版，第54—55页。

阁内珍藏的全部明代方志的胶卷。天一阁也先后和上海古籍出版社、上海书店出版社合作影印出版了《天一阁藏明代方志选刊》(1981—1982 年)、《天一阁藏明代方志选刊续编》(1990 年),共计精装本 140 册。

图 110-7-1-3　1999 年 12 月,宁波天一阁中国地方志珍藏馆开馆仪式(宁波市地方志办公室提供)

1999 年 12 月 16 日,由曾任中国地方志指导小组组长李铁映倡议的天一阁新建“中国地方志珍藏馆”在天一阁南园“水北阁”开馆,各地为此主动捐献本地佳志名志,以期达到藏之永久的目的。2001 年 12 月 15 日,中国地方志珍藏馆专题陈列对外开放,陈列内容包括“源远流长的中国地方志”“天一阁和明代方志”“中国地方志珍藏馆”三部分,运用古籍、新志书等实物,采用图片、统计表等多种手段,着重展示珍藏馆的创建和收藏情况等。至 2001 年,该馆收藏各类新编地方志 4300 余部 6800 多册,其中三级行政区划地方志 2064 部 4568 册,覆盖内地 81.3%的省、市、区;专业志、部门志、乡镇志、山水志、人文景观志等 2048 册。其中浙江省的地方志书达 1383 册。至 2002 年底,中国地方志珍藏馆所藏地方志总数达 7900 余册,占全国的三级志书的 90%,总量仅次于国家图书馆,位居全国第二。至 2006 年 8 月,中国地方志珍藏馆已收藏省(直辖市、自治区)、市(地)、县(市、区)三级志、专业志、部门志、乡镇志、山水志、人文景观志等共计 12790 册,全国 91.7%的新修三级行政区划(不含港澳台)志书都能在这里找到。此外,还收藏了相当数量中国台湾的地方志和日本、韩国、缅甸、菲律宾等国家地方志(地志)以及各类地方志刊物。中国地方志珍藏馆成为国内收集新编地方志最多的机构之一。

第二节　志书传播

浙江具有悠久的修志历史和大量的方志卷帙,在漫长的流传过程中,经过各种方式,许多精品佳志成为历代官方和民间收藏所争相购置的对象,更有部分志书经由各种途径流播海内外,得以保存。

一、抄刻并重的传统传播形式①

在浙江地方志发展史上,志书和方志文化的传播应首推抄刻并重的传统传播形式。浙江是中国雕版印书的发祥地之一,早在中唐时期,这一行业已出现;北宋时,杭州已成为全国刻印业

① 参见潘捷军、章其祥、周祝伟:《浙江方志文献的编修、收藏与传播》,载《首届中国地方志学术年会——方志文献国际学术研讨会论文集》,中华书局 2012 年版。

的中心。北宋著名藏书家、文献学家叶梦得在《石林燕语》中曾指出："今天下印书，以杭州为上。"南宋时以杭州为代表，浙江刻书业大兴。明清时期，湖州刻书业后来居上，甚至超过了杭州。

伴随着刻书业的兴旺发达，在浙江还出现了一种专门以贩书为业的"贾客书船"，尤以江南水乡湖州为盛。书商的足迹遍及江浙区域数百里，对当时方志文献的收藏和传播起到了直接的推动作用。这些书商常驾一叶扁舟，集出售、收购、中介于一身，如清同治《湖州府志》所载："购书于船，南至钱塘，东抵松江，北达京口"，"间有奇僻之书，收藏家往往资其搜访"。

除了发达的刻印业和数量众多的民间购销中介外，众多藏家孜孜以求的抄录也是传播方志的一个重要方面。因宋元版方志到明清时期已质优价高，特别是一些孤本文献更是奇货可居，对大多藏家而言购买不得，只能抄录。如海宁藏家吴骞自诩"临安志百卷人家"，所藏乾道《临安志》3 卷、咸淳《临安志》95 卷，皆为影抄本。再如杭州文澜阁也曾是许多学人前往抄书之地，与北四阁仅供"御览"所不同的是，乾隆皇帝从乾隆四十七年（1782 年）开始，就下令允许江浙士子"得以就近观摩誊录"。特别自嘉庆、道光年间始，因浙江纂修府县志之需，登阁阅书者络绎不绝，包括孙星衍、阮元、陆心源等历代官员、学者和藏家等，都有入阁阅览及抄录之记载。如宣统年间（1909—1911 年）文澜阁阁董张荫椿在《重纂文澜阁志》"后序"中所言："近年，赴阁传抄者络绎不绝。"文澜阁藏书因战乱屡遭损失，也正是由于历代多次大规模抄书而使不少志书等珍稀文献得以传承，因而一定意义上大大降低了其损失程度。

另外，许多方志文献在原刻本散佚之后，抄本往往成为孤本。如宁波天一阁所藏孤本中，除刻本外就有不少明抄本，如弘治《偃师县志》、正德《新乡县志》、嘉靖《涉县志》、嘉靖《长泰县志》、嘉靖《仁化县志》等，这些文献都是当时在得不到刻本的情况下，用蓝格棉纸抄录下来并流传至今，极为珍贵。因此，抄刻并重的方式为浙江方志文献传播做出了重大贡献。

二、志书流播海外

海外收藏浙江旧志的"第一大户"是日本。虽然早在 9 世纪中后期就有中国方志在日本出现，但方志大批量输出日本是在 17 世纪至 19 世纪中叶。浙江旧志主要在 19 世纪末 20 世纪初散佚海外，皕宋楼（现藏静嘉堂文库）和东海楼（现藏东京大学东洋文化研究所）两座藏书楼的藏书先后流失日本。据巴兆祥所著《东传方志总目》统计，日本藏浙江原本方志共 352 种，其中宋刻本 2 种，旧抄本 4 种；元刻本 1 种，抄本 4 种；明刻（抄）本 52 种；清乾隆六十年（1795 年）前善本 189 种。如明嘉靖《湖州府志》、嘉靖《武义县志》、嘉靖《永嘉县志》、万历补刊隆庆《平阳县志》、崇祯《嘉兴县志》，清康熙《常山县志》、康熙《昌化县志》等均为国内图书馆所未见。

其次是美国，各大图书馆和研究机构藏浙江原本方志约 300 种，其中国会图书馆和哈佛大学燕京图书馆藏品最丰。如国会图书馆藏孤本乾隆《越中杂识》，善本康熙《乌程县志》、康熙《西安县志》、雍正《义乌县志》、乾隆《濮镇纪闻》等；哈佛大学燕京图书馆藏 2 种明刻本，分别为嘉靖三十九年（1560 年）刻本《宁波府志》、万历三年（1575 年）刻本《会稽县志》，另有乾隆六十年（1795 年）以前善本 46 种。又如斯坦福大学东亚图书馆藏稀见版本 33 种，如明万历

《两浙海防类考》、崇祯《天童寺志》，清康熙《嵊县志》(康熙二十二年刊本)均为国内缺藏。

此外，英、法、德、澳、韩等国家均藏有一定量的浙江旧志。20世纪90年代开始，浙江省地方志编委会办公室多次组织人员赴美国、英国、法国、德国、澳大利亚等国家以及中国台湾地区考查海内外存世浙江旧志的情况，已初步查清海外藏近400种，包括约20种中国大陆缺藏或不全的孤本、善本。

三、"旧志还家"

20世纪80年代，社会主义时期第一轮修志开始后，浙江省提出了"旧志还家"的方针。历史上，浙江各地虽有悠久的修志传统，历代编修的志书为数甚多，但由于年代久远、战乱以及其他多种原因，散佚不少。如明清时期纂修的《绍兴府志》共14种，而现存的只有6种，且还需从全国各地寻访、引回。有的县甚至荡然无存。因此，各地开始修志都兼顾了调查、收集、整理旧志的工作，力争做到补缺收齐。淳安、余杭、武义、宁海、仙居、上虞等县级地方志办公室还发现了未见著录的县志稿，也一并进行了整理刊行。

在普查过程中，还发现国内缺藏或仅存残本的旧志，国外却有全本。这部分旧志主要由学者提供线索、牵线搭桥或亲自引回。如清乾隆《越中杂识》抄本、康熙《常山县志》、康熙《象山县志》、光绪《新市镇再续志》等孤本方志分别复制回国。嵊县地方志办公室从美国斯坦福大学图书馆复制回国内已无存本的康熙《嵊县志》。

让散佚于国内的志书回归当地也是"旧志还家"的一项重要内容。2002年，义乌市地方志机构得知华东某地博物馆收藏的国家一级文物明崇祯《义乌县志》为海外孤本时，即派出专人赴当地洽谈，经过努力，这部珍贵的历史文献终于回归。影印过程中发现这部文献有53处缺页、漫漶之处后，该市财政又投入数十万元，甚至远赴日本，通过寻找国会图书馆内阁文库中所藏复本进行补缺，这部志书后来成为义乌方志馆的"镇馆之宝"。①

据1987年8月统计，全省各地复制印行的旧志有135种、15160套。按志书类别分，府志8种，州志1种，县志98种，厅志3种，卫志和乡土志、镇志等25种；按时代分，宋代5种、元代2种、明代23种、清代75种、民国时期30种。其后，随着市县修志工作的全面展开，至1988年，翻印、复制旧志的总数增加到200余种、2万余套，出版旧志目录4种。

以上有关内容可参见第十一章《地方志工作管理》等相关章节。

① 潘捷军等编著:《中国方志馆》，方志出版社2016年版，第342—343页。

第八章　地方志资源的开发利用

自古至今，地方志具有存史、资政、教化等重要的历史价值和现实功能，这些价值和功能相当程度上要通过各种形式的开发利用才能得以实现。地方志资源的开发利用主要包括旧志整理、读志用志和信息化建设等多方面。历代以来，特别是中华人民共和国成立后和20世纪70年代末改革开放以来，浙江各地十分重视地方志资源的开发利用，各级地方志机构也都相应采取了各种不同方式，从而为全省经济和社会各项事业发展做出了独特贡献。

第一节　旧志整理

旧志整理的内容包括资源普查，编制目录、提要、索引，影印出版，校勘、标点、注释、翻译，辑佚，专题资料汇编，数字化建设等多种形式。早期各地的旧志整理工作主要限于摸清志书文献等资源家底，后逐步开展影印、汇编、点校等。浙江成规模的旧志整理工作始于20世纪50年代，并随着各地方志事业和经济社会条件的发展而逐步发展。

一、发展过程及主要工作

浙江自古以来就有重视方志整理的传统，清代以前主要以重刊、重刻、誊抄、辑佚等形式为主，晚清民国因新印刷技术的传入，又增加了影印、编纂目录等方式。中华人民共和国成立后，浙江的旧志整理工作进入快速发展期，无论是整理手段还是成果数量均远超以前。

（一）历史上的浙江旧志整理工作

中华人民共和国成立以前，由于受历代政治形势、社会环境和物质条件等多方面因素限制，浙江各地的旧志整理工作尚未全面展开，相应成果也参差不齐，但仍有不少工作和成果可圈可点。例如：

龙游县从清康熙年间到民国时期，曾7次重修《龙游县志》，但多遭佚失。清光绪八年（1882年），余绍宋曾祖父余恩镕从某乡绅处借读了历经劫波而弥足珍贵的康熙《龙游县志》，由此向知县提出重修（第四次）县志之议，却未获准。于是余恩镕自费出资重印此书，并续补《官师》《选举》《艺文》3篇，从而使修志传统得以传承延续，也对后人余绍宋重修《龙游县志》

和《浙江通志》等行为产生了重大影响。①

民国4年(1915年),周树人(鲁迅)编纂了《会稽郡故书杂集》一书。该书包含谢承《会稽先贤传》、贺循《会稽记》和夏侯曾先《会稽地志》等8种文献,故方志界一般视其为方志辑佚之作。鲁迅编此书的目的也很明确:因"书中贤俊之言,言行之迹,风土之美,多有方志所遗,舍此更不可见。用遗邦人,庶几供其景行,不忘于故。"②

(二)中华人民共和国成立后的浙江旧志整理工作

浙江的旧志整理工作主要集中在中华人民共和国成立以后,特别是20世纪80年代两轮大规模修志工作以来,浙江的旧志整理工作成效显著,成果丰硕。大致可分为三个发展阶段:

第一阶段:20世纪50—60年代。中华人民共和国成立初期,浙江的旧志整理工作主要在摸清家底,也有对个别旧志的校注。如原南京大学历史系教授洪焕椿于1958年出版了《浙江方志考录》,对浙江的旧志分门别类进行考录;1956年商务印书馆出版了由浙江图书馆馆长张宗祥综合各种存世版本后校注的《越绝书》,等等。

第二阶段:20世纪70年代末至90年代末。全国新时期首轮修志工作开始后,浙江提出"旧志还家"的方针,各地逐步加强对旧志的整理、开发、利用工作,形成第一次高潮。据1987年统计,全省以照相、誊印、复印、影印等方式重印刊行的府志、州志、县志、乡镇志等各类旧志就有135种、15160套。首先在方志考录方面,有骆兆平的《天一阁藏明代地方志考录》(1982年,书目文献出版社),洪焕椿的《浙江方志考》(1984年,浙江人民出版社),陈桥驿的《绍兴地方文献考录》(1983年,浙江人民出版社)以及宋慈抱、项士元的《两浙著述考》(1985年,浙江人民出版社)等。同时还编印了索引——《天一阁藏明代方志选刊人物资料人名索引》(1992年,上海书店)。旧志点校、影印、重印始于1981年上海古籍书店出版的《天一阁藏明代方志选刊》,共影印明代方志107种。1990年,上海书店又出版了《天一阁藏明代方志选刊续编》,影印明代方志109种。浙江图书馆古籍部整理印行了民国《重修浙江通志稿》。浙江人民出版社标点出版了《南宋临安两志》等旧志。部分市县整理成果显著,点校如民国《慈溪县新志稿》(1987年,内部出版)、民国《龙游县志》(1999年,语丝出版社);校注如《太平县古志三种》(1997年,中华书局)、光绪《仙居县志》(1990年,同济大学出版社);重印如《越绝书》(1992年,上海古籍出版社),等等。内部翻印、复制印行更是成为这一时期市县旧志整理的主要方式。另外,经由陈桥驿等学者引回的海外孤本方志,也以复印、影印等形式见之于世(参见第七章第二节第二目"旧志还家")。

第三阶段:2000—2010年。2003年12月,《瑞安市志》的公开出版,标志着浙江首轮修志工作的顺利结束。为此,省、市、县三级有的开始启动二轮新志编纂,有的则转入旧志整理,为二轮修志做准备,旧志整理因而进入新的历史阶段。主要整理方式为:

1. 影印、重印。如南宋《临安三志》(2002年,西泠印社出版社)、明崇祯《义乌县志》(2004

---

① 余子安:《亭亭寒柯——余绍宋传》,浙江人民出版社2006年版,第79页。

② 彭静中编著:《中国方志简史》,四川大学出版社1990年版,第430—431页。

年，萧山古籍印务有限公司）、清光绪《嘉善县志》（2008年，线装书局）、民国《鄞县通志》（2006年，宁波出版社）、民国《土物小志》（2009年，线装书局）等，共16种。

2. 点校、校注。如南宋嘉定《赤城志》（2004年，中国文史出版社），明万历《杭州府志》（2005年，中华书局），清康熙《桃源乡志》（2006年，方志出版社）、光绪《永嘉县志》（2009年，中华书局）等，共44种。

3. 编辑出版地方文献丛书。如2008年，第一辑共9种8册的《温州文献丛刊》整理工作已近尾声。《南戏大典》则被列入国家古籍整理出版"十一五"重点规划。同年7月，义乌市委、市政府正式批复启动《义乌丛书》总体编纂方案，同时成立学术委员会，由中国地方志指导小组秘书长田嘉任名誉主任，全国高校古籍整理研究工作委员会主任安平秋教授任主任，按近期、中期和长期三期规划分步实施。全省其他有关市县地方志机构也开展了此项工作。

省地方志办公室也在这一时期集中力量点校出版了清雍正《浙江通志》（2001年，中华书局）、民国《重修浙江通志稿》（2010年，方志出版社）和《宋元浙江方志集成》（2009年，方志出版社）等具有重要价值的旧志文献，出版后在社会产生了良好反响，对传承浙江"方志之乡"起到了积极作用，有的还因质量上乘获得省政府颁发的哲学社会科学优秀成果奖。

从1966年至1985年的20年间，台北成文出版社也编辑出版了《中国方志丛书》，一共影印旧志2052种、5359册。据该书统计，在民国时期的37个省份中，按数量排名，浙江以216种居第一位，其他在100种以上的分别为江苏（177种）、安徽（167种）、河北（133种）、陕西（118种）、山东（113种），显示了浙江作为传统"方志之乡"悠久的历史传统和深厚的区域文化底蕴。①

表110-8-1-1　　1956—2010年浙江省部分旧志点校、校注出版情况一览表

书　　名	整理者	出版年份
《越绝书》	张宗祥	1956
《西湖游览志》	浙江人民出版社	1980
《西湖游览志余》	浙江人民出版社	1980
《天一阁藏明代方志选刊》	上海古籍书店	1981—1982
《越中杂识》	浙江人民出版社	1983
《南宋临安两志》	浙江人民出版社	1983
民国《慈溪县新志稿》	慈溪县地方志编纂委员会办公室、慈溪县档案馆	1987
《武林坊巷志》	浙江人民出版社	1988
民国《龙游县志》	龙游县政协文史委员会	1990

① 南江涛：《中国旧志整理与出版概况》，《中国地方志》2017年第12期。

续表 1

书　　名	整理者	出版年份
《天一阁藏明代方志选刊续编》	上海书店出版社	1990
光绪《仙居县志》	仙居县地方志办公室	1990
《广雁荡山志》	胡永在	1990
民国《普陀洛迦新志》	苏芸、梅重	1990
《会稽方志集成》	傅振照、王志邦、王致涌	1992
万历《仙居县志》	仙居县地方志办公室	1993
《太平县古志三种》	温岭市地方志办公室，蔡宝定等	1997
嘉庆《义乌县志》	义乌市地方志办公室，吴世春、陈允升等	1997
《龙游县志》	龙游县地方志办公室	1999
《玉环古志两种》	《玉环古志》整理委员会	2000
雍正《浙江通志》	浙江省地方志编纂委员会	2001
道光《武康县志》	欧阳习庸	2003
《慈溪地方文献集成》(第一辑)	慈溪市地方文献整理委员会	2004
嘉定《赤城志》	徐三见	2004
民国《象山县志》	何敏求、林志龙、竺桂良、王德威	2004
《台州札记》	徐三见	2004
万历《杭州府志》	杭州市地方志编纂委员会	2005
《巾子山志》	丁伋	2005
《东湖志 东湖新志》	徐三见、吴健	2005
《绍兴丛书·地方志丛编》	绍兴丛书编辑委员会	2006
弘治《温州府志》	《温州文献丛书》整理出版委员会	2006
民国《松阳县志》	松阳县地方志编纂委员会	2006
康熙《定海县志》	舟山市档案馆	2006
弘治《温州府志》	胡珠生	2006
光绪《处州府志》	丽水市地方志编纂委员会，王志邦、王熹等	2006
康熙《桃源乡志》	龚烈沸	2006
民国《临海县志》	丁伋	2006

续表 2

书　　名	整理者	出版年份
康熙《杭州府志》及民国《杭州府志》	杭州市地方志办公室	2008
民国《平湖经籍志》	平湖市史志办公室，郭光杰、陆松筠整理，胡大春校对	2008
光绪《嘉善县志》	顾福仁总纂	2008
民国《嵊县志》	嵊州市地方志办公室	2008
《三台文献录》	临海市《台临历史文献要集丛编》编委会，徐三见点校	2008
《衢州历史文献集成》(方志专辑)	《衢州历史文献集成》编纂委员会，王志邦、鲍江华等	2008
光绪《常山县志》	常山县地方志编纂委员会	2009
《鄞州山水志选辑》	鄞州区地方志编纂委员会	2009
《衢州府志集成》	衢州市地方志办公室，韩章训	2009
《宋元浙江方志集成》	浙江省地方志编纂委员会	2009
《天一阁藏明代方志补刊》	宁波出版社	2009
《海昌外志》	《海宁珍稀史料文献丛书》编委会	2009
《海盐县图经》	海盐县史志办公室	2009
民国《路桥志略》	管彦达、陈志超	2009
《集云山志》	俞海	2009
道光《乐清县志》	陈纬	2009
《雁荡山志》	卢礼阳、詹王美	2009
民国《萧山县志稿》	萧山区地方志办公室、南开大学地方文献研究室	2010
《重修浙江通志稿》	浙江省地方志编纂委员会	2010
《龙湖书院志》	陈仲光	2010
《南雁荡山志》	林顺道、林孝皎、林孝水	2010
《仙坛山志稿》	马允伦	2010
《丽水县志·丽水志稿》(合刊点校本)	赵治中	2010
民国《开化县志稿》	程航琛、吴德良、汪路明	2010
至元《嘉禾志》	嘉兴市地方志办公室	2010
嘉庆《瑞安县志》	宋维远	2010

续表 3

书　　名	整理者	出版年份
康熙《江山县志》	江山市档案局(史志办公室)	2010
《五峰书院志》	程朱昌、程育全	2010
光绪《永嘉县志》	永嘉县地方志编纂委员会	2010
嘉靖《永嘉县志》	潘猛补	2010

资料来源:以上资料根据浙江图书馆地方文献部所藏及各市、县(市、区)上报材料整理。

二、成果选介

由于各地对旧志整理工作的重视,浙江省、市、县三级的整理成果中出现不少佳作,现择要对正式出版的标点本或点校本进行简介。

《宋元浙江方志集成》(标点本):浙江省地方志编纂委员会整理,2009 年杭州出版社出版,共 14 册。收录志书 22 种,包括:乾道《临安志》,以清光绪七年(1881 年)《武林掌故丛编》(第一集)为底本;淳祐《临安志》,以清光绪七年《武林掌故丛编》(第四集)为底本;咸淳《临安志》,以钱塘汪氏振绮堂重刊本为底本;嘉泰《会稽志》、宝庆《会稽志》,以王家襄影印嘉庆重刊本为底本;嘉定《剡录》,以清道光八年(1828 年)嵊县知县李式圃重刊本为底本;嘉泰《吴兴志》,以嘉业堂重刊本为底本;"四明六志"和《四明它山水利备览》,以烟屿楼《宋元四明六志》为底本;嘉定《赤城志》,以宋世荦刻本为底本,并与《四库全书》本相校,有讹误处改之;淳熙《严州图经》、景定《严州续志》,以清光绪二十二年桐庐袁氏渐西村舍刻本为底本;至元《嘉禾志》、绍定《澉水志》,以清道光十九年重刊本为底本;至正《仙都志》,以涵芬楼影印正统《道藏》本为底本;《会稽掇英总集》,以清道光元年山阴县山阴杜氏重刻本为底本;《天台集》,以清光绪二十五年刊本为底本。2010 年,《宋元浙江方志集成》获第十六届浙江省哲学社会科学优秀成果(基础理论类)一等奖。

民国《重修浙江通志稿》(标点本):浙江省地方志编纂委员会整理,2010 年方志出版社出版,共 15 册。该志的标点出版工作曾被列入《"十五"期间浙江省地方志工作计划纲要》。浙江在民国时期曾两次编修过通志,前有沈曾植总纂的《浙江续通志(稿)》,然未成书,且稿大多散佚。其后的《重修浙江通志稿》,由浙江省通志馆编。余绍宋、凌士钧分任正副馆长,孙延钊、钟毓龙任总纂,历时 7 年,仍未付梓,留下稿本 125 册。1983 年,浙江图书馆古籍部誊录印行,印量较少,1984 年又由杭州古旧书店重印。标点本以誊录本为底本,同时选辑民国 34 年(1945 年)2 月 15 日《浙江通志馆馆刊》(第一卷第一期)上刊登的余绍宋《发刊词》、浙江省主席黄绍竑《致余越园先生书》、浙江省通志馆馆长余绍宋《复黄主席书》、《地方志书纂修办法》、《浙江省通志馆组织规程》、《浙江省通志馆办事处组织规程》、《浙江省通志馆关于特聘编纂、采访及各县市采访员办法》、《采访须知》、《浙江省通志编纂大纲草案》,并收录民国 37 年刊印的《重修浙江通志初稿:体例纲要及目录》,以供读者参考。

《慈溪地方文献集成》(第一辑,标点本):慈溪市地方文献整理委员会编,王清毅、岑华潮标点,2004年杭州出版社出版。该书共3册,收录慈溪地方志3种。第一册为道光《浒山志》和嘉靖《观海卫志》。《浒山志》8卷,[清]高杲、沈煜编纂,道光十一年(1831年)初刊(木活字本),标点本以民国24年(1935年)梅川胡惇裕堂重印本为底本。《观海卫志》4卷,[明]周粟等纂,编于嘉靖四十一年(1562年),世无刊本。标点本根据上海图书馆所藏的张寿镛约园抄本(胶卷缩印)为底本,并参考从浙江图书馆转抄的现代抄本。该书前置新序和《校点重刊说明》。第二、第三册为民国《余姚六仓志》。《余姚六仓志》44卷、首末各1卷,杨积芳总纂,张宝琛协纂,民国9年铅印。该书前置新序和《校点重刊说明》。

弘治《温州府志》(校注本):《温州文献丛书》之一,2006年上海社会科学院出版社出版,胡珠生校注。该书以上海书店出版的《天一阁藏明代方志选刊续编》第三十二册《弘治温州府志》为底本,校注除订补误讹脱漏外,着重征引异说、补充史实和查明资料出处。原志无图,实为重大缺陷。因与万历《温州府志》时间接近,该校注本特将该志《温州府境图》《永嘉县境图》《瑞安县境图》《乐清县境图》《平阳县境图》《泰顺县境图》移置于前,以供参考。

至元《嘉禾志》(点校本):嘉兴市地方志办公室编,2010年上海古籍出版社出版。该书以《宋元地方志丛刊》所收道光本至元《嘉禾志》为底本,对照《四库全书》影印本、《宋元浙江方志集成》标点本、嘉兴图书馆精抄本,以及其他古籍进行标点校勘。全书32卷,51万字。该志为嘉兴现存最早的州府级志书,元代单庆修,徐硕纂,至元二十五年(1288年)刊。元刊本已不存,有《四库全书》本及旧抄本、重刻本流传,嘉兴图书馆藏精钞本。由于它"序次甚详,每条下间系以考证,尤为典核。而碑碣一门多至十一卷。自三国、六朝以迄南宋,凡石刻之文,悉全载无遗。……篇断什,为耳目所未睹者尚多。殊足为考献征文之助"(见《四库全书总目提要》),在方志界、校勘界有较高知名度。

《越中杂识》(标点本):《浙江地方史料丛书》之一,1983年浙江人民出版社出版。该志为海内孤本,收藏于美国国会图书馆。1980年,美国斯坦福大学人类学系教授施坚雅将它的复印本寄赠杭州大学教授陈桥驿,标点本即据此复制本为底本。志前有陈桥驿作"代前言"——《从〈越中杂识〉谈浙江的方志》,文中梳理了浙江历史上地方志纂修的大致过程以及国内外存藏现状,并详述原书版式。

《衢州府志集成》(标点本):衢州市地方志办公室编,韩章训标点,2009年西泠印社出版社出版。该书包括衢州现存的四部府志:弘治《衢州府志》、嘉靖《衢州府志》、天启《衢州府志》和康熙《衢州府志》,分别以弘治刻本(上海书店《天一阁明代方志选刊续编》影印本)、嘉靖原刊本(余绍宋传抄、叶渭清手校本的影印本)、崇祯五年(1632年)丁明登增补刊本(台湾成文出版社有限公司影印本)、光绪重刊本(影印本)为底本。此书前置"导言",对所收四部府志进行述评,包括版本、作者、内容、编纂体例、优缺点等,后附"标点说明"。

《太平县古志三种》(校注本):温岭市地方志办公室整理,蔡宝定等校注。1997年中华书局出版。三种太平县古志包括:嘉靖《太平县志》、嘉庆《太平县志》、光绪《太平续志》。书后附《光绪太平续志正补》《朝代纪年与公元纪年对照表》《古今地名对照表》《人物字号与姓名对照表》。该书分别以嘉靖原刊本(上海古籍书店影印)、光绪重刊本、光绪原刻本为底本。曾获第九届浙江省哲学社会科学优秀成果三等奖。

第二节　读志用志

浙江的读志用志，主要在中华人民共和国成立之后，特别是20世纪80年代社会主义时期首轮大规模修志工作启动以后。随着互联网等现代化技术的普遍运用，地方志资源信息化、工作网络化得到较快发展，事业发展进入新的阶段。浙江地方志工作者将修志工作与服务党委、政府工作和经济社会发展相结合，通过各种方式发挥地方志书的资治、存史和教化作用，整体上呈现出逐步扩大深入的趋势。

一、存史资政

"存史""资政""教化"历来被视为地方志的三大重要功能。从方志被视为"官书"的传统意义看，只有注重"存史"才能更好起到"资政"和"教化"作用。特别是中华人民共和国成立后和20世纪80年代首轮修志工作启动以来，地方志功能的综合运用被日益重视。

2004年10月，中共浙江省委书记习近平在江山市白沙村看望慰问农村方志工作者时，就十分强调地方志书的社会价值。2006年12月，习近平在苍南县考察"桑美"台风灾后重建工作时，又在会上向在座的领导干部介绍了当地志书对台风侵扰苍南的历史记述，并告诫大家要以史志为鉴，认清台风活动以及影响浙江的规律，科学决策，不断提高防台抗台和处置各类自然灾害的能力。这不仅是对地方志这一文化传统价值的肯定，同时也为各级领导干部和广大方志工作者如何重视运用方志为现实服务做出了实践典范。

长期以来，省地方志办公室，各市、县(市、区)地方志工作机构和广大方志工作者利用地方志资源，围绕当地中心工作，以应用对策等形式，为党委和政府决策提供咨询服务。如1995年17号台风侵扰浙江时，省地方志办公室就及时提供了历史上浙江台风、洪涝等自然灾害灾情及所采取对策的历史资料，引起省政府主要领导的高度重视；2008年初，杭州市遭遇百年罕见的冰雪低温灾害，市地方志办公室在短短一天时间内，便向市委、市政府提供了4万多字有关杭州冰雪灾害的历史资料，为市领导采取相应对策及时提供了咨询服务。2002年3月，根据省政府有关领导的指示意见，省地方志办公室启动了"历史上的'信用浙江'"的专题研究，专门向各市地方志办公室下发了通知，要求各地根据实际情况收集资料并开展宣传研究。《浙江方志》也专门开辟了"历史上的'信用浙江'"专栏，刊发有关论文、专题资料和专访等，为打造"信用浙江"提供了一批有价值的资料文献。

改革开放以来，浙江各地方志机构还先后编纂出版了《浙江省改革开放30年大事记》《浙江60年发展历程纪实丛书》《巨变——宁波的昨天、今天、明天》《嘉兴改革开放三十年纪事》《临海改革开放三十年(1978—2008)》《湖州名片》《影响中国的绍兴名人》《舟山市情大全》《丽水市乡镇街道通览》等各种书籍文献，它们或全方位全过程、或从不同侧面记述了各地改革开放以来经济和社会发展各方面情况，以存史方式为各地资政保留了重要的历史印迹。

二、服务经济建设

服务经济建设历来是方志“资政”功能的一个重要方面。1987 年，省地方志办公室编纂了《方志功能面面观》一书，分港湾开发、城乡建设、资源利用、旅游开发、传统产品恢复、文物保护等 12 类，记载了 115 个浙江方志服务各地经济社会发展各项事业的实例。省地方志办公室有关专家还以“从基础资料到科学文献的跨越——以浙江省第二轮市县志中自然灾害内容的记载为例”为题，在《中国地方志》上发表论文，对新时期二轮修志以来出版的 30 多部志书中对自然灾害的记载作了详细梳理分析，既阐明了这些记载对服务当地经济建设的重要历史价值，又指出了这些志书在此方面所存在的不足。

长期以来，临海、余杭、诸暨、浦江、温岭、萧山、象山等地也参考地方志资料，为当地经济建设事业服务。如磐安县为改良本地粮食制种、提高粮食产量提供史料参考佐证；萧山、淳安、诸暨、温岭、建德、开化、长兴、三门等地依据志书记载，在地方矿产、矿泉、地热等资源开发利用上都取得新突破；衢州、长兴、开化、临海、嵊县、武义、诸暨、黄岩、建德、萧山、象山、龙游、桐乡、江山等地依据志书记载，恢复或进一步开发出本地茶叶、农副产品、工艺品等名优特产；萧山、建德、淳安、诸暨、临海、兰溪、余杭、绍兴县等地参考地方志相关记载，为做好本地旅游资源开发工作提供了支持；余杭、萧山参考地方志资料，为促进本地商业模式改革发展服务；金华撰写了《金华汽车工业发展的战略构思和对策》，等等，这些实例都对各地发展产生了不同程度的影响和促进作用。

图 110-8-2-1　在长兴紫笋茶、建德灵泉洞、武义宣莲等地方资源产品开发利用过程中，地方志书发挥了重要作用（浙江省地方志办公室提供）

与各地一样，省有关部门和单位不仅积极参与修志，而且注意通过各种方式充分发挥地方志服务经济建设的功能。如 20 世纪 90 年代，为决策建设浙江标准海塘，应水利部、浙江省领导和专家之需，《浙江省水利志》《钱塘江志》编辑部对清代 260 多年钱塘江两岸海塘总投资和单元投资进行了认真核算，并据此提出了新时期海塘建设标准，供决策参考。同时还为省人大制定《浙江省钱塘江管理条例》等有关地方立法提供了有益的史料文献。

三、服务社会发展

与服务经济建设事业一样，服务社会公共事业同样也是各级地方志机构的重要职责。

长期以来，省地方志办公室多次举办全省地方志成果展和史志科普咨询活动。宁波、绍兴、金华等地开展了读志用志演讲及知识竞赛。金华、舟山、丽水、瑞安、萧山通过编印地情书和乡土教材等方式，开展了史事、地情、爱国主义宣讲教育活动。舟山市史志办公室为市政府筹建鸦片战争纪念馆提供参考资料。余杭、萧山以地方志为依据，开展中医、妇科药方等普查挖掘工作。诸暨、建德、萧山、淳安、义乌、临海、黄岩、三门、上虞、余杭、永嘉等地利用地方志，服务本地文物古迹发掘保护推广工作。台州、临海、萧山、余杭、衢州、开化、建德、象山、上虞、海盐、诸暨等地依据地方志资料，挖掘宣传乡土先贤和乡邦文化。台州编纂的《台州历代文化名人》、余杭编纂的《苕上怒火》、衢州编纂的《千年古城万家仇》等作为乡土教材，进入学校，对宣传方志文化、传承区域文明起到了积极的推动作用。

2009 年，宁波市地方志机构参与了市政府组织的“宁波接轨上海世博会十大信息化重点建设项目”之一的市民信息亭工程的建设，其中方志文献内容被置入信息屏主页，在世博主题论坛进行了展示；同时他们还与市旅游局合作，在旅游信息屏上设立方志文献栏目，使市民可随时使用设在公交车站、机场候机厅、宾馆、高等院校、图书馆及社区等公共场所的查询终端进行浏览，从而有效宣传了方志文化并提升了方志工作的影响。

四、促进海内外交流

清末、中华民国时期，中美之间曾有地方志书的交流。据清光绪三十四年(1908 年)12 月 9 日《申报》记载，前一日，中国方面将《浙江通志》等书 17 种、浙江海塘等图 4 种装箱，将递交中美换书局。民国 6 年(1917 年)，美国国会图书馆馆长朴特南委托该馆汉籍部主任江亢虎(中国留美学者)，借暑假返国探亲之机，带函向中国政府请求征集各省府厅州县志等古书，其中就有浙江的地方志书。

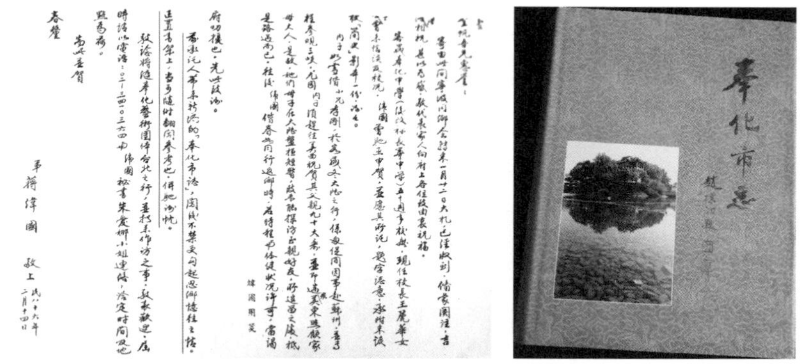

图 110-8-2-2　1996 年、1997 年，台湾蒋纬国先后两次来信，对家乡赠送《奉化市志》一事表示感谢(浙江省地方志办公室提供)

图 110-8-2-3　1984 年 10 月，香港包玉刚夫妇等到宁波天一阁查阅包氏家谱(浙江省地方志办公室提供)

中华人民共和国成立后，特别是 20 世纪 80 年代后，各地利用志书记载的族谱、姓氏资料，积极地为海外华人华侨的寻根访祖提供帮助和服务。《奉化市志》《宁波市志》和《鄞县志》等还搭建了香港、台湾和大陆之间的联系桥梁。1996 年、1997 年，蒋介石之子蒋纬国先后两次来信，对家乡赠送《奉化市志》一事表示感谢，并表示《奉化市志》“兼备史实与近况，编撰并著”，“阅后不禁更勾起思乡忆往之情”。舟山市将《舟山市志》赠送香港特别行政区首任行政长官董建华。全国政协副主席、香港基本法起草委员会副主任、香港南联实业有限公司董事会主席安子介获赠故乡《定海县志》并出资资助，和合航业(香港)有限公司董事长许志勤汇款订购家乡《定海县志》并出资资助家乡读志用志工作。青田县将《青田县志》赠送给知名青田籍华人华侨和港澳台同胞。韩国任氏中央宗亲会经浙江省、宁波市方志机构考证、联络，寻访到祖籍所在的慈溪任家溪村并前往认亲祭祖观览。

浙江各地编纂的志书出版后，不少成了当地政府、社会各界开展对外交流的良好载体，成了介绍宣传当地的窗口，促进了世界对浙江、对中国的了解。魏桥、陈桥驿、仓修良等学者或接待外国学者，或出国讲学，或引进孤本方志，多渠道开展地方志对外学术交流。

五、推进地方史志研究

自20世纪80年代以来，各地在编纂地方志的同时，不断挖掘、整理地方历史资料，不仅推进了全省地方历史的研究，也以此为媒介，增进了国内外学术交流。如日本神户外国语大学教授太田斋在日本看到新编《云和县志》后十分欣赏，认为其方言记载古语较多，很有研究价值。并于1997年起三次会同北京语言大学教授、《语言与教学研究》主编曹志耘赴云和调查，后以《浙江云和方言音系》为题，在《方言》杂志创刊20周年学术研讨会上发言并在该杂志发表。江山县史志办公室根据祝氏族谱为岳飞《满江红·写怀》真伪研究找到新证。《浙江省烟草志》证明明代嘉靖年间(1522—1566年)浙江已经种植烟草，将我国烟草种植史前推了数十年。崇祯《开化县志》为研究岳飞家史和吴越归宋提供线索。三门县地方志办公室发现朱熹、文天祥、刘基等佚文。建德依据志书开展民乐民舞资料整理和研究。象山县地方志办公室以在浙江图书馆发现、整理陈汉章著作的方式挖掘传承方志文化。《兰溪县志》所载有关同治《兰溪县鱼鳞图册》及其收藏情况引起了学术界的关注。宁波在天一阁专设“中国地方志珍藏馆”，通过收藏全国各类新编地方志书，为地方志工作者开展研究提供条件。鄂尔多斯学研究会发起成立包括由温州学等12个区域文化研究团体组成的“中国地方志学联席会”，温州市地方志办公室积极参与。在联席会主持推动下，温州学研究逐步深入。据《温州研究新进展》统计，2005—2008年出版的温州文化研究与普及的书籍已达120多种，涉及地方文献、历史、语言、宗教、经济等各个领域；温州还举办了有关刘基研究、王十朋研究、温州文化、南戏研究、民营经济等数十场大型的学术、文化研讨会，发表在市级以上刊物的学术论文达数百篇。

六、开展方志文化宣传

与“存史”“资政”一样，“教化”同样是地方志的一个重要功能。

早在民国时期，浙江一些仁人“志”士便注重通过举办文献展览会展示志书等方式，大力推广弘扬民族方志传统文化。如民国25年(1936年)2月，曾任北京大学、南京中央大学史学系主任的朱希祖(浙江海盐人)，深感“吾国人民既鲜重视史料，而国家亦未特设馆使专门人才从事整理，既惧史料之放纷，又悯史学之不振，用特发起史料展览会，以发皇国人之目，使咸注意于斯”。还特别说明应征集展示“凡中央及地方所有重要档案，如写本未刊史籍如起居注及一切史稿等、稀见之图籍史志”等。[1] 在此形势下，民国25年，浙江杭州、嘉兴等地相继举办了文献展览会。展览会在文献征集过程中十分注重突出“地方”特色，志乘史料（包括方志、家谱、碑拓、丛书等）自然是其重要的征集范围，且征集手续十分规范完备。如由陈训慈等发起举办的“浙江文献展览会”，不但制定了“征集展览品办法”“收发及保管规则”“管理规则”“参观须知”等条例，而且出于“周密与便利起见”，成立各地征品分会，从而保障了地方文献征集的数量和质量，征集成果十分丰硕。据统计，这个展会征集的陈列品达2万余件，除少数为公立图书馆所藏，绝大多数为私人藏品，以至展会已开幕，但应征品仍源源而来。如当年10月，朱希祖就为文献展览会送来了弘治覆宋本《嘉定赤城志》、万历本《嘉兴府志》等12种自藏稀有方志，展览结束后由沙孟海负责寄回。展览会还编制了《展览目录》《展览图录》和《展览文献之分品提要》等详尽的地方文献编目，每位参观者还发给一本《参观指南》。展览期间，主办方还在《大公报》刊载“浙江文献展览会特刊”，编辑出版了《浙江文献展览会专载》以及《浙江文献特辑》。展会共设12个展室，展期18天。尽管当时国内形势动荡不安，但观众仍如潮而来，观者达8万人之众，甚至很多观众特地从南京、北平、上海等地自行来杭参观，显示了国民对民族文化传统的执着热情。[2]

今日关注　2002年8月8日　星期四

今天，全省地方志工作会议在杭州召开，将宣布新一轮修志工程全面启动。

浙江是方志的发源地之一。从第一部方志问世以来的2000多年中，浙江编修方志的传统绵延不绝，并取得了令人瞩目的成就——

解读“方志之乡”

浙江方志之最

浙江：地方志的热土

修志：清点文化宝库

新志：凿通历史长河

新一轮修志正式启动

图110-8-2-4　2002年8月8日，《浙江日报》“今日关注”版刊发《解读“方志之乡”》专题（浙江省地方志办公室提供）

图110-8-2-5　2010年10月，《浙江历史大事记》出版（浙江省地方志办公室提供）

中华人民共和国成立后特别是20世纪70年代末改革开放以来，浙江各地日益重视方志文化的宣传弘扬。省地方志办公室组织社会力量参与，推动读志用志工作向广度和深度发展，先后编写出版了《熟读浙江七千年》《浙江省市县区辉煌二十年》《浙江60年发展纪实丛书》《浙江历史大事记》等一大批资料性文献。如2002年10月，为宣传“浙江经验”，弘扬“浙江精神”，省地方志办公室和《钱江晚报》联合编写了《感受浙江》一书，从“赛跑时代”“诚信时代”“公德时代”“文化力时代”等25个方面展示浙江成就，探究成功经验，诠释“浙江精神”。2003年7月，省地方志学会会长魏桥主编了《浙江手册》一书，全书共70万字，分综合、市县新貌、附录、为您服务等几方面内容。该书介于方志和年鉴之间，兼有志书的丰富性和年鉴的时效性，具有“求特不求全，记新不枝蔓，述史不泥古，简明不繁琐”等特点。同时设计新颖，文字简洁，出版后很受读者欢迎。省地

① 朱希祖：《史料展览会征集史料启》，转引自朱元曙、朱乐川：《朱希祖先生年谱长编》，中华书局2013年版。

② 周生杰：《敬乡有道：近代文献展览会》，载《光明日报》2011年12月12日第5版。

方志办公室还利用全省各市县地方志中所记载的姓氏、族谱资料和历史人物资料，以省委宣传部和省社科联联合主办的浙江省社科普及周为平台，先后于2003年、2004年开展以“您从哪里来？——浙江的姓氏源流与族谱”为主题和以“浙江人对中华文明的贡献”为主题的大型广场咨询活动。另外，省地方志办公室在承担编纂出版《二十五史中的浙江人》《浙江省情地图集》等书籍的同时，还整合专业力量，组织全省地方志系统开展了旧志整理和地情书的编写出版任务，各地也分别出版了《二十五史中的绍兴人》《浙江历史文化名城——定海》等一大批书籍文献，向全社会有效宣传了方志文化。

各地方志机构还纷纷通过方志成果展、科普咨询等活动，以及利用电视台、报纸等媒体，开展了形式多样、丰富多彩的方志文化宣传活动，借以引导社会各界形成读志用志的良好氛围。如2002年12月，“独一无二的中华文化奇观——中国地方志陈列”在宁波天一阁中国地方志珍藏馆开展，共分为三大部分：源远流长的中国地方志、天一阁和明代方志、中国地方志珍藏馆。展览运用古籍、志书、图片、统计表等各种手段，力求向社会展示既博大精深又生动形象的方志文化。温州市地方志办公室会同市文联、市摄影家协会等单位，连续10多年面向社会开展“菱华奖”摄影比赛，获奖照片有的被《温州日报》《温州晚报》等当地主要媒体报道选用，有的被直接用于下年度的《温州年鉴》，从而不仅有效提升了《温州年鉴》的质量，也增强了年鉴的可读性。2009年6月，杭州市地方志办公室专门举办“中国志·天堂情”——杭州市地方志系统庆祝“七一”暨新中国成立60周年文艺会演，全市各县（市、区）以及社区、武警等单位踊跃参与，既向社会展示了新时代方志人的别样风采，又向社会有效宣传了方志文化。

图110-8-2-6　2008年，省内有关媒体纪念国务院《地方志工作条例》宣传专版（浙江省地方志办公室提供）

第三节　信息化建设

地方志编纂是中华民族的传统文化形式，但千百年来，志书编纂基本运用人工手写，纸质文献则是方志文化延续传承的主要方式，因而既无现代化技术，也无信息化可言。20世纪80年代全国新时期第一轮大规模修志工作开始后，这种形式逐步发生了变化。进入21世纪后，随着全社会现代化信息技术的飞速发展，地方志系统信息化建设发展迅速，成效显著。到2010年，浙江地方志系统信息化建设主要呈现为两个方面：一是地方志成果的数字化，主要是指将志书和年鉴转换成电子格式的产品；二是地方志工作的信息化，即以各地方志系统网站建设为主体所开展的信息化建设。

一、志书年鉴数字化

浙江地方志书的数字化工作起步大体在20世纪末期，其主旨是为了解决地方志书、年鉴卷帙浩繁、难以搬运保存、不便于阅读和社会普及等问题，包括旧志数字化、中华人民共和国成立后志书年鉴的数字化。一些地区和机构还在单体数字化的基础上，将数字化的成果整合建立专门的网络数据库，提供检索查阅服务。

图110-8-3-1　1997年，浙江省推出了全国第一张地方志系列光盘（浙江省地方志办公室提供）

（一）省级修志机构的数字化工作与成果

省级修志机构主要包括省地方志办公室、省直机关和事业单位等部门。除省地方志办公室外，省直机关和事业单位中有不少成立了专业从事地方志工作的科室或协会、学会，这些部门和省地方志办公室一起，从20世纪90年代开始，就着手开展志书和年鉴的数字化工作。

省地方志办公室从20世纪90年代起陆续开展了志书和年鉴的数字化工作，取得的主要成果有：与宁波金轮计算机有限公司联合推出的《浙江省名村志》光盘（系全国第一张地方志光盘），《浙江省志丛书》（至2010年共出版65部，约8000万字），首轮市、县两级志书（共101部，约1.5亿字），雍正《浙江通志》、宋元《浙江方志集成》、民国《重修浙江通志稿》等旧志的数字化和数据库，等等。

其他省级机构的数字化成果主要有：2001—2006年《浙江财政年鉴》合集成一张全文本检索数据库电子光盘；2007年后《浙江财政年鉴》，每部都随书附赠集文字、图片、表格于一体的全文本检索数据库电子光盘。从2009年卷起，电子光盘增加视频数据。如《浙江粮食志》全部实现了数字化，等等。

（二）市县方志机构的数字化工作与成果

20世纪90年代前后，数字化技术在社会逐步推广，浙江省内各市、县（市、区）方志机构在出版地方志书和地情书籍时，开始在书后附上该书数字化的光盘，以便读者索引和使用。此后，光盘的使用逐渐普及，各地普遍将志书、年鉴制成电子光盘，还有不少市县通过扫描、点校等方式，把当地的旧志、历史文献也陆续做成电子光盘。如2007年，为多种形式宣传《衢州市志》，在市委宣传部及市财政、市广电总台等有关单位指导、支持下，衢州市启动了《衢州市志》音像片编制工作，通过专家论证和实地拍摄等环节，至当年底，已有《姑蔑之地》等问世，使方志文化通过媒体有效扩大了影响。

自2000年始，不少市县着手建立自己的网站和数据库，把此前的数字化成果上传到网站和数据库中，极大地扩展了受众面。

二、网站建设

地方志系统的网站建设，起步于21世纪初。省地方志办公室、各地地方志工作机构大多数先以网页的形式，挂靠在政府部门网站或本地新闻媒体网站，提供简单的工作宣介和通知联络。此后随着全社会信息化的发展以及工作的需要，省、市、县地方志机构逐步开始建立自己的独立网站。网站所提供的信息，也不再局限于简单的公告通知和一般的工作交流，而是开始添设方志资料数据库、地情数据库、在线工作平台等内容。至2010年，浙江省共建成省、市、县三级地方志机构网站20个。

（一）"浙江地方志"网站

2002年，省地方志办公室与浙江在线新闻网共同开设了"浙江在线·浙江通志"频道，8月8日由省委常委、常务副省长、省地方志编委会主任吕祖善开通。这是"浙江地方志"网站的前身，以网页的形式出现在浙江在线网站上。2009年2月，浙江地方志网第二次改版。2010年4月，浙江地方志网第三次改版。同年6月，省地方志办公室还专门下发《关于进一步加强"浙江地方志"网站工作的通知》，从网站"进入方式""主要栏目""运行方式和重点"以及如何"进一步做好组织、通联等工作"等方面作了详细介绍，并提出相应的工作要求。12月，省地方志办公室又下发《关于进一步做好各地信息报送工作的通知》，从报送渠道、报送制度等方面，要求各地充分发挥各级各类网站等信息平台，进一步做好地方志信息化工作。

（二）市县地方志网站

改革开放后特别是进入21世纪以来，各地运用现代化信息技术手段，先后建立地方志专业网站（或依托当地政府信息网等公共平台建立网页），它们在传播方志文化、交流工作经验、服务地方发展等方面发挥了积极作用。据不完全统计，到2010年，全省各地建有20多个地方志网站。

表110-8-3-1　　2010年浙江省市县地方志网站建设情况一览表

名　称	始建时间	建成（改版）时间	网　址
中国·宁波史志网		2008年	http://www.cnbsz.org.cn/
嘉兴市档案史志网		2003年6月	http://www.jxdasz.com/jxdaweb/platformData/infoplat/pub/jxdaweb_0/shouye_0/index.html
绍兴史志网		2008年1月	http://sz.sx.gov.cn/

续表

名　　称	始建时间	建成(改版)时间	网　　址
衢州通		2006 年	http://www.qztong.gov.cn
舟山古今网站		2002 年	http://www.zsgj.gov.cn
丽水史志网		2009 年	http://lssz.lishui.gov.cn/
桐庐史志网	2003 年 9 月	2010 年(改版)	http://www.tonglu.gov.cn/issuerootsub/xwdsb_xwdsb/xwdsb_xwdsb_shgc/index.shtml
海曙区档案史志信息网		2005 年	http://hsda.haishu.gov.cn
宁波·江东史志网		2009 年	http://www.jdfz.org.cn
江北区史志网		2005 年	http://www.jbsz.gov.cn/
镇海史志		2010 年 9 月	http://www.zhenhaisz.com
北仑地方志网		2004 年 8 月	http://dfz.bl.gov.cn/
鄞州史志网		2009 年(改版)	http://yzsz.nbyz.gov.cn
余姚史志网		2009 年	http://www.yysz.yy.gov.cn
慈溪史志网		2010 年 12 月	http://cxsz.cixi.gov.cn/
奉化史志网		2005 年 10 月	http://szb.fh.gov.cn/
象山史志网		2010 年 4 月	http://www.xsszw.com/
德清史志			http://www.deqing.gov.cn/art6/21/art_4881_167501.html
南湖区史志工作委员会网		2008 年 6 月	http://www.nanhu.gov.cn/_sites/szgzwyh/index.jsp
上虞史志网		2010 年 8 月	http://www.syszw.gov.cn/
常山县地方志信息网	2003 年		http://www.csdasz.com/

三、信息平台

信息平台是在浙江信息化建设大环境下，为解决地方志书和年鉴资料无处堆放、搬运翻检工作量浩繁和不便于社会大众接受等问题而采取的措施。2010 年后，全省方志系统普遍开始尝试志书、年鉴等书籍的在线编写、储存、管理和传播，以积极致力于提升方志现代化水平。

(一)杭州年鉴在线编纂

1997年,杭州年鉴编辑部建立了杭州市党政机关计算机通信网工作站,并于1998年1月正式投入编纂《杭州年鉴(1998)》。在此之前,杭州年鉴工作大部分采用手写稿,通过邮寄或机关收发交至年鉴编辑部,由编辑部集中稿件,请有关部门打印,一般在每年5月底6月初打印完成。自通信网工作站运行后,6月中旬即发出校样,这是杭州年鉴编纂工作开展12年来首次达到如此快的速度。同时,在线编纂解决了此前手写稿校对困难、文字错误率高的问题。这是全省范围内首家开展年鉴在线组稿、编纂工作。

(二)宁波市方志资料征集系统及网上平台①

改革开放以来,宁波市地方志系统十分重视方志信息化建设工作。在制定《宁波市地方志资料征编基本要素规范》基础上,市地方志办公室专门开发了"方志资料征集系统及网上平台",该平台以《规范》中的数据资料、图照资料和格式等要素为依据,分为文字资料、实物照片和影像资料、人物资料3个征集大类选项,各自又划分为若干个征集小类选项,还设置了资料的提供方式选项(共分捐赠、借阅、复制、出让和投稿5种),从而有效改变了过去手抄资料卡片或单一电子文本效率低、容易出错、容量较小、不易检索等不足。

随着宁波地方志全文数据库、宁波年鉴全文数据库、宁波地方志历史文献数据库等图文库和宁波市情视频资料库等相继建成,宁波方志事业信息化、现代化水平不断得以提升。如到2010年,宁波天一阁馆藏22500部古籍文献中,有4600部约28000册善本文献数据化扫描工程已完成,其中有旧志450部约3400册,几乎包括了所有的珍藏方志古籍。

① 杨明祥等:《方志文献数字化实践研究》,载《首届中国地方志学术年会——方志文献国际学术研讨会论文集》,中华书局2012年版。

第九章　地方志学术研究

浙江素有“方志之乡”的美誉，因而历代浙江学者在修志过程中，十分注重方志编纂理论的研究，如南宋王象之，元代黄溍、杨维桢，明代张时辙、胡谧、张元忭、徐渭，清代章学诚、王棻、周广业、孙诒让，民国寿鹏飞、陈训正、余绍宋等，都对方志的起源、功用、资料、特色、篇目等，做出许多有价值、有影响的研究。其中成绩最著者，是清乾隆间的章学诚。他的方志学理论全面而深刻，被誉为方志学的奠基人。后由于种种原因，方志学理论研究相对较为沉寂。直到20世纪80年代，随着社会主义时期第一代新方志编纂工作的深入开展，方志学理论研究才得到恢复和发展。相对其他省份，浙江省地方志研究工作起步较早，成果颇丰。除地方志工作机构、省市地方志学会外，浙江大学、宁波大学等高校及浙江图书馆、天一阁藏书楼等机构也有学者从事该项研究工作，宁波大学并于1998年在全国率先开办史学方志学方向本科专业。2010年，浙江通过面向全省方志系统定期开展课题研究、设立宁波大学方志学专业和中国（浙江）地方志学术研究中心、成立省地方志专家委员会、开展“全省方志系统人才梯队”建设工作、承办国际国内学术会议活动等多种方式，积极致力于推进地方志的学术研究和学科建设，有效提升了全省广大方志工作者的专业素质和学术水平。浙江省方志工作者（包括浙籍学人）共在省级以上报刊发表论文1000余篇，公开出版和内部印行的地方志理论著述百余种，其中洪焕椿的《浙江方志考》、陈桥驿的《陈桥驿方志论集》、来新夏的《方志学概论》、仓修良的《方志学通论》（暨修订本、增订本）、魏桥的《两轮修志说》等论著，均在全国方志界产生了重要影响；多项成果分别获得浙江省哲学社会科学一等奖、浙江树人出版奖等各种奖励。

第一节　理论研究①

浙江方志编纂研究的历史悠久，萌芽于宋代及以前，经元代、明代的发展，清代趋于成熟，中华民国时期方志编纂由传统向现代过渡，理论研究也引入了新的内容，并于中华人民共和国成立以后步入繁荣期。

① 本节内容参考韩章训《浙江方志理论要点》（《浙江方志》2017年第3—6期）与颜越虎《浙江的方志理论研究》（《浙江方志》2009年第6期）等有关成果。

一、宋代至中华民国时期的方志编纂理论研究

（一）研究概况

自宋始，尤其是在南宋迁都至临安（今杭州）之后，浙江就一直成为全国方志编纂最为发达和编纂理论研究最为活跃的省区之一。宋代浙江方志编纂理论研究的代表人物有赵抃、王象之、陈耆卿、马光祖等。

元代为浙江方志编纂理论研究持续发展时期。其代表人物有冯福京、黄溍、赡思、杨维桢等。元代浙江方志理论研究可与宋代相媲美。

明代既是浙江修志普及时期，也是浙江方志理论研究持续发展时期。当时理论研究视野比宋元更加广阔，论述比较全面，其中不少问题研究都有所加深，且初步形成了百家争鸣的局面。

清代，浙江有众多学者参与方志编纂理论研究，其代表人物，前期有黄宗羲、王掞等，中期有章学诚、齐召南、邵晋涵、杭世骏等，后期有王棻、孙诒让等。其中研究成果最为突出的就是章学诚，其有关文章就有 30 多篇。

民国既是浙江方志编纂从传统到现代的变革时期，也是浙江方志理论研究较为活跃的时期。在民国之前，浙江很少有存于志书之外的研究论文。至民国，因新媒体应运而生，故大量方志论文刊载于各种杂志之中。如《浙江省立图书馆月刊》《浙江省立图书馆馆刊》《浙江图书馆馆刊》《浙江省通志馆馆刊》等。其中《浙江省通志馆馆刊》刊登方志论文最多。民国浙江方志理论研究名家有余绍宋、寿鹏飞等。

（二）主要理论

宋至民国时期的方志理论与编纂思想较为集中地体现在志书所载序、跋、凡例之中，也出现在笔记、文集、书信等历史文献与各类杂志里，多为专题论述，鲜有专门论著。

作为“方志之乡”，千百年来，浙江方志学界为中国方志学事业发展做出了重要贡献，其中首推章学诚的方志学术成就（详见专记：《“‘方志学’之成立，实自实斋始也”：章学诚对方志学的贡献》）。

除章学诚外，历史上许多人也对地方志做过大量研究，并提出了许多有价值、有启发、有影响的成果，主要包括以下几个方面：

一是关于方志的起源，如元代黄溍主张方志多源，认为方志始于周代，且有图有志，到后来才有志无图，或图合于志。

二是关于方志的性质，如清代王棻也认为地方志是地方史，但是和章学诚相比，他更强调史志的区别，认为两者的区别不仅在体例上，而且还表现在内容、章法、编次和论断上。

三是关于修志的宗旨，如民国时期的寿鹏飞强调为百姓修志，认为方志立言应从平民立场出发，方志要为地方人民而作。同时，他认为方志不应成为官员粉饰政绩、文人标榜风雅的工具。

四是关于方志的功用，如宋代陆游认为编修地方志目的就是为了激发乡邦人士爱家乡的热情。元代杨维桢认为地方志具有鉴往知来、利于资政的作用。明代张时辙认为地方志有记叙人事、体察风俗、考核吏治等作用，因此，方志应当不断编修，代代延续。

五是关于方志的资料，如南宋王象之特别重视史料的考证，主张采用直接可信的史料记载，尤其强调采用记载最早的史料和当代人记当代事、本地人记本地事的史料。明代胡谧主张不仅要广泛收集文献资料，同时也必须重视实地调查，从而使志书更具可靠性、权威性。清代周广业和孙诒让则强调对资料严加考核，提倡收集资料要书面资料与实地采访并重，以此提高方志的质量。

六是关于志书编纂方法，如清代王棻把编纂方法归为5类：编次之例、改并之例、增删之例、名实之例、阙疑之例。民国时期的寿鹏飞强调方志编纂必须体现义理，用义理去分析材料，选择材料，组织材料，使之具有思想性、科学性和资料性，这样的方志就不再是一般的资料汇编，而是经过认真选择，有组织、有系统的著述；而陈训正则主张全面采用现代科学、社会科学知识的编纂方法。

七是关于人物记述，如明代张元忭指出郡志与国史不同，郡志记一乡之贤，有一德一艺皆可书。这应该是地方志记载人物的一个准则。

八是关于地方特色和时代特色，如明代张元忭、徐渭在万历《会稽县志・地书总论》中说："五方之民，皆有性也，不可以推移，其教可循，其政可齐，而俗与宜不可以易。"他们认为一地有一地的风物民情，地方志应当反映一地的特色。民国时期的余绍宋则非常注重体现志书的时代特色，在他主纂的《民国浙江通志稿》中就有"议会""司法""一般行政"三篇，是封建时代的志书所没有的，而这恰恰反映了他所处的民国时代的社会变革的特征。

以上8个方面并不是民国以前浙江方志理论研究成果的全部。有学者从观念论、编纂论、文本论、接受论4个方面，认为历史上的浙江方志研究尽管有着这样那样的历史局限，但对浙江方志史的发展同样具有重要价值和推动作用。

（三）成果选介

《方志通义》　寿鹏飞撰①

寿鹏飞，浙江绍兴人，近代著名方志学家。曾于清光绪年间纂《奉天新志》，著有《方志本义管窥》等著作。《方志通义》为其代表作，主要论述方志定义、方志义例和方志编纂三大问题，后存有民国30年（1941年）铅印本。其主要观点：一是认为"志乘，为郡邑正史"，"志者，史也。史以明治乱兴衰之故，志以补郡国利弊之书"。强调方志应"正人心，敦风尚，明正谊，重治规，究兴衰之由，陈利弊之要，补救时政之阙失，研求民生之荣枯，……足为治理之龟鉴者"。二是所谓"志义"，即"得失褒贬，深切著明"。强调"义"当重于"例"："义之不立，例于何有；所谓皮之不存，毛将焉附？"强调志书编纂宜"先定志义"，"因义生例"，以避免"人云亦云，东涂西抹，不知取舍，不务剪裁"之弊。三是在编纂原则与方法上，主张"当从平民立场，乃得

① 参见黄苇主编：《中国地方志词典》，黄山书社1986年版，第511页。

痛陈疾苦”;认为内容“不贵应有之尽有,而贵应无之尽无”,等等。其著作和编纂理念思想对后世方志编纂有重要影响。

二、中华人民共和国成立以后的方志理论研究

中华人民共和国成立以后,尤其是改革开放以来,浙江的地方志事业取得了前所未有的成就,其中方志理论研究成果颇丰。

(一)研究概况

据不完全统计,中华人民共和国成立以来,浙江地方志工作者公开出版和内部印行的地方志理论专著、论文集等达60余种①。其中,有方志学术专著:洪焕椿《浙江方志考》、来新夏《方志学概论》、仓修良《方志学通论》(暨修订本、增订本)、魏桥《两轮修志说》、韩章训《普通方志学》、骆兆平《天一阁藏明代地方志考录》、林志龙《方志探论》、祝龙光《地方史志简论》、毛东武《方志编纂学》、龚烈沸《宁波古今方志录要》、林顺道《方志资料审核论稿》等;有个人方志文集:陈桥驿《陈桥驿方志论集》、俞佐萍《俞佐萍方志论集》、周如汉《霜林集——修志漫笔》;有修志资料与论文集:浙江省地方志编纂室编《修志须知》《修志讲座》、萧山县地方志办公室编《修志实践》、潘一平主编《浙江方志论坛》(第一至第六辑)、杨金荣主编《浙江方志研究论坛首届学术研讨会论文集》、林吕建主编《浙江方志研究论坛第二届学术研讨会论文集》、慈溪市地方志编纂委员会办公室编《〈慈溪县志〉编修实录》、陈慕榕等编《〈青田县志〉评论集》、何信恩主编《修志文存——〈绍兴市志〉编纂实录》、庞国凭主编《二轮修志·浙江论坛》等。

表110-9-1-1　　　　1958—2010年浙江方志研究部分著述一览表

著作名称	编著(译)者	出版时间	出版单位
浙江地方志考录	洪焕椿	1958年8月	科学出版社
地方志和方志学	邹身城、林正秋	1981年11月	杭州师范学院
天一阁藏明代地方志考录	骆兆平	1982年12月	书目文献出版社
浙江文献丛考	洪焕椿	1983年2月	浙江人民出版社
方志学概论	来新夏(主编)	1983年8月	福建人民出版社
方志史话	林衍经	1983年9月	河南人民出版社
绍兴地方文献考录	陈桥驿	1983年11月	浙江人民出版社
浙江方志考	洪焕椿	1984年6月	浙江人民出版社

① 该数据依据中国地方志指导小组办公室刘永强提供的资料统计,包括仓修良、韩章训等在浙江工作的非浙江籍人士的著述,不包括来新夏、林衍经等浙江籍但在外省(市、自治区)工作人士的著述。

续表 1

著 作 名	编著(译)者	出版时间	出 版 单 位
章学诚和《文史通义》	仓修良	1984 年 12 月	中华书局
浙江方志概论	林正秋	1985 年 3 月	吉林省地方志编纂委员会、吉林省图书馆学会
修志须知(修志资料选辑之二)	浙江省地方志编纂室	1986 年 11 月	浙江人民出版社
新方志篇目十例(修志资料选辑之一)	浙江省地方志编纂室	1986 年 12 月	浙江人民出版社
修志讲座	浙江省地方志编纂室	1987 年 7 月	内部印行
方志功能面面观(修志资料选辑之四)	俞佐萍、王志邦	1987 年	浙江人民出版社
方志学综论	林衍经	1988 年 1 月	华东师范大学出版社
修志实践	萧山县地方志办公室	1988 年 5 月	浙江人民出版社
修志初探(修志资料选辑之三)	浙江省地方志编纂室	1988 年 6 月	浙江人民出版社
中国地方志综览(1949—1987)	来新夏(主编)	1988 年 10 月	黄山书社
新方志编纂经验谈	俞佐萍、顾志兴、沈建妹	1988 年 12 月	内部印行[浙出书临证(88)142 号]
黄岩史志论集	严振非	1988 年 12 月	内部印行
修志实践(修志资料选辑之五)	浙江省地方志编纂室	1988 年	内部印行
浙江方志源流	魏桥、王志邦等	1988 年	浙江人民出版社
修志丛谈	浙江人民出版社(编)	1989 年 4 月	浙江人民出版社
方志求是集	林衍经	1989 年 9 月	广西人民出版社
浙江方志论坛(第一辑)	潘一平(主编)	1989 年 12 月	浙江人民出版社
浙江方志论坛(第二辑)	潘一平(主编)	1990 年 5 月	浙江人民出版社
浙江方志论坛(第三辑)	潘一平(主编)	1990 年 10 月	浙江人民出版社
浙江方志论坛(第四辑)	潘一平(主编)	1991 年 3 月	浙江人民出版社
浙江方志论坛(第五辑)	潘一平(主编)	1991 年 11 月	浙江人民出版社
浙江方志论坛(第六辑)	潘一平(主编)	1992 年 4 月	浙江人民出版社
《慈溪县志》编修实录	慈溪市地方志办公室	1992 年 6 月	浙江人民出版社
浙江修志十年	魏桥(主编)	1992 年 10 月	浙江人民出版社

续表2

著作名	编著(译)者	出版时间	出版单位
河北地方志提要	来新夏(主编)	1992年12月	天津大学出版社
中日两国地方志的比较研究	慈溪市地方志编纂委员会办公室	1993年2月	内部印行
普陀县志文集	普陀县地方志办公室	1993年5月	内部印行
文史通义新编	仓修良	1993年7月	上海古籍出版社
《青田县志》评论集	陈慕榕、张钱松、郑纯超	1993年7月	浙江人民出版社
志域探步	来新夏	1993年9月	南开大学出版社
霜林集——修志漫笔	周如汉	1994年1月	上海科学技术文献出版社
浙江方志论集	潘一平(主编)	1994年4月	浙江人民出版社
方志札记	慈溪市地方志办公室(童银舫)	1994年9月	内部印行
志苑十二年	魏桥	1995年3月	浙江人民出版社
中国地方志	来新夏	1995年9月	(台北)商务印书馆股份有限公司
东阳市志编纂实录	东阳市地方志编委会	1995年9月	内部印行
方志探论	林志龙	1995年12月	三秦出版社
中日地方史志比较研究	来新夏、齐藤博(主编)	1996年1月	南开大学出版社
地方史志简论	祝龙光	1996年1月	当代中国出版社
章学诚评传	仓修良、叶建华	1996年3月	南京大学出版社
方志编纂学	毛东武	1996年3月	黄山书社
章学诚评传——独树一帜的史学评论家	仓修良、仓晓梅	1996年8月	广西教育出版社
中国地方志	林衍经	1996年11月	上海古籍出版社
修志文存——《绍兴市志》编纂实录	何信恩	1997年6月	浙江人民出版社
陈桥驿方志论集	陈桥驿	1997年8月	杭州大学出版社
俞佐萍方志论集	俞佐萍	1997年11月	浙江人民出版社
史志一叶	石夫	1999年1月	国际文化出版公司

续表3

著 作 名	编著(译)者	出版时间	出 版 单 位
浙江方志述论:方志之乡——浙江	浙江省地方志办公室	1999年8月	方志出版社
浙江方志述论:浙江人物综论	魏桥(主编)	1999年8月	方志出版社
浙江方志述论:浙江新编地方志目录(一九九九年增订本)	浙江省地方志办公室(编)周祝伟(编辑)	1999年8月	方志出版社
普通方志学	韩章训	1999年9月	方志出版社
方志编纂系论	林衍经	2001年4月	安徽大学出版社
方志学基础教程	韩章训	2001年10月	(香港)天马图书有限公司
读志摭记	象山县地方志办公室(林志龙)	2001年11月	内部印行
浙人纂修省外志考录	象山县地方志办公室(林志龙)	2001年11月	内部印行
绍兴市志述评	张显辉(主编)	2001年12月	中华书局
宁波古今方志录要	龚烈沸	2001年12月	宁波出版社
续志研究	杨金荣(主编)	2001年12月	方志出版社
史志笔墨论	陈云琴	2003年1月	三秦出版社
方志编纂学基础教程	韩章训	2003年6月	方志出版社
方志学通论(修订本)	仓修良	2003年10月	方志出版社
章学诚的生平与思想(1738—1801)	(美)倪德卫著 王顺彬、杨金荣等译	2003年10月	方志出版社
蹒跚二十年集	周乃复	2004年1月	(香港)天马图书有限公司
军事志编纂指南	裴晓光	2004年12月	军事科学出版社
地方志与旅游	林衍经	2005年2月	方志出版社
二轮修志·浙江论坛	庞国凭(主编)	2005年9月	浙江人民出版社
仓修良探方志	仓修良	2005年10月	华东师范大学出版社
文史通义新编新注	仓修良	2005年10月	浙江古籍出版社
方志接受学基础教程	韩章训	2005年11月	杭州出版社
两轮修志说	魏桥	2005年12月	方志出版社
天台志苑	庞国凭	2006年3月	浙江人民美术出版社

续表 4

著 作 名	编著(译)者	出版时间	出 版 单 位
修志文稿	傅振照	2007 年 10 月	方志出版社
浙江方志研究论坛首届学术研讨会论文集	杨金荣(主编)	2007 年 10 月	浙江人民出版社
方志资料审核论稿	林顺道	2007 年 11 月	方志出版社
方志文本学基础教程	韩章训	2008 年 1 月	研究出版社
县志主任・主编说	庞国凭主编	2008 年 3 月	方志出版社
十里长街读坎墩	来新夏主编	2008 年 9 月	杭州出版社
方志学综论	林衍经	2008 年 9 月	华东师范大学出版社
浙江方志研究论坛第二届学术研讨会论文集	林吕建主编	2008 年 12 月	浙江人民出版社
余绍宋论方志	余绍宋原著 鄢卫建主编	2009 年 3 月	黄山书社
续志编纂说略	林衍经	2009 年 12 月	安徽大学出版社
中国地方志历史文献专集・灾异志	来新夏(主编)	2010 年 2 月	学苑出版社
《建德市志》编纂论文集	建德市地方志办公室	2010 年 3 月	中国戏剧出版社
方志写作学基础教程	韩章训	2010 年 4 月	西泠印社出版社
方志语言学	毛东武	2010 年 4 月	方志出版社

资料来源:本表系据历年来各方面资料整理。

方志论文方面,包含了方志发展史、方志基础理论、新方志编纂理论与实践、方志管理、方志评论、旧志整理与研究、乡土文化、年鉴编纂等各个方面。早在 20 世纪 60 年代,衢县县志主编朱子善就曾以笔名"三衢"在《浙江学刊》1964 年第 2 期发表题为《关于编写新县志的几个问题》的文章。至 1988 年底,浙江学者在省级以上刊物发表方志类论文总共约 300 篇。此后,省、市、县三级地方志部门鼓励修志人员在修志实践基础上,积极开展方志理论研究,成果显著增加。仅在《中国地方志》发表的论文,2001 年为 10 篇,2004 年 9 篇,2005 年 8 篇,2006 年 10 篇……到 2010 年,《中国地方志》的浙江作者用稿量连续多年居全国各省(区、市)第一位,不少还被收录于《〈中国地方志〉优秀论文选编(1981—2011)》①。2007 年、2008 年、2010 年,省地方志编纂委员会办公室先后举办了 3 届"浙江方志研究论坛",共收到论文 200 余

① 方志出版社 2013 年出版。

篇，其中有57篇获奖。

方志理论研究者有的是高等院校、研究院所等教学科研单位的学者，有的是地方志工作者，也有的是来自民间的史志爱好者。这些研究者及其专著和论文，构成了蔚为大观的浙江方志理论研究的阵营，显示了浙江方志理论研究成果的水准。《天一阁藏明代方志考录》（骆兆平）、《浙江方志源流》（魏桥、王志邦等）、《章学诚评传》（仓修良、叶建华）、《章学诚和〈文史通义〉》（仓修良）、《普通方志学》（韩章训）、《〈文史通义〉新编》（仓修良）、《方志学通论》（暨修订本、增订本）（仓修良）等论著，《用改革精神修志　修志要反映改革》（魏桥）、《绍兴地方志概述》（孟文镛）等论文，先后获得"浙江省哲学社会科学优秀成果奖"。

（二）主要成果

浙江对方志理论的研究主要围绕四个方面：一是方志的基本特性，二是方志编纂学，三是方志发展史，四是改革开放与方志编纂。在众多成果中，南京大学教授洪焕椿、浙江大学教授陈桥驿和仓修良、南开大学教授来新夏、浙江省社会科学院编审魏桥、衢州市地方志办公室研究员韩章训等学者对方志理论的研究，在全国方志界产生了重要影响。学者们先后提出"明古详今"、"从实际出发，适当地越境而书"、"要合格又可不拘一格"、"贵因尤贵创"、"地方志经历了地记、图经到定型方志三个阶段"、地方志书应编纂"内容完备、使用方便的索引"、"记载动植物名称要采用二名法"、"方志是一项以编修和使用文本为核心的基础性学术文化事业"等观点，部分观点成为全国方志界的共识，并被写入相关规章条例。

《天一阁藏明代方志考录》　骆兆平编著

1982年12月，《天一阁藏明代方志考录》由书目文献出版社出版，朱士嘉作序。全书著录明代方志共435种，其中现存者271种、散出者164种。内中嘉靖年间者最多，计有130多种，约占现存明代方志的一半。为力求精确，作者对明刻本、明抄本等，均一一复核；对散出者进行调查、比较，并广征博引各种著述以为考证。作为方志文献工具书，该书具有较高参考价值。

《浙江方志考》　洪焕椿著

1984年6月，《浙江方志考》由浙江人民出版社出版，收录方志提要2000余种，比其1958年出版的《浙江方志考录》增加志书近200部。该书详尽考索了浙江通志及各府县志的纂修源流，条述各府县历代修志情况及存废经过，对一些有价值的方志作了提要，涉及后世学者的评介。对现存志书详细著录版本源流，重要刻本、影印本、抄本、稿本都一一注明庋藏地点，流传海外的孤本、秘本也一并附载说明。

《陈桥驿方志论集》　陈桥驿著

1997年1月，《陈桥驿方志论集》由杭州大学出版社出版。书中的主要观点为：一是方志是一种资料书，二是注重方志的学术性（科学性），三是强调方志的实用性（编制索引、注明出处），四是注重野外考察。

陈桥驿是我国著名历史地理学家。他称自己为方志的大用户，在方志理论研究方面的成果丰富。其中《关于"沿革"和浙江省新修志书沿革卷篇的讨论》《地方志与索引》等文影响深远。他还编写或主编《绍兴地方文献考录》《浙江灾异简志》《浙江地理简志》《杭州市地名志》等，参与了《绍兴市志》《绍兴县志》等志书的编纂。

《方志学通论》(暨修订本、增订本)　仓修良著

1990年11月，《方志学通论》由齐鲁书社出版。书中的主要观点有：一是认为方志起源于两汉地记，方志发展分为三个阶段。二是系统总结了章学诚方志学理论研究及其贡献。三是在新方志编纂方法上提出见解，认为新编地方志必须处理好继承和创新、共性和个性的关系，体现出时代特点和社会面貌；必须强调以类相从，按类撰写，突出重点，反映特色；必须注重收集资料，慎重考订，精心选择和运用史料，从实际出发拟订篇目与编写大纲；必须把握好人物记述的标准，吸取前人写传的佳法，写出人物的性格和形象。四是对首轮和二轮修志提出建议，认为应做到千锤百炼，精益求精；要重视艺文志的编修，以更好地保存地方文献，提高志书的文化品位；序言不应变成装饰品，附录不可多用滥用。

仓修良是浙江大学的资深教授和史学史、方志学、谱牒学专家。《方志学通论》之外，尚有《章学诚评传》(两种)、《仓修良探方志》、《文史通义新编新注》等方志理论研究专著，在各类期刊上发表方志论文百余篇。

《两轮修志说》　魏桥著

2005年12月，《两轮修志说》由方志出版社出版。书中的主要观点有：一是强调“详今明古”，这一观点被称为社会主义时期首轮修志理论方面的重要收获之一；①二是主张不能机械理解越境不书，应“适当地越境而书”；三是主张“贵因尤贵创”，强调“继承传统，大胆创新”，明确提出“无创新成不了佳志”。

魏桥还著有《志苑十二年》和《怕为人序及其他》等。通过实践与思考相结合，他在方志理论研究方面取得了不同寻常的成就。

《普通方志学》　韩章训著

1999年9月，《普通方志学》由方志出版社出版。书中的主要观点有：一是将方志定义为一项以编修和使用文本为核心的基础性学术文化事业。二是提出以研究方志接受主体的用志活动为内容的方志接受学，并将其与方志编纂学放在同等重要的地位上，作为专门分支学科来研究。三是在新方志学建设、方志观念、方志价值和效益、方志特性等问题上的思考。

韩章训还出版了《方志学基础教程》《方志文本学基础教程》《方志编纂学基础教程》《方志接受学基础教程》等著作，不少研究颇具开创性。

---

① 诸葛计：《中国方志五十年史事录》，方志出版社2002年版，第315页。

表 110-9-1-2　　浙江省地方志系统获省哲学社会科学优秀成果奖情况一览表
（1982—2010 年）

等级	作者、成果名称	出版（发表）单位、时间	获奖届次
一等奖	周金奎主编:《建德县志》	浙江人民出版社　1986 年	第三届（1985—1986 年度）
	浙江省哲学社会科学志编辑部:《浙江省哲学社会科学志》	浙江人民出版社　1999 年	第十届（1999—2000 年度）
	浙江省地方志办公室:《宋元浙江方志集成》	杭州出版社　2009 年	第十六届（2009—2010 年度）
二等奖	骆兆平:《天一阁藏明代方志考录》	书目文献出版社　1982 年	第一届（1978—1982 年度）
	吕以春:《浙江省建置沿革表》	浙江人民出版社　1984 年	第二届（1983—1984 年度）
	魏桥、王志邦等:《浙江方志源流》	浙江人民出版社　1988 年	第四届（1987—1988 年度）
	仓修良、叶建华:《章学诚评传》	南京大学出版社　1996 年	第八届（1995—1996 年度）
	邱国珍:《中国民俗通志:医药志》	山东教育出版社　2005 年	第十四届（2005—2006 年度）
三等奖	魏桥等:《浙江人物简志》（下册）	浙江人民出版社　1984 年	第二届（1983—1984 年度）
	仓修良:《章学诚和〈文史通义〉》	中华书局　1984 年	
	孟文镛:《绍兴地方志概述》	《绍兴师专学报》1984 年第 2 期	
	魏桥:《用改革精神修志 修志要反映改革》	《天津史志》　1986 年第 4 期	第三届（1985—1986 年度）
	三门县地名委员会:《三门县地名志》	浙江人民出版社　1986 年	
	武义县地方志办公室朱和沈等:《武义县志》	浙江人民出版社　1990 年	第五届（1989—1990 年度）
	常山县地方志办公室周鸿富等:《常山县志》	浙江人民出版社　1990 年	
	临安县志编纂委员会:《临安县志》	汉语大词典出版社　1992 年	第六届（1991—1992 年度）
	金华县志编纂委员会:《金华县志》	浙江人民出版社　1992 年	

续表

等级	作者、成果名称	出版(发表)单位、时间	获奖届次
三等奖	(清)章学诚著,仓修良编:《文史通义新编》	上海古籍出版社　1993 年	第七届(1993—1994 年度)
	东阳市地方志编委会王庸华等:《东阳市志》	汉语大词典出版社　1993 年	
	浙江省地方志办公室王志邦等:《浦联村志》	中国书籍出版社　1996 年	第八届(1995—1996 年度)
	温岭市地方志办公室蔡宝定等整理:《太平县古志三种》	中华书局　1997 年	第九届(1997—1998 年度)
	衢州市地方志办公室韩章训:《普通方志学》	方志出版社　1999 年	第十届(1999—2000 年度)
	瑞安市地方志编委会:《瑞安市志》	中华书局　2003 年	第十三届(2003—2004 年度)
	浙江省人民政府地方志办公室、浙江省第一测绘院:《浙江省情地图集》	湖南地图出版社　2010 年 中国地图出版社　1999 年	第十六届(2009—2010 年度)
荣誉奖	杭州大学仓修良:《方志学通论》	齐鲁书社　1990 年	第五届(1989—1990 年度)
优秀奖	衢州市志编纂委员会:《衢州市志》	浙江人民出版社　1994 年	第七届(1993—1994 年度)
	普陀山志编纂委员会:《普陀山志》	上海书店出版社 1995 年	第八届(1995—1996 年度)

资料来源:根据省政府历年哲学社会科学奖颁奖文件整理。

专记

“‘方志学’之成立,实自实斋始也”——章学诚对方志学的贡献

浙江的方志理论研究首推清代章学诚。章学诚(1738—1801),浙江会稽道墟(今属上虞市)人,字实斋,乾隆四十三年(1778 年)进士,一生著述丰富,有《章氏遗书》传世,为清代杰出的史学家和思想家,方志学奠基人。他一生坎坷,但矢“志”不渝,先后主纂和参与了 12 部志书编纂,并对方志学研究事业做出了重要贡献。20 世纪 20 年代,梁启超在《中国近三百年学术史》中,多次称赞章学诚为中国地方志事业特别是为方志学研究所做的贡献,例如:“‘方志

学’之成立，实自实斋始也。”“能认识方志之真价值、说明其真意义者，则莫如章实斋”。[①] 学界类似的评价还有：“真能了解到方志的源流、意义、特点和学术价值，以及编写方法，而成论说，且能完成多种方志，堪称为方志大师者，实以章学诚为第一人。”[②]等等。

由于“清代前，方志的编纂已连绵持续了10多个世纪，却未形成系统的理论，甚至很少有人对此予以深入的探讨”，因而“客观上要求建立起系统的方志理论，以便解决方志编纂实践中遇到的种种问题。章学诚的方志学说正是在这种情况下诞生的”。其“研究涉及方志起源、方志的发展演变、方志的性质、方志的作用、方志的体裁、不同种类志书间的差异及志书编纂的方法等各方面，构成了完整的方志理论体系，形成一门学科，使方志学始见于世”。[③] 在章学诚一生所主纂和参与编纂的12部志书中，《和州志》《亳州志》《永清县志》和《湖北通志》由其主纂，正如梁启超所言：“其创作天才，悉表现于和州、亳州、永清三志及《湖北通志》稿中。”

作为方志学的奠基人，章学诚的方志学术思想集中体现在《文史通义》等著作及《方志立三书议》《方志辨体》《记与戴东原论修志》《修志十议》等文章中，主要体现在以下几个方面[④]：一是阐明了方志的性质和作用。章学诚从史学理论和方志实际情况出发，提出了“志属信史”的主张，方志的首要任务就是要发挥“经世”的作用，即垂鉴、惩劝和教育的作用，能够为树立良好的社会风气做出贡献；其次，方志还负有为朝廷编修国史提供资料的任务。二是创立了一套完整的修志义例，提出了方志分立三书的主张。“三书”指志、掌故、文征。三书之中，志是主体，掌故、文征是两翼；掌故如同会要、会典，是将当地有关的章程条例和重要文件按类选编成专书，与志相辅而成，使志能简明扼要，又使重要资料得以保存；文征类似于文鉴、文类，是挑选足以反映本地生活民情的诗文等，汇编成书，后两者的目的在于证史，以及保存可靠而丰富的资料。这是章学诚所创立的方志学的精义所在，它的提出，标志着章学诚方志理论的成熟、修志体例的完备和方志学的建立。三是确立了志的体裁和内容。章学诚一再强调志乃史体，体裁当归史法，主要有纪、传、考、图、表等。可以看到，章学诚论述的方志实际上是一部图文并茂、纲举目张、言简义明的地方史。就方志的内容而言，章学诚认为主要应记载当地的山川、物产、风俗、人文等，并对内容的详略提出了要求。四是辨清了各类方志记载范围和界限。章学诚认为，不同的方志有不同的内容范围和义例要求，撰写一省通志绝不可将所属府州县志加以拼凑抄录，也不可将通志分析而成所属府州县志。这对于澄清方志编修中越俎代庖的混乱现象具有重要的作用。五是提出州县应设立志科。为解决修志过程中所遇到的材料来源的困难，章学诚建议清政府在各州县建立志科（地方志专职机构），专门掌管搜集乡邦文献，为编好各类方志创造条件。

章学诚的方志学理论从方志的性质到内容的范围，从义例创立到资料来源乃至省志与府州县志的分合详略等问题，十分全面。章学诚对方志研究最深刻、最系统，成果也最为丰硕，

---

① 梁启超：《清代学者整理旧学之总成绩——方志学》，商务印书馆1999年版，第142—143页。

② 傅振伦：《章学诚的方志学》，《河北地方志通讯》1985年第1期。

③ 魏桥、王志邦等：《浙江方志源流》，浙江人民出版社1988年版，第187页。

④ 参见仓修良《方志学通论》（修订本）第十章《章学诚和方志学》第二节《章学诚的方志理论》，华东师范大学出版社2014年版，第393—417页。

故被学界誉为传统方志理论的集大成者。

第二节　学术团体

浙江的方志学术团体与全省方志编纂实践和理论研究关系密切，因而主要兴盛于20世纪80年代全省启动第一轮大规模修志工作后。

一、省级学会

浙江省地方志学会成立于1985年10月，是由全省有志于地方志事业发展的团体和个人自愿组成的、非营利性的地方学术社团。学会受省地方志编纂委员会、省社会科学界联合会、省民政厅等有关部门的指导和管理。自成立以来，20多年间，学会强化民主办会、学术立会、活动兴会、服务强会的意识，面向全省方志工作，动员和组织会员投身于地方志事业，致力修志实践，研讨方志理论，组织学术交流，普及方志知识，培训修志队伍，开展读志用志，为全省地方志事业的繁荣发展和文化大省建设发挥了重要作用。

图110-9-2-1　1985年10月，浙江省地方志学会成立大会在杭州举行（浙江省地方志办公室提供）

2009年3月，浙江省地方志办公室在嘉兴召开全省地方志系统专家座谈会，会上正式成立省地方志专家委员会，推选魏桥任主任，陈野、陈桥驿任副主任。会议还讨论通过了《浙江省地方志专家委员会章程》。专家委员会成立后，以定点指导、全程服务的方式开展指导工作，对全省地方志事业起到了积极的推动作用。

省地方志学会成立大会　“六五”期间，浙江全省已有30个县市建立了地方志编纂机构，修志队伍有2000多人。为促进修志工作的进一步开展，1985年10月，省地方志学会成立大会暨首次学术讨论会在杭州举行。省委第一书记王芳在给大会的致辞中指出：“编纂社会主义时期的新方志，是一项重要的精神文明建设。各级地方志编纂部门，应该以社会效益为一切活动的唯一准则，要多出好的精神产品，促进两个文明建设的发展。”他还具体提出了“七五”期间的修志任务：“浙江的修志工作发展还不平衡，各级领导要重视抓紧这项工作，切实解决修志工作中存在的问题，争取在‘七五’计划内，大多数的市、县能够把市志、县志修好，再把新的《浙江省志》修出来。”铁瑛、王家扬等省领导出席会议并讲话。会议选举铁瑛、王家扬为名誉会长，聘请王承绪、陈桥驿、陈训慈为顾问；选举魏桥为会长，俞佐萍为副会长兼秘书长。大会收到学术论文40余篇，并在会上做了交流。

省地方志学会第二次代表大会　1996年10月15—16日，省地方志学会第二次代表大会暨地方志研讨会在杭州召开。到会理事和代表共92人。学会第二届理事会会议通过《浙江省地方志学会章程》，明确省地方志学会是浙江全省性的从事地方志工作者的学术团体，其领导机关为浙江省地方志编纂委员会和浙江省社会科学界联合会。学会的基本任务是：团结和组织广大地方志工作者、会员，开展地方志编纂实践；传播方志知识，进行新方志理论研究，加强学术交流；推动旧志整理、研究工作；培养方志编写、研究人才；编辑出版地方志书刊。会议选举铁瑛、王家扬为名誉会长，聘请马守良、乐子型、陈桥驿为顾问，选举魏桥为会长。

省地方志学会第三次代表大会　2010年1月4日，省地方志学会第三次代表大会在杭州召开。副省长郑继伟发来贺信，对省地方志学会在地方志编纂、浙江区域文化研究、地情研究与志书开发利用等方面取得的显著成就表示肯定。中国地方志指导小组秘书长兼办公室主任、中国地方志协会常务副会长田嘉，省政府副秘书长马林云，省社科院党委书记林吕建，省社科联副主席邵清，省地方志办公室主任潘捷军，省委党史研究室副主任金延锋，中国地方志指导小组办公室理论研究室主任邱新立等出席大会。

图110-9-2-2　2010年1月，浙江省地方志学会第三次会员代表大会（浙江省地方志办公室提供）

大会由学会第二届理事会副会长杨金荣主持，第二届理事会会长魏桥作工作报告。大会审议并一致通过第二届理事会的工作报告和财务报告，选举产生潘捷军等89人为新一届理事，组成第三届理事会。会议选举潘捷军等37人为常务理事，组成常务理事会。第三届常务理事会第一次会议选举潘捷军为第三届理事会会长，选举陈野、朱忠明、王茂法、竺园、王祖强、李陆湘、贾大清、杨明祥、仓修良9人为第三届理事会副会长，选举周祝伟为第三届理事会秘书长，聘任舒国增、马林云、胡坚、林吕建、陈桥驿、魏桥、杨金荣为学会顾问，聘任4人为第三届理事会副秘书长。为进一步推进学会工作，会议还决定，学会成立三个内设机构：秘书处、理论研究部、事业发展部。大会审议并通过了《浙江省地方志学会第三届理事会关于个人会员、集体会员会费缴纳的建议》。新当选的学会会长潘捷军做题为《承前启后 继往开来努力开创学会工作新局面》的讲话，表示将充分发挥浙江方志学术研究的传统优势，进一步做好学会工作；以创新思路推动学会工作的科学发展；坚持学术立会，强化理论研究，推进学科建设，做好各项工作。

二、市级学会

20世纪90年代以来，全省先后成立4个市、县级地方志学会（研究会）。通过召开年会、举办学术研讨、参加科普活动、编辑史志刊物、开展课题研究、进行史志宣教等多种形式，在推介方志工作、推动史志研究、宣传方志成果等方面发挥了平台作用。

(一)杭州市地方志学会

2005年7月6日,杭州市地方志学会举行成立大会。杭州市委副书记叶明,市委常委、常务副市长盛继芳,市政府秘书长娄延安,省地方志办公室主任杨金荣、副主任王志邦,省地方志学会会长魏桥等出席会议。大会通过学会章程,常务理事、理事等成员名单,选举徐小富为会长,贾大清为常务副会长兼秘书长。学会聘请中国地方志指导小组秘书长秦其明、省地方志学会会长魏桥为顾问。2006年5月30日,杭州市地方志学会召开常务理事会议。

杭州市地方志学会积极参加“浙江省暨杭州市哲学社会科学普及周”活动,采用发放宣传材料、组织咨询活动、举办地方志科普讲座等方式,向市民宣传方志工作和地方史志知识。

2008年9月,由中共中央宣传部主持召开的全国大中型社科联第十九次联合会议决定,对325个全国先进学会(协会、研究会)进行表彰,杭州市地方志学会名列其中。2009年12月,杭州市地方志学会被评为市社科系统先进集体,贾大清作为先进个人受到表彰。

(二)绍兴市地方志学会

绍兴市地方志学会于2005年9月30日举行成立大会。省地方志办公室主任杨金荣、绍兴市副市长徐焕明到会并讲话。大会通过《绍兴市地方志学会章程》(草案),选举产生第一届理事21人。会议期间,召开学会一届一次理事会,选举绍兴市地方志办公室主任鲁孟河为会长,同时选举产生副会长及秘书长,并决定聘任徐明光、陈惟于、陈桥驿、车越乔、任桂全、何信恩为学会顾问。

(三)金华市地方志研究会

1992年6月1日,金华市地方志研究会举行成立大会。金华市辖各县、市(区)和市直各条战线的修志工作者代表68人出席会议。金华市地方志编委会副主任、市地方志研究会筹备小组成员张春钢,副市长、市地方志编委会副主任章关键,市地方志编委会副主任兼市地方志办公室主任、市地方志研究会筹备小组成员陈兴构,省地方志学会会长、省地方志办公室主任魏桥,以及金华市社会科学学会联合会、市民政局的领导同志出席会议。

会议讨论并原则通过《金华市地方志研究会章程》,选举产生了第一届理事会。理事会由27名理事组成。第一届理事会选举章关键为会长。研究会聘请金华市委书记、市地方志编委会主任郭懋阳为名誉会长,魏桥、黄乃仓、陈泽安、潘一平、俞佐萍、张昌贤、王煊城、陈冬辉、吴世春为顾问。还聘请了23名特邀理事。

此后,金华市地方志研究会每年召开一次年会,举办学术研讨活动。

(四)舟山市地方志研究会

1994年11月,舟山市地方志学会成立。历任会长分别为:一届一次王世和,1999年1月二届一次王世和,2003年12月三界一次冯淑仙,2010年四届一次陈松菊。

2007年9月、2008年9月,舟山市地方志研究会参加由市委宣传部、市社科联主办的舟山市社会科学普及周活动。利用图片展板等上街宣传《地方志工作条例》、地方志知识，并发放有关资料。2008 年 12 月，与市新四军历史研究会联合召开纪念中共十一届三中全会召开 30 周年座谈会。

三、县级学会

浙江不仅有悠久的方志编纂史，还有重视方志研究的传统，在省、市两级有方志学会之外，还有不少县级地方志学会。

2007 年 12 月 4 日，海宁市史志学会经市史志办公室、市图书馆、市博物馆联合筹备成立，并召开第一次会员大会，选举产生第一届理事会，有个人会员 81 名，分设年鉴、方志、党史、综合 4 个组。史志学会组织会员开展地方志及地方文史地情资料研究及举办“潮韵讲坛”（后改为海宁史志学堂）等系列学术活动，构建史志宣教平台。史志学会会员参与《宁志备考》和《海宁县志》点校《永福村史》编写等多个课题的研究。

第三节　学术活动

社会主义时期首轮大规模修志工作开展以来，随着工作的逐步深入，修志实践对学术指导的要求越来越强烈；启动二轮修志以来，地方志工作拓展为全方位的地方志事业，产生许多新的问题，也急需通过理论研究加以解决。以学术研究为传统的浙江省，顺应时势，采取各种方式积极开展各类学术研讨活动，以提升全省方志系统的学术水平和科研素质，更好地指导地方志工作，发展地方志事业。

一、浙江方志研究论坛

浙江方志研究论坛自 2007 年至 2010 年先后举办 3 届，是浙江省修志工作者一个重要的学术平台。论坛聚集了全省方志工作者，产生了一批质量较高的学术成果，会后均出版论文集。

（一）浙江方志研究论坛首届学术研讨会

2007 年 9 月 18 日在杭州举行。会议收到 75 篇论文，经专家组评审，有 18 篇论文分别获得一、二、三等奖。来自全省各地的主要获奖论文作者及修志工作者 70 余人参加会议。浙江省地方志学会会长魏桥到会并发言。省地方志办公室主任杨金荣在会上表示，这次会议为今后深入开展方志理论研讨开了好头。浙江方志界要充分利用“浙江方志研究论坛”这个学术平台，从理论和实践的结合上，全面深

图 110-9-3-1　2007 年 9 月，浙江方志研究论坛首届学术研讨会在杭州举行（浙江省地方志办公室提供）

入地总结首轮修志以来的经验与不足，积极探讨二轮修志面临的新情况、新问题，多出有新意、高质量、具有浙江特色的修志经验和研究成果，努力打造浙江的学术品牌，扩大浙江方志在全国的影响，为方志学科的建设和浙江省委“创业富民、创新强省”的战略决策做出应有贡献。

2007 年 10 月，《浙江方志研究论坛首届学术研讨会论文集》由浙江人民出版社出版。全书分首轮修志经验得失探讨与研究，二轮修志的理论与实践研究，传统方志研究，年鉴编纂的理论与实践研究，浙江地域社会、历史、文化研究 5 个专题，收入论文 60 篇，计 42 万字。主编杨金荣，副主编陈野。魏桥作序。

（二）浙江方志研究论坛第二届学术研讨会

图 110-9-3-2　2008 年 10 月，浙江方志研究论坛第二届学术研讨会在杭州举行（浙江省地方志办公室提供）

2008 年 10 月 17 日在杭州举行。会议收到论文 61 篇，浙江大学、浙江省社会科学院、中共浙江省委党史研究室和浙江省地方志办公室有关专家、学者组成评审组，共评出 21 篇论文，分获一、二、三等奖。浙江省地方志办公室主任潘捷军在会上做题为《结合修志实践　深入开展方志理论研究》的讲话，明确论坛的宗旨为：“通过强化方志理论研究，提高修志队伍素质，促进二轮修志实践，在全国方志界树立浙江方志研究的学术品牌。”

2008 年 12 月，《浙江方志研究论坛第二届学术研讨会论文集》由浙江人民出版社出版。分方志理论与实践、地域文化研究、年鉴编纂探讨 3 个专题，收入论文 49 篇，计 37 万字。主编林吕建，副主编陈野。

（三）第三届浙江方志研究论坛暨省地方志学会 2010 年学术年会

图 110-9-3-3　2010 年 11 月，第三届浙江方志研究论坛暨省地方志学会 2010 年学术年会在杭州举行（浙江省地方志办公室提供）

2010 年 11 月 24 日在杭州举行。主题是“传承与发展——21 世纪的浙江地方志事业”。省社会科学院党委书记、学会顾问林吕建，省地方志办公室主任、学会会长潘捷军，省委党史研究室副主任、学会副会长王祖强，学会顾问魏桥、杨金荣，中国地方志指导小组办公室期刊指导处处长、《中国地方志》主编于伟平，省地方志办公室副主任、学会副会长陈野等领导和专家出席会议。全省 11 个市地方志办公室主任、副主任或相关代表，来自相关省级机关、全省方志系统的学会常务理事、理事，论坛获奖论文作者等80余人参加会议。经评选，从58篇论坛投稿与52篇刊发于《浙江方志》2008年第4期至2010年第5期、符合征文要求的论文中，共评出18篇论文，分获一二、三等奖。58篇论文收录于潘捷军主编的《传承与发展：21世纪的浙江地方志事业——浙江方志研究论坛暨浙江省地方志学会2010年学术年会论文集》①中，内容包括地方志事业发展研究、历代名志名家研究、新时期方志理论与实践研究、新时期修志成果的转化利用、浙江地域历史文化研究等。

二、在浙举办的全国性(国际性)学术会议

20世纪90年代起，浙江省、市、县地方志办公室主办、承办、协办，浙江方志界人士参与了多个在浙举办的全国性(国际性)学术会议，主要有：

1990年8月，国际百越文化学术讨论会在杭州举行，海内外有关领域的专家、学者100余人与会。魏桥在会上宣读论文《越文化研究与新地方志编纂》。

1991年10月，全国地方科技史志研究会1991年年会暨第七次学术研讨会在杭州举行。中国地方志协会常务理事魏桥到会并讲话。

1995年3月27—31日，由杭州大学日本文化研究所主办，日本关西大学、神奈川大学协办的"'江南与日本'国际学术讨论会"在杭州举行。陈桥驿在会上宣读论文《中日两国地方志比较研究——中国慈溪市与日本广岛市的地方志修纂》。浙江省地方志工作者傅振照、周如汉、周乃复、顾志兴等受邀参会并宣读论文。

2001年5月11—12日，中国地方志指导小组办公室和浙江省地方志办公室联合在杭州召开全国续修志书评论研讨会。应邀参加会议的有黑龙江、吉林等18个省(自治区、直辖市)及新疆生产建设兵团修志机构的负责人，已编出续志的个别市、县地方志办公室代表，浙江大学教授陈桥驿、仓修良，浙江省部分市、县的修志者，共40余人。中国地方志指导小组副秘书长高德、单天伦、李祖德，以及中国地方志协会副会长魏桥，浙江省地方志办公室主任杨金荣、副主任王志邦出席并主持会议。会议是在首轮修志任务基本完成，各地积极开展新方志续修工作的情况下召开的。会议的中心议题是对几部已出版的市县续志进行评论，就续志工作的开展进行切磋交流，研讨续志中方志界共同关心的问题。

2003年10月，由中国历史文献研究会和绍兴市人民政府共同举办，中共绍兴市委宣传部、绍兴市社会科学联合会、绍兴市地方志办公室承办的章学诚国际学术讨论会在绍兴举行。绍兴市市长王永昌，绍兴市人大常委会副主任阮顺泉，中国历史文献研究会会长周国林、副会长仓修良及来自全国高校和日本、韩国等国的100余名专家学者出席会议。会议论文集《章学诚国际学术研讨会论文集》于2004年由北京图书馆出版社出版。此前，2001年11月，绍兴还召开了纪念章学诚逝世200周年座谈会。社会各界研究历史学、方志学的学者近30人参加座谈会。浙江大学教授、章学诚研究专家仓修良应邀到会发言。

2003年11月28日至12月1日，全国地方志期刊工作座谈会在天台县召开。此次会议是为了使地方志刊物更好地指导续志工作而召开的。会议由《中国地方志》编辑部和浙江省

---

① 浙江人民出版社2011年出版。

地方志办公室主办，天台县地方志办公室承办。全国地方志刊物主编及编辑共30余人参加会议。会议由省地方志办公室主任杨金荣、《中国地方志》副主编于伟平主持，中国地方志指导小组秘书长兼办公室主任秦其明、副秘书长兼办公室副主任田嘉等出席会议并讲话。与会代表就新阶段方志期刊如何定位、如何处理好方志期刊为第二轮修志服务与面向其他有关读者的关系、方志期刊的类型及其优越性与局限性、方志期刊如何为读志用志服务、打造方志期刊精品、努力办好广告经营、抓住报刊治理机遇乘势发展等问题展开讨论。

2008年4月，由中国社会科学院主办、中国地方志指导小组办公室承办的中国社科院第八届史学理论研讨会在杭州、温州等地举行。此次会议由浙江省地方志办公室等单位协办。

2008年12月8—13日，中国地方志协会城市区志专业委员会第二届理事会暨2008年学术年会(《海曙区志》评议会)在宁波举行。

2009年4月21—25日，由中国地方志指导小组办公室主办、杭州市地方志办公室协办的全国地方志书篇目要素研讨会在杭州召开。中国地方志指导小组秘书长兼办公室主任田嘉、中国地方志指导小组办公室方志理论研究室主任邱新立，全国方志专家魏桥、霍宪章、梅森、王广才、齐家璐、陈泽泓、欧阳发，以及12个省(市)的方志工作者共计30余人参加会议。会议对地方志书内容记述要素进行深入研讨。会议期间，浙江省人民政府副秘书长李学忠、浙江省社科院党委书记林吕建、中共杭州市委副书记叶明、杭州市人民政府副市长陈小平等领导先后会见全体与会代表。

图110-9-3-4　2009年4月，全国地方志书篇目要素研讨会在浙江杭州召开(杭州市地方志办公室提供)

2009年11月，浙江省地方志办公室承办的2009“相约西湖”文化活动之“中美文化对话论坛”在杭州举行。浙江省社会科学院院长迟全华等出席会议。浙江省地方志办公室副主任陈野作主题发言。

2010年4月，全国各省(区、市)地方志学(协)会秘书长会议暨年鉴学会秘书长会议在嘉兴召开，会议期间同时召开全国方志学学科建设规划论证会。中国地方志指导小组副秘书长兼办公室副主任李富强、中国地方志指导小组办公室副主任邱新立及来自全国各省(区、市)的学会代表、有关专家学者分别参加了这两个会议。

三、其他形式的省级学术活动

在定期举行的大规模学术论坛之外，浙江省还举办了不少地方志专题研讨会，一些相关会议也兼及学术研讨，学术活动层次丰富，内容多样。其中省级专题研讨会主要有：

1995年3月，由省地方志学会、永康县地方志办公室和永康县河头村联合召开《河头村志》首发式暨中国乡村社会文化研讨会。陕西省原副省长、杭州大学教授孙达人等30多位领导、专家与会。

1996年10月17—18日，省志理论研讨会在杭州举行。参加会议的有省志各专业志主编，旨在通过理论探讨，进一步提高志书的实用价值和学术品位。杭州大学教授陈桥驿做了学术报告。之前，曾于1992年、1993年、1994年三次召开省志专业志会议。

1999年1月19—20日，全省地方志工作会议暨省地方志学会学术年会在杭州举行。省长柴松岳在书面讲话中指出，要从社会主义现代化建设全局的高度，充分认识地方志工作是建设有中国特色社会主义文化的重要组成部分和事关全局、必不可少的重要事业。参加会议的有省、市、县地方志办公室负责人，省地方志学会常务理事、副秘书长及《浙江省志丛书》各卷主编150余人。会议主题是：总结地方志工作经验，探讨面临的新情况、新问题，进一步推进全省地方志工作。

图110-9-3-5　2000年5月，"建设文化大省"与21世纪浙江地方志事业学术研讨会在杭州举行（浙江省地方志办公室提供）

2000年5月30—31日，"建设文化大省"与21世纪浙江地方志事业学术研讨会在杭州举行。会议由浙江省地方志办公室、省地方志学会联合举办。省、市、县地方志工作者，省地方志学会顾问和会长、副会长等100余人参加会议。研讨会主题是：地方志工作在建设文化大省中的地位和作用；总结第一轮修志工作经验，研讨续修志书问题，为续志作好理论准备。

2004年9月，浙江省第四次县（市）第二轮修志编纂工作研讨会在嵊泗县举行。全省20个市、县（市、区）地方志办公室负责人和有关专家近40人参加了研讨会。与会专家和代表对第二轮修志中的疑难问题进行研讨。12月，浙江省第五次县（市）第二轮修志编纂工作研讨会在金华市举行。

2009年9月，由省地方志办公室编纂的《浙江60年发展历程纪实》（含《蓬勃发展的进程纪实——浙江60年大事记》《沧桑巨变的区域纪实》《成就辉煌的事业纪实》）丛书在省人民大会堂举行首发式。省委书记赵洪祝发来贺信，省长吕祖善为丛书作序，省委常委、宣传部部长黄坤明出席首发式并讲话。

2010年1月14日，省地方志学会第三次代表大会在杭州召开。（详见本章第二节《学术团体》）省地方志专家委员会主任魏桥出席会议并发言，浙江大学教授仓修良、中国地方志指导小组理论研究室主任邱新立做学术报告。

2010年11月24日，《浙江方志》创刊25周年座谈会在杭州举行。（详见本章第四节《方志刊物》）

第四节 方志刊物

地方史志期刊是地方志工作的重要交流平台和宣传阵地。浙江历史上就有注重编纂刊物的传统。特别自新编地方志工作大规模开展以来,《浙江方志》和全省各市、县(市、区)史志期刊始终承担着指导修志业务的任务,同时发挥着修志经验交流平台的作用。2003 年 11 月,天台县还承办了全国地方志期刊工作座谈会。这些举措都有效促进了方志理论研究的繁荣,推动了方志学学科的发展,加强了方志文化的传播,扩大了方志事业的影响,为浙江省两轮修志顺利开展与地方史志事业的全面发展做出了重要贡献。

一、《浙江省通志馆馆刊》

民国 32 年(1943 年)秋,浙江省通志馆成立,并设馆于云和县大坪村白龙山庄。余绍宋任馆长,孙延钊任总纂。为了征集史料、修订体例、集思广益,民国 34 年 2 月,余绍宋与志馆同人创办《浙江省通志馆馆刊》,旨在“探访之甄录,幽潜之阐发,掌故之整理,文化之宣扬,学术之绍述,风雅之扬扢,遗文之收集,新旧之沟通”。① 设有论著、丛载、序记、遗著、艺苑、通讯、章则、馆务、公牍、杂录等栏目。第一期刊有余绍宋《略评旧浙江通志兼述重修意见》《浙江省通志编纂大纲草案》,洪焕椿《浙江通志纂修源流述略》《浙江方志综录》,竺可桢《论通志星野存废问题》,章乃羹《略论修志意见》,李一飞《对通志编纂大纲之意见》,宋慈抱《省志问题献疑》,以及俞寰澄、孙延钊、庄一拂、项士元、黄绍竑、张陈烈、褚辅成、钱南扬、陈琦等人的文章。通讯专栏刊载该馆与各界商榷讨论有关修志问题之往还书札,为通志馆与社会各界人士搭建互动平台。《浙江省通志馆馆刊》共出 5 期,通过征集有关文献,研究修志情况,对《浙江通志》的修撰起了重要作用。同时,以馆刊为平台的学术探讨推动了民国方志理论的发展,促进了近代方志的转型。

二、《浙江方志》

《浙江方志》是浙江省地方志办公室指导修志工作、开展理论研究、弘扬地方文化的重要载体和工作平台,是一本专业型内部刊物,由浙江省地方志编纂委员会与浙江省地方志学会共同主办。自 1985 年第一期《浙江方志信息》问世至 2010 年底的 26 年中,共出刊 158 期,记录和反映了浙江省方志事业的发展历程。

1984 年省地方志编纂室成立后,全省地方志工作有计划地展开,创办地方志刊物的条件渐趋成熟。浙江省社会科学研究所的《理论研究动态》与《经济研究信息》分别于 1983 年 6 月 30 日和 1985 年 2 月 9 日刊登方志专辑。1985 年,为了贯彻中央有关部门和中国地方志指导

① 余绍宋:《浙江省通志馆馆刊发刊词》,《浙江省通志馆馆刊》创刊号,民国 34 年(1945 年)2 月 15 日。见《浙江省通志馆馆刊》合订本,浙江省通志馆编,杭州古籍书店 1986 年刊印。

小组对地方志工作的指示，反映各地修志工作的活动和信息，交流工作经验，省地方志编纂室决定编印《浙江方志信息》，为不定期的内部刊物，供各地修志参阅。9月16日，刊出第一期，登载国务院办公厅〔1985〕33号文件《关于转发中国社会科学院“关于加强全国地方志编纂工作领导报告”的通知》和《新编地方志工作暂行规定》《中国地方志全国规划会议纪要》等文件。10月16日，第二期刊物为《浙江省地方志学会成立大会》专辑。从这一期起，刊物由省地方志编纂室、省地方志学会合办，原则上每月一期，每期页码40页～70页不等，无专人负责。1986年秋始有专人编辑，当年出刊12期。总出刊15期后，1987年1月，经省新闻出版局批准，《浙江方志信息》改名为《浙江方志》，定为双月刊。著名书法家郭仲选，曾任省长、省人大常委会主任的李丰平先后为《浙江方志》题写刊名。从创刊至1992年，顾问魏桥，主编俞佐萍。主要栏目有本刊评论员文章、方志论坛、文件汇编、市县领导谈修志、论文选登、志稿选登、文献辑录、史料汇存、在浙江历史上、浙江人物、志书研究、动态、书讯、简讯等。《浙江方志》的初创期，一方面向处于探索阶段的修志人员传播修志基础知识；另一方面架起了地方志与党委、政府和社会各界的桥梁，承担起对外联络、宣传与推介的责任。

20世纪90年代之后，刊物风格趋于定型，编辑更为规范，页码逐渐固定为48页。1992—2010年，魏桥、俞佐萍和顾志兴分别担任《浙江方志》顾问，陈野、林树建、王志邦、杨金荣、潘捷军先后担任主编。主要栏目有特载、本刊专论、志鉴论苑、新志评论、浙人浙事、读志用志、志鉴信息、古志撷英、浙江新志、浙江志苑硕果、编辑手记、地方史研究、浙江人物研究、浙江世家研究、乡村社会史研究等。1998年第1期起，明确“指导志鉴编纂，探讨方志理论，辑存地方史料，交流修志信息”为办刊方针。

图110-9-4-1　2010年11月，《浙江方志》创刊25周年座谈会在杭州举行（浙江省地方志办公室提供）

图110-9-4-2　2010年11月，部分主编、顾问、副主编在《浙江方志》创刊25周年座谈会上合影（浙江省地方志办公室提供）

随着修志工作的深入，2009年起，《浙江方志》从形式到内容都进行了创新和改进。经省新闻出版局同意，从2009年第一期起，《浙江方志》从标准16开改为大16开，在页码不变（48页）的情况下，增加了容量。2009年3月，《浙江方志》编辑指导委员会成立，并召开第一次会议。林吕建、何一峰、潘捷军等9人担任编辑指导委员会委员编委。2010年3月，编辑指导委员会召开第二次会议，会上进一步明确“理论与实践兼顾，存史与研究并重”的办刊宗旨。同年4月，省地方志办公室下发《关于进一步做好〈浙江方志〉编辑、发行等工作的通知》，从加强业务指导、调整栏目设置、完善组稿工作、强化组织管理、开展交流协作、健全内部制度6个方面，对刊物工作做出明确要求。文件下发后，迅速建立起全省刊物通联网络。同年5月，增加3名编辑，编辑部正式成立，并制定编辑部定岗定责制度和征求意见制度。在各项制度的保障下，办刊经费得到保障，编辑人员增加，稿费明显提高，印数逐年递增，发行面越来越广，内容逐步拓展。在传统栏目外，增设修志工作、方家约稿等新栏目，并顺应二轮修志之需，适时重启新志评论栏目。除继续进行方志功能的宣传和修志基本知识的普及外，以方志理论研究、志书编纂实践为重点，展开有针对性的研究及专题讨论。刊物在对地方历史文献的挖掘和整理方面，在对旅游资源的开发利用和宣传方面，在对资料的拾遗补阙、考订辨讹方面以及对修志人物的宣传等方面，也都有涉及。

图110-9-4-3　2009年3月，《浙江方志》编辑指导委员会召开第一次全体会议（浙江省地方志办公室提供）

至2010年，《浙江方志》共设置过方志论坛（后改为“志鉴论苑”）、方志史话与浙江人物（后合并为“浙人浙事”）、学术争鸣、地方史研究、理论研究、文献辑考、省志理论研讨、读志用志等120多个栏目；刊发过各类文章2500余篇，其中方志论文1083篇、史事文章568篇，学术类文章约占60%。

中国地方志史志协会首届学术顾问、中国历史博物馆研究员傅振伦曾赞扬浙江新方志编纂成就，称其“分量不重，影响不小，在系统内反映很好，工作性、辅导性、学术性三性兼备，对推进全省方志工作，培养提高编志队伍已起到显著作用”。并指出获得成功的原因：“一是政府领导有方；二则有专家、学者之协助；三是学术刊物——《浙江方志》之诱导弘扬；四是从事同仁之辛勤工作”，给予充分肯定。

2010年11月24日，《浙江方志》创刊25周年座谈会在杭州举行。座谈会由浙江省地方志办公室主任、《浙江方志》主编潘捷军主持，浙江省社会科学界联合会副主席邵清、浙江省社会科学院副院长汪俊昌出席座谈会并讲话，浙江省地方志办公室副主任、《浙江方志》副主编陈野代表《浙江方志》编辑部做题为《相伴方志事业，执着探索前行》的会议发言，《中国地方志》主编于伟平到会做学术报告。浙江大学历史系教授仓修良，《江苏地方志》《上海地方志》《浙江学刊》《观察与思考》杂志代表，《浙江方志》原主编杨金荣、俞佐萍、林树建，原顾问顾志兴等专家学者和市、县刊物主编代表，《浙江方志》各市通联负责人、通联员等近80人参加座谈会。与会者认为，《浙江方志》具有方志工作指导、理论研究平台、志界信息载体的作用，在浙江方志领域发挥了正确的宣传引领作用，是服务与推动修志事业的平台，也是浙江志界人士走向全国的平台，为浙江方志事业做出了贡献。

三、市、县级刊物（通讯）

自20世纪80年代初起，至2010年底，浙江省、市、县（市、区）地方志部门创办地方志刊物(含通讯,以下简称“刊物”)60 余种。这些刊物宗旨明晰,内容丰富,特色鲜明,且装帧精美,影响广泛,产生良好效应,成为浙江地方志事业前行的有力助推器。

11 个地级市均曾办有地方志期刊,每个市也先后办有不同数量的县级地方志刊物。2010 年,全省有 101 个市、县(市、区),方志刊物办刊覆盖率达 61%;全省有 85 个市、县地方志机构,办刊覆盖率达 72%。其中,杭州 6 种、宁波 12 种、温州 4 种、湖州 4 种、嘉兴 7 种、绍兴 5 种、金华 6 种、衢州 4 种、舟山 2 种、台州 6 种、丽水 5 种。2010 年在办的刊物有 40 余种,仍覆盖全省 11 个市。其中宁波的 12 个市县区都曾办有刊物,在办的 9 种。

60 余种刊物中,创刊于 20 世纪八九十年代的有 10 余种。它们在首轮修志过程中应运而生,很多市、县坚持办刊。如《湖州方志》《绍兴史志》《余杭史志》《鄞州史志》《嵊州春秋》《兰溪方志》等均创刊于 20 世纪 80 年代。进入 21 世纪后,二轮修志蓬勃开展,从 2001 年创办的《义乌方志》,到 2010 年 11 月重办的《温州方志工作通讯》,共有 40 余种地方志刊物问世。2010 年《关于进一步做好〈浙江方志〉编辑、发行等工作的通知》的发布和《浙江方志》创刊 25 周年座谈会的召开,进一步推动了办刊工作。各地重新审视并明确了刊物的重要性,并给予更多的关注与支持,各刊从形式到内容都愈加充实,成功地适应并推动了方志事业的发展。

全省地方志刊物的编辑人员多为兼职兼顾办刊工作。为提高办刊水平,多家刊物成立编辑指导委员会,制定编辑流程,规定刊物的组稿、编稿、核稿、发行等的具体要求。

从形式到内容,市、县刊物都各具特色。栏目丰富,理论结合实际,地方特色鲜明,尤以史志结合见长。在栏目设置与内容上,史、志、档案等部门合一所办的刊物,党史、档案、方志等方面内容各有侧重,互有兼顾。但大部分刊物,都注重地方史与地方志相结合,以普及和挖掘当地的历史文化,宣传和弘扬当地的人文积淀,发挥地方史志“存史、资政、育人”的作用为其宗旨,挖掘地方史料,解读地方志事,是留存重要历史资料、宣传地方志工作的重要载体。

专门的地方志刊物或通讯,则更为专注于指导志鉴编纂、探讨志鉴理论、积累方志史料、聚集社会方志资源、宣传方志工作。设置的栏目更偏重地方志工作:登载方志篇目,收录志书示范稿,记录地方志大事要事,或传递志鉴信息,对地方志工作的推动作用很强。

各种类型的市、县刊物,均因其浓郁的地方特色、较高的可读性,吸引了许多读者。有的刊物还特别重视版式设计,外观高雅别致,内容清新可喜,成为当地重要的对外宣传品牌刊物。如《慈溪史志》的开本与版面设计,被多家省内外史志期刊效仿,在全国方志界有一定知名度。

浙江省的地方志刊物经历了从无到有、从简到精的发展过程。地方志刊物所具有的地方性、史实性、知识性、指导性和可读性,成为史志工作者研究史志的重要阵地、宣传史志文化的重要载体、征集史料的重要渠道,也成为对外宣传地情知识和青少年史志宣传教育的窗口,在服务社会中起到积极的作用。

表 110-9-4-1　　1980—2010 年浙江省地方志系统史志刊物(通讯)一览表

区域	序号	名　称	创办时间	刊　期	备　　注
省级	1	浙江方志	1985 年 9 月	双月刊	
杭州市	2	杭州方志通讯	2004 年 1 月	月　刊	
	3	萧山记忆	2008 年	不定期	由浙江人民出版社出版发行。
	4	余杭史志	1985 年 5 月	季　刊	
	5	富阳史志			已停刊。
	6	桐庐史志	2003 年 3 月	季　刊	
	7	史志新苑	2003 年	不定期	
宁波市	8	宁波方志	2002 年 4 月	季　刊	
	9	余姚史志	2005 年 1 月	季　刊	
	10	慈溪史志	2006 年 12 月	季　刊	
	11	奉化史志	2008 年	季　刊	
	12	宁海史志	2008 年 10 月	不定期	
	13	(海曙)史志工作通讯	2004 年	不定期	
	14	江东方志	2008 年 6 月	季　刊	
	15	江北史志	2007 年 7 月	季　刊	
	16	镇海史志通讯	2003 年 9 月	双月刊	
	17	北仑修志通讯	2003 年 10 月	不定期	
	18	鄞州史志	1985 年 4 月	季　刊	另有《鄞县史志》,1988 年创办,1993 年终刊。
	19	象山方志	2007 年 9 月	不定期	
温州市	20	温州方志工作通讯	1991 年	不定期	
	21	龙湾史志	2002 年 12 月	季　刊	
	22	文成史志	2008 年 9 月	季　刊	
湖州市	23	湖州方志	1986 年	季　刊	
	24	德清史志	2003 年 10 月	半年刊	
	25	长兴县志编纂通讯	1986 年 2 月	不定期	已停刊。
	26	安吉史志	2004 年	不定期	已停刊。

续表 1

区域	序号	名　称	创办时间	刊　期	备　　注
嘉兴市	27	嘉兴档案史志	2003 年 6 月	季　刊	
	28	南湖史志通讯	2008 年 1 月	双月刊	
	29	嘉善史志	2007 年 7 月	季　刊	2009 年停刊。
	30	海盐史志	2005 年 7 月	季　刊	
	31	海宁史志	2005 年 7 月	季　刊	
	32	平湖史志	2005 年	季　刊	
	33	桐乡史志	2001 年	季　刊	2009 年停刊。
绍兴市	34	绍兴史志	1982 年 9 月	季　刊	不定期出特刊。
	35	越地春秋	1991 年 3 月	季　刊	
	36	上虞史志	2009 年 12 月	季　刊	
	37	新昌史志	1982 年 10 月	不定期	
	38	嵊州春秋	1980 年 12 月	季　刊	
金华市	39	金华方志研究	1992 年	不定期	另有《金华方志工作通讯》，2010 年创办。
	40	兰溪方志	1984 年 5 月	不定期	
	41	东阳史镜	2006 年 10 月	季　刊	
	42	义乌方志	2001 年 7 月	季　刊	
	43	永康志鉴	2007 年 10 月	不定期	
	44	浦江方志	2004 年 3 月	不定期	
	45	磐安方志	1993 年	不定期	
衢州市	46	衢州方志简讯	2007 年 1 月	不定期	
	47	龙游史志	2005 年 5 月	半年刊	
	48	江山史志	1991 年	不定期	已停刊。
	49	常山县地方志工作简报	2004 年 4 月	不定期	
	50	开化地方志	2006 年 2 月	不定期	已停刊。

续表 2

区域	序号	名　称	创办时间	刊　期	备　　注
舟山市	51	舟山史志	1996 年	不定期	
	52	定海史志简报		不定期	
	53	普陀史志	1998 年 1 月	不定期	已停刊。另有《普陀县志通讯》等。
台州市	54	台州方志	2003 年 3 月	不定期	
	55	椒江方志	2002 年 11 月	不定期	另有《椒江市通讯》，1991 年创办，1995 年终刊。
	56	天台方志	2002 年 8 月	季　刊	
	57	温岭市志通讯	1986 年 8 月	不定期	
	58	临海史志	1985 年 2 月	不定期	
	59	玉环史志			
丽水市	60	丽水方志	2009 年 3 月	季　刊	
	61	括苍史志	2008 年 6 月	不定期	
	62	松州史话	2004 年 1 月	季　刊	
	63	遂昌纪事	1997 年 6 月	双月刊	
	64	龙泉史志			已停刊。

资料来源：各市、县（市、区）地方志办公室提供的材料与 2010—2011 年《浙江方志》。
说明：1. 本表仅录一地一刊，余者在备注中说明。
　　2. 除已停刊者外，刊期指 2010 年刊期。

第五节　学术队伍

浙江历来有重视方志学术研究的传统，在浙江方志发展史上也曾先后出现过章学诚、王棻、孙诒让、寿鹏飞、陈训正、余绍宋等方志名家。特别从 20 世纪 80 年代第一轮修志开始至 2010 年，为进一步加强全省地方志系统的学术研究和学科建设，不断提高地方志工作者的素质水平，浙江通过面向全省方志系统定期开展课题研究、设立宁波大学方志学专业（方向）和中国（浙江）地方志学术研究中心、成立省地方志专家委员会、开展"全省方志系统人才梯队"建设工作、承办国际国内学术会议活动等多种方式，积极致力于推进地方志的学术研究和学科建设，这些举措有效提升了全省方志工作者的专业素质和学术水平。

一、人才培养

（一）专业培训

1. 方志教学与研究

作为传统的“方志之乡”，浙江历来人才辈出，同时又十分注重方志教学与学术传承。

早在1956年，杭州大学教师陈桥驿便已在浙江师范学院地理系开设《方志学》选修课程。当年他还带领学生，选定宁绍地区作为野外教学实习基地。方志学课即为解决学生阅读地方志书的困难而开设，主要内容是用新观点、新方法解释和分析旧志，引导学生正确认识理解和运用祖国这一文化遗产。1989年，陈桥驿还在《中国地方志》发表《地理学与地方志》一文，指出当时部分新出志书以“地理”作为篇、卷标题，但内容仅涉及自然地理学若干方面，遗漏了人文地理方面的内容。建议以“自然环境”作为篇、卷标题，就可以把地质内容包括在内。文章又倡导记述动植物采用“二名法”，要有方言地理的内容，注意记述“方志孤岛”现象，主张删去旧志中以传说当作史实的“九州”说等。陈桥驿的这些观点，在社会主义时期首轮新修志书中产生了重要影响，此后不少志书采纳了他的意见，将“自然地理”篇改为“自然环境”篇，同时也影响了一代方志人。

1981年，杭州大学教师仓修良也开始在杭州大学开设方志学课程。同时他还在《中国地方志》等全国性报刊，陆续发表《新修方志特色过眼录》系列文章，并出版了多部有价值、有影响的方志学专著，因而成为在全国学界具有重要影响的史志学家。

与此同时，在改革开放后的两轮修志工作中，省地方志办公室、省内有关高校科研单位和市、县等单位的一批专家，陆续通过省内方志系统新上岗人员培训班和各种研讨培训，利用省外有关省（区、市）依托宁波大学、杭州大学等单位在浙举行的方志工作培训班，为省内外方志系统工作人员讲课。他们既讲授理论知识，又传授修志业务，有的专家为此还专门编写出版了专业教材，如韩章训2003年由方志出版社出版的《方志编纂学基础教程》等，有效提升了方志工作者的专业素质和业务水平。

2. 设立方志专业

1997年，在宁波召开的全国地方志第二次工作会议暨颁奖大会上，中国地方志指导小组组长李铁映强调，“高水平的志书需要高水平的人来修”，“修志的当务之急是培训人才”，而且“关键在人才”。他还为此提议在宁波大学历史文化系专门设立方志专业。在浙江省教委、宁波市政府及宁波大学领导的关心和支持下，经教育部批准，1998年9月宁波大学文学院历史系在全国率先开办历史学（方志学）本科专业，学制4年。首届招收来自全国9个省份的新生19名（其中来自陕西、云南、湖南、安徽、江西、江苏、广东各2名，四川1名，浙江4名分别来自宁波、温州、金华、台州），旨在为地方培养高素质修志人才，以缓解日益突出的方志界后继乏人的窘境。方志学专业开办以来，文学院成立方志教研室，在教学、教辅和管理方面做了许多工作：在教学上，以历史学为依托，力求在全面掌握史学知识和史学理论的基础上突出方志学专业理论的学习；本着“宽口径、厚基础、高素质”的教学原则，在加强方志学专业基础知识学习的同时，力求拓宽学生的知识面，重视对学生基本技能的训练和培养；加强图书资料建设；教学与实践并举，创造机会使学生在4年学习中参与方志编修的实践。宁波大学方志学专业采取多种措施，积极培养修志人才。2002年7月，宁波大学首届方志学本科专业学生毕业，走上工作岗位。

3. 课程进修

浙江大学史志编纂研究生班 为适应浙江省第二轮修志与年鉴编纂工作对修志队伍建设提出的迫切要求，浙江省地方志编纂委员会在浙江大学研究生院和历史系的支持下，于2001年5月，在全省地方志系统选拔9名中青年骨干进入浙江大学参加史志编纂研究生课程进修。第一期地方史志编纂研究生课程进修班于11月在西溪校区开班。对于该班教学，省地方志办公室与浙江大学都十分重视，按照“宽口径、厚基础、重研究”的教学原则，开设了方志编纂学、年鉴编纂学、史料学、中国文化史、20世纪中国研究、浙江地方史、文化景观与文化资源等10余门课程，同时安排了较强的师资力量，方志专家魏桥，浙江大学教授仓修良、包伟民等专家和具有丰富实践经验的一线工作者应邀授课。经过两年多的学习，首期浙江大学史志编纂研究生班于2003年11月底顺利结业。

图110-9-5-1 2003年10月，浙江省地方志办公室与浙江大学合办的史志编纂研究生课程进修班结业（浙江省地方志办公室提供）

地方志专业研究班 1985年1月15—20日，全省第一次地方志工作会议在杭州召开。会议与短期研究班结合进行，既是一次动员会，又是一次经验交流和学习会。有47个县、市及省直有关单位代表共70余人与会。

1987年6月，省地方志编纂室和省地方志学会在杭州举办第二期地方志研究班，全省共250人参加学习。部分学员的结业论文汇编成《修志初探》一书，由浙江人民出版社于次年出版。

1988年5月，省地方志编纂室和省地方志学会在杭州举办第三期地方志研究班。浙江省和广东、江西、福建等省外方志系统人员共计150多人参加学习。

1989年5月，省地方志编纂室与杭州大学中文系联合举办第四期地方志工作研究班。

2002年11月11—24日，中国地方志指导小组办公室委托宁波大学文学院举办第一期全国地方志业务培训班，来自广东、广西、福建、重庆、辽宁、山东、海南、上海、江西、西藏等地的120多名学员参加培训。培训班开设“方志学通论”“新方志编撰学”“年鉴学”“史料学”等课程，由宁波大学文学院教师主讲，并聘请浙江大学、安徽大学等方志学专家授课；还邀请活跃在修志第一线的专家举行“市志编纂经验介绍”“续志体例探讨”“经济志续编”等专题讲座。

2003年4月7日，第二期“全国地方志业务培训班”在宁波大学开学，来自广东、北京、四川、重庆、山东、海南、贵州、河南、湖北等地市、县（区）志办及铁道部档案史志中心、武警重庆市总队、新疆生产建设兵团农四师史志办公室、河南驻马店市电业局的60多名学员报名参加。此期培训班为期两周(4 月 7—19 日)。开设的课程有:续志体例问题、新方志编辑学、史料学、经济续志编写、年鉴编纂技巧等科目,由浙江大学、复旦大学、宁波大学、杭州商学院教授、专家授课;并举办了一些经验交流和研讨会。

2003 年 12 月 1—5 日,省地方志办公室和省人事厅在杭州联合举办了中青年修志骨干参加的文化大省建设与续修地方志高级研修班。主要内容是研讨地方志工作在文化大省建设中的地位和作用;研讨第二轮修志工作的一些重大理论问题;探讨第二轮修志如何记载改革开放以来的浙江社会、经济、文化的发展历程等。研修班组织邀请了 8 位专家学者授课,有魏桥的“续修地方志工作的思考”,仓修良的“方志体裁与创新”,王杰的“统计与续修地方志工作”,王志邦的“修志观念与续志编纂”,王熹的“第一届修志的回顾与续志展望”,任桂全的“志书特色与续志创新”,韩章训的“续志编纂简述”,柯小敏的“年鉴与续志经济部类的编纂”等。

(二)人才梯队

人才梯队建设计划主要面向全省地方志系统的中青年科研人员。2010 年始,省地方志办公室在中国地方志指导小组指导下,在全国方志界率先出台《浙江省地方志系统人才梯队建设方案》。按“鼓励竞争、循环培养、重点资助、跟踪管理”的要求,经个人申报、组织推荐、专家评选和公示等程序,以两年为一轮,对来自全省方志系统、高校科研单位和省直机关等的 26 名入选人才,分别给予 3 万元、2 万元和 1 万元的项目资助。这一计划有效调动了全省方志系统特别是中青年科研工作者的积极性。

全省方志系统第一轮人才梯队项目共评出 18 名,其中第一层次 3 名、第二层次 6 名、第三层次 9 名。在梯队建设中,省地方志办公室积极开展中期管理,督促帮助梯队成员开展课题研究,并及时公布进展,进行总结。

(三)课题项目

为在全省范围内形成浓厚的科研氛围,省地方志办公室定期开展大规模的课题招标工作,以在更大范围内调动全系统人员的科研积极性。如从 2010 年起,省地方志办公室面向全省方志系统开展较大规模的科研项目招标及研究工作,项目分为“重大委托”“重点”和“一般”三种类型,需经个人申报、组织审核推荐、专家评审、公示签约等规范程序设立,省地方志办公室同样给予一定的经费资助。

经多年努力,浙江形成了一支较为稳定的方志科研工作者队伍,其中,既有高校科研单位的学术名家,也有在一线长期从事方志编修的实践工作者;既有老一辈方志工作者,也有后起新秀。他们有的当选为浙江省 151 人才、浙江省之江学者,有的在全国及省内学术界兼任职务并承担相应工作。

二、职称评聘

浙江全省史志系统职称评定工作历来由省社科院主管,省社科院对此十分重视。1987 年 11 月,省地方志编纂室在杭州召开各市、地区地方志编委会办公室主任会议,讨论贯彻浙政办 78 号文件，研究具体的实施意见。

1988 年 2 月，省社科院中级技术职务评委会召开地方志系统中初级专业技术职务评审会，讨论同意《象山县志》副主编林志龙、《仙居县志》总纂沈在秀等 8 人上报省高级专业技术职称。会后，省社科院即向有关部门发出地方志系统人员中初级专业技术职务任职资格的通知。此后，浙江省地方志系统的修志工作者凡符合条件，均可参与省社科院的职称评审。这项机制一直得以延续，全省有一大批方志科研工作者也因此经规范评审获得各级技术职称，有的县级方志工作者还获得了正高职称。到 2010 年末，全省地方志系统有 10 余人获评正高职称。全省 450 多名在编修志人员中，有高级职称的 17 人，中级职称 24 人。其中，省地方志办公室有在职正高 2 人、副高 5 人、中级职称 1 人；有博士 2 人、硕士 7 人；另外从职称看，湖州市有正高 4 人，金华市有副高 2 人，嘉兴市有副高 4 人，等等。各地还根据实际情况，采取了评聘分开等不同措施，从而不仅有效提升了人员素质水平，也在不同程度上激发调动了他们的工作热情。

在省地方志办公室内部，针对其承担的行政、科研两种不同职能和大部分人系科研身份的实际情况，省社科院也相应采取了措施。如省地方志办公室人员凡公开发表（出版）科研成果，均由省社科院按有关规定给予奖励；另外还建立了符合省地方志办公室科研人员实际情况的年度考核方法，以既适合省社科院科研人员总体考核要求，又保证方志业务编纂和行政推动工作的正常开展。

三、平台建设

在中国社科院和中国地方志指导小组的大力支持下，中国（浙江）地方志学术研究中心、中国地方志（杭州）培训交流中心、中国（宁波）地方志国际交流中心 3 个国家级研究培训中心先后落户浙江。这些机构本着立足浙江、服务全国的理念，分别开展了各种形式的学术研究、培训交流等活动。其中，2006 年 11 月 15 日，中国地方志指导小组办公室以中指函〔2006〕31 号文批复，同意在筹建杭州方志馆的同时筹建中国地方志（杭州）培训交流中心。这些平台建立后，对浙江的方志学术研究和学科建设产生了直接的推动作用，在全国方志界也产生了积极的影响。

图 110-9-5-2　2009 年 3 月，浙江省地方志专家委员会在嘉兴成立（浙江省地方志办公室提供）

由于“方志之乡”的历史传承，仅改革开放以来浙江就涌现出陈桥驿、魏桥、仓修良等著名方志学者。同时在两轮修志期间，全省还有一大批既有一定理论造诣又有丰富修志实践的专业人才。为充分发挥全省方志系统的人才优势，2009 年 3 月，省地方志办公室专门成立由魏桥任主任的省地方志专家委员会，并就如何开展工作制定制度，形成规范。同时在人才梯队建设、课题项目资助等方面，对有关专家给予扶持。这一组织与省地方志学会等平台相互补充，相得益彰，共同推进了全省地方志事业发展。

第十章　机构　队伍

中国具有悠久的地方志编修历史。隋唐以后，地方志编纂官修制度逐步确立，逐渐改变了东汉以来士绅私人修志的风气，形成了地方官主持修撰、聘请文人学者及当地士绅编纂的格局。此后，历朝历代虽各有不同，但官修地方志的传统一直得以延续，而且不同时期形成了各具规模特点的方志机构和相应的人员队伍。作为全国知名的“方志之乡”，浙江与全国地方志事业的发展趋势格局基本一致，同时又具有自身的特点。据省地方志办公室统计，到2010年，全省共有三级地方志机构96个，正式在编工作人员有454名。[①]

第一节　省级机构队伍

浙江方志编纂历史悠久，但在相当长的历史时期，形式上以私人编纂为主。至隋唐时期特别到南宋方志定型后，官修制度日渐强化。清代以前，地方志编纂机构多为临时性机构，编纂时间不长，一般也无固定经费和人员，书成即散。民国时期，浙江省先后两次启动编纂省志，并相继成立浙江通志局、浙江省通志馆等机构。中华人民共和国成立后至改革开放前，省级层面的地方志工作未全面展开，也无专门的指导管理机构。1984年5月，省地方志编纂室成立，此后经多次调整，人员不断增加，机构渐趋健全。

一、中华民国时期

在浙江方志发展史上，人员相对固定、职能清晰且较成规模气候的地方志机构始于民国时期。

（一）浙江通志局

民国3年（1914年），浙江省督军朱瑞、巡按使屈映光决定续修《浙江通志》，成立浙江通志局，聘沈曾植为总纂，徐定超、喻长林为通志局提调，设分纂20余人、各县采访若干，以原浙江省谘议局（现省公安厅地址）为办公场所，王国维、刘承幹、朱祖谋、吴庆坻、张尔田、陶葆廉、金蓉镜、金兆蕃、章梫、叶尔恺、朱福清、王甲荣、缪荃孙、孙德谦14人为分纂，沿用雍正《浙江通志》体例，纪事至宣统末年止。由于军阀混战，浙江政局变动频繁，民国11年11月沈曾植

① 浙江省地方志编纂委员会办公室编：《千载志乡　卅年新程——浙江地方志事业30年巡礼》，第211页。

病逝，次年通志局被裁，编纂人员解散，编纂工作停止。所修稿本于民国16年由浙江省长公署交浙江省立图书馆收藏。

（二）浙江通志馆

民国18年（1929年），国民政府颁布《修志事例概要》，要求“各省应于省会所在地设立省通志馆，由省政府聘请馆长一人，副馆长一人，编纂若干人组织之①”。民国33年，国民政府又颁布《地方志书纂修办法》，要求各省、市、县纂修志书时，应由各省、市、县政府设立修志馆，负责办理。② 并同时颁布了《市县文献委员会组织规程》等文件。民国35年，国民政府又颁布《地方志书纂修办法》，规定“各省、市、县修志事宜，应由各省、市、县政府督促各省、市、县之文献委员会负责办理③”。这些举措有效推进了各地方志机构的成立与发展。

民国28年（1939年）11月6日，浙江省第一届临时参议会第二次会议在永康召开。余绍宋向会议提交了题为《拟请省政府设委员会征集通志、县志材料》的提案。建议省政府仿章学诚“各县应设志科”之议，由省政府通令各县，聘请有学识士绅数人，组织一个委员会，专事其事（小县则不必设会，专聘一二人任之），拨定经费以供采访抄录之需。省会则由省政府聘请若干人，组织委员会，以总其成。提案当即经大会通过，送省政府办理。但由于当时日军已入侵浙江省约一半地区，具体实施十分困难。

民国31年（1942年）5月，经省民政厅厅长阮毅成、教育厅厅长许绍棣提议，省政府决定成立浙江省史料征集委员会，任命余绍宋为主任委员，原省参议会副会长陈屺怀为副主任委员，陈辞而未就。委员则由主任推荐，余绍宋推荐了叶左文、刘祝群、袁道中、邵裴子、陈训慈、黄百新、姜卿云、王松渠、胡建中、查宽之、余铁山、沈复生等。

省史料征集委员会成立后，向省、县各机关发出征集史料的通知，除调查省、县档案，还向各图书馆汇集地方志书籍及材料。又于次年1月10日发出通知，向省、县地方人士征集史料。由于战时财力、物力都很缺乏，史料征集委员会仅有10余名委员，人员分散，工作开展十分艰难。

民国32年（1943年）8月1日，浙江省史料征集委员会改为“浙江省通志馆”，由省政府聘请余绍宋任馆长，凌士均为副馆长，总编纂孙延钊、钟毓龙。当时省政府一部分机关移到云和，通志馆馆址设在云和县城郊大坪村梅家大宅内。省通志馆设编纂、分纂共20余人，由馆长确定人选，提请省政府聘任，或由馆长聘请，有竺可桢、李一飞、章乃羹、宋慈抱、项士元、俞寰澄、刘祝群、钱南扬、蒋麟振、钟毓龙、韩登安、邓冶欧、谢燮堂、高均、梅志初、王箬浮、劳泰来、祝鸿逵、洪焕椿、刘衍文、唐家仁等。后又设浙东办事处、浙西办事处，每办事处设主任1人、分纂数人，另雇有办事员与工人；各县、市成立文史馆等组织，并聘有采访员。

抗日战争胜利后，浙江省通志馆迁至杭州，办公地在北山街（旧称“里西湖”）的“梅庐”。

---

① 民国34年（1945年）8月15日《浙江省通志馆馆刊》第1卷第3期，杭州古籍书店1986年影印本。

② 民国34年2月5日《浙江省通志馆馆刊》创刊号，杭州古籍书店1986年影印本。

③ 《中华民国政府公报》第2666号。

（梅庐后被拆，位置在今北山路新建的镜湖厅往东数十米处）。民国 37 年（1948 年）年底，因国民党政权已摇摇欲坠，当局无暇及此，省通志馆也很难维持，初稿未能刊印。民国 38 年 3 月 8 日，因时局紧张，省通志馆已无法维持，余绍宋函请省政府结束馆务。省政府决定仅留两名职员管理图书及资料，其他人员一律遣散。

二、中华人民共和国成立后

中华人民共和国成立后，地方志工作重新得以重视。1959 年，中国科学院和国家档案局联合成立了中国地方志小组。“文化大革命”时期，地方志工作基本中断。1983 年 4 月，原“中国地方志小组”恢复并更名为“中国地方志指导小组”。1981 年 4 月，浙江省社会科学研究所向浙江省委、省人民政府报送了题为《关于开展浙江地方志工作的一些情况和建议》的报告。1984 年 5 月，省地方志编纂室成立，负责指导全省修志工作，由省社会科学研究所代管，俞佐萍任编纂室主任。同月，省政府办公厅批转了省社科院、省地方志编纂室《关于抓紧进行地方志编纂工作的报告》，使全省市（地区）、县（市）的地方志工作纳入“党委领导、政府修志”的体制。

1991 年 11 月 4 日，浙江省委、省政府决定成立省地方志编纂委员会，省委副书记、省长葛洪升任主任，省委常委、常务副省长许行贯和省委常委、宣传部部长孙家贤任副主任；省地方志编纂委员会办公室（省地方志办公室）设在省社科院，办公室主任由魏桥担任。次年 4 月，省地方志编纂委员第一次全体会议决定将省地方志编纂室并入省地方志编纂委员会办公室。2006 年 4 月，省机构编制委员会发文，同意省地方志办公室由县处级升格为副厅级，为省社科院下属社会公益类纯公益性事业单位。2009 年 3 月，省机构编制委员会发文，同意省地方志办公室增挂“省人民政府地方志办公室”牌子。至 2010 年，省地方志办公室下设综合处、编纂一处、编纂二处 3 个处室，定编 16 人，另有临时聘用人员共 39 人。其中有正高研究职称的 7 名，副高研究职称的 5 名；具有博士学位的 2 名，硕士学位的 9 名；“浙江省之江青年社科学者”1 名，等等，形成了人员精干、结构合理的人员队伍。

图 110-10-1-1　2009 年 4 月，浙江省地方志办公室公开招聘人员笔试现场（浙江省地方志办公室提供）

省地方志办公室的主要职责是：按国务院《地方志工作条例》要求，在省地方志编纂委员会领导下，制定全省地方志工作规划和编纂方案；组织、指导、督促和检查全省地方志工作，组织、指导省级地方志书和地方综合年鉴的编纂工作；组织对省、市、县三级志书的评审、验收；收集、整理和保存旧志等地方志文献和资料；组织、推动方志理论研究和学科建设；组织地情研究和开发利用地方志资源；完成上级交办的其他任务。

表 110-10-1-1　1991—2010 年浙江省地方志编纂委员会主任、副主任名录

职　务	姓　名	任职时间	职　务	姓　名	任职时间
主　任	葛洪升	1991-11—1993-07	副主任	李从军	1999-04—2002-05
	万学远	1993-07—1999-03		鲁松庭	1999-04—2002-05
	吕祖善	1999-04—		陈敏尔	2002-06—2007-07
副主任	许行贯	1991-11—1993-07		盛昌黎	2002-06—2010-01
	孙家贤	1991-11—1993-07		黄坤明	2007-08—2010-01
	柴松岳	1993-07—1999-03		茅临生	2010-02—
	梁平波	1993-07—2002-05		郑继伟	2010-02—

表 110-10-1-2　1991—2010 年浙江省地方志编纂委员会办公室主任名录

姓　　名	任职时间	姓　　名	任职时间
魏　桥	1991-11—1997-05	潘捷军	2008-09—
杨金荣	1997-05—2007-12		

图 110-10-1-2　2010 年 10 月，浙江省地方志办公室全体工作人员合影（浙江省地方志办公室提供）

第二节　市、县机构队伍

中华人民共和国成立以前，浙江各市、县地方志编纂也以当地政府临时聘用人员进行编纂为主，大多没有固定的编纂机构。民国时期政府多次颁布政令文件，要求各地成立机构，但由于时局动荡等多种原因，大多难以落实。中华人民共和国成立后，各地逐步开始重视地方志工作。20世纪50年代末至60年代初，杭州富阳、桐庐等地曾成立地方志编纂委员会等机构，后因受“文化大革命”影响而中断。改革开放后，以1981年萧山、建德等县率先成立机构为开端，全省各地相继开始成立工作机构，组织开展志书编纂。1985年1月，省社会科学院、省地方志编纂室召开全省地方志工作会议，总结、交流和推动了全省地方志工作。同年10月，省政府办公厅批转了省社科院、省地方志编纂室《关于抓紧进行地方志编纂工作的报告》，标志着全省地方志工作的全面启动。之后，省地方志编委会、省社科院和省地方志办公室等部门十分重视市、县两级地方志机构建设，省社科院还于2008年6月向省人事厅提交了《关于要求解决市、县（市、区）地方志工作机构参照公务员法管理问题的报告》，对全省地方志系统实行参照公务员管理起到了直接的推动作用。

据1988年统计，全省9个省辖市、2个地区行政公署已全部建立修志机构，同时有49个县（市、区）建立修志机构。到2010年，全省不仅11个市，而且有84个县（市、区）也分别建立了相应机构。它们有的单独设立，有的与党史、档案等机构合署办公，从而为传承区域文化、服务经济社会发展做出了重要贡献。

一、杭州

杭州市地方志编纂委员会办公室（杭州市人民政府地方志办公室）成立于1986年10月，隶属市政府办公室管理；1990年7月起由市委宣传部归口管理；2001年起，又转隶市政府办公厅归口管理；2007年1月，确定为市政府办公厅直属的全额拨款事业单位（副局级），并增挂“杭州市人民政府地方志办公室”牌子。2009年3月，参照《公务员法》管理，核定编制18人，下设综合处、市志处、年鉴处3个处室。2010年，工作人员共有13人（含工勤人员1人），其中，研究生学历5人、硕士学位3人，本科学历5人。

图110-10-2-1　2010年6月，杭州市委、市政府召开全市地方志工作先进集体和先进工作者表彰大会（杭州市地方志办公室提供）

杭州市下辖上城、下城、江干、拱墅、西湖、滨江、萧山、余杭、桐庐、淳安、建德、富阳、临安13个县（市、区）。县（市、区）地方志工作机构中，萧山、余杭、桐庐、淳安、建德、富阳、临安史志合一，为参照《公务员法》管理的事业单位。2010年，全市地方志机构在编人员学历有硕士学位7人，大学本科47人，大专33人；技术职称有副高3人，中级9人，初级4人。

二、宁波

宁波市地方志编纂委员会办公室成立于1986年12月，为市政府办公厅下属事业单位。2001年12月，与市委党史研究室合并为中共宁波市委党史研究室（宁波市地方志编纂委员会办公室），系市委直属正局级事业单位。2010年8月，增挂“宁波市人民政府地方志办公室”牌子。中共宁波市委党史研究室、市地方志编纂委员会办公室下设秘书处、业务一处、业务二处3个处室，业务二处为地方志工作处。全室编制20人。2010年，有在岗人员22人，其中博士学位2名、硕士学位4名。

图110-10-2-2　2009年11月，中国地方志指导小组常务副组长朱佳木出席浙江省宁波市地方志工作座谈会（宁波市地方志办公室提供）

宁波市下辖海曙、江东、江北、镇海、北仑、鄞州、余姚、慈溪、奉化、宁海、象山11个县（市、区）。县（市、区）地方志工作机构除江东、北仑为区政府办公室临时机构外，其他为史志合署。其中海曙、江北、鄞州、余姚、宁海参照《公务员法》管理，镇海、慈溪、奉化、象山为事业单位。2010年，全市在编地方志工作人员中有博士学位2人，硕士学位12人，大学本科30人，大专7人；技术职称有副高7人，中级12人，初级5人。

三、温州

温州市地方志编纂委员会办公室系温州市政府办公室下属副县级事业单位，成立于1986年，在编7人，参照《公务员法》管理。

温州市下辖鹿城、龙湾、瓯海、乐清、瑞安、永嘉、洞头、文成、平阳、泰顺、苍南11个县（市、区）。县（市、区）地方志工作机构中，龙湾、苍南、洞头、文成、平阳、泰顺与党史工作机构合署办公；瓯海、乐清为政府办公室下属部门；瑞安、永嘉为独立机构。2010年，全市在编地方志工作人员中有硕士学位3人，大学本科36人，大专14人；技术职称有正高1人，副高2人，中级14人，初级7人。

四、湖州

湖州市地方志编纂委员会办公室成立于1986年7月，为科级事业单位；2002年与党史研究室合署，为正处级事业单位。湖州市下辖吴兴、南浔、德清、长兴、安吉5个县（区），县（区）地方志工作机构都与党史研究室合署。2010年，全市在编地方志工作人员中有大学本科6人，大专3人；技术职称有正高2人，中级1人。

五、嘉兴

1986年5月30日，嘉兴市委、市人民政府决定成立嘉兴市志编纂委员会，并设市志编纂室，编制10人。1997年5月14日，嘉兴市志编纂室更名为“嘉兴市地方志办公室”。2002年4月28日，市委办公室、市政府办公室印发《嘉兴市档案局（馆）职能配置、内设机构和人员编制方案》，明确市委党史研究室与市地方志办公室同时并入市档案局（嘉兴市档案馆），对外分别挂牌，另设有嘉兴年鉴编辑室（1997年成立）。至2010年，嘉兴市档案局（市委党史研究室、市地方志办公室）共有在编人员33名，其中硕士学位3名、大学本科学历22名、大专学历7名。地方志编纂处有在编人员4名（硕士学位1名，大学本科2名，大专1名）。

嘉兴市下辖南湖、秀洲、嘉善、平湖、海盐、海宁、桐乡7个县（市、区）。县（市、区）地方志工作机构中，南湖区为临时机构，秀洲区属区委内设机构，嘉善、海盐、平湖、海宁、桐乡均与党史研究室合署，参照《公务员法》管理。2010年，全市在编地方志工作人员中，有硕士学位6人，大学本科54人，大专19人；技术职称有副高3人，中级23人，初级5人。

六、绍兴

1985年8月1日，绍兴市在全省地市中率先成立市志编纂委员会，由分管副市长任主任，下设办公室，为科级事业单位，编制5人。市志编纂办公室日常工作由市政府办公室分管。1989年3月21日，改名为市地方志编纂委员会，由市长任主任。1996年，市地方志编纂委员会办公室定为相当于副处级事业单位。1997年10月起，与市委党史研究室合署办公，升格为正局级全民事业单位，两块牌子、一套班子。市委党史研究室、市地方志办公室下设综合处、编研一处（党史）、编研二处（地方志）、年鉴编辑部、宣教处5个处室，定编13人。2010年有在岗人员12名，其中有副高职称的1名，具有硕士学位的2名。

绍兴市下辖越城、绍兴、诸暨、上虞、嵊州、新昌6个县（市、区）。县（市）地方志工作机构均与党史研究室合署。2010年，全市在编地方志工作人员中，有硕士学位4人，大学本科27人，大专8人；技术职称有正高1人，副高1人，中级5人，初级6人。

七、金华

金华市地方志编纂委员会成立于1986年7月，下设办公室。1996年，市地方志编纂委员会办公室归口市政府办公室管理。市地方志办公室初始时编制6人，后减为3人，为正科级单位，参照《公务员法》管理。2010年有在岗人员5人。

金华市下辖婺城、金东、兰溪、东阳、义乌、永康、浦江、武义、磐安9个县（市、区）。县（市、区）地方志工作机构中，婺城、金东、东阳、永康、磐安参照《公务员法》管理；兰溪、浦江、武义属事业单位；义乌市地方志办公室牌子挂在市委党史研究室，另设《义乌市志》编辑部，为独立的临时机构。2010年，全市在编地方志工作人员中，学历有大学本科11人，大专5人；技术职称有中级2人等。

八、衢州

衢州市志编纂委员会办公室成立于1985年。1995年，成立衢州市地方志办公室，为市档案局所属科级全额拨款事业单位，编制3人。2010年有在编人员2名。

衢州市下辖柯城、衢江、龙游、江山、常山、开化6个县(市、区)。县(市、区)级地方志工作机构，江山、常山、柯城为档案、党史、方志“三合一”，龙游为党史、方志“二合一”，衢江为档案、方志“二合一”，开化机构单设。2010年，全市在编地方志工作人员中，有大学本科12人，大专3人；技术职称有正高1人，中级1人，初级7人。

图110-10-2-3　2010年11月，常山县方志馆(党史馆、档案馆)开馆(常山县地方志办公室提供)

九、舟山

舟山市地方志编纂委员会成立于1988年。1995年9月，市地方志编纂委员会办公室与市委党史工作委员会办公室合并，改设为“舟山市史志办公室”。2010年，市史志办公室内设综合、地方志、党史3个处室，有在编人员12人。

舟山市下辖定海、普陀、岱山、嵊泗4个县(区)。县(区)地方志工作机构均与党史研究室合署，其中普陀、嵊泗参照《公务员法》管理，定海、岱山属事业单位(混岗)。全市在编工作人员中，有大学本科20人，大专7人；技术职称有副高1人，中级11人。

十、台州

台州市地方志编纂委员会办公室成立于1985年8月，为全额拨款事业单位，参照《公务员法》管理，定编4人。2010年，在编2人，其中副高职称1人。

台州市下辖椒江、黄岩、路桥、临海、温岭、玉环、天台、仙居、三门9个县(市、区)。县(市、区)地方志工作机构中，玉环、天台、仙居、三门、路桥、椒江参照《公务员法》管理，临海、温岭、黄岩为事业单位。2010年，全市在编地方志工作人员中，有硕士学位1人，大学本科25人，大专5人；技术职称有正高1人，副高3人，中级4人，初级12人。

十一、丽水

丽水市地方志编纂委员会办公室(丽水市地方志办公室)的前身为丽水地区地方志编纂委员会办公室(丽水地区地方志办公室)，成立于1987年9月，编制5人；2000年7月，更名为“丽水市地方志编纂委员会办公室”；2001年10月，经市机构编制委员会核定，丽水市地方志办公室与丽水市委党史研究室合署办公，为正处级事业单位，参照国家《公务员法》管理，编制

11 人；2004 年 2 月，丽水市地方志办公室与丽水市委党史研究室正式合并，有编制 11 人。2010 年，在职人数 12 人（其中工人编制 1 人），其中方志工作人员 4 人。

丽水市下辖莲都、龙泉、青田、云和、庆元、缙云、遂昌、松阳、景宁 9 个县（市、区），其中莲都与党史研究室合署，青田、缙云与档案局合署；机构性质除松阳县史志办公室实行参照《公务员法》管理与事业单位编制混编外，其他都参照《公务员法》管理。2010 年，全市在编地方志工作人员中，有大学本科 24 人，大专 12 人；技术职称有副高 1 人，中级 1 人。

图 110-10-2-4　2008 年 10 月，丽水市召开全市党史方志工作会议（丽水市地方志办公室提供）

第三节　省级部门修志机构队伍

20 世纪 80 年代以来，浙江省省级部门为了开展省级部门志专业志的编纂工作，陆续组建了有关编纂志书的工作机构，但绝大多数在志书完成后解散了机构。至 2010 年，省军区、省公安厅、省水利厅尚有固定的工作机构。

一、浙江省军区军事志领导小组办公室

浙江省军区军事志领导小组办公室（简称省军区军志办）是省军区主管军事志工作的业务部门。1999 年 3 月前，省军区军事志工作由省军区政治部编研室负责。1999 年 3 月第一轮军事志编修任务即将完成时，根据省军区军事志工作要求，从政治部归口司令部管理，在司令部专设军志办负责军事志工作。军志办为编外定编副团级单位，编配现役干部 2 人～3 人，其中主任 1 人，参谋 1 人～2 人。另外，返聘部分老干部和抽调部分士官。全办人员最多时达 9 人，2010 年，有在岗人员 6 人。自成立以来，省军区军志办编纂出版了《浙江省军事志》（创修本）以及 1991—2005 年的续修本。每年向《南京军区年鉴》和《浙江年鉴》编辑部编纂报送 7 万余字的浙江省军区年鉴资料；从 2007 年开始，每年编纂出版一部 65 万字左右的《浙江军事年鉴》，至 2010 年已编纂出版 4 部。同时还指导各军分区（警备区）、人武部开展第二轮军事志编纂工作和军事年鉴编纂工作。2010 年，市、县两级 101 部军事志全部出版。

二、浙江省公安厅史志办公室

浙江公安系统历来十分重视史志编修工作。2003 年 5 月，省公安厅决定开展新一轮公安史志编修工作，并建立浙江公安史志编纂委员会，统筹规划全省公安史志工作，省委常委、政法委书记、省公安厅厅长王辉忠任编委会主任。编委会下设办公室（同时为《浙江公安年

鉴》编辑部，对外称省公安厅史志办公室)，负责日常工作。到2010年，省公安厅史志办公室先后完成了2004—2010年共7本公安年鉴的编纂，同时围绕纪念改革开放30周年和庆祝中华人民共和国成立60周年等活动，分别编纂出版了《砺剑——改革开放30年浙江公安工作成就》和《浙江公安60年》等大型文献资料。承担了《浙江通志·公安志》的编纂任务和每季度《浙江公安大事记》及每年《浙江年鉴·公安篇》的编写工作。省公安厅史志办公室还通过经常下基层调研指导、每年召开全省公安史志工作会议、组织全省公安机关史志干部积极参加全国全省举办的有关方志和年鉴编纂业务的培训等方式，积极推动全省公安史志工作的有序开展。2010年，全省10个市公安局和大多数县级公安局都建有史志工作机构，共有公安史志干部160余名；全省11个市公安局和60多个县级公安局都完成了公安专业志的编纂任务，杭州、宁波、温州、金华等市公安局和40多个县级公安局开展了公安年鉴的编纂工作。

三、浙江省江河水利志编纂委员会

浙江省江河水利志编纂委员会及其编纂办公室于1984年8月成立，由时任浙江省水利厅党组书记、厅长钟世杰任编委会主任，并有一批离退休的和在职的干部及技术专家参加修志工作。经过20多年的不懈努力，到2010年，全省共编纂出版江河水利志105部。其中省、市、县水利志65部(包括市、县水利志续志4部)，江河志8部，工程志28部，基础工作志4部；部属在浙单位等编修的水利水电工程志5部；省内其他单位编修的湖泊志1部。省江河水利志编纂委员会所编《浙江省水利志》《钱塘江志》《浙江省水文志》和《苕溪运河志》被浙江省地方志编委会办公室批准列入《浙江省志丛书》；《浙江省江河志丛书》7部江河志已经出版，其中《钱塘江志》和《浙江省水利志》分别获得浙江省第五届地方志优秀成果评比一等奖和二等奖。浙江省江河水利志编纂委员会编纂办公室自2003年至2010年，6次被评为全省地方志工作先进集体，有6人先后被评为全省地方志先进工作者。

第十一章　地方志工作管理

地方志是中华民族特有的传统文化形式。隋唐时期，以往私修志书盛行的局面开始被打破，此后，历代都将其视为重要的"官职""官责"，志书因而又有"官书"之称。方志到宋代定型之后，不同时代政府管理方式虽有不同，但总体呈日益强化态势。浙江地方志工作政府层面的管理，大略始于明清时期。民国时期，除修志指导管理外，又建有各级通志局（通志馆）、方志馆等机构。中华人民共和国成立后，浙江地方志工作逐步形成党委领导、政府主持、社会参与、众手成志的工作格局，省、市、县三级修志体系和管理机制逐步建立，至2010年已形成较为全面、系统的领导体制和管理机制。

第一节　制度建设

浙江地方志事业历史悠久。明清及民国时期，随着官修官书体制的确立，对地方志书编纂体例、内容、方法等规范化要求日渐明晰。中华人民共和国成立后，尤其是20世纪80年代全国第一轮大规模修志工作启动以来，在发展规划、管理机制和制度规范等方面，依法修志的政府职责逐步得以确立并日趋强化。

一、行政法规、规章及工作规划

浙江的地方志书编纂虽然起源很早，但开始并未形成政府层面从上至下、覆盖各级行政区划的机构和体系，相应的也就缺乏政府层面对于纂修机构、人员队伍以至志书体例、编写方法、工作程序、经费来源等一系列要素的规范性文件。到明代以后，由于中央政府要求全国普修方志，才相应产生了一些志书编修的规范性文件，清代和民国时期相对更为普遍规范。但受社会动荡等因素影响，这些文件不少往往具有临时性，事起而撰，事结则湮，难以持续。这种情况基本延续到中华人民共和国成立之前。

中华人民共和国成立后特别是20世纪80年代全国第一轮大规模修志工作启动后，随着地方志事业日益引起各级党委、政府和全社会重视，随着各级地方志工作机构的逐步建立，浙江与全国各地一样，涉及地方志工作的一系列法规和事业发展规划开始制定。2006年国务院《地方志工作条例》的出台，又进一步加快了全省地方志工作科学化、规范化和法治化的进程。

（一）行政法规及规章

2006年5月18日，国务院第467号令公布实施《地方志工作条例》（以下简称《条例》），这是中华人民共和国成立后第一部全国性的地方志法规，为浙江全省地方志系统依法修志提供了重要遵循，各地迅即开展了《条例》的宣传贯彻活动。同年6月，“全省方志界学习贯彻《条例》座谈会”在杭州举行，省政府、省法制办、省社科院、浙江大学等有关单位领导专家及各市地方志机构负责人参加会议，省政府副秘书长李学忠到会讲话。省委宣传部事先还将省地方志办公室的报告批转给省主要新闻媒体，要求全省新闻界做好宣传报道工作。7月，为贯彻《条例》，省政府办公厅还专门转发了《浙江省地方志工作2006—2010年规划纲要》。同年12月，省地方志办公室还在杭州举行全省贯彻《条例》培训班，邀请中国地方志指导小组办公室研究室主任邱新立等专家授课，共有130多人参加培训。这一系列举措都有效推动了《条例》在浙江的落地实施。

此后，每年的《条例》颁布纪念日，浙江各地都开展了丰富多彩的宣传活动。2007年5月18日，杭州市地方志办公室在市政府大楼以展板形式宣传纪念《条例》颁布一周年，市长蔡奇等市领导到场参观。杭州市还组织开展了“《条例》和杭州历史知识竞赛活动”，以书面答题、电话竞答等方式，面向全市地方志系统和社会各界宣传普及《条例》。

2008年5月18日，在《条例》颁布两周年之际，省地方志办公室下发了《关于开展〈地方志工作条例〉宣传月活动的通知》，并编印了有15万字、91幅图照的《〈地方志工作条例〉宣传月专刊》，供全省地方志系统学习宣传。当月，杭州市在小营巷街道召开纪念《条例》颁布实施两周年座谈会，有市、区两级地方志办公室，社区居民，武警杭州市支队市政府警卫中队及专家学者等40多人参加座谈。宁波市则组织全市地方志工作者撰写学习体会与纪念文章，并在《宁波史志工作简讯》上刊发专刊；慈溪等有关县（市）还通过新闻媒体广泛展示当地方志成果，宣传方志文化。温州市及有关县（市、区）则在各地机关大院悬挂宣传横幅，设立宣传点，发放宣传册，有的还在当地报刊全文刊载《条例》。此外，平湖市通过向市委常委会汇报、发手机短信，桐乡市和常山县通过面向社会开展《条例》知识竞赛等方式，向社会广泛宣传《条例》，强化依法修志意识与氛围。

《条例》颁布后，省地方志办公室着手研究起草贯彻《条例》的实施办法，2007年先后在义乌、萧山、嘉兴召开工作研讨会。2009年，省地方志办公室举行《浙江省实施〈地方志工作条例〉办法》专家论证会。① 2010年11月，省法制办公室和省地方志办公室赴四川、云南调研考察。杭州市政府制定了《杭州市实施〈地方志工作条例〉办法》，是全国第一个为贯彻《条例》而颁布的地方政府规章。作为地方政府的法律性规范文件，主要从法律角度明确了本地地方志工作的性质、内容、机构、组织运行方式、志书编纂及其他有关工作的基本要求。这些文件的出台，是中华人民共和国成立后，浙江省内首次从法律意义上明确地方志工作的意义和地位。

① 《浙江省实施〈地方志工作条例〉办法》于2012年11月，由省长夏宝龙以浙江省人民政府第303号令签署颁发。

（二）地方志工作发展规划

发展规划是中华人民共和国成立以来，政府一直坚持的一种战略性、前瞻性、导向性的公共政策。特别是各地所制订的五年发展规划，对未来若干年的发展具有重要指导规范作用。20世纪七八十年代，经过方志人的努力，浙江部分地区的地方志工作开始正式写入当地政府五年发展规划，有的则以地方政府名义出台该地地方志工作发展规划纲要，有的被写入当地当年的政府工作报告，等等，这些举措对于推进当地地方志工作的发展都具有重要作用。在省级层面上，省地方志编纂委员会和省地方志办公室曾下发过全省地方志工作的宏观指导性文件，仅省级层面较为重要的文件就有：

1985年4月，国务院办公厅下发国办发〔1986〕33号文件，要求“各地要对地方志编纂工作进行一次检查，进一步加强领导，充实人员，加强队伍建设，切实解决地方志编纂工作中的问题。尚未建立地方志编纂班子的地方，要根据地区情况，逐步组建班子，把这项工作开展起来”。同年10月3日，《浙江省人民政府办公厅关于批转省社会科学院、省地方志编纂室〈关于抓紧进行地方志编纂工作的报告〉的通知》下发，结合当时省内地方志工作发展不平衡、整体修志工作未真正开展起来的情况，从工作、机构、人才等多方面提出要求（详见丛录）。

1992年4月13日，省地方志编纂委员会举行第一次全体会议，对浙江的修志和有关问题做出决定。会后，会议纪要以省政府办公厅《专题会议纪要》形式发送各市、县和省属各厅局等有关单位。

2001年12月20日，省政府办公厅下发了《关于开展续修地方志工作的通知》，同时配套下发新一轮修志的指导性文件《“十五”期间浙江省地方志工作计划纲要》，对浙江地方志事业发展、工作体制机制、工作方法、队伍建设、省志丛书和续志工作提出要求（详见丛录）。2002年1月8日，省地方志编纂委员会随即下发《浙江省地方志编纂委员会关于认真贯彻落实〈浙江省人民政府办公厅关于开展续修地方志工作的通知〉的通知》，附文印发《“十五”期间浙江省地方志工作计划纲要》和《浙江省地方志行文规范》。

2006年7月31日，《浙江省人民政府办公厅转发省地方志编纂委员会关于浙江省地方志工作2006—2010年规划纲要的通知》下发，进一步明确了浙江省2006—2010年地方志工作的指导思想、主要目标、工作任务和保障措施（详见丛录）。

图110-11-1-1　2009年5月，浙江省地方志办公室迁入新址办公（浙江省地方志办公室提供）

二、地方志系统内部制度建设

除地方行政性法规等重要法规性文件之外，浙江各地地方志工作机构还制定了一系列内部规范性文件，这些文件大到工作领导体制、运行机制和事业拓展，小到个别工作要求和具体部署，大多按国务院《地方志工作条例》要求所制定，对全省工作起到了重要的指导作用。

表 110-11-1-1　　浙江省部分地方志制度性文件一览表

文件名称	发文单位	发文时间
关于新编志书、年鉴送交浙江图书馆保存的通知（浙地办〔2003〕7 号）	浙江省地方志办公室	2003 年 3 月
关于印发《浙江省二轮修志创优工程实施方案》的通知	浙江省地方志办公室	2007 年 4 月
关于印发《浙江省二轮修志创优工程质量目标与审查验收办法》的通知（浙地办〔2007〕32 号）	浙江省地方志办公室	2007 年 9 月
关于印发中国地方志指导小组《地方志书质量规定》的通知（浙地办〔2008〕17 号）	浙江省地方志办公室	2008 年 11 月
浙江年鉴编纂规范细则（浙地办〔2009〕25 号）	浙江省地方志办公室	2009 年 10 月
浙江省市、县（市、区）志书审查验收和出版管理办法（试行稿）	浙江省地方志办公室	2010 年 7 月
关于浙江省市、县（市、区）志稿送审及志书报送程序的规定	浙江省地方志办公室	2010 年 7 月
关于公布省地方志专家委员会章程和名单的通知	浙江省地方志办公室	2010 年 12 月
关于进一步做好各地信息报送工作的通知	浙江省地方志办公室	2010 年 12 月

第二节　指导管理

地方志工作自上而下的指导管理体制和机制存在的先决条件是全省修志工作系统的建立。全省方志工作系统的规范建立，是在 20 世纪 80 年代后。在此之后，地方志工作的指导管理主要呈现为两种形式：一是各级党委、政府对当地地方志工作的指导管理，二是各级地方志机构对当地地方志事业的业务指导管理。

一、工作机制

20世纪80年代开始，按全国统一部署，浙江分别开展了两轮大规模修志工作。由于各级党委与政府、有关部门和全社会的大力支持，省、市、县（市、区）三级地方志工作机构逐步得以建立，工作运转正常，事业发展迅速。

（一）各级党委、政府和有关部门对全省地方志事业的关心支持

图110-11-2-1　2002年8月，副省长、省地方志编纂委员会副主任盛昌黎出席全省地方志工作会议（浙江省地方志办公室提供）

中华人民共和国成立后特别是改革开放后开展两轮修志工作以来，党中央、国务院以及中共浙江省委、浙江省人民政府对全省地方志事业始终给予高度重视和倾情关怀。

1993年3月，中共中央总书记江泽民在会见香港《明报》集团董事长查良镛（金庸）时，将《浙江地名简志》《浙江方志源流》等17种浙江地方史志文献作为礼品相赠，体现了江泽民总书记对浙江地方志工作的关怀重视，也大大提升了浙江方志文化的影响。2004年10月，中共浙江省委书记习近平到江山市白沙村调研时，十分关心《白沙村志》的编纂工作，并亲切关怀勉励农村方志工作者。2005年，习近平在魏桥题为《浙江省建设文化大省纲要应有浙江方志的一席之地》的来信上做出重要批示。2006年12月，习近平在超强台风“桑美”登陆的重灾区苍南县指导抗灾重建工作时，直接运用当地志书指导现实工作，并再次强调要高度重视地方志的资政价值，这同时也是对全省广大地方志工作者做好工作的极大鼓励和鞭策。

图110-11-2-2　2010年3月，中共浙江省委常委、省委宣传部部长、省地方志编纂委员会副主任茅临生（右二）到省地方志办公室调研（浙江省地方志办公室提供）

改革开放后全省第一轮修志工作启动后，历届省委、省政府和有关领导高度重视、大力支持地方志工作。1987年3月，省委书记王芳给全省第二次地方志工作会议发来贺信，对全省地方志工作给予充分肯定。中共浙江省顾委主任铁瑛出席会议并讲话，省政协主席王家扬作书面讲话。1989年1月，省顾委主任薛驹专门听取全省地方志工作汇报。1991年11月，省地方志编纂委员会成立，省长葛洪升任主任。1994年1月，省长万学远在《政府工作报告》中，提出要“重视做好文物、档案、地方志工作”，要求将地方志列入政府工作议事日程，修好省、市、

县志书。1999 年 1 月，省长柴松岳在为全省地方志工作会议所作书面讲话中，要求全社会高度重视并支持地方志工作。

进入 21 世纪第二轮修志工作周期后，省委、省政府将地方志工作视为打造文化大省的重要平台并给予高度重视。2002 年 8 月，省委常委、常务副省长、省地方志编委会主任吕祖善，省委常委、省委宣传部部长、省地方志编委会副主任陈敏尔等出席全省地方志工作会议。2005 年，陈敏尔还强调“方志工作应纳入文化大省建设之中，特别应与文化研究工程结合起来”。2007 年 6 月，《浙江省中国共产党志》(系《浙江省志丛书》之一)首发式在杭州举行，省委副书记夏宝龙，省委常委、秘书长李强及老领导铁瑛、薛驹、李泽民等出席会议。同年 12 月，省委常委、省委宣传部部长黄坤明代表省委宣传部在杭州向清华大学党委书记陈希赠送浙江地方志书。2009 年 9 月，由省地方志办公室编纂的《浙江 60 年发展历程纪实丛书》在省人民大会堂举行首发式，省委书记赵洪祝发来贺信，省长吕祖善为丛书作序，省委常委、省委宣传部部长黄坤明出席会议并讲话。同年 12 月，省委书记赵洪祝在省委常委、秘书长李强和省委常委、省委宣传部部长黄坤明等陪同下，到省地方志办公室调研指导工作。此外，从省地方志编纂委员会成立到 2010 年，王家扬、孙家贤、许行贯、梁平波、李从军、王辉忠、茅临生、鲁松庭、盛昌黎、郑继伟、陈云龙等省领导先后通过不同方式，对全省或各地各有关单位的地方志工作给予了精心指导和大力支持。

图 110-11-2-3　2010 年 4 月，副省长、省地方志编纂委员会副主任郑继伟(右一)到省地方志办公室调研

(浙江省地方志办公室提供)

改革开放以来的浙江地方志工作，还得到了中国地方志指导小组等上级单位和有关领导的精心指导。2006 年 5 月，全国政协副主席、中国社科院院长、中国地方志指导小组组长陈奎元在杭州专门听取杭州市地方志工作汇报并给予充分肯定。2009 年 11 月，中国社科院副院长、中国地方志指导小组常务副组长朱佳木到浙江，分别考察了杭州、宁波、温州、金华、丽水等地的地方志工作。他对浙江地方志工作开展 20 多年来，克服人员紧缺等重重困难所取得的成绩给予充分肯定，同时还为“浙江省人民政府地方志办公室”揭牌。

新时期浙江的地方志工作还得到省政府办公厅、省委宣传部和省社科院等省内有关部门的大力支持。1984 年 5 月，省政府批准成立省地方志编纂室，负责指导全省修志工作，由省社科院代管。此后，省社科院在组织领导、人员配备、条件保障等方面对省地方志办公室及全省地方志事业给予了精心指导和大力支持。1985 年 10 月，省政府办公厅发出《关于批准省社会科学院、省地方志编纂室〈关于抓紧进行地方志编纂工作的报告〉的通知》。2001 年 12 月，省政府办公厅下发了《关于开展续修地方志工作的通知》，同时印发《“十五”期间浙江省地方志工作计划纲要》。2006 年 7 月，省政府办公厅再次印发《浙江省地方志工作 2006—2010 年规划纲要》，从而逐步强化了地方志工作的行政职能，使工作得以顺利进行。2006 年 4 月，省机构编制委员会办公室发文同意省地方志编委会办公室机构规格由正处级升格为副厅级。2009年11月，省编办再次下文，批复同意增加省地方志办公室内设机构、事业编制和领导职数。至此，省地方志办公室内设机构扩大到综合处、编纂一处、编纂二处3个处，事业编制增加为16人。

随着文化大省建设工作的持续推进，各地各级党委、政府和社会各界都十分重视支持地方志工作。如杭州萧山区、嘉兴海盐县等地党委、政府通过定期召开党委常委会、政府常务会议、全区（县）史志工作会议、开展史志工作“几个一”评选活动、向所属各系统下发向史志单位学习文件等多种方式，在全社会大力宣传方志文化，积极倡导敬业奉献的方志人精神，从而大大扩大了地方志工作的影响，在全社会营造了重视方志事业、宣传方志文化的浓郁氛围。

（二）各级地方志机构对全省地方志工作的指导管理

“官书官修”历来是中国地方志事业的一个重要传统。社会主义新时期两轮修志工作开展以来，地方志工作的政府职责逐步得以确立并日趋强化。作为政府地方志工作的主管部门，各级地方志机构按国务院《地方志工作条例》要求，积极履职，加强指导管理，成效显著。

1. 省级地方志机构对全省地方志工作的组织指导与管理服务

作为全省地方志工作的主管部门，省地方志编委会办公室（省人民政府地方志办公室）自成立以来，按国务院《地方志工作条例》要求，在省委、省政府和省地方志编纂委员会领导下，在组织、指导、督促和检查全省地方志工作，指导市、县两级志书编修，以及促进全省地方志事业“志、鉴、库、网、馆、刊、会、研、用、史”全面发展等各方面，发挥了重要作用。

1986年5月，中国地方志指导小组、省社科院和省地方志编纂室、萧山县志编委会在萧山联合召开《萧山县志》评稿会。7个省（区、市）地方志机构负责人和有关大专院校、科研单位、出版部门的专家学者，浙江已完成或进入总纂阶段的县（市）志主编共50余人参加会议。这次评稿会，开创了浙江首轮修志相互在志书总纂完成后进行评稿的先例。同年10月，浙江第一部社会主义新县志《建德县志》出版后，省社科院和省地方志编纂室、杭州市志编纂领导小组、建德县志编纂办公室又在建德联合召开出版座谈会。来自北京、天津、上海、河南、山西、广西等省（区、市）及省内有关单位的代表共100余人参加会议。这两次会议对全国新方志编修工作产生了积极的引导和示范效应。

1987年4月，省地方志编纂室向省级各厅局及中央在浙各单位发出关于杭州市编纂《杭州市志》和《杭州年鉴》情况的通知。6月，省地方志编纂室、省地方志学会在杭州举办了第二期地方志研究班。结束后，讲义由省地方志编纂室汇编成《修志讲座》，内部印行，部分学员结业论文由浙江人民出版社汇编成《修志初探》，公开出版。

1995年1月，省地方志编委会召开市县地方志“志后工作”座谈会，提出首轮志书完成后的10项工作，即年鉴编纂、用好志书、地域资料信息库建设、编纂地情资料服务现实、乡村社会史研究、旧志和旧家谱整理、姓氏源流研究、个别市县修续志、加强方志理论研究、建立方志团体。从而为形成修志为主、事业全面发展的新格局提出了明确要求，也为二轮修志打下了一定的基础。

为加强对各地工作的指导支持，省地方志办公室依托省地方志专家委员会建立了对口挂钩指导制度。不仅在各市分别设立专家组进行定点指导、全程服务，而且在省地方志办公室内部也确定了各市对口联系人，以使指导工作落到实处，收到实效。

此外，由于省地方志编纂委员会办公室设在省社科院，全省地方志系统工作者凡符合哲学社会科学系列职称评审条件的，均可通过省地方志办公室到省社科院申报参与职称评定，历年来，省社院也给予了积极指导与支持。

2. 各市对所属县（市、区）地方志工作的组织指导与管理服务

社会主义时期首轮修志启动后，到1988年，浙江各市、地区行署便相继成立了地方志编纂委员会及地方志办公室等工作机构，它们不仅受当地政府委托承担了本级志书的编修组织工作，而且还分别承担对所辖县级地方志工作机构的业务指导和组织管理工作。进入新时期第二轮修志周期后，各市对所辖县（市、区）的指导，日益注重按国务院《地方志工作条例》依法修志，如要求各地把地方志工作纳入县（市、区）政府工作规划，并定期通过开展年度目标责任考核、行政督查等方式，加大行政推动力度。

如杭州市地方志办公室在二轮修志工作中，提出要着力在“六抓六求”上下功夫，即“抓发动、求实效，抓篇目、求科学，抓资料、求真实，抓初稿、求完善，抓制度、求规范，抓进度、求质量”，从而建立了一整套工作规范，有效推动了事业进展。温州市地方志办公室经过努力，于2010年前便指导督促全市各县（市、区）开展了综合年鉴编纂工作，为最终实现区域综合年鉴按要求全部规范出版打下了扎实基础。

3. 各级地方志机构对当地方志各项事业的组织指导与管理服务

传统的地方志事业形式上主要以修志为主，改革开放以来的新时期发展格局则呈现为“一业为主，多业并举，全面发展”。浙江省各级地方志机构及时抓住机遇，与时俱进，在做好主业的同时，主动指导推进当地的地方志事业全面发展。

浙江各地人文底蕴深厚，经济发展较快，除省、市、县三级志书外，各级政府还普遍重视开展乡镇、村志的编修工作。各级地方志机构则因势利导，大力鼓励支持。如早在第一轮修志工作期间，温州市地方志机构就指导各地分别编纂了乐清《乐城镇志》《虹桥镇志》及柳市《上园村志》、永嘉《桥头镇志》《瓯北镇志》和苍南《灵溪镇志》《龙港镇志》等。湖州市地方志办公室在全省较早完成二轮市志编纂任务后，及时指导所属县（区）以至乡镇、村开展修志工作，到2010年又编纂出版了《湖州名村志》《南浔镇志》等一批有影响的镇村志书。有的地方志机构还参与指导了新时期乡村谱牒编纂工作，从而使传统文化得以重放异彩。

部门（行业、专业）志书编修也是各地方志工作的一个重要组成部分。新时期二轮修志工作开展以来，各级地方志机构纷纷指导当地各有关部门、单位开展这项工作。仅到2010年不完全统计，先后指导编纂并出版的专业性较强的志书有：温州市地方志机构指导的《温州市物资志》《温州市财税志》等，绍兴市地方志机构指导的《绍钢志》《漓铁志》等，金华市地方志机构指导的《金华市农业志》《金华市水利志》等，衢州市地方志机构指导的《江山水泥厂志》《衢县乌溪江库区志》《衢州柑橘志》《烂柯山志》等，舟山市地方志机构指导的《舟山渔业志》《舟山海域海洋生物志》《普陀珞珈山志》等，台州市地方志机构指导的《台州特产志》《天台山风物志》

《国清寺志》等，这些志书都从不同侧面为各地区不同事业留下了弥足珍贵的历史印迹。特别随着各系统改革开放事业的逐步推进和市场经济体制改革的日益深化，有些行业机构不断变化甚至被撤销，职能也随之消失，因而这种两者有机结合的方式不仅使各行业保留了一大批珍贵史料，同时也使方志文化和行业文化都得以传承光大（详见第四章《乡镇志编纂》、第五章《专门志书编纂》等内容）。

二、指导与督促

各级政府及地方志机构对本地工作的督促指导始于20世纪80年代开始的第一轮修志工作，其主要方式，一方面是各级政府对地方志机构履职尽责的指导督促，另一方面是地方志机构对所在区域各级政府、各有关部门单位以至全社会开展支持地方志事业情况的指导督促。国务院《地方志工作条例》颁布后，这一职能日益重要，日趋强化。

（一）社会主义时期一轮修志

仅一轮修志工作启动后，省地方志编委会及省地方志办公室对全省地方志工作事业进行指导的重要活动便有以下一些典型事例：

1985年1月，省社科院、省地方志编纂室在杭州召开全省第一次地方志工作会议和举办地方志短期研究班。9月，省社科院、省地方志编纂室向省委、省政府提交《关于抓紧进行地方志编纂工作的报告》，建议省辖市成立市志编纂委员会及工作班子，负责编纂市志和指导所属县（市）修志工作；凡未建立县（市）地方志编纂委员会的，要尽可能在年内建立起来，开展工作。10月，省政府办公厅发出关于批准该报告的通知（浙政办〔1985〕50号），要求各市、县人民政府，各地区行政公署，省政府直属各单位参照执行。是年，省地方志编纂室先后两次向省委、省政府报送了浙江省开展修志工作情况和今后工作意见的报告。① 此后，省地方志编纂室频频奔赴基层，通过调研、开会、蹲点指导等方式，呼吁各地加快推进工作。省内各地也在1985年前后纷纷成立地方志编纂委员会和有关机构并陆续开展工作。

1987年3月，全省第二次地方志工作会议在杭州召开，省委书记王芳在致信中，既充分肯定了成绩，又对下一阶段工作提出了明确要求。

1988年3月，全省第三次地方志工作会议暨省地方志学会一届二次理事会议在萧山召开。省委副秘书长乐子型代表省委、省政府到会祝贺。省委宣传部常务副部长马守良讲话。魏桥做题为《保证新方志质量的三个问题》的专题报告。11月，修志沙龙在杭州举行，部分县（市）地方志工作者参加活动，就当时修志形势、县志总纂、修志指导思想、志书改革与内容记述等问题做学术交流，并结合同年8月台风暴雨灾害，讨论了志书如何记载历史上自然灾害等问题。

1989年1月，省社科院、省地方志编纂室在杭州召开省辖市志、地区志编纂会议。会议着重讨论市志、地区志编写问题，主要明确了四个方面的问题：一是编市志，不是城市志；是新

---

① 魏桥：《浙江修志十年》，浙江人民出版社1992年版，第7—13页。

编地区志，不是继承旧府志。二是要从市和地区的实际情况出发，确定记述范围和重点。如杭州、宁波、温州三市，共同点是建市早，城区范围大，人口多，城市设施比较齐全，在国内外知名度高，可以城市为主，兼及各县；而嘉兴、湖州、绍兴、金华、舟山、衢州等20世纪80年代新建的市，可以城乡一体，突出城市。地区志则应立足全区，面向全区。三是就体裁篇目、断限和字数等问题形成共识。四是交流编好市志、地区志的一些基本要求。会议还决定成立浙江省名镇志编委会。

1989年12月，全省第四次地方志工作会议在萧山召开。中共中央顾问委员会委员铁瑛出席，省政府副秘书长马寿根到会讲话，省委宣传部常务副部长马守良作国际形势报告。魏桥在《八年修志的回顾及今后的设想》中对1981年以来浙江的地方志工作做了全面的总结，首次提出“详今明古”说，为全国地方志系统所关注。

1991年1月，全省第五次地方志工作会议在富阳召开。会议检查总结1990年工作，部署1991年任务。同年12月，还召开了修志十周年理论研讨会。会议回顾浙江修志10年来的历程，认为本省实行的“三级修志，从县做起”和“省志编纂，先简后全”的路子符合实际。会议认为，已出版志书中，经济、政治、文化三块是志书主体，经济是中心和基础，对经济有所侧重是必要的，但不宜倾斜过度，有失偏颇；纵向记述中，宜详今略古，重在记述中华人民共和国成立以来的历史和现状，但略古又应明古，不能忽略古代尤其是民国时期经济、政治、文化等方面的记述。

1992年4月13日，省地方志编纂委员会正式成立并举行第一次会议，同意省志编纂采取“一详一简”的方案，即在编纂“浙江省志丛书”的同时，编写一部《浙江省志》(精编本)。同年7月，全省第六次地方志工作会议在绍兴县召开。会议要求解放思想，使正在编纂的志书创新要有突破，质量要有大提高。9月11日，省志编纂工作会议在杭州召开，要求在吸取市县修志经验基础上，把工作重点转移到省志上来。

1999年1月，浙江省地方志工作会议暨省地方志学会学术年会在杭州召开。省长、省地方志编纂委员会主任柴松岳发表书面讲话，省委宣传部副部长、省地方志编纂委员会委员侯玉琪讲话。会议系统总结了社会主义新方志编修18年以来的经验，部署了今后的工作。

(二)社会主义时期二轮修志

浙江省二轮修志的指导督促工作，突出特点是注意吸取首轮修志的经验教训，重视修志经验的交流研讨。如在程序上强调篇目论证、志稿评审的重要性；在体例内容上，则强调新时代环境下志书体例的继承与创新，因而省内二轮志书，普遍采用中小编体例，专志、专记、社会调查统计等体裁的使用增多，进而普遍提升了二轮志书质量水平。

2001年底，省政府办公厅下发《关于开展续修地方志工作的通知》，同时印发《“十五”期间浙江省地方志工作计划纲要》作为新一轮修志的指导性文件。2002年，全省地方志工作会议召开，全省二轮修志正式启动。此次会议为全省二轮修志启动的标志，但实际上部分县(市、区)早在首轮志书出版后即已先行一步启动二轮修志工作，个别地区甚至已出版了二轮志书。此次会议后，省内大部分地区全面启动了二轮修志。

2003年8月，全省续修县(市)志编纂工作座谈会在苍南召开，已开展续志工作的杭州萧山区、建德市、苍南县、平阳县、嵊州市、义乌市、浦江县、天台县、仙居县、岱山县、嵊泗县等10余个县(市、区)代表参会，交流探讨续志编纂过程中遇到的问题。

省地方志办公室指导各地二轮修志的一个重要举措是面向全省开展试点工作，经多年努力，不仅在全省产生了一批示范样板，而且在树立典型、总结经验的同时，也发现了工作中存在的问题，从而通过举一反三，有效推动了全局工作(详看本章第三节《实践创新》)。

图110-11-2-2 2011年1月，省委宣传部领导和省社科院党委听取省地方志办公室工作汇报(浙江省地方志办公室提供)

三、教育与培训

教育与培训是各级地方志机构指导督促下级开展工作的一个有效抓手。

2002年，省地方志办公室与浙江大学研究生院联合举办地方志史志编纂研究生课程进修班，旨在为二轮修志培育人才，提高队伍业务水平。

2009年3月，省地方志专家委员会成立后，即制定了《全省11个市(市本级)对口挂钩联系人员名单》《浙江省14个试点县对口挂钩联系名单》，以定点指导、专业培训、全程服务的方式开展指导工作。省地方志办公室还定期召开会议交流经验，以书面反馈方式了解基层对专家指导工作的情况和意见，并实行“有出有进”的动态循环，对全省地方志事业发挥了重要的指导作用。

从2010年起，省地方志办公室以基本每年举行一次全省性培训班或召开研讨会的方式，分主题、分人员对全省方志系统从业人员进行专业和业务培训。各地也都通过不同方式，分专题、分区域、分人员进行定时或不定时培训。

政府地方志系统之外，部分高校院所、专家学者也发挥了重要作用。作为新时期全国最早设立地方志专业的高校，历年来，宁波大学承担了不少面向省内外地方志系统的业务培训任务。如:2002年11月和2003年4月，中国地方志指导小组办公室先后委托宁波大学文学院举办了两期全国地方志业务培训班，来自全国20多个省(区、市)及国家有关部委、武警部队等单位的180名学员参加培训。宁波大学沈松平等专家学者作为该校地方志专业骨干教师，为此发挥了重要作用。

浙江大学教授陈桥驿、仓修良作为国内知名学者，在培养人才之外，又在浙江地方志编研方面发挥了重要的理论引导作用。早在1956年，时任浙江师范学院地理系教研室主任的陈桥驿便在该系开设方志学选修课程。当年他还带领学生，选定宁绍地区作为野外教学实习基地。方志学课即为解决学生阅读地方志书的困难而开设，主要内容是用新观点、新方法解释和分析旧志，引导学生正确认识理解和运用祖国这一文化遗产。

1981 年，杭州大学教授仓修良开始在杭州大学高年级开设方志学课程。1995 年，仓修良从该年《中国地方志》第 3 期开始，陆续发表《新修方志特色过眼录》系列文章，至 2000 年第 2 期，共评价新修志书 12 部，在全国地方志系统产生了重要影响。

在眼光向外扩大视野的同时，全省地方志系统还十分注重内部学习培训。如新修《浙江通志》编纂工作启动之后，省地方志办公室坚持举办月度学习会，以《浙江通志》编纂为重中之重，把政治学习和业务培训有机结合起来，积极致力于打造学习型机关。各地有的把培训班开到北京等著名学府，有的开展每周夜学活动，还有的把学习经历列入个人年度考核内容，等等，这些举措都有效提升了全省地方志工作者的政治素质和业务水平。

四、交流与合作

自古以来，浙江在全国方志界就有"方志之乡"的美誉，历代浙江方志人通过宣传、交流等各种方式，为传播传承浙江方志文化做出了重要贡献。中华人民共和国成立后特别是 20 世纪 70 年代末改革开放以来，省、市、县三级地方志工作机构十分重视与国内各省（自治区、直辖市）、港澳台地区以及海外文化机构等的交流与合作。省地方志办公室多次组织出国考察交流；省内部分市、县地方志工作机构也与海外有关院校学者建立了良好的合作关系，这些举措对推动方志文化"走出去"都具有积极意义。

（一）海内外方志学术交流

20 世纪 70 年代末改革开放以来，浙江方志界通过"走出去""请进来"等各种方式开展学术交流，对扩大"方志之乡"在海内外的影响和弘扬方志文化做出了积极贡献。这些活动按时间顺序主要有：

改革开放后，美国斯坦福大学教授施坚雅通过杭州大学教授陈桥驿等人，多次向中国介绍并引回诸多方志等珍稀文献。1979 年，施坚雅主编的《浙江宁绍地区地方志目录》出版。在所收 230 种志书中，经陈桥驿核对，有 30 多种系稀世版本，其中 1980 年由陈桥驿教授从美国引回的乾隆抄本《越中杂识》为孤本。1983 年，《越中杂识》由浙江人民出版社出版标点本，国务院古籍整理出版组组长李一氓称之为"对古籍整理是很大的贡献"。1988 年 10 月，施坚雅还专程来杭交流史志工作。

1989 年 1 月，省地方志办公室主任魏桥向苏联历史学家、首任驻华大使齐赫文斯基介绍浙江省地方志工作。

1995 年 3 月，杭州大学日本文化研究所主办"江南与日本"国际学术研讨会，浙江方志学者陈桥驿、傅振照、周如汉、周乃复、顾志兴等参加会议。陈桥驿在会上宣读《中日两国地方志比较研究——中国慈溪市与日本广岛市的地方志修纂》（该文后收入来新夏、齐藤博主编的《中日地方志比较研究》一书），引起与会者极大兴趣。

1995 年，陈桥驿在北美访学期间，精心制作了一张西方有关国家图书馆对包括方志在内的中国历史文献的收藏情况调查表，表中翔实地记载了这方面的一些情况，后以《中国方志资源国际普查刍议》为题，在《中国地方志》1996 年第 2 期发表。

1996 年 9 月，陈桥驿还在《光明日报》上专门发表了《重视国外中国地方志资源的收集与研究》一文，再次要求对流失国外的中国方志资料进行普查。

2001 年 7 月，日本静冈大学教授伊原弘介在杭州拜访中国地方志协会副会长、浙江省地方志学会会长魏桥，了解浙江乡镇志、村志编纂的有关情况。

2001 年 9 月，嘉兴市地方志办公室组织部分县(市)地方志工作者赴德国、法国，分别参加 2001 年法兰克福和巴黎中国年鉴推介展览。

2001 年 10 月，浙江大学教授仓修良应邀赴韩国忠北大学作学术交流，并作题为《章学诚的教育思想》的学术报告。

2002 年 10 月，省地方志办公室组织 20 多个市县方志机构负责人赴新加坡等三国进行文化考察和学术交流。

2006 年，省地方志办公室组团赴欧洲六国考察交流。

2007 年 10 月，省地方志办公室组团赴欧洲开展国际学术交流。

2008 年 5 月，省地方志办公室组团赴澳大利亚开展国际学术交流。

图 110-11-2-5　2007 年 10 月，浙江方志工作考察团赴欧洲考察(浙江省地方志办公室提供)

图 110-11-2-6　2008 年 5 月，浙江方志工作代表团赴澳大利亚考察(浙江省地方志办公室提供)

2009 年 11 月，省地方志办公室主任潘捷军率省地方志工作考察团赴新加坡、澳大利亚、新西兰考察并进行学术交流。

2009 年 11 月，省地方志办公室承办的 2009"相约西湖"文化活动之"中美文化对话论坛"在浙江宾馆举行。省社科院院长迟全华等出席会议，省地方志办公室副主任陈野做主题发言。

(二)与港澳台地区的工作交流

地方志是中华民族共有的传统文化形式，港澳台地区十分重视地方志等地方历史文献的编修工作，与浙江等内地的交流也十分频繁。20 世纪 80 年代以来，具有重要影响的活动有：

1980 年，浙籍台胞余烈自费编印《於潜县志》，分赠各界。台北浙江松阳县同乡会影印民国 15 年(1926 年)刊本《松阳县志》，底本采自美国国会图书馆，并附有同乡会续编 12 卷。

1988 年 10 月，省地方志编纂室向中共浙江省委、省人民政府上报《关于国内公开发行的地方志允许对台湾同胞出售或赠送的报告》，中共浙江省委保密委员会于 11 月批复同意。

1990 年 2 月，郑立墉主编的《江山市志》由浙江人民出版社出版，志中记述了民国时期的一些重要史实。原国民党“军统”头目毛森看到志书后来信，称志中所说都为事实，并说：“共产党实事求是，真了不起！”后曾回乡探亲。

1993 年，中共中央总书记江泽民会见香港《明报》集团董事长查良镛（金庸）时，将《浙江方志源流》《浙江地名简志》等 17 种浙江地方史志成果作为礼品赠送，对扩大“方志之乡”影响、宣传浙江方志文化起到了十分重要的作用。

（三）与各省（区、市）地方志系统的工作交流

改革开放以来，浙江省地方志系统除十分注重与海内外的学术交流和文化沟通外，还注意通过“走出去”“请进来”等各种方式途径，与全国各省（自治区、直辖市）开展广泛的工作交流，以取长补短，共同推进事业发展。

1997 年 12 月，由衢州市地方志办公室发起，闽浙赣皖毗邻地市方志协作会年会在衢州市召开。闽浙赣皖近 20 个地、市（县、区）方志办 70 余人参会，对“社会主义方志”这一当代方志学的新命题进行探索和讨论。后这一形式延续多年，有效助推了区域间地方志事业的共同发展。

2010 年 7 月，华东地区省级地方志机构主任座谈会在莫干山召开，华东六省一市的省级方志机构主任悉数到会。会议以《浙江通志》卷目论证为主题，各省（直辖市）主任和有关专家结合自身修志经验体会畅所欲言，并提出了很多真知灼见，有的后被浙江地方志系统直接吸收在《浙江通志》编纂和其他有关工作中。

此外，长期以来，浙江省地方志系统还经常走访全国有关省（自治区、直辖市），上门学习，虚心取经。省外也经常有团组来浙参观考察，他们往往重点考察宁波天一阁藏书楼、湖州嘉业堂藏书楼、绍兴章学诚故居等具有浙江方志文化典型性标志的名胜场所，并与浙江同行开展广泛工作交流。宁波、温州、海宁等多地也通过到省外开办培训班、创办“史志讲堂”邀请省外专家学者授课等多种形式，既拓宽了视野，增长了知识，也学到了外地很多有益的工作经验。

图 110-11-2-7　2010 年 1 月，浙江省地方志办公室赴上海通志馆考察学习（浙江省地方志办公室提供）

图 110-11-2-8　2010 年 10 月，河北省地方志办公室到浙江考察（浙江省地方志办公室提供）

五、宣传与奖励

修志历来被视为是十分清苦、辛苦和艰苦的一项工作。自古以来，全省历代地方志工作者为打造“方志之乡”付出了无数心血汗水。特别自改革开放新时期两轮修志工作启动以来，浙江一大批方志人兢兢业业工作、默默无闻奉献，事迹可圈可点，精神可敬可佩：第一轮《嘉兴市志》主编史念因操劳过度而吐血；《临安县志》主编蔡涉废寝忘食，任劳任怨，最后因劳累过度、疾病突发而离世。[①] 难能可贵的是，根据地方志工作特点和当地实际情况，全省不少地方修志都聘请了一批既具有一定理论造诣又具有丰富实践经验的老同志，他们也以自己的精神和业绩为各地的地方志工作留下了弥足珍贵的历史印迹。

弘扬新时代“最美方志人”精神始终是省地方志办公室及全省地方志系统的一个工作重点，开展各种形式的评先评优活动也是全省地方志系统推动工作的一个重要抓手。

(一)配合开展全国性“评先评优”工作

新时期全国二轮修志工作启动以来，省地方志办公室配合中国地方志指导小组及国家有关部门，开展了全国性的“评先评优”活动。如2005年，经人事部和中国地方志指导小组联合发文，杭州市地方志办公室获“全国地方志系统先进集体”称号；同年，绍兴市地方志办公室任桂全获中国地方志指导小组特别嘉奖的“全国方志先进工作者”称号。另有杭州市地方志办公室、萧山区地方志办公室、舟山市史志办公室、义乌市志编委会办公室、绍兴县史志办公室和魏桥、贾大清、嵇发根、王健飞、包江雁、姚志浩、任桂全、韩章训、王林、项军美、柯小敏、梅岳民12人获中国地方志指导小组表彰的“全国方志先进集体和先进工作者”称号。

2010年，杭州市地方志办公室和杭州市地方志办公室主任贾大清再次分别获得人力资源和社会保障部、中国地方志指导小组表彰的“全国地方志系统先进集体和先进工作者”称号。同年，省江河水利志编委会办公室、杭州市地方志办公室、绍兴市地方志办公室、海盐县史志办公室和义乌市志编辑部5个单位和胡军、贾大清、邱阳、刘胜勇、鲁孟河、王永献、杨会荣、郑世晟、夏希虔、何百川、陈建敏、洪关旺12人，也分别获中国地方志指导小组表彰的“全国方志系统先进集体和先进工作者”称号，他们有的还作为代表，参加了当年12月在北京人民大会堂隆重举行的表彰大会。

另外，长期以来，省和各级地方志机构还配合中国地方志指导小组、中国出版协会等单位，开展了全国性的志书、年鉴等成果评奖工作，浙江地方志系统在这些活动中也屡获佳绩(参见本志其他有关章节)。

(二)全省地方志系统“评先评优”工作

在配合开展全国性“评先评优”工作的同时，省地方志办公室还面向全省定期开展系统性“评先评优”活动。如2004年，省地方志编纂委员会专门发文，表彰2002—2003年度全省地

---

① 浙江省地方志编纂委员会办公室编：《方志之乡——浙江》，方志出版社1999年版，第14页。

方志系统先进集体和先进工作者，其中杭州市地方志办公室等 34 个单位为先进集体，李忠民等 91 人为先进工作者。此后分别于 2005 年、2006 年、2007 年、2008 年和 2010 年，省地方志编委会连续开展并发文表彰上年度全省地方志系统的先进集体和先进个人。2010 年，自《浙江通志》编纂工作启动后，《浙江通志》编委会和省地方志办公室决定面向各卷编委会、各编纂责任单位，每年定期开展编纂先进集体评选表彰活动。这些活动有效提升了全系统的正能量，直接推动了全省的地方志工作和事业。

（三）全省地方志成果评奖工作

作为知名全国的“方志之乡”，浙江省的志鉴编纂和研究成果丰硕。从 1990 年开始，省地方志编委会和省地方志办公室开展了全省志鉴和研究成果等评奖活动。

2004 年 3 月，由省政府办公厅发文，公布了第五届全省地方志优秀成果评奖结果，其中《绍兴县志》等 3 项成果为一等奖，《浙江省水利志》等 5 项成果为二等奖，《浙江省军事志》等 8 项成果为三等奖。到 2007 年，全省已连续 3 次开展年鉴优秀成果评奖活动，全省地方志系统和其他有关行业先后有数十部年鉴分别获奖。

到 2010 年，浙江还连续举办了 3 届“浙江方志研究论坛暨学术研讨会”，并对入选论文进行评奖表彰；全省地方志系统的一大批志书编纂和学术研究成果，多次分获省政府颁发的省“哲学社会科学奖”各个等次的奖项。

2010 年 10 月，由省地方志办公室组织全省地方志系统编纂、由浙江人民出版社出版的《浙江 60 年发展历程纪实丛书（1949—2009）》首获省新闻出版局颁发的省新闻出版系统最高奖——“树人奖”。这套丛书由《蓬勃发展的进程纪实（浙江 60 年大事记）》《沧桑巨变的区域纪实（市县篇）》和《成就辉煌的事业纪实（部门事业篇）》三册组成，从宏观层面客观记录了浙江 60 年来的历史巨变。

上述这些成果都有效扩大了“方志之乡”的影响，并对传承浙江区域文化、服务文化大省建设做出了有益的贡献。（参见本志第九章《地方志学术研究》等章节内容。）

第三节　实践创新

浙江历来有“方志之乡”之称。千百年来，东汉《越绝书》、南宋海盐《澉水志》、清代方志事业集大成者章学诚等，都在中国方志发展史上产生了重大影响，也奠定了浙江在中国方志史上的独特地位。中华人民共和国成立后特别是 20 世纪 70 年代末改革开放以来，历代方志人砥砺奋进，传承接力，在继承传统的同时，十分注重创新，“方志之乡”频传佳绩，再创辉煌。

一、方志编纂创新

浙江地方志事业在全国方志界的影响首先源于修志主业，其间既有章学诚所作出的开创性贡献，也有沈曾植、余绍宋以至陈桥驿、来新夏等历代方志人坚持不懈的传承努力。

改革开放以来，仅就修志主业而言，浙江方志界就在多个方面走在全国前列①：浙江曾是全国编纂乡镇村志最多的省份，是全国第一个集全省名镇名村于一志的省份；浙江也是全国率先组织省内外专家评审县志稿并提出“详今明古”“要加强志书著述性”等重要方志编纂理念的省份。

图 110-11-3-1　2009 年 1 月，浙江省二轮修志创优工程试点县（市、区）情况汇报会在杭州召开（浙江省地方志办公室提供）

进入 21 世纪开始第二轮修志后，为探索二轮修志规律，推进全省二轮修志工作，省地方志办公室于 2007 年启动省二轮修志创优工程试点工作，首批从全省 29 个县（市、区）申报单位中评出 14 个试点单位（2010 年 7 月，经严格程序，增加到 18 个，详见下表），并签订《浙江省二轮修志创优工程试点单位协议书》。试点工作由省地方志办公室直接指导，从业务研讨培训、专家指导等各方面进行重点扶持，探索修志规律，打造精品佳志，以点带面地促进省二轮修志工作的开展。全省市县工作则以试点单位为标杆，通过召开试点工作会、研讨会、区域经验介绍会、对口联系、调研交流等形式推广试点工作经验，推动二轮修志工作深入开展。

表 110-11-3-1　　浙江省二轮修志创优工程试点单位名单（共 18 个）

所在地区	单位名称	所在地区	单位名称
杭州市	＊萧山区地方志办公室	湖州市	德清县史志办公室
	余杭区史志办公室	绍兴市	绍兴县史志办公室
	富阳市史志办公室		上虞市史志办公室
	临安市地方志办公室	金华市	兰溪市地方志办公室
宁波市	海曙区史志办公室		＊义乌市志编辑部
	鄞州区地方志办公室	衢州市	龙游县史志办公室
	＊象山县地方志办公室	舟山市	定海区史志办公室
嘉兴市	＊海盐县史志办公室	台州市	路桥区地方志办公室
温州市	龙湾区史志办公室	丽水市	青田县地方志办公室

说明：前标＊者为全国二轮修志试点单位。

① 参见浙江省地方志编纂委员会办公室编：《方志之乡——浙江》，方志出版社 1999 年版。

浙江的创优试点工作，还得到中国地方志指导小组办公室（简称中指办）的重视。中指办从政策、业务等方面都给予了大力支持，明确把进入省试点作为推荐全国试点单位的前提条件，先后有4个浙江省试点单位被列为全国二轮修志工作试点单位，浙江也因此而成为全国试点单位最多的省份。同时，中指办领导还多次来浙江指导省二轮修志创优工程试点工作。

浙江修志主业的开拓创新还体现在以下几方面①：

——对志书记载内容的探索创新：早在改革开放后新时期第一轮修志工作启动后，丽水地区的地方志工作者就在实践中逐渐意识到，新一轮修志工作既要注重遵循志书传统编纂规律，又要着力在挖掘地方独特资源、弘扬区域文化上下功夫，如《青田县志》中的石雕、华侨等内容，《龙泉县志》中的青瓷、宝剑等内容，《庆元县志》中的菇业等内容，《缙云县志》中的仙都等内容，《景宁畲族自治县志》和《遂昌县志》中的畲族等内容，等等。为凸显这些内容，有的志书还对有关章节进行了“升格”处理，有的则注意到改革开放后全国一轮修志中出现的“专记”等创新形式并及时加以运用。这些方法既有效增强了志书对公众的吸引力和可读性，又使丽水各具特色的区域文化得以彰显弘扬。

——对志书“索引”形式的探索创新：如新时期第一轮修志工作期间，杭州大学教授陈桥驿便在1992年的《中国地方志》发表了《地方志与索引》一文，大力呼吁倡导新志要重视索引，并强调这是新时期方志工作者的“应尽义务”和“社会责任”，从而开始引起浙江方志界的广泛关注。此后，《绍兴市志》《龙游县志》《宁波市志》《慈溪县志》《临安县志》《桐乡县志》《富阳县志》《新昌县志》等一批市县志相继开始使用索引，尤以《绍兴市志》最为详细规范。在6册《绍兴市志》中，索引独立成册，有：主题索引（目与子目），分类索引（人名、地名、艺文志），体裁索引（图照、表格）。

——对志书“大事记”形式的探索创新：在新时期两轮修志工作中，全国方志界对大事记在志书中的地位和作用进行了新的探索，《龙游县志》和《台州地区志》以“大事索引”代替传统的“大事记”的做法就是一种有益的尝试。如《龙游县志·编纂本末》便申明：“新编地方志不设大事记，可以避免不必要的重复，以减少志书的篇幅。此外，以大事记为纲，或以之‘为全志之经，用以揭示本地区历史发展规律’，从新编地方志的实践看，都是难以实现的。”该志还以此为理念进行了创新实践。

上述探索体现了浙江方志人敢为人先的改革理念和创新意识，对全国方志界产生了积极的影响，浙江的地方志书编纂工作也因此走在全国前列并屡获表彰（见表110-3-11-2）。

二、各项事业创新

“修志为主，多业并举，全面发展”是改革开放后新时期全国两轮修志工作过程中逐步形成的事业新格局。在这一过程中，作为改革开放的先发地，浙江方志人同样锐意进取，勇于创新，不少工作可圈可点，有的还为全国地方志事业发展做出了独特贡献。在“志、鉴、库、网、馆、刊、会、研、用、史”等新时期地方志事业“十业”大格局中，除上述志、鉴编纂主业外，改革开

① 部分内容参见沈松平：《首轮新方志编修实践创新回顾》，《中国地方志》2016年第10期。

放以来浙江在全国地方志系统所创涉及其他各方面的"全国第一"还有①：

——全国第一个出版电子光盘版方志的省份，即省地方志办公室与宁波金轮计算机有限公司联合推出的《浙江省名村志》光盘。

——全国第一个在县级市建立方志馆的省份，即1990年3月，在建德县（今建德市）所建的"浙江方志馆"，同年4月新华社报道称之为"我国第一家专门收集社会主义时期第一代方志的方志馆"，在全国方志界起到了重要的导向作用。

——全国第一个在高校招收4年制方志专业本科生的省份。即1997年，在宁波召开的全国地方志第二次工作会议暨颁奖大会期间，经中国地方志指导小组组长李铁映提议，于1998年9月在宁波大学文学院历史系开办方志学（专业方向）本科专业。

——《条例》颁布后全国第一个制定下发实施办法的省份。即杭州市于国务院《地方志工作条例》颁布后所制定的《杭州市实施〈地方志工作条例〉办法》。

——全国地方志系统最早将乡镇村志编纂纳入《条例》实施办法的省份。《浙江省实施〈地方志工作条例〉办法》第二条规定："本省行政区域内地方志、其他志书和年鉴的组织编纂、管理、开发利用工作，适用本办法。……本办法所称其他志书和年鉴，是指机关、社会团体、企业事业单位、其他组织及个人组织编纂的专业志、乡镇志、村志和专业年鉴等资料性文献。"从而按《条例》要求对各地的地方志工作进行了拓展，也为解决部分地区一轮修志工作结束后出现的班子解散、工作中断等问题寻求了有效的解决方法。

此外，改革开放后新时期全国两轮大规模修志工作启动以来，浙江有些工作虽未必称为"第一"或"首创"，但同样在全国地方志系统产生了一定的影响。例如省地方志办公室自成立后，管理体制上一直为省社科院代管。自2006年国务院《地方志工作条例》颁布后，在全国大部分地方的地方志工作机构陆续调整管理体制后，省地方志办公室既注重坚持履行依法修志的行政职能并逐步加大行政推动力度，又注重依托省社科院的科研专业优势，通过开展学术研究、加强学科建设等途径，积极致力于提升地方志的专业质量和学术水平。省社科院则通过设立课题项目、开展专业职称评聘等多种方式积极支持全省地方志工作，从而既有效推进了工作的行政进程，又提升了事业的专业质量水平，使两者相得益彰，相互促进，浙江的地方志学术研究工作也始终走在全国地方志系统前列。

第四节　方志馆建设

地方志是中华民族特有的传统文化形式，作为集编纂、收藏、展示、研究诸功能于一体的官方史志编纂机构，自古至今各种类型的方志馆为传播中华文明、传承民族文化做出了特殊贡献。作为"方志之乡"的浙江，从方志馆建设的理论研究和建设实践看，章学诚的《州县请立志科议》第一次对方志馆建设做出了系统论述，建于民国3年（1914年）的浙江通志局是中国

① 参见浙江省地方志编纂委员会办公室编：《方志之乡——浙江》，方志出版社1999年版。

近现代史上第一个较为规范的省级方志馆，建于1990年的浙江(建德)方志馆是改革开放后第一个被冠以“方志馆”的专业机构。

一、清代及其以前浙江史志机构的建设与运行

(一)清代及其以前浙江史志机构及运行机制

方志馆最早源于古代各种类型的史志机构。但方志在南宋定型之前，机构形式多为史志合一，也非专业方志馆。自清代始，独立的方志机构日渐增加，功能也渐趋完善。如道光年间，海昌(今海宁市)重修州志时，便专门设立志馆。《海昌州志开馆条约》中，还从“旧籍宜博采”“钞撮宜详备”“采访宜征实”“日力宜爱惜”4个方面对修志人员提出明确要求，并相应确立了机构运行方式。在孙诒让所撰的《瑞安县志局采访人物条例》中，也提出了“志乘之体，善善从长”，“采访务求核实，欲其信而有征”等十分有益的修志理念。

(二)章学诚《州县请立志科议》对方志馆建设的构想①

作为方志学的开创者，章学诚在《州县请立志科议》一文中对方志馆建设也提出了独到见解。他认为，方志应当比国史翔实完备，但当时方志恰恰普遍存在资料缺漏等弊端，应在制度机制上解决问题。于是提出“平日当于诸典吏中，特立志科，佥典吏之稍明于文法者，以充其选。而且立为成法，俾如法以纪载，略如案牍之有公式焉，则无妄作聪明之弊矣”；“六科案牍，约取大略，而录藏副本可也”。具体则要求录副六科案牍、家谱、传状、经史撰著、诗词文笔等，且力求“水灾不得侵”，“无故不私启”。

图110-11-4-1　绍兴章学诚故居内景(2014年，段愿摄)

章学诚还对“志科”相关职责及志书编纂班子作过分工：“职掌提调，专主决断是非；总裁，专主笔削文辞；报谋者，叙而不议；参阅者，议而不断。”从而“各不相侵，事有专职”。为使志科设想落到实处，他还提出将志科职能向外延伸，主张在四乡另专设采访一人，聘请“绅士之公正符人望者为之”，具体负责采访、收集资料之事，并“持公核实”后及时呈报志科“妥藏备用”。

尽管章学诚所设想倡导的“志科”与改革开放后全国各地所建的新型方志馆仍有较大区别，但“志科”创见和“立为成法”的主张对后世史馆、方志馆等机构建设具有重要的借鉴意义和参考价值，各时期在研究与实践中，事实上都不同程度受这一思想影响，因此，章学诚为此做出了重要的开创性贡献。

① 参见章学诚撰，叶瑛校注：《文史通义校注(下)》，中华书局2014年版，第543—547页。

二、中华民国时期浙江方志馆事业的艰难历程

（一）浙江通志局与民国方志馆建设事业的发端

民国 3 年（1914 年）春，浙江省督军朱瑞、巡按使屈映光决定续修《浙江通志》并设立浙江通志局。民国 4 年制定的《浙江续修通志局组织大纲》第一条“定名”载明：“本局定名为浙江通志局。”这是中国近现代史上第一个较为规范的省级方志馆，因而也为中国近现代的方志馆事业做出了开创性贡献。

浙江通志局的创立与沈曾植所做的历史贡献是分不开的。接受《浙江通志》总纂重任后，沈曾植所做的一件大事便是广揽人才。《浙江续修通志局组织大纲》规定：浙江通志局“延聘总纂一人，委任提调一人，其纂修四人，分修二人，协修四人，名誉纂协修无定额，特别征访员无定额，均由总纂延订。征访十一员，文牍二员，会计兼庶务一员，校对员书成后选派，书记随时增减，由本局提调委”①。按此方案，通志局及沈曾植聘请朱祖谋、陶葆廉、金蓉镜、章梫、王国维、吴庆坻、叶尔恺、朱福清及刘承幹等人参与纂修。以徐定超、喻长林为提调，又设分纂 20 余人、各县采访若干人，共同从事此项大业。

人员选定后，通志局很快便将办公地址设在省城高桥巷后前省议会旧址（省议会旧址原系清末浙江省咨议局大院，后来成为国民党浙江省党部驻地，中华人民共和国成立后为省公安厅办公地）。民国 4 年（1915 年）8 月 13 日上午，徐定超、金蓉镜等“赴省议会旧址布设通志局，开始应办各事宜”。同时政府也十分重视通志局和《浙江通志》的编纂工作，民国 4 年 10 月，浙江巡按使公署专门发文，制定了《续修浙江通志征访细则》，共 22 条。省都督吕公望还要求各县“迅速补送备纂，毋任延缓”。民国 5 年 11 月，因有的县对修志态度消极、行动迟缓，省长公署又多次发布训令，强调“事关重要”，应从速办理。

浙江通志局正式开办后，十分注重借鉴前人、他人修志经验，如沈曾植便强调“读一省之志不可不知一省之事”。刘承幹也曾从自藏书库中检出《广西通志》80 册，供沈曾植等人阅习。浙江通志局还十分重视资料的征访、收集和整理工作。民国 4 年（1915 年）9 月，通志局在修志资料征集方案中，强调一是要以各县现行志书为修志依据，二是要重视摘录官衙公牍，三是各县应设访员，并采取实地调查访问的形式，为修志提供一手资料。并对征访员的人数、年龄和征访办法等事项做出了详细规定。同年 10 月浙江巡按使公署发布的《续修浙江通志征访细则》中，又进一步明确要求各府衙配备一名专职征访员，且务必品学端正，留心掌故，30 岁以上。如果有人借修志之名招摇撞骗，必须立即辞退。规定还要求征访员要广为征访各种与修志有关的文献，无论已刊刻或未刊刻的，无论官方文献还是私家著述，都要广加收录。并鼓励征访员补充建议，集思广益。②

但从民国 5 年（1916 年）夏季始，因政局动荡，军政长官更替频繁，报纸有缓办通志消息

① 《浙江续修通志局组织大纲》，原件现藏于嘉兴图书馆。

② 徐逸龙：《徐定超和浙江通志局》，《浙江方志》2012 年第 5 期。

刊布，通志编纂工作便显现颓势。民国6年2月，徐定超以通志局提调名义，呈文当时的省长齐耀珊，要求各地申报户口数据。同时附抄清单为海盐等43县，包括旧温属乐清、平阳、瑞安、泰顺、玉环5县。但由于种种原因，续修《浙江通志》最终仍成未竟事业。民国11年11月，沈曾植病逝。民国22年5月，浙江省议会通过了省长咨文《结束浙江通志局追加经费案》，从而宣告了浙江通志局的正式裁撤。

（二）抗日战争前后的浙江省通志馆

图 110-11-4-2　抗日战争时期的浙江通志馆旧址（浙江省地方志办公室提供）

抗日战争时期的浙江省通志馆成立于民国32年（1943年）。早在民国29年11月，曾任民国众议院代理秘书长、司法部次长、广东通志局总纂（辞未就）和浙江参议会副议长的浙江龙游人余绍宋，便在省第一届临时参议会第二次会议上正式提出题为《拟请省政府设委员会征集通志县志材料》的提案。提案指出："前车已覆，来轸堪虞。自宜略仿清儒章学诚《各县应设志科》之议，先时预为之备。由省政府通令各县，聘请有学识之绅士数人，组织一委员会，专司其事（小县则不必设会，专聘一二人任之亦可）。拨定经费，以供采访抄录之需。其浙西沦陷各县，仍宜设立。一面征佚补亡，一面专记沦陷后情事，以备异时载入志书，藉资警惕。省会则由省政府聘请淹通博雅士绅若干人，组织委员会，以总其成。"同时强调："如是则将来事定后，编成志书，不患无所取裁，可成信史。万一有变，亦能转徙，不致散亡，实为目下急要之务。或谓当此抗战之时期，不必为此不急之事，不知文献是历史根基，无历史则无人类社会，失其凭藉，而民族精神，亦无从资以发挥，未可忽也。"①

余绍宋的这个提案，受到不少有识之士的重视。民国31年（1942年）5月，省政府决定成立省史料征集委员会，任命余绍宋为该委员会主任。次年，在省政府第1302次会议上，决定筹设浙江省通志馆，省政府为此发布了训令。黄绍竑又聘请余绍宋任馆长，凌士钧任副馆长，孙延钊、钟毓龙任总编纂，下设编纂及分纂共20余人。黄绍竑还亲自选定在云和县大坪村设馆，于是余绍宋一班人便在这个穷乡僻壤中正式开始了《重修浙江通志》的编纂工作。② 通志馆设正副馆长各1人，内设编纂室、秘书室、采辑室、总务课、会计室等机构，各时期分别约有20名～40名工作人员。省通志馆同时还在浙东临海县、浙西昌化县各设有一个办事处，并在各地聘有一批采访员、编纂员等专兼职人员。为规范有序开展工作，省通志馆还编有"组织规程"等一系列文件规则。但运行中仍面临断修时间长（由于历次通志均未修成，因此实际间隔已长达200多年，接续难度大）、时间紧、通信不便和缺史料、缺人才、缺经费六大困难，因而十

① 龙游县政协编：《余绍宋》，团结出版社1989年版，第32—33页。

② 洪焕椿：《浙江方志考》，浙江人民出版社1984年版，第36页。

分艰难。①

抗日战争胜利后，省通志馆随省政府迁回杭州，在西湖静江路（今北山路）108 号梅庐继续修志。余绍宋很快便写出了《略评浙江省通志兼述重修意见》《重修浙江通志初稿体例纲要及目录》等文稿，印发国内学术界有关人士征求意见；省通志馆还创办了《浙江省通志馆馆刊》，主要稿件由洪焕椿编辑；并在《东南日报》开辟了《文献汇刊》副刊，以广泛宣传修志并征求社会意见；余绍宋还聘请了竺可桢、童第周、茅以升等 20 多位卓有成就的专家学者为通志馆的特约编纂，尽管报酬很低，但很多人热情很高，寄来不少很有价值的拓片、照片和文字材料。②

民国 38 年（1949 年）3 月，杭州解放前夕，省通志馆暂停工作并告解散。至此前后共计 6 年，共编志稿 125 册（未分卷），约 500 万字，同时还采集了总量在 5 万件以上的史料文献。同年 5 月杭州宣告解放，杭州市军事管制委员会接管了浙江省通志馆，其所编《重修浙江通志（稿）》交由浙江图书馆保存。

除省通志馆外，浙江不少地方也建有各种形式的方志馆所。如民国 35 年（1946 年）杭县启动县志编修工作时便专门成立县修志馆，并起草了《杭县修志馆组织规程》《杭县修志馆办事细则》《杭县修志馆特约撰述采访办法》等文件，还制订了分年度计划、编纂大纲，开展了乡镇调查和资料收集工作，等等。但由于当时形势所迫和条件所限，杭县修志馆等机构与省通志馆一样，大多困难重重，难以为继。

（三）民国时期其他有关场馆方志收藏及对方志馆建设的影响贡献

进入民国时期，地方志这种中华民族独有传统文化形式的价值日益为社会所关注。不仅已有的通志局、通志馆等专业机构，包括一些著名的藏书机构，客观上也为近现代浙江方志馆事业的发展做出了贡献。

如湖州南浔人刘承幹（1881—1963），一生酷爱收书藏书。他不仅早年与沈曾植等一道参与续修《浙江通志》的工作，并曾有编修《南浔志》的经历，而且自民国 9 年（1920 年）始，在其家庙侧置地 20 亩，用金 12 万建造藏书楼，直至民国 31 年正式建成，并以溥仪所赏“钦若嘉业”九龙匾为名，命名为“嘉业堂”藏书楼。同时他还不惜重金，长期广收方志，从州志、府志到县志、镇志，几乎来者不拒。在嘉业堂达 50 万余卷、计 18 万余册的藏书总量中，方志多达 1200 多种，3.3 万卷，因而与宋元版本、稿本抄本及校勘本一起，被公认为嘉业堂藏书的三大特色。

① 云和县史志研究室：《浙江省通志馆在云和（1943—1945 年）》，内部刊印。

② 唐家仁：《追怀余越园》，载浙江省政协文史资料委员会《浙江文史集粹·文化艺术卷》，浙江人民出版社 1996 年版。

图 110-11-4-3 湖州南浔嘉业堂藏书楼外景(浙江省地方志办公室提供)

图 110-11-4-4 嘉业堂藏书楼内景(浙江省地方志办公室提供)

再如平湖葛氏家族,为显尊祖葛洪(抱朴子)之意,自晚清起至民国时期,历经几代,建起当时江南著名的"传朴堂"藏书楼,共 8 间 3 层,其中三层"守先阁"主要用于藏书。传朴堂初建时藏书已有 10 万卷,后又增至 40 万卷。其主要特点是以收藏方志为主,所藏志书便有 2000 多种,同时还兼顾别类,如所藏善本类、宋版及海内孤本多达 4000 余种。当时由张元济创办的上海"涵芬楼"已以所藏 1400 多部方志知名天下,而据说传朴堂收藏更多,许多品类为涵芬楼所未见。面对传朴堂守先阁"越三十余年,积书四十万卷"的盛景,当时著名出版家张元济赞叹:"藏书之富,骎骎乎为浙西之冠"①。

三、中华人民共和国成立后浙江的方志馆建设事业

中华人民共和国成立后特别是 20 世纪 70 年代末改革开放以来,浙江的方志馆建设事业得到了较快发展,其中首推"浙江方志馆"(位于今建德市内)的建立(详见专记《"全国首座新方志馆"——浙江方志馆的建立》)。

改革开放以来,随着各地文化事业的大发展大繁荣,浙江的方志馆建设事业开始进入快速发展时期。除浙江(建德)方志馆外,2001 年 3 月 28 日,被称为"中国第一个以收藏山水志为主的方志馆"——浙江余姚市山水史志馆落成。该馆由当地水利部门为主投资兴建,馆址选在梁弄水库管理局内,并征集到 2000 多册志书及有关文献,向公众开放。2007 年 6 月,温州市龙湾区有关部门发文批准设立区方志馆。2010 年 8 月,总建筑面积为 5000 多平方米、建有 3 个陈列室和固定展厅的常山县方志馆(档案馆)建成开放;杭州、湖州、宁波、温州、舟山等地级市和杭州余杭区、义乌市、绍兴县等县(市、区)也先后启动了方志馆的设计、论证和选址等工作,浙江的方志馆建设事业方兴未艾。

从 20 世纪 70 年代末改革开放以来,以下各种场馆同样以不同形式为浙江方志馆发展事业做出了重要贡献。

---

① 商成勇:《江南葛家——一部系在优秀传统文化根脉上的厚重传奇》,载《嘉兴日报·平湖版》2015 年 5 月 18 日 C3 版。

1. 宁波天一阁中国地方志珍藏馆。1997 年 8 月，在浙江宁波召开的全国地方志颁奖大会上，中共中央政治局委员、国务委员、中国地方志指导小组组长李铁映强调：要研究和开拓志书的应用工作，要积极探索志书使用的新经验，要在图书馆设志书室。在他直接推动下，1999 年 12 月，“中国地方志珍藏馆”在宁波天一阁藏书楼正式建立，收藏了 6700 多册中华人民共和国成立后特别是改革开放以来，全国各地第一轮大规模修志活动中出版的新志，约占当时全国新志总量的 80%以上。这是方志馆建设的又一种模式途径，在双方资源整合共享、优势互补的同时，也节省了大量财政资金。这对促进相关业界与方志馆的密切联系，特别是依托图书馆、藏书楼等现有资源条件建方志馆，具有重要意义。

2. 各类档案系统的方志馆。浙江省档案馆的馆藏方志分为刊印本和缩微胶片复制本两大部分，涉及从宋代一直到现当代各个历史时期，计 300 多种 1000 余册，门类上有省志通志、府州县志、乡镇村志，还有山水志、舆图志、海防志、物产志、游览志、人物志、寺观志、风土志、掌故志、地名志等各种类型。同样，在杭州市档案馆，也专设有杭州方志展厅，陈列着明《嘉靖淳安县志》、民国《昌化县志》及《云栖志》等一批珍稀古志旧志。

图 110-11-4-5　杭州档案馆方志展厅（浙江省地方志办公室提供）

3. 以文化名人名义所设的各种形式的方志馆。如 2007 年，浙江杭州市萧山区投资 20 多万元，为祖籍萧山的全国著名方志学家来新夏建立了“来新夏方志馆”，内有馆藏包括来新夏捐赠的各类志书和历史文献 4700 多册(部)。至 2010 年底，藏书达 10000 余册(部)。

2009 年，绍兴市为浙江大学终身教授、全国著名历史地理学家和方志学家陈桥驿建立了“陈桥驿史料陈列馆”。陈列馆临街背河，古色古香，600 多平方米的展馆里，陈列了陈桥驿的学术著作、重要论文、手稿原件等包括方志学研究在内的一大批文献实物。这种介绍“人”和设置“馆”融为一体的方式，不仅有效扩大了方志名家的影响，也有力推动了当地方志和文化事业的健康发展。

专记

全国首座新方志馆——浙江方志馆的建立

1990 年 3 月 1 日，浙江省地方志编纂室、省地方志学会、建德县(今建德市)地方志办公室联合发出《关于征集地方志筹建方志馆的通知》。之所以在建德县选址，一个重要原因是《建德县志》系浙江省改革开放后全省第一轮大规模修志工作中出版的第一部县志，出版后曾获省政府第三届(1985—1986 年度)浙江省哲学社会科学优秀成果一等奖，同时在全国方志界具有较大影响。故《通知》明确：“浙江方志馆”在该县新安江镇正式挂牌建立，馆舍借建德县档案馆库房,存放征集到的志书。并开始面向全社会征集包括省、市、县、乡镇和专志等各类志书,同时说明“本馆尚未正式定名,希望全省修志工作者积极提名,以供选用”。说明当时“方志馆”尚未成为一个被普遍采纳的名称概念。

据《浙江方志馆入藏新编地方志目录》记载,该馆共收藏方志类图书、史料等8类1052种计2320册(数据截至1997年),其中,县市志441种541册,专志323种520册,乡镇志29种47册,年鉴18种74册,方志论著13种16册,旧志、志稿79种742册,史料145种367册,其他类10种13册。

1990年4月15日,新华社播发通稿:“我国第一家专门收集社会主义时期第一代方志的方志馆最近在浙江省建立,收藏志书的范围包括中华人民共和国成立以来各省市县镇志和各种专业志,还包括部分珍贵的旧志书。我国新一代方志的编纂工作始于20世纪80年代初。目前全国仅县一级方志就有150多部,其规模和质量远远超过以往历代。”从而以此为标志,拉开了新时期全国各地方志馆的建设热潮。[①] 这也是中国方志史上有据可查的第一家以“方志馆”命名的方志机构,在全国方志界起到了重要的导向作用。

图110-11-4-6　浙江(建德)方志馆外景(浙江省地方志办公室提供)

① 虞云达、慎海雄:《浙江建立全国首座新方志馆》,载《人民日报》1990年4月15日第2版。

丛　录

一、宋代浙江方志目录

书　　名	作　者	卷　　数	备　　注
两浙路图经	佚名	95卷	
祥符(杭州)图经	李宗谔		
(杭州)图经	桑衍		
杭州图经	佚名		
乾道临安志	周淙撰	15卷，今存3卷	现有浙江人民出版社1983年《南宋临安两志》点校本。
(淳祐)临安志	赵与篡、陈仁玉等撰	52卷，今存8卷	现有浙江人民出版社1983年《南宋临安两志》点校本。
咸淳临安志	潜说友撰	100卷，今存95卷	
仁和县图经	佚名		
淳熙余杭图经	佚名		
富阳县图经	佚名		
富春志	佚名		汉置富春县，晋改名为富阳。
(嘉定)富春新志	程珌撰		
临安县图经	佚名		
(临安)县志	佚名		
於潜县图经	佚名		宋於潜县隶杭州(临安府)，治今临安西於潜镇。
於潜志	佚名		

续表 1

书　名	作　者	卷　数	备　注
昌化县图经	卞圜撰		
昌化县志	佚名		
祥符(睦州)图经	李宗谔		北宋改睦州为严州,南宋咸淳初升为建德府。
(绍兴)严州图经	董弅撰	8 卷	
(淳熙)新定志	陈公亮、刘文富撰	8 卷,今存 3 卷	亦名《严州图经》。
(景定)新定续志	钱可则等撰	10 卷	
淳安县志	钱礼、方逢辰撰		
遂安县图志	佚名		宋遂安县属睦州(严州),今淳安西南。
(乾道)新城县图经	耿秉撰		宋新城县隶杭州(临安府),今新登镇。
(淳祐)新城续图经	佚名		
(咸淳)新城志	佚名		
祥符(秀州)图经	李宗谔		南宋庆元初升秀州为嘉兴府。
秀州图经	佚名		
(淳熙)嘉禾志	张元成、闻人伯纪撰	5 卷	
嘉兴志	佚名		
(嘉定)嘉禾志	岳珂、关栻撰		
(景德)海盐图经	佚名		
武原旧志	佚名		
(绍熙)武原志	李直养撰		
(绍定)澉水志	常棠撰	8 卷	现存最早乡镇志,本志另附专记。
盐官县图经	佚名		
(绍兴)续盐官县图经	胡□撰	1 卷	

续表 2

书　　名	作　者	卷　　数	备　　注
盐官县志	佚名		
海昌志	佚名		三国吴时于此地置海昌都尉，故盐官别称海昌。
(嘉定)海昌图经	潘景夔撰	10 卷	
(咸淳)重修海昌图经	吴由、杨均撰	10 卷	
(淳祐)语溪志	黄元直等撰	10 卷	系崇德县(今桐乡崇福)志，其时县东南有语儿溪，故崇德别称语溪。
乌青志	沈平撰	4 卷	宋代乌青分乌墩、青墩镇，位于今桐乡乌镇。
(景德)吴兴统记	左文质撰	10 卷	系湖州州志，唐天宝初改湖州为吴兴郡。
祥符(湖州)图经	李宗谔撰		
(湖州)旧图经	佚名		
(绍兴)吴兴续图经	佚名		
(淳熙)吴兴志旧编	周世南撰	12 卷	
嘉泰吴兴志	谭轮撰	20 卷	
湖州志	佚名		
乌程旧志	佚名		宋乌程县为湖州倚郭县。
乌程志	佚名		
(归安)县图经	佚名		宋归安县亦为湖州倚郭县。
(太平兴国)长兴志	张韬礼撰		
(长兴)县图经	佚名		
(嘉定)长兴志	佚名		
(安吉)县志	佚名		
(德清县)图志	佚名		
(嘉熙)余不志	章鑑撰	2 卷	时因德清县东有余不溪而得名。
武康志	佚名		

续表3

书　　名	作　者	卷　　数	备　　注
(庆元)余英志	刘曈撰	2卷	时因武康(今德清县)前溪(又名余英溪)而得名。
(明州)图经	佚名		明州以境内四明山而得名。
大观明州图经	李茂诚撰		
乾道四明图经	张津撰	12卷	
宝庆四明志	胡榘等撰	21卷	
开庆四明续志	吴潜等撰	12卷	
桃源志	张即之撰		系乡志,宋桃源乡位于今鄞州。
慈溪旧志	佚名		
宁川志	佚名		宁川为宁海之别名。
(绍熙)昌国志	王阮撰		北宋熙宁间析鄞县三乡置昌国县,属明州(庆元府),今舟山境内。
(祥符)越州图经	李宗谔撰	9卷	南宋初升越州为绍兴府。
会稽录	华镇撰	1卷	唐天宝初曾改越州为会稽郡。
越州图经	佚名		
新修绍兴图经	佚名		
嘉泰会稽志	沈作宾等撰	20卷	
宝庆会稽续志	张淏撰	8卷	
诸暨志	佚名		
上虞志	佚名		
(嵊县)旧经	佚名		
(嘉定)剡录	史安之等撰	10卷	剡在汉为县,唐为嵊州。
新昌志	梁希夷撰	1卷	
剡东录	俞瑞撰		系新昌县志,因新昌乃五代初吴越析剡县而置,位于剡县之东,故别称剡东。
祥符(台州)图经	李宗谔撰		
台州旧志	佚名		

续表 4

书　名	作　者	卷　数	备　注
台州三县志	佚名		
台州旧图经	余嘉撰		
临海图经	佚名		
(嘉定)赤城志	陈耆卿等撰	40 卷	系台州州志,因南朝梁时改临海郡为赤城郡而得名。
(宝庆)赤城续志	林表民、吴子良撰	8 卷	
(绍定)赤城三志	林表民撰	4 卷	
临海旧志	佚名		
临海志	佚名		
(嘉泰)天台图经	丁大荣、宋之瑞撰		
天台志	佚名		
(祥符)黄岩志	佚名		
(黄岩)县志	佚名		
(嘉定)黄岩志	蔡范撰	16 卷	
婺州图经	佚名		宋婺州为今金华。
(绍兴)东阳志	洪遵撰	10 卷	系婺州州志,因三国吴置东阳郡,南朝陈改金华郡,唐初改为婺州。
(咸淳)东阳志	朱子槐撰		
(嘉泰)永康志	陈昌年撰		
(宝祐)东阳志	何宗社撰		
元丰(义乌)志	郑安平撰		
(绍兴)义乌县志	董光(音)撰		
(咸淳)义乌续志	黄应龢撰		
(咸淳)浦阳县经	朱子槐撰	2 卷	
衢州图经	佚名		

续表 5

书　　名	作　者	卷　　数	备　　注
衢州志	佚名		
三衢志	佚名		系衢州州志，三衢为山名，在常山县北。
(嘉定)信安志	刘垕等撰	16 卷	系衢州州志，因唐天宝曾改衢州为信安郡而得名。
(绍定)信安续志	袁甫、叶汝明撰	2 卷	
(咸淳)衢州志	佚名		
(龙游县)旧经	佚名		
祥符(温州)图经	杨宗谔撰		
温州图经	佚名		
(淳熙)永嘉志	周澂、徐嘉言撰		系温州州志，因唐天宝初改温州为永嘉郡而得名。
(绍熙)永嘉谱	孙楙、曹叔远撰	24 卷	
(嘉定)永宁编	留元刚、陈谦撰	15 卷	系温州州志，因温州别称永宁而得名。
乐清县图经	佚名		
(淳熙)乐清志	袁采撰	10 卷	
(绍兴)处州图经	佚名		宋处州在今丽水。
(乾道)括苍志	楼璩、曾贲撰	7 卷	隋析松阳县置括苍县，位于处州境内。
(嘉泰)括苍续志	陈百朋撰	1 卷	
绍定青田志	佚名		
(咸淳)缙云志	孙友益撰		
嘉定龙泉志	何澹撰		
括苍庆元志	邵笥撰	1 卷	

资料来源：顾宏义著《宋朝方志考》，上海古籍出版社 2010 年版。

二、明代纂修志书一览表

	总志	通志	府志	州志	县志	乡镇志	卫所志	关志	总计
北京			9	10	33			2	54
上海			5		19	6	2		32
天津				4	4		2		10
河北			23	34	142	1	6	13	219
山西		3	12	27	113			7	162
辽宁							3	5	8
陕西		6	9	16	91	1			123
甘肃			9	5	7		5		26
宁夏				2			9		11
青海							1		1
山东		4	11	30	170	3	2		220
江苏		1	29	35	135	23			223
浙江		1	64	4	262	13	4		**348**
安徽			31	35	118	1			185
江西		3	35	4	106				148
福建		3	31	6	110	1	1		152
湖北		4	26	22	104		4		160
湖南			27	19	79				125
河南		6	21	33	211				271
广东		4	37	6	121				168
广西		10	11	9	13				43
四川		5	11	14	34				64
贵州		10	22	6	5		10		53
云南		9	26	32	13				80
全国	6								6
合计	6	69	449	353	1890	49	49	27	2892

资料来源：诸葛计著《中国方志两千年通鉴》，广西师范大学出版社 2016 年版。

三、文献辑录

浙江省通志馆组织规程

[民国32年(1943年)7月20日省政府委员会第一三一五次会议通过，
同年11月16日省政府委员会第一三三〇次会议修正通过]

第一条　浙江省政府为编纂本省通志，设置浙江省通志馆(以下简称本馆)。

第二条　本馆设馆长一人，综理馆务；副馆长一人，协理馆务；总编纂一人，编纂四人至六人，掌理编纂事宜，均由省政府聘任之。分纂十二人至十六人，助理编纂事宜，由馆长聘任之。

第三条　本馆设左列课室：(一)采辑课；(二)总务课；(三)会计室。

第四条　本馆设课长二人、课员二人至六人、事务员四人至八人，均由馆长派任。会计室设主办会计员一人、课员一人或二人，其任免由省政府会计处依法为之。

第五条　本馆于各县市设采访员二人至四人，分任各县市采访事务，由馆长聘任或委任，均为无给职，但得酌给公费。

第六条　本馆得特聘编纂及采访担任特种编纂或采访事务，由馆长聘任，均为无给职，但得致送酬金。

第七条　本馆得酌设雇员。

第八条　本馆为推进馆务，得由馆长召集馆务会议。

第九条　本馆办事细则及业务上必要章则，由馆参照部定修志事例概要订定，报请浙江省政府备案。

第十条　本规程由浙江省政府委员会议议决公布施行，并咨报内政部备案。

浙江省人民政府办公厅关于批转省社会科学院、省地方志编纂室《关于抓紧进行地方志编纂工作的报告》的通知

(浙政办〔1985〕50号)

各市、县人民政府，各地区行政公署，省政府直属各单位：

省社会科学院、省地方志编纂室《关于抓紧进行地方志编纂工作的报告》，已经省委、省政府领导同意，现转发给你们，请参照执行。

浙江省人民政府办公厅

一九八五年十月三日

附:关于抓紧进行地方志编纂工作的报告

省委、省人民政府:

今年四月,国务院办公厅下达了国办发〔1985〕33号文件,指示"各地要对地方志编纂工作进行一次检查,进一步加强领导,充实人员,加强队伍建设,切实解决地方志编纂工作中的问题。尚未建立地方志编纂班子的地方,要根据本地区情况,逐步组建班子,把这项工作开展起来"。

根据上述指示,现将我们对各地开展修志工作的检查情况及存在问题和解决意见报告如下:

自1981年以来,我省陆续有一些县开始修纂地方志的工作。今年一月,我们召开了第一次地方志工作会议,交流了工作经验,对修志工作有所推动。到目前为止,已建立修志机构的有二十九个县、市。它们是建德、萧山、淳安、余杭、桐庐、临安、诸暨、嵊县、新昌、上虞、义乌、浦江、金华、兰溪、永康、江山、开化、仙居、临海、三门、象山、宁海、缙云、青田、遂昌、嵊泗、普陀、海盐、德清。其中建德县工作开展得早、抓得紧,新编《建德县志》已经定稿付印,年内可以出版。《萧山县志》也将在年内定稿。省级直属单位,根据中央有关部门的统一部署,已经开始编史修志工作的有省水利厅、省公安厅、省交通厅、省文化厅、省供销社等单位。杭州钢铁厂根据冶金部的部署,已编纂了《杭钢志》,正在付印。

当前的主要问题是:工作发展很不平衡,省辖市都没有开始修志工作;以县市来说,杭州、绍兴、金华三市所属各县多数已开始修志,而衢州、丽水、台州、舟山、宁波、嘉兴、湖州七地市,只是少数或个别的县开始修志;温州市尚属空白。在已建立修志机构的单位,有少数领导重视不够,人员、经费不落实,因而修志工作未真正开展起来。同时,省地方志编纂室力量薄弱,不能适应修志工作的需要,对掌握下面情况,及时在业务上进行帮助指导也很不够。

为此,我们建议:

一、各地要根据中央领导同志关于修志的重要批示和国务院办公厅国办发〔1985〕33号文件精神,进一步提高对修志工作的认识,加强对修志工作的领导。编纂好社会主义的新市志、新县志,是一项继往开来的工作,它对掌握市情县情,了解本地区的历史和现状,促进经济、科技、教育、文化等各项事业的发展,建设社会主义物质文明和精神文明,都具有十分重要的意义。因此,各地都要下决心,花几年时间,编纂出具有时代特色和地方特色的新志书。

二、杭州、湖州、嘉兴、绍兴、宁波、温州、金华、衢州市,我们建议成立市志编纂委员会和相应的工作班子,负责编纂《市志》,同时,也要加强对所属县、市地方志编纂工作的指导。

地区一级是否编纂志书,《新编地方志工作暂行规定》中没有作统一规定,其他省、市做法不一。我们意见,丽水、台州、舟山地区应该编纂志书。

三、凡未建立县、市地方志编纂委员会及其办事机构的单位,要按照国务院办公厅通知的要求,尽可能在年内建立起来,开展工作。已经建立修志机构的县、市,要进一步加强领导,充实人员,切实解决修志工作中的问题。

四、志书的编纂,涉及到各个学科,既要有专业队伍,又要依靠各个部门才能完成。要重视提高地方志工作队伍的素质，注意遴选具有一定政治思想和理论水平，具有一定专业知识和写作能力的干部参加修志工作。还要充分利用社会力量，凡是有志于此的专家、学者、教师，以及离、退休干部中具有一定文化水平者，都可以吸收他们参加修志工作。

以上报告，如无不当，请批转各地执行。

浙江省社会科学院
浙江省地方志编纂室
一九八五年九月十日

浙江省人民政府办公厅关于开展续修地方志工作的通知

（浙政办发〔2001〕86 号）

各市、县（市、区）人民政府，省政府直属各单位：

编修地方志是我国的优良传统，也是我省建设文化大省的一个重要组成部分。我省市、县两级社会主义时期第一届志书的编修出版，为全面反映我省省情，积累和保存地方文献，推进全省两个文明建设发挥了重要的作用。根据《国务院办公厅关于进一步加强地方志编纂工作的通知》（国办发〔1996〕47 号）和《浙江省国民经济和社会发展第十个五年计划纲要》精神，为切实做好全省续修地方志工作，现就有关事项通知如下：

一、续修地方志工作必须以邓小平理论和江泽民同志“三个代表”重要思想为指导，坚持实事求是的思想路线，运用辩证唯物主义和历史唯物主义的观点和方法，全面真实地反映志书断限内当地自然和社会的历史与现状。要切实做到观点正确、体例科学、结构合理、内容真实，具有鲜明的时代特点和地方特色，达到思想性、科学性和资料性相统一，真正把志书办成为“经世致用”之作，更好地为全省改革开放和社会主义现代化建设服务。

二、各地各有关部门要继续重视续修地方志工作，切实加强领导，建立健全党委领导、政府主持、部门配合、专家修志的工作体制。各级政府要明确一位领导同志分管、协调续修地方志工作，及时把这项工作纳入当地经济社会发展计划和政府工作任务之中，切实做到领导到位、人员到位、经费到位，确保全省志书续修工作顺利开展。

三、各级地方志编纂委员会要树立高度的责任感和使命感，认真总结第一届修志经验，积极运用现代科学理论和技术手段，严格实行逐级审核制度，认真落实工作责任制，进一步提高修志效率和志书质量。要大力提倡“求实、创新、协作、奉献”的精神和务实的工作作风，认真抓好依靠现有修志骨干和培养提高青年人才相结合，专职队伍与兼职队伍相结合，同时吸收有造诣的专家、学者和老同志参加的修志工作队伍建设，不负使命地完成好续修地方志的工作任务。各级地方志修编并按规定审核合格后，由同级政府批准出版。

四、编纂省志工作量大，任务重，要求高，省地方志办公室要加强对省志丛书编纂工作的指导，省级各部门要加强联系沟通，密切配合，在基本完成《浙江省志丛书》的基础上，进一步做好续志工作。凡能独立成志的部门或行业，要建立本专业志的编纂委员会，并落实部门分管负责人和专门的工作人员；凡由几个部门或行业合成专志的，可以联合组织修志机构，分工负责，完成各自的编纂任务。

五、各地要结合本地实际，认真制订续修地方志工作的规划，规划报上一级地方志编纂委员会批准后，由同级政府部署实施。有关续修地方志的具体工作，按照省地方志编纂委员会制定的《“十五”期间浙江省地方志工作计划纲要》贯彻执行。

浙江省人民政府办公厅

二〇〇一年十二月二十日

“十五”期间浙江省地方志工作计划纲要

自80年代初以来，浙江省地方志工作在省委、省政府领导下，取得了引人瞩目的丰硕成果，市、县两级社会主义时期第一届志书编修任务业已完成。第一届志书的编修出版，在全面反映我省省情，积累和保存地方文献，推进全省两个文明建设以及国家的和平统一大业等许多方面发挥了重要作用。编修地方志是我国的优秀文化传统，是一项连续性很强的文化系统工程，是我省建设文化大省的一个重要组成部分。为切实做好全省地方志工作，根据《国务院办公厅关于进一步加强地方志编纂工作的通知》(国办发〔1996〕47号)和《浙江省国民经济和社会发展第十个五年计划纲要》精神，结合浙江省第一届市、县两级志书编纂工作全面完成和第二届续修地方志工作逐渐开展的实际，特制定本工作计划纲要。

一、总　　则

第一条　编修地方志是中华民族特有的优良文化传统。地方志是记述一个地域自然与社会、历史与现状的科学著述。

第二条　地方志工作是社会主义精神文明建设不可或缺的组成部分，是为国存史的基础性社会公益事业，是承上启下、继往开来、服务当代、有益后世的千秋大业。

第三条　浙江是全国著名的方志之乡。自东汉以来，浙江地方志编纂代代相沿，名列全国前茅。地方志是一项行政区域标志性的文化建设事业。承担地方志工作任务的各级地方志办公室是当地地情资料整理、保存、研究的中心，志书和年鉴编纂的权威性机构。

第四条　地方志工作必须遵循以下原则：

1.以邓小平理论和江泽民同志“三个代表”重要思想为指导，坚持实事求是的思想路线。

2.解放思想，更新观念，与时俱进，勇于创新，批判地继承传统方志理论，发展新方志理论。

3.编纂志书和年鉴，必须坚持经世致用，发挥志书资治、教化、存史功能，为全省改革开放和社会主义现代化建设服务。

二、发展目标和主要工作任务

第五条　编纂出版《浙江省志》(精编本)。

1.全志分22册，约1100万字，下限到2000年底。

2.由省地方志编纂委员会办公室组织实施。具体以课题形式，聘请专家编纂。

3.2003年基本完成编纂任务，2005年前出版发行。

第六条　编纂出版《浙江省志丛书》。

1.按2000年省地方志编纂委员会调整的规划进行。因社会发展需要调整的，须经省地方志编纂委员会批准。

2.省级有关部门提出编纂志书，并要求列入丛书的，须报省地方志编纂委员会批准，编纂出版经费由相关部门负责。

3.有关《浙江省志丛书》审查验收出版事宜，按《〈浙江省志丛书〉审查验收出版的暂行规定》（浙地委〔1998〕2号）执行。

4.2005年前完成编纂出版任务。

第七条　省级各部门在完成《浙江省志丛书》编纂出版的基础上，要着手规划做好续志工作。

第八条　编纂、出版地方年鉴。

1.省地方志编纂委员会从2002年开始组织编纂《浙江省城市图鉴》，以图文并茂的形式记载一个年度浙江省城市化进程中所取得的主要成就及其发展规划。

2.市、县（市、区）地方志办公室负责各地方年鉴的组织、编纂、出版、发行工作。要强化年鉴的权威性、实用性和时效性，做到翔实准确、图文并茂；要创造条件，制作多媒体光盘，上互联网，使其在为现实服务中发挥更大功效。

3.省级各部门应创造条件开展行业年鉴的编纂、出版工作，并以此作为续修省志的日常工作，及时搜集、积累省情资料。

第九条　努力完成市、县（市、区）两级续修地方志编纂、出版任务。

1.续修地方志，大致可分为续志和重修两种，一般以续志为宜。续志还是重修，由当地政府决定。

2.市、县（市、区）两级续修地方志工作逐步开展，到2005年前基本完成。

3.续志下限原则上定为2000年，上限原则上与第一届志书下限相接；重修志书上限不限，下限原则上迄止2000年，具体由当地政府决定。

4.续志的市、县（市、区）地方志名称分别为《××市志》（××××—2000）、《××县志》（××××—2000），《××区志》（××××—2000）等。

5.续修地方志要全面记述一个地方的基本地情，突出地方特色和时代特点，突出志书上下限断限内的一个地域社会变迁的记述，注意基础设施建设的记述，重视人民生活和风俗民情变化的记述。

6.续志对前志须予以纠误补正，有关纠误补正的内容，以专记形式放在丛录中；对上限前的有关前志未载的重要内容，也可设专记予以补充。

7.续修地方志篇幅，由各地根据实际情况确定，不作统一规定。

8.续修地方志行文规范，各级遵照《浙江省地方志行文规范》执行。

9.续修地方志均须公开出版，16开本，精装，封面按省地方志编纂委员会办公室的统一规定设计。

10. 各级地方志编纂委员会在志书成稿后要认真组织初审，然后报同级政府进行复审，复审后报上一级地方志编纂委员会审核，定稿后由同级政府批准出版。

11. 各级志书授权有关出版社出版时，承编该志的编纂委员会（办公室）须保留电子版的处置权，并将录有该志内容的软盘送呈省地方志编纂委员会办公室备案，以便在条件成熟时结集出版全省各级志书的电子版。

12. 为保证出版质量，全省市、县（市、区）续修两级志书均由省地方志编纂委员会办公室统筹安排出版。

13. 各级志书出版后，须向省地方志编纂委员会办公室交送50套，以作呈送有关领导、单位和备案使用。

第十条　迄今尚未修过志书的区，区政府要建立编纂班子，抓紧区志的编纂工作。2001年撤县（市）建区的地方，一般应编续志，书名可定名《××市志》或《××县志》。

第十一条　名镇名村、名山大川、名寺、名塔以及风景名胜地等，对本地有重要影响的，可编纂志书，列入各级地方志序列，统一规划，分别编纂出版。其他各类地情资料由各地根据实际情况和需要，自行编纂。

第十二条　整理、研究、开发地方文献。

1. 旧志整理是"十五"期间各级地方志办公室的一项重要工作。其中，浙江省地方志编纂委员会办公室完成《宋元浙江地方文献集成》、明嘉靖《浙江通志》、清雍正《浙江通志》、民国《重修浙江通志稿》的标点出版工作。

2. 各市要积极创造条件，建设方志馆或地方文献资料中心，收集、储藏本地的地方志、年鉴和各种地情资料，并做好开发利用工作，为当地经济建设和社会各项事业服务。

第十三条　加强方志理论研究和方志学科建设。

1. 各级地方志办公室要在全面总结本届修志工作经验的基础上，有计划地组织专业修志人员，与自然科学、社会科学各学科学者开展学术讨论和学术交流活动。进一步规范完善学术研究工作。要积极创造条件，以多种方式组织学术研究工作，多出研究成果，多出人才。

2. 建立浙江省地方文献学术委员会，健全全省地方志系统学术研究工作的规划、评估、推荐、奖励体系，规划科研方案，编制《课题指导》，评选、推荐、奖励优秀志书和优秀学术研究成果，积极为优秀学术成果提供出版资助。

3. 方志理论研究和方志学科建设方面，要发挥各级地方志学会的作用。同时，加强市级地方志学会建设。

第十四条　积极开展读志鉴、用志鉴活动。

各级要认真保存、积极利用志书和年鉴。各级领导干部应配置志书、年鉴，带头读志鉴、用志鉴，熟悉地情，科学决策。积极做好省、市、县三级志书、年鉴的发行、宣传工作，努力在全社会形成读志鉴、用志鉴的良好风气。

第十五条　开展对外文化交流活动。

积极利用地方志书，开拓对外交流渠道，开展对外文化交流。尤其要利用浙江丰富的地方志资源，开展海峡两岸的文化交流，为促进祖国的统一大业服务。积极促进治学有成、学有专长的方志工作者与海外学术界的交流与互访，推进学科理论的建设和研究人才的培养。

三、保障措施

第十六条　领导体制。

1.地方志工作要继续坚持党委领导、政府主持的领导体制。编修地方志是各级政府的工作职责，要纳入地方的经济社会发展规划和各级政府的工作任务，统一规划，分级负责，定期续修，按时完成。形成地方各级主要领导负总责、各有关部门和团体共同参与，分工协作，地方志办公室总纂完成的工作格局。

2.省地方志编纂委员会负责统一规划全省地方志、年鉴的编纂工作和业务指导，各级地方志办公室负责组织并实施完成。

第十七条　组织保障。

1.组织地方志工作必须继续坚持“五到位”，即领导到位、机构到位、经费到位、队伍(特别是专业技术职称)到位、工作条件到位，保证地方志事业有良好的工作基础，可长期持续发展。

2.稳定各级地方志工作机构。各级地方志办公室是同级政府管辖的常设机构，具有一定的行政职能，既承担组织、编纂本级志书和年鉴，又负有对下级地方志工作进行业务指导的双重任务。应配备德才兼备的干部担任领导；各级志书的主编要从能胜任工作、有志于地方志事业的专业人员中择优选配。要加强各级地方志办公室的工作职能和组织编纂、业务指导能力，使之可切实履行工作职责，确保地方志事业健康有序地发展。

3.各级要采取专、兼职结合，老、中、青结合的办法，加强修志队伍建设。

地方志工作是专业性、学术性、综合性要求很高的工作，各级地方志办公室要有计划地对专业人员进行多种形式的培训，努力提高队伍素质。同时要从高等院校毕业生中选择有事业心、热爱修志事业、有较高专业水平的人才，经考核合格后录用，改善地方志专业人员的年龄、知识结构，逐步形成一支人员精干、素质良好、层次结构合理的专业队伍。重视聘用有真才实学、热爱地方志工作、熟悉地情的学者和专门人才参加修志。努力完善聘用社会力量修志的办法，以专兼结合方式，改进并完善地方志工作的组织方式，提高修志质量。

4.省地方志编纂委员会办公室协同职称评定部门做好地方志系统技术职称的评定工作。

第十八条　经费保障。各级政府和部门必须切实加大对地方志事业的经费投入。

地方志工作的事业经费、科研经费、志书出版经费要在各级财政中统筹安排，要随经济发展逐年增加，保证工作和事业发展的需要。

浙江省地方志编纂委员会

二〇〇一年十二月二十日

浙江省人民政府办公厅转发省地方志编纂委员会关于浙江省地方志工作2006—2010年规划纲要的通知

（浙政办发〔2006〕108号）

各市、县（市、区）人民政府，省政府直属各单位：

省地方志编纂委员会关于《浙江省地方志工作2006—2010年规划纲要》已经省政府同意，现转发给你们，请结合实际，认真贯彻落实。

浙江省人民政府办公厅

二〇〇六年七月三十一日

浙江省地方志工作2006—2010年规划纲要

省地方志编纂委员会

（二〇〇六年七月十七日）

编纂地方志是中华民族的优良文化传统，是我省文化大省建设的重要组成部分。浙江省新编地方志工作自20世纪80年代初开展以来，科学、系统地积累和保存了丰富的地情资料，取得了丰硕成果，为全省经济社会发展发挥了独特的作用。目前，全省第二轮修志已全面展开，为推进我省地方志事业可持续发展，根据国务院《地方志工作条例》和《浙江省经济和社会发展第十一个五年规划纲要》精神，结合我省实际，特制订本规划纲要。

一、指导思想

坚持以邓小平理论和“三个代表”重要思想为指导，全面落实科学发展观，认真贯彻国务院《地方志工作条例》和省委、省政府对地方志工作的总体要求，以方志和年鉴编纂为中心，以多创志鉴精品为目标，以资政育人、服务大局为方向，加强体制、机制和理论创新，努力促进全省地方志事业全面协调可持续发展，为加快文化大省建设作出新的贡献。

二、主要目标

全面贯彻落实国务院《地方志工作条例》，进一步完善党委领导、政府主持、编委会组织实施的工作体制；进一步落实“一纳入、五到位”的要求，建设高素质的修志队伍；全面完成第二轮修志的市、县（市、区）志编修任务和《浙江省志》（精编本）编修任务，开展《浙江省志丛书》续修工作；继续做好市、县（市、区）综合年鉴编纂工作和省、市、县（市、区）三级旧志整理出版工作；有重点地组织乡镇志、村志、专业志和其他类志书编纂，进一步丰富地情资料系列；强化精品意识，鼓励大胆创新，力创名志佳作，力求取得一批在省内外有影响的研究成果；推进方志学科建设，加强方志理论研究和学术交流，加强省、市、县（市、区）三级地方志数字化、网络化建设，深入开发地方志资源，广泛开展读志用志，在围绕中心、服务大局中取得新进展、新成效，努力开创浙江地方志工作新局面。

三、工作任务

(一)编纂出版《浙江省志》(精编本),续修《浙江省志丛书》。

1.《浙江省志》(精编本)通贯古今,全志22册,约1100万字,下限至2000年,要求健全编纂班子,落实工作责任,力求在2010年之前出版。

2.《浙江省志丛书》在基本完成首轮编纂任务的基础上,有重点地开展续修工作。续中有创,做好《浙江省电力工业志》《浙江省公安志》《浙江省工会志》《浙江省外事志》《浙江省民政志》《浙江省烟草志》《浙江省哲学社会科学志》等志书的续修工作,志稿经专家评审和省志办终审后由省地方志编纂委员会批准,按统一版式要求出版。

(二)全面完成第二轮市、县(市、区)志编纂任务。

1.续修,市、县(市、区)志上限一般应与前志下限衔接,也可从实际出发作适当追溯和延伸;重修贯通古今,上限不限。续修或重修下限一般定为2005年。

2.市志需经专家评审、报省志办终审,报请市政府批准出版;县(市、区)志需经专家评审和市志办验收、省志办审核后,报请县(市、区)政府批准出版。市志、县(市、区)志应按省志办统一规范要求出版。

3.为确保二轮志书质量,省志办要加强对三级志书编纂的业务指导,切实做好试点工作,探索方志编纂、应用、管理等方面的新思路、新做法,及时总结经验教训。

(三)继续做好地方综合年鉴编纂工作。地方综合年鉴编纂是地方志工作的重要组成部分。对在编的地方综合年鉴,各地要以提高质量、多创精品为目标,加强领导,增加投入。尚未编纂地方综合年鉴的县(市、区),要积极创造条件开展年鉴编纂。

(四)积极倡导各类方志编纂。各级地方志机构要把三级志书以外的各类志书的编纂纳入工作视野,加强指导。鼓励有条件的地方编纂乡镇志、村志、山水志、行业志等志书。

(五)加强浙江历史文化研究。要将地方志工作与浙江省文化研究工程结合起来,突出地情研究。各级地方志机构在开展二轮修志、年鉴编纂的过程中,要加大地域历史文化研究的力度。要围绕各级党委、政府的中心工作,开展专题研究,多出精品力作。

(六)继续做好地方文献整理工作。地方文献整理和开发利用是地方志工作的重要组成部分。各地要继续做好地方文献的整理工作,重点是旧志整理工作。进一步摸清旧志情况,有选择地整理出版一批名志佳作。

(七)广泛开展读志用志活动。各级地方志机构要充分认识用志的重要性,坚持修志为用、修用并重。做好方志、年鉴的发行和宣传工作,积极开拓社会用志途径,通过建设资料库、网站等方式,加强地方志的信息化建设,充分发挥存史、资政、教化、交流等功能。围绕文化大省建设和经济社会发展需要,加强方志资源的开发利用,采取出版专题编研成果和通俗地情读物等形式,积极开展读志用志活动,为提高公众文化素养服务。

(八)加强方志理论研究和学科建设。建立和健全省、市地方志学会组织。省、市地方志学会要围绕修志实践中面临的问题和方志学科建设,鼓励地方志工作者理论创新,定期有针对性地组织理论研讨、学术交流和业务培训活动,办好地方志刊物,促进多出人才、多出精品,推进方志学科建设。

四、保障措施

（一）切实加强对地方志工作的领导。地方志编纂是一项浩大的文化系统工程，涉及到政府工作和社会生活的方方面面。要坚持党委领导、政府主持、各级地方志机构组织实施的工作体制，落实"一纳入、五到位"的要求，将地方志工作纳入当地经济社会发展规划和政府工作，做到领导、机构、经费、队伍、条件到位，及时调整充实各级地方志编纂委员会，定期召开编纂委员会会议，研究解决地方志编纂工作的新情况、新问题，为地方志事业的可持续发展创造良好的条件。

（二）加强修志队伍建设。要通过公开竞争，择优充实高学历人才，大力选拔培养中青年业务骨干。同时，要注意发挥热心修志事业并有业务专长老同志的重要作用，还应聘请各行各业有业务专长和学术造诣的专家、学者参加修志，建立一支老中青和专兼职相结合的修志队伍。要积极倡导和弘扬淡泊名利、无私奉献、团结协作、求实创新的精神，抓好学习型队伍建设，努力使每一位修志人员成为政治强、业务精、作风正的地方志工作者。

（三）加强地方志制度化、规范化和法制化建设。要完善和落实修志工作目标责任制、岗位责任制，严格志书编纂规范要求和出版审查、验收制度，确保志书质量。各地要根据国务院《地方志工作条例》，制订实施意见和相关制度，把地方志事业纳入制度化、规范化、法制化轨道。

（四）完善评比表彰激励机制。为激励广大地方志工作者"干在实处、走在前列"，鼓励多出精品佳作，开创地方志工作新局面，要坚持和完善优秀成果和先进个人、先进集体评比表彰制度。地方志先进工作者、先进集体每年评1次，年鉴优秀成果两年评1次，以省地方志编纂委员会名义表彰奖励；地方志优秀成果5年评1次，以省政府名义表彰奖励。

附件："十一五"期间完成编纂任务的市、县（市、区）志目录

附件

"十一五"期间完成编纂任务的市、县（市、区）志目录

杭州市志

下城区志	拱墅区志	西湖区志	滨江区志	萧山市志
余杭通志	桐庐县志	淳安县志	建德市志	富阳市志
临安市志				

宁波市志

海曙区志	江东区志	江北区志	镇海区志	北仑区志
鄞州区志	余姚市志	慈溪市志	奉化市志	宁海县志
象山县志				

温州市志

鹿城区志　龙湾区志　瓯海区志　乐清市志　瑞安市志
永嘉县志　洞头县志　文成县志　平阳县志　泰顺县志
苍南县志

湖州市志

吴兴区志　南浔区志　德清县志　长兴县志　安吉县志

嘉兴市志

南湖区志　秀洲区志　嘉善县志　平湖市志　海盐县志
海宁市志　桐乡市志

绍兴市志

越城区志　绍兴县志　诸暨市志　上虞市志　嵊州市志
新昌县志

金华市志

婺城区志　兰溪市志　东阳市志　义乌市志　永康市志
武义县志　磐安县志

衢州市志

龙游县志　江山市志　常山县志　开化县志

舟山市志

定海区志　岱山县志　嵊泗县志

台州市志

路桥区志　临海市志　温岭市志　玉环县志　天台县志
仙居县志　三门县志

丽水市志

莲都区志　龙泉市志　青田县志　云和县志　庆元县志
缙云县志　遂昌县志　松阳县志　景宁县志

说明：上述所列志书目录不包括已出版的《江干区志》《上城区志》《金东区志》《柯城区志》《衢江区志》《椒江区志》《普陀区志》《浦江县志》等志书。

大事年表

时　间	大事纪要	资料来源
汉代	东汉《越绝书》，清人洪亮吉有“一方之志，始于《越绝》”之说。	乾隆《澄城县志》卷二十，序十八
	赵晔撰《吴越春秋》。	《隋书·经籍志》
	杨孚纂《临海水土记》。	洪焕椿：《浙江方志考》，浙江人民出版社 1984 年版（下同），第 691 页
三国	韦昭撰《三吴郡国志》。	洪焕椿：《浙江方志考》第 13 页
	沈莹撰《临海水土异物志》1 卷。	洪焕椿：《浙江方志考》第 692 页
魏晋南北朝	郑缉之撰《永嘉郡记》。	洪焕椿：《浙江方志考》第 402 页
	孔灵符撰《会稽记》。	洪焕椿：《浙江方志考》第 20 页
唐代	陆广微撰《吴地记》1 卷。	洪焕椿：《浙江方志考》第 24 页
宋景德元年（1004 年）	湖州长史左文质撰《吴兴统记》。	洪焕椿：《浙江方志考》第 131 页
宋宣和年间（1119—1125 年）	秀州司录洪皓纂修《嘉禾郡志》。	洪焕椿：《浙江方志考》第 97 页
宋大中祥符三年（1010 年）	李宗谔撰《严州图经》。	洪焕椿：《浙江方志考》第 377 页
宋绍兴年间（1131—1162 年）	王十朋撰《会稽风俗赋》《民事堂赋》及《蓬莱阁赋》，因“皆在会稽，故统名曰《会稽三赋》”。	洪焕椿：《浙江方志考》第 747 页
宋乾道五年（1169 年）	周淙纂《临安志》15 卷。	洪焕椿：《浙江方志考》第 37 页
宋淳祐九年（1249 年）	陈仁玉等纂《临安志》52 卷。	洪焕椿：《浙江方志考》第 41 页
宋咸淳四年（1268 年）	潜说友纂《临安志》100 卷。	《宋元浙江方志集成》，杭州出版社 2009 年版，第 229 页

续表 1

时　间	大事纪要	资料来源
宋绍熙三年（1192 年）	永嘉太守宛陵孙楙请曹叔远撰《永嘉谱》，分年谱、地谱、名谱、人谱四目。	洪焕椿：《浙江方志考》第 404 页
宋嘉泰元年（1201 年）	沈作宾修、施宿纂嘉泰《会稽志》20 卷成书，陆游作序，为绍兴现存最古之府志。	洪焕椿：《浙江方志考》第 219 页
宋嘉定七年（1214 年）	鄞县令史安之修、高似孙纂成《剡录》（实为《嵊县志》）10 卷，次年刊行，系浙江现存唯一的宋代县志。	洪焕椿：《浙江方志考》第 261 页
宋嘉定十六年（1223 年）	齐硕等修、陈耆卿纂《赤城志》40 卷。	《宋元方志丛刊》
宋宝祐五年（1257 年）	罗叔韶修、常棠始纂海盐《澉水志》付梓，8 卷。	洪焕椿：《浙江方志考》第 474 页
元至元二十五年（1288 年）	嘉兴路徐硕纂《嘉禾志》32 卷刊行。	洪焕椿：《浙江方志考》第 97 页
元大德九年（1305 年）	邓牧撰《洞霄图志》6 卷。	洪焕椿：《浙江方志考》第 620 页
元顺帝至元六年（1340 年）	马泽修、袁桷纂《四明志》刊行。元至正二年（1342 年），王元恭修、王厚孙纂《四明续志》12 卷。	洪焕椿：《浙江方志考》第 175 页
明天顺年间（1457—1464 年）	黄润玉纂成《宁波府简要志》5 卷，系明代唯一以简志命名的志书。	洪焕椿：《浙江方志考》第 180 页
明成化十六年（1480 年）	周宗智纂修《金华府志》20 卷。	洪焕椿：《浙江方志考》第 320 页
明嘉靖五年（1526 年）	王启纂修《赤城会通记》20 卷。	洪焕椿：《浙江方志考》第 285 页
明嘉靖四十年（1561 年）	胡宗宪修、薛应旂等纂《浙江通志》72 卷成书刊行。该志为浙江通志开创之作。	洪焕椿：《浙江方志考》第 28 页
明嘉靖年间（1522—1566 年）	田汝成纂《西湖游览志》24 卷。	洪焕椿：《浙江方志考》第 665 页
	郑若曾、徐文长、戚继光等 70 余人编纂的《筹海图编》13 卷成书。	《四库全书总目提要》
明代中期	范钦在宁波建造天一阁，系明清收藏明代志书最丰富的藏书楼。	赵万里：《重整范氏天一阁藏书纪略》
明万历六年（1578 年）	唐枢、张应雷纂《湖州府志》刻行。	洪焕椿：《浙江方志考》第 139 页

续表 2

时　间	大事纪要	资料来源
明万历七年（1579 年）	熊子臣修、何镗纂《括苍汇纪》15 卷。	洪焕椿：《浙江方志考》第 435 页
明万历十五年（1587 年）	萧良幹等修，张元忭、孙鑛同纂《绍兴府志》刻印成书。	洪焕椿：《浙江方志考》第 229 页
明天启四年（1624 年）	樊维城修，胡震亨、姚士粦纂《海盐县图经》刻印成书，凡 16 卷、7 篇。	洪焕椿：《浙江方志考》第 116 页
	董斯张等纂《吴兴备志》，凡 32 卷，辑录湖州故事，编次为 26 征，因“无不备载”，故称“备志”。	洪焕椿：《浙江方志考》第 140 页
明崇祯年间（1628—1644 年）	仁和人沈谦撰《临平记》4 卷，因分年纪事，系乡镇志中的创例。	洪焕椿：《浙江方志考》第 458 页
	谈迁撰《海昌外志》。	洪焕椿：《浙江方志考》第 70 页
清康熙二十二年（1683 年）	浙江总督赵士麟、巡抚王国安倡议续修通志，浙江学政张衡主持纂修。全书分 37 门，仅数月成书，次年付梓。	洪焕椿：《浙江方志考》第 29 页
清康熙四十一年（1702 年）	黄宗羲纂《四明山志》9 卷刊行。	洪焕椿：《浙江方志考》第 510 页
清雍正七年（1729 年）	浙江总督李卫等修、傅王露等纂《浙江通志》，雍正十三年成书，凡 280 卷，首 3 卷。	雍正《浙江通志》第 29 页
清乾隆十一年（1746 年）	知县罗愫修、杭世骏纂《乌程县志》16 卷成书并付印。	洪焕椿：《浙江方志考》第 146 页
清乾隆二十五年（1760 年）	李琬修，齐召南、汪沆总纂《温州府志》刊印，凡 30 卷，首 1 卷。	洪焕椿：《浙江方志考》第 411 页
清乾隆四十九年（1784 年）	知府郑沄修、邵晋涵等纂《杭州府志》，凡 110 卷，首 6 卷。	洪焕椿：《浙江方志考》第 55 页
清乾隆五十二年（1787 年）	钱维乔修、钱大昕等纂《鄞县志》刊行，凡 30 卷，首 1 卷。	洪焕椿：《浙江方志考》第 187 页
清嘉庆六年（1801 年）	章学诚逝世。	《中国方志通鉴》，方志出版社 2010 年版（下同），第 107 页
清光绪五年（1879 年）	于万川修、刘凤章等纂、俞樾审定《镇海县志》刊行，凡 40 卷。	洪焕椿：《浙江方志考》第 210 页
	知县张宝琳修，王棻、孙诒让纂《永嘉县志》，光绪八年刊行。凡 30 卷，首 1 卷，100 余万字，因艺文、人物等记述特色，历来被志界视为名志。	洪焕椿：《浙江方志考》第 416 页

续表 3

时间	大事纪要	资料来源
清光绪十年（1884 年）	史致驯修，陈重威、黄以周纂《定海厅志》刊行，凡 30 卷，首 1 卷。	洪焕椿：《浙江方志考》第 213 页
清光绪十六年（1890 年）	蔡元培应上虞县志局之聘任总纂，起草《重修上虞县志例言》。后因事辞任。	《上虞日报》2003 年 1 月 1 日
民国元年（1912 年）	瑞安玉海楼印行孙诒让辑《永嘉郡记辑本》。	政协瑞安市文史资料委员会：《永嘉郡记校集本》，1993 年刊印
民国 3 年（1914 年）	浙江通志局成立，沈曾植任总纂，在雍正《浙江通志》基础上重修《浙江通志》，参与者有王国维、徐定超、刘承幹等。不久通志局裁撤，通志编纂中断，留存志稿 200 余册。	洪焕椿：《浙江方志考》第 33 页
民国 4 年（1915 年）	鲁迅辑《会稽郡故书杂集》，借署周作人名，在绍兴木刻刊行。该书辑录关于会稽先贤、地理的逸书 8 种。	《鲁迅全集》第 8 卷
民国 11 年（1922 年）	吴兴南浔嘉业堂主人刘承幹依据王宗炎所定目录，搜罗增补，刊行《章氏遗书》50 卷，收录章学诚方志论文及有关志书，从而使章学诚著作得以完整刊行于世。1985 年，文物出版社以此为基础影印出版《章学诚遗书》，系至今收录章学诚著作最全之本。	《章学诚遗书》，文物出版社 1985 年版
民国 14 年（1925 年）	余绍宋所纂《龙游县志》成书，共 40 卷 16 册。全志选用章学诚“三书体”并有所创新。梁启超为之作序并给予“精辟之处，时过前人”“章实斋未能悉符所言，而此志能行之”等很高评价，同时提出“有良方志，然后有良史”等重要论断。	民国《龙游县志》（1925 年版）
民国 18 年（1929 年）	国立浙江大学校长蒋梦麟认为旧省志稿出于前清遗老之手，内容和精神均不合现代要求，主张解散方志旧体，编辑年鉴、专门调查及省史三书。“新三书”观随即引发热议，褒贬不一。后发表《续修浙江省志提议》一文。	《语言历史学研究所周刊》第 7 期第 81 号
民国 22 年（1933 年）	张传保、赵家荪修，陈训正、马瀛始纂《鄞县通志》，共 36 册，陆续付印，至 1951 年完成。	民国《鄞县通志》（1951 年版）
民国 23 年（1934 年）	张树棻纂、朱士嘉校订的《章实斋方志论文集》由瑞安仿古印书局发行。	《章实斋方志论文集》
	是年，著名藏书家王绶珊编成《九峰旧庐方志目》，由顾颉刚作序。九峰旧庐位于杭州，藏书数十万册，其中方志不下 2500 种。	《九峰旧庐方志目》

续表 4

时　间	大事纪要	资料来源
民国 32 年（1943 年）	秋，在龙游上圩头成立浙江省通志馆，并设馆于云和县大坪村白龙山庄。余绍宋任馆长，再修《浙江通志》。抗日战争胜利后，省通志馆迁往杭州西湖静江路（现北山路）梅庐继续办公。	龙游县政协编：《余绍宋》，团结出版社 1989 年版
民国 34 年（1945 年）	《浙江省通志馆馆刊》创刊，内含论著、通讯、馆务等，先后共出 5 期。1986 年，杭州古籍书店影印出版有精装合订本。	《浙江省通志馆馆刊》
1949 年	3 月，浙江通志馆解散，《浙江通志》编纂中断。自民国 32 年（1943 年）成立至此，共编志稿 125 册约 500 万字，同时采集有史料文献约 5 万件，交由浙江图书馆保存。2002 年，省地方志办公室历时 8 年，将《重修浙江通志稿（标点本）》整理后交方志出版社出版。	《重修浙江通志稿（标点本）》，方志出版社 2002 年版
1951 年	温州市图书馆将包括馆藏瑞安玉海楼在内的众多方志进行整理，编成并付印《中国方志书目稿》计 394 种。	《中国方志通鉴》第 188 页
1956 年	浙江师范学院地理系教研室主任陈桥驿在该系开设《方志学》选修课程。	诸葛计：《中国方志五十年史事录》，方志出版社 2002 年版（下同），第 8 页
1957 年	毛泽东主席在杭州提出要编修乡土教材，要大家懂得本地的地理和历史，过去和现在。	《中国方志五十年史事录》第 10 页
1958 年	浙江《衢县志》主编朱子善（署名三衢）在《浙江学刊》第 2 期发表论文《关于编写新县志的几个问题》。	《中国方志通鉴》第 194 页
	8 月，南京大学洪焕椿编著《浙江地方志考录》由科学出版社出版。该书收录浙江已佚和现存、已刊和未刊的各类方志 1800 多种，对浙江 2000 年来的方志编纂作了全面梳理。1984 年，浙江人民出版社以《浙江方志考》为名重新出版。	《中国方志通鉴》第 196 页
1962 年	仓修良在《江海学刊》第 5 期发表论文《章学诚和方志学》。	《中国方志通鉴》第 205 页
1963 年	上海古籍书店出版《天一阁藏明代方志选刊》线装本，共收方志 107 种。1981 年、1990 年又以不同方式再版。	《中国方志通鉴》第 206 页
1964 年	8 月，舟山专区档案馆编成《舟山群岛、列岛、分岛简志》，内部印行。 是年，金华档案馆工作人员钱金坤，访购得干人俊纂民国《金华县志》1 部（断限 1911—1947 年），该书得以保存不佚。	《中国方志通鉴》第 207 页

续表 5

时　间	大事纪要	资料来源
1974 年	《六十年来海外湖州人物志》在香港出版。	《中国方志通鉴》第 212 页
1979 年	美国斯坦福大学教授施坚雅主编的《浙江宁绍地区地方志目录》出版。在所收 230 种志书中，经杭州大学教授陈桥驿核对，有 30 多种系稀世版本，乾隆抄本《越中杂识》为孤本。	《中国方志通鉴》第 215 页
1980 年	浙籍台胞余烈自费编印《於潜县志》，分赠各界。台北浙江松阳县同乡会影印民国 15 年（1926 年）刊本《松阳县志》，底本采自美国国会图书馆，并附有同乡会续编 12 卷。	《中国方志通鉴》第 221 页
1981 年	3 月，浙江图书馆古籍部油印《浙江图书馆藏浙江方志目录》，收录省、府、县、乡镇志等共计 458 种、662 部。	《中国方志通鉴》第 222 页
	4 月，省社会科学研究所向中共浙江省委、浙江省人民政府上报《关于编纂浙江地方志工作的一些情况和建议》，建议省政府重视修志，并建立相应班子主抓此事。	魏桥主编：《浙江修志十年》（修志纪事 1981.2—1991.8），浙江人民出版社 1992 年版（下同），第 1 页
	5 月，省出版局建议由浙江人民出版社编纂《浙江简志丛书》。省委宣传部批准同意，并发文要求各地宣传部门予以支持。丛书包括《浙江分县简志》等 10 种。1983—1984 年，最先编成《浙江人物简志》和《浙江分县简志》两种，谭其骧、史念海、朱士嘉、傅振伦、洪焕椿等都给以好评。	《浙江修志十年》第 1 页；《中国方志通鉴》第 223 页
	是年，仓修良开始在杭州大学开设方志学课程。	《中国方志通鉴》第 227 页
	是年，浙江人民出版社整理出版明代田汝成编纂的《西湖游览志》和《西湖游览志余》。	省地方志办公室提供
1982 年	宁波天一阁骆兆平编著的《天一阁藏明代地方志考录》一书，由书目文献出版社出版。该书著录天一阁所藏明代方志 435 种，是断代的方志目录提要。	省地方志办公室提供
1983 年	浙江人民出版社标点乾道《临安志》、淳祐《临安志》，合称《南宋临安两志》并出版。	《浙江修志十年》第 4 页
	乾隆《越中杂识》（清・悔堂老人著）经美国斯坦福大学施坚雅教授牵头，1980 年由陈桥驿教授引回标点，由浙江人民出版社出版标点本。国务院古籍整理出版组组长李一氓称之为“对古籍整理是很大的贡献”。	《浙江修志十年》第 4 页；《中国方志通鉴》第 215 页
	黄苇的《方志论集》由浙江人民出版社出版。	《中国方志通鉴》第 247 页
	陈桥驿著《绍兴地方文献考录》由浙江人民出版社出版。该书分 18 类，汇集、考录了绍兴地方志文献 1200 种，具有较高的实用性和学术价值。	《中国方志通鉴》第 248 页

续表 6

时　间	大事纪要	资料来源
1984 年	5 月，省政府批准成立省地方志编纂室，负责指导全省修志工作，由省社科院代管。	《浙江修志十年》第 5 页
	6 月，洪焕椿编著的《浙江方志考》由浙江人民出版社出版，收录方志提要 2000 余种，比其 1958 年出版的《浙江方志考录》增加志书近 200 部。该书考述了各类方志的纂修源流及存佚收藏情况，对其中重要的志书作了提要。	洪焕椿：《浙江方志考》，浙江人民出版社 1984 年版
	是年，省地方志办公室整理的民国《重修浙江通志稿》出版；潘一平等整理标点的《武林坊巷志》第一卷由浙江人民出版社出版（1989 年出齐，共 8 卷）；杭州大学副教授仓修良的《章学诚和〈文史通义〉》由中华书局出版。	省地方志办公室提供
1985 年	1 月 15—20 日，省社科院、省地方志编纂室在杭州召开全省第一次地方志工作会议，有 47 个县、市及省直有关单位代表共 70 余人与会。中共浙江省委顾问委员会主任铁瑛到会讲话。会议与短期研究班结合进行，既是一次动员会，又是一次经验交流和学习会。	《浙江修志十年》第 7 页
	3 月，林正秋主编的《浙江方志概论》由吉林省方志编委会、省图书馆内部印行。	《中国方志通鉴》第 270 页
	5 月，全国旧志整理工作委员会第三次会议在杭州召开。会议回顾了工作，交流了各地经验，特别肯定和推广了浙江编纂省志简志丛书等经验。会议还讨论了“七五”期间旧志整理工作及《方志与信息》《新方志编纂大纲》和《中国地方志词典》等书的编纂问题。	《浙江修志十年》第 8 页
	8 月，省社科院、省地方志编纂室向省委、省政府提交《关于抓紧进行地方志编纂工作的报告》，建议全省各市、县尽快成立相应机构并开展工作。	《浙江修志十年》第 10 页
	8 月，省地方志编纂室刊出第 1 期《浙江方志信息》。	《中国方志通鉴》第 280 页
	10 月，省政府办公厅发出《关于批准省社会科学院、省地方志编纂室〈关于抓紧进行地方志编纂工作的报告〉的通知》，要求各级政府和省直各单位参照执行。	《浙江修志十年》第 10 页

续表 7

时　间	大事纪要	资料来源
1985 年	10 月，省地方志学会成立大会暨首次学术讨论会在杭州举行。省委书记王芳向大会发来贺词。会议选举铁瑛、王家扬为名誉会长，聘请王承绪、陈桥驿、陈训慈等为顾问，选举魏桥为会长。 是月，省地方志学会统计，全省已有 30 多个市、县建立了地方志机构，修志队伍已发展到约 2000 人，出版（含内部印行）志书、论著等 30 余种。	《浙江修志十年》第 10—12 页
1986 年	5 月，中国地方志指导小组、省社科院等在萧山联合召开《萧山县志》评稿会，中国地方志指导小组副组长梁寒冰及 7 个省级方志机构负责人出席会议。萧山修志经验和评议志稿的做法开始为全国方志界所关注。	《浙江修志十年》第 16 页
	周金奎主编的《建德县志》由浙江人民出版社出版，这是浙江社会主义时期首轮修志正式出版的第一部县志，后获省第三届（1985—1986 年度）哲学社会科学成果一等奖。	省地方志办公室提供
	7 月，傅振伦著《中国史志论丛》由浙江人民出版社出版。	《中国方志通鉴》第 298 页
	9 月，省地方志编纂室制订《浙江省新编地方志"七五"规划（草案）》。	《中国方志通鉴》第 301 页
	10 月，经中共浙江省委宣传部、省出版局批准，浙江人民出版社成立地方志编辑室。	《中国方志通鉴》第 303 页
	10 月，省地方志办公室等单位在建德联合召开《建德县志》出版座谈会，来自京、津、沪等省（区、市）及本省的 100 余人参加会议。	《浙江修志十年》第 18 页
	10 月，中国地方志指导小组副组长、中国地方志协会会长梁寒冰到杭州调研。	《浙江修志十年》第 19 页
	11 月，龙游县召开余绍宋方志学术研讨会，并成立余绍宋研究会。	《中国方志通鉴》第 305 页
	12 月，省地方志编纂室编辑的《新方志编目十例》由浙江人民出版社出版。	《中国方志通鉴》第 307 页
1987 年	1 月，省新闻出版局批准《浙江方志信息》（月刊）改为《浙江方志》（双月刊），并出版改刊后的第 1 期。	《浙江修志十年》第 20 页

续表 8

时　间	大事纪要	资料来源
1987 年	3 月，全省第二次地方志工作会议在杭州召开。会议传达全国第一次地方志工作会议精神，总结推广建德、萧山等地经验。省委书记王芳在给大会的贺信中，充分肯定全省修志工作“机构较小，花钱不多，成果不少”的经验，并“希望能这样扎扎实实地继续搞下去”。省顾委主任铁瑛出席会议并讲话，省政协主席王家扬作书面讲话。	《浙江修志十年》第 21 页
	6 月，省地方志编纂室及省地方志学会在杭州举办第二期地方志研究班，全省共 250 人参加学习，部分学员结业论文汇编成《修志初探》一书，由浙江人民出版社于次年出版。	《中国方志通鉴》第 319 页
	7 月，中国地方志指导小组在建德县召开华东六省二市（南京、青岛）修志工作座谈会。	《浙江修志十年》第 23 页
	6—8 月，省地方志编纂室在省职改办支持下，向全省各地方志部门发出评定职称的通知。10 月，省职改办转发《关于地方志编纂系统专业技术职务评聘工作意见》。	《中国方志通鉴》第 322、327 页
	9 月，省社科院、省地方志编纂室等联合召开《萧山县志》出版座谈会。	《浙江修志十年》第 24 页
	12 月，海盐、平湖及上海金山县地方志办公室联合召开古海盐疆域研讨会。谭其骧等专家到会指导。	《浙江修志十年》第 26 页
1988 年	3 月，中国地方志指导小组在北京召开县志研讨会，对浙江《萧山县志》等三部县志进行评议。	中国地方志指导小组:《新编地方志工作大事记（1979—2008）》第 522 页
	3 月 17—20 日，全省第三次地方志工作会议在萧山召开。会议还以建德、萧山、义乌和仙居四部县志为例讨论了志书质量问题。	《浙江修志十年》第 28 页
	3 月，中国地方指导小组就浙江省出版总社要求成立地方志出版社一事，致函国家新闻出版署，请求其予以支持。	《中国方志通鉴》第 337 页
	5 月，省地方志编纂室和省地方志学会在杭州举办第三期地方志研究班，除浙江省外，还有来自广东、江西、福建等省外方志系统人员共计 150 多人参加学习。	《中国方志通鉴》第 340 页

续表 9

时　间	大事纪要	资料来源
1988 年	7 月，省社科院向省委、省政府呈送《关于编纂〈浙江省志〉的请示报告》。	《浙江修志十年》第 30 页
	7 月，由董一博为编委会主任、朱士嘉作序的《中国方志大辞典》由浙江人民出版社出版。该书共 66 万字，收入词条 2970 条。比黄苇主编、1986 年出版的《中国地方志词典》多收近 1000 个条目。该书当年获第二届华东地区优秀政治理论读物一等奖。	《浙江修志十年》第 31 页
	8 月，魏桥等合著的《浙江方志源流》由浙江人民出版社出版。该书是社会主义时期首轮修志中出版的第一部区域性方志史著作。	魏桥等:《浙江方志源流》，浙江人民出版社 1988 年版
	10 月，省地方志编纂室向中共浙江省委、省人民政府上报《关于国内公开发行的地方志允许对台湾同胞出售或赠送的报告》，中共浙江省委保密委员会于 11 月批复同意。	《中国方志通鉴》第 349 页
	10 月，美国斯坦福大学教授施坚雅来杭州交流史志工作。	省地方志办公室编:《浙江地方志事业 30 年巡礼》，2011 年刊印(下同)，第 147 页
	12 月，省地方志编纂室在杭州评出方志优秀成果(1985—1987 年)19 项、优秀学会工作者 14 名、优秀会员 26 名。	《中国方志通鉴》第 352 页
1989 年	1 月，省社科院、省地方志编纂室在杭州召开省辖市志、地区志编纂工作会议，着重讨论市志、地区志的性质、形式和记述范围等问题。各市、地区地方志编委会、办公室负责人和主编参加。	《浙江修志十年》第 34 页
	1 月，中共浙江省顾委主任薛驹在听取有关汇报时，要求把方志工作作为基础工作、基本建设来抓。并指出在继续抓好市县地方志编纂工作的同时，省一级的通志还是分部门搞专志好。	《浙江修志十年》第 34 页
	1 月，省地方志编纂室主任魏桥向苏联历史学家、首任驻华大使齐赫文斯基介绍浙江省地方志工作。	《浙江地方志事业 30 年巡礼》第 147 页
	4 月，陈桥驿在《中国地方志》发表《地理学与地方志》一文，建议将一些志书中以地理为名的内容改为“自然环境”，并提出记述动植物要采用“二名法”等。	《中国方志通鉴》第 359 页
	5 月，省地方志编纂室与杭州大学中文系联合举办第四期地方志工作研究班，来自浙江省和黑龙江、宁夏等省、区的地方志工作者参加了研究班。	《浙江修志十年》第 36 页

续表 10

时　间	大事纪要	资料来源
1989 年	9 月，"浙江省志丛书"第一部专业志《浙江省供销合作社志》出版后，省社科院、省地方志编纂室和省供销社联合举行首发式并召开出版座谈会。	《浙江修志十年》第 37 页
	12 月，全国第一部县级图记——浙江《建德古今图记》出版。该书以 274 幅彩色照片并衬以少量文字，直观、生动地反映了建德设治 1700 多年历史特别是中华人民共和国成立以来的发展现状，被志界视为"编纂以图片为主的新方志的一项新探索"。	《中国方志通鉴》第 391 页
	12 月，全省第四次地方志工作会议在萧山举行。省地方志办公室主任魏桥在会上首次提出了"详今明古"的主张。	《中国方志通鉴》第 373 页
	12 月，潘一平主编的《浙江方志论坛》(第 1 辑)由浙江人民出版社出版。至 1992 年共出版 6 辑。	《中国方志通鉴》第 373 页
1990 年	2 月，郑立墉主编的《江山市志》由浙江人民出版社出版，志中记述了民国时期的一些重要史实。原国民党军统头目毛森看到志书后来信，称志中所说都为事实，并说："共产党实事求是，真了不起！"后曾回乡探亲。	《中国方志通鉴》第 378 页
	3 月，省地方志编纂室、省地方志学会、建德县地方志办公室联合发出《关于征集地方志筹建方志馆的通知》。该馆设于建德县白沙镇县档案馆，本着"立足浙江，面向全国"的方针，共征集到地方志书 2033 部(册)。4 月 13 日，新华社编发《我国第一家专门收集社会主义时期第一代方志的专门机构——浙江方志馆在建德县建立》的专题报道。	《中国方志通鉴》第 378 页
	7 月，董一博主编的《方志与信息》一书由浙江人民出版社出版。该书系 1985 年在杭州召开全国旧志整理工作会议时，根据与会代表所提方志要为现实服务的有关倡议，经数年努力，在上千篇稿件中选出近 200 篇文章汇集而成。	《中国方志通鉴》第 386 页
	8 月，国际百越文化学术讨论会在杭州举行，海内外有关领域的专家、学者 100 余人与会。魏桥在会上宣读题为《越文化研究与新地方志编纂》的论文。	《中国方志通鉴》第 387 页
	11 月，仓修良著《方志学通论》由齐鲁书社出版。	仓修良：《方志学通论》，齐鲁书社 1990 年版
	12 月，林正秋主编的《中国地方志名家传》由黄山书社出版。傅振伦为该书作序。	《中国方志通鉴》第 395 页

续表 11

时　间	大事纪要	资料来源
1991 年	1 月，浙江省第五次地方志工作会议暨省地方志学会第四次会议在富阳召开。会议总结上年经验并部署当年工作。	《浙江修志十年》第 42 页
	3 月，陈桥驿编纂的《浙江灾异简志》出版。该书系编者花费 20 多年时间积累资料而成，其中引用方志数百种。至此，《浙江简志丛书》（共 9 种）陆续出齐。	《中国方志通鉴》第 401 页
	4 月，上虞县各界人士集会，纪念章学诚逝世 190 周年。省、市史志界部分专家学者和上虞各界人士 100 余人出席。同时举行新编《上虞县志》首发式。	《中国方志通鉴》第 402 页
	5 月，魏桥主编、全国人大常委会副委员长严济慈作序的《浙江省名镇志》出版发行。全书 130 万字，收录了全省 11 个市地 161 个各具特色的集镇。	《中国方志通鉴》第 405 页
	11 月，省地方志编纂委员会成立，主任为省长葛洪升，副主任为许行贯、孙家贤。办公室设在省社科院，魏桥兼任办公室主任。	《中国方志通鉴》第 414 页
	12 月，浙江举行修志十周年理论讨论会。会上宣读了中共浙江省委《关于建立省地方志编纂委员会的通知》。	《中国方志通鉴》第 415 页
1992 年	4 月，省地方志编委会举行第一次会议，讨论了省志编纂等有关问题。会议决定：一是编一套“省志丛书”，由省地方志编委会统一制定方案、体例、规则，由各部门各单位为主编纂出版；二是编一部《浙江省志》（精编本），以求以“一详一简”形式发挥不同志书的功能作用。	《中国方志通鉴》第 422 页
	4 月，《傅振伦方志论著选》由浙江人民出版社出版。	《中国方志通鉴》第 422 页
	9 月，省志编纂工作会议在杭州举行。省长葛洪升到会讲话。	《中国方志通鉴》第 429 页
	10 月，魏桥主编的《浙江修志十年》由浙江人民出版社出版。该书分修志纪事、新志简介、分志论著和修志机构 4 部分，记录了浙江十年修志的历程。	《中国方志通鉴》第 431 页

续表 12

时　间	大事纪要	资料来源
1993 年	1 月,民国浙江省史料征集委员会遗址碑在永康县方岩鸡鸣峰建成。抗日战争时期,省政府迁至方岩,省史料征集委员会也在此坚持《重修浙江通志稿》的编修工作。1992 年出席全省第七次地方志工作会议的与会代表到鸡鸣峰考察后,省地方志编委会发出倡议在此立碑纪念。在永康县支持下,石碑至此落成。	《中国方志通鉴》第 436 页
	5 月,由省地方志办公室和龙游县地方志办公室联合开发研制的地方志计算机编纂系统软件在杭州通过鉴定。该系统软件采用计算机技术与方志编纂技术相结合,同时又自成体系,可直接用于方志编纂与管理,系国内首创。	《中国方志通鉴》第 442 页
	9 月,在第一次全国地方志优秀成果评奖中,《浙江省名镇志》《金华市志》《萧山县志》《龙游县志》《青田县志》《慈溪县志》获一等奖。	《中国方志通鉴》第 447 页
	是年,中共中央总书记江泽民会见香港《明报》集团董事长查良镛(金庸)时,将《浙江方志源流》《浙江地名简志》等 17 种浙江地方史志成果作为礼品赠送。	《浙江地方志事业 30 年巡礼》第 132 页
1994 年	1 月,在省政协七届二次会议上,针对有委员提出"文物之邦多史盲"等问题,省长万学远在《政府工作报告》中,提出要"重视做好文物、档案、地方志工作",要求将地方志的地位、任务和目标,列入政府工作议事日程;要求全省修好市县志,修好省志,并将修志事业持续下去。	《中国方志通鉴》第 453 页
	8 月,《浙江省名村志》出版,上、下两册,共 250 万字。全书收入 604 个村庄,占全省行政村总数的 1.4%。	浙江方志网
	10 月,中国地方志指导小组在萧山市召开全国地方年鉴工作座谈会。会议建议在中指组下建立地方年鉴工作指导组,并成立地方志协会下的地方年鉴学分会。	《中国方志通鉴》第 463 页
1995 年	1 月,省地方志编委会召开市县"志后工作"座谈会,提出各地完成一轮修志后应做好年鉴编纂、开发利用和理论研究等 10 项工作。	《中国方志通鉴》第 468 页
	3 月,省地方志学会、永康县地方志办公室和永康县河头村联合召开《河头村志》首发式暨中国乡村社会文化研讨会,陕西省原副省长、杭州大学教授孙达人等 30 多位领导专家与会。	《中国方志通鉴》第 469 页

续表 13

时　间	大事纪要	资料来源
1995 年	3 月，由杭州大学日本文化研究所主办，日本关西大学、神奈川大学协办的"'江南与日本'国际学术讨论会"在杭州举行。陈桥驿在会上宣读了《中日两国地方志比较研究——中国慈溪市与日本广岛市的地方志修纂》，引起与会者的极大兴趣。	《中国方志通鉴》第 471 页
	3 月，魏桥著《志苑十二年》由浙江人民出版社出版，书中收录的 46 篇文章记录了作者从事方志工作 10 多年的收获体会。	《中国方志通鉴》第 471 页
	8 月，魏桥主编的《熟读浙江七千年》由哈尔滨地图出版社出版。	《中国方志通鉴》第 471 页
1996 年	3 月，仓修良、叶建华的《章学诚评传》由南京大学出版社出版。	《中国方志通鉴》第 488 页
	9 月，杭州大学教授陈桥驿在《光明日报》上发表《重视国外中国地方志资源的收集与研究》一文，提出要对流失国外的中国方志资料进行普查。	《中国方志通鉴》第 489 页
	11 月，任桂全主编的《绍兴市志》出版。该志在 1997 年全国地方志书评奖中，获评委全票通过，被评为一等奖。	《中国方志通鉴》第 503 页
	是年，省地方志学会召开第二次代表大会。会议选举铁瑛、王家扬为名誉会长，聘陈桥驿等为顾问，选举魏桥为会长。	《浙江地方志事业 30 年巡礼》第 110 页
1997 年	1 月，《陈桥驿方志论文集》由杭州大学出版社出版。该书收集了作者地方志方面的论文 26 篇、书评 10 篇、书序(前言)37 篇，共 73 篇，计 42 万字，是作者方志学研究成果的集成。	《中国方志通鉴》第 508 页
	2 月，台湾蒋纬国收到《奉化市志》后来信说："阅后不禁更勾起思乡忆往之情"，并表示要经常"翻阅参考"。	《中国方志通鉴》第 509 页
	3 月，《东阳市志》《浙江省名村志》多媒体光盘在慈溪通过鉴定。	《中国方志通鉴》第 511 页
	6 月，《宁波市志》主编俞福海倡议在"天一阁"设中国当代方志珍藏馆，并献出个人所藏约 1000 种志书。倡议得到各方热烈响应。同年 8 月，中共中央政治局委员、国务委员、中国地方志指导小组组长李铁映在宁波举行的全国地方志颁奖大会上建议天一阁应成为中国方志馆，收藏古今方志，定名为"天一阁中国地方志珍藏馆"。	《中国方志通鉴》第 517 页

续表 14

时　间	大事纪要	资料来源
1997 年	8 月 20—22 日，全国地方志奖颁奖大会在宁波举行。李铁映、刘奇葆、刘枫、梁平波、张蔚文等中央和省、市有关领导及全国各地嘉宾 80 余人出席会议。《绍兴市志》《宁波市志》获全国优秀志书一等奖。	《中国方志五十年史事录》第 664 页
	11 月，《俞佐萍方志论集》出版，收入作者有关文章共 94 篇。	《中国方志通鉴》第 527 页
	12 月，闽浙赣皖毗邻地市方志协作会第二次年会在衢州召开。	《浙江地方志事业 30 年巡礼》第 148 页
1998 年	9 月，根据中国地方志指导小组组长李铁映倡议，经教育部批准，宁波大学历史系在全国率先开办历史学(方志学)本科专业，首届招收来自全国 9 个省份的新生 19 名。	中国地方志指导小组:《新编地方志工作大事记(1979—2008)》第 528 页
	是年，省地方志办公室主编的《浙江市县区辉煌二十年》出版发行。浙江省原省长沈祖伦出席首发式并讲话。	省地方志办公室提供
1999 年	1 月，全省地方志工作会议暨学术年会在杭州举行。省长柴松岳在书面讲话中指出，要从社会主义现代化建设全局的高度，充分认识地方志工作是建设有中国特色社会主义文化的重要组成部分和事关全局、必不可少的重要事业。	《中国方志通鉴》第 552 页
	1 月，由省测绘局和省地方志编委会合编的《浙江省情地图集》由中国地图出版社出版。	《中国方志通鉴》第 553 页
	8 月，由宁波金轮计算机有限公司承担制作的《浙江新编县(市)志资料集萃》电子光盘由电子工业出版社正式出版。光盘共约 140 万字，配图片 800 余幅，全部内容均可实行全文或分类检索。	《中国方志通鉴》第 559 页
	8 月，省地方志办公室编辑的《浙江新编地方志目录》由方志出版社出版。该书为《浙江省方志述论》丛书(共三册)之二，系在汤敏华《浙江新编地方志目录》(征求意见稿)基础上重新统计整理而成，收录 1981—1999 年间浙江新编志书、著作等文献共计 1310 种。	《中国方志通鉴》第 563 页
	9 月，全省首届地方志成果展览会在浙江图书馆举行。省委常委、常务副省长吕祖善，省人大常委会副主任毛昭晰，省第五届政协主席王家扬等领导出席开幕式。	《中国方志通鉴》第 564 页
	9 月，韩章训所著《普通方志学》由方志出版社出版。	《中国方志通鉴》第 565 页

续表 15

时　间	大事纪要	资料来源
1999 年	10 月 18—23 日，中国地方志指导小组在北京中国革命历史博物馆举办全国新编地方志成果展，浙江参展的有省志丛书、地(市)县(市、区)志、乡镇志、村志 6 个系列及方志论著。李铁映、邓力群、王忍之等中央领导观看了展览，王忍之说：“浙江是出名志的地方。”	省地方志办公室提供
	10 月，李荫森主编的《浙江省哲学社会科学志》出版。后获第十届省哲学社会科学优秀成果一等奖。	《中国方志五十年史事录》第 774 页
	12 月，宁波“天一阁中国地方志珍藏馆”举行开馆仪式。	《中国方志通鉴》第 571 页
	12 月，郑永富主编的《浙江省公共图书馆新编地方志联合目录》由宁波出版社出版。该书分“提要细目”和“收藏细目”两大部分。	《中国方志通鉴》第 572 页
2000 年	5 月，省地方志办公室和省地方志学会联合举办“‘建设文化大省’与 21 世纪浙江地方志事业研讨会”。	《中国方志通鉴》第 579 页
2001 年	1 月，省地方志办公室举行全省第一届年鉴评奖活动，分别评出一、二等奖和优秀奖 33 个。	《中国方志通鉴》第 592 页
	5 月，中国地方志指导小组办公室和省地方志办公室在杭州联合召开“全国续修志书评论研讨会”。	《中国方志通鉴》第 598 页
	5 月，省地方志办公室与浙江大学研究生院联合举办地方史志编纂研究生课程进修班。第一期于 11 月在西溪校区开班，共有 9 人参加学习，2003 年 11 月结业。	《中国方志通鉴》第 600 页
	11 月，纪念章学诚逝世 200 周年座谈会在绍兴举行。	《中国方志通鉴》第 610 页
	11 月，林志龙著《浙人纂修省外志考录》一书内部刊印，共收录 774 种历代浙人所纂相关志书。	《中国方志通鉴》第 611 页
	12 月，经省地方志办公室两年努力，清雍正《浙江通志》(标点本)由中华书局出版。	《浙江方志》2002 年第 3 期
	12 月，省政府办公厅下发《关于开展续修地方志工作的通知》，同时印发省地方志编委会制订的《“十五”期间浙江省地方志工作计划纲要》。	《中国方志通鉴》第 613 页
2002 年	1 月，全省各市地方志办公室主任会议在杭州举行。省政府副秘书长刘希平出席会议并讲话。	《浙江方志》2002 年第 1—2 期
	3 月，省地方志办公室主任杨金荣等向常务副省长吕祖善汇报全省地方志工作。	《中国方志通鉴》第 620 页

续表 16

时　间	大事纪要	资料来源
2002 年	6 月，省委、省政府办公厅发文公布：吕祖善为省地方志编委会主任，陈敏尔、盛昌黎为副主任，杨金荣兼任办公室主任。	《浙江方志》2002 年第 3 期
	8 月 8 日，省地方志编委会议在杭州召开。省委常委、常务副省长、省地方志编委会主任吕祖善，副省长、省地方志编委会副主任盛昌黎等出席，并开通浙江在线通志频道。同日，《浙江日报》“今日关注”版以《解读“方志之乡”》为题，整版报道浙江地方志事业。	《浙江地方志事业 30 年巡礼》第 17、88 页
	8 月，省委常委、常务副省长、省地方志编委会主任吕祖善，省委宣传部部长、省地方志编委会副主任陈敏尔，副省长、省地方志编委会副主任盛昌黎出席全省地方志工作会议。	《浙江地方志事业 30 年巡礼》第 10 页
	10 月，省地方志办公室组织 20 多个市县方志机构负责人赴新加坡等三国进行文化考察和学术交流。	《中国方志通鉴》第 635 页
	11 月，中国地方志指导小组办公室与宁波大学在宁波联合举办“全国地方志业务培训班”，共有 120 多人参加培训。中指组秘书长单天伦等出席开班式。	《中国方志通鉴》第 638 页
	是年，杭州市地方志办公室首次对咸淳《临安志》重新影印，富阳华宝斋印刊，共 6 函 24 册，线装，由西泠印社出版社出版。	《中国方志通鉴》第 35 页
2003 年	2 月，省委副书记、省长、省地方志编委会主任吕祖善为《浙江省志丛书》撰写总序。	《中国方志通鉴》第 1707 页
	4 月，中国地方志指导小组办公室与宁波大学在宁波联合举办第二期“全国地方志业务培训班”，共有 60 多人参加培训。中指组秘书长兼办公室主任秦其明出席开班典礼。仓修良、巴兆祥等学者应邀授课。	《中国方志通鉴》第 1709 页
	6 月，韩章训《方志编纂学基础教程》由方志出版社出版。	《中国方志通鉴》第 1714 页
	10 月，由中国历史文献研究会和绍兴市政府共同主办，绍兴市地方志办公室等单位承办的章学诚国际学术研讨会在绍兴举行。绍兴市委副书记、市长王永昌及来自国内外的 100 余名专家学者出席会议。会议论文集《章学诚国际学术研讨会论文集》2004 年由北京图书馆出版社出版。	《中国方志通鉴》第 1726 页
	11 月，全国地方志期刊工作座谈会在天台县召开。	《中国方志通鉴》第 1728 页
	12 月，省地方志办公室和省人事厅在杭州联合举办中青年修志骨干参加的文化大省建设与续修地方志高级研修班。	《中国方志通鉴》第 1730 页

续表17

时　间	大事纪要	资料来源
2003年	12月，中国地方志指导小组秘书长兼办公室主任秦其明到浙江考察。	《中国方志通鉴》第1730页
	12月，《瑞安市志》由中华书局出版，标志着浙江省市、县（市、区）全面完成第一轮修志任务。	《中国方志通鉴》第1731页
2004年	1月，省地方志编委会发文表彰全省地方志系统2002—2003年度先进集体和先进工作者。共有34个单位被评为先进集体，92人被评为先进个人。	《中国方志通鉴》第1732页
	3月，省地方志编委会人员调整，省委副书记、省长吕祖善任主任，省委常委、宣传部部长陈敏尔，副省长盛昌黎任副主任，李学忠等25人为委员。	《中国方志通鉴》第1736页
	3月，省政府办公厅发文，公布经省政府同意的省第五届地方志优秀成果评审结果，《绍兴县志》等3项成果为一等奖，《浙江省水利志》等5项成果为二等奖，《浙江省军事志》等8项成果为三等奖。	《中国方志通鉴》第1737页
	10月10日，省委书记习近平到江山市白沙村调研，在翻阅《白沙村志》后，他亲切勉励村志编者毛兆丰要继续努力，把农村的新变化反映到村志中去，为社会主义新农村建设作新贡献。	《浙江方志》2012年第6期
2005年	4月，省地方志学会会长魏桥以"《纲要》应有浙江方志的一席之地"为题，给省委书记习近平和省委常委、宣传部部长陈敏尔写信。信中建议《浙江省建设文化大省纲要》宜将方志列入其内，制订规划，加强领导，抓好方志编纂和方志学的建设。习近平、陈敏尔先后批示给予肯定，并请有关部门抓好落实。	《中国方志通鉴》第1772页
	10月，仓修良著《仓修良探方志》由华东师范大学出版社出版。	《中国方志通鉴》第1791页
	11月，韩章训著《方志接受学基础教程》由杭州出版社出版。	《中国方志通鉴》第1793页
	12月，魏桥著《两轮修志说》由方志出版社出版。	《中国方志通鉴》第1797页
2006年	4月，省编办下发《关于省地方志编纂委员会办公室机构规格问题的批复》，同意省地方志编委会办公室机构规格由正处级升格为副厅级。	《中国方志通鉴》第1811页
	4月，首届全国地方志系统先进表彰会议在北京人民大会堂召开。浙江共有8个先进集体和7名先进个人受表彰。	省地方志办公室提供
	5月24日，全国政协副主席、中国社科院院长、中国地方志指导小组组长陈奎元在杭州听取该市地方志办公室工作汇报。	中国地方志指导小组：《新编地方志工作大事记（1979—2008）》第544页

续表 18

时　间	大事纪要	资料来源
2006 年	7 月，省政府办公厅印发《浙江省地方志工作 2006—2010 年规划纲要》。	《中国方志通鉴》第 1822 页
	9 月，《杭州市实施〈地方志工作条例〉办法》经市政府常务会议审议通过后下发实施，这是全国第一个贯彻国务院《地方志工作条例》的地方政府规章。	《中国方志通鉴》第 1828 页
2007 年	12 月 20 日，省委书记习近平在超强台风“桑美”登陆的重灾区苍南县调研灾后重建工作时调阅《苍南县志》，并在会上向与会的温州市、苍南县领导介绍了大段志书中有关历代台风登陆苍南的记述，告诫大家要以史为鉴，认清台风规律，科学决策，不断提高防台抗台和处置各类自然灾害的能力。	《中国方志通鉴》第 1839 页
	2 月，省地方志办公室发出《关于征集“浙江方志研究论坛”首届学术研讨会论文的通知》。6 月，专家评审组共评出一等奖 3 项、二等奖 6 项、三等奖 9 项，并于 9 月在杭举行浙江方志研究论坛首届学术研讨会。会议论文汇编为《浙江方志研究论坛——首届学术研讨会论文集》，当年由浙江人民出版社出版。	《中国方志通鉴》第 1843 页
	2 月，来新夏方志馆在萧山落成开馆。	《浙江方志》2007 年第 2 期
	4 月，省地方志办公室发出《关于印发〈浙江省二轮修志创优工程实施方案〉的通知》，面向全省正式启动省二轮修志创优工程试点工作。6 月，评选余杭等 14 个方志机构为二轮修志试点单位，并于 9 月举行了试点单位签约授牌仪式。	《中国方志通鉴》第 1850 页
	5 月，杭州市地方志办公室举办纪念《地方志工作条例》颁布一周年汇报展。市委副书记、市长蔡奇等观看汇报展。	《中国方志通鉴》第 1854 页
	6 月 22 日，《浙江省中国共产党志》首发式在杭州举行。省委副书记夏宝龙，省委常委、秘书长李强及老同志铁瑛、薛驹、李泽民等出席首发式。	《浙江方志》2007 年第 3 期
	10 月，省地方志办公室组团赴欧洲开展国际学术交流。	《浙江地方志事业 30 年巡礼》第 153 页
	11 月，华东地区市县区地方志协作会议在台州召开。	《浙江地方志事业 30 年巡礼》第 121 页
	12 月，省委常委、宣传部部长黄坤明代表省委宣传部向清华大学赠送浙江地方志书，清华大学党委书记陈希、省社科院党委书记沈立江等出席。	《浙江方志》2008 年第 1 期

续表 19

时　间	大事纪要	资料来源
2008 年	5 月，省地方志办公室组团赴澳大利亚开展国际学术交流。	《浙江地方志事业 30 年巡礼》第 153 页
	10 月，浙江方志研究论坛第二届学术研讨会在杭州举行。	《浙江地方志事业 30 年巡礼》第 122 页
	11 月，第四次全国地方志工作会议在京召开。省政府副秘书长李学忠等出席会议。	《浙江方志》2008 年第 6 期
	12 月，省社科院党委召开会议，专题听取省地方志办公室工作汇报。此后每年基本形成制度。	《浙江方志》2009 年第 1 期
	12 月，中国地方志协会城市区志专业委员会第二届理事会暨 2008 年学术年会(暨《海曙区志》评议会)在宁波举行。	《浙江地方志事业 30 年巡礼》第 123 页
	12 月，省委副书记、省长吕祖善，省委常委、常务副省长陈敏尔对省地方志办公室《关于新编〈浙江通志〉编纂工作汇报》做出批示，同意开展《浙江通志》编纂工作。	浙江方志网
	12 月，由林吕建任主编的《浙江省改革开放 30 年大事记》由浙江人民出版社出版。	《浙江方志》2008 年第 6 期
2009 年	3 月，省地方志专家委员会在嘉兴成立，魏桥任主任。	《浙江方志》2009 年第 2 期
	3 月，《浙江方志》编辑指导委员会成立并召开第一次会议。	《浙江方志》2009 年第 2 期
	3 月，省编办下发文件，同意省地方志编委会办公室增挂省人民政府地方志办公室牌子。	浙编办〔2009〕14 号文件
	4 月，省地方志办公室迁入位于杭州体育场路的省地勘大楼办公，内设会议室、资料室等，办公条件得到较大改善。	《浙江方志》2009 年第 3 期
	4 月，中国地方志指导小组秘书长兼办公室主任田嘉到省地方志办公室调研。	《浙江方志》2009 年第 2 期
	6 月，经 8 年努力，由魏桥、王志邦主编的《宋元浙江方志集成》由杭州出版社出版。全书共收志书文献 22 种，不乏孤本、善本，分装 14 册，约 710 万字。后获第十六届(1999—2000 年度)省哲学社会科学优秀成果一等奖。	《浙江方志》2010 年第 1 期

续表 20

时　间	大事纪要	资料来源
2009 年	9 月，由省地方志办公室编纂的《浙江 60 年发展历程纪实》（含《蓬勃发展的进程纪实——浙江 60 年大事记》《沧桑巨变的区域纪实》《成就辉煌的事业纪实》）丛书在省人民大会堂举行首发式。省委书记赵洪祝发来贺信，省长吕祖善为丛书作序，省委常委、宣传部部长黄坤明出席首发式并讲话。	《浙江方志》2009 年第 4 期
	10 月，全省地方志系统年鉴培训班暨 2009 年鉴论坛在杭州举行。	《浙江方志》2009 年第 5 期
	11 月 3 日，中国社科院副院长、中国地方志指导小组常务副组长朱佳木到浙江调研，分别考察省地方志办公室和宁波、温州、金华、丽水等地，并为“浙江省人民政府地方志办公室”揭牌。	《浙江地方志事业 30 年巡礼》第 13 页
	11 月，省地方志办公室主任潘捷军率省地方志工作考察团赴新加坡、澳大利亚、新西兰考察。	浙江方志网
	11 月，省编办下发文件，批复同意增加省地方志办公室内设机构、事业编制和领导职数。省地方志办公室内设综合处、编纂一处、编纂二处，事业编制为 16 人。	省地方志办公室：《浙江省地方志工作重要文件汇编（2008 年—2012 年 8 月）》第 42 页
	11 月，省地方志办公室承办的 2009“相约西湖”文化活动之“中美文化对话论坛”在浙江宾馆举行。省社科院院长迟全华等出席。	《浙江地方志事业 30 年巡礼》第 124 页
	12 月 4 日，省委书记、省人大常委会主任赵洪祝在省委常委、秘书长李强和省委常委、宣传部部长黄坤明等陪同下，到省社科院调研时考察省地方志办公室。	《浙江方志》2009 年第 6 期
2010 年	1 月，省地方志学会第三次代表大会在杭州召开，选举产生新一届理事会理事、常务理事及会长、副会长、秘书长，省地方志办公室主任潘捷军当选为会长。	浙江方志网
	2 月，省委、省政府办公厅发文调整省地方志编委会组成人员：省长吕祖善任主任，省委常委、宣传部部长茅临生，副省长郑继伟任副主任，潘捷军兼任办公室主任。	省地方志办公室：《浙江省地方志工作重要文件汇编（2008 年—2012 年 8 月）》第 1 页
	3 月，省委常委、省委宣传部部长茅临生等到省地方志办公室调研。	浙江方志网
	3 月，省年鉴编纂指导委员会成立，林吕建等任顾问，潘捷军任主任。	省地方志办公室提供

续表 21

时　间	大事纪要	资料来源
2010 年	4 月，全国各省（区、市）地方志学（协）会秘书长会议暨年鉴学会秘书长会议在嘉兴召开。会议期间同时召开全国方志学学科建设规划论证会。	《浙江方志》2010 年第 3 期
	4 月，中央电视台《方志·中国》文献片摄制组在杭州、海盐澉浦、湖州、绍兴、宁波等地拍摄。	浙江方志网
	5 月，省社科院召开《浙江通志》院内专家论证会。全体院领导及各方面专家出席。	《浙江方志》2010 年第 3 期
	6 月，全国第二轮修志主编培训班在杭州举办。中国地方志指导小组办公室副主任李富强等出席。	《浙江方志》2010 年第 3 期
	7 月，省地方志办公室增选萧山、鄞州等 4 个县级方志机构为省二轮修志创优工作试点单位。	浙江方志网
	7 月，省政府副秘书长马林云主持召开省直机关《浙江通志》编纂工作座谈会。	《浙江方志》2010 年第 4 期
	7 月，华东地区省级地方志机构主任座谈会在莫干山召开。省社科院党委书记林吕建、院长迟全华，中国地方志指导小组办公室副主任刘玉宏出席并讲话。会议对《浙江通志》篇目框架进行了讨论论证。	省地方志办公室提供
	8 月，全国方志系统第二届年鉴评奖初评会在杭州举行。	《浙江方志》2010 年第 4 期
	10 月，由魏桥任主编、周祝伟任执行主编，省长吕祖善作序的《浙江历史大事记》由浙江人民出版社出版。	《浙江方志》2011 年第 11 期
	11 月，“当代浙学论坛：第三届浙江方志研究论坛暨省地方志学会 2010 年学术年会”在杭州举行。会议期间还举行了《浙江方志》创刊 25 周年座谈会。	《浙江方志》2010 年第 6 期
	12 月，第二届全国地方志系统先进表彰大会在北京人民大会堂举行，浙江先进集体和先进个人代表共 10 人参加。杭州市地方志办公室主任贾大清作为 10 名全国地方志系统先进工作者代表做大会交流发言。	《浙江地方志事业 30 年巡礼》第 172 页
	12 月，中国地方志指导小组常务副组长朱佳木在京听取《浙江通志》编纂工作汇报。同时，《浙江通志》编纂汇报会在京举行，田嘉、刘玉宏、邱新立等中指办领导、专家出席会议。	《浙江方志》2010 年第 6 期
	是年，由林吕建任主编的《浙江 60 年发展历程纪实（1949—2009）丛书》获省第十九届树人出版奖。	省地方志办公室：《浙江省地方志工作重要文件汇编（2008 年—2012 年 8 月）》第 43 页

编后记

浙江是全国著名的"方志之乡"。千百年来,以修志方式记载历史、传承文明已成为浙江世代相沿的历史文化传统。特别是20世纪80年代以来,全省地方志工作成就卓著,成果丰硕,从而为浙江的历史发展做出了独特的贡献,也已成为当代浙江文化大省、文化强省和文化浙江建设的重要标志。但迄今为止,浙江历史上还没有一部以记载地方志事业发展历史和现实成就为主要内容的专业志书,这无疑是浙江方志史上的一个遗憾。2011年,省委、省政府决定正式启动《浙江通志》编纂工作后,省地方志办公室经认真研究、反复论证,决定将《浙江通志·地方志专志》(以下简称《地方志专志》)作为这一历史性文化工程的一个重要组成部分,并由省地方志办公室独立承担这项工作。

承担《地方志专志》编纂任务的编辑部成员是:潘捷军、章其祥、周祝伟、张勤、徐鹏、赵鹏团、应秀敏。其中,潘捷军研究员作为主编,主要承担了全志框架的总体设计、全部志稿的审改统稿和部分章节的编写工作,特别对有些内容作了重点补充和修改。章其祥副研究员作为副主编,主要协助主编承担了框架的总体设计和全志统稿修改任务,并直接承担了第一章《省级志书编纂》、第二章《市(府、路、地区)级志书编纂》、第三章《县(州、市、区)级志书编纂》和第十章《机构　队伍》的收集资料、编写和修改工作。周祝伟研究员主要承担了第五章《专门志书编纂》的收集资料、编写和修改工作。张勤副研究员主要承担了第四章《乡镇村志编纂》和第九章《地方志学术研究》的收集资料、编写和修改工作。徐鹏副研究员主要承担了第六章《年鉴编纂》、第七章《志书收藏与传播》部分节目和第八章《地方志资源的开发利用》部分节目的收集资料、编写和修改工作。赵鹏团助理研究员主要承担了第七章《志书收藏与传播》部分节目、第八章《地方志资源的开发利用》部分节目和第十一章《地方志工作管理》的收集资料、编写和修改工作;同时还担任该卷编辑部主任,协助主编、副主编做好联系、协调与服务工作。综合处文员应秀敏主要承担了文稿录入、编辑排版等工作。

编辑部成员除主要承担了自身任务外,有的还从收集资料、编写部分内容等方面,为其他有关章节做了不少工作,具体不再一一详列。

特别要说明的是,编辑部人员基本都是省地方志办公室在职工作人员,平时既担负了繁重的行政性事务工作,又承担了《浙江通志》其他有关卷的编辑指导工作,为此基本都是利用业余时间承担《地方志专志》的编纂任务。但是,编辑部全体人员在规定时间内,本着精益求精的精神,克服重重困难,虚心借鉴江西、广西等省(区)地方志专志现有成果经验,到图书馆、档案馆等各地各类文化场馆认真查阅收集资料,仔细撰写修改稿件。并从大纲框架、初稿试写、志稿三审等各个环节,通过各种方式多方听取意见,多次进行讨论修改,力求提交一部合格规范并具有较高质量水准的志稿。

在《地方志专志》编纂全过程中，得到了来自各方面领导和专家学者的精心指导，先后参加《地方志专志》指导评审的专家有（主要以参加志稿评审会顺序排列）：杨金荣、韩章训、董郁奎、颜越虎、汤敏华、柴伟梁、蒋文欢、傅晓、赵降英、张志勇、叶永强、赵玲华、袁朝明、胡锡明、徐飞舟、林明达、汪羽忠、顾志兴、王志邦、王福群、吴晓红，等等。另外，在志稿编纂全过程中，冀祥德、刘玉宏、邱新立、张伟斌、迟全华、俞世裕、何显明、俞文华、李志廷、魏桥、仓修良等中国地方志指导小组办公室领导和省内外有关领导专家，也通过不同方式提出了重要的指导意见，在此一并表示真诚谢意！

本志分管副总编为潘捷军，分管副总纂为章其祥，责任编辑为赵鹏团。

对编辑部全体人员而言，编纂《地方志专志》是一项全新的开创性工作。由于经验不足、水平有限、时间紧促等多种原因，书中难免存在一些不足之处，为此恳请各方人士给予指导并予谅解。

《浙江通志》是文化浙江建设过程中的一项标志性工程，在浙江方志发展史上意义重大，全体参与者使命光荣。《浙江通志·地方志专志》编辑部全体人员谨以此书为这一历史性文化工程贡献绵薄之力。

《浙江通志·地方志专志》编辑部

2018年12月